Björn Milbradt | Frank Greuel | Stefanie Reiter | Eva Zimmermann (Hrsg.)
Evaluation von Programmen und Projekten der Demokratieförderung, Vielfaltgestaltung und Extremismusprävention

Björn Milbradt | Frank Greuel |
Stefanie Reiter | Eva Zimmermann (Hrsg.)

Evaluation von Programmen und Projekten der Demokratieförderung, Vielfaltgestaltung und Extremismusprävention

Gegenstand, Entwicklungen und Herausforderungen

BELTZ JUVENTA

Gefördert vom

Bundesministerium für Familie, Senioren, Frauen und Jugend

im Rahmen des Bundesprogramms

Demokratie leben!

FSC www.fsc.org
MIX
Papier aus verantwortungsvollen Quellen
FSC® C089473

Dieses Buch ist erhältlich als:
ISBN 978-3-7799-6501-5 Print
ISBN 978-3-7799-5824-6 E-Book (PDF)

1. Auflage 2021

Herstellung: Ulrike Poppel
Satz: Helmut Rohde, Euskirchen
Druck und Bindung: Beltz Grafische Betriebe, Bad Langensalza
Printed in Germany

Weitere Informationen zu unseren Autor_innen und Titeln finden Sie unter: www.beltz.de

Inhalt

Vorwort 11

Einleitung und Überblick über den Band

Björn Milbradt, Frank Greuel, Stefanie Reiter, Eva Zimmermann 13

Allgemeiner Teil: Evaluationen im Bereich der Demokratieförderung, Vielfaltgestaltung und Extremismusprävention

1 Die Programmevaluation – Annäherung an eine Unbekannte Zur Entwicklung der Programm(dach)evaluation in den Bundesprogrammen der Extremismusprävention und Demokratieförderung des BMFSFJ
Ursula Bischoff, Frank König, Stefanie Reiter 38

1.1 Einleitung 38
1.2 „VIELFALT TUT GUT“ und „kompetent. für Demokratie“ (2007–2010) 42
1.3 „TOLERANZ FÖRDERN – KOMPETENZ STÄRKEN“ (2011–2014) 48
1.4 „Demokratie leben!“ (Erste Förderphase 2015–2019) 51
1.5 Fazit 54

2 Wirkungen im Zentrum
Rainer Strobl, Olaf Lobermeier 59

2.1 Einleitung 59
2.2 Das Problem und seine Ursachen 61
2.3 Wirkungsziele im Zentrum von Programmen und Projekten 64
2.4 Wege zu mehr Wirksamkeit 67
2.4.1 Qualitätsentwicklung und prinzipielle Wirksamkeit 70
2.4.2 Entwicklung implementationsfähiger Maßnahmenprogramme 78
2.4.3 Implementation von Maßnahmenprogrammen 80
2.5 Resümee 84

3 Bedeutung und Nutzen von Evaluationen und wissenschaftlicher Begleitung bei der Weiterentwicklung von Deradikalisierungsangeboten am Beispiel der Beratungsstelle „Radikalisierung“ des Bundesamts für Migration und Flüchtlinge
Corinna Emser, Teresa Rupp, Milena Uhlmann 88

3.1 Einleitung 88
3.2 Evaluationsauftrag und -gegenstand 90
3.3 Herausforderungen und Anpassungsbedarfe der Evaluation 91
3.3.1 Umgang mit Herausforderung Nr. 1: Uneinheitliche Begriffsdefinitionen 94
3.3.2 Umgang mit Herausforderung Nr. 2: Noch zu konsolidierende Standards der Umfeldberatung 96
3.3.3 Umgang mit Herausforderung Nr. 3: Notwendigkeit der Verfeinerung von Wirktheorien 97
3.4 Von der Bedarfsindikation zur Bedarfsdeckung – Bearbeitung von Optimierungspotenzialen im Anschluss an die Evaluation 99
3.4.1 Strukturierte Auseinandersetzung mit Standards im Handlungsfeld 100
3.4.2 Aufbau eines Verbunds wissenschaftlicher Mitarbeiterinnen und Mitarbeiter 101
3.4.3 Konzeption und Implementierung eines Qualifizierungslehrgangs für Beraterinnen und Berater 102
3.4.4 Praxisorientierte Analyse von Deradikalisierungsverläufen 104
3.4.5 Wirksamkeitsorientierte Evalution 104
3.5 Zusammenfassung 105

Herausforderungen von gegenstandsangemessenen Bewertungen

4 Gegenstandsangemessenes und ausgewogenes Bewerten als Herausforderung – Umgangsweisen mit Komplexität, Mehrdeutigkeit und Kontextgebundenheit in der wissenschaftlichen Begleitung
Katja Schau und Frank Greuel 108

4.1 Fachdiskussionen zu Evaluation und Bewertung 109
4.2 Herausforderungen und Umgangsweisen mit Bewertungen in unserer Evaluationspraxis 114
4.3 Unser evaluatives Selbstverständnis – alleine zwischen Stakeholdern?! 120
4.4 Fazit 123

5 Zur Evaluation von allgemeinen Leitprinzipien in multidimensionalen Programmen am Beispiel von Gender Mainstreaming
Tobias Roscher, Tobias Johann 128

5.1 Konzeptionelle Vorüberlegungen 130
5.2 Evaluation von Gender Mainstreaming als programmglobales Leitprinzip 138
5.3 Zur Operationalisierung von Gender in der Evaluationsforschung 143
5.4 Gender Mainstreaming in der Programmevaluation von „Demokratie leben!" 146
5.5 Ausblick 151

6 Demokratieförderung und Radikalisierungsprävention digital – Ansatzpunkte für die Beurteilung von Struktur-, Konzept- und Prozessqualität pädagogisch-präventiver Arbeit im digitalen Raum
Isabell Ziegler, Anne Brodführer, Susanne Johansson 157

6.1 Rahmenbedingungen pädagogisch-präventiven Handelns 159
6.2 Ansatzpunkte für die Beurteilung der Leistungsfähigkeit von Modellprojekten zur Demokratieförderung und Radikalisierungsprävention im digitalen Raum 164
6.2.1 Merkmale der Strukturqualität 165
6.2.2 Merkmale der Konzeptqualität 168
6.2.3 Merkmale der Prozessqualität 171

7 Die Bewertung von Kontextsensibilität bei der Evaluation berufsbildungsbezogener Demokratiebildung
Tabea Schlimbach, Tatjana Mögling, Birgit Reißig 176

7.1 Einleitung 176
7.2 Gegenstandsangemessene Bewertung in Evaluationsforschung und -praxis 177
7.3 Kontextsensibilität als Bewertungskriterium 179
7.4 Das Setting der Ausbildungs- und Arbeitswelt als Kontext für Demokratieförderung 181
7.5 Die Entwicklung kontextbezogener Bewertungsdimensionen 183
7.6 Die Entwicklung eines gegenstandsangemessenen Forschungsdesigns 184
7.7 Eine Gegenstandsbestimmung 186
7.7.1 Gegenstandsbestimmung: konzeptionelle Ebene 186
7.7.2 Gegenstandsbestimmung: Umsetzungsebene 187
7.8 Die Beurteilung von Kontextsensibilität als Bestandteil gegenstandsangemessener Bewertung 189

7.8.1 Einbezug der verschiedenen Gestaltungs- und Verwaltungsebenen der beruflichen Bildung 190
7.8.2 Förderung von Kooperationen und Netzwerken 190
7.8.3 Einbezug von Wirtschaftsakteuren 191
7.8.4 Zielgruppensensible Ansprache 191
7.8.5 Berücksichtigung verschiedener Lernorte und Bildungswege 192
7.8.6 Berücksichtigung regional- bzw. lokalspezifischer Besonderheiten 192
7.8.7 Zusammenfassung: Kontextsensibilität in der evaluierten Praxis 192
7.9 Resümee 193

Herausforderungen von Wirkungsanalysen

8 Wirkmodelle praxisnah erarbeiten und für Wirkungsuntersuchungen in komplexen Mehrebenenprogrammen nutzen
Franziska Heinze, Frank König, Stefanie Reiter, Ellen Schroeter 198
8.1 Einleitung 198
8.2 Logische Modelle als Heuristiken im Rahmen programmtheoriebasierter Evaluation 199
8.3 Anforderungen an logische Modelle komplexer Mehrebenen-Programme 203
8.4 Beispiel: „Demokratie leben!“ als komplexes Mehrebenen-Programm und seine Implikationen für die Entwicklung logischer Modelle 205
8.5 Evaluierende als Koproduzierende von Wirksamkeit 208
8.6 Logische Mehrebenen-Modelle als Basis von Wirkungsuntersuchungen 213
8.7 Fazit 217

9 Wirkmechanismen pädagogischer Praxis der Radikalisierungsprävention
Joachim Langner, Marco Schott, Daniel Grunow 222
9.1 Datengrundlage und Forschungsmethoden 222
9.2 Heterogenität als Herausforderung für eine gegenstandsangemessene Evaluation 223
9.3 Wirkmechanismen 225
9.4 Vorgehen der Rekonstruktion pädagogischer Praxis und der Modellierung von Wirkmechanismen 228
9.5 Ergebnis der Rekonstruktion und der Modellierung: Eine Typologie pädagogischer Praxis 233
9.6 Wirkmechanismen pädagogischer Praxis als Grundlage von Wirkungsuntersuchungen in der Evaluation 239

10 Erkennen, was wirkt
Die Erprobung von Ansätzen der Wirkungsuntersuchung in der Evaluation von Bundesmodellprogrammen der Demokratieförderung und Extremismusprävention und die damit gemachten Erfahrungen
Ursula Bischoff, Eva Zimmermann, Frank König 244

10.1 Ansätze zur Erhebung struktureller Wirkungen 248
10.2 Die Erfassung von individuellen Wirkungen 254
10.3 Vom Quasi-Experiment zum multimethodischen Design 256
10.4 Fazit 262

11 Wirkungen komplexer Programme – Möglichkeiten und Grenzen evidenzbasierter Evaluation am Beispiel der Partnerschaften für Demokratie
Irina Bohn, Jan Saßmannshausen 269

11.1 Möglichkeiten und Grenzen der Evaluation kommunaler Demokratieförderung 273
11.2 Den Evaluationsgegenstand verstehen, kein Weg für Eilige! 273
11.3 Ein theoriegebundenes Modell – Aber eines für alle Partnerschaften für Demokratie? 275
11.4 Von Wirkungsannahmen über die Handlungslogik zu typologisierten Handlungsstrategien – Vorausschauender Auswertungsschritt zur Öffnung der Wirkungs-Blackbox 276
11.5 Wirkungsebenen – Herleitung von Bewertungskriterien 278
11.6 Wirkungen auf der Spur – Situationsveränderungen und kausale Attribution 279
11.7 Wirkungspotenziale integrierter Handlungsstrategien – Die Frage nach dem Warum 285
11.8 Vom Brauchen und Sollen, vom Können und Wollen – Wirkungsevaluation komplexer Programme. Es braucht … 290

12 Kontextsensible Evaluation – Möglichkeiten der Realisierung durch Qualitative Comparative Analysis (QCA)
Sabine Behn, Kari-Maria Karliczek, Daniel Schnarr 296

12.1 Die Bedeutung des Kontexts in der Evaluation 296
12.2 Multizentrische Umsetzung der Partnerschaften für Demokratie 298
12.3 Die Qualitative Comparative Analysis 300
12.4 QCA in der Evaluation der Partnerschaften für Demokratie 304
12.4.1 Modellspezifikation I: Entwicklung von Konzepten und der zu erklärenden Wirkungen 304
12.4.2 Modellspezifikation II: Darstellung plausibler Faktoren und Strategien 306

12.4.3 Datenerhebung und -analyse 307
12.5 Limitationen 309

Herausforderungen der Kooperation zwischen Wissenschaft, Praxis und Politik

13 Einbindung zeigt Wirkung
Ansätze partizipativer Evaluation von Projektarbeit in der Einwanderungsgesellschaft
Laura Ceresna-Chaturvedi, Moritz Fedkenheuer, Alina Goldbach, Jasmin Rocha, Till Sträter 314
13.1 Einleitung 314
13.2 Vom Für und Wider partizipativer Evaluation 317
13.3 Partizipation und ihre Grenzen: ein kritischer Rückblick auf Beteiligung in unserem (Wirkungs-)Evaluationskonzept. Kennenlernen und Vertrauen aufbauen 320
13.4 Ein kurzes Resümee zu den Vorteilen und Herausforderungen partizipativer (Wirkungs-)Evaluation 326

14 Zwischen den Zeilen – Explizite und implizite Handlungsanforderungen an Evaluierende als evaluationspraktische Herausforderung
Franziska Heinze, Stefanie Reiter 329
14.1 Einleitung 329
14.2 Multiple Handlungsanforderungen und Rollen von Evaluierenden 330
14.3 Zum Umgang mit expliziten Handlungsanforderungen 332
14.4 Implizite Handlungsanforderungen und ihre Bearbeitung in Evaluationen 336
14.4.1 „das ist mir schon ein Anliegen, weil äh ich selber Wissenschaft äh auch bin“ 338
14.4.2 „also dieses Programm wird eine starke Flanke brauchen“ 342
14.4.3 Fallvergleich und die weitere Nutzung der gewonnenen Erkenntnisse 345
14.5 Fazit 346

Tabellen- und Abbildungsverzeichnis 351
Anhang 352
Autor*innenverzeichnis 353

Vorwort

Begleitforschung und Evaluation von Programmen und Projekten der Demokratieförderung, Vielfaltgestaltung und Extremismusprävention bewegen sich in Spannungsfeldern, die teilweise von divergierenden Interessen geprägt sind. An sie werden Ansprüche von den mannigfaltig beteiligten Stakeholdern u. a. von Politik, Verwaltung, Fachpraxis und Wissenschaft gestellt. Sie stehen zudem oftmals im Fokus des öffentlichen Interesses und erfüllen eine große Bandbreite von Aufgaben und Funktionen, die von der Generierung empirischer Befunde zum Zweck der Programmsteuerung über die Bewertung von Leistungen und Defiziten der Programme und Projekte bis hin zu ihrer Weiterentwicklung reichen. Durch einen in den letzten Jahren gewachsenen gesellschaftlichen Problemdruck, ein daraus resultierendes großes politisches, gesellschaftliches und mediales Interesse sowie die große Dynamik der Programme und Maßnahmen zur Demokratieförderung, Vielfaltgestaltung und Extremismusprävention, welche wiederum auf sich rasch verändernde gesellschaftliche Rahmenbedingungen reagieren sollen, besteht bei nahezu allen Stakeholdergruppen ein erhebliches Interesse an schnell verfügbaren und zugleich handlungsrelevanten Ergebnissen. Neben den unmittelbaren Erkenntnissen zu den Evaluationsgegenständen, wie sie sich etwa in Ergebnisberichten oder Fachartikeln wiederfinden, spielen auch die Reflexion und Dokumentation von methodologischen und methodischen Ansätzen und von Erfahrungen aus der Evaluationspraxis eine große Rolle. Diese finden in Ergebnisberichten und ähnlichen Formaten teilweise nur wenig Raum. Sie sind jedoch sowohl für die Interpretation der Ergebnisse zu den Evaluationsgegenständen als auch für die Weiterentwicklung von Evaluationstheorie, Methoden und Evaluationspraxis von immenser Bedeutung. Das Deutsche Jugendinstitut ist mit der Fachgruppe „Politische Sozialisation und Demokratieförderung" am Standort Halle (Saale) seit vielen Jahren mit der Evaluation von Programmen im Bereich der Demokratieförderung, Vielfaltgestaltung und Extremismusprävention betraut und greift bei der Weiterentwicklung von Evaluationsdesigns und Konzepten auf einen großen Erfahrungsschatz zurück. Es ist in einen Evaluationsverbund aus verschiedenen Instituten eingebunden, in dem nicht nur kontinuierlich empirische Befunde zur Evaluation der Programme generiert, sondern auch methodologische Fragen diskutiert und Methoden weiterentwickelt werden. Das Lernen aus der Evaluationspraxis, das im DJI, gemeinsam im Evaluationsverbund und auch in vielfältigem Austausch mit weiteren Partnern – nicht nur aus dem

Bereich der Wissenschaft, sondern auch an der Schnittstelle zu Politik und Fachpraxis – stattgefunden hat und einen hohen Stellenwert genießt, hat viel zu den gewonnenen Erkenntnissen beigetragen. Der vorliegende Sammelband ist aus der Idee entstanden, einige dieser Erfahrungsschätze zu heben, darzustellen und zu reflektieren, um sie wiederum anderen zugänglich zu machen und einen Beitrag zur Weiterentwicklung von Begleitforschung und Evaluation in diesem Feld zu leisten. Angesichts eines nach wie vor hohen Problemdrucks durch extremistische Ideologien und Akteure und steigende Bedarfe und Ansprüche an Evaluation ermöglicht die Programmevaluation am Deutschen Jugendinstitut damit einerseits interessierten Akteuren in Politik und Administration, in pädagogischer Fachpraxis und auch in der interessierten Zivilgesellschaft Einblicke in Praxis, Methoden und Herausforderungen der Evaluation von Programmen und Projekten der Demokratieförderung, Vielfaltgestaltung und Extremismusprävention. Andererseits führt sie damit eine Tradition von Publikationen fort, in denen verschiedene wissenschaftliche Akteure aus evaluativen Kontexten bereits seit dem ersten – damals „Aktionsprogramm gegen Aggression und Gewalt“ genannten – Bundesprogramm Methodenentwicklung und -diskussion vorantreiben und darüber hinaus gesellschaftliche und theoretische Einordnungen der Programme vornehmen sowie Leerstellen und Entwicklungsbedarfe aufzeigen.

Wir möchten uns an dieser Stelle sehr herzlich für die vertrauensvolle Zusammenarbeit und die gegenseitige Anregung im Evaluationsverbund sowie im Austausch mit den Partnern aus Politik, Verwaltung und Fachpraxis bedanken. Unser besonderer Dank gilt hierbei den Autorinnen und Autoren, die bereit waren, Einblicke in ihre Evaluationspraxis und die daraus gewonnenen Erfahrungen zu geben. Zugleich gilt unser Dank auch den Kolleginnen und Kollegen am DJI, die an der Erstellung des Sammelbands beteiligt waren und ihn mit fachlicher und moralischer Unterstützung begleitet haben. Besonders danken möchten wir Dr. Petra Göricke und Gabriele Kämpfe für das kompetente und sorgfältige Lesen und Redigieren der Texte. Zudem haben Dr. Susanne Giel und Dr. Christian Lüders durch fachliche Begutachtung und Rückmeldungen den vorliegenden Band bereichert. Wir freuen uns, wenn der Sammelband zu Diskussionen und Reflexionsprozessen anregen kann.

Björn Milbradt, Frank Greuel, Stefanie Reiter und Eva Zimmermann,
im April 2021

Einleitung und Überblick über den Band

Björn Milbradt, Frank Greuel, Stefanie Reiter, Eva Zimmermann

Mit dem vorliegenden Band knüpft das Herausgeberteam der am Deutschen Jugendinstitut (DJI) in Halle (Saale) angesiedelten Programmevaluation des Bundesprogramms „Demokratie leben!“ an eine Reihe von Publikationen an, die seit 25 Jahren und über das DJI hinaus aus der Evaluation von Maßnahmen und Programmen zur Demokratieförderung, Vielfaltgestaltung und Extremismusprävention entstanden sind (u. a. Böhnisch/Fritz/Seifert 1996; Lynen von Berg/Roth 2003; Lynen von Berg/Palloks/Steil 2007; Strobl/Lobermeier/Heitmeyer 2012). Im Unterschied zu diesen und den meisten anderen vorliegenden Publikationen soll es in diesem Sammelband allerdings nur begrenzt um die Darstellung von Evaluationsergebnissen und die zugrundeliegenden empirischen Befunde gehen. Zentral ist vielmehr eine methodologische Metaperspektive auf die Evaluationen der einschlägigen Programme und insbesondere im Rahmen des Bundesprogramms „Demokratie leben!“ in der Förderperiode von 2015 bis 2019. Die Beiträge beschränken sich also nicht auf eine Darstellung von Evaluationsbefunden[1], sondern geben vor allem der Frage Raum, wie diese Erkenntnisse gewonnen wurden. Vorrangiges Ziel ist dabei, mit diesem Band und dieser Ausrichtung vor allem Evaluations- und Praxisforschende anzusprechen und dabei zur Reflexion und Weiterentwicklung von Evaluationsansätzen im Feld der Demokratieförderung, Vielfaltgestaltung und Extremismusprävention beizutragen. Gleichzeitig kann jedoch der Band auch für PraktikerInnen und Praktiker in diesen Handlungsfeldern und in Administration und Politik Tätigen einen Eindruck und Wissen über die Herausforderungen geben, die Evaluationen (nicht nur) in diesem Feld bearbeiten müssen. Während 2002 noch von einem „insgesamt geringen Stellenwert“ (Roth/Lynen von Berg/Benack 2003, S. 20) die Rede sein konnte, den Evaluationen im Rahmen der Bundesprogramme einnehmen würden, hat sich diese Situation seitdem deutlich geändert. Nicht nur die eingangs erwähnten Sammelbände, son-

1 Die Evaluationsbefunde des DJI zum Bundesprogramm 2015–2019 finden sich hier: https://www.dji.de/ueber-uns/projekte/projekte/programmevaluation-demokratie-leben/programmevaluation-demokratie-leben/projekt-publikationen.html.

dern auch zahllose Fachartikel und Ergebnisberichte von Einzelevaluationen tragen seitdem dazu bei, die Wissensbasis über die Bundesprogramme und deren Komponenten zu erweitern, deren zunehmende Komplexität empirisch abzubilden, Evaluationsmethoden und Evaluationsforschung auszubauen und – nicht zuletzt – die Programme durch Empfehlungen weiterzuentwickeln und durch kritische Befunde auf Entwicklungsbedarfe und teils auch Fehlentwicklungen aufmerksam zu machen. Die dabei entstehenden und zu lösenden methodologischen und methodischen Fragen vertieft zu betrachten und zur Weiterentwicklung der Evaluation(sforschung) in den genannten Handlungsfeldern beizutragen, ist ein Hauptziel des vorliegenden Bandes.

Die Einleitung umreißt zunächst den Gegenstandsbereich dieses Sammelbandes (Evaluationen von Extremismuspräventions-, Vielfaltgestaltungs- und Demokratieförderungsprogrammen) und stellt das Bundesprogramm „Demokratie leben!“ vor, dessen Evaluationen den größten Teil des Sammelbandes stellen. Anschließend werden die drei inhaltlichen Schwerpunkte (Herausforderungen von Bewertungen, Herausforderungen von Wirkungsanalysen, Herausforderungen der Kooperation zwischen Wissenschaft, Praxis und Politik) und Fragestellungen dieses Sammelbandes hergeleitet sowie die Beiträge vorgestellt.

Gegenstand des Sammelbandes: Evaluationen von Programmen und Projekten der Demokratieförderung, Vielfaltgestaltung und Extremismusprävention

Hinsichtlich des Gegenstandsbereichs der im Sammelband vertretenen Beiträge lässt sich festhalten, dass diese nicht nur weiterhin, sondern sogar in wachsendem Maße gesellschaftlich relevant sind. Bereits das erste der hier untersuchten Programme, das „Aktionsprogramm gegen Aggression und Gewalt“ (AgAG), stellte eine Reaktion auf die hohe Belastung der deutschen Gesellschaft mit rassistisch motivierten Straftaten und auf die Serie rechtsextremer Ausschreitungen und Gewalttaten nach 1990 dar (Möller 2003). Auch wenn die Phänomene, gegen die die Bundesprogramme jeweils gerichtet sind, in stetigem Wandel von Form und Inhalt begriffen sind, so lässt sich auch nach 30 Jahren die damals zugrundeliegende Problemdiagnose allgemein aufrechterhalten bzw. müsste sie in Teilen sogar noch zugespitzt werden. So werden in den letzten Jahren schon seit langem in der Bevölkerung empirisch festgestellte Ungleichwertigkeitsvorstellungen (z. B. in Form von Antisemitismus, Rassismus etc.) inzwischen deutlich selbstbewusster, hör- und sichtbarer geäußert, in Handlungen übersetzt und finden neue bewegungs- oder gar parteiförmige Ausdrucksformen. Die Bedrohung durch rechtsextreme Gewaltdelikte ist nach wie vor hoch und hat spätestens nach der Aufdeckung der rechtsextremen Terrorzelle „Nationalsozialistischer Untergrund“ (Frindte u. a. 2016) an Brisanz nochmals gewonnen. Rechtsextremer Terror, wie im Jahre 2019 in Kassel und Halle (Saale) und im Jahre 2020 in Hanau, und andere rechtsextrem motivierte Gewalttaten sind dabei eingebettet in eine Fülle heterogener Phänomene, wie etwa den Erfolg antidemokratischer rechtspopulistischer und rassistischer Bewegungen, die verstärkte Präsenz antisemitischer Ideologeme in der Jugendkultur oder die ständige Zugänglichkeit von Verschwörungstheorien und rassistischen Weltdeutungen im Internet sowie die damit verbundene erhöhte Sichtbarkeit rechtsextremer Positionen – um nur einige Faktoren zu nennen.

Neben dem Phänomen des Rechtsextremismus trat mit den Terroranschlägen von 2001 das Phänomen des islamistischen Extremismus verstärkt ins öffentliche Bewusstsein. Insbesondere Erscheinungsformen des „homegrown terrorism“ erzeugten eine stark erhöhte gesellschaftliche Relevanz und damit auch eine größere Aufmerksamkeit von Gesellschaft, Politik, Behörden und (Sozial-)Pädagogik, die sich mit der Etablierung des sogenannten „Islamischen Staates“ im Jahre 2014, den folgenden Terroranschlägen auch in Europa sowie den Ausreisen zahlreicher deutscher Jugendlicher und junger Erwachsener in die Kampfgebiete in Syrien und dem Irak nochmals deutlich steigerte (Ceylan/Kiefer 2018).

Mit Blick auf die Programmentwicklung der letzten zehn Jahren und die problematisierten und als bearbeitungsbedürftig geltenden Phänomene lässt sich insgesamt eine thematische Erweiterung und erhöhte Dringlichkeit gesellschaftlicher und politischer Antworten konstatieren. Dies korrespondiert auf politischer Ebene mit einer gewachsenen Bereitschaft, Programme zur Auseinandersetzung mit den genannten Phänomenen zu finanzieren. Neben den bereits erwähnten Bundesprogrammen, die durch das Bundesministerium für Familie, Senioren, Frauen und Jugend (BMFSFJ) gefördert wurden/werden, gibt es im Rahmen der „Strategie der Bundesregierung zur Extremismusprävention und zur Demokratieförderung“ noch weitere vom Bund geförderte Programme, wie „Zusammenhalt durch Teilhabe“ (BMI – Bundesministerium des Innern, für Bau und Heimat) und die Beratungsstellen „Radikalisierung“ (BAMF – Bundesamt für Migration und Flüchtlinge) sowie darüber hinaus zahlreiche Landesprogramme sowie Einzelprojekte und -maßnahmen zu diesen Themen. Viele dieser Programme und Maßnahmen wurden ebenfalls evaluiert und Perspektiven aus einigen dieser Evaluationen fließen ebenfalls mit in diesen Band ein.

Neben den beschriebenen Entwicklungen und Konjunkturen bei den Phänomenen spielen immer auch politische Schwerpunktsetzungen bei der Ausgestaltung von Bundesprogrammen eine Rolle, wie sich dies exemplarisch an den die Programme begleitenden Debatten um die jeweiligen Begrifflichkeiten und Schwerpunktsetzungen zeigt. Beispiele hierfür sind u. a. die Debatte um den Extremismusbegriff (Baron/Drücker/Seng 2018) oder auch die Skepsis der Präventionspraxis gegenüber der Förderung von Projekten der Linksextremismus-Prävention, die sich beispielsweise in einer geringen Anzahl von Akteuren ausdrückt, die sich dieser Arbeit widmen (Grunow 2020). Bereits mit dem im Jahre 2001 aufgelegten Aktionsprogramm „Jugend für Toleranz und Demokratie – gegen Rechtsextremismus, Fremdenfeindlichkeit und Antisemitismus“ wurde eine Verschiebung und Ausweitung des Fokus der Programme, weg von einem allgemein auf „den Abbau von Phänomenen personal zu verantwortender, physischer Gewalt“ (Möller 2003, S. 29) liegenden Schwerpunkt und hin zu gleichzeitig auf die Prävention von Rechtsextremismus und Ungleichwertigkeitsvorstellungen einerseits sowie die Entwicklung und Förderung demokratischer Akteure und Strukturen der Zivilgesellschaft andererseits gerichteten Programmen. Sie zeichnen sich spätestens seit der Auflegung von „Demokratie leben!“ im Jahre 2015 durch „die gleichrangige Betonung von Demokratieförderung, Vielfaltgestaltung und Extremismusprävention, [den] phänomenübergreifende[n] Blick – also keine Fokussierung allein auf Rechtsextremismus, Linksextremismus oder islamistischen Extremismus – sowie eine bislang nicht gekannte Breite an Themen“ (Lüders u. a. 2020, S. 583) aus. Diese Breite an Themen und die wachsende Komplexität des Evaluationsgegenstandes bis hin zur Entstehung von im Grunde verschiedenen Evaluationsgegenständen spiegeln sich auch in den Evaluationsansätzen wider. Ein Ziel des vorliegenden Sammelbandes besteht darin, das zu dokumentieren und wissenschaftlich zu reflektieren. So zeigt sich beispielsweise, dass ein einheitliches Verständnis darüber, was unter „Wirkungen“ zu verstehen ist und wie diese methodisch zu erfassen sind, letztlich kaum gegenstandsangemessen sein kann, weil im Grunde kein einheitlicher Evaluationsgegenstand vorliegt, sondern von unterschiedlichen Gegenständen ausgegangen werden muss. Dies hat in der Konsequenz unmittelbare Auswirkungen auf die methodische Ausrichtung der Evaluationsdesigns. Der vorliegende Band versammelt daher insbesondere Erfahrungen, Wissensbestände und Reflexionen verschiedener Evaluationen, die zur Bearbeitung und Lösung dieser Herausforderungen und zur Entwicklung empirischer Methoden und Evaluationsdesigns beitragen.

Charakteristika von Bundesmodellprogrammen des BMFSFJ und das Bundesprogramm „Demokratie leben!“

Im Folgenden sollen kurz die wesentlichen Charakteristiken des Bundesprogramms „Demokratie leben!“ vorgestellt werden, um eine Vorstellung dazu zu vermitteln, wie der Evaluationsgegenstand beschaffen ist, auf den sich die meisten der Beiträge des Sammelbandes beziehen.

Haushaltsrechtliche Fördergrundlagen von „Demokratie leben!“

Bereits aus haushaltsrechtlichen Gründen liegt der Schwerpunkt von „Demokratie leben!“ auf jungen Menschen und den mit ihnen arbeitenden Institutionen und Fachkräften (Lüders u. a. 2020, S. 582). Während im föderalen System der Bundesrepublik Deutschland die Zuständigkeit für Schulen und Universitäten bei den Ländern liegt, sind die Kommunen für die Kinder- und Jugendhilfe verantwortlich. Nach § 83 SGB VIII darf die Bundesebene nur in einem klar definierten Rahmen tätig werden: „Die fachlich zuständige oberste Bundesbehörde soll die Tätigkeit der Jugendhilfe anregen und fördern, soweit sie von überregionaler Bedeutung ist und ihrer Art nach nicht durch ein Land allein wirksam gefördert werden kann“ und hierfür, so § 23 der Bundeshaushaltsordnung, dürfen Zuwendungen nur veranschlagt werden, „wenn der Bund an der Erfüllung durch solche Stellen ein erhebliches Interesse hat, das ohne die Zuwendungen nicht oder nicht im notwendigen Umfang befriedigt werden kann.“ Damit ist – das sei an dieser Stelle bereits in aller Klarheit festgehalten – auch gesetzt, dass das Bundesprogramm „Demokratie leben!“ weder dazu dienen kann, in der Breite der Bevölkerung problematische Haltungen oder gar die Neigung zu extremistischem Gewalthandeln zu reduzieren, noch dazu, entsprechende bereits existierende Ansätze einfach anzuwenden. Sein spezifischer Auftrag liegt demgegenüber in der (Weiter-) Entwicklung bestehender Ansätze, ihrer Erprobung und ihrem Transfer in die Regelstrukturen des Erziehungs- und Hilfesystems (Lüders u. a., 2020, S. 583). Damit sind zentrale Eckpfeiler nicht nur für das Programm und die dort geförderten Träger und Projekte, sondern auch für seine Evaluation gesetzt.

Aufbau von „Demokratie leben!“

Von seiner Struktur her umfasste das Programm „Demokratie leben“ (2015–2019) grundsätzlich folgende Programmbereiche, die unterschiedliche Zielstellungen verfolgten, über verschiedene Handlungsstrategien verfügten und auf verschiedenen föderalen Ebenen angesiedelt waren:

- Partnerschaften für Demokratie,
- Landes-Demokratiezentren,
- Förderung der Strukturentwicklung zum bundeszentralen Träger und
- Modellprojekte (Tab. 1).

Tab. 1: Struktur des Bundesprogramms „Demokratie leben!“ mit Programmbereichen und wissenschaftlichen Begleitungen (wB)[2] sowie deren Verortung

<table>
<tr><td colspan="3">Programm „Demokratie leben!“
(Gesamtevaluation DJI, FG J4)</td></tr>
<tr><td>Kommunale Ebene
Programmbereich A:
Partnerschaften für Demokratie
wB ISS und Camino</td><td>Landes-Ebene
Programmbereich B:
Landes-Demokratiezentren
wB DJI, FG J4</td><td>Bundes-Ebene
Programmbereich C:
Förderung der Strukturentwicklung zum bundeszentralen Träger
wB DJI, FG J4</td></tr>
<tr><td colspan="3">Modellprojekte</td></tr>
<tr><td>Programmbereich D</td><td>Zu Phänomenen gruppenbezogener Menschenfeindlichkeit und zur Demokratiestärkung im ländlichen Raum</td><td>wB DJI, FG J4</td></tr>
<tr><td>Programmbereich E</td><td>Zur Radikalisierungsprävention</td><td>wB DJI, FG J4</td></tr>
<tr><td>Programmbereich F</td><td>Zu Engagement und Vielfalt in der Arbeits- und Unternehmenswelt</td><td>wB DJI, FSP</td></tr>
<tr><td rowspan="3">Programmbereich G</td><td>Zur Demokratieförderung im Bildungsbereich</td><td></td></tr>
<tr><td>Demokratie und Vielfalt in der Kindertagesbetreuung</td><td>wB DJI, FG K2</td></tr>
<tr><td>Demokratie und Vielfalt im schulnahen Sozialraum</td><td>wB DJI, FG J4</td></tr>
<tr><td>Programmbereich H</td><td>Zum Zusammenleben in der Einwanderungsgesellschaft</td><td>wB Camino</td></tr>
<tr><td>Programmbereich I</td><td>Zur Stärkung des Engagements im Netz – gegen Hass im Netz</td><td>wB ISS</td></tr>
<tr><td>Programmbereich J</td><td>Zur Prävention und Deradikalisierung in Strafvollzug und Bewährungshilfe</td><td>wB DJI, FG J4</td></tr>
</table>

Quelle: Eigene Darstellung

Verwendete Abkürzungen:

DJI – Deutsches Jugendinstitut e.V.

ISS – Institut für Sozialarbeit und Sozialpädagogik e.V. Frankfurt (Main)

Camino – Werkstatt für Fortbildung, Praxisbegleitung und Forschung im sozialen Bereich mbH Berlin

Fachgruppe (FG) J4 „Politische Sozialisation und Demokratieförderung“ der Abteilung „Jugend und Jugendhilfe“ Halle (Saale)

Fachgruppe (FG) K2 „Bildungsorte und sozialstaatliche Leistungen für Kinder“ der Abteilung „Kinder und Kinderbetreuung“ München

FSP – Forschungsschwerpunkt „Übergänge im Jugendalter“ Halle (Saale)

wB – wissenschaftliche Begleitung

2 Die für die Evaluation einzelner Programmbereiche zuständigen Teams von Wissenschaftlerinnen und Wissenschaftlern wurden als sogenannte wissenschaftliche Begleitungen bezeichnet.

Partnerschaften für Demokratie

Die „Partnerschaften für Demokratie" unterstützen „Gebietskörperschaften wie Städte, Landkreise oder kommunale Zusammenschlüsse beim Aufbau partnerschaftlicher demokratiestärkender Strukturen [...]. Ziel ist es, kommunale Akteurinnen und Akteure aus Politik, Verwaltung und Zivilgesellschaft (z. B. Vereine und Verbände, Kirchen) zusammenzubringen und nah an den vor Ort identifizierten Problemlagen und lokalen Gegebenheiten demokratisches Engagement zu unterstützen" (Lüders u. a. 2020, S. 584). Im Fokus der sogenannten „Partnerschaften für Demokratie" stehen, so die wissenschaftliche Begleitung des Programmbereichs, „insbesondere die Aktivierung von Jugendpartizipation, die Erweiterung der thematischen Ausrichtung auf aktuelle Themen- und Problemstellungen (insbesondere Phänomene der Gruppenbezogenen Menschenfeindlichkeit, Islam- und Muslimfeindlichkeit, Stärkung der Selbstorganisation von Migrant/innen), die Stärkung von Strukturen vor Ort (auch zur Entwicklung und Sicherung von Fachlichkeit und Kompetenz in der Region), die Verstetigung und der Ausbau von Netzwerken und Kooperationen zwischen zivilgesellschaftlichen und staatlichen Akteur/innen sowie eine öffentlichkeitswirksame Verbreitung der Anliegen und Ziele der kommunalen Gesamtkonzepte" (ISS e.V. 2019, S. 5).

Landes-Demokratiezentren

Die „Landes-Demokratiezentren" hingegen „übernehmen auf der Ebene der Bundesländer die Koordinierung unterschiedlicher Maßnahmen und Beratungsangebote im Umgang mit Menschenfeindlichkeit und Gewalt. Die Intention der Angebote ist es, auf demokratiefeindliche und menschenverachtende Handlungen und Strukturen sowie auf rechtsextreme Gewalt, die bei kommunalen/lokalen Akteuren bzw. Betroffenen Gefühle von Hilflosigkeit und Überforderung auslösen, mit entsprechenden Unterstützungsangeboten zu reagieren. Des Weiteren werden Ausstiegs- und Distanzierungsangebote für junge Menschen, die sich politisch oder religiös radikalisieren, (weiter-)entwickelt" (Bischoff u. a. 2015a, S. 13).

Förderung der Strukturentwicklung zum bundeszentralen Träger

Auf der Bundesebene, im Programmbereich „Förderung der Strukturentwicklung zum bundeszentralen Träger" werden nichtstaatliche, gemeinnützige Organisationen gefördert, „die sich strukturell in Richtung bundeszentrale Träger entwickeln sollen. Als ein Aufgabenbereich wurde die Anregung im Sinne der Innovation und Weiterentwicklung thematischer Schwerpunkte auf der Ebene des Bundes formuliert. Eine weitere Aufgabe besteht in der Vernetzung im Sinne der Übernahme einer Mittlerfunktion zwischen Bundespolitik, lokalen staatlichen und zivilgesellschaftlichen Trägerstrukturen wie jugendpolitischen

Akteuren sowie landesspezifischen Strukturen. Des Weiteren sollen sie die Gewährleistung einer bundesweit fachlichen Unterstützung von Programmakteuren übernehmen" (Bischoff u. a. 2015b, S. 13).

Modellprojekte

Und schließlich wird im Förderbereich der Modellprojekte „eine Projektpraxis umgesetzt, deren zentrale Aufgabe es ist, neue – vor allem pädagogische – Strategien und Ansätze modellhaft zu erproben und zu entwickeln und damit die Arbeit in den Regelstrukturen der Kinder- und Jugendhilfe anzuregen. Innovativität und Modellhaftigkeit sind dabei spezifisch für diesen Förderbereich" (Greuel u. a. 2015, S. 11). Erwähnenswert ist außerdem, dass dieser Programmbereich während der Programmlaufzeit 2015–2019 thematisch massiv ausgeweitet wurde und neben Modellprojekten zu ausgewählten Phänomenen Gruppenbezogener Menschenfeindlichkeit und zur Demokratiestärkung im ländlichen Raum auch Modellprojekte zur Radikalisierungsprävention, zur Demokratieförderung im Bildungsbereich, in der Arbeits- und Unternehmenswelt, zum Zusammenleben in der Einwanderungsgesellschaft, zur Stärkung des Engagements im Netz bzw. gegen Hass im Netz und zur Prävention und Deradikalisierung in Strafvollzug und Bewährungshilfe umfasste.

Evaluationen im Programm „Demokratie leben!"

Übergreifende Herausforderungen

Bereits diese knappe Darstellung der Programmarchitektur macht deutlich, mit welcher Heterogenität und Komplexität Evaluationen konfrontiert sind. Nicht nur haben die unterschiedlichen Akteure auf den unterschiedlichen föderalen Ebenen unterschiedliche Ziele. So steht auf der Bundesebene die Strukturentwicklung u. a. zum Zweck der Übernahme einer Mittlerfunktion zwischen Projektpraxis und Landes- bzw. Bundesstrukturen im Vordergrund. Der große Sektor der Modellprojekte hingegen hat als eine zentrale Aufgabe die Entwicklung, die Erprobung und den Transfer pädagogischer Angebote und steht damit auch stärker im direkten Kontakt zu den Zielgruppen junger Menschen. Entsprechend lässt sich beim Bundesprogramm „Demokratie leben!" auch von einem emergenten, komplexen und multizentrischen Mehrebenen-Programm sprechen. Der Aspekt der Multizentrik bedeutet u. a., dass es kein organisierendes Zentrum des Programms gibt, auch wenn manchen Akteuren die Funktion zukommt, gewissermaßen „Knoten im Netz" darzustellen und andere Akteure zu verbinden. Darüber hinaus geht damit einher, dass eine Standardisierung der Implementation der Programmumsetzung über verschiedene Standorte hinweg sowie der für die Evaluation verwendeten Verfahren weder erwünscht noch möglich ist (zu den verschiedenen Formen von multizentrischer Evaluation beispielsweise Haubrich 2009, S. 103 ff.). Impliziert ist mit dieser Beschreibung auch, dass die unterschiedlichen Akteure und Strukturen auf den unterschiedlichen Ebenen nach unterschiedlichen Handlungslogiken funktionieren und daher jeweils von der Evaluation nicht nur spezifische methodische Designs und empirische Beschreibungen erfordern, sondern sich oftmals erst im Programmverlauf herausstellt, wie sich die Projekte und die Träger entwickeln. Auch der Aspekt der Komplexität des Programms, im Sinne Luhmanns verstanden als eine Menge von Elementen eines Systems, die nicht mehr alle gleichzeitig miteinander verknüpft sein können und daher Kontingenz und Selektionszwang erzeugen (Luhmann 1987, S. 46 f.) befördert Herausforderungen für die Evaluation, weil er im besonderen Maße die dynamische Komponente der Programmentwicklung beinhaltet.

Diese kursorische Darstellung einiger zentraler Eigenschaften des Programms macht deutlich, dass unterkomplexe Evaluationsdesigns ihrem Gegenstand nicht gerecht werden (vgl. Patton 2011). Ebenso wird bereits an dieser Stelle deutlich, dass manche an das Programm geäußerte Erwartungen – etwa die flächendeckende Reduktion der Verbreitung von problematischen Haltungen oder die Auflösung gesellschaftlicher Polarisierungstendenzen – weitgehend an dessen Aufgabe vorbeigehen und daher kein Maßstab für die Evaluation sein können.

Struktur der Programmbegleitung

Jedem einzelnen Programmbereich des Bundesprogramms war ein Team von Wissenschaftlerinnen und Wissenschaftlern (sogenannte wissenschaftliche Begleitungen – wB) zugeordnet, das jeweils für das spezifische Themen- und Handlungsfeld und die Evaluation des Programmbereiches zuständig war, die Befunde aufbereitete und zeitnah an das BMFSFJ, die Projekte und Träger des Programms sowie die interessierte (Fach-)Öffentlichkeit disseminierte. Die Evaluation im Bundesprogramm erfolgte durch drei unterschiedliche Institutionen: Neben dem Deutschen Jugendinstitut e.V. (DJI) waren auch das Institut für Sozialarbeit und Sozialpädagogik e.V. (ISS) und Camino – Werkstatt für Fortbildung, Praxisbegleitung und Forschung im sozialen Bereich gGmbH (Camino) beteiligt. Zudem war eine Gesamtevaluation vorgesehen, deren Gegenstand das Bundesprogramm als Ganzes war. Sie widmete sich einerseits allen Fragen, „die sich auf die Gesamtarchitektur des Bundesprogramms beziehen; zum anderen verfolgte die Gesamtevaluation eine Reihe von Fragestellungen, die sich vorrangig auf Synergieeffekte, Kooperation, die Beziehung zur Regelpraxis und die Nachhaltigkeit beziehen. Wichtigste Grundlage hierfür sind die Ergebnisse der wissenschaftlichen Begleitungen der einzelnen Programmbereiche und deren empirische Erhebungen" (Lüders u. a. 2020, S. 589). Diese war am DJI in der Fachgruppe „Politische Sozialisation und Demokratieförderung“ in Halle (Saale) angesiedelt. Dort wurden auch die Programmbereiche „Landes-Demokratiezentren“, „Förderung der Strukturentwicklung zum bundeszentralen Träger“ und die Modellprojektbereiche zu ausgewählten Phänomenen Gruppenbezogener Menschenfeindlichkeit und zur Demokratiestärkung im ländlichen Raum, zur Radikalisierungsprävention, zur Demokratieförderung im Bildungsbereich (Teilbereich schulnaher Sozialraum) und zur Prävention und Deradikalisierung in Strafvollzug und Bewährungshilfe wissenschaftlich begleitet. Im DJI wurde abteilungsübergreifend außerdem der Programmbereich „Engagement und Vielfalt in der Arbeits- und Unternehmenswelt“ im „Forschungsschwerpunkt Übergänge im Jugendalter“ und der Programmbereich „Demokratieförderung im Bildungsbereich – Demokratie und Vielfalt in der Kindertagesbetreuung“ in der Abteilung „Kinder und Kinderbetreuung“ wissenschaftlich begleitet. Beim Institut für Sozialarbeit und Sozialpädagogik Frankfurt (Main) und bei Camino Berlin lag gemeinsam die wissenschaftlche Begleitung der „Partnerschaften für Demokratie“. ISS evaluierte zudem den Modellprojektbereich „Stärkung des Engagements im Netz – gegen Hass im Netz“, Camino außerdem den Bereich „Zusammenleben in der Einwanderungsgesellschaft“.

Struktur des Sammelbands

Der vorliegende Sammelband verfolgt das Ziel, die Evaluationsbefunde des Bundesprogramms „Demokratie leben!“ aus der Förderperiode 2015–2019 aus einer methodologischen und methodischen Perspektive zu betrachten und insbesondere zum Ausbau des Wissens- und Reflexionsstandes zu Methoden und Methodologien der Evaluation von Programmen und Projekten in Extremismusprävention, Demokratieförderung und Vielfaltgestaltung beizutragen. Aufgebaut werden kann dabei auf einer Reihe von Erfahrungen nicht nur aus den Evaluationen der Vorgängerprogramme, sondern auch von anderen Akteurinnen und Akteuren etwa in der Evaluation von Landesprogrammen oder Einzelprojekten. Der Band startet daher mit einem allgemeinen Teil, der als Hinführung zum Gegenstandsbereich zu verstehen ist. Einen historisch-systematischen Auftakt dazu machen Ursula Bischoff, Frank König und Stefanie Reiter mit ihrem Beitrag zur Entwicklung der Programmevaluation in den Vorgängerprogrammen von „Demokratie leben!“. Damit führen sie die Leserinnen und Leser nicht nur in die Entwicklung und Struktur der Evaluationen ein, sondern gehen auch auf die Herausforderungen einer Evaluation von komplexen Programmen mit ihren unterschiedlichen Ebenen und Handlungslogiken ein. Rainer Strobl und Olaf Lobermeier tragen einen Text zum Sammelband bei, der allgemein auf die Herausforderungen von Wirkungsuntersuchungen in Projekten, Bundes- und Landesprogrammen der Demokratieförderung und Extremismusprävention eingeht. Sie argumentieren, dass es insbesondere über Maßnahmen der Qualitätsentwicklung möglich ist, die Wahrscheinlichkeit des Eintretens von Wirksamkeit und Wirkungen in Projekten und Programmen zu erhöhen. Evaluationen im Bereich der Extremismusprävention, Demokratie- und Vielfaltsförderung werden nicht nur bei den großen Landes- und Bundesprogrammen durchgeführt, sondern mittlerweile auch bei zahlreichen Einzelprojekten. Corinna Emser, Theresa Rupp und Milena Uhlmann beschließen den allgemeinen Teil unseres Sammelbandes mit einer Analyse von Befunden, Herausforderungen und Lösungstrategien bei der Evaluation der am Bundeamt für Migration und Flüchtlinge angesiedelten Beratungsstelle „Radikalisierung". Insbesondere gehen sie auf die Potentiale eines Evaluationsdesigns ein, mit dem nicht nur formativ der Evaluationsgegenstand betrachtet und begleitet wird, sondern das auch im Laufe der wissenschaftlichen Begleitung weiterentwickelt und an die Spezifika ihres Gegenstandes anpasst wird.

Im Anschluss an diesen hinführenden Teil folgen Beiträge aus Evaluationen der Bundesprogramme zur Extremismusprävention sowie der Demokratie- und Vielfaltsförderung. Der Schwerpunkt der Beiträge basiert auf den Evaluationserfahrungen der einzelnen Programmbereiche des Bundesprogramms „Demokratie leben!" in seiner ersten Förderphase (2015–2019). Hinsichtlich der Evaluation von Programmen und Projekten der Vielfaltgestaltung, Demokratieförderung und Extremismusprävention zeigen sich aus unserer Sicht derzeit drei zentrale Herausforderungen, nämlich Herausforderungen von gegenstandsangemessener Bewertungen, von Wirkungsanalysen sowie der Kooperation zwischen Wissenschaft, Praxis und Politik. Diese drei Themen bilden die Schwerpunkte dieses Hauptteils des Sammelbandes und werden im Folgenden kurz skizziert.

Herausforderungen von gegenstandsangemessenen Bewertungen

Die Evaluation von Maßnahmen und Angeboten im Bereich der Extremismusprävention, Vielfaltgestaltung und Demokratieförderung ist – wie alle Evaluationen – vor die Herausforderung gestellt, zu Bewertungen über ihren Gegenstand zu kommen. Und auch wenn sich Träger und Projekte, so wie es die Förderaufträge von Modellprogrammen vorgeben, erst im Laufe der Programmlaufzeit entwickeln und ihre Angebote und Maßnahmen ausprobieren oder Zugangswege zu jugendlichen Zielgruppen erschließen, so hat die Evaluation doch selbstverständlich die Aufgabe, kriteriengeleitet diese Praxis zu bewerten. Aufgabe war im Rahmen von „Demokratie leben!" nicht die Evaluation und damit Bewertung von einzelnen Modellprojekten, Trägern oder „Partnerschaften für Demokratie". Im Zentrum standen stattdessen die Einordnung der Entwicklung ganzer Programmbereiche auf der Grundlage empirischer Erhebungen um einen Beitrag zu deren Verbesserung zu leisten. Solche programmbereichsbezogenen Bewertungen werden von den Teams der wB vielfach und während der gesamten Programmlaufzeit getroffen, so etwa, wenn die wB des Programmbereichs „Modellprojekte zur Radikalisierungsprävention“ im Anschluss an Mixed Method-Erhebungen zu Fachlichkeit und Professionalität zum Ergebnis kommt, dass die Fachlichkeit „bei vielen der näher untersuchten Projekte ausbaufähig“ (Figlestahler u. a. 2019, S. 9) sei. Solche Befunde können dann nicht nur den Projekten Hinweise auf Nachsteuerungsbedarfe in Qualifikationsprofilen geben, sondern auch dem Programmgeber signalisieren, dass spezifische Qualifikationen von Fachkräften notwendig sind, die bisher vom Ausbildungs- und Fortbildungssystem kaum angeboten werden. Resultat solcher Befunde kann etwa die Implementierung oder Weiterentwicklung von Fachforen und Fachberatungen sein, (wie sie etwa im Bundesprogramm von der sogenannten Regiestelle und der GesBIT – Gesellschaft für Bildung und Teilhabe gmbH angeboten werden), oder beispielsweise auch die verstärkte Diskussion von Fachstandards in den Bundesverbänden der Deradikalisierungs- und Distanzierungsarbeit.

Bezüglich der Bewertungsfrage existiert kein „Patentrezept“, sondern vielmehr beinhalten Evaluationen auch Reflexionen über Bewertungskriterien und -prozesse. Soziologische Praxisforschung geht beispielsweise davon aus, dass Bewertungen „als situations- und kontextgebundene ‚doings‘ bzw. als praktische Konkretisierung situationsübergreifender Rechtfertigungsordnungen“ (Vormbusch 2019, S. 25) zu verstehen sind, die ein erhebliches Maß an Kontingenz beinhalten, mit dem Evaluationen einen Umgang finden müssen. So bestehen verschiedene Möglichkeiten, mit der Herausforderung von Bewertungen umzugehen – etwa in der Festlegung von Indikatoren für den Erfolg von Maßnahmen und Projekten. Insbesondere für den Alltagsverstand vermeintlich „unproblematische“ Indikatoren erfordern erhöhte Aufmerksamkeit von Evaluationen und eine Einbettung in komplexere Bewertungsarrangements, wie folgende Beispiele zeigen.

Die Erreichung einer möglichst hohen Anzahl von Jugendlichen sagt wenig über die Qualität und Nachhaltigkeit eines Projektes aus, und Projekte der Radikalisierungsprävention, die einer entgrenzten Präventionslogik bzw. einer Logik des Verdachts folgen, können „kontraproduktive Stigmatisierungen […] befeuern“ (Milbradt/Schau/Greuel 2019, S. 155). Zugespitzt ausgedrückt: Bei einem schlecht durchgeführten Projekt mit einer entgrenzten und stigmatisierenden Zielgruppendefinition und einer unprofessionellen Projektdurchführung kann man nur hoffen, dass es möglichst wenig Jugendliche erreicht und das Projekt alsbald eingestellt oder grundlegend weiterentwickelt wird – der Indikator der Zielgruppenerreichung – im Sinne einer quantifizierbaren Größenordnung an erwünschten Teilnehmenden einer angebotenen Maßnahme – verkehrt sich hier von einem Erfolgs- zu einem Misserfolgsindikator. Ähnliches lässt sich für andere Sets von Indikatoren durchdeklinieren: Die Messung einer möglichen Reduktion von „Gruppenbezogener Menschenfeindlichkeit“ mittels eines standardisierten Instruments bei Teilnehmenden einer darauf abzielenden Maßnahme kann beispielsweise die soziale Erwünschtheit ignorieren, die sich während eines Workshops zu Vorurteilen bei Jugendlichen einstellt – so zeigen Studien, dass unterhalb einer Schicht „politisch korrekten" Antwortverhaltens bei befragten Jugendlichen durchaus aktivierbare Vorurteilsstrukturen zum Vorschein kommen können (Schenke u. a. 2018). Ein anderer, insbesondere in der Ausstiegsarbeit relevanter Indikator ist derjenige der Legalbewährung, also dem Nicht-Begehen von (weiteren) Straftaten. Auch hier verbergen sich verschiedene Untiefen der Bewertung. So können etwa ideologische Anbindungen an extremistische Organisationen bestehen bleiben oder sich Klienten mit ihren Aktivitäten stets knapp unterhalb der Schwelle der Straffälligkeit befinden (Koller 2020). Bleibt die Legalbewährung einziger Indikator, müsste man hier (irreführenderweise) von einem Erfolg einer Maßnahme sprechen. Ähnliches gilt auch für die Prozessqualität einer solchen Maßnahme. Im Extremfall kann man sich einen Distanzierungsprozess vorstellen, der durch die Ausübung von Druck auf den Klienten oder gar die Äußerung von Drohungen geschieht – man würde hier aber nicht von gelungener Ausstiegsarbeit sprechen, denn jene beinhaltet auch Kriterien der Prozessqualität, ethische Grundsätze und weitere Fachstandards.

Dies sind keine prinzipiellen Argumente gegen den Einsatz solcher Indikatoren – wohl aber dafür, diese und andere Untiefen im Blick zu behalten. Das heißt, im Bewertungsprozess von Programmpraxis wiederum sind Be- und Auswertung in und mit komplexen Indikatorensystemen vorzunehmen und beispielsweise durch hermeneutische und rekonstruktive Methoden zu ergänzen. Auch in dieser Hinsicht ist die Funktion von Evaluationen nicht nur die Anwendung vordefinierter Instrumente und Indikatoren oder deren (Weiter-) Entwicklung, sondern sie liegt vielmehr in der Auswahl geeigneter Maßstäbe. Diese basiert auf der Reflexion über Stärken und Schwächen sowie auch in der Information der verschiedenen Stakeholder über Leistungen und Grenzen von Evaluationsverfahren und den in ihnen getroffenen Bewertungen. Evaluationen müssen – das dürfte bereits an den kursorischen Beispielen deutlich geworden sein – weit mehr Bewertungskriterien im Blick haben als nur einzelne und oberflächliche Indikatoren. Evaluationsforschung steht hier in der Verantwortung, diese Komplexität mitzuführen und sich – auch angesichts mancher Konjunkturen in der Bewertung von Leistungen und Wirkungen der Kinder- und Jugendhilfe (Polutta 2019) – einer gegenstandsangemessenen Betrachtung und Bewertung verpflichtet zu sehen. Begreift man Evaluationsforschung als „Dachbegriff für die sozialwissenschaftlich begründeten systematischen Standards, Regeln und Verfahren der externen Bewertung von Gegenständen auf der Basis von empirisch validen Rekonstruktionen des Gegenstandes" (Lüders 2006, S. 50), so sollten bereits die wenigen Beispiele deutlich gemacht haben, welche Herausforderung die Herstellung von Validität/valider, komplexer Befunde und Bewertungen unter Umständen darstellen kann.

Im Grunde ist für die Bereiche Demokratieförderung, Vielfaltgestaltung und Extremismusprävention in der Evaluation auch ein Anschluss an Fachdiskurse und Forschungen zu suchen, die in der Erziehungswissenschaft und Sozialen Arbeit längst etabliert sind – etwa diejenigen zu Fachwissen und seiner Reflexion, zu Professionalität und Professionalisierung oder zur Frage der Qualität pädagogischer Arbeit und pädagogischer Einrichtungen.

Im Abschnitt über „Herausforderungen von gegenstandsangemessener Bewertungen" sind daher Artikel versammelt, die sich den aufgeworfenen Fragen entlang von jeweils spezifischen Evaluationsgegenständen widmen. So greifen Katja Schau und Frank Greuel in ihrer Analyse von Bewertungsprozessen in der Evaluation von Modellprojekten der Radikalisierungsprävention allgemein einen in der Evaluationsforschung unterbelichteten Aspekt auf: „Wie und nach welchen Kriterien wird der Evaluationsgegenstand bewertet?", und geben konkrete Einblicke in die eigene (Bewertungs-)Praxis. Tobias Roscher und Tobias Johann werfen einen Blick auf einen Teilaspekt dieser Problematik: während die Leitziele eines Programmes sich normalerweise durch eine relativ klare Definition auszeichnen, sind dessen Leitprinzipien oftmals auch in der Projektumsetzung deutlich diffuser sichtbar. Wie gehen Evauierende mit dieser Herausforderung um? Anne Brodführer, Susanne Johansson und Isabell Ziegler thematisieren in ihrem Beitrag am Beispiel der Evaluation des Programmbereiches „Stärkung des Engagements im Netz – gegen Hass im Netz" eine aktuelle Entwicklung, die in einer zunehmenden Orientierung an quantifizierbaren Outputs liegt und die Frage aufwirft, ob eine solche Bewertungsgrundlage die Bewertung anhand von Standards der Kinder- und Jugendhilfe (KJH) überlagert oder gar ersetzt. Tabea Schlimbach, Tatjana Mögling und Birgit Reißig setzen sich mit den Potenzialen eines explorativen, längsschnittlichen Zugangs bei der wissenschaftlichen Bewertung von Modellprojekten, die im Feld der Arbeits- und Unternehmenswelt tätig sind, auseinander und arbeiten jene gerade mit Blick auf die Evaluation sich in der Laufzeit verändernden Projekten und Programmen heraus.

Zur Herausforderung von Wirkungsanalysen

Eine der Aufgaben der Evaluationen in diesem Themenfeld besteht immer auch darin, teils relativ pauschal von Politik und Fachöffentlichkeit, aber auch von Teilen der (pädagogischen) Praxis an das Programm herangetragene Wirkungserwartungen zu erden und möglichst gegenstandsangemessene Evaluationsdesigns zu entwickeln, die die Programmakteure nicht an Zielen messen, die diese gar nicht erfüllen sollen/können. Die Rede von Wirkungen ist damit nicht obsolet, verlangt aber nach einer differenzierten Antwort.

In ihren immer noch maßgeblichen Überlegungen zu strukturellen und methodischen Problemen der Begleitforschung bei staatlich geförderten Modellprojekten definieren Häußler und Kollegen das Ziel politikberatender Evaluation dahingehend, ob die gesammelten Daten und Befunde Aussagen darüber zulassen, „ob die Praxiserprobung der Modelleinrichtung den formulierten Ansprüchen und intendierten Zielen gerecht wird und ob durch Veränderungen der gesellschaftlichen Einbindungen der Organisation, durch Veränderungen der Organisationsstruktur und/oder der Aufgabenstellung die Effektivität und Effizienz erhöht werden kann. Die politikberatende Evaluation muss schließlich Aussagen darüber machen, ob die Etablierung der Modelleinrichtung gegebenenfalls in veränderter Form an anderen Orten oder allgemein zu einer Reduzierung oder sogar Lösung derjenigen Probleme beitragen kann, für die sie konzipiert wurde." (Häußler u. a. 1988, S. 45)

Eine von vielen Aufgaben der wissenschaftlichen Begleitung von Modellprogrammen ist es, nicht nur diese Evidenzen erst zu sammeln, sondern – dem noch vorgängig – überhaupt Vorstellungen von den dafür heranzuziehenden Kriterien zu entwickeln: Insofern verstehen wir Evaluation immer auch als Evaluationsforschung, die idealerweise sich selbst auf einer Metaebene zum Gegenstand der Reflexion macht – diesen Metablick nehmen auch die Beiträge im Abschnitt über Wirkungsanalysen explizit ein.

Eine solche reflexive bzw. Meta-Perspektive auch auf die Evaluation des Bundesprogramms „Demokratie leben!" anzuwenden ist umso notwendiger, als dass neben den oben aufgeführten Charakteristiken des Programms auch bereits die Eigenschaften pädagogischer Praxis – welche in vielen Programmbereichen und Maßnahmen eine zentrale Rolle spielen – im Allgemeinen die Notwendigkeit methodologischer Reflexionen und Metaperspektiven verdeutlicht. Wir gehen mit Luhmann und Schorr (1982) davon aus, dass der Pädagogik notwendig ein „Technologiedefizit" innewohnt, welche im Kern darin besteht, dass – im Unterschied zu technischen oder naturwissenschaftlich ausgerichteten Handlungsfeldern – pädagogisches Handeln keine eindeutigen Kausalbeziehungen aufweist und angepasste Evaluations- und Forschungsdesigns erfordert. Bei diesem Technologiedefizit handelt es sich im Grunde aber nicht um ein Defizit im eigentlichen Sinne, sondern um ein Charakteristikum menschlichen Handelns überhaupt, das den Menschen von der Maschine unterscheidet. Bestimmte Auffassungen zu und Engfassungen von (Wirkungs-) Evaluation (etwa im Sinne sogenannter rigorous impact evaluations), die diesen Umstand nicht berücksichtigten, weil sie paradigmatisch davon ausgehen, dass Wirkungen kausal und objektiv erfassbar sind, laufen Gefahr, ihrem Gegenstand, also der (sozial-)pädagogischen Praxis, nicht nur mit unpassenden Designs zu begegnen, sondern im schlimmsten Fall auch dazu beizutragen, Evaluationen, Förderprogramme und Implementationsprozesse so zu gestalten, dass sie sukzessive den Charakter (sozial-)pädagogischer Praxis zugunsten einer (vermeintlichen) Manualisierbarkeit beeinflußt, die Träger und Angebotsvielfalt „entreichert" (Zimmermann/König 2018, S. 26) oder gar zum Verschwinden bringt: „Eine standardisierte Wirkungsmessung ist (nicht nur) gegenüber einem solchen Forschungs- bzw. Evaluationsgegenstand kein ‚neutrales' Instrument, sondern würde in der Herstellung der Messgrundlage quasi en passant den sozialpädagogischen Charakter der Intervention beeinflussen, im schlimmsten Fall gar zerstören" (Milbradt 2018), nämlich vor allem dann, wenn sie zu einer unangemessenen Standardisierung der Intervention führt. Hinzu kommt, dass die Versprechungen sogenannter Randomized Controlled Trials, für eine klare und unmissverständliche Wissensgrundlage über (kausale) Wirkungen (sozial-)pädagogischer Praxis zu sorgen, bisher nicht eingelöst wurden, wie Holger Ziegler in seiner kritischen Aufarbeitung entsprechener Bemühungen zeigt (Ziegler 2019). Ziegler macht wenig Hoffnung, dass sich dies ändern wird, da die Gründe für das Scheitern systematischer Natur seien: eine Replizierbarkeit sei nicht gegeben und Wirkungen lediglich für das jeweilige Experimentaldesign beschreibbar (Ziegler 2019, S. 87). Dies kann jedoch nicht bedeuten, die Analyse von Wirkungen in den hier zu Debatte stehenden Handlungsfeldern zu unterlassen – es wird jedoch nochmals deutlicher, dass auf diese Fallstricke mit weiterentwickelten und angepassten Evaluationsdesigns geantwortet werden muss.

Neben Maßnahmen, die beabsichtigen, mit pädagogischen Mitteln auf Haltungen und das Handeln von Menschen im Sinne von Distanzierung, Deradikalisierung und Prävention zu wirken, finden sich in den Programmen auch Programmbereiche und Maßnahmen, die strukturbezogene Wirkungen intendieren. Diese zielen z. B. auf eine Demokratisierung des Gemeinwesens, den Aufbau von (Beratungs-)Strukturen oder die Förderung der Strukturentwicklung zum bundeszentralen Träger. Unmittelbar einsichtig ist, dass sich, auch jenseits pädagogischen Handelns, nämlich auch in Bezug auf strukturelle Veränderungen z. B. angesichts der Vielzahl an Einflussfaktoren Herausforderungen stellen, Wirkungen kausal festzustellen.

Auch diese Erkenntnis ist kein Plädoyer dafür, auf die Analyse von Wirkungen im Feld der Vielfaltgestaltung, Demokratieförderung und Extremismusprävention zu verzichten. Denn pädagogisches wie auch auf Strukturveränderungen bezogenes Handeln beinhaltet per definitionem auch Wirkungserwartungen. So intendieren Bildungsprozesse etwa in Projekten der Demokratieförderung selbstverständlich, beispielsweise bei ihren jugendlichen Adressatinnen und Adressaten durch die Vermittlung von Wissen und Kompetenzen zur Herausbildung politischer Mündigkeit beizutragen. Im Bereich der Radikalisierungsprävention geht es wirkungsbezogen darum, das weitere Abdriften gefährdeter Jugendlicher in extremistische Szenen zu verhindern. Im Unterschied zu naiven Vorstellungen von Kausalität denkt eine reflexive Form der Wirkungsevaluation mit, dass sie es bei Wirkungen von pädagogisch ausgerichteten

Modellprojekten nicht mit Kausalitäten im naturwissenschaftlichen Sinne zu tun hat, sondern diese als variable (wenn auch nicht: willkürliche) „kriteriengeleitete Beschreibungen von Zusammenhängen zwischen Ursachen und später auftretenden Wirkungen" (Lüders/Haubrich 2006, S. 10) beschreibt. Die Sichtbarkeit von Wirkungen ist abhängig von Methoden und zugrundeliegenden Begriffen, mithin also von der Beobachtungsperspektive. Insofern sind Wirkungsuntersuchungen immer auch Modellierungen von Wirkannahmen und -mechanismen. Daher sollten neben quantitativen auch qualitative Methoden ihren festen Platz in den Evaluationsdesigns haben, denn sie können in besonderem Maße verwendet werden, „um festzustellen, was als Erfolg einer Maßnahme gewertet werden kann" (Kelle/Erzberger 2006, S. 299), und dies nicht einfach deduktiv vorauszusetzen. Die immensen Herausforderungen, die die Evaluation von sich im Programmverlauf verändernden und durch rekursive Prozesse zwischen den Programmakteuren gekennzeichneten Modellprogrammen mit sich bringt, hat beispielsweise die Entwicklung einer rekonstruktiven Programmtheorie-Evaluation angeregt, die der „Entwicklungsdynamik von Programmen im zeitlichen Verlauf Rechnung trägt und davon ausgeht, dass sich das Gesamtprogramm im Wechselwirkungsprozess zwischen den Implementationsformen auf der Projektebene und einer sukzessiven Konkretisierung der Programmdimensionen über Aushandlungsprozesse der Programmbeteiligten konstituiert" (Haubrich 2009, S. 305 f.).

Dass Evaluationen allerdings vor größeren gegenstandsbezogenen, methodologischen und methodischen Herausforderungen stehen, wird im Laufe der verschiedenen Artikel deutlich. Einen vertieften Blick in den „Innenraum" von Evaluationen komplexer Programme und deren Umgang mit Wirkungsuntersuchungen werfen Ursula Bischoff, Frank König und Eva Zimmermann. Sie zeichnen in historischer Perspektive die Komplexität von individuums- und strukturbezogenen Wirkungsuntersuchungen am Beispiel der Programmevaluationen der Bundesprogramme „VIELFALT TUT GUT", „kompetent. für Demokratie" und „TOLERANZ FÖRDERN – KOMPETENZ STÄRKEN" nach. Eine weitere typische Herausforderung für Evaluation ist, dass Projekte und Träger nicht einfach bestehende Ansätze beispielsweise der Demokratieförderung anwenden, sondern im Verlauf der Programmlaufzeit Angebote und Strukturen erst entwickeln sollen. Dies macht Wirkungsuntersuchungen äußerst voraussetzungsreich und ist einer der Gründe, warum komplexe Evaluationsdesigns notwendig sind. Franziska Heinze, Frank König, Stefanie Reiter und Ellen Schroeter widmen sich mit der Erarbeitung von Wirkmodellen als Vorbereiter von Wirkungserhebungen dieser Herausforderung. Der Beitrag reflektiert die Potenziale logischer Modellierungen für die Rekonstruktion von Ziel-Interventions-Zusammenhangsannahmen und deren Nutzung für die Erhebung von „Resonanzen" von Akteurshandeln in der Programmumsetzung. Das evaluierte Programm „Demokratie leben!" zeichnet sich weiterhin und daran anschließend durch eine kaum vorhandene Standardisierung pädagogischer Ansätze aus. Die empirische Modellierung von Wirkmechanismen pädagogischer Praxis, so Langner, Grunow und Schott in ihrem Artikel, ermögliche es zum einen, die Praxis der auf vielfältige Weise unterschiedlichen Projekte abstrakt zu beschreiben und einen strukturierten Einblick in die pädagogische Arbeit der Projekte zu geben. Zum anderen eröffne diese Modellierung in der Wirkungsuntersuchung einen Blick auf die Ebenen möglicher Wirkungen und auf die kontextuellen Rahmenbedingungen der Praxis. Dabei werden Möglichkeiten und Grenzen verschiedener Erhebungsansätze und -methoden vorgestellt. Es wird gezeigt, dass sich über die Jahre in der Evaluation der einschlägigen Programme in einem nonformalen kumulativen Lernprozess ein bestimmtes Verständnis von Wirkungen und eine eigene, auf empirische Erfahrungen gestützte Methodologie von Wirkungserfassung in multimethodischen und multiperspektivischen Designs etabliert hat. Nicht nur das Programm und seine Projekte, sondern auch deren Kontext spielt in der Evaluation eine erhebliche Rolle. Sabine Behn, Kari-Maria Karliczek und Daniel Schnarr argumentieren, dass (quasi-)experimentelle Designs und variablenorientierte Forschung Kontexte stark vereinfachen oder gar ignorieren. Der Einsatz von Qualitative Comparative Analysis (QCA), so das Autorenteam, ermögliche es, den Kontext in seiner Komplexität abzubilden und in einen systematischen Zusammenhang mit Handlungsstrategien zu setzen. Ein weiterer Beitrag von Jan Sassmanshausen und Irina Bohn zeichnet nach, wie mit einem vorwiegend quantitativen Evaluationsdesign der hochkomplexe Programmbereich der „Partnerschaften für Demokratie“ evaluiert werden kann und setzt sich an diesem Beispiel mit den Möglichkeiten und Grenzen evidenzbasierter Evaluation auseinander.

Herausforderungen der Kooperation zwischen Wissenschaft, Praxis und Politik

Neben den genannten Herausforderungen des Bewertens und der Wirkungsanalyse kommt den Herausforderungen der Kooperation zwischen Wissenschaft, Praxis und Politik ein großer Stellenwert zu. Gerade die Funktion des Bewertens und der Formulierung praxis- und steuerungsrelevanter Empfehlungen sind Elemente, die Evaluation von Grundlagenforschung unterscheiden, wenn auch nicht trennscharf abgrenzen. Oftmals wird von Evaluationen erwartet, „hinreichende Informationen darüber zu erhalten, ob und warum eine bestimmte sozialpolitische Maßnahme geeignet ist, zur Lösung gesellschaftlicher Probleme beizutragen bzw. warum sie das nicht ist“ (Häußler u. a. 1988, S. 34). Eine wesentliche Herausforderung für Evaluationen auch im Bereich der Demokratieförderung, Vielfaltgestaltung und Extremismusprävention ist sicherlich, dass in ihrem Verlauf mehrere funktional differenzierte Teilsysteme (Politik, Wissenschaft, die Praxis, z. B. Erziehungs- bzw. Hilfesystem, Kommunen, Verwaltungen etc.), „die jeweils unterschiedliche Handlungslogiken, Organisationskulturen und Ziele haben, zusammentreffen. Dies hat Auswirkungen auf die Zusammenarbeit, die von unterschiedlichen, teils divergierenden Erwartungen und Sichtweisen geprägt sein kann" (Milbradt 2019). Im Grunde bedeutet dies, dass den Evaluationen auch eine Übersetzungsfunktion zukommt. In Anlehnung an die oben genannten Beispiele der Bewertung von Ausstiegsprozessen aus dem extremistischen Milieu kann dies beispielsweise heißen, in der empirischen Operationalisierung ein besonderes Augenmerk auf die Erforschung der Logik der Praxis zu legen und neben theoriebasierten und politisch geäußerten Wirkungs- und Zielerreichungserwartungen auch diejenigen der Praktikerinnen und Praktiker einzubeziehen, aufzubereiten und in die Bewertung einfließen zu lassen.

Böttcher, Dicke und Ziegler (2009, S. 15) beschreiben pointiert, dass beispielsweise das von der Evaluation erzeugte Wissen allein schon deshalb problematisch sein kann, weil es „Handlungen als zwingend erscheinen lassen würde, die politisch nicht durchsetzbar oder nicht bezahlbar sind". Und bereits 1988 formulieren Dietzel und Troschke in Bezug auf die Evaluation von Bundesmodellprogrammen, dass Konflikte entstehen, „wenn beispielsweise die methodischen und zeitlichen Möglichkeiten der Sozialforscher den zeitlichen Vorstellungen der politischen Entscheidungsträger widersprechen" (Dietzel/Troschke 1988, S. 46). In dieser Hinsicht fordern Armborst u. a. (2018, S. 25), dass angesichts des langfristigen Charakters von Ausstiegs- und Distanzierungsprozessen (zu ergänzen wäre, dass dies gleichermaßen auf politische Bildungsprozesse zutrifft) sowohl Präventionsarbeit als auch ihre Evaluation langfristig ausgerichtet und entsprechend finanziell ausgestattet sein sollten. Mit Möller (2012, S. 102) ließe sich hinzufügen, dass auch der Aufbau einer belastungsfähigen „Struktur und Kultur der Wissenschaft-Praxis-Kooperation" sinnvoll sein kann.

Ein den Sammelband abschließender Teil widmet sich den hier umrissenen Herausforderungen der Kooperation zwischen Wissenschaft, Praxis und Politik. Ausgehend von subjektiven Erfahrungen der Evaluierenden, dass in Evaluationssettings, bspw. in Erhebungssituationen, auch Rollen und damit verbundene Handlungserwartungen an Evaluierende kommuniziert und/oder implizit verhandelt werden, widmen sich Franziska Heinze und Stefanie Reiter der Frage, wie diese subjektiven Erfahrungen systematisch herausgearbeitet und transparent gemacht werden können. Anhand einer rekonstruktiven Sekundäranalyse empirischen Materials aus der wissenschaftlichen Begleitung werden Orientierungsmuster von befragten Akteuren in Bezug auf Evaluation und Evaluierende vorgestellt. Und schließlich schreiben Laura Ceresna-Chaturvedi, Moritz Fedkenheuer, Alina Goldbach und Till Sträter über ihre Erfahrungen mit Ansätzen partizipativer Evaluation sowie der Verknüpfung mit einer wirkungsorientierten Perspektive im Programmbereich „Zusammenleben in der

Einwanderungsgesellschaft". Der Beitrag argumentiert, dass eine partizipative Gestaltung von Evaluation im Sinne einer strukturierten Einbindung von Projektbeteiligten in den Evaluationsprozess dazu beitragen kann, die Akteure für wirkungsorientiertere Projektarbeit zu sensibilisieren. So kann eine intensive Auseinandersetzung mit den Wirkannahmen eines Projektes und deren Bedingungen die Modellprojekte bei der systematischen Reflexion ihrer Outcomes, und darüber hinaus bei der Entwicklung von Verstetigungsstrategien, unterstützen.

Aus der Evaluationsperspektive Wissen für den Bereich der modellhaften Förderung von Vielfalt, Demokratie und Extremismusprävention bereitzustellen und zu reflektieren ist Anliegen dieses Bandes. Mit der vorliegenden Publikation versammelt die Programmevaluation „Demokratie leben!" Befunde der Evaluation und Metaperspektiven auf das Handlungsfeld, die nicht nur dazu beitragen sollen, Erkenntnisse über das unmittelbare Handlungsfeld zu sammeln und zu verbreiten. Der Band ermöglicht sowohl Praktikerinnen und Praktikern der Demokratieförderung, Vielfaltgestaltung und Extremismusprävention als auch in Politik und Administration Tätigen darüber hinaus einen tiefen Einblick in Herausforderungen von Evaluationen als auch in deren Bearbeitung. Ziel des Bandes ist es letztlich, zur Weiterentwicklung von Evaluation (nicht nur) der Bundesprogramme zur Demokratieförderung, Vielfaltgestaltung und Extremismusprävention beizutragen sowie auch die Weiterentwicklung dieser Programme zu unterstützen. Die hier versammelten Beiträge eint dabei ein Verständnis, dass Evaluationen nicht ausschließlich standardisiert erfolgen können, sondern spezifisch an den Gegenstand angepasst werden müssen. Insofern spiegelt die Unterschiedlichkeit der Beiträge auch die Komplexität gegenstandsangemessener Evaluationen.

Literatur

Armborst, Andreas/Biene, Janusz/Coester, Marc/Greuel, Frank/Milbradt, Björn/Nehlsen, Inga (2018): Evaluation in der Radikalisierungsprävention: Ansätze und Kontroversen. PRIF Report. 11/2018. Frankfurt (Main)

Baron, Philip/Drücker, Ansgar/Seng, Sebastian (Hrsg.) (2018): Das Extremismusmodell. Über seine Wirkungen und Alternativen in der politischen (Jugend-)Bildung und der Jugendarbeit. Düsseldorf

Bischoff, Ursula/Bollmann, Martin/König, Frank/Menge, Claudia/Reiter, Stefanie (2015a): Erster Bericht: Landes-Demokratiezentren. Programmevaluation „Demokratie leben!". Zwischenbericht für den Zeitraum 01.01.2015 bis 31.12.2015. Halle (Saale)

Bischoff, Ursula/Heinze, Franziska/König, Frank/Reiter, Stefanie (2015b): Erster Bericht: Strukturentwicklung bundeszentraler Träger. Programmevaluation „Demokratie leben!" Zwischenbericht für den Zeitraum 01.01.2015 bis 31.12.2015. Halle (Saale)

Böhnisch, Lothar/Fritz, Karsten/Seifert, Thomas (Hrsg.) (1997): Das Aktionsprogramm gegen Aggression und Gewalt AgAG – Die wissenschaftliche Begleitung. Ergebnisse und Perspektiven. Münster

Böttcher, Wolfgang/Dicke, Jan Nikolas/Ziegler, Holger (2009): Erziehungswissenschaft, Bildungspolitik und Bildungspraxis. Anmerkungen zu einem schwierigen Verhältnis. In: dies. (Hrsg.): Evidenzbasierte Bildung. Wirkungsevaluation in Bildungspolitik und pädagogischer Praxis. Münster u. a., S. 7–23

Bundesministerium für Familie, Senioren, Frauen und Jugend (BMFSFJ) (Hrsg.) (2016): Strategie der Bundesregierung zur Extremismusprävention und Demokratieförderung. Berlin

Ceylan, Rauf/Kiefer, Michael (2018): Radikalisierungsprävention in der Praxis. Antworten der Zivilgesellschaft auf den gewaltbereiten Neosalafismus. Wiesbaden

Dietzel, Gottfried T. W./Troschke, Jürgen von (1988): Begleitforschung bei staatlich geförderten Modellprojekten. strukturelle und methodische Probleme. Stuttgart u. a.

Figlestahler, Carmen/Greuel, Frank/Grunow, Daniel/Langner, Joachim/Schau, Katja/Schott, Marco/Zierold, Diana/Zschach, Maren (2019): Vierter Bericht: Modellprojekte E. Programmevaluation „Demokratie leben!“ Wissenschaftliche Begleitung der Modellprojekte zur Radikalisierungsprävention. Zwischenbericht 2018. Halle (Saale)

Frindte, Wolfgang/Geschke, Daniel/Haußecker, Nicole/Schmidtke, Franziska (Hrsg) (2016): Rechtsextremismus und „Nationalsozialistischer Untergrund“. Interdisziplinäre Debatten, Befunde und Bilanzen. Wiesbaden

Greuel, Frank/Langner, Joachim/Leistner, Alexander/Roscher, Tobias/Schau, Katja/Steil, Armin/Zimmermann, Eva/Bischoff, Ursula (2015): Erster Bericht: Modellprojekte. Programmevaluation „Demokratie leben!“ Wissenschaftliche Begleitung der Modellprojekte zu GMF, Demokratiestärkung und Radikalisierungsprävention. Zwischenbericht für den Zeitraum 01.01.2015 bis 31.12.2015. Halle (Saale)

Grunow, Daniel (2020): Bundesprogrammförderung zur Prävention von Linksextremismus und linker Militanz. In Meinhardt, Anne-Kathrin/Redlich, Birgit (Hrsg.): Linke Militanz. Pädagogische Arbeit in Theorie und Praxis. Frankfurt (Main), S. 138–149

Haubrich, Karin (2009): Sozialpolitische Innovationen ermöglichen. Die Entwicklung rekonstruktiver Programmtheorie-Evaluation am Beispiel der Modellförderung in der Kinder- und Jugendhilfe. Münster u. a.

Häußler, Monika/Stößel, Ulrich/Troschke, Jürgen von/Walterspiel, Gabriele/Wetterer, Angelika (1988): Konzepte und Erkenntnisinteressen der wissenschaftlichen Begleitforschung von Modelleinrichtungen. In: Dietzel, Gottfried T. W./Troschke, Jürgen von (Hrsg.): Begleitforschung bei staatlich geförderten Modellprojekten – strukturelle und methodische Probleme. Stuttgart u. a., S. 31–105

ISS e.V. (2019): Abschlussbericht zum Berichtszeitraum 01.01.2015 – 31.12.2019 der Wissenschaftlichen Begleitung des Programmbereichs „Partnerschaften für Demokratie“ im Programm „Demokratie leben!“. Frankfurt (Main)/Berlin

Kelle, Udo/Erzberger, Christian (2006): Stärken und Probleme qualitativer Evaluationsstudien – ein empirisches Beispiel aus der Jugendhilfeforschung. In: Flick, Uwe (Hrsg.): Qualitative Evaluationsforschung. Konzepte – Methoden – Umsetzungen. Reinbek bei Hamburg, S. 284–301

Koller, Sofia (2020): Issue Paper: Good Practices in Evaluating Tertiary PVE Programs. German Council on Foreign Relations. Berlin

Lüders, Christian/Milbradt, Björn/Gess, Christopher/Mewes, Alexander (2020): Die Bundesebene – Bundesprogramme zur Demokratieförderung und Extremismusprävention. In Bundeskriminalamt (Hrsg.): Handbuch Extremismusprävention. Wiesbaden, S. 443–454

Lüders, Christian/Haubrich, Karin (2006): Wirkungsevaluation in der Kinder- und Jugendhilfe: über hohe Erwartungen, fachliche Erfordernisse und konzeptionelle Antworten. In: Projekt eXe (Hrsg.): Wirkungsevaluation in der Kinder- und Jugendhilfe. Einblicke in die Evaluationspraxis. München, S. 5–25

Luhmann, Niklas/Schorr, Karl Eberhard (1982): Das Technologiedefizit der Erziehung und die Pädagogik. In: Dies. (Hrsg.): Zwischen Technologie und Selbstreferenz. Fragen an die Pädagogik. Frankfurt (Main), S. 11–41

Luhmann, Niklas (1987): Soziale Systeme. Grundriss einer allgemeinen Theorie. Frankfurt (Main)

Lynen von Berg, Heinz/Roth, Roland (Hrsg.) (2003): Maßnahmen und Programme gegen Rechtsextremismus wissenschaftlich begleitet. Aufgaben, Konzepte und Erfahrungen. Wiesbaden

Lynen von Berg/Palloks, Kerstin/Steil, Armin (2007): Interventionsfeld Gemeinwesen. Evaluation zivilgesellschaftlicher Strategien gegen Rechtsextremismus. Weinheim und München

Milbradt, Björn (2018): Ein Plädoyer für gegenstandsangemessene Evaluationsforschung. Verfügbar unter https://www.bpb.de/politik/extremismus/radikalisierungspraevention/273355/ein-plaedoyer-fuer-gegenstandsangemessene-evaluationsforschung (26.4.2020)

Milbradt, Björn (2019): (Neue) Evaluationskultur in der Radikalisierungsprävention? Forschungsmethoden, Akteurskonstellationen und Logik(en) der Praxis. Verfügbar unter https://www.bpb.de/politik/extremismus/radikalisierungspraevention/289847/neue-evaluationskultur-in-der-radikalisierungspraevention (26.4.2020)

Milbradt, Björn/Schau, Katja/Greuel, Frank (2019): (Sozial-)pädagogische Praxis im Handlungsfeld Radikalisierungsprävention – Handlungslogik, Präventionsstufen und Ansätze. In: Claudia Heinzelmann/Erich Marks (Hrsg.): Prävention & Demokratieförderung. Gutachterliche Stellungnahmen zum 24. Deutschen Präventionstag, S. 141–180

Möller, Kurt (2003): Aktuelle politische Programme und Aktivitäten der pädagogischen und sozialarbeiterischen Bekämpfung von Rechtsextremismus und Fremdenfeindlichkeit – eine kritische Zwischenbilanz. In: Lynen von Berg, Heinz/Roth, Roland (Hrsg.): Maßnahmen und Programme gegen Rechtsextremismus wissenschaftlich begleitet. Aufgaben, Konzepte und Erfahrungen. Wiesbaden, S. 27–51

Möller, Kurt (2012): Der Dritte Raum: Möglichkeiten zu gestaltungsorientierter Grundlagenforschung in Wissenschaft-Praxis-Kooperation. In: Unzicker, Kai/Hessler, Gudrun (Hrsg.): Öffentliche Sozialforschung und Verantwortung für die Praxis. Zum Verhältnis von Sozialforschung, Praxis und Öffentlichkeit. Wiesbaden, S. 85–109

Patton, Michael (2011): Developmental Evaluation: Applying Complex-ity Concepts to Enhance Innovation and Use. New York

Polutta, Andreas (2019): Diskursanalytische Perspektiven zu Wirkung und Wirkungsforschung. In: Begemann, Maik-Carsten/Bleck, Christian/Liebig, Reinhardt (Hrsg.): Wirkungsforschung zur Kinder- und Jugendhilfe. Grundlegende Perspektiven und arbeitsfeldspezifische Entwicklungen. Weinheim/Basel, S. 22–45

Roth, Roland/Lynen von Berg, Heinz/Benack, Anke (2003): Programme und Maßnahmen gegen Rechtsextremismus und Fremdenfeindlichkeit – Fragen und Anmerkungen zu ihrer wissenschaftlichen Begleitung. In: Lynen von Berg, Heinz/Roth, Roland (Hrsg.): Maßnahmen und Programme gegen Rechtsextremismus wissenschaftlich begleitet. Aufgaben, Konzepte und Erfahrungen. Wiesbaden, S. 5–27

Schenke, Julian/Schmitz, Christopher/Marg, Stine/Trittel, Katharina (2018): Pegida-Effekte? Jugend zwischen Polarisierung und politischer Unberührtheit. Bielefeld

Strobl, Rainer/Lobermeier, Olaf/Heitmeyer, Wilhelm (2012) (Hrsg.): Evaluation von Programmen und Projekten für eine demokratische Kultur. Wiesbaden

Vormbusch, Uwe (2019): Sozialkalkulation. Zur Ausweitung des Bewertungshorizonts in der Gegenwartsgesellschaft. In: Nicolae, Stefan/Endreß, Martin/Berli, Oliver/Bischur, Daniel (Hrsg.): (Be)Werten. Beiträge zur sozialen Konstruktion von Wertigkeit. Wiesbaden, S. 23–45

Ziegler, Holger (2019): Evidenzbasierte Praxis – Zum missglückten Versuch sozialpädagogische Praxis auf dem Fundament empirischer Wirkungsforschung anzuleiten. In: Begemann, Maik-Carsten/Bleck, Christian/Liebig, Reinhard (Hg.): Wirkungsforschung zur Kinder- und Jugendhilfe. Grundlegende Perspektiven und arbeitsfeldspezifische Entwicklungen. Weinheim Basel, S. 68–100

Zimmermann, Eva/König, Frank (2018): Wie wirkt politische Bildung? Wege zur Erfassung von Wirkungen und Wirkungsbedingungen in der politischen Bildung. In: Journal für Politische Bildung, H. 3, S. 22–26

Allgemeiner Teil: Evaluationen im Bereich der Demokratieförderung, Vielfaltgestaltung und Extremismusprävention

1 Die Programmevaluation – Annäherung an eine Unbekannte

Zur Entwicklung der Programm(dach)evaluation in den Bundesprogrammen der Extremismusprävention und Demokratieförderung des BMFSFJ

Ursula Bischoff, Frank König, Stefanie Reiter

1.1 Einleitung

Alle seit dem Jahr 2001 aufgelegten Bundesprogramme zur Demokratieförderung und Extremismusprävention sind evaluiert worden. Aufgrund der sich stetig verändernden Strukturen dieser Programme und der Vielzahl an immer wieder neuen Themen und Akteurinnen sowie Akteuren erprobten die mit der Evaluation beauftragten Institutionen hierbei verschiedene Vorgehensweisen; das betraf sowohl die Anlage der Evaluation als auch ihre konkrete Umsetzung. Aus einer die Programme übergreifenden Perspektive betrachtet, lässt sich die Geschichte dieser Evaluationen als Prozess ihrer versuchten Harmonisierung einerseits und ihrer Diversifizierung andererseits beschreiben.

In dem Maße, in dem sich die Programme ausdifferenziert haben, hat sich auch deren Evaluation vervielfältigt. Die ersten beiden Programme des Bundesministeriums für Familie, Senioren, Frauen und Jugend „CIVITAS“ und „entimon“ unter dem Dach des Aktionsprogramms „Jugend für Toleranz und Demokratie“ (2001–2006) wurden getrennt voneinander von nur zwei Evaluationsteams untersucht. Dagegen setzte sich zehn Jahre später die Evaluation der ersten Förderphase von „Demokratie leben!“ (2015–2019) aus elf Teams zusammen, die weitgehend unabhängig voneinander jeden der zehn Programmbereiche untersucht haben.[1] Diese als wissenschaftliche Begleitung (wB) bezeichneten Arbeitseinheiten wurden durch eine zwölfte ergänzt: die sogenannte Programmevaluation (PE).[2]

---

1 Für einen der zehn Programmbereiche waren zwei Evaluationsteams zuständig.

2 Die Ergebnisse der Arbeit aller wB sind zum einen als Berichte veröffentlicht. Für diese fungiert die online verfügbare „Vielfalt“-Mediathek als Repositorium (www.vielfalt-media-

Die Aufgabe der PE war und ist es, aus einer die einzelnen Programmbestandteile übergreifenden Perspektive auf das Gesamtgebilde der jeweiligen Bundesprogramme zu schauen. Eine solche Programmevaluation wurde erstmals mit Start der Programme „VIELFALT TUT GUT" (VTG) und „kompetent. für Demokratie" (KFD) (2007–2010) eingerichtet, da die Verantwortlichen im BMFSFJ bei der Auswertung der Ergebnisse der Evaluationen von „entimon" und „CIVITAS" das Fehlen einer Instanz feststellten, die die Ergebnisse zu beiden Programmen hinsichtlich ihrer Leistungsfähigkeit bei der Bearbeitung von Rechtsextremismus u. a. zusammenführen und vergleichen konnte (Obst 2006, S. 66 f.; so auch Hafeneger 2003, S. 247).[3] Außerdem war in Bezug auf die beiden parallellaufenden Programme die Frage offengeblieben, inwieweit die daraus geförderten Akteurinnen und Akteure sich bei ihrer Arbeit entweder aufeinander beziehen und zusammenarbeiten oder möglicherweise nebeneinanderher agieren.

Seither erfolgt die Evaluation der Bundesprogramme beinahe durchgängig durch einerseits mehrere Teams, die für einzelne Programmbereiche verantwortlich sind (wissenschaftliche Begleitungen)[4] und andererseits ein Team der Programmevaluation.

---

thek.de). Zum anderen haben die daran beteiligten Wissenschaftlerinnen und Wissenschaftler ihre aus der wissenschaftlichen Programmbegleitung gewonnen Erkenntnisse auch in Buch- und Zeitschriftenpublikationen veröffentlicht (u. a. Lynen von Berg/Roth 2003; Glaser/Schuster 2007; Strobl/Lobermeier/Heitmeyer 2012). Einschränkend ist für diese Literatur allerdings zu konstatieren, dass sie ausschließlich Ergebnisse der wissenschaftlichen Begleitungen zu den einzelnen Programmbereichen beinhaltet. Eine übergreifende Perspektive auf die jeweiligen Gesamtprogramme, wie sie die Programmevaluation leistet, findet sich jenseits der Berichte nicht.

3 Dazu, dass entsprechende Überlegungen dann letztlich in die Einrichtung einer PE mündeten, hat konzeptionell das eXe-Projekt am Deutschen Jugendinstitut (DJI) beigetragen, das sich mit Grundsatzfragen der Evaluation in der Kinder- und Jugendhilfe beschäftigte (Obst 2006, S. 66).

4 Das Begriffspaars Evaluation und wissenschaftliche Begleitung bezieht sich im Kontext dieser Bundesprogramme auf die Evaluation des Gesamtprogramms einerseits und die mit einzelnen Bestandteilen der Programme betrauten Teams der „wissenschaftlichen Begleitung" andererseits. Dabei kann insbesondere die Verwendung des Begriffs wB im hier behandelten Kontext irreführend sein. In der wissenschaftlichen Literatur ist die Auffassung gängig, dass es sich bei wissenschaftlicher Begleitung im eigentlichen Sinne um eine die Praxis begleitende empirische Forschung handelt, die sich insbesondere bei der Bewertung ihrer Untersuchungsgegenstände zurückhält. Dagegen wohnt Evaluation per Definition eine Bewertungsfunktion inne und sei es „nur" in Form eines Soll-Ist-Vergleichs (Kromrey 2007). Alle hier behandelten wB bedienten und bedienen diese Funktion, sind also Evaluationen. In der Evaluationspraxis der Bundesprogramme hat sich die Verwendung des Begriffs wB gleichwohl eingebürgert. Eindeutiger wäre wahrscheinlich der Begriff Programmkomponentenevaluation, in Abgrenzung zur Programm(dach)evaluation. Zur besseren Lesbarkeit wird jedoch die etablierte Bezeichnung wB in Abgrenzung zu PE verwendet.

Um den zentralen Unterschied zwischen wB und PE zu verstehen, ist es empfehlenswert, sich zunächst die Struktur der hier behandelten Bundesprogramme zu vergegenwärtigen. Diese lassen sich als pyramidale Gebilde begreifen, die aus mehreren Ebenen bestehen (vgl. Abb. 1.1): Die Spitze bildet das Programmdach bzw. das (Gesamt-)Programm als inhaltlicher und finanzieller Rahmen, unter dem mehrere Programmkomponenten (Bereiche, Säulen, (Themen-)Cluster o. Ä.) versammelt sind. Letztere repräsentieren die verschiedenen Arbeitsbereiche des jeweiligen Programms, konkretisieren die zumeist eher abstrakten Programm(dach)ziele und stecken die konkreten Handlungsfelder ab, in denen die im Programm geförderten Träger tätig werden sollen. Beispiele für solche Handlungsfelder sind die Beratungsarbeit zum Umgang mit Rechtsextremismus, kommunale Präventionsstrukturen und -strategien gegen Islamismus oder die Entwicklung und Erprobung neuer Methoden für die Stärkung von Demokratiekompetenzen bei Jugendlichen. In jedem Programm- bzw. Arbeitsbereich erhalten in der Regel mehrere Träger für konkrete Projekte und Maßnahmen finanzielle Unterstützung, um die sie sich bewerben mussten und die als eine eigene Ebene eines Programms gefasst werden können.

Die Hauptaufgabe der wissenschaftlichen Begleitungen ist es, die Arbeit der geförderten Träger zu untersuchen und mindestens Aussagen darüber zu treffen, inwieweit die Ziele des jeweiligen Programmbereichs (bzw. der Säule, des Clusters) erreicht werden und – sofern realisierbar – auch die Wirkungen der geförderten Maßnahmen nachzuweisen. Das geschieht, indem sie die Träger beispielsweise zu ihrer Arbeit sowie deren Adressatinnen und Adressaten, zu ihren Eindrücken oder dem Zugewinn an Wissen und Können befragt, die sie z. B. aus dem Besuch einer Veranstaltung gewonnen haben. Aus den so erhobenen Daten lassen sich dann sowohl Schlüsse über die Qualität und den Erfolg einzelner Projekte ziehen als auch generalisierend beurteilen, wie ertragreich die Arbeit im jeweiligen Programmbereich gewesen ist und was dafür jeweils ausschlaggebend war.

Die Programmevaluation interessiert sich hingegen nicht direkt für die Arbeit der einzelnen Träger und die umgesetzten Projekte. Sie geht stattdessen Fragen nach, die sich auf das Programm(dach) und die Programmbereiche in ihrer Gesamtheit beziehen. Wie schon angeklungen ist, schaut sie sich dabei unter anderem an, was die einzelnen Programmbereiche zur Bearbeitung der vom Programm(dach) vorgegebenen Themen und Ziele beitragen, beispielsweise wie neue Phänomene in die Arbeit der Programmbereiche integriert werden. Dazu vergleicht sie die Ergebnisse der wissenschaftlichen Begleitungen für die einzelnen Arbeitsbereiche miteinander.

Von zentraler Bedeutung ist für die PE auch die Frage, inwieweit die in einem Programm geförderten Akteurinnen und Akteure über die Grenzen ihrer Programmbereiche hinaus zusammenarbeiten. Eine weitere PE-Aufgabe ist es, dafür zu sorgen, dass bestimmte Fragen, die für die Bewertung eines Programms in seiner Gesamtheit wichtig sind, in allen Programmbereichen untersucht und beantwortet werden. Dabei geht es z. B. darum zu klären, inwieweit funktionierende Strukturen implementiert werden oder welchen Beitrag diese zur Demokratieförderung leisten. Zudem interessierte sich die PE für die Nachhaltigkeit und die Wirksamkeit der Programmförderung. Dabei betrachtet sie nicht, wie wirksam und nachhaltig die Arbeit einzelner Träger ist, sondern sie analysiert aus ihrer die Programmbereiche übergreifenden Perspektive, inwieweit sich im Vergleich der einzelnen Bereiche besondere Ausprägungen von Wirksamkeit oder Nachhaltigkeit zeigen. Das alles zielt darauf ab, dem Programmgeber Hinweise zu geben, in welche Richtung das jeweilige Programm weiterentwickelt oder gegebenenfalls grundlegend verändert werden sollte.

Abb. 1.1: Programmstruktur und Zuständigkeiten der Evaluation und der wissenschaftlichen Begleitung

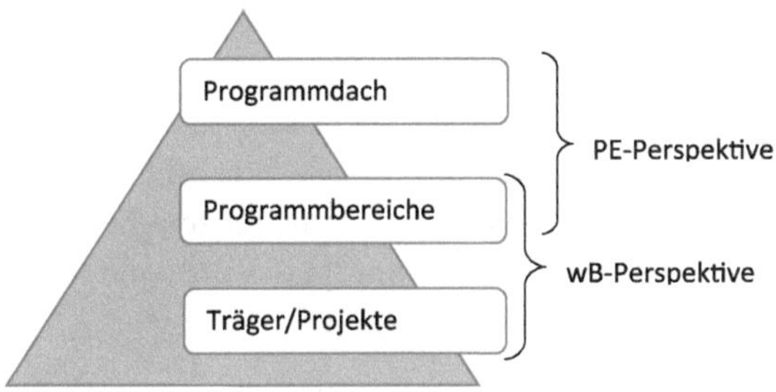

Quelle: Eigene Darstellung

Die Struktur der Bundesprogramme und die damit verbundenen Aufgaben der wB und PE bringen eine teilweise Überschneidung der Arbeitsbereiche der verschiedenen Teams mit sich. Das betrifft sowohl die Verbindungen der wB untereinander als auch die zwischen den wB und der PE. Die Zusammenarbeit in einem solchen Evaluationsverbund ist hinsichtlich der zu gewinnenden Erkenntnisse einerseits nutzbringend. Andererseits hält diese Konstellation jedoch spezielle Herausforderungen bereit und ist naturgemäß nicht immer konfliktfrei sowie geprägt von umfangreichen Klärungsprozessen.

Die mit ihrer Einrichtung im Jahr 2007 begonnene Geschichte der Programmevaluation und eines aus wB und PE bestehenden Evaluationsverbundes lässt sich als Entwicklung und Erprobung eines spezifischen Evaluationsmodells begreifen. Die nachfolgenden Ausführungen geben einen kursorischen Einblick in die dabei gemachten Erfahrungen.

Zunächst werden die Entwicklung der PE und der jeweiligen Evaluationsverbünde chronologisch und in gebotener Kürze entlang der einzelnen Programme dargestellt. Dabei werden die wesentlichen Erfahrungen in der Zusammenarbeit der wB und der PE beschrieben und reflektiert. Darauf aufbauend geben die Autorinnen und der Autor dieses Beitrages dann einige Hinweise zur zukünftigen Weiterentwicklung des hier vorgestellten Evaluationsmodells.

1.2 „VIELFALT TUT GUT" und „kompetent. für Demokratie" (2007–2010)

Mit Etablierung der Bundesprogramme „VIELFALT TUT GUT – Jugend für Vielfalt, Toleranz und Demokratie" (VTG) und „kompetent. für Demokratie – Beratungsnetzwerke gegen Rechtsextremismus" (KFD) sah das zuständige BMFSFJ, wie erwähnt, erstmals eine Programm(dach)evaluation vor. Außerdem beauftragte das Ministerium mehrere wissenschaftliche Einrichtungen mit der Durchführung der wissenschaftlichen Begleitung für die insgesamt sechs Teilbereiche beider Programme: Vier Teams begleiteten je einen Modellprojektbereich und jeweils ein Team die Bereiche Lokale Aktionspläne (LAP)[5] und die Beratungsarbeit in der Auseinandersetzung mit Rechtsextremismus (vgl. Abb. 1.2; Bischoff u. a. 2011, S. 31).[6] Das Bundesministerium wollte so sicherstellen, dass die Evaluation der Programme durch Institute erfolgte, die über eine entsprechende programmbereichsspezifische Fachkompetenz verfügten. Damit wurde der spezifischen Qualitätsanforderung an Evaluationen Rechnung getragen, dass Evaluierende nicht nur Kompetenzen besitzen, die für eine methodisch angemessene Evaluation vonnöten sind sondern auch über hinreichende Feldkenntnis verfügen (DeGEval 2008, S. 11 ff.).[7]

---

5 Lokale Aktionspläne sind von kommunalen und zivilgesellschaftlichen Akteurinnen und Akteuren gemeinsam erarbeitete und implementierte Handlungskonzepte. Diese werden mit dem Ziel erstellt, die Demokratie und die Auseinandersetzung mit Rechtsextremismus, Rassismus und Antisemitismus etc. in der eigenen Kommune bzw. dem eigenen Landkreis zu stärken.

6 Der Programmbereich der LAP und die Arbeit der „Mobilen Interventionsteams" wurde durch das Institut für Sozialarbeit und Sozialpädagogik e.V. Frankfurt (Main) (ISS) und die Camino – Werkstatt für Fortbildung, Praxisbegleitung und Forschung im sozialen Bereich gGmbH (Camino) gemeinschaftlich wissenschaftlich begleitet. Die wB der vier Themencluster der Modellprojekte übernahmen die Univation – Institut für Evaluation Dr. Beywl & Associates GmbH (Univation), die Internationale Akademie Berlin für innovative Pädagogik, Psychologie und Ökonomie gGmbH an der Freien Universität Berlin (INA) sowie das Institut für interdisziplinäre Konflikt- und Gewaltforschung an der Universität Bielefeld (IKG) zusammen mit der proVal GbR Hannover. Diese sechs wB wurden später um eine siebte Komponente ergänzt, in der die PE in einem speziellen wB-Modul Aufgaben einer wissenschaftlichen Begleitung bei der Landeskoordinierung und den Beratungsnetzwerken übernahm.

7 Die Empfehlungen der Gesellschaft für Evaluation (DeGEval) für die Aus- und Weiterbildung von Evaluierenden (Version von 2008) umfassen fünf Kompetenzfelder und Dimensionen: Theorie und Geschichte der Evaluation, Methodenkompetenzen, Organisations- und Feldkenntnisse, Sozial- und Selbstkompetenzen sowie Praxis der Evaluation. Allerdings ist diese Anforderung in der Evaluationscommunity nicht unumstritten: Während die Emp-

Abb. 1.2: Struktur der wissenschaftlichen Programmbegleitung in „VIELFALT TUT GUT" und „kompetent. für Demokratie"

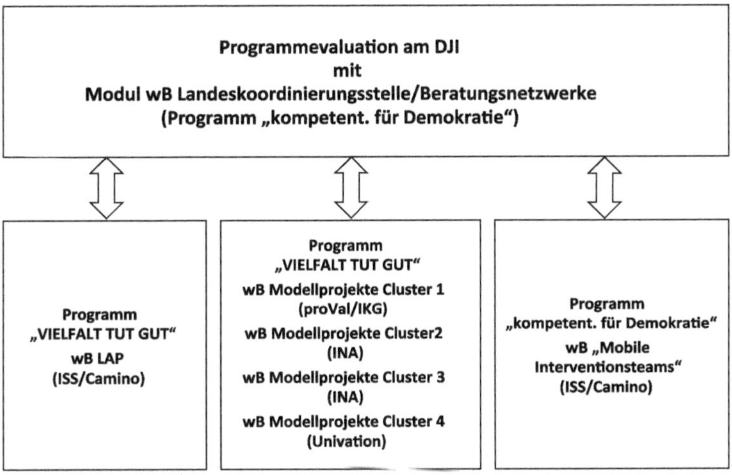

Quelle: Programmevaluation DJI

Ausgangspunkt für das Konzept einer übergreifenden PE war die Überlegung, dass verschiedene, unabhängig voneinander geförderte Programmstrukturen und -elemente an einem konkreten lokalen Standort zusammentreffen und sich dort ergänzen oder aber behindern können. So nahm das Team der PE beispielsweise an, dass „vor dem Hintergrund der […] Programmstrukturen […] nicht ausgeschlossen werden [kann], dass Standorte, an denen LAP [Lokale Aktionspläne der Kommunen] oder Modellprojekte durchgeführt werden, zusätzlich mobile Interventionsteams um Unterstützung bitten. Sollte dies der Fall sein, stellt sich aus der Perspektive der Evaluation des Gesamtprogramms insofern eine neue wichtige Frage, als das Zusammenspiel der Programmelemente bzw. der Probleme, die sich unter Umständen dabei ergeben, auch für die Weiterentwicklung der Programmstrukturen selbst von Interesse sein dürfte" (DJI 2007, S. 26).

Die Arbeit der PE sollte im Sinne einer nutzenorientierten Evaluation nach Michael Q. Patton (1997, S. 64 ff.) hinsichtlich des Gesamtprogramms entscheidungs- und verbesserungsorientiert sowie wissensgenerierend sein (DJI 2007, S. 25). Entscheidungsorientiert, indem sie dem BMFSFJ die notwendigen Informationen für die Steuerung des Programms liefert. Verbesserungsorien-

fehlungen der DeGEval für die Aus- und Weiterbildung von Evaluierenden (Version von 2008) Organisations- und Feldkenntnisse als eigenständiges Kompetenzfeld aufführen, ist in den Kompetenzanforderungen der Schweizerischen Evaluationsgesellschaft – SEVAL für in der Evaluation tätige Personen keine entsprechende Kategorie auffindbar (https://www.seval.ch/standards-kompetenzen/kompetenzen/).

tiert, indem sie allen Programmbeteiligten Informationen über positive sowie problematische Entwicklungen und Ergebnisse des Programms während der Programmlaufzeit zur Verfügung stellt, die die Akteurinnen und Akteure gegebenenfalls zu Veränderungen anregen. Wissensgenerierend, weil zum einen neue Erkenntnisse zu den einzelnen Programmbausteinen gewonnen und zum anderen auch methodisches Neuland in der Evaluation der Bundesprogramme betreten werden sollten.

Damit die Programmevaluation ihre zentrale Aufgabe, die Ergebnisse aus den einzelnen Programmteilen zu bündeln und aufeinander zu beziehen, erfüllen konnte, war es notwendig, Vergleichsperspektiven in Hinblick auf die verschiedenen Programmteile zu entwickeln. Zu diesem Zweck formulierte die Programmevaluation zu Beginn ihrer Arbeit Leitfragen, die mit dem BMFSFJ abgestimmt wurden und für alle Programmteile gültig waren (DJI 2007, S. 36 f.). Es sollte sich in der weiteren Geschichte der Evaluation der Bundesprogramme ergeben, dass die damals formulierten Fragen den Grundstock für die programmspezifischen Leitfragen der PE in allen Folgeprogrammen bildeten. Daher werden sie an dieser Stelle einmal aufgeführt:

1. Inwieweit konnten Strukturen implementiert werden, die das Funktionieren der Bundesprogramme ermöglichen?[8]
2. Inwieweit sind die Programme mit den Regelstrukturen der Kinder- und Jugendhilfe auf Landes- und Kommunalebene vernetzt und koordiniert? Gibt es Hinweise auf Parallelstrukturen? Gibt es Hinweise auf Anregungen der Regelpraxis durch die Projekte und Strukturen der Bundesprogramme?
3. Wie ist das Verhältnis zwischen den Programmen bzw. Programmteilen? Inwieweit ergänzen oder behindern sie sich wechselseitig? Inwieweit ist eine Trennung von Prävention (VTG) und Intervention (KFD) in der Praxis realistisch bzw. möglich?

Um zu vermeiden, dass sowohl wB als auch PE die Programmumsetzenden zu den gleichen oder ähnlichen Fragen doppelt befragen, vereinbarten die PE und die wB, die übergreifenden PE-Leitfragen in die Erhebungsdesigns der jeweils zuständigen wissenschaftlichen Begleitung zu integrieren. Dazu passte die PE ihre Fragen an die Spezifika der verschiedenen Handlungsansätze der Programmbereiche an. Die PE übermittelte ihre adaptierten Leitfragen an die wB

8 Die erste Leitfrage wurde für die einzelnen Phasen der Programmumsetzung (Implementierung, Umsetzung, Abschlussphase) operationalisiert und angepasst, um dem Zyklus der Programm- und Projektumsetzung gerecht zu werden. So wurden, gängigen Evaluationsverfahren entsprechend, z. B. in Bezug auf die Implementierungsphase (2007/2008) zunächst die Konzeptqualität, in der Umsetzungsphase (2008 und 2009) die Prozessqualität und in der Abschlussphase (2010) die Ergebnisqualität untersucht.

und bekam von diesen die entsprechenden Erhebungsergebnisse geliefert. Die wB fügten Letzteren auch Informationen über deren Entstehungskontexte und die ihnen zugrundeliegenden Daten bei, sodass die PE die Qualität und Reichweite der Ergebnisse einschätzen konnte (DJI 2008, S. 25). Um die Vergleichbarkeit der Daten zu verbessern, wirkte die PE darauf hin, dass sich alle wissenschaftlichen Begleitungen jährlich zum einen zu Form sowie Zeitpunkt der Erhebung der PE-Fragen und zum anderen zu den jeweiligen Erhebungsschwerpunkten abstimmten. Die zentralen Orte dafür waren gemeinsame Workshops, an denen alle Evaluierenden teilnahmen, sowie regelmäßig stattfindende bilaterale Gespräche zwischen der PE und den einzelnen wB (ebd., S. 24).

Rückblickend betrachtet gelangen die Abstimmung zwischen wB und PE und die Harmonisierung der Daten nur eingeschränkt. Zum einen wiesen nicht nur die Programmbereiche der Lokalen Aktionspläne, Beratungsnetzwerke und Modellprojekte hinsichtlich ihrer Umsetzung unterschiedliche Zeithorizonte auf, sondern wurden auch die einzelnen wB nicht gleichzeitig implementiert. Das wirkte sich auf die Vergleichbarkeit der Erhebungen vor allem zur Implementation, Umsetzung und Prozessqualität in den einzelnen Programmbereichen aus. Zum anderen fand die Entwicklung der Evaluationsdesigns der wB und PE bei Programmbeginn unabhängig voneinander statt und waren die Konzepte im Nachhinein nur begrenzt miteinander in Einklang zu bringen. Das betraf sowohl die Zeitpunkte als auch die Methoden der Erhebung der für die Evaluation notwendigen Daten. Diese erfolgte in den Lokalen Aktionspläne und bei den Beratungsnetzwerken beispielsweise mittels quantitativer und qualitativer Methoden, in den vier Themenclustern der Modellprojekte verfolgten die wB dagegen zunächst vorrangig qualitative Ansätze.[9]

Die Programmevaluation versuchte die Heterogenität der Evaluationsdesigns dadurch zu kompensieren, dass sie die Erhebung der Leitfragen standardisierte.[10] Außerdem griff sie in größerem Umfang als ursprünglich vorgesehen auf Rohdaten zurück, die durch die wissenschaftlichen Begleitungen nunmehr im Auftrag und mit einem einheitlichen, durch die Programmevaluation entwickelten und vorgegebenen Instrument erhoben wurden (Bischoff u. a. 2011, S. 42).

Um dem Anspruch an eine wissensgenerierende Evaluation gerecht zu werden, führte die PE selbst exemplarische und experimentelle Untersuchungen zum einen zur Wirksamkeit im Bundesprogramm (siehe auch Kap. 11 in die-

9 Im Verlauf der Evaluation erfolgte eine Erweiterung des zunächst rein qualitativ angelegten Evaluationsdesigns zweier wissenschaftlicher Begleitungen um quantitative Erhebungen.

10 Hierbei ist vor allem die Einrichtung eines wissenschaftlichen Monitorings für alle Modellprojekt-Bereiche zu nennen.

sem Band) und zum anderen zur Nachhaltigkeit von Modellprojekten durch (Beierle u. a. 2013; Greuel/König 2014). Entsprechende Fragestellungen verfolgten auch die Teams der wB. Daher wurden die Untersuchungen von intensiven Debatten im Evaluationsverbund zu den ihnen zugrundeliegenden theoretischen Konzepten und zur methodischen Ausgestaltung der darauf gerichteten Erhebungen begleitet. Die Organisation des dazu geführten Fachaustauschs im Rahmen der gemeinsamen Workshops war ebenfalls eine Aufgabe der PE. Dabei ging es vor allem darum, sich über gemeinsame Arbeitsdefinitionen (u. a. von Modellhaftigkeit oder Konzeptqualität) zu verständigen und die Erfahrungen mit den vereinbarten Definitionen und Fragestellungen zu teilen sowie Erhebungsmethoden und Evaluationsergebnisse auch kontrovers zu diskutieren und Missverständnisse auszuräumen.

Aufgrund der Tatsache, dass der für VTG und KDF geschaffene Evaluationsverbund auf keinerlei gemeinsamen Kooperationserfahrungen zurückgreifen konnte, legte sich die PE die Aufgabe vor, in Bezug auf grundlegende Konzepte und Begrifflichkeiten möglichst einen Konsens unter den Evaluierenden herzustellen oder zumindest eine (interne) Verständigung darüber anzustoßen. Die große Heterogenität des Evaluationsdesigns stellte die PE dabei vor eine große Herausforderung. Den einzelnen wB und der PE selbst lagen jeweils unterschiedliche Forschungsansätze, Gegenstandsdefinitionen, Zeithorizonte sowie Verständnisse über die Funktionen von Evaluation zugrunde. Angesichts dessen ging es in der Abstimmung von wB und PE vor allem darum, möglichst ein Gleichgewicht zwischen einerseits erwünschter Gegenstandsangemessenheit sowie Individualität der wissenschaftlichen Begleitungen und andererseits der Vergleichbarkeit von empirischen Daten herzustellen.

Insbesondere für die vier Modellprojekt-wB besaß dies eine hohe Relevanz. Diese hatten zwar einen auf den ersten Blick gemeinsamen Evaluationsgegenstand, verfolgten aber in ihrer Arbeit vier verschiedene Evaluationskonzepte: das CIPP-Modell[11], den Programmbaum[12], die Konfliktanalyse und die DO-NO-HARM-Konfliktanalyse[13]. Während das CIPP-Modell und der Programmbaum Ähnlichkeiten aufweisen (Grundtyp: Logisches Modell) und innerhalb

11 Kernbestandteil des CIPP-Modells sind Untersuchungen des Kontexts (C), des Inputs (I), der Prozesse (P) und Produkte (P) (Stufflebeam 2007).

12 Der Programmbaum ist ein durch Univation entwickeltes logisches Programmmodell mit den Kernelementen „Kontext", „Incomes", „Inputs", „Struktur", „Konzept", „Aktivitäten", „Outputs", „Outcomes", „Impacts" und „Nicht-intendierte Resultate" (Beywl/Niestroj 2009).

13 Die Konfliktanalyse und die DO-NO-HARM-Konfliktanalyse dient dazu, das Verständnis von Konflikten und den Umgang mit ihnen im Projektumfeld zu verbessern und die konflikttransformierende Wirkung der Arbeit zu erfassen und zu erhöhen (Becker/Weyermann 2006).

der Konfliktanalysen eine Verwandtschaft besteht (Grundtyp: Konfliktanalyse), ist das Vorgehen im Vergleich der beiden Grundtypen sehr unterschiedlich (Bischoff u. a. 2019). Das hatte zur Konsequenz, dass selbst die Befunde zu den einzelnen Modellprojektbereichen nur bedingt miteinander in Beziehung gesetzt werden konnten. Der PE-Auftrag, die Leistungspotenziale von (hier ähnlichen) Programmbereichen miteinander zu vergleichen, war unter diesen Bedingungen zunächst nur eingeschränkt zu erfüllen. Um ihren Auftrag der übergreifenden Bewertung erfüllen zu können, entwickelte die PE in der Mitte der Laufzeit, wie erwähnt, selbst standardisierte Erhebungsinstrumente, die in allen Modellprojektbereichen eingesetzt wurden.

Letztlich gelang es aufgrund des flexiblen methodischen Vorgehens und der engmaschigen Zusammenarbeit von wB und PE im Forschungsverbund die beiden Bundesprogramme „VIELFALT TUT GUT“ und „kompetent. für Demokratie“ sowohl in ihrer jeweiligen Struktur als auch in ihren Bezügen zueinander so zu evaluieren, dass daraus belastbare Empfehlungen zu deren Weiterentwicklung formuliert werden konnten. Darüber hinaus ermöglichten es die Evaluationsstruktur und Aufgabenteilung zwischen wB und PE, die beiden evaluierten Programme aus mehreren Perspektiven zu betrachten und zu bewerten. Im Sinne einer Objektivierung von Evaluationsergebnissen kann das als unschätzbarer Mehrwert des heterogen zusammengesetzten Evaluationsverbundes betrachtet werden.

Aus ihren Erfahrungen heraus formulierten die am Evaluationsverbund beteiligten Wissenschaftlerinnen und Wissenschaftler am Ende von VTG und KFD auch Empfehlungen für die zukünftige wissenschaftliche Programmbegleitung des Nachfolgeprogramms „TOLERANZ FÖRDERN – KOMPETENZ STÄRKEN“ (TFKS). Wichtig erschien ihnen vor allem, dass in den einzelnen Arbeitseinheiten hinreichend Zeit- und Personalressourcen dafür eingeplant werden, vertrauensbildende Maßnahmen durchführen zu können, Arbeitspläne und Untersuchungsdesigns abzustimmen, Berichtsinhalte zu diskutieren und zu validieren sowie im Bedarfsfall bestehende Konflikte zu bearbeiten. Idealerweise sollten alle notwendigen Festlegungen für eine Zusammenarbeit unter den Beteiligten schon vor Beginn einer Evaluation getroffen werden, um die gemeinsame Arbeit im Verbund nicht später mit entsprechenden Aushandlungsprozessen zu belasten. Allerding kamen diese Erkenntnisse bei der Konfiguration der wB und PE im Folgeprogramm TFKS nicht gänzlich zum Tragen.

Die vorgeschlagenen, vorgelagerten Abstimmungsprozesse konnten aufgrund der Art und Weise der Vergabe der Evaluationsaufträge für TFKS nicht umgesetzt werden. Nach der öffentlichen Ausschreibung der zeitlich unmittelbar an die Programmlaufzeit geknüpften wB hatte jedes Institut sein eigenes, mit anderen möglichen wB nicht abgestimmtes Angebot eingereicht.[14] Dennoch konnte die PE die Ausgestaltung der zukünftigen wissenschaftlichen Begleitungen durch eigene Empfehlungen zumindest teilweise beeinflussen.[15]

1.3 „TOLERANZ FÖRDERN – KOMPETENZ STÄRKEN" (2011–2014)

Für „TOLERANZ FÖRDERN - KOMPETENZ STÄRKEN" (TFKS) übertrug das BMFSFJ die Programmevaluation erneut dem Deutschen Jugendinstitut. Mit der wB der LAP wurden erneut das Institut für Sozialarbeit und Sozialpädagogik Frankfurt (Main) und die Camino - Werkstatt für Fortbildung, Praxisbegleitung und Forschung im sozialen Bereich gGmbH Berlin gemeinsam betraut. Einen fundamentalen Wandel erfuhr die Evaluation der Modellprojekte (MP): Obwohl der Modellprojektbereich wieder aus vier Themenclustern bestand, wurde deren wissenschaftliche Begleitung in die Hand nur eines Instituts gegeben. Hiermit verband sich die Erwartung, nunmehr die Evaluationsergebnisse aus den einzelnen Themenclustern besser als in VTG miteinander vergleichen zu können (zur Struktur der Programmbegleitung vgl. Abb. 1.3).

Abb. 1.3: Struktur der wissenschaftlichen Begleitung in „TOLERANZ FÖRDERN – KOMPETENZ STÄRKEN"

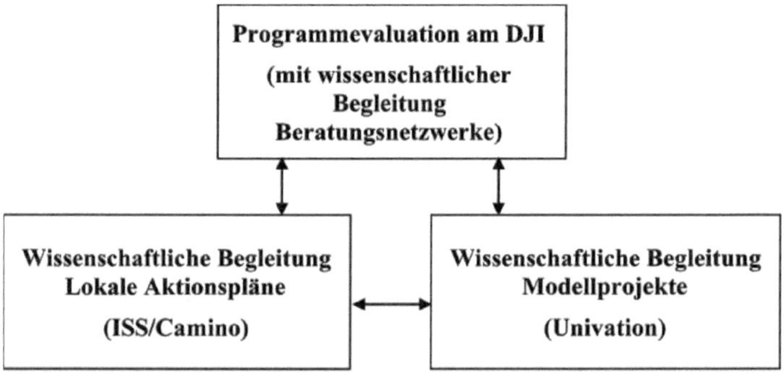

Quelle: Programmevaluation DJI

14 Die Ausschreibungen verpflichteten die Anbieter allerdings auch nicht zu einem gemeinsamen Design.

15 Die PE gab dem BMFSFJ für die Gestaltung der wB Hinweise, die dann teilweise in die Leistungsbeschreibungen für die wB eingeflossen sind. Für das wB-Konzept zur Begleitung der Modellprojekte machte die PE beispielsweise Vorschläge zur Samplebildung von intensiv begleiteten Projekten und zur Art des Monitorings. Außerdem regte sie an, dass die Modellprojekt-wB im Rahmen ihrer qualitativen Analysen die Perspektive der Adressatinnen und Adressaten systematisch mit erhebt. Auch zur Anlage der Untersuchungen der LAP gab die PE einige Empfehlungen ab. Diese drehten sich insbesondere um Fragen der konkreten Arbeitsteilung bei der Untersuchung Lokaler Aktionspläne zwischen der wB und der PE.

Wie schon erwähnt, übernahm die PE für ihre Untersuchungen einige der bereits für VTG entwickelten Leitfragen. Diese drehten sich um die Verbindungen der im Programm geförderten Akteurinnen und Akteure zu den Regelstrukturen der Kinder- und Jugendhilfe sowie um die Zusammenarbeit der Programmakteurinnen und -akteure untereinander. Mit Blick auf Letzteres ging es vor allem darum zu klären, inwieweit sich die Integration von Lokalen Aktionsplänen, Modellprojekten und Beratungsarbeit in einem gemeinsamen Programm positiv auf die Kooperation und deren Effekte auswirkt. Außerdem beschäftigte sich die PE weiterhin damit, exemplarisch die Nachhaltigkeit der Programmförderung und Wirkungen in den Handlungskonzepten der Modellprojekte und der Lokalen Aktionspläne zu untersuchen (siehe auch Kap. 11 in diesem Band).[16]

Neu war dagegen die Frage, welche spezifischen Beiträge die LAP, MP und Beratungsnetzwerke jeweils zur Prävention von Rechtsextremismus, Fremdenfeindlichkeit und Antisemitismus sowie zur Stärkung demokratischer Strukturen und Kompetenzen leisten. Damit legte die PE ihren Fokus auf einen neuen, inhaltlichen Schwerpunkt. Sie wollte durch einen Vergleich der im Programm geförderten verschiedenen Handlungsansätze deren besondere Potenziale in der Bearbeitung der Programmthemen herausarbeiten.

An den Grundsätzen der Zusammenarbeit zwischen den nun drei wB und der PE änderte sich im Vergleich zu VTG und KFD wenig: Die Erhebung der für die Beantwortung der PE-Leitfragen benötigten Daten erfolgte (weiter) so, dass die PE den wB operationalisierte Forschungsfragen als Fragebatterien oder Interviewleitfragen übergab, die diese in ihre Erhebungsinstrumente entweder integrierten oder als separate Frageblöcke anhängten. Die wB übermittelten dann der PE die Rohdaten zur Auswertung. Weitere Informationen zur Untersetzung der PE-Leitfragen wurden wie bereits in VTG und KFD aus den Jahresberichten der wB gezogen.

Zugleich stellte es sich in der Zusammenarbeit zwischen wB und PE als teilweise herausfordernd heraus, dass die PE für ihre exemplarischen Nachhaltigkeits- und Wirkungsuntersuchungen darauf angewiesen war, selbst Erhebungen bei ausgewählten Trägern in den verschiedenen Programmbereichen durchzuführen. Solche Erhebungen sind eigentlich eine Domäne der wB, sodass dadurch zusätzliche Bedarfe der Absprache zu den ausgewählten Probanden, Befragungszeiträumen und -gegenständen entstanden, nicht zuletzt, um Irrita-

16 Darüber hinaus führte die PE im ersten Halbjahr 2011 den Evaluationsauftrag aus den im Jahr 2010 ausgelaufenen Programmen VTG und KFD im Sinne einer summativen Ex-Post-Analyse zu Ende (Bischoff u. a. 2011). Dies ist in der Evaluationsgeschichte der Programme zur Demokratieförderung und Extremismusprävention des BMFSFJ ein bis heute einmaliger Vorgang.

tionen bei den befragten Akteurinnen und Akteuren und unnötige Mehrfachbelastungen zu vermeiden. Zugleich war in diesem Zusammenhang eine umfangreiche Klärung der Abgrenzung von Evaluationsgegenständen und des Austauschs über Evaluationsbefunde zwischen wB und PE notwendig.

Erleichtert wurde dies sicherlich dadurch, dass alle an der Evaluation des Bundesprogramms beteiligten Institute erneut eine Kooperationsvereinbarung schlossen. Das Ergebnis erwies sich in der Folgezeit als so tragfähig, dass auf seiner Basis auch die Zusammenarbeit zwischen dem DJI und ISS/Camino in dem auf TFKS folgenden Programm „Demokratie leben!" gestaltet werden konnte. Dabei schulten die Verhandlungen über die gemeinsame Kooperationserklärung zusammen mit den Abstimmungsprozessen für die Erhebungen zu den PE-Leitfragen die Kooperationspartner im partnerschaftlichen Umgang miteinander und können rückblickend als wichtiger Meilenstein in der Vertrauensarbeit im Evaluationsverbund betrachtet werden. Eine wichtige, vielleicht sogar die entscheidende, Rolle spielte hierbei, dass die PE in diesen Prozessen gegenüber den wB klarstellte, dass sie sich nicht in einer Art hierarchisch-prädominanten Position gegenüber den wB sah, sondern als Partner unter Gleichen, mit einem eigenen Untersuchungsauftrag, wenngleich teilweise denselben Gegenstand betreffend.

Während sich also die Kooperationsqualität im Evaluationsverbund im Vergleich zu VTG und KFD in struktureller Hinsicht verbesserte, war die PE auch in TFKS weiterhin mit einigen zentralen inhaltlichen und methodischen Herausforderungen in der Zusammenarbeit mit den wB konfrontiert. So blieb insbesondere der Modus der Datenerhebung für die PE durch die wB sowie deren Übergabe problembehaftet[17] und verliefen einige inhaltliche Abstimmungsprozesse insoweit ergebnislos, als sich die Partner im Evaluationsverbund nur darauf verständigen konnten, anzuerkennen, dass sie aus Gründen insbesondere der Gegenstandsangemessenheit im Einzelfall unterschiedliche Begriffe und Konzepte verwenden.[18]

---

17 Hinsichtlich quantitativer Daten betraf das (weiterhin) die Frage nach deren Vergleichbarkeit: Daten zu verschiedenen PE-Fragen erhoben die wB entweder in einer teilweise voneinander abweichenden Form oder sie erhoben sie zwar einheitlich, dann jedoch nicht immer gegenstandsangemessen mit Blick auf die Eigenheiten der einzelnen Programmbereiche. In qualitativen Erhebungen blieb es weiter dabei, dass die wB die Fragen der PE aus Transparenz- und Datenschutzgründen zumeist an bestehende Instrumente anhängten. Das konnte im ungünstigsten Fall dazu führen, dass Befragte eine Frage zweimal beantworten mussten, einmal für die wB und ein weiteres Mal für die PE. Der Qualität der so erhobenen Daten war das kaum zuträglich.

18 Zeigen lässt sich dies beispielsweise anhand der Diskussion zu den in der wB der LAP und der PE verwendeten, unterschiedlichen Nachhaltigkeitskonzepten (für die wB Karliczek 2012; für die PE Bischoff u. a. 2015).

Angesichts solcher Erfahrungen stellte sich am Ende von TFKS mit Blick auf das Nachfolgeprogramm „Demokratie leben!“ die Frage, ob es für dessen Evaluation ertragreicher wäre, diese entweder so weit wie möglich aus einer Hand zu planen oder hinsichtlich der Evaluationsträger und der damit verbundenen Ansätze eher heterogen auszugestalten.

Das BMFSFJ entschied sich dafür, zunächst eine Zentralisierung der gesamten Evaluationstätigkeiten an drei Instituten zu versuchen, um damit einerseits die Bündelung sowie Vergleichbarkeit von Ergebnisse voranzutreiben und andererseits die Kooperationsbedingungen zu verbessern.

1.4 „Demokratie leben!“ (Erste Förderphase 2015–2019)

Wie in den Vorgängerprogrammen blieb es übergreifendes Ziel in der Evaluation von „Demokratie leben!“, dessen Leistungen und Erträge zu belegen sowie Erkenntnisse zur Entstehung bzw. Herstellung diese Erträge zu sichern. Dementsprechend wurde erneut ein umfassender Ansatz für die Ausgestaltung der wissenschaftlichen Begleitung und Programmevaluation verfolgt, der sowohl alle Programmbereiche als auch das Bundesprogramm als Ganzes umfasste.

Zugleich trug das BMFSFJ den Evaluationserfahrungen aus TFKS Rechnung und beauftragte nur das DJI und das ISS Frankfurt (Main) sowie Camino Berlin mit der Evaluation des Programms.[19] Im Unterschied zu den Vorgängerprogrammen war allerdings zu Programmbeginn nicht mehr vorgesehen, die Aufgaben der Programm(dach)evaluation einer eigenständigen Arbeitseinheit zu übertragen. Die PE war vielmehr als Matrixstruktur konzipiert, deren Funktionen durch die zunächst drei am DJI angesiedelten wissenschaftlichen Begleitungen mit übernommen werden sollten. Dafür waren in sehr geringem Umfang Stellenanteile in den einzelnen wB vorgesehen.[20]

Ab dem Jahr 2016 wurde das Bundesprogramm sukzessive thematisch erweitert und sein Fördervolumen erhöht. Das führte dazu, dass einerseits in den seit Programmbeginn (2015) bestehenden fünf Programmbereichen zusätzliche Projekte gefördert und andererseits fünf neue Programmbereiche eingerichtet wurden. In diesem Zusammenhang vergrößerte sich schrittweise auch der Verbund der wissenschaftlichen Begleitungen. Zum einen stockte das BMFSFJ den bestehenden Begleitungen mit der steigenden Anzahl an geförderten Projekten

19 Das DJI übernahm die wB der Programmbereiche zur Förderung von Modellprojekten, von Landes-Demokratiezentren und von nichtstaatlichen Organisationen in der Strukturentwicklung zum bundeszentralen Träger. ISS/Camino begleiteten weiter die Nachfolgestrukturen der LAP, die Partnerschaften für Demokratie.

20 In den ersten beiden Programmjahren ist dann auch damit begonnen worden, ein entsprechendes PE-Konzept umzusetzen. Dazu fanden insbesondere erste Workshops im Evaluationsverbund zur Klärung inhaltlicher sowie zu allgemeinen Kooperationsfragen statt.

die Personaletats auf. Zum anderen erhielt jeder neue Programmbereich eine eigene wB. Diese wurden zwar allesamt bei den drei bereits beauftragten Instituten angesiedelt, allerdings dort in zum Teil unterschiedlichen Organisationseinheiten.

In Verbindung mit der Vergrößerung des Evaluationsverbundes entschied sich das BMFSFJ außerdem dafür, die Aufgabe einer PE ab Ende 2017 doch wieder einer eigenen Struktur- bzw. Arbeitseinheit zu übertragen. Allerdings blieb deren Ressourcenausstattung weit hinter der der Vorgängerprogramme zurück.

Zum Ende der ersten Förderphase von „Demokratie leben!" im Jahr 2019 hatte die wissenschaftliche Programmbegleitung dann die in Abb. 1.4 dargestellte Struktur.

Abb. 1.4 Struktur der wissenschaftlichen Programmbegleitung in „Demokratie leben!" 2015 bis 2019

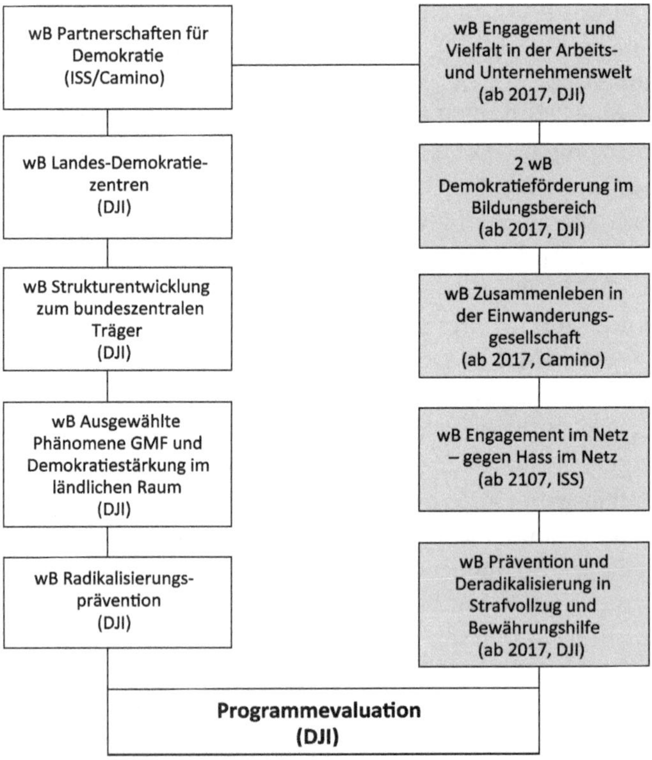

Quelle: Programmevaluation DJI

Auch unter den strukturell erschwerten Bedingungen blieb es Hauptaufgabe der PE, das Bundesprogramms als Ganzes zu analysieren und zu bewerten. Ihre Leitfragen orientierten sich einerseits abermals an den bereits in den Vorgängerprogrammen formulierten Erkenntnisinteressen und griffen andererseits die Neuerungen im Programm auf. So interessierte sich die PE u. a. dafür, wie sich die Integration der Bekämpfung von Rechtsextremismus, Islamismus oder Linker Militanz (Linksextremismus) unter einem Programmdach auf die Arbeit im Bundesprogramm auswirkt und inwieweit Gender Mainstreaming, Diversity Mainstreaming und Inklusion (GDI) als Leitprinzipen in der Arbeit der Programakteurinnen und -akteure berücksichtigt werden.[21] Ein besonderes Augenmerk legte die PE außerdem auf die Auswirkungen der rasanten inhaltlichen und strukturellen Veränderungen in „Demokratie leben!".

Aus den teilweise neuen Leitfragen der PE ergab sich von Anfang an ein großer konzeptioneller und inhaltlicher Abstimmungsbedarf im Evaluationsverbund. Das führte dort zu einem regen Austausch vor allem zu den Programmzielen sowie zu den Themen Zivilgesellschaft, Partizipation und zu GDI (siehe auch Kap. 5 in diesem Band). Ziel dieses Austausches war erneut, einen Grundkonsens über die Definition und Operationalisierung der genannten und weiterer Begriffe und Konzepte als Grundlage dafür herzustellen, in den einzelnen Programmbereichen vergleichbare Daten erheben zu können.[22]

Allerdings stellte der Umstand, dass der Programmevaluation in den ersten drei Jahren keine eigenen und danach nur in sehr begrenztem Umfang eigenständige Ressourcen zur Verfügung standen, eine wichtige Restriktion in der Evaluation des Gesamtprogramms dar. Vor allem der Versuch, eine Programmevaluation in Matrixstruktur, das heißt ausschließlich aus den wissenschaftlichen Begleitungen heraus, zu bewerkstelligen, hat sich in der praktisch umgesetzten Variante letztlich als ungeeignet erwiesen. Das resultiert aus heutiger Sicht vor allem daraus, dass die mit der Übernahme von PE-Funktionen in wB-Kontexten betrauten Wissenschaftlerinnen und Wissenschaftler gleichzeitig den spezifischen und teilweise inkongruenten Logiken sowohl der wB als auch der PE entsprechen sollten. Es fehlte hierbei insbesondere der Rahmen, in dem diesbezüglich aufkommende inhaltliche sowie strukturelle Fragen geklärt und divergierende wB- und PE-Perspektiven angemessen reflektiert sowie aufeinander bezogen werden konnten.

Unter den Bedingungen einer rein matrixförmigen PE-Aufgabenerfüllung war die Bewältigung des daraus erwachsenden Spannungsverhältnisses den betroffenen Wissenschaftlerinnen und Wissenschaftlern überlassen, verblieb letztlich auf der Ebene der einzelnen wB und wurde nicht selten durch deren

21 Der Beitrag von Johann/Roscher (Kap. 5 in diesem Sammelband) schildert die Herausforderungen bei der Evaluation der Leitprinzipien.

22 Die Untersuchung der Leitfragen war erneut so konzipiert, dass die PE sowohl programmbereichsspezifische Daten und Ergebnisse der wissenschaftlichen Begleitungen zusammenführte und analysierte als auch Daten auswertete, die die wB eigens für die PE erhoben.

Deutungsrahmen überformt. Eine angemessene Bewertung des Gesamtprogramms konnte so nicht erreicht werden. Mit der Vergrößerung der wissenschaftlichen Programmbegleitung erwies sich diese Strukturlösung für die Evaluation von „Demokratie leben!“ als Ganzes dann endgültig als unbefriedigend. Das BMFSFJ reagierte darauf wie geschildert und richtete eine (abgespeckte) PE ein.

In der Reflexion sowohl des Austausches als auch der Zusammenarbeit im Evaluationsverbund insgesamt waren sich die wB und PE zum Abschluss der ersten Förderperiode von „Demokratie leben!“ einig, dass es auch in der weiterhin zu erwartend komplexen Evaluation unentbehrlich wäre, Begriffe und Fragestellungen frühzeitig gemeinsam zu erarbeiten oder zumindest – bei unterschiedlichen Konzeptualisierungen – untereinander abzustimmen.

Auch herrschte weitgehende Einigkeit darüber, dass die Zusammenarbeit von wB und PE zukünftig weiter gestärkt werden sollte, um die Qualität von Evaluationsprozessen und -ergebnissen zu erhöhen und den Domänenkonsens zum evaluierten Bundesprogramm zu fördern. Das erforderte allerdings einen Paradigmenwechsel in der Beauftragung und Koordinierung der wissenschaftlichen Programmbegleitung, weil die entsprechenden Abstimmungsprozesse bereits vor dem Start eines neuen Bundesprogramms und seiner Evaluation stattfinden müssten.

Eine weitere zentrale Lernerfahrung aus Sicht der PE war, dass es mit Blick auf das Gelingen der Evaluation eines aus mehreren Komponenten bzw. Bereichen bestehenden Programms wie „Demokratie leben!“ wichtig ist, die Evaluation des Gesamtprogramms nicht nur „mitlaufend“, sondern von Programmbeginn an als eigenständige Struktur- bzw. Arbeitseinheit zu etablieren und mit ausreichenden Ressourcen auszustatten. Auch aufseiten der wB bedarf es ausreichender Ressourcen für die Zusammenarbeit sowohl mit der PE als auch mit anderen wB, die ausdrücklich dafür reserviert werden sollten.

1.5 Fazit

Die hier behandelten Programme und deren wissenschaftliche Begleitung und Evaluation zeichnen sich durch eine kontinuierlich wachsende inhaltliche und strukturelle Heterogenität aus. Zuletzt erreichte diese Entwicklung im Bundesprogramm „Demokratie leben!“ eine Dynamik, die nicht nur die Koordination und Steuerung des Gesamtprogramms, sondern auch dessen Evaluation erschwerte. Zugleich traten unter diesen Bedingungen die Herausforderungen an eine Evaluation von Bundesprogrammen im Verbund mehrerer selbstständiger wB und einer PE besonders deutlich zutage.

Über alle Bundesprogramme hinweg hat sich für die jeweilige PE der Umgang mit der Heterogenität sowohl der Programme selbst als auch der angewendeten Forschungsdesigns der einzelnen wB als eine zentrale Aufgabe erwiesen.

Die wB unterschieden sich jedoch nicht nur in ihren methodischen Untersuchungsansätzen, sondern auch bezüglich ihrer Gegenstandsdefinitionen und ihrem Evaluations- und damit verbundenen Rollenverständnis. Zwar ist mit jedem neuen Programm versucht worden, die daraus resultierenden Probleme dadurch zu minimieren, dass die Anzahl der an der wissenschaftlichen Begleitung und Evaluation beteiligten Institute und Evaluationsgruppen verringert wurde. Zu einer wirklichen Angleichung von Evaluationsansätzen und -designs hat das allerdings bislang nicht geführt. Das ist in erster Linie mit der Vielfalt der in den Programmen integrierten Gegenstände zu begründen. Entsprechend hoch blieb dann auch der Koordinationsaufwand aufseiten der PE.

Das Beharren auf Eigensinnigkeit der wB und PE ist allerdings nicht per se nachteilig. Denn letztlich ist es (auch) Resultat des Strebens nach Gegenstandsangemessenheit in der Evaluation in sehr diversen Untersuchungsfeldern. So ist in der Rückschau auf drei Programmperioden deutlich geworden, dass die aus dem Gegenstand und der Heterogenität der wissenschaftlichen Programmbegleitung resultierende Perspektivenvielfalt den Erkenntnisgewinn in Bezug auf die Evaluationsgegenstände steigert. Eine nicht zu vermeidende Nebenwirkung dessen ist, dass sich Befunde verschiedener Evaluationsteams zu ein und demselben Gegenstand in Abhängigkeit vom jeweiligen Evaluationsfokus auch widersprechen können und gegenüber dem Auftraggeber der Evaluation oder weiteren Stakeholdern um Anerkennung ringen. Das ist für wissenschaftliches Arbeiten auch im Rahmen von Evaluation konstitutiv. Gleichwohl zeigen entsprechende Erfahrungen, dass das den Auftraggebern und weiteren Stakeholder in aufwändigen Kommunikationsprozessen mitunter erst vermittelt werden muss.

Nicht zuletzt aus der in die Programme eingewebten Heterogenität und latenten Widersprüchlichkeit ergibt sich für die Planung von Evaluationsprozessen, dass gegenüber Auftraggebenden und weiteren Stakeholdern deutlich gemacht werden muss, welche Ergebnisse aus der wissenschaftlichen Begleitung und Evaluation zu erwarten sind. Das impliziert auch, sich mit ggf. überhöhten Erwartungen auseinanderzusetzen (Stockmann/Meyer 2010, S. 161 ff.). Solche können bis dahin reichen, dass Evaluationsprojekte „flächendeckend, fundiert und ohne zeitlichen Verzug Auskunft über den Erfolg eines bestimmten Programms, einer Maßnahme oder gar einer Politik geben könnten“ (Widmer 2001, S. 11).[23]

23 „[D]ie Erwartungshaltung aus dem politischen Raum ist in der Regel so, dass bereits nach einem Jahr gravierende Veränderungen in der Situation der Zivilgesellschaft vor Ort bzw. entsprechende Belege dazu erwartet werden“ (Obst 2006, S. 65).

Hinsichtlich von Erwartungen an die Einheitlichkeit im Vorgehen von Evaluationsprojekten zu Programmen, die aus mehreren, mehr oder weniger autonomen Teilbereichen bestehen, dürfte das Hauptaugenmerk auch in Zukunft darauf zu richten sein, eine Balance zu finden zwischen einerseits der erforderlichen Gegenstandsangemessenheit der einzelnen wB und der Vergleichbarkeit von empirischen Daten für die Untersuchung des jeweiligen Gesamtprogramms durch die PE. Deren wesentliche Aufgabe besteht unter diesen Bedingungen darin, eine Vergleichbarkeit von Daten unter Berücksichtigung ihrer Entstehungskontexte dort herzustellen, wo dies möglich ist, und dies dort zu unterlassen, wo die Untersuchungsgegenstände in ein methodisches Prokrustesbett gezwungen würden.

Das bedeutet für die Arbeit im Evaluations- bzw. Forschungsverbund einen erheblichen kommunikativen Aufwand sowohl unter den beteiligten Evaluationsgruppen als auch in den Abstimmungsprozessen mit den Auftraggebern der Evaluation sowie weitern Stakeholdern. Es müssen die Aufgabenteilung besprochen und Arbeitspläne abgestimmt sowie Fragen des Datenaustausches und der Berichtslegung sowie gegebenenfalls der (gemeinsamen) Veröffentlichung von Evaluationserkenntnissen behandelt werden. Ideal ist es, dies bereits im Vorfeld einer Evaluation bewerkstelligen zu können. An dieser Stelle sind dann die Auftraggeberinnen und Auftraggeber von Evaluationen gefragt.

So hat sich das BMFSFJ bei der Vorbereitung der Evaluation der zweiten Förderphase von „Demokratie leben!“ mit dafür eingesetzt, dass sich die beteiligten Institute in der wissenschaftlichen Begleitung der nunmehr sieben Programmbereiche schon von Anbeginn an zur Zusammenarbeit untereinander und mit der PE verpflichten. Für den Austausch und die Kooperation im Evaluationsverbund sind in allen wB eigens Stellenanteile reserviert worden. Die PE selbst wurde (wieder) als eigenständige Arbeitseinheit eingerichtet und mit entsprechenden Personalressourcen ausgestattet. Dadurch kann sie stärker als in der ersten Förderphase (wieder) eine koordinierende Rolle im Verbund übernehmen. Zudem hat sie die Möglichkeit, ihre Erhebungen zur Beantwortung der gesamtprogrammbezogenen Fragestellungen nicht nur mit Hilfe der wB sondern auch in eigener Verantwortung umzusetzen.[24]

Darüber hinaus kündigte sich bereits zu Beginn der zweiten Förderphase von „Demokratie leben!“ an, dass das Programm seinen komplexen und dynamischen Charakter behalten würde. So werden etwa die zu Beginn des Jahres 2020 bestehenden sieben Programmteilbereiche durch eine ganze Reihe weite-

---

24 Eine weitere Aufgabe der PE besteht darin, Erkenntnisse der wB zu den einzelnen Programmbereichen aus der Perspektive des Gesamtprogramms miteinander zu vergleichen und zueinander in Beziehung zu setzen.

rer Qualifizierungs-, Begleit-, Unterstützungs- und Vernetzungsmaßnahmen sowie einen Innovationsfonds ergänzt (BMFSFJ 2019).

Alles in allem werden daher die mit der Programmevaluation betrauten Wissenschaftler/innen auch in Zukunft sowohl die in diesem Beitrag beschriebenen als auch neue Herausforderungen zu bewältigen haben.

Literatur

Becker, David/Weyermann, Barbara (2006): Gender, Konflikttransformation und der Psychosoziale Ansatz. Arbeitsmaterialien der Direktion für Entwicklung und Zusammenarbeit (DEZA). Bern

Beierle, Sarah/Bischoff, Ursula/Greuel, Frank/Johansson, Susanne/König, Frank/Reiter, Stefanie/Zierold, Diana/Zimmermann, Eva (2013): Leistungen und Wirkungen. Ergebnisse der Programmevaluation des Bundesprogramms „TOLERANZ FÖRDERN – KOMPETENZ STÄRKEN". Zwischenbericht 2013. Halle (Saale)

Beywl, Wolfgang/Niestroj, Melanie (2009): Das A-B-C der wirkungsorientierten Evaluation. Glossar Deutsch / Englisch der wirkungsorientierten Evaluation. 2. vollständig bearbeitete und ergänzte Auflage. Köln

Bischoff, Ursula/Gehne, Carsten/Greuel, Frank/Johansson, Susanne/König, Frank/Schlimbach, Tabea/Zierold, Diana/Zimmermann, Eva (2011): Abschlussbericht der Programmevaluation „VIELFALT TUT GUT" und „kompetent. für Demokratie". Halle (Saale)

Bischoff, Ursula/Greuel, Frank/Heinze, Franziska/König, Frank/Zimmermann, Eva (2019): Ein Modellprojekt ist ein Modellprojekt? Gegenstandskonstruktionen im Bundesmodellprogramm „VIELFALT TUT GUT". In: Frank, Carola/Jooß-Weinbach, Margarete/Loick Molina, Steffen/Schoyerer, Gabriel (Hrsg.): Der Weg zum Gegenstand in der Kinder- und Jugendhilfeforschung. Methodologische Herausforderungen für qualitative Zugänge. Weinheim/Basel, S. 245–265

Bundesministerium für Familie, Senioren, Frauen und Jugend (BMFSFJ) (Hrsg.) (2019): Richtlinie zur Förderung von Projekten der Demokratieförderung, der Vielfaltgestaltung und zur Extremismusprävention (Förderrichtlinie Demokratie leben!) vom 5. August 2019. https://www.demokratie-leben.de/fileadmin/content/PDF-DOC-XLS/Leitlinien/Leitlinien_Zweite_Foerderperiode/Foerderrichtlinie_Demokratie_leben__Projekte_Demokratiefoerderung__Vielfaltgestaltung__Extremismuspraevention_GMBl_barrierfrei.pdf (12.10.2020)

DeGEval – Gesellschaft für Evaluation e.V. (Hrsg.) (2008): Empfehlungen für die Aus- und Weiterbildung in der Evaluation. Anforderungsprofile an Evaluatorinnen und Evaluatoren. 2. unveränderte Auflage. Mainz

DJI – Deutsches Jugendinstitut e.V. (Hrsg.) (2007): Antrag zur Programmevaluation „VIELFALT TUT GUT" und „kompetent. für Demokratie". Halle (Saale) (unveröffentlicht)

DJI – Deutsches Jugendinstitut e.V. (Hrsg.) (2008): Erster Zwischenbericht der Programmevaluation „VIELFALT TUT GUT" und „kompetent. für Demokratie". Halle (Saale)

Glaser, Michaela/Schuster, Silke (Hrsg.) (2007): Evaluation präventiver Praxis gegen Rechtsextremismus. Positionen, Konzepte und Erfahrungen. Halle (Saale)

Greuel, Frank/König, Frank (2014): Innovationsfeld Rechtsextremismusprävention. Empirische Hinweise zur Nachhaltigkeit pädagogischer Modellprojekte. In: deutsche jugend. 62 Jg., H. 6, S. 268–277

Hafeneger, Benno (2003): Konsequenzen für nachhaltige Jugendprogramme und Praxisansätze gegen Rechts. In: Lynen von Berg, Heinz/Roth, Roland (Hrsg.) 2003: Maßnahmen und Programme gegen Rechtsextremismus wissenschaftlich begleitet. Aufgaben, Konzepte und Erfahrungen. Opladen, S. 241–248

Karliczek, Kari-Maria (2012): Zur Nachhaltigkeit zivilgesellschaftlicher Projekte: Begriffsbestimmung und Operationalisierungsmöglichkeit in einem zivilgesellschaftlichen Handlungsfeld. In: Sozialwissenschaften und Berufspraxis, Band 35, H. 2, S. 249–261

Kromrey, Helmut (2007): Begleitforschung und Evaluation – fast das Gleiche, und doch etwas Anderes! In: Glaser, Michaela/Schuster, Silke (Hrsg.) (2007): Evaluation präventiver Praxis gegen Rechtsextremismus. Positionen, Konzepte und Erfahrungen. Halle (Saale), S. 113–135

Lynen von Berg, Heinz/Roth, Roland (Hrsg.) (2003): Maßnahmen und Programme gegen Rechtsextremismus wissenschaftlich begleitet. Aufgaben, Konzepte und Erfahrungen. Opladen

Obst, Olaf (2006): Besonderheiten in der Steuerung von Evaluationsprozessen aus Bundesperspektive (Transkript des Referats). In: Projekt „Strategien und Konzepte externer Evaluation in der Kinder- und Jugendhilfe“ eXe (Hrsg.): Aushandlungsprozesse zur Steuerung externer Evaluationen. Dokumentation der Fachtagung. München, 01.-03. Dezember 2004. München, S. 63–68

Patton, Michael Quinn (1997): Utilization-Focused Evaluation. Thousand Oaks u. a.

Stockmann, Reinhard; Meyer, Wolfgang (2010): Evaluation. Eine Einführung. Opladen u. a.

Strobl, Rainer/Lobermeier, Olaf/Heitmeyer, Wilhelm (Hrsg.) (2012): Evaluation von Programmen und Projekten für eine demokratische Kultur. Wiesbaden

Stufflebeam, Daniel L. (2007): Checkliste für das CIPP-Evaluationsmodell. Ein Instrument, um die Fünfte Version des CIPP-Modells auf langfristige Vorhaben anzuwenden. Übersetzt von Wolfgang Beywl 2014. https://www.univation.org/download/CIPP%20model-de.pdf (22.05.2020)

Widmer, Thomas (2001). Qualitätssicherung in der Evaluation – Instrumente und Verfahren. In: LeGes, 12 Jg., H. 2, S. 9–39

2 Wirkungen im Zentrum

Rainer Strobl, Olaf Lobermeier

2.1 Einleitung

Evaluieren bedeutet bewerten – das soll hier noch einmal betont werden, weil manche Evaluationsberichte den Eindruck einer gewissen Scheu vor Bewertungen erwecken. Zu Recht wird in den Standards für Evaluation deshalb die Angabe von Bewertungskriterien verlangt (DeGEval 2017, S. 48, Standard G8). Wenn es nun richtig ist, dass die Anstrengungen im Bereich der Demokratieförderung und der Radikalisierungsprävention deshalb unternommen werden, weil man eine unerwünschte Kluft zwischen dem aktuellen Ist-Zustand und einem angestrebten Soll-Zustand feststellt, dann kann das übergeordnete Bewertungskriterium für den Erfolg dieser Anstrengungen aus unserer Sicht nur die Wirksamkeit sein. Eine Wirkung definieren wir in diesem Zusammenhang als eine Veränderung bei der Zielgruppe bzw. bei einem beliebigen Zielobjekt, die einer Maßnahme oder einer Kombination von Maßnahmen kausal zugerechnet werden kann. Neben den beabsichtigten kann es allerdings auch unbeabsichtigte Wirkungen geben, die positiv oder negativ sein können. Beispielsweise kann ein Projekt zur kritischen Auseinandersetzung mit rechtsextremer Musik auch dazu führen, dass bei den Schülerinnen und Schülern ein Interesse an rechtsextremen Bands geweckt wird. Ausgehend von dem hier vorgestellten Wirkungsbegriff begreifen wir eine Wirkungsevaluation in Übereinstimmung mit Thomas Widmer als eine wissenschaftliche Dienstleistung, „die sich mit der systematischen und transparenten Bewertung eines Gegenstandes (wie Maßnahmen, Projekte, Programme etc.) anhand seiner Wirkungen (namentlich Outcome und Impact) befasst. Eine derartige Bewertung setzt voraus, dass die Evaluation eine kausale Zuordnung der Wirkungen zur fraglichen Intervention vornimmt, indem sie alternative Erklärungen ausschließt" (Widmer 2012, S. 45 f.).

Grundsätzlich gibt es im Bereich der Demokratieförderung viele mögliche Sachverhalte, bei denen eine Verbesserung angestrebt werden kann. Diese angestrebten Verbesserungen sollten aber konkret benannt werden und nicht im Ungefähren verbleiben. „Allgemein formulierte *Ziele müssen zunächst operationalisiert werden*. Ein Hauptziel muss dabei in der Regel auf mehrere Unterziele aufgeteilt werden. Allgemein gehaltene (*„politische"*) Ziele sind für eine

Kontrolle der Zielerreichung *grundsätzlich nicht geeignet* [Hervorhebungen im Original]" (Bundesrechnungshof 2013, S. 44).

An dieser Stelle ist allerdings eine Warnung notwendig. Die vom Bundesrechnungshof (2013, S. 64 ff.) geforderte Wirkungskontrolle ist im Bereich der Demokratieförderung und Radikalisierungsprävention keineswegs trivial, sondern häufig so aufwendig und kostenintensiv, dass Wirkungsevaluationen auch in Zukunft eher die Ausnahme als die Regel sein werden. Ein Grund für den hohen Aufwand ist die notwendige Anpassung der Wirkungsevaluation an die konkreten Ziele und an das genaue Vorgehen eines bestimmten Projekts. Denn auch wenn Förderprogramme Wirkungsziele formulieren, müssen diese mit Blick auf die Bedingungen vor Ort interpretiert und konkretisiert werden. Ferner müssen bei einer Wirkungsevaluation ja nicht nur Veränderungen im Sinne der angestrebten Ziele aufgezeigt werden; darüber hinaus ist auch nachzuweisen, dass die durchgeführten Maßnahmen für diese Veränderung ursächlich waren. Dies ist eine besondere Herausforderung, vor allem, wenn es sich um schwer messbare Phänomene wie die Veränderung von Werten und Einstellungen handelt. Gleichwohl muss ein solcher Wirkungsnachweis erfolgen, wenn die beispielsweise in Modellprojekten erarbeiteten Konzepte und Vorgehensweisen als ein gut dokumentiertes Programm großflächig eingesetzt werden sollen. Unter einem Programm verstehen wir in diesem Zusammenhang ein abgestimmtes und erprobtes Set von Maßnahmen, für das geklärt und beschrieben ist, welche der Maßnahmen in welcher Weise und in welcher Intensität eingesetzt werden müssen, damit bestimmte Wirkungsziele erreicht werden. Im Unterschied zu einem solchen Maßnahmenprogramm besteht ein Förderprogramm aus einer Programmorganisation und einer größeren oder kleineren Zahl von Projekten, die gemeinsame Ziele verfolgen.[1]

Wenn wir Wirksamkeit als ein übergeordnetes Bewertungskriterium herausstellen und dafür plädieren, dass Wirkungen bei allen Förderprogrammen und Projekten im Zentrum stehen, dann meinen wir damit zunächst nur, dass Fragen der Wirksamkeit bei der Konzeption und bei der Umsetzung eines Förderprogramms oder eines Projekts eine herausragende Rolle spielen müssen. Die Evaluation hat im Rahmen ihrer Entwicklungsfunktion die Aufgabe, gemeinsam mit dem Projekt sicherzustellen, dass die wesentlichen Anforderungen an eine hohe Konzept-, Struktur- und Prozessqualität erfüllt werden, um eine gute Ergebnisqualität sicherzustellen und die Chancen für die Wirksamkeit der umgesetzten Maßnahmen zu optimieren.[2] In unserem Beitrag gehen wir

---

1 ProjektMagazin, Stichwort „Programm". Online unter https://www.projektmagazin.de/glossarterm/programm (21.4.2017).

2 Zu den vier Leitfunktionen von Evaluation (Entwicklung, Erkenntnis, Kontrolle und Legitimation) vgl. Stockmann 2010, S. 73 ff.

zunächst auf das Problem einer vorherrschenden Maßnahmenorientierung ein und analysieren die Ursachen für diesen problematischen Ist-Zustand. Im nächsten Abschnitt beschreiben wir den aus unserer Sicht anzustrebenden Soll-Zustand mit Wirkungszielen im Zentrum von Programmen und Projekten. Auf dieser Grundlage diskutieren wir anschließend Wege zu mehr Wirksamkeit. Mit Hilfe geeigneter Maßnahmen zur Qualitätsentwicklung ist es möglich, relevante Kriterien für eine Wirksamkeit zu erfüllen und die Wahrscheinlichkeit für das Erreichen der angestrebten Wirkungen zu optimieren. Diese *prinzipielle Wirksamkeit* garantiert allerdings noch nicht das tatsächliche Erreichen der angestrebten Wirkungen. Gerade im Bereich der Demokratieförderung ist die Entwicklung implementationsfähiger, wirksamer Maßnahmenprogramme daher dringend erforderlich. Denn erst wenn es für verschiedene Aufgaben im Bereich der Demokratieförderung solche Maßnahmenprogramme gibt, können sich Träger vor Ort auf die Implementation dieser Programme konzentrieren und Wirkungen erzielen, ohne kostspielige und zeitaufwendige Entwicklungsarbeiten durchführen zu müssen. Damit wirksame Maßnahmenprogramme auch beim Einsatz vor Ort das halten, was sie versprechen, müssen bei der Implementation verschiedene Kriterien beachtet werden. Hierauf gehen wir im letzten Abschnitt ein.

2.2 Das Problem und seine Ursachen

proVal hat im Feld „Demokratieförderung und Radikalisierungsprävention“ in den letzten 13 Jahren unter anderem drei Landesprogramme, ein Bundesprogramm sowie ein Themencluster eines Bundesprogramms wissenschaftlich begleitet und evaluiert.[3] In die verschiedenen Evaluationsmaßnahmen waren mehr als 300 Projekte einbezogen. Auf der Grundlage dieser Erfahrungen stellen wir fest, dass Wirkungen in aller Regel nicht im Zentrum der Projektarbeit stehen. Zumeist lagen keine hinreichend konkreten, operationalisierten Wirkungsziele vor, um daran den Erfolg der Maßnahmen ablesen zu können. Das heißt natürlich nicht, dass keine Wirkungsziele vorhanden waren. Sie blieben aber implizit oder zu allgemein. Diese Erkenntnis ist allerdings nicht neu. Schon Michael Scriven (1991) stellte fest, dass sich die genannten Ziele oft von den tatsächlich verfolgten Zielen unterscheiden und zu allem Überfluss unklar formuliert werden. Er zog daraus den radikalen Schluss, dass externe Evaluatoren auf die Überprüfung expliziter Wirkungsziele am besten ganz verzichten

3 Nach unseren Erfahrungen gibt es im Hinblick auf die Frage der Wirksamkeit keine *prinzipiellen* Unterschiede zwischen Förderprogrammen auf der Landes- und auf der Bundesebene. Deshalb sprechen wir in diesem Beitrag immer nur allgemein von Förderprogrammen.

sollten. Wir stimmen mit Scrivens Diagnose überein, ziehen aber die gegenteilige Konsequenz und plädieren dafür, dass Projekte zunächst möglichst genau klären, worin das Unbefriedigende und Problemhafte der aktuellen Situation besteht und was die Ursachen für diesen Zustand sein könnten, um auf dieser Grundlage zu formulieren, was sich bei der Zielgruppe verändern soll. Um anspruchsvollere Veränderungen zu erreichen, muss die Zielgruppe allerdings ausreichend lange und ausreichend intensiv an den Maßnahmen teilnehmen. In diesem Zusammenhang hängen die erreichbaren Wirkungen natürlich auch von den zur Verfügung stehenden Ressourcen ab. Eine Wirkung im Bereich der Demokratieförderung kann aber durchaus auch darin bestehen, dass die Bewohner vor Ort ihre lokale Partnerschaft für Demokratie (PfD)[4] kennen und wissen, dass sich Menschen dort engagieren. Oft findet man jedoch anstelle eines solchen *Wirkungsziels* ein *Leistungsziel*, wonach beispielsweise bis zum Tag X 3.000 Flyer mit Informationen zur PfD gedruckt und verteilt werden sollen. Aber wem nützt so etwas, wenn die Flyer gar nicht zur Kenntnis genommen werden? Deshalb sollten grundsätzlich nicht die vom Projekt durchgeführte Maßnahme (hier: der Druck von Flyern) und der Output (hier: 3.000 verteilte Exemplare), sondern die bei der Zielgruppe hervorgerufene Wirkung (hier: Kenntnis der PfD-Aktivitäten) im Zentrum der Aufmerksamkeit stehen. Wirkungen in das Zentrum aller Überlegungen zu stellen, bedeutet somit einen Perspektivwechsel. Bezugspunkt ist jetzt nicht mehr das eigene Projekt, sondern die Zielgruppe. Unter dieser Voraussetzung stellt sich dann nicht in erster Linie die Frage, wie man die Verteilung von 3.000 Flyern bewerkstelligen kann; stattdessen muss überlegt werden, wie man es erreichen kann, dass die Adressaten Informationen über die PfD tatsächlich zur Kenntnis nehmen. Wenn man die Frage so stellt, können durchaus kreative Lösungen entstehen. Empirische Beispiele sind das Bedrucken von Brötchentüten mit einem kurzen Hinweis zur Partnerschaft und einem QR-Code für weitere Informationen oder die Entwicklung eines wiedererkennbaren Logos und der Aufbau einer öffentlich sichtbaren Marke.

Woran liegt es nun, dass in der Regel nicht Wirkungen und Wirkungsziele, sondern Maßnahmen und Leistungsziele im Zentrum der Aufmerksamkeit von Projekten stehen? Ein wichtiger Grund ist die bisherige Praxis bei der Vergabe von Fördermitteln. In der Vergangenheit dominierte in den öffentlichen Verwaltungen zunächst die Input-Steuerung. Hierbei ging man davon aus, dass mit

---

4 In einer Partnerschaft für Demokratie (PfD) kommen Verantwortliche aus der kommunalen Politik und Verwaltung sowie Aktive aus der Zivilgesellschaft zusammen, um Strategien und Handlungskonzepte zur Förderung von Demokratie und Vielfalt vor Ort zu entwickeln und umzusetzen (Bundesministerium für Familie, Senioren, Frauen und Jugend (BMFSFJ): Partnerschaften für Demokratie. Online unter https://www.demokratie-leben.de/partnerschaften-fuer-demokratie.html (26.04.2020)).

der Bereitstellung und Zuteilung von Fördermitteln (Inputs) bestimmte Probleme automatisch bearbeitet werden. Die Legitimationsgrundlage waren die Sicherstellung korrekter Verfahren sowie – auf der prinzipiellen Ebene – die demokratischen Mitwirkungsmöglichkeiten. Mit den Reformkonzepten für den öffentlichen Sektor, die in Deutschland unter dem Stichwort „Neues Steuerungsmodell" vor allem in den 1990er-Jahren diskutiert wurden, rückte dann die Output-Steuerung ins Zentrum des Verwaltungshandelns (vgl. hierzu auch Widmer 2012). Da im Zuge dieser Entwicklung nun auch Nachweise über die erbrachten Leistungen verlangt wurden, konzentrierten sich die geförderten Projekte auf die möglichst häufige Durchführung ihrer Maßnahmen und auf hohe Teilnehmerzahlen. Die naheliegende Frage, ob die in großer Zahl und mit vielen Teilnehmerinnen und Teilnehmern durchgeführten Maßnahmen überhaupt zu einer Verbesserung der problematischen Ausgangssituation führen können, wurde vielfach nicht gestellt. Das hat bei vielen Trägern auf dem Markt der sozialen Dienste dazu geführt, dass man sich für die Wirkungen der Arbeit nur noch am Rande interessierte. Erst mit der Outcome-Steuerung erfolgt in jüngster Zeit eine zunehmende Orientierung der Verwaltungssteuerung an Wirkungen. Ziel staatlichen Handelns ist aus dieser Sicht die gewünschte Veränderung: „In der wirkungsorientierten Verwaltung bilden nicht die zur Verfügung stehenden Ressourcen, sondern die angestrebten Wirkungen in der Gesellschaft und die hierfür erforderlichen Leistungen den Ausrichtungsmaßstab des Verwaltungshandelns. Dahinter steht der Gedanke, dass die Wirkung letztendlich das Ziel staatlichen Handelns ist und nicht nur das bloße Tätigwerden der Verwaltung" (Seiwald/Geppl/Thaller 2011, S. 11).

Solche Überlegungen sind in Österreich schon weiter fortgeschritten als in Deutschland. So hat man dort im Jahr 2013 eine wirkungsorientierte Haushaltsführung auf Bundesebene eingeführt, was die Festlegung von Wirkungszielen sowie umfangreiche Controlling- und Evaluationsmaßnahmen einschließt (Hammerschmidt/Grünwald 2014). In Deutschland haben diese sich andeutenden Veränderungen bisher noch zu keinem Perspektivwechsel auf der Ebene der geförderten Projekte geführt. Dies ist aus mehreren Gründen verständlich. Zum einen sind hohe Output-Zahlen bei den Fördermittelgebern nach wie vor beliebt, und eine Konzentration auf Wirkungen verträgt sich wegen der dann notwendigen Dauer und Intensität der Teilnahme schlecht mit dem Durchschleusen einer möglichst großen Zahl von Teilnehmerinnen und Teilnehmern. Zum anderen ist die Konzentration auf Maßnahmen der natürliche Fokus der geförderten Projekte, die oft auf bestimmte Tätigkeitsfelder wie politische Bildung, Beratung oder Erlebnispädagogik spezialisiert sind. Da ein Projektträger wie jede Organisation zunächst seinen Bestand und sein wirtschaftliches Überleben zu sichern versucht (Luhmann 1964) und in diesem Zusammenhang auch seine qualifizierten Mitarbeiterinnen und Mitarbeiter halten will, wird er im Rahmen seiner Akquise-Tätigkeit alle Optionen prüfen.

Wenn Förderprogramme dann lediglich sehr allgemeine und unspezifische Ziele verfolgen, muss der Projektträger sein bestehendes Angebot nicht groß umstellen oder weiterentwickeln, weil auf unspezifische Ziele auch mit unspezifischen Maßnahmen reagiert werden kann. Unter diesen Umständen gilt für den Projektträger dann das Motto: „Programme kommen und gehen, aber meine Maßnahmen bleiben bestehen."

2.3 Wirkungsziele im Zentrum von Programmen und Projekten

Wenn die oben skizzierte Ursachenanalyse richtig ist, dann bilden nicht nur Projekt-, sondern vor allem auch Programmverantwortliche die Zielgruppe für eine Fokussierung auf Wirkungen. Wie wir oben bereits angedeutet haben, ist in den letzten Jahren bei den von uns begleiteten und evaluierten Landes- und Bundesprogrammen durchaus eine stärkere Wirkungsorientierung zu verzeichnen. Hierzu zählt vor allem die Explikation und Operationalisierung von Wirkungszielen, die wir sowohl auf der Ebene der Förderprogramme als auch auf der Ebene (ausgewählter) Projekte im Rahmen einer formativen Evaluation begleiten und unterstützen. Es ist aber ein Unterschied, ob sich ein Förderprogramm nur an Wirkungen orientiert oder ob Wirkungen wirklich im Zentrum des Programms stehen. Letzteres ist aus unserer Sicht der anzustrebende Soll-Zustand. Damit Wirkungen im Zentrum des Förderprogramms stehen, muss die Explikation und die Operationalisierung der Programmziele vor der Ausschreibung erfolgen, denn nur so können potenzielle Antragsteller fundiert entscheiden, ob sie zum Erreichen der Programmziele beitragen können und sich an dem Programm beteiligen wollen. Ein sehr guter Weg wurde bei einem von uns evaluierten Förderprogramm zur Prävention alkoholbedingter Jugendgewalt eingeschlagen (Strobl/Lobermeier 2014). Hier wurden die in Zusammenarbeit mit der Evaluation überarbeiteten und konkretisierten Wirkungsziele des Förderprogramms in einer Zieltabelle zusammengefasst und zunächst im Rahmen von vier Informations- und Fortbildungsveranstaltungen interessierten Projektträgern vorgestellt. Die Teilnehmerinnen und Teilnehmer konnten in diesen Veranstaltungen noch Änderungs- und Ergänzungsvorschläge machen. Die Evaluation der Veranstaltungen ergab, dass 89 Prozent der am Programm Interessierten die Vorgabe konkreter Wirkungsziele im Zusammenhang mit der Beantragung eines Projekts gut oder sehr gut fanden; zehn Prozent fanden sie mittelmäßig und nur einzelne Teilnehmer fanden sie schlecht. Die endgültige Zieltabelle war dann sowohl Bestandteil der Ausschreibungsunterlagen als auch die Grundlage für die spätere Wirkungsevaluation. Allerdings setzt so ein Vorgehen eine relativ langfristige Planung voraus, die bei der Entstehung von Förderprogrammen nicht immer gewollt oder möglich ist. So ist es im Bereich der Demokratieförderung mitunter nötig, politische Opportunitäten kurzfristig zu nutzen, um in dem Themenfeld etwas zu bewegen.

Zu bedenken ist ferner, dass die Vorgabe von Wirkungszielen im Bereich der Demokratieförderung problematisch sein kann, wenn so allein durch staatliche Akteure definiert wird, was unter einer demokratischen Kultur zu verstehen ist. Weil Wirkungsziele Wertentscheidungen beinhalten, kommt es deshalb bereits in der Konzeptionsphase eines Programms zur Demokratieförderung auf die Einbeziehung und Beteiligung zivilgesellschaftlicher Träger und anderer Interessengruppen im Sinne einer „starken Demokratie" an. In die Bewertung der Konzeptqualität eines Förderprogramms muss daher auch die angemessene Einbeziehung der zivilgesellschaftlichen Akteure einfließen. Das Konzept der „starken Demokratie" geht übrigens auf Benjamin Barber (1994, S. 207) zurück, der durch eine partizipative Struktur autonome Entscheidungen der Zivilgesellschaft ermöglichen möchte.

An dieser Stelle möchten wir noch einmal daran erinnern, dass ein Förderprogramm aus einer Programmorganisation und mehreren Projekten besteht, die gemeinsame Ziele verfolgen. Folglich gilt: Wenn es keine Ziele hat, dann ist es kein Programm, sondern lediglich ein Verfahren zur Verteilung von Fördermitteln. Gemeint sind hier natürlich relativ konkrete Wirkungsziele und nicht die vom Bundesrechnungshof in diesem Zusammenhang kritisierten allgemeinen politischen Ziele. An dieser Stelle wird von manchen eingewendet, es sei nicht möglich, auf der Programmebene Wirkungsziele vorzugeben, wenn Modellprojekte neue Wege der Demokratieförderung erst entwickeln und erproben sollen. Dieser Einwand verkennt jedoch, dass ein Projekt per Definition auf der Ebene der Ziele an Vorgaben gebunden ist und die Aufgabe gerade darin besteht, neue Wege zur Erreichung dieser Ziele zu entwickeln und zu erproben (siehe Abb. 2-1). Es wäre im Sinne des oben erwähnten Konzepts der „starken Demokratie" auch fragwürdig, wenn Projektträger wichtige Wirkungsziele und die damit verbundenen Wertenscheidungen ohne die Beteiligung anderer gesellschaftlicher Gruppen treffen und in diesen Bereichen allein über die inhaltliche Definition einer demokratischen Kultur entscheiden könnten.

Während Förderprogramme Spielräume für die Ausgestaltung und die Interpretation der Ziele durch unterschiedliche Projektträger in verschiedenen sozialen Kontexten lassen müssen, sind bei manualisierten Maßnahmenprogrammen nicht nur genaue Angaben zu den Wirkungszielen, sondern auch zu den für die Zielerreichung umzusetzenden Maßnahmen erforderlich. Projekte, die ein in einem Handbuch (Manual) beschriebenes Programm umsetzen, müssen die Vorgehensweise folglich nicht selbst entwickeln und erproben. So kann es auch Projekten ohne ausreichende eigene Entwicklungskapazitäten und Entwicklungskompetenzen gelingen, hochwertige Konzepte umzusetzen. Die Herausforderung ist in diesem Fall vor allem eine angemessene Implementation.

Um die Besonderheiten einer projektförmigen Arbeitsweise herauszuarbeiten, ist jetzt eine genauere Beschäftigung mit dem Projektbegriff erforderlich. Zum Projektbegriff gibt es verschiedene etablierte Definitionen. Die DIN ISO 21500 definiert ein Projekt wie folgt: „Ein Projekt besteht aus einer einzigartigen Gruppe von Prozessen, die an einer Zielsetzung ausgerichtete, koordinierte und gesteuerte Vorgänge mit Beginn- und Fertigstellungsterminen umfassen." Später wird noch ergänzt, dass jedes Projekt einen konkreten Beginn und ein konkretes Ende hat. Dieser formale Aspekt wird häufig genannt, wenn es um die Abgrenzung eines Projektes von den üblichen Arbeitsroutinen geht. Inhaltlich ist jedoch vor allem die Ausrichtung an einer Zielsetzung wichtig. Durch eine Kreuztabulierung von Zielen und Maßnahmen ergeben sich die in der nachfolgenden Abbildung gezeigten vier Formen der Aufgabenbewältigung (Hölzle/Grünig 2002, S. 10 ff.).

Abb. 2.1: Vier Formen der Aufgabenbewältigung

Ziele	flexibel	Experiment	Blinder Aktionismus
	festgelegt	Arbeitsroutine	**Projekt**
		festgelegt	flexibel
		Maßnahmen	

Quelle: Eigene Darstellung in Anlehnung an Philipp Hölzle und Carolin Grünig (2002, S. 10).

Ein Projekt zeichnet sich durch feste, vorgegebene Ziele und Flexibilität bei den Maßnahmen aus. Es geht also vor allem darum, dass das Projektteam einen geeigneten Weg findet, um die angestrebten Wirkungsziele zu erreichen. Versuch und Irrtum, Erproben und Verändern sind im Bereich der Maßnahmen nicht nur erwünscht, sondern notwendig. Wie wir oben geschildert haben, halten Projekte allerdings oftmals nicht an den Zielen, sondern an bestimmten Maßnahmen fest. Unter dieser Voraussetzung kann man nur insofern von einem Projekt sprechen, als es das formale Kriterium einer begrenzten Zeitdauer erfüllt. Tatsächlich handelt es sich jedoch um ein experimentelles Vorgehen: Bestimmte präferierte Maßnahmen werden umgesetzt, ohne dass klar ist, welches Problem damit gelöst wird und welche Ziele damit erreicht werden. Obwohl so ein Experiment zunächst unsinnig erscheinen mag, kann es durchaus lohnenswert sein, bekannte Maßnahmen in unbekannten Anwendungsfeldern einzusetzen und auf die Entstehung eines verwertbaren Ergebnisses zu hoffen (Hölzle/Grünig 2002, S. 11). Dessen Bewertung erfordert dann allerdings wieder einen Rückbezug auf angestrebte Ziele.

Die Arbeitsroutine zeichnet sich dadurch aus, dass neben den Zielen auch die Maßnahmen vorgegeben sind. Gerade, weil im Bereich „Demokratieförderung und Radikalisierungsprävention" oft auch unerfahrene Träger ohne ausreichende Kapazitäten zur Entwicklung neuer und innovativer Vorgehensweisen gefördert werden, wäre es an vielen Stellen sinnvoll und wichtig, Programme im Sinne erprobter und abgestimmter Maßnahmen zur Zielerreichung vorzugeben. Finanziell gut ausgestattete Projekte wären dann dafür zuständig, solche Maßnahmenprogramme zu entwickeln und zu dokumentieren. Die Aufgabe von Projektträgern mit wenig Erfahrung im Bereich der Programmentwicklung wäre vor allem die angemessene Implementation eines zum Problem passenden Maßnahmenprogramms. Der blinde Aktionismus ist das Gegenteil der Arbeitsroutine. Hierzu kommt es, wenn weder über die Ziele noch über geeignete Maßnahmen Klarheit herrscht. Planlose Aktivitäten mit unklaren Zielen nach dem Motto: „Da muss man jetzt sofort irgendetwas machen“, sind im besten Fall Zeit- und Geldverschwendung – im schlechtesten Fall richten sie sogar Schaden an.

2.4 Wege zu mehr Wirksamkeit

Aus dem oben Gesagten dürfte deutlich geworden sein, dass wir ein Vorgehen präferieren, bei dem zunächst der unbefriedigende Ist-Zustand und seine Ursachen analysiert werden, um auf dieser Grundlage Wirkungsziele zu formulieren, die den angestrebten Soll-Zustand beschreiben. Auf dieser Grundlage muss es dann darum gehen, geeignete Maßnahmen zur Erreichung dieser Ziele zu finden und umzusetzen. Auf der Ebene von Projekten haben wir uns bereits seit vielen Jahren mit Schritten zur Verbesserung der Wirksamkeit beschäftigt. Erste Ansätze haben wir vor allem mit Praktikern aus dem Bereich der kommunalen Kriminalprävention diskutiert. Später haben wir diese Ansätze vor dem Hintergrund unserer Erfahrungen bei der Evaluation von Bundes- und Landesprogrammen zur Demokratieförderung weiterentwickelt. Wichtige Anregungen verdanken wir auch der Diskussion mit dem bekannten amerikanischen Evaluator Huey Chen. Aufgrund dieser Diskussion und seiner Überlegungen zur theoriegeleiteten Evaluation (theory-driven evaluation) haben wir die Projektumsetzung stärker in den Fokus genommen und von Konzeptionsfragen analytisch getrennt. In diesem Zusammenhang rückten auch Aspekte der Strukturqualität und hier vor allem die Kompetenzen und die Handlungsorientierung der Projektakteure in den Vordergrund. Dabei zeigte sich, dass die im Rahmen einer Output-Fokussierung von Förderprogrammen durchaus funktionale Maßnahmenorientierung nicht einfach in ein- oder zweitägigen Workshops in Richtung einer Wirkungszentrierung verändert werden kann. Unsere diesbezüglichen Erfahrungen lassen sich in drei Punkten zusammenfassen:

1. Ein Perspektivwechsel von der Maßnahmenorientierung zur Wirkungszentrierung ist ein längerfristiger Prozess, der begleitet und unterstützt werden muss.

2. Im Verlauf dieses Prozesses müssen Erfahrungen aus der praktischen Arbeit aufgegriffen und im Lichte eines wirkungszentrierten Vorgehens diskutiert werden.
3. Der Perspektivwechsel wird nur gelingen, wenn die Fördermittelgeber die wirkungszentrierte Perspektive teilen und eine Ausrichtung der geförderten Projekte auf Wirkungen aktiv unterstützen.

Deshalb sind eine Problem- und Ursachenanalyse und die Formulierung relativ konkreter Wirkungsziele auch bei der Entwicklung von Förderprogrammen unerlässlich. In dieser Hinsicht gibt es keine prinzipiellen Unterschiede zwischen Bundes- und Landesprogrammen. Von den Förderprogrammen vorgegebene Wirkungsziele verdeutlichen den geförderten Projekten die zentrale Bedeutung von Wirkungen und sind ein wichtiger Faktor, um einen Perspektivwechsel von einer Maßnahmen- zu einer Wirkungszentrierung einzuleiten. Unsere Erfahrungen und unsere Daten belegen in diesem Zusammenhang eine große Bereitschaft der Projektträger, sich an solchen Vorgaben zu orientieren.

Die von Michael Scriven (1991) beschriebene Gefahr, dass die „offiziellen" Ziele zu anspruchsvoll und zu unrealistisch sind, ist in diesem Zusammenhang allerdings nicht von der Hand zu weisen. Ferner muss damit gerechnet werden, dass die Ziele eher als Leistungsziele formuliert werden, sodass zwar deutlich wird, in welchem Umfang bestimmte Maßnahmen umgesetzt werden sollen, aber unklar bleibt, was sich dadurch bei der Zielgruppe verändern soll.[5] Es ist aus unserer Sicht daher eine wichtige Aufgabe einer Ex-Ante-Evaluation, die Programmentwickler bei der Problem- und Ursachenanalyse, der Identifikation und Einbeziehung von Beteiligten und Betroffenen[6] sowie bei der Formulierung und Operationalisierung von Wirkungszielen zu unterstützen. Im Idealfall wird das Evaluationsteam – wie bei einem der von uns evaluierten Landespro-

5 An dieser Stelle wollen wir kurz auf den Einwand reagieren, dass ein auf die Zielgruppe zugeschnittener Wirkungsbegriff zu eng sei. Schließlich gäbe es z. B. auch noch die Veränderung von Strukturen oder die Implementation neuer Verfahren. Wir möchten zunächst klarstellen, dass unser Bezugspunkt der Bereich des Sozialen ist. Wirkungen wie die Veränderung einer Metallplatte durch das Bearbeiten mit einem Hammer klammern wir hier aus. Im Bereich des Sozialen kommt es dagegen – wenn man präzise denkt und argumentiert – *immer* auf Veränderungen bei der Zielgruppe an. Auch die Veränderung von Strukturen oder die Implementation neuer Maßnahmen sind ja nicht das Ergebnis eines Wunders, sondern die Folge von Handlungen. Allerdings müssen Personen erreicht und motiviert werden, die in der Lage sind, Strukturveränderungen oder die Implementation neuer Verfahren durchzusetzen. Bei dieser Zielgruppe handelt es sich oft um Führungskräfte, respektierte Persönlichkeiten oder andere einflussreiche Akteure.

6 Die Identifikation von Beteiligten und Betroffenen steht nicht ohne Grund an erster Stelle der Evaluationsstandards (DeGEval 2017, S. 34 f., Standard N1). Im Bereich der Demokratieförderung erfordert aber schon das Thema ihre Einbeziehung.

gramme – daher bereits vor der offiziellen Verabschiedung des Förderprogramms in die Programmentwicklung einbezogen. Wenn die Wirkungsziele eines Programms relativ genau beschreiben, an welchen Stellen Veränderungen angestrebt werden, können die geförderten Projekte darauf zugeschnittene Maßnahmen entwickeln. Dabei müssen die Projekte die auf der Programmebene vorgegebenen Ziele in der Regel aber noch weiter konkretisieren und die Zielgruppe noch genauer eingrenzen. Ein auf der Förderprogrammebene bereits relativ konkretes Handlungsziel wie „Kinder und Jugendliche partizipieren an demokratischen Prozessen" wäre auf der Projektebene folglich eher ein Ziel auf einer mittleren Abstraktionsebene.[7]

Aufgrund der oben kurz angedeuteten politischen Prozesse bei der Entstehung von Landes- und Bundesprogrammen im Bereich Demokratieentwicklung und Radikalisierungsprävention gibt es bei solchen Programmen zum Zeitpunkt der Verabschiedung oft noch konzeptuellen Entwicklungsbedarf, sodass eine Professionalisierung erst im Laufe der Zeit erfolgt. Die Unterscheidung zwischen verschiedenen „Reifegraden" eines Programms mit jeweils spezifischen Evaluationsaufgaben (Chen 2005, S. 48; Stockmann/Meyer 2010, S. 90 f.; Owen/Rogers 1999, S. 53 f.) ist deshalb grundsätzlich auch auf Förderprogramme anwendbar. So kommt es häufiger vor, dass ein Förderprogramm in der Anfangsphase nur sehr allgemeine politische Ziele ohne konkreten Bezug zu den angestrebten Veränderungen enthält. Nach unserer Definition liegt in diesem Fall noch gar kein Programm vor. Eine Programmevaluation kann und muss diese konzeptuelle Schwäche monieren und eine Weiterentwicklung anregen. Gleichwohl kann das Programm aber bereits Fördermittel nach nachvollziehbaren Kriterien an Projektträger vergeben. Das Vorgehen ist in diesem Fall jedoch eher experimentell: Man fördert Projekte und geht davon aus, dass dadurch etwas Positives bewirkt wird. Welche Wirkungen angestrebt werden und ob diese tatsächlich erreicht werden, muss dann auf der Ebene der Projekte geklärt werden. Auch auf dieser Ebene stellt sich aber zunächst die Frage, ob der Entwicklungsstand der Projekte bereits für eine Wirkungsevaluation ausreicht. Wenn Wirkungsevaluationen im Sinne unserer oben entwickelten Definition noch nicht sinnvoll oder schlicht zu teuer sind, sollten Vorkehrungen getroffen werden, um die Chancen für eine Wirksamkeit der Projekte durch Maßnahmen zur Qualitätsentwicklung zu optimieren. Vor dem Hintergrund unserer Erfahrungen plädieren wir an dieser Stelle für eine stärkere Verzahnung von Evaluation und Qualitätsentwicklung. In seinem gleichnamigen Buch

7 Im verbreiteten dreigegliederten Zielsystem von Wolfgang Beywl und Ellen Schepp-Winter (2000) unterscheidet man zwischen sehr allgemeinen Leitzielen, etwas konkreteren Mittlerzielen und sehr konkreten und in einem begrenzten Zeitraum erreichbaren Handlungszielen.

macht Reinhard Stockmann klar, dass Qualitätsentwicklung im Nonprofit-Bereich immer auf eine größere Wirksamkeit hinauslaufen muss: „*Qualität* bemisst sich danach, ob und inwieweit die von einer Organisation erbrachten Leistungen zu intendierten Wirkungen bei den Zielgruppen (Adressaten, Klienten) und in den Politikfeldern führen, in denen die geplanten Interventionen stattfinden. Die Qualitätsentwicklung von Nonprofit-Organisationen hat sich demnach auf die *Optimierung von Wirkungen* zu richten [Hervorhebungen im Original]" (Stockmann 2006, S. 293 f.).

Des Weiteren ist eine schärfere Unterscheidung zwischen programmentwickelnden und programmumsetzenden Projekten notwendig. Erfahrene Projektträger sollten in diesem Zusammenhang finanziell gut ausgestattet werden, um wirksame Programme zu entwickeln und sorgfältig zu dokumentieren, so dass diese Programme von weniger erfahrenen Projektträgern anhand des bereitgestellten Handbuchs umgesetzt werden können.

In den folgenden Abschnitten stellen wir drei Wege zu mehr Wirksamkeit vor. Der erste Weg ist der Einsatz von Maßnahmen zur Qualitätsentwicklung, um relevante Kriterien für eine Wirksamkeit zu erfüllen und die Wahrscheinlichkeit für das Erreichen der angestrebten Wirkungen zu optimieren. Trotzdem sind auch nach diesen Kriterien gute und vielversprechende Projekte nicht automatisch wirksam. So geht man ja auch im Bereich der Technik nicht davon aus, dass ein vielversprechender neuer Motor im Alltagsbetrieb alle Erwartungen automatisch erfüllt. Der zweite Weg zu mehr Wirksamkeit ist daher die Entwicklung implementationsfähiger, wirksamer Maßnahmenprogramme. Allerdings werden die notwendigen Entwicklungsanstrengungen und -kosten im Bereich der Demokratieförderung bisher sträflich unterschätzt. Wenn es für verschiedene Aufgaben im Bereich der Demokratieförderung wirksame Maßnahmenprogramme gibt, können sich Träger vor Ort auf die Implementation dieser Programme konzentrieren und Wirkungen erzielen, ohne kostspielige und zeitaufwendige Entwicklungsarbeiten durchführen zu müssen. Der dritte Weg zu mehr Wirksamkeit ist daher die angemessene Implementation von qualitativ hochwertigen, manualisierten Maßnahmenprogrammen.

2.4.1 Qualitätsentwicklung und prinzipielle Wirksamkeit

In der Evaluationsliteratur gibt es einen breiten Konsens, wonach eine Wirkungsevaluation mit dem Ziel einer kausalen Verknüpfung von Maßnahme und Wirkung erst in einem späten, „reifen" Stadium eines Maßnahmenprogramms durchgeführt werden sollte (Lüders/Haubrich 2006). In diesem Stadium muss ein Projekt darüber Auskunft geben können, was sich bei einer bestimmten Zielgruppe verändern soll, warum eine bestimmte Maßnahme geeignet ist, um diese Veränderungen herbeizuführen und wie häufig und wie intensiv die Zielgruppe in den Genuss dieser Maßnahme kommen muss, damit sich die Veränderungen tatsächlich einstellen. Diese Informationen können aufgrund eigener Entwicklungsarbeiten erlangt werden; sie können bei der Übernahme gut entwickelter und dokumentierter Maßnahmenprogramme aber auch bereits vorliegen. Damit sich die angestrebten Veränderungen mit großer Wahrscheinlichkeit einstellen und Wirkungen prinzipiell erreicht werden können, muss allerdings auch eine angemessene Umsetzung des Programms durch ausreichend qualifizierte Mitarbeiterinnen und Mitarbeiter erfolgen. Bei Vorliegen aller relevanten Wirkungsvoraussetzungen sprechen wir von *prinzipieller Wirksamkeit.* Im Rahmen ihrer Entwicklungsfunktion ist es eine wichtige Aufgabe der Evaluation, die Projekte beim Erreichen des Stadiums der prinzipiellen Wirksamkeit zu unterstützen.

Oft wird in diesem Zusammenhang der Einsatz von logischen Modellen empfohlen. So plädieren Karin Haubrich, Bernd Holthusen und Gerlinde Struhkamp (2005, S. 3) bei „unreifen" oder „innovativen" Programmen, die im Bereich der Demokratieförderung häufig vorkommen, für eine „kleinteilige empirische Rekonstruktion der Programmelemente und ihres konzeptionellen Zusammenwirkens" mit Hilfe logischer Modelle. Dazu möchten wir anmerken, dass noch gar kein Programm vorliegt – auch kein innovatives – wenn nicht erkennbar ist, was sich bei der Zielgruppe verändern soll und wie das mit den vorgesehenen Maßnahmen unter den gegebenen Rahmenbedingungen erreicht werden kann. Unter dieser Voraussetzung würde es eher um die *Entwicklung* eines Programms gehen. Außerdem beantwortet die empirische (Re-)Konstruktion einer Programmtheorie noch nicht die Frage, ob die identifizierten Programmelemente und ihr Zusammenwirken überhaupt geeignet sind, um die intendierten Wirkungen hervorzurufen. Diese Bewertung der Konzeptqualität ist aus unserer Sicht eine Aufgabe von Evaluatorinnen und Evaluatoren und sollte auf der Grundlage von wissenschaftlichen Erkenntnissen und Evaluationsergebnissen zu ähnlichen Konzepten vorgenommen werden.

Zur Verbesserung der Konzeptqualität können Programmbäume (Univation) oder Wirkungstreppen (Phineo) insofern beitragen, als es mit ihrer Hilfe möglich ist, Lücken in der Wirkungskette aufzudecken. Allerdings suggerieren logische Modelle häufig einen linearen Verlauf von den Inputs (Ressourcen) über die Outputs (Leistungen) bis zu den Outcomes (Wirkungen). Das wäre dann aber nichts anderes als die klassische Vorstellung der Inputsteuerung, wonach mit der Bereitstellung von Ressourcen (Inputs) das Problem eigentlich schon gelöst ist, weil sich alle weiteren Schritte „logisch" daraus ergeben. Die Annahme eines linearen Verlaufs kann außerdem zu einer Fixierung auf bestimmte präferierte Maßnahmen führen. Auch der Frage, wie die einzelnen Elemente des Modells umgesetzt werden müssen, um die Wirkungschancen zu optimieren, wird im Rahmen von logischen Modellen oft zu wenig Beachtung geschenkt.

Diese Kritik spricht allerdings nicht grundsätzlich gegen logische Modelle, sondern eher gegen das übliche Vorgehen, bei dem eine Reihe von Wenn-dann-Aussagen zu der oben kritisierten Linearitätsannahme führt. Paul McCawly (2001) gibt außerdem zu bedenken, dass das übliche Vorgehen einer Fokussierung auf die vorhandenen Ressourcen und die ins Auge gefassten Maßnahmen Vorschub leistet: „Starting with the inputs tends to foster a defense of the status quo rather than create a forum for new ideas or concepts" (ebd., S. 2). Wenn man das übliche Vorgehen dagegen umkehrt und mit den Wirkungen als dem Ausgangspunkt des Modells beginnt, erreicht man Flexibilität auf den Ebenen der Maßnahmen und der Inputs, indem man sich fragt, was geschehen muss, damit sich diese Wirkungen einstellen und welche Ressourcen dafür notwendig sind. Der Vorschlag, Wirkungen zum Ausgangspunkt konzeptueller Überlegungen zu machen, findet sich auch im Outcome Mapping (Earl/Carden/Smutylo 2001) und im Outcome Harvesting (Wilson-Grau/Britt 2013). Wir halten diese Methoden für durchaus vielversprechend, um die Projektbeteiligten für Wirkungen zu sensibilisieren und den von uns propagierten Perspektivwechsel von der Fixierung auf Maßnahmen zur Fokussierung auf Wirkungen zu vollziehen. Allerdings beschäftigen sich diese Ansätze vor allem mit der Frage, wie man Veränderungen in einem bestimmten Themenfeld erfasst und vernachlässigen darüber die Operationalisierung und Konkretisierung von Wirkungszielen und andere Aspekte der Konzeptqualität. Uns geht es dagegen zunächst um die Frage, wie man eine *bestimmte* Veränderung bei einer definierten Zielgruppe erreichen kann. Und genau an dieser Stelle fordern wir Flexibilität bei den Maßnahmen. Hier muss dann z. B. vor dem Hintergrund praktischer Erfahrungen von Projektakteuren, wissenschaftlicher Erkenntnisse und vorliegender Evaluationsergebnisse die Frage beantwortet werden, welche Maßnahmen am geeignetsten sind und wie diese Maßnahmen umgesetzt werden müssen, um die gewünschte Veränderung bei der Zielgruppe zu erreichen. Reichen die Ressourcen hierfür nicht aus, muss eben überlegt werden, wie zusätzliche Mittel akquiriert werden können.

Wir haben weiter oben bereits darauf hingewiesen, dass die Art und Weise der Umsetzung bei der Arbeit mit logischen Modellen leicht in den Hintergrund rückt. In seinen Arbeiten zur theoriegeleiteten Evaluation unterscheidet Huey Chen (2005, S. 29; 2012, S. 20) dagegen explizit zwischen einem Veränderungs- und einem Umsetzungsmodell. Im Veränderungsmodell (change model) wird thematisiert, welche Maßnahmen bestimmte Wirkfaktoren so beeinflussen, dass Wirkungen im Sinne von angestrebten Veränderungen bei der Zielgruppe erreicht werden. Im Umsetzungsmodell (action model) geht es dagegen um die Frage, wie dabei vorgegangen wird. Hier sind z. B. die Erfahrungen des Projektträgers, die Kompetenzen der Projektmitarbeiterinnen und -mitarbeiter, die Zusammenarbeit mit anderen relevanten Akteuren, Besonderheiten des Projektkontextes und der Zielgruppe sowie die Art und Weise der Maßnahmenumsetzung relevant.

Damit Projekte das Stadium der prinzipiellen Wirksamkeit erreichen, muss sowohl das Veränderungs- als auch das Umsetzungsmodell ein gutes Qualitätsniveau aufweisen. Um dieses beurteilen zu können, sind allerdings Kriterien notwendig. Für die Entwicklung solcher Kriterien haben wir uns zunächst an den klassischen Qualitätsdimensionen von Avedis Donabedian (1966) orientiert. Eine wesentliche Weiterentwicklung ist jedoch die Einführung der Dimension „Konzeptqualität". Die Konzeptqualität ist nach unseren Erfahrungen das Fundament für ein wirksames Projekt. Während diese Dimension insbesondere die Qualität des Veränderungsmodells betrifft, sind die Dimensionen der Struktur- und der Prozessqualität auf das Umsetzungsmodell bezogen. Vor dem Hintergrund unserer Erfahrungen aus der Evaluation von Förderprogrammen und Projekten im Bereich „Demokratieförderung und Radikalisierungsprävention" und unter Einbeziehung anderer Ansätze[8] haben wir dann zu allen Qualitätsdimensionen konkrete Kriterien entwickelt, die Projekte dabei unterstützen sollen, ihre Maßnahmen so zu planen und umzusetzen, dass ein möglichst hoher Grad an Wirksamkeit erreicht wird. Damit die Qualitätskriterien möglichst umfassend angewendet werden, sollten sowohl die Projektverantwortlichen als auch die für die Antragsprüfung zuständigen Personen hierzu fortgebildet werden. Wir haben in der Vergangenheit für beide Zielgruppen ein- bis zweitägige Workshops durchgeführt. Diese Workshops sind nach unseren Erfahrungen aber noch nicht ausreichend, um einen Perspektivwechsel von der Maßnahmenzentrierung zur Wirkungszentrierung einzuleiten. Daher erproben wir zurzeit eine Fortbildung nach dem Blended Learning Konzept, bei der vier Präsenzveranstaltungen mit Texten und Arbeitsaufgaben im Online-Bereich kombiniert werden. Ob auf diese Weise eine nachhaltige Fokussierung auf Fragen der Wirksamkeit erreicht werden kann, wird sich in absehbarer Zeit zeigen. Wirkungen werden jedenfalls nur dann ins Zentrum von Programmen und Projekten rücken, wenn sowohl Programmgeber als auch Antragsprüfende und Programmadressaten von dieser Perspektive überzeugt sind.

Für alle hier genannten Gruppen ist das Fortbildungsmodul zur Konzeptqualität grundlegend. Bei der Konzeptqualität stehen die angestrebten Wirkungen im Sinne von Veränderungen bei der Zielgruppe im Mittelpunkt. Eine hohe Konzeptqualität erfordert zunächst, dass das *Ausgangsproblem* möglichst genau beschrieben und so abgegrenzt wird, dass es von einem Projekt bearbeitet werden kann. In einem Projektkonzept sollten außerdem Belege für die Existenz und das Ausmaß des Problems aufgeführt werden. Der nächste Schritt ist dann

8 Hier ist vor allem das Beccaria-Programm zu nennen. Online unter https://www.beccaria.de/nano.cms/de/ (26.04.2020).

die Frage nach den *Ursachen* für dieses Problem. Für die Ursachenanalyse gibt es verschiedene Methoden, auf die wir hier nicht näher eingehen wollen. Wichtig ist, dass die zentralen Ursachen identifiziert werden. Hierfür sollten möglichst wissenschaftliche Erkenntnisse oder zumindest Erfahrungswissen herangezogen werden. Um in den nächsten Schritten beurteilen zu können, welche Ziele realistisch und welche Maßnahmen angemessen sind, müssen die Besonderheiten des *Projektkontextes* analysiert und die *Zielgruppe* des Projekts abgegrenzt werden. Anzumerken ist, dass Zielgruppen im Bereich des Sozialen immer aus Menschen bestehen. Auch wenn es dem Projekt um die Veränderung von Strukturen geht, müssen Menschen erreicht und motiviert werden, die in der Lage sind, diese Strukturveränderungen vorzunehmen. Die Zielgruppe besteht dann eben aus diesen Personen, bei denen es sich oft um Führungskräfte, respektierte Persönlichkeiten oder andere einflussreiche Akteure handelt. Im Zusammenhang mit den *Zielen* ist die Unterscheindung zwischen Leistungs- und Wirkungszielen absolut zentral. Leistungsziele liegen auf der Maßnahmenebene. Sie legen z. B. fest, wie viele Gedenkstättenfahrten mit wie vielen Teilnehmerinnen und Teilnehmern in der Projektlaufzeit durchgeführt werden sollen. Wir verwenden den Begriff „Ziel" hier dagegen in der Regel im Sinne von „Wirkungsziel". Wirkungsziele müssen so formuliert werden, dass die angestrebten Veränderungen bei der Zielgruppe deutlich werden. Die Formulierung von Wirkungszielen soll nun nicht im luftleeren Raum, sondern auf der Grundlage der Problembeschreibung, der Ursachenanalyse und der Zielgruppenbestimmung erfolgen. Ein weiteres wichtiges Element der Programmtheorie[9] sind die *Maßnahmen*. Wie wir oben schon angemerkt haben, ist eine zu geringe Flexibilität auf der Maßnahmenebene eine häufige Schwäche, die eine Abstimmung der Maßnahmen auf die Zielgruppe und die zu erreichenden Ziele verhindert. In diesem Zusammenhang muss nachvollziehbar beschrieben werden, warum die vorgeschlagenen Maßnahmen für die Zielgruppe angemessen und prinzipiell geeignet sind, um die angestrebten Ziele zu erreichen. Als Belege müssen zumindest abgesicherte Erfahrungen angeführt werden. Ideal wäre es, wenn für die Auswahl der Maßnahmen wissenschaftliche Forschungsergebnisse herangezogen würden. Allerdings ist die Auswahl geeigneter Maßnahmen nur der erste Schritt auf dem Weg zur Erreichung der Wirkungsziele. Entscheidend ist, dass die Frage der Wirksamkeit auch bei der Umsetzung der ausgewählten Maßnahmen im Zentrum steht. Es muss deshalb auch plausible Über-

9 In einer Programmtheorie werden die Kausalannahmen zur Wirkungsweise eines Programms zusammengefasst. Chen (1990) unterscheidet das Veränderungsmodell (change model) und das Umsetzungsmodell (action model) als die beiden zentralen Elemente einer Programmtheorie. Ein logisches Modell beschränkt sich demgegenüber auf die Darstellung der Ablauflogik eines Programms in einem starren, vorgegebenen Rahmen (Dösseger u. a., S. 99 f.).

legungen zu der für eine Wirksamkeit notwendigen Intensität und Dauer der Maßnahmenumsetzung geben.

Im Umsetzungsmodell von Huey Chen (2005, S. 29; 2012, S. 20) werden sowohl Aspekte der Struktur- als auch der Prozessqualität thematisiert. Wichtig für die *Strukturqualität* sind Erfahrungen des Projektträgers mit ähnlichen Vorhaben sowie die Erfahrungen und Kompetenzen der durchführenden Akteure. Wenn es bei den Erfahrungen und Kompetenzen der durchführenden Akteure Defizite gibt, dann müssen klare Regelungen getroffen werden, bis wann diese behoben werden. Fort- und Weiterbildungen sind in diesem Zusammenhang ein wichtiges Instrument der Personalentwicklung, um die Beschäftigungsfähigkeit aufrechtzuerhalten und auszubauen (Vomberg/Hartmann 2010, S. 697). Aus der Organisationstheorie wissen wir ferner, dass die Zufriedenheit der Mitarbeiterinnen und Mitarbeiter mit der eigenen Arbeitssituation für eine engagierte Mitarbeit und somit auch für die erfolgreiche Umsetzung eines Projekts entscheidend ist. Diese Zufriedenheit ist in der Regel daran gekoppelt, dass erhaltene Anreize (inducements) größer sind als die Beiträge (contributions), die das jeweilige Individuum leisten muss. Die Anreiz-Beitrags-Bilanz muss also für die Mitarbeiterin bzw. den Mitarbeiter positiv sein, um sich weiter aktiv zu beteiligen (March/Simon 1958). Da finanzielle Anreize nur ein Aspekt sind, ist es wichtig, weitere Anreize zu identifizieren, die das Engagement positiv beeinflussen. Hierzu zählen in der Regel ein gutes Arbeits- und Betriebsklima und eine vertrauensvolle Zusammenarbeit der Teammitglieder, wozu ein kooperativer Führungsstil einen wichtigen Beitrag leisten kann. Aufgaben- und Rollenklarheit und Möglichkeiten zum eigenverantwortlichen Handeln beeinflussen ebenfalls das Arbeits- und Betriebsklima. Zur Aufgaben- und Rollenklarheit können auch eine transparente Projektorganisation und die Festlegung von Arbeitsabläufen und Zuständigkeiten beitragen.

Die *Prozessqualität* bezieht sich auf die Umsetzung der Maßnahmen. Huey Chen (1990) thematisiert solche Umsetzungsfragen im „action model" und macht in diesem Zusammenhang deutlich, dass ein Projekt nicht nur wegen falscher Annahmen über die Wirkungen der Maßnahmen im „change model" scheitern kann, sondern auch daran, dass die Maßnahmen nicht in der für eine Wirksamkeit notwendigen Art und Weise umgesetzt werden. Um die Wirksamkeit der Maßnahmenumsetzung zu bewerten, müssen die für die Wirksamkeit relevanten Aspekte (z. B. Inhalt, Ablauf, Intensität, Dauer, Wiederholungen, Auffrischungen, Vertiefungen, Durchführungsformat, Methoden und Techniken) zunächst in einem Maßnahmenplan festgelegt werden. Wenn die tatsächliche Umsetzung der Maßnahmen dann entsprechend dokumentiert wird, können kritische Abweichungen relativ leicht identifiziert werden.

Bei der Bewertung der Prozessqualität durch Evaluatorinnen und Evaluatoren geht es folglich um die Frage, ob die Maßnahmen so umgesetzt werden, dass sich die angestrebten Veränderungen bei der definierten Zielgruppe mit großer Wahrscheinlichkeit einstellen.[10] Entscheidend ist allerdings, dass die definierte Zielgruppe überhaupt erreicht wird. Die Zielgruppenerreichung ist ein besonders kritischer Punkt, weil es relativ häufig zu einer Verschiebung der Zielgruppe kommt, wenn es Probleme mit der ursprünglich definierten Zielgruppe gibt. Falls man die Zielgruppe anhand von soziodemografischen Merkmalen bestimmen kann, lässt sich die Zielgruppenerreichung im Prinzip mit wenig Aufwand regelmäßig überprüfen, wenn relevante Merkmale wie Alter, Geschlecht oder Migrationshintergrund bei der Gestaltung von Anmeldeformularen, Teilnehmerlisten oder Teilnehmerfragebögen berücksichtigt werden. Sehr viel schwieriger ist die Überprüfung der Zielgruppenerreichung jedoch, wenn – wie z. B. in der Radikalisierungsprävention – die Zugehörigkeit zur Zielgruppe an spezifischen Risikofaktoren festgemacht wird. Schließlich gibt es noch einige weitere Faktoren, von denen die Wirksamkeit der Maßnahmen in der Umsetzungsphase abhängen kann. Hierzu zählen die Zusammenarbeit mit Personen und Organisationen, die für den Projekterfolg wichtig sind, die ausreichende Berücksichtigung von relevanten Kontextbedingungen und der Einsatz von angemessenen Qualitätssicherungsverfahren.

An dieser Stelle möchten wir auf zwei wichtige Schnittstellen hinweisen, die wir als Aktivierungs- und Implementationsschnittstelle bezeichnen. Sie sind für höhere Stufen der Wirksamkeit eines Projekts oder Programms wichtig. Ein solches Stufenmodell findet sich bei Donald Kirkpatrick (1998), der ausgehend von der Akzeptanz der Maßnahmen (Stufe 1) zunächst einen Zuwachs an Wissen, den Erwerb neuer Fertigkeiten oder die Veränderung von Einstellungen thematisiert (Stufe 2). Die Akzeptanz der Maßnahmen zählt allerdings zu den Leistungen eines Projekts und zu den Wirkungs*voraussetzungen*, aber nicht zu den Wirkungen. Auf der zweiten Stufe geht es dann um Wirkungen im Sinne des Erwerbs von Wissen und Fertigkeiten oder der Veränderung von Einstellungen. Diese Wirkungen eines Projekts bleiben jedoch auf das Individuum begrenzt und strahlen nicht in das soziale Umfeld und in die Gesellschaft aus. Für die Auseinandersetzung mit Rechtsextremismus und die Stärkung einer demokratischen Kultur ist das zu wenig. Gerade im Bereich der Demokratieförderung kommt es nicht nur auf personzentrierte Wirkungen im Sinne eines persönlichen Bildungserlebnisses, sondern vor allem auf ein verändertes Verhalten an (Stufe 3). Die hierfür notwendige Aktivierung erfolgt nach unseren Erfahrungen in der Regel aber nicht von selbst, sondern ist ein anspruchsvoller Prozess, der durch eingefahrene Routinen und durch Reaktionen aus dem sozialen Umfeld oft schnell wieder zum Erliegen kommt. Ohne darauf ausgerich-

10 Auch an dieser Stelle sollten sich Evaluatorinnen und Evaluatoren sowohl auf praktische Erfahrungen der Projektverantwortlichen als auch auf wissenschaftliche Erkenntnisse und vorliegende Evaluationsergebnisse stützen.

tete Maßnahmen und eine entsprechende Begleitung der Teilnehmerinnen und Teilnehmer ist in der Regel nicht davon auszugehen, dass eine Aktivierung stattfindet.

Die vierte Stufe sind strukturelle Veränderungen, durch die die erwünschten Wirkungen dauerhaft hervorgebracht werden (Kirkpatrick 1998, S. 59 ff.). Um eine dauerhafte Verankerung der entwickelten Maßnahmen und Angebote in relevanten Organisationen zu erreichen, muss jedoch die Implementationsschnittstelle überwunden werden. Die Implementationsforschung zeigt in diesem Zusammenhang, dass Neuerungen besonders gut akzeptiert werden, wenn sie mit keinen allzu großen Umwälzungen verbunden sind, an bisherige Erfahrungen anknüpfen und Spielräume für eine individuelle Ausgestaltung lassen (Fixsen u. a. 2005; Wacker 2008).

Im Bereich der *Ergebnisqualität* geht es uns zunächst nicht um einen aufwändigen, wissenschaftlich abgesicherten Wirkungsnachweis, sondern darum, die prinzipielle Wirksamkeit des Vorgehens zu plausibilisieren. In diesem Zusammenhang ist die Akzeptanz der durchgeführten Maßnahmen durchaus eine wichtige Wirkungsvoraussetzung, denn nur, wenn Menschen von bestimmten Dingen überzeugt oder im Idealfall sogar begeistert sind, werden sie bereit sein, diese in ihren Alltag zu integrieren. Die Akzeptanz der Maßnahmen und die Zufriedenheit mit den Maßnahmen muss bei der Zielgruppe systematisch erhoben werden. Darüber hinaus sollte – insbesondere bei freiwilligen Maßnahmen – mit Hilfe von Teilnehmerlisten die Ausfallquote berechnet werden. Denn wer freiwillig an einer Maßnahme teilnimmt und damit unzufrieden ist, wird beim nächsten Mal oft einfach wegbleiben. Diese Abwanderung der Teilnehmenden kann die Ergebnisse zur Zufriedenheit bzw. zur Akzeptanz stark verzerren, weil die Unzufriedenen ja nicht mehr an der Befragung teilnehmen. Die Akzeptanz der Maßnahmen und die Zufriedenheit der Teilnehmerinnen und Teilnehmer mit den Maßnahmen sind allerdings noch keine Gewähr für die Wirksamkeit der Maßnahmen. So können Teilnehmende z. B. auch von fachlich schlechten Vorträgen angetan sein, wenn der Referent ein guter Unterhalter ist. Eine hohe Akzeptanz führt also nicht automatisch zur Wirksamkeit von Maßnahmen im Sinne einer Wirkungskette (Gessler/Sebe-Opfermann 2011). Um unwirksame Maßnahmen rechtzeitig zu identifizieren und unwirksame Handlungsstrategien zu erkennen, müssen die Projektmitarbeiterinnen und -mitarbeiter frühzeitig auf Anzeichen für die Wirksamkeit der Maßnahmen achten. Die in diesem Zusammenhang notwendigen Wirkungsindikatoren können auf der Grundlage operationalisierter Wirkungsziele relativ leicht entwickelt werden. Die entscheidende Frage lautet an dieser Stelle: Woran zeigt sich eine Veränderung in die erwünschte Richtung? Wenn das Ziel z. B. lautet: „Die Schülerinnen und Schüler der Klasse 7 können sich in die Situation von Geflüchteten einfühlen“, dann kann sich ein erhöhtes Einfühlungsvermögen etwa an respektvollen Bezeichnungen für Geflüchtete, an Argumenten gegen

Vorurteile oder an einem Verständnis für die Fluchtgründe festmachen. Um Veränderungen feststellen zu können, muss die Situation das erste Mal bereits vor Beginn der Maßnahmen anhand der entwickelten Indikatoren dokumentiert werden. Dieses Verfahren dient vor allem der Selbstkontrolle und kann die Wirksamkeit der Maßnahmen plausibilisieren, aber nicht nachweisen, weil verzerrende Einflüsse nicht kontrolliert werden können. Bei einem Wirkungsnachweis muss die Veränderung in einem objektivierten Verfahren von einer neutralen, zur Bewertung besonders befähigten Person ohne eigenes Interesse an einem positiven Ergebnis nachgewiesen und auf die umgesetzten Maßnahmen zurückgeführt werden. Neben den intendierten Wirkungen sollten aber auch unerwartete positive und negative Wirkungen dokumentiert werden. Im einfachsten Fall werden solche unerwarteten Wirkungen in längeren Gesprächen mit Teilnehmenden erfasst. Besser sind allerdings qualitative Interviews, bei denen die anzusprechenden Themen in einem kurzen Leitfaden festgehalten werden. Wichtig ist, dass die Unterschiedlichkeit der Teilnehmerinnen und Teilnehmer bei der Auswahl der Interview- oder der Diskussionspartner angemessen berücksichtigt wird und z. B. nicht nur besonders interessierte und engagierte Personen einbezogen werden.

Die Erhebung von Daten zur Zielgruppenerreichung und zu den Ergebnissen der durchgeführten Maßnahmen ist allerdings nur dann sinnvoll, wenn diese Daten auch für die Weiterentwicklung und Optimierung des Projekts genutzt werden. Hier befindet sich folglich die Aktivierungsschnittstelle bei der Qualitätsentwicklung. In diesem Zusammenhang mussten auch wir feststellen, dass eine Aktivierung nach einem Workshop zur Qualitätsentwicklung nicht von selbst erfolgt, sondern darauf ausgerichtete Maßnahmen und eine entsprechende Begleitung erfordern. Wir haben deshalb im Rahmen der Evaluation eines Landesprogramms ein Wirkungsaudit entwickelt und erprobt, mit dem die gefundenen Lösungen bei der Umsetzung der zuvor vermittelten Qualitätskriterien erfasst und bewertet werden können. So ist es möglich, eine solide Grundlage für die Diskussion von Problemen und Lösungen sowie für eine gezielte Weiterentwicklung des Projekts zu schaffen.

2.4.2 Entwicklung implementationsfähiger Maßnahmenprogramme

Die oben beschriebene Form der Qualitätsentwicklung ist ein Weg, um auf der Grundlage des bisherigen Wissensstandes die Wahrscheinlichkeit für die Wirksamkeit eines Projekts zu optimieren. Leider sind aber auch qualitativ hochwertige und vielversprechende Projekte nicht automatisch wirksam. An dieser Stelle plädieren wir für eine substanzielle Erhöhung der Entwicklungsanstrengungen und der Entwicklungsausgaben im Bereich der Demokratieförderung. So könnten vielversprechende Projektkonzepte, die auf häufig auftretende Probleme zugeschnitten sind, zu Maßnahmenprogrammen weiterentwickelt werden. Unter einem Maßnahmenprogramm verstehen wir ein erprobtes, evaluiertes und sorgfältig dokumentiertes Maßnahmenpaket zur Erreichung spezifischer Wirkungsziele. Aus der Dokumentation muss hervorgehen, welche Maßnahmen in welcher Weise und in welcher Intensität eingesetzt werden müssen, damit die beschriebenen Wirkungsziele erreicht werden.

Allerdings ist die Entwicklung eines nachweislich wirksamen Maßnahmenprogramms, das dann von anderen Trägern implementiert werden kann, ein aufwendiges Vorhaben. In der Regel dürften mehrere Optimierungs- und Evaluationsdurchläufe erforderlich sein, um innovative Maßnahmen zu entwickeln und ihre Wirksamkeit in einer abschließenden Evaluation nachzuweisen. Es liegt auf der Hand, dass hierfür beträchtliche Ressourcen bereitgestellt werden müssten. Die Entwicklungskosten im Bereich Demokratieförderung und Radikalisierungsprävention werden jedoch nach wie vor völlig unterschätzt. Während man in der freien Wirtschaft für einen Elektrokleinwagen zum Preis von 16.000 Euro mit Entwicklungskosten in Höhe von mindestens 30 Millionen Euro rechnet, gibt es im Bereich der Demokratieförderung immer noch die Auffassung, dass die Entwicklung eines wirksamen Programms zum Preis eines „normalen" Projekts zu haben ist. Wenn man allerdings bereit ist, in die Entwicklung wirksamer Programme substanzielle Beträge zu investieren, eröffnet sich ein weiterer wichtiger Weg zu mehr Wirksamkeit. So könnten die hohen Entwicklungskosten von finanziell gut ausgestatteten Bundesprogrammen übernommen und die Implementationskosten dann von Landesprogrammen getragen werden.

Entscheidend für so einen Entwicklungsprozess ist eine enge Zusammenarbeit zwischen einem Projektteam und einem Evaluationsteam. Die ersten der in Abb. 2.2 dargestellten Schritte unterscheiden sich nicht prinzipiell von den Maßnahmen zur Qualitätsentwicklung. Wichtig ist jedoch, dass das Evaluationsteam wissenschaftliche Erkenntnisse und Spezialwissen über Theorien, Methoden und wissenschaftliche Standards auf jeder Ebene einbringt. Es muss natürlich auch gewährleistet sein, dass bei der Entwicklung eines implementationsfähigen Programms das Rad nicht noch einmal neu erfunden wird. Vielmehr sollte die Entwicklung auf den besten national und international verfügbaren Handlungsansätzen aufbauen. Aufgabe der Evaluation ist es in diesem Zusammenhang, eine umfassende, länderübergreifende Recherche vielversprechender Maßnahmen durchzuführen und die Erfolgsaussichten dieser Maßnahmen für die Erreichung der angestrebten Ziele zu bewerten.

Trotzdem bleibt natürlich zunächst unklar, ob Maßnahmen in bestimmten Kombinationen oder in bestimmten Kontexten die gewünschten Wirkungen entfalten. Um die Wirksamkeit eines spezifischen Handlungsansatzes nachzuweisen und zu optimieren, bedarf es ebenfalls einer engen Zusammenarbeit zwischen den Evaluierenden und den Praktikern. Besonders wichtig sind in diesem Zusammenhang die wiederholte Prüfung der eingesetzten Maßnahmen auf Wirksamkeit und die Änderung oder der Austausch unwirksamer Maßnahmen. Erst durch die Identifikation unwirksamer Maßnahmen wird die Entwicklung eines effektiven und effizienten Vorgehens zur Erreichung der angestrebten Wirkungsziele möglich. Bei langfristigen Maßnahmen bietet es sich an, gleichzeitig unterschiedliche Vorgehensweisen unter gleichen Rahmenbedingungen zu erproben, um so das wirksamste Vorgehen zu ermitteln.

Abb. 2.2 Verzahnung von Projekt- und Evaluationsteam bei der Entwicklung implementationsfähiger Programme

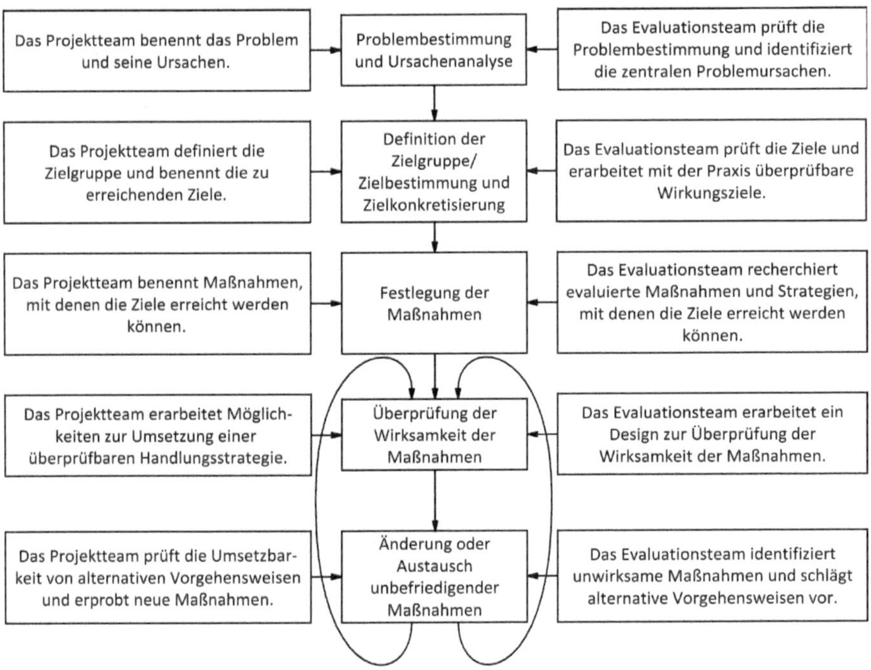

Quelle: Eigene Darstellung

2.4.3 *Implementation von Maßnahmenprogrammen*

Manualisierte und positiv evaluierte Maßnahmenprogramme finden sich unter anderem in der Kriminalprävention.[11] Im Bereich der Demokratieförderung und der Radikalisierungsprävention besteht nach unserer Einschätzung dagegen noch ein großer Entwicklungsbedarf. Aufgrund der hohen Entwicklungskosten sind in diesem Zusammenhang vor allem die gut ausgestatteten Bundesprogramme gefordert. Denn erst wenn es geeignete Maßnahmenprogramme

11 Vergleiche Grüne Liste Prävention – CTC – Datenbank empfohlener Präventionsprogramme. Online unter https://www.gruene-liste-praevention.de/nano.cms/datenbank/information (18.5.2020).

zur Bearbeitung häufig auftretender Probleme gibt, öffnet sich der dritte Weg zu mehr Wirksamkeit: die Implementation eines gut ausgearbeiteten, gut dokumentierten und getesteten Programms. Auf diesem Weg können Projektträger Wirkungen erzielen, ohne kostspielige und zeitaufwendige Entwicklungsarbeiten durchführen zu müssen.

Hier stellt sich aber die Frage, wie die Implementation eines ausgearbeiteten Maßnahmenprogramms erfolgen muss, damit es vor Ort das hält, was es an Wirkungen verspricht. Aus der Implementationsforschung gibt es zwei gegensätzliche Antworten auf diese Frage. Eine Gruppe von Forscherinnen und Forschern fordert eine möglichst genaue Befolgung der Programmphilosophie und der vorgegebenen Ziele und Maßnahmen; eine andere plädiert für Anpassungen des Programms an die jeweiligen Umsetzungsbedingungen und für eine gewisse Flexibilität bei der Implementation. Tatsächlich gibt es für beide Positionen empirische Belege. So zeigen einige Studien, dass die Wirksamkeit eines Programms sehr eng mit der Implementationsgenauigkeit zusammenhängt während die Ergebnisse anderer Untersuchungen dafür sprechen, dass die Anpassung eines Programms an die jeweiligen Kontexte die Wirksamkeit verbessern kann (Penuel/Means 2004, S. 294 f.; Shen u. a. 2008, S. 468; Kuhn 2018, S. 51 ff.).

Eine dritte Gruppe versucht vor diesem Hintergrund zwischen den beiden gegensätzlichen Positionen zu vermitteln. So kann man zeigen, dass faktisch nur wenige Programme wirklich zu 100 Prozent genau implementiert werden (Domitrovich/Greenberg 2000, S. 193 ff.). Wenn sich die Umstände der Programmumsetzung ändern, sind Veränderungen oder Neuerungen oft die einzige Möglichkeit zur Gewährleistung der Programmwirkung (Shen u. a. 2008, S. 468). Daniela Kuhn (2018, S. 52 f.) zufolge sind bei einer Anpassung an spezifische Gegebenheiten zumindest dann keine negativen Auswirkungen auf die Effektivität zu erwarten, wenn wesentliche Elemente beibehalten werden. Abby Haynes u. a. (2016, S. 3) stellen in diesem Zusammenhang aber zu Recht die Frage, wie man diese wesentlichen Elemente identifizieren kann. Sie selbst weisen hier auf Erfahrungen aus früheren Interventionen oder nachweislich wirksamen Programmen hin. Ein anderer Ansatz zur Identifikation der für eine Implementation zentralen Elemente setzt an den Kriterien für die Implementationsqualität an. Im Hinblick auf die folgenden fünf Kriterien gibt es in der Literatur einen relativ großen Konsens (Kuhn 2018, S. 13 ff.; Domitrovich/Greenberg 2000, S. 195; Carroll u. a. 2007, S. 2).

1. Einhaltung der Programmvorgaben (adherence)

Um die Einhaltung der Programmvorgaben bei der Umsetzung zu erleichtern, sollten die Programmentwickler die wesentlichen Elemente des Programms identifizieren: „Ideally, you would get this information from the program developer based on his or her research and experience. More and more evidence-based programs are identifying their core components, often as they develop guidelines for implementation and tools for measuring program fidelity" (O'Connor/Small/Cooney 2007, S. 4).

Projekte oder andere mit der Programmumsetzung befasste Organisationen haben dann die Aufgabe, das vollständige Programm oder zumindest seine Kernelemente der Konzeption entsprechend umzusetzen. Ein zentraler Bereich ist dabei die Durchführung der vorgegebenen Interventionsmaßnahmen.

2. Dosierung (exposure/dosage)

Bei der Dosierung geht es auf der Programmebene im Bereich der Konzeptqualität um Vorgaben zum zeitlichen Umfang und zur Häufigkeit der zur Zielerreichung erforderlichen Maßnahmenumsetzung. Im Zusammenhang mit der Programmumsetzung ist dann für die Dimension der Prozessqualität zu prüfen, ob diese Vorgaben tatsächlich eingehalten werden. In der Regel erfolgt die Überprüfung anhand der Anzahl der tatsächlich durchgeführten Sitzungen, der Länge der Sitzungen oder der Häufigkeit der eingesetzten Programmmaßnahmen. Autorinnen und Autoren, die eher aus der Perspektive der programmumsetzenden Organisation argumentieren, sprechen an dieser Stelle von Dosierung. Mit Blick auf die Zielgruppe geht es dagegen eher um den Zeitraum, in dem diese sich mit den Maßnahmen auseinandersetzt (Exposition). Für die Überprüfung sind die unterschiedlichen Blickwinkel jedoch unerheblich.

3. Qualität der Programmvermittlung (quality of program delivery)

Die Qualität der Programmvermittlung bezieht sich darauf, wie die mit der Durchführung betrauten Akteure in der Praxis vorgehen. Carroll u. a. (2007, S. 2 f.) verweisen auf der Programmebene und im Bereich der Konzeptqualität auf Vorgaben der Programmentwickler. Wenn auf dieser Ebene klare Vorgaben existieren, kann relativ leicht überprüft werden, ob sie von den durchführenden Akteuren eingehalten werden. Weitere Möglichkeiten sind die Erfassung der Motivation und Einstellung der Programmvermittler oder die Analyse der von diesen berichteten Wirkungsindikatoren. Auf jeden Fall hat dieses Kriterium Christopher Carroll u. a. (2007, S. 6) zufolge eine große Bedeutung für die Implementationsqualität.

4. Programmspezifität (program specificity)

Bei der Programmspezifität geht es um die Frage, inwieweit sich die durchgeführten Maßnahmen und Inhalte von den Maßnahmen und Inhalten anderer Programme abgrenzen lassen. Diese Anforderung richtet sich vor allem an die Programmentwickler. Organisationen, die ein Programm umsetzen möchten, sollten den Aspekt der Programmspezifität vor allem bei der Auswahl des Programms im Blick haben.

5. Akzeptanz/Zufriedenheit/Engagement (participant responsiveness)

Akzeptanz ist Petermann (2014, S. 123 f.) zufolge die Auffassung der Implementationsbeteiligten, dass bestimmte Maßnahmen oder Interventionen zufriedenstellend sind. Akzeptanz bezieht sich sowohl auf das Wissen über das Angebot als auch auf die direkte Erfahrung mit dem Angebot. Akzeptanz überschneidet sich mit Zufriedenheit, ist jedoch spezifischer als eine reine Service-Zufriedenheit, weil sie sich nur auf konkrete Maßnahmen bezieht und nicht auf die Rahmenbedingungen wie z. B. Wartezeiten. Akzeptanz kann nicht nur aus der Perspektive der Zielgruppe, sondern auch aus der Perspektive der Umsetzungsakteure verstanden und gemessen werden. Auf diesen Aspekt weist insbesondere Henna Hasson (2010, S. 2 f.) hin. Wenn die Umsetzungsakteure die Maßnahmen akzeptieren und im Idealfall davon begeistert sind, dann ist auch eine hohe Implementationsqualität zu erwarten. Die Programmentwickler müssen in diesem Zusammenhang darauf achten, dass die vorgegebenen Maßnahmen gut bei den Implementationsbeteiligten ankommen. Die für die Umsetzung Verantwortlichen müssen die Maßnahmen dagegen in einer Art und Weise durchführen, die eine große Akzeptanz bei der Zielgruppe gewährleistet.

In der bisherigen Diskussion sind wir implizit davon ausgegangen, dass ein Programm im Idealfall nach den Vorgaben der Programmentwickler implementiert wird. Abgesehen davon, dass solche Vorgaben nicht immer zu allen Punkten existieren, werden in der Praxis auch immer wieder verschiedene Anpassungen vorgenommen. Mit Blick auf die Programmwirksamkeit unterscheiden Cailin O'Connor, Stephen Small und Siobhan Cooney (2007) in einem interessanten Überblicksartikel akzeptable von kritischen Anpassungen. Akzeptabel und unter Umständen sogar günstig sind Anpassungen an die Besonderheiten der jeweiligen Zielgruppe:

- Veränderung der Sprache, z. B. indem Begriffe übersetzt oder modifiziert werden,
- Austausch von Bildern, damit Personen gezeigt werden, die der Zielgruppe ähneln,
- Austausch von kulturellen Bezugnahmen,
- Modifikation bestimmter Aspekte der Aktivitäten (z. B. physischer Kontakt), wenn diese im kulturellen Kontext der Zielgruppe gegen Konventionen verstoßen,
- Ergänzung von relevanten, evidenzbasierten Inhalten, um das Programm für die Zielgruppe attraktiver zu machen.

Als kritisch im Hinblick auf die Programmwirksamkeit beurteilen Cailin O'Connor, Stephen Small und Siobhan Cooney (2007) hingegen die folgenden Anpassungen:

- Verringerung der Zahl oder der Länge der Sitzungen oder der Teilnahmedauer,
- Absenkung des Engagementniveaus der Teilnehmerinnen und Teilnehmer,
- Entfernung von zu vermittelnden Schlüsselbotschaften und Fertigkeiten,
- Entfernung von Themen,
- Veränderung des theoretischen Ansatzes,
- Einsatz von unzureichend geschultem oder qualifiziertem Personal,
- Einsatz von zu wenig Personal.

Neben den bisher diskutierten Kriterien der Implementationsqualität spielen auch noch andere Faktoren bei der Implementation eine Rolle. Im Bereich der Konzeptqualität zählt hierzu die *Angemessenheit* im Sinne der wahrgenommenen Passung, Aktualität und Kompatibilität der Intervention oder des evidenzbasierten Verfahrens für ein bestimmtes Setting, einen Anbieter oder Nutzer. Damit zusammenhängend muss auch der Aspekt der *Machbarkeit* berücksichtigt werden. Hier geht es um das Ausmaß, in dem ein neues Angebot erfolgreich in einem definierten Setting eingesetzt werden kann. In den Bereich der Ergebnisqualität fallen die *Übernahme* im Sinne der Absicht oder der Entscheidung, eine Innovation in der eigenen Praxis einzusetzen, die *Durchdringung* als ein Maß für die Integration einer Innovation in die eigene Einrichtung und die *Nachhaltigkeit* im Sinne der Institutionalisierung der Innovation (Petermann 2014, S. 124 ff.). Außerdem müssen bei einer Implementation neben den Besonderheiten des jeweiligen Umsetzungskontextes (Chen 2005, S. 125 ff.) natürlich auch die Kosten berücksichtigt werden. Hierbei spielen der Umfang der Intervention, die Komplexität der Implementation und die Struktur oder Größe der Organisation bzw. der Ort der Leistungserbringung eine Rolle (Petermann 2014, S. 125).

2.5 Resümee

Um in den Themenfeldern demokratische Kultur, Gruppenbezogene Menschenfeindlichkeit, Radikalisierung oder Extremismus Verbesserungen einer problematischen Ausgangssituation zu erreichen, müssen Wirkungen und nicht Maßnahmen im Zentrum der mit diesen Phänomenen befassten Programme und Projekte stehen. Erforderlich ist deshalb zunächst ein Perspektivwechsel – fast könnte man von einem Paradigmenwechsel sprechen – bei den Programmgebern, den Antragsprüfenden sowie den Projektträgern und Projektverantwortlichen. Unter dieser Voraussetzung geht es dann nicht mehr in erster Linie um hohe Teilnehmerzahlen oder die Umsetzung der Lieblingsmethode, sondern um die Frage, wie die angestrebten Veränderungen bei der Zielgruppe erreicht werden können.

In diesem Zusammenhang sehen wir drei sich überschneidende Wege zu mehr Wirksamkeit. Bei einer Orientierung an relevanten Kriterien für eine hohe Konzept-, Struktur-, Prozess- und Ergebnisqualität lassen sich Förderprogramme und Projekte so planen und umsetzen, dass Wirkungen wahrscheinlich sind und zumindest eine prinzipielle Wirksamkeit gewährleistet ist.

In den oben genannten Themenfeldern entstehen allerdings noch viel zu oft Ad hoc-Konzepte, von denen eine Wirksamkeit kaum zu erwarten ist. Wichtig wäre daher – und das ist der zweite Weg zu mehr Wirksamkeit – eine professionelle Entwicklung wirksamer Maßnahmenprogramme. Erforderlich ist an dieser Stelle eine enge Zusammenarbeit zwischen einem Projekt- und einem Evaluationsteam. Außerdem müssen die Entwicklungskosten für funktionierende innovative Programme auch im Bereich des Sozialen realistisch kalkuliert und entsprechende Ressourcen bereitgestellt werden.

Der dritte Weg zu mehr Wirksamkeit ist die Implementation nachweislich wirksamer und sorgfältig dokumentierter Programme. Hierbei muss es sich nicht immer um aufwendige und komplexe Programme handeln. Gerade die großen Bundesprogramme sollten darauf drängen, kleine und auf spezielle Fragen zugeschnittene Maßnahmenprogramme zu entwickeln und so gut und anschaulich zu dokumentieren, dass diese vor Ort auch von unerfahrenen Trägern eingesetzt werden können.

Eine wirkungszentrierte Perspektive ist aber keineswegs auf die Planung und Umsetzung von Programmen und Projekten begrenzt. Auch bei der Ermutigung und Stärkung von Akteuren, die sich unter schwierigen Umständen für demokratische Werte einsetzen, geht es ja letztlich um Wirkungen. Eine wichtige Veränderung wäre z. B., dass sich die Aktiven nicht als eine randständige Minderheit sehen, sondern wissen, dass wichtige lokale Akteure hinter ihnen stehen. Wenn solche Wirkungen im Zentrum der Überlegungen stehen, dann ergeben sich vielleicht auch in diesem Bereich neue und innovative Maßnahmen. So könnte man daran denken, Wirtschaftsvertreter berichten zu lassen, wie wichtig die Demokratieförderung für die Ansiedlung von Unternehmen und die Schaffung neuer Arbeitsplätze ist. Denn im Kern bedeutet der hier diskutierte Perspektiv- oder Paradigmenwechsel vor allem, dass man sich die angestrebten Ziele klar vor Augen führt und auf der Maßnahmenebene innovativ und flexibel bleibt, um diese Ziele dann tatsächlich zu erreichen.

Literatur

Barber, Benjamin (1994): Starke Demokratie. Hamburg

Beywl, Wolfang/Schepp-Winter, Ellen (2000): Zielgeführte Evaluation von Programmen – ein Leitfaden. In: Materialien zur Qualitätssicherung in der Kinder- und Jugendhilfe, QS 29. Berlin

Bundesrechnungshof (Hrsg.) (2013): Anforderungen an Wirtschaftlichkeitsuntersuchungen finanzwirksamer Maßnahmen nach § 7 Bundeshaushaltsordnung. Bonn

Carroll, Cristopher/Patterson, Malcolm/Wood, Stephen/Booth, Andrew/Rick, Jo/Balain, Shashi (2007): A conceptual framework for implementation fidelity. In: Implementation Science, 2. Jg., H. 40, S. 1–9

Chen, Huey-Tsyh (1990): Theory-Driven Evaluations. Newbury Park/Beverly Hills/London/New Delhi

Chen, Huey-Tsyh (2005): Practical program evaluation: Assessing and improving planning, implementation, and effectiveness. Thousand Oaks

Chen, Huey-Tsyh (2012): Theory-driven evaluation: Conceptual framework, application and advancement. In: Strobl, Rainer/Lobermeier, Olaf/Heitmeyer, Wilhelm (Hrsg.): Evaluation von Programmen und Projekten für eine demokratische Kultur. Wiesbaden, S. 17–40

DeGEval – Gesellschaft für Evaluation e.V. (Hrsg.) (2017): Standards für Evaluation. Erste Revision 2016. Mainz

Domitrovich, Celene/Greenberg, Mark T. (2000): The study of implementation: Current findings from effective programs that prevent mental disorders in school-aged children. In: Journal of Educational and Psychological Consultation, 11. Jg., H. 2, S. 193–221

Donabedian, Avedis (1966): Evaluating the quality of medical care. In: The Milbank Memorial Fund Quarterly, 44. Jg., H. 3, S. 166–203

Dösseger, Alain/Weibel, David/Frei, Klaus M./Wissmath, Bartholomäus/Hense, Jan (2017): Entwicklung eines Wirkmodells für die Evaluation des Programms Jugend und Sport. In: Zeitschrift für Evaluation, 16. Jg., H. 1, S. 97–120

Earl, Sarah/Carden, Fred/Smutylo; Terry (2001): Outcome mapping. Ottawa

Fixsen, Dean L./Naoom, Sandra F./Blase, Karen E./Friedman, Robert M./Wallace, Frances (2005): Implementation research: A synthesis of the literature. Tampa

Gessler, Michael/Sebe-Opfermann, Andreas (2011): Der Mythos „Wirkungskette" in der Weiterbildung. In: Zeitschrift für Berufs- und Wirtschaftspädagogik. 107. Jg., H. 2, S. 270–279

Hammerschmid, Gerhard/Grünwald, Alexander (2014): Einführung der wirkungsorientierten Verwaltungssteuerung. Erfolge – Potentiale – Perspektiven. Wien

Hasson, Henna (2010): Systematic evaluation of implementation fidelity of complex interventions in health and social care. In: Implementation Science, 5. Jg., H. 67, S. 1–9

Haubrich, Katrin/Holthusen, Bernd/Struhkamp, Gerlinde (2005): Evaluation – einige Sortierungen zu einem schillernden Begriff. In: DJI-Bulletin Plus, H. 72, S. 1–4

Haynes, Abby/Brennan, Sue/Redman, Sally/Williamson, Anna/Gallego, Gisselle/Butow, Phyllis (2016): Figuring out fidelity: A worked example of the methods used to identify, critique and revise the essential elements of a contextualised intervention in health policy agencies. In: Implementation Science, 11. Jg., H. 23, S. 1–18

Hölzle, Philipp/Grünig, Carolin (2002): Projektmanagement. Freiburg

Kirkpatrick, Donald L. (1998): Evaluating training programs: The four levels. 2. Aufl., San Francisco

Kuhn, Daniela (2018): Implementationsgrad und Wirksamkeit von Unterrichtsinterventionen zur Förderung der selbstbestimmten Lernmotivation. Dissertation. Pädagogische Hochschule Ludwigsburg

Lüders, Christian/Haubrich, Katrin (2006): Wirkungsevaluation in der Kinder- und Jugendhilfe: Über hohe Erwartungen, fachliche Erfordernisse und konzeptionelle Antworten. In: Projekt eXe (Hrsg.): Wirkungsevaluation in der Kinder- und Jugendhilfe. Einblicke in die Evaluationspraxis. München, S. 5–25

Luhmann, Niklas (1964): Funktionen und Folgen formaler Organisation. Berlin

March, James G./Simon, Herbert A. (1958): Organizations. University of Illinois at Urbana-Champaign's Academy for Entrepreneurial Leadership Historical Research Reference in Entrepreneurship

McCawley, Paul F. (2001): The logic model for program planning and evaluation. University of Idaho Extension

O'Connor, Cailin/Small, Stephen A./Cooney, Siobhan M. (2007): Program fidelity and adaptation: Meeting local needs without compromising program effectiveness. In: What Works, Wisconsin Research to Practice Series, 4. Jg., S. 1–6

Owen, John M./Rogers, Patricia J. (1999): Program evaluation. Forms and approaches. London/Thousand Oaks/New Delhi

Penuel, William R./Means, Barbara (2004): Implementation variation and fidelity in an inquiry science program: Analysis of GLOBE data reporting patterns. In: Journal of Research in Science Teaching, 41. Jg., H. 3, S. 294–315

Petermann, Franz (2014): Implementationsforschung: Grundbegriffe und Konzepte. In: Psychologische Rundschau. 65. Jg., H. 3, S. 122–128

Scriven, Michael (1991): Pros and cons about goal-free evaluation. In: American Journal of Evaluation, 12. Jg., H. 1, S. 55–76

Seiwald, Johann/Geppl, Monika/Thaller, Andreas (2011): Handbuch Wirkungsorientierte Steuerung. Unser Handeln erzeugt Wirkung, hrsg. von der Bundesministerin für Frauen und Öffentlichen Dienst im Bundeskanzleramt Österreich. Wien

Shen, Jianping/Yang, Huilan/Cao, Honggao/Warfield, Charles (2008): The fidelity-adaptation relationship in non-evidence-based programs and its implication for program evaluation. In: Evaluation, 14. Jg., H. 4, S. 467–481

Stockmann, Reinhard (2006). Evaluation und Qualitätsentwicklung. Münster

Stockmann, Reinhard/Meyer, Wolfgang (2010): Evaluation. Eine Einführung. Opladen

Strobl, Rainer/Lobermeier, Olaf (2014): Abschlussbericht zur Evaluation des Förderprogramms „Prävention alkoholbedingter Jugendgewalt“. Hannover

Vomberg, Edeltraud/Hartmann, Karen (2010): Personalentwicklung und Qualitätssysteme. In: Bröckermann, Reiner/Müller-Vorbrüggen, Michael: Handbuch Personalentwicklung. Die Praxis der Personalbildung, Personalförderung und Arbeitsstrukturierung. 3. Aufl. Stuttgart, S. 695–728

Wacker, Albrecht (2008): Bildungsstandards als Steuerungsinstrumente der Bildungsplanung: eine empirische Studie zur Realschule in Baden-Württemberg. Bad Heilbrunn

Widmer, Thomas (2012): Wirkungsevaluation zu Maßnahmen der Demokratieförderung. In: Strobl, Rainer/Lobermeier, Olaf/Heitmeyer, Wilhelm (Hrsg.): Evaluation von Programmen und Projekten für eine demokratische Kultur. Wiesbaden, S. 41–68

Wilson-Grau, Ricardo/Britt, Heather (2013): Outcome Harvesting. Revised November 2013. Ford Foundation Cairo

3 Bedeutung und Nutzen von Evaluationen und wissenschaftlicher Begleitung bei der Weiterentwicklung von Deradikalisierungsangeboten am Beispiel der Beratungsstelle „Radikalisierung" des Bundesamts für Migration und Flüchtlinge

Corinna Emser, Teresa Rupp, Milena Uhlmann

3.1 Einleitung

Die empiriegeleitete wissenschaftliche Theoriebildung und die systematische Überprüfung der Wirkungsannahmen von Präventions- und Deradikalisierungsprogrammen, -projekten und -maßnahmen befindet sich sowohl im Inals auch im Ausland noch in den Anfängen. Gleichzeitig wird der Wunsch nach einer evidenz- oder empiriebasierten Analyse[1] und Darstellung des Erfolgs oder Misserfolgs von Maßnahmen auch im öffentlichen Diskurs immer deutlicher wahrnehmbar, denn: Aussagen über Wirkungszusammenhänge zwischen einer Maßnahme und einer Änderung in der Denk- oder Verhaltensweise einer Person sind ohne eine wissenschaftlich solide Evaluation schwer belegbar.

Vor diesem Hintergrund evaluierte das Forschungszentrum des Bundesamts für Migration und Flüchtlinge (BAMF) von April 2016 bis August 2017 das Beratungsangebot der im BAMF ansässigen Beratungsstelle „Radikalisierung" und der – zum Zeitpunkt der Evaluation – vier bundesfinanzierten Partner-Beratungsstellen („Partner vor Ort auf Bundesebene" oder auch in Kurzform Bundes-PVO) für Personen aus dem sozialen Umfeld (mutmaßlich) islamistisch radikalisierter Personen (Uhlmann 2017). Es handelte sich um eine der ersten Evaluationen von in dem noch jungen Praxisfeld „Deradikalisierung islamistisch radikalisierter Personen" angesiedelten Projekten. Dies stellte das Evaluationsvorhaben vor zwei es rahmende Herausforderungen:

1 Zur Diskussion von Für und Wider evidenzbasierter und empiriebasierter Ansätze siehe Armborst u. a. (2018).

Zum ersten war es mangels einer soliden und breiter aufgestellten, empirisch verankerten Wissensbasis kaum möglich, auf Vorerfahrungen aus anderen Evaluationen aufzubauen (Feddes u. a. 2015; Kober 2017). Die dem Evaluationsauftrag und dem Evaluationsgegenstand angemessenen methodologischen Zugänge und passenden methodischen Instrumente mussten grundlegend neu konzipiert, ausprobiert und daher im Prozess der Evaluation an einigen Stellen nachjustiert werden.

Zum zweiten war die strukturierte Auseinandersetzung mit dem Thema Evaluation für Beratende in Deradikalisierungsprojekten im Speziellen und zwischen Akteuren der Fachpraxis im Allgemeinen teils noch neu. Hinzu kam, dass die Ausbildung einer „begleitenden Evaluationskultur“ (El-Mafaalani u. a. 2016, S. 27) – oder der grundsätzlichen Haltung, Evaluation als selbstverständlichen Teil von Praxismaßnahmen zu verstehen –, ebenfalls erst am Anfang ihrer Entwicklung stand. Es musste daher zunächst ein gemeinsames Verständnis über den Nutzen und die Notwendigkeit sowie über die konkreten Zwecke, Ziele und Inhalte der Evaluation entwickelt und daraus folgend ein „Fahrplan“ für die Umsetzung vereinbart werden. Die Ziele mussten von allen involvierten Akteuren (Auftraggeber, die zu evaluierenden Träger, die dort in den relevanten Projekten beschäftigten Beratenden, die Kooperationspartner der Träger auf behördlicher Seite und das BAMF mit seiner Beratungsstelle und dem Forschungszentrum) für realisierbar und zielführend befunden werden, um die Auftragserfüllung zu gewährleisten.

Hinzu traten weitere Herausforderungen, die die Akquise zu analysierender Daten und ihre Evaluierbarkeit betrafen: So war die retrospektive Erhebung hinreichend aussagekräftiger Daten mit erheblichen Einschränkungen verbunden, da die zur Verfügung stehenden Informationen, etwa aus Beratungsprotokollen, nicht unter Berücksichtigung einer späteren Evaluation festgehalten worden waren. Die Informationen wiesen somit unterschiedliche Dichten und Detailtiefen auf. Insbesondere bereits aggregierte Daten waren nicht oder nur teilweise für die Evaluierung nutzbar, da beispielsweise bestimmte Konzepte (z. B. „Erfolg“) nicht mit klar definierten, vergleichbaren Indikatoren hinterlegt waren.

Der vorliegende Beitrag hat zum Ziel, die Auseinandersetzung mit diesen Herausforderungen und zu ihrer Bewältigung beschrittene Lösungswege zu beschreiben. Dazu wird zunächst der Evaluationsauftrag und -gegenstand beschrieben. Danach werden die Herausforderungen und Anpassungsbedarfe der Evaluation skizziert. Im Anschluss wird der Umgang mit den drei Herausforderungen „uneinheitliche Begriffsdefinitionen“, „noch zu konsolidierende Standards der Umfeldberatung“ und „Notwendigkeit der Verfeinerung von Wirktheorien“ behandelt. Abschließend wird die Bearbeitung von Optimierungspotenzialen im Anschluss an die Evaluation thematisiert.

Somit legt der Beitrag dar, wie die Evaluation als Ausgangspunkt dafür genutzt wurde, eine umfangreiche wissenschaftliche Begleitung der Arbeit der BAMF-Beratungsstelle „Radikalisierung" zu konzipieren und zu implementieren, indem sie die im Laufe der Evaluation identifizierten Optimierungspotenziale aufgriff und letztendlich zu beheben hoffte.

Zweck des Beitrags ist es, anhand eines Praxisbeispiels zu verdeutlichen, wie konkrete Hürden im Verlaufe einer Evaluation bewältigt werden können. Weiterhin wird dargelegt, welchen Mehrwert eine transparente und selbstkritische Evaluation für die Weiterentwicklung eines konkreten Einzelprojekts haben kann.

3.2 Evaluationsauftrag und -gegenstand

Die Evaluation erfolgte auf Erlass des Bundesministeriums des Innern (BMI; heute Bundesministerium des Innern, für Bau und Heimat), das die Finanzmittel für die BAMF-Beratungsstelle bereitstellte und daher über das Mandat zur Beauftragung einer Evaluation verfügte. An die Evaluation wurden seitens des BMI folgende zwei Anforderungen gestellt: Erstens die Bewertung der konkreten Beratungsarbeit der BAMF-Beratungsstelle und der Bundes-PVO sowie zweitens die Bewertung der Kooperation der BAMF-Beratungsstelle und der Bundes-PVO untereinander und mit dem weiteren Netzwerk behördlicher und zivilgesellschaftlicher Akteure im Handlungsfeld der Deradikalisierung. Zweck der Evaluation war es, Optimierungspotenziale zu identifizieren und Empfehlungen für die Nutzung dieser Potenziale zu geben.

Gegenstand der Evaluation war die im Zeitraum des fünfjährigen Bestehens der Beratungsstelle (01. Januar 2012 bis 31. Dezember 2016) geleistete Beratungsarbeit für das Umfeld (mutmaßlich) islamistisch radikalisierter Personen sowohl von der BAMF-Beratungsstelle „Radikalisierung" als auch der Bundes-PVO. Gemäß dem Evaluationsauftrag wurde darüber hinaus auch die Kooperation untereinander sowie innerhalb des bundesweiten Deradikalisierungsnetzwerks der BAMF-Beratungsstelle untersucht.

Um die Bewertung der konkreten Beratungsarbeit vornehmen zu können, muss zunächst dargelegt werden, welcher Arbeitsauftrag seitens des BMI an die Beratungsstelle „Radikalisierung" des BAMF und an die Bundes-PVO gestellt wurde. Gemäß ihrer ursprünglichen Konzeption hat die Arbeit der BAMF-Beratungsstelle drei Hauptaufgaben: Erstens die Stabilisierung des sozialen Umfelds (mutmaßlich) radikalisierter Personen, zweitens das Einwirken auf die (mutmaßlich) radikalisierte Person mittels des sozialen Umfelds, um einen Prozess der Deradikalisierung anzustoßen oder voranzutreiben und drittens die Informationsvermittlung zu relevanten Themenfeldern (z. B. Islamismus, Salafismus, Dschihadismus, Radikalisierungsverläufe und -anzeichen, Sicherheitsarchitektur in Deutschland). Wesentlicher Kern der BAMF-Beratungsstelle und ihrer Beratungsarbeit ist eine bundesweite Hotline, die werktäglich bedient wird.

Die Hotline ist auf eine Erstberatung des sozialen Umfelds (mutmaßlich) radikalisierter Personen spezialisiert. Dazu zählen Familienmitglieder und Verwandte, aber z. B. auch Lehrerinnen und Lehrer sowie Mitarbeiterinnen und Mitarbeiter von Behörden, etwa von Jugendämtern.[2] Bundesfinanzierte und landesfinanzierte PVO bearbeiten den über die Erstberatung bei der BAMF-Beratungsstelle hinausgehenden Beratungsbedarf – so genannte „Beratungsfälle" –, die über das BAMF an die PVO vermittelt werden, sowie Beratungsanfragen von ratsuchenden Personen, die sich direkt an einen PVO wenden. Gleichzeitig sind die PVO wichtige Wissensträger und Multiplikatoren im Themenbereich islamistische Radikalisierung und verfügen durch ihre umfangreiche Praxiserfahrung über eine breite praktische Expertise.

Bei den evaluierten Bundes-PVO handelte es sich um:

- das Zentrum Demokratische Kultur gGmbH (ZDK) mit seiner „Beratungsstelle Deradikalisierung HAYAT" (im Folgenden HAYAT) mit Sitz in Berlin und Bonn,
- die Initiative zur Förderung Ausländischer Kinder e.V. – Verein für multikulturelle Kinder- und Jugendhilfe – Migrationsarbeit (IFAK) mit ihrem „Beratungsnetzwerk Grenzgänger" (im Folgenden Grenzgänger) mit Sitz in Bochum,
- den Verein zur Förderung akzeptierender Jugendarbeit e.V. (VAJA) mit seinem „Beratungsnetzwerk kitab" (im Folgenden Kitab) mit Sitz in Bremen und
- das Violence Prevention Network e.V. (im Folgenden VPN) mit Sitz der Geschäftsführung in Berlin und Beratungsstellen in verschiedenen Bundesländern[3].

3.3 Herausforderungen und Anpassungsbedarfe der Evaluation

Nach dem ersten Entwurf des Evaluationskonzepts und der Vorstellung des Entwurfs bei den zu evaluierenden Beratungsstellen sowie einer Bewertung der vorhandenen Datenqualität der zur Verfügung stehenden, anonymisierten

2 Die Aufgaben der Beratungsstelle haben sich seit ihrer Evaluation ausgeweitet und beinhalten inzwischen zu wachsenden Teilen die Beratung institutioneller Akteure (z. B. aus schulischen Kontexten) und die Direktarbeit mit sich (mutmaßlich) islamistisch radikalisierenden Personen. Die Auseinandersetzung mit diesen neueren Aufgaben fiel nicht in das Mandat der Evaluation.

3 Stand zu Redaktionsschluss des Evaluationsberichts im November 2017.

Beratungsprotokolle stellte sich schnell heraus, dass anders als ursprünglich avisiert keine Wirkungsanalyse – im Sinne einer auf einer hinreichend breiten Datengrundlage validierten Einordnung und Bewertung der Wirksamkeit konkreter Deradikalisierungsmaßnahmen – durchgeführt werden konnte. Der Grund dafür war im Wesentlichen, dass die Beratungsprotokolle der insgesamt fünf Beratungsstellen unterschiedlich strukturiert und die Beratungsfälle auf unterschiedliche Art und Weise dokumentiert worden waren.

Besonders traten diese Differenzen bei der Verwendung unterschiedlicher Begrifflichkeiten oder voneinander abweichender Definitionen derselben Begriffe hervor. Indikatoren, die Auskunft über den Verlauf von Prozessen der Radikalisierung und der Deradikalisierung und somit über Fallverläufe und die Einschätzung über die Entwicklung eines Falls hätten geben können, waren in unterschiedlicher Tiefe operationalisiert und ausdifferenziert. Darüber hinaus unterschied sich die Ausdifferenzierung der Indikatoren und der Grad der aktiven Reflexion nicht nur zwischen den verschiedenen Beratungsstellen, sondern auch unter den Beraterinnen und Beratern innerhalb einer Beratungsstelle.

Diese Gegebenheiten resultierten aus dem Zusammenspiel folgender Faktoren: Sowohl bei Radikalisierungs- als auch bei Deradikalisierungsprozessen handelt es sich um ein sehr individuelles und komplexes Geschehen. Dies stellt besondere Erfordernisse an die Aussagekraft von Dokumentationsprotokollen, vor allem, wenn sie für wissenschaftliche Studien herangezogen werden sollen. Zudem war, wie bereits oben ausgeführt, eine evaluative Analyse von Deradikalisierungsmaßnahmen zum Zeitpunkt der Arbeitsaufnahme der Beratungsstelle „Radikalisierung“ und der Bundes-PVO noch nicht vorgesehen und wurde daher bei der Dokumentation nicht mitgedacht. Weiterhin operierten die Beratungsstellen, wie eingangs erwähnt, in einem zu Beginn der Aufnahme ihrer Arbeit noch neuen Feld. Für dieses Feld existierten zu diesem Zeitpunkt weder hinreichend ausdifferenzierte Wirkungsmodelle noch darauf zugeschnittene Evaluationskonzepte, die als Orientierung für die Dokumentationspraxis hätte dienen können.

Ohne ein an die Komplexität von (De-)Radikalisierungsprozessen angepasstes Datenerhebungs- und Datenauswertungsinstrument, ein einheitliches System der Dokumentation sowie das Verwenden gemeinsamer Begrifflichkeiten und Definitionen war es nicht möglich, fundierte Aussagen über den Verlauf und Erfolg von Beratungsverläufen zu treffen. Eine Vergleichbarkeit der Daten, die für eine valide Wirkungsanalyse eine notwendige Voraussetzung darstellt, war somit weder für die einzelnen Beratungsstellen noch beratungsstellenübergreifend möglich. Das Evaluationskonzept musste daher wie folgt angepasst werden:

Gemeinsam mit den beteiligten Beratungsstellen wurde beschlossen, statt einer Wirkungsevaluation den Fokus vorerst auf eine Netzwerkanalyse sowie eine Analyse der Beratungsprozesse zu legen. So sollte erhoben werden, ob die Zusammenarbeit zwischen den verschiedenen Netzwerkpartnern den Ansprüchen der Beratungsstelle „Radikalisierung" und einer jeden Bundes-PVO genügt. Parallel wurde die Entwicklung konsolidierter Standards für die Deradikalisierungsarbeit angestoßen. So soll zukünftig die zielgerichtete Überprüfung von Arbeitsprozessen und der ihnen zugrundeliegenden Wirktheorien („Theories of Change") ermöglicht werden. Diese beiden Aspekte – Netzwerk- und Prozessanalyse – sollen schließlich im Rahmen einer wirksamkeitsorientierten Evaluation miteinander verbunden werden.

Die Erhebung der Daten erfolgte mittels qualitativer Interviews mit den Beratenden der BAMF-Beratungsstelle und der Bundes-PVO sowie der Analyse der in der Beratungsstelle vorliegenden Beratungsprotokolle. Darüber hinaus wurden vertrauliche Hintergrundgespräche mit Vertreterinnen und Vertretern verschiedener deutscher Sicherheitsbehörden, die mit den Bundes-PVO entweder direkt zusammenarbeiteten oder mit deren Arbeitsfeldern es Überschneidungen gab, geführt. Weitere vertrauliche Hintergrundgespräche fanden mit Vertreterinnen und Vertretern von Landeskoordinierungsstellen (LKS) von Deradikalisierungsprogrammen statt, die mit der BAMF-Beratungsstelle zusammenarbeiteten.[4] Die Hintergrundgespräche zusammen mit den strukturiert geführten Evaluationsinterviews bei der BAMF-Beratungsstelle und den Bundes-PVO ermöglichten einen umfassenden Einblick in die Arbeitsprozesse und Kooperationsstrukturen des Netzwerks aus den unterschiedlichen Blickwinkeln der genannten Akteure.[5] Ergänzend erfolgte ein Austausch mit (internationalen) Expertinnen und Experten aus Praxis und Wissenschaft über das Handlungsfeld „Deradikalisierung" sowie eine Literaturanalyse zur wissenschaftlichen Einbettung.

---

4 Bei Landeskoordinierungsstellen handelt es sich um die Zuwendungsgeber der zivilgesellschaftlichen Beratungsstellen. Ihre Tätigkeit ist entweder operativ, strategisch oder operativ-strategisch ausgerichtet. Im ersten Fall sind sie in der konkreten Deradikalisierungsfallarbeit aktiv. Im zweiten Fall sind sie mit der Entwicklung, Planung und Implementation (auch längerfristiger) inhaltlicher Zielsetzungen und der Steuerung von Netzwerkaktivitäten befasst. Die operativ-strategische Variante stellt eine Mischform dar.

5 Das Format „vertrauliches Hintergrundgespräch" wurde hier gewählt, um den Behördenvertreterinnen und Behördenvertretern einen gewissermaßen „doppelt geschützten Raum" für den Austausch zu geben. Zumeist war es für diese das erste Mal, zu diesem Themenbereich für den Zweck einer Evaluation befragt zu werden. Daher war besondere Sensibilität geboten. Die PVO waren über das Stattfinden der vertraulichen Hintergrundgespräche informiert. Mit welcher Person welcher Institution gesprochen wurde, wurde dabei nicht offengelegt. Die Auswertung der Gespräche mit den Behördenvertreterinnen und Behördenvertretern unterlagen, ebenso wie die Interviews mit den Beratenden, der ausschließlichen Nutzung zum Zweck der Evaluation.

Um die Voraussetzungen für eine wirksamkeitsorientierte Evaluation zu einem späteren Zeitpunkt zu schaffen, hat das Forschungszentrum des BAMF einen Prozess angestoßen, um die identifizierten Defizite an uneinheitlichen Begriffsdefinitionen, an konsolidierten Standards und an der Verfeinerung der Wirktheorie zu beheben.

3.3.1 Umgang mit Herausforderung Nr. 1: Uneinheitliche Begriffsdefinitionen

Wie erwähnt existierten zum Zeitpunkt der Evaluation noch keine konsolidierten gemeinsamen Definitionen der Begriffe „Radikalisierung" und „Deradikalisierung" innerhalb des deutschen Deradikalisierungsnetzwerks. Dies hatte vor allem zwei Gründe: Zum einen fokussierten sich die unterschiedlichen Deradikalisierungsakteure je nach professionsgeleiteter Perspektive auf verschiedene Aspekte von Radikalisierung oder Deradikalisierung, die jeweils in engem Bezug zu Mandat und Selbstverständnis des betreffenden Akteurs steht. Zum anderen war der Versuch, eine gemeinsame Definition zwischen behördlichen und zivilgesellschaftlichen Akteuren zu entwickeln, bis dato noch nicht unternommen worden.

Darüber hinaus war nicht einheitlich definiert, was einen Beratungsfall konkret von anderen Beratungsleistungen, etwa einem nicht konkret fallbezogenen Informationsgespräch, unterscheidet. Gleichfalls wurde die Analyse dadurch erschwert, dass Differenzen darüber bestanden, welche Kriterien zum Abschluss eines Falls qualifizieren, sowie auf welcher Grundlage Fälle unterschiedlichen Fallstatus zugeordnet werden. Die Kategorisierungen der Beratungsstelle des BAMF und der Bundes-PVO waren nicht für das gesamte Netzwerk von PVO und LKS verbindlich.

Auch waren trennscharfe Abgrenzungen zwischen einem aktiven und einem inaktiven Beratungsfall sowie zwischen einem inaktiven und einem abgeschlossenen Beratungsfall konzeptuell noch nicht gemeinsam abschließend von BAMF und den Bundes-PVO durchdekliniert worden. Teils wurden die Kategorisierungen auch innerhalb der Träger unterschiedlich gehandhabt, da sie – wie auch der Begriff Fall – inhaltlich nicht immer klar definiert waren.

In der Konsequenz wurden diejenigen Begriffe, die im Rahmen der Evaluation als Instrumente dienten, um die Arbeit der Netzwerkpartner zu systematisieren und zu erschließen, zunächst einer kritischen Reflexion unterzogen. Dies war aus drei Gründen notwendig: Zum ersten, um darzulegen, warum die jeweiligen Begriffe in der Evaluation (nicht) benutzt wurden; zum zweiten, um für (zukünftige) Diskussionen im Netzwerk einheitliche, präzise Definitionen bereitzustellen; und zum dritten, um sich auch über das Netzwerk hinaus transparent mit der Evaluation und ihren Ergebnissen auseinandersetzen zu können, um die gesetzten Impulse weiterzutragen.

Im Verlauf der Evaluation konnte es schließlich gelingen, ein weitgehend gemeinsames Verständnis der zentralen operativen Begriffe (Radikalisierung; Deradikalisierung; Fall) und ihrer Bedeutungsinhalte herauszuarbeiten. So einigten sich das BAMF, die PVO und die LKS unter Einbindung des Bundesamts für Verfassungsschutz auf Arbeitsdefinitionen der Begriffe „extremistisch“, „Radikalisierung“ und „Deradikalisierung“:

Unter dem Begriff „extremistisch“ wurden „ideologisierte Denk- und Handlungsweisen“ gefasst,

> „die den Menschenrechten, den obersten Wertprinzipien der Demokratie und den Grundprinzipien der Verfassung zuwiderlaufen. Diese beziehen sich auf die unantastbare demokratische Verfasstheit der Bundesrepublik Deutschland, die im Grundgesetz niedergeschrieben und unter der Bezeichnung freiheitliche demokratische Grundordnung zusammengefasst worden ist. Extremistische Denk- und Handlungsweisen können Gewaltbezug aufweisen, müssen es aber nicht“ (Beratungsstelle „Radikalisierung“ Bundesamt für Migration und Flüchtlinge 2018, S. 5).

Radikalisierung wurde definiert als

> „ein komplexer, meist nichtlinearer, individueller, oft aber nicht ausschließlich gruppenbezogener Prozess der Annahme einer extremistischen Denk- und Handlungsweise. Er geht oft mit der steigenden Bereitschaft einher, zur Durchsetzung politischer, sozialer und/oder religiöser Ziele nicht-demokratische Mittel bis hin zur Anwendung von Gewalt zu befürworten, zu unterstützen und/oder einzusetzen“ (ebd.).

Deradikalisierung wurde im Rahmen der Arbeitsdefinition bestimmt als

> „ein komplexer, individueller, nicht-linearer Prozess, bei dem eine radikalisierte oder sich radikalisierende Person ihr Bekenntnis und ihr Engagement für eine extremistische Denk- und Handlungsweise und – soweit sie gewaltorientiert ist, die Befürwortung von Gewalt zur Durchsetzung ihrer Ziele – aufgibt, gegebenenfalls ihre Denk- und Handlungsweise und/oder ihre ideologisierte Weltanschauung kritisch reflektiert und sich im Ergebnis glaubhaft von ihr distanziert. Die sich radikalisierende Person ist aktives Subjekt in diesem Prozess und kein passives Objekt“ (ebd.).

Damit wurde erstmalig in der deutschen Deradikalisierungslandschaft ein gemeinsames Grundverständnis dieser zentralen Begriffe zwischen Vertreterinnen und Vertretern von (Sicherheits-)Behörden und der Zivilgesellschaft gemeinsam erarbeitet und als größter gemeinsamer Nenner festgehalten. Das ist vor dem Hintergrund der genannten Diversität von Perspektiven und Mandaten von besonderer Bedeutung. Dies negiert nicht, dass die Begriffe „Radikalisierung“ und „Deradikalisierung“ sowohl aus der Praxis als auch aus der Wissenschaft heraus aufgrund ihrer Normativität, ihrer Subjektivität, ihres Stigmatisierungspotenzials und der Individualität persönlicher Veränderungsprozesse teils grundlegende Kritik erfahren. Gleichfalls schließt die Arbeitsdefinition nicht aus, dass die jeweiligen Akteure die Begriffe für sich weiter ausdifferenzieren, um die Komplexität des Phänomens und des jeweiligen Handlungsbereichs besser zum Ausdruck zu bringen.

3.3.2 Umgang mit Herausforderung Nr. 2: Noch zu konsolidierende Standards der Umfeldberatung

Weiterhin erfolgte im Zuge der Evaluation gemeinsam mit den Bundes-PVO eine Auseinandersetzung über die in der Deradikalisierungsarbeit konkret angewandten Standards und Instrumente. Durch die bewusste Auseinandersetzung mit den Voraussetzungen und Erfordernissen eines gelingenden Zusammenwirkens aller einzubindenden Akteure in die Erarbeitung von konsolidierten Standards, konnte ein an die Empfehlungen der British Standards Institution angelehnter, partizipativer Prozess der Standardentwicklung eingeleitet werden (Uhlmann 2017, S. 17).

Die im Jahr 1901 gegründete, weltweit erste nationale Normungsorganisation, die British Standards Institution, definiert einen Standard allgemein als „an agreed way of doing something“ (The British Standards Institution 2017a). Konkret bestehen Standards aus „der destillierten Weisheit von Menschen, die über Expertise in Bezug auf einen gewissen Gegenstand oder eine gewisse Thematik verfügen, und die die Bedarfe der Organisationen, die sie repräsentieren, kennen“ (ebd.)[6]. Sie werden in einem kooperativen Prozess von Fachexperten identifiziert, konsolidiert und definiert. In Folge finden sie Anwendung z. B. bei der Herstellung eines Produkts, bei der Durchführung eines Prozesses oder bei der Umsetzung einer Dienstleistung (ebd.). Sie bieten praxisbewährte Anleitung, effektiver und effizienter zu arbeiten, Leistungen zu verbessern, Risiken zu reduzieren und für Nachhaltigkeit Sorge zu tragen (The British Standards Institution 2017b).

Das durch Standardisierung hervorgebrachte gemeinsame Vokabular, die gemeinsame, im Verlauf des Standardisierungsprozesses erfolgte Bestimmung der grundlegenden Charakteristika des betreffenden Arbeitsfelds und die in diesem Prozess etablierten Kommunikationsbeziehungen schaffen die notwendigen Rahmenbedingungen für einen strukturierten und zielgerichteten Wissensaustausch sowohl innerhalb einer Profession als auch über sie hinaus (The British Standards Institution 2017c). Standards dienen somit der Transparenz,

---

6 Übersetzung durch eine der Verfasserinnen des vorliegenden Beitrags.

der Verständigung, der Qualitätssicherung, der Kooperation und der Innovation. Sie schaffen Vertrauen und unterstützen dabei, Ressourcen zielgerichtet, wirkungsvoll und schonend – also effektiv und effizient – einzusetzen und die eigene Arbeit systematisch weiterzuentwickeln (The British Standards Institution 2017d).

Zusammenfassend kann ein Standard definiert werden als eine auf einen bestimmten Gegenstand, einen bestimmten Kontext und eine bestimmte Absicht bezogene, reflektierte und explizierte Arbeitspraktik oder Arbeitshaltung, deren Ausübung auf einem sie legitimierenden Wissensschatz, genauer gesagt einer sie begründenden Wertehaltung, beruht. Standards beziehen sich also darauf, was in einem bestimmten Arbeitsfeld wann mit wem warum wie getan wird. Von Routinen (im Sinne von Gewohnheiten) unterscheiden sich Standards dadurch, dass ihre Ausübung auf einem Prozess reflektierter Auseinandersetzung und Validierung beruht. Standards können je nach ihren Zwecken, Inhalten und Geltungsbereichen in unterschiedliche Kategorien und Unterkategorien differenziert werden. Eine solche Systematisierung dient der besseren Übersichtlichkeit, der leichteren Erschließbarkeit und befördert somit die Einhaltung der Standards in der täglichen Praxis.

In Anlehnung an diese Empfehlungen begann der Prozess der netzwerkgemeinsamen Standardentwicklung bereits parallel zu der Umsetzung der Evaluation, die so zunehmend einen formativen Charakter annahm.

3.3.3 Umgang mit Herausforderung Nr. 3: Notwendigkeit der Verfeinerung von Wirktheorien

Die vorstehenden Darstellungen zu den hier behandelten Begriffen weisen bereits darauf hin, dass der Begriff „Erfolg" zum Zeitpunkt der Evaluation ebenfalls noch nicht einheitlich gefasst war. Dies gilt bis heute sowohl für das BAMF-Netzwerk, allgemein, als auch für die einzelnen Beratungsstellen, und liegt maßgeblich darin begründet, dass es „den" Erfolg nicht gibt: Er ist in der Praxis immer fallbezogen und daher notwendigerweise relativ und nicht absolut. Grundsätzlich ist zwischen fallbezogenen, realistischen Zielen und dem allgemeinen, idealen Ziel der Deradikalisierung zu unterscheiden. Zudem ist das Idealziel der Deradikalisierung nur oberflächlich konzeptualisiert. Um Erfolg konkret benennen zu können, bedarf es einer entsprechenden Kategorisierung innerhalb eines aussagekräftigen Bewertungsmodells, mit dessen Hilfe sich qualitativ erhobene Daten ordnen und bewerten lassen.

Um eine solche Kategorisierung vornehmen zu können, bedarf es wiederum Indikatoren, die Deradikalisierungsprozesse operationalisieren. Beratungsverläufe müssen entsprechend des Bewertungsmodells, d. h. unter konkreter Nennung der einzelnen Indikatoren, dokumentiert werden. Sind mehrere Akteure beteiligt, müssen sowohl Bewertungsmodell als auch Indikatoren einheitlich gestaltet sein. Dies ermöglicht die Vergleichbarkeit der Daten und perspektivisch auch ihre Quantifizierung – also die abstrakt-statistische Aufbereitung wirkungsanalytischer Aussagen. Konkret würde dies z. B. bedeuten, dass Aussagen über Wirkmechanismen von bestimmten Maßnahmen notwendigerweise stets unter Berücksichtigung der spezifischen Kontexte, in denen sie implementiert werden, getroffen werden können.

Wenngleich ein solches Bewertungsmodell mit den dazugehörigen Indikatoren nicht vorhanden war, und im Rahmen der Evaluation aus Zeit- und Ressourcengründen auch nicht erarbeitet werden konnte, ließen sich aus der Empirie der Beratungspraxis im Verlauf der Evaluation folgende Feststellungen treffen, die künftig zur Erarbeitung eines Bewertungsmodells herangezogen werden können. Alle Bundes-PVO identifizierten – übereinstimmend mit entsprechend genannten Dimensionen von Radikalisierung – drei Dimensionen der Deradikalisierung: Die emotive, die pragmatische und die ideologische Dimension.

Die emotive Dimension erfasst Elemente der emotionalen Unterstützung der radikalisierten Person im Kontext von Deradikalisierungsprozessen, beispielsweise durch die Aktivierung sozialer Kontakte außerhalb der extremistischen Bezugsgruppe. Die pragmatische Dimension bezieht sich auf die Hilfe bei der Identifikation von Unterstützungspersonen und -systemen zum Aufbau eines geregelten Alltags der radikalisierten Person (z. B. Ermöglichen des Schulbesuchs, Finden einer Ausbildungs- oder Arbeitsstelle). Die ideologische Dimension erfasst Bemühungen zur Ablösung der radikalisierten Person von ihrer ideologisierten Weltsicht (z. B. durch die Anregung zur Reflexion und Entkräftigung von Rechtfertigungsnarrativen).

Es wurde wie folgt vorgegangen: Zur Herausarbeitung von Indikatoren für die Einordnung von Deradikalisierungsprozessen wurde zunächst netzwerkgemeinsam zwischen den behördlichen und zivilgesellschaftlichen Partnern der BAMF-Beratungsstelle ein Stufenmodell von Deradikalisierungsverläufen (s. u.) erarbeitet. Dieses beruhte auf dem Modell der Arbeitsgruppe Deradikalisierung des Gemeinsamen Terrorismusabwehrzentrums (GTAZ). In dieser Arbeitsgruppe war, unter Beteiligung zivilgesellschaftlicher Akteure, zwischen den Jahren 2009 und 2012 die Grundkonzeption einer Beratungsstelle für das soziale Umfeld (mutmaßlich) radikalisierter Personen entworfen worden. Schnell zeigte sich, dass dieses Modell für die mittlerweile sehr viel weiter ausdifferenzierte Beratungsarbeit zu linear und eindimensional mit zu starkem Schwerpunkt auf sicherheitsrelevante Aspekte aufgebaut war. So wurde es der Komplexität der vor allem pädagogisch und auf Sozialarbeit ausgerichteten Beratungsarbeit nicht gerecht. Daher entschieden sich die beteiligten Akteure, das Stufenmodell zu verwerfen, und stattdessen eines zu konzipieren, das den verschiedenen Bereichen pädagogischer Tätigkeit und der Sozialarbeit in der Deradikalisierungsarbeit gerecht werden würde sowie die sicherheitsrelevante

Dimension hinreichend integriert. Die Umsetzung dieses Vorhabens wird derzeit durch das BAMF-Forschungszentrum weiter vorbereitet.

Grundsätzlich lässt sich für das Beratungsstellen-Netzwerk festhalten: Deradikalisierung ist das langfristige Ziel der Beratung des sozialen Umfelds (mutmaßlich) islamistisch radikalisierter Personen. Das Erreichen dieses Ziels kann nur an nachhaltig positiven Entwicklungen des Lebenswegs der betreffenden Person festgemacht werden. Dazu gehören die Auseinandersetzung der betreffenden Person mit eigenen Erlebnissen, die die Radikalisierung eventuell beeinflussten, die kritische Reflexion von Szenekontakten in Bezug auf die eigene Zukunft, das Suchen sozialer Kontakte außerhalb der Szene sowie das Hinterfragen extremistischer Narrative. Ein stabiles soziales Umfeld jenseits extremistischer Bezüge kann dazu eine hilfreiche Rahmenbedingung sein.

Dabei ist notwendige Voraussetzung für eine nachhaltige Distanzierung von einem extremistisch orientierten Umfeld die Bereitschaft der radikalisierten Person, sich auf einen Prozess der Selbstreflexion bezüglich des eigenen Handelns und der eigenen Haltungen einzulassen. Diese Prozesse finden im Inneren der Person statt und können von außen nur angestoßen und begleitet werden. Ziele in Bezug auf den jeweiligen Prozess sind immer individuell und im Kontext des sozialen Umfelds der radikalisierten Person zu reflektieren. Notwendige Voraussetzung für den Aufbau einer Beratungsbeziehung ist gegenseitiges Vertrauen. Dies gilt es, in zukünftigen Evaluationsvorhaben zu berücksichtigen.

Dem vorgelagert ist das Ziel der Unterstützung der ratsuchenden Person mit ihrem Anliegen und ihre Stabilisierung in einer in der Regel für sie emotional und psychisch oftmals sehr belastenden Situation. Es besteht also ein doppeltes Mandat in der Tätigkeit „Beratung des sozialen Umfelds (mutmaßlich) radikalisierter Personen". Auch das Erreichen dieses Ziels ist in sich anschließenden Evaluationsprojekten entsprechend zu berücksichtigen.

3.4 Von der Bedarfsindikation zur Bedarfsdeckung – Bearbeitung von Optimierungspotenzialen im Anschluss an die Evaluation

Um die im Rahmen der Evaluation identifizierten Optimierungsbedarfe zu decken, konzipierte das BAMF-Forschungszentrum ein umfangreiches Projekt zur wissenschaftlichen Begleitung der Beratungsstelle „Radikalisierung". Dieses wird nachfolgend vorgestellt, um zu skizzieren, wie die Bedarfsdeckung in der Praxis umgesetzt wurde und welche (ersten) Verbesserungen, aber auch Hürden sich bis jetzt feststellen lassen.

3.4.1 Strukturierte Auseinandersetzung mit Standards im Handlungsfeld

Die im Zuge der Evaluation identifizierte Notwendigkeit der Konsolidierung gemeinsamer Standards wurde bereits im darauffolgenden Jahr 2018 durch die Konzeption, Zusammenstellung und Veröffentlichung der Allgemeinen Handreichung des Beratungsstellen-Netzwerks der Beratungsstelle „Radikalisierung“ des BAMF zu Standards in der Beratung des sozialen Umfelds (mutmaßlich) islamistisch radikalisierter Personen (Beratungsstelle „Radikalisierung“ Bundesamt für Migration und Flüchtlinge 2018), kurz Standardhandreichung, gedeckt. Die Standardhandreichung dient als Informationsquelle für bereits langjährig Beratende, neu in das Arbeitsfeld tretende Beraterinnen und Berater sowie für die interessierte (Fach-)Öffentlichkeit. Außerdem ermöglicht die Standardhandreichung das Herstellen von Transparenz und die Qualitätssicherung in einem Netzwerk, das sich durch seine multiprofessionelle Vielfalt auszeichnet und unterstützt maßgeblich die Reflexionsprozesse und stete Professionalisierung der Beratenden. Die Handreichung ist aus der Praxis für die Praxis entwickelt worden (Beratungsstelle „Radikalisierung“ Bundesamt für Migration und Flüchtlinge 2018, S. 26).

Für die Erstellung der Standardhandreichung wurde die im Rahmen der Evaluation der Beratungsstelle „Radikalisierung“ des BAMF erarbeitete Standardsystematik (Uhlmann 2017) gemeinsam mit den Beraterinnen und Beratern diskutiert und weiterentwickelt. Der Beratungspraxis zugrundeliegende Wertehaltungen wurden identifiziert und damit zusammenhängende Arbeitspraktiken herausgearbeitet. Auf dieser Basis wurden im Anschluss Universal- und Handlungsstandards definiert.

Die 2018 erschienene Standardhandreichung hat nicht den Anspruch, die gesamte Vielfalt des Beratungsnetzwerks und seiner Methoden und Ansätze widerzuspiegeln, sondern einen Überblick über die grundlegenden, geteilten Standards im Feld zu geben (Beratungsstelle „Radikalisierung“ Bundesamt für Migration und Flüchtlinge 2018, S. 26). Um den Prozess der Professionalisierung weiter voranzutreiben und der Dynamik des Arbeitsfeldes Rechnung zu tragen, wird aktuell im Auftrag des BAMF Forschungszentrums und unter der Federführung von VPN eine zweite Auflage der Standardhandreichung erstellt. Die dabei notwendigen netzwerkgemeinsamen Abstimmungsprozesse haben sich als sehr zeitintensiv und somit eine der zentralen Herausforderungen herausgestellt. Trotzdem wird dieser partizipative Ansatz bewusst verfolgt, durch den die Anwendbarkeit, Praxisnähe und Akzeptanz gemeinsam entwickelter Beratungsstandards gewährleistet werden kann, ein Alleinstellungsmerkmal der Handreichung. In einem ersten Schritt wurden intensive Feedbackgespräche mit den verschiedenen Netzwerkpartnern geführt. Anschließend soll auf der Basis von zwei Expertenrunden zu Standards in angrenzenden Phänomenbereichen die Handreichung weiter ausdifferenziert werden. Good Practices aus der sozialen Umfeldberatung rechtsextremer Personen und sogenannter Sekten sollen so für den Arbeitsbereich Umfeldberatung (mutmaßlich) islamistisch radikalisierter Personen nutzbar gemacht werden. Die zweite Auflage erscheint im Laufe des Jahres 2020.

3.4.2 *Aufbau eines Verbunds wissenschaftlicher Mitarbeiterinnen und Mitarbeiter*

Im Verlauf der Evaluation meldeten die Beraterinnen und Berater der Träger (und auch der Beratungsstelle des BAMF) Bedarf an, die eigene Arbeit zu reflektieren. Dies geschah u. a. während der Evaluationsgespräche und im Rahmen der Evaluation von vom BAMF-Forschungszentrum ausgerichteten Evaluationsworkshops. Diese angeleitete Introspektion unterstützt die Beratenden dabei, ihre Arbeit, wo notwendig, gezielter auf neue Herausforderungen hin ausrichten zu können und sie konstruktiv-kritisch zu betrachten.

Stimuliert von der begleiteten Reflexion der Beratungs- und Netzwerkarbeit zeichnete sich im Verlauf der Evaluation bei den PVO der zusätzliche Bedarf ab, diversen Fragestellungen im Bereich der Deradikalisierungsarbeit auch wissenschaftlich auf den Grund zu gehen. Wegen der großen Dynamik des Phänomenbereichs sowie der zunehmenden Komplexität des Handlungsfeldes wurde seitens der Netzwerkakteure der Ruf nach einer systematischen wissenschaftlichen Aufbereitung von Trends und Entwicklungen laut. Durch eine institutionalisierte wissenschaftliche Begleitung sollten aus der Beratungspraxis generierte Forschungsfragen aufgearbeitet und in praxisnaher Sprache für die Beratenden zugänglich gemacht werden können.

Als Reaktion auf diesen Bedarf an konkret anwendungsbezogener empirischer Forschung wurde 2018 der Verbund wissenschaftlicher Mitarbeitender der Partner-Beratungsstellen der BAMF-Beratungsstelle „Radikalisierung“[7] gegründet. Die bei den PVO direkt oder auch bei Hochschulen oder Universitäten angesiedelten wissenschaftlichen Mitarbeiterinnen und Mitarbeiter sollen mit Analysen zu aktuellen Trends und Entwicklungen die Netzwerkakteure bei der Sicherung des strategischen und operativen Überblicks über den komplexen Phänomenbereich unterstützen. Ihre Forschungsergebnisse fließen in die zielgerichtete Steuerung der Beratungsansätze in Bezug auf neue Handlungsfelder, beispielsweise Rückkehrerinnen und Rückkehrer aus Konfliktgebieten, Kinder in salafistischen Familien oder Geflüchtete, ein. Außerdem unterstützen die wissenschaftlichen Mitarbeiterinnen und Mitarbeiter die Beraterinnen und

7 Das Netzwerk der Partner-Beratungsstellen der BAMF Beratungsstelle „Radikalisierung“ umfasst neben den aktuell noch zwei bundesfinanzierten Trägern (Stand Mai 2020) auch die landesfinanzierten Träger, die in der Beratung des sozialen Umfelds (mutmaßlich) islamistisch radikalisierter Personen aktiv sind.

Berater in den Bereichen Administration und Qualitätssicherung sowie gegebenenfalls den Prozess einer Evaluation durch einen externen Partner.

Dieser Verbund wissenschaftlicher Mitarbeiterinnen und Mitarbeiter wird durch das BAMF-Forschungszentrum koordiniert und findet sich in regelmäßigen gemeinsamen Treffen zusammen. Neben den wissenschaftlichen Mitarbeiterinnen und Mitarbeitern, die primär mit der wissenschaftlichen Begleitung einer Beratungsstelle befasst sind, nehmen auch wissenschaftliche Mitarbeiterinnen und Mitarbeiter anderer Forschungsprojekte des BAMF-Forschungszentrums an diesen Treffen teil. Auf der Basis dieser Treffen sowie der Teilnahme an Fachtagen des „International Forum for Expert Exchange on Countering Islamist Extremism" (InFoEx), einem Kooperationsprojekt zwischen dem Forschungszentrum des BAMF und der Deutschen Gesellschaft für Auswärtige Politik (DGAP), gewährleisten sie den Wissenstransfer neuer (inter-) nationaler Erkenntnisse in die Beratungspraxis.

Ziel dieses Forums ist es, die gemeinsam mit dem Beratungsstellennetzwerk identifizierten Trends und Entwicklungen (u. a. die Situation von Rückkehrerinnen und Rückkehrer aus dem Irak und aus Syrien, die Rolle psychologischer Faktoren oder auch Evaluation) mit ausgewählten (inter-) nationalen Experten kritisch zu diskutieren und sogenannte „Inspiring Practices" zu identifizieren, die unter Umständen auch auf andere nationale Kontexte übertragbar sind. Die wissenschaftlichen Mitarbeiterinnen und Mitarbeiter nehmen an den InFoEx-Fachtagen nicht nur teil, sondern sind auch maßgeblich an der Themensetzung der Fachtage, ihrer inhaltlichen Ausgestaltung sowie des Transfers neugewonnener Erkenntnisse in ihre jeweilige Beratungsstelle beteiligt. Der Verbund unterstützt somit maßgeblich den effizienten Austausch wertvoller Forschungserkenntnisse im bundesweiten Deradikalisierungsnetzwerk. Größere Hürden sind in diesem Projekt bislang nicht aufgetreten.

3.4.3 *Konzeption und Implementierung eines Qualifizierungslehrgangs für Beraterinnen und Berater*

Die Evaluation hat gezeigt, dass es aus der Praxis heraus einen großen Bedarf an Personal gab, das in diesem anspruchsvollen Arbeitsfeld tätig sein möchte und gleichzeitig für diesen speziellen Phänomenbereich ausgebildet ist. Insbesondere die sich weiter ausdifferenzierenden Bedarfe der ratsuchenden Personen erschwerten es, ausreichend qualifiziertes Personal zu finden. Die Beratungsstelle „Radikalisierung" des BAMF und die PVO konnten der erhöhten Nachfrage an (Einzel-)Schulungen zum Zweck der (Weiter- oder Nach-)Qualifizierung von Personal in dem dafür nötigen Umfang nicht mehr nachkommen.

Um diesen Professionalisierungsbedarf zu decken, hat das Forschungszentrum des BAMF die Konzeption[8] und Implementation eines Qualifizierungslehrgangs angestoßen, der speziell auf die Bedarfe von Beraterinnen und Beratern in der (Umfeld-)Beratung (mutmaßlich) islamistisch radikalisierter Personen zugeschnitten ist. Mittels einer Abfrage bei den PVO und den LKS konnten konkrete Lernbedarfe zu den folgenden Themen identifiziert werden: Phänomenbereich (islamistischer, salafistischer, dschihadistischer) Extremismus, Islam und muslimisches Leben, Radikalisierung, Präventionsverständnisse, Beratungsarbeit, Rechtsgrundlagen, Qualitätssicherung und -weiterentwicklung sowie Sicherheitsbehörden im Kontext der Beratungsarbeit.

Eine der größten Herausforderungen, die sich im Laufe der Lehrgangsentwicklung gezeigt hat, besteht in der Vielfalt der Professionen der Beraterinnen und Berater, die in diesem Arbeitsfeld tätig sind oder sein wollen. Die Teams der einzelnen Beratungsstellen vereinen Fachwissen aus unterschiedlichen Disziplinen, zum Beispiel der Erziehungswissenschaften, Soziologie, Kommunikationswissenschaft, Politikwissenschaft, Psychologie, islamische Theologie, Jura oder Verwaltungswissenschaft. In der herausragenden Stärke dieser interdisziplinären Zusammensetzung der Teams liegt allerdings die größte Herausforderung für die Konzeption eines Lehrgangs, da die Teilnehmenden über ein sehr unterschiedliches Fachwissen zu einzelnen Themenbereichen verfügen.

Die Konzeption und Implementation eines solchen Qualifizierungslehrgangs ist nicht nur im deutschsprachigen Raum ein Pilotprojekt, auch international gesehen gibt es bis dato keine vergleichbaren Projekte in diesem Umfang und mit dieser spezifischen Ausrichtung. Zur Unterstützung der Entwicklung des Lehrgangs veranstaltete das BAMF-Forschungszentrum zunächst eine internationale Konferenz, in deren Rahmen Wissenschaftlerinnen und Wissenschaftler verschiedenster Fachrichtungen sowie Praktikerinnen und Praktiker aus unterschiedlichen Ländern ihre Erfahrungswerte im Bereich der tertiären Prävention und relevante Forschungsergebnisse einbrachten. Als besonders hilfreich hat sich im weiteren Verlauf die enge Zusammenarbeit mit den Trägern und einzelnen Beraterinnen und Beratern erwiesen, die durch konkrete Rückmeldungen und Mitarbeit in Workshops aktiv an der Struktur, den Lehrmaterialien und der Identifikation relevanter Themenbereiche mitgewirkt haben. Diese enge Rückkopplung sorgt für die inhaltliche, aber auch strukturelle Passgenauigkeit für dieses Arbeitsfeld.

8 Die Candid Foundation war als externer Partner mit der Konzeption des Qualifizierungslehrgangs beauftragt.

3.4.4 Praxisorientierte Analyse von Deradikalisierungsverläufen

Die Evaluation hat als ein weiteres Ergebnis den Mangel an wissenschaftlich fundierten Erkenntnissen aus der praxisorientierten und empirischen Forschung zu Deradikalisierungsverläufen gezeigt. In Abstimmung mit der Beratungsstelle „Radikalisierung“, den LKS und den PVO konzipierte das Forschungszentrum des BAMF in Zusammenarbeit mit zwei Projektpartnern – dem Kompetenzzentrum für Deradikalisierung des Bayerischen Landeskriminalamtes und dem Zentrum für Technik und Gesellschaft der Technischen Universität Berlin – die wissenschaftliche Studie „Praxisorientierte Analyse von Deradikalisierungsverläufen“ (PrADera).

Ziel des Forschungsvorhabens ist eine empirische, praxisorientierte Analyse der Entwicklungsverläufe von Personen, die aus dem Islamismus/Salafismus/Dschihadismus ausgestiegen sind oder sich davon distanziert haben, um verbesserte Anhaltspunkte für Maßnahmen in der Präventions- und Deradikalisierungs- oder Distanzierungsarbeit zu gewinnen. Die Studie trägt daher sowohl dazu bei, dieses Forschungsdesiderat zu erfüllen, als auch die gewonnenen Erkenntnisse für die praktische Arbeit der Beraterinnen und Berater nutzbar zu machen.

Es wird angestrebt, die Analyse auf eine möglichst breite, originäre empirische Datenbasis zu stellen. Im Mittelpunkt stehen daher Interviews mit Aussteigern sowie Personen, die sich distanziert haben oder im Prozess der Distanzierung befinden. Zu diesem Zweck wurde ein Interviewleitfaden entwickelt, der einem offenen empirischen Ansatz folgt. Dieser narrative Ansatz soll der interviewten Person anhand einer Einstiegsfrage die Möglichkeit geben, ihre eigenen Wahrnehmungen und Erfahrungen zu berichten.

Als größte Herausforderung hat sich der Zugang zu geeigneten Interviewpersonen erwiesen. In diesem Zusammenhang kommt der offenen, vertrauenswürdigen Kommunikation und transparenten Darstellung des Forschungsvorhabens in der Zusammenarbeit mit den zivilgesellschaftlichen und staatlichen Akteuren eine zentrale Rolle zu. Die enge Rückkopplung mit der Praxis hat sich ebenfalls bereits bei der Erstellung des Interviewleitfadens sehr positiv bemerkbar gemacht.

Die Ergebnisse dieses Forschungsprojekts werden eine zentrale theoretische Stütze für die Entwicklung neuer, geeigneter Modelle zur Durchführung wirksamkeitsorientierter Evaluationsvorhaben darstellen.

3.4.5 Wirksamkeitsorientierte Evalution

Das Forschungszentrum des BAMF führt seine Evaluationstätigkeit auch nach Beendigung der vorgestellten Netzwerk- und Prozessanalyse fort und entwickelt seine Evaluationsansätze methodisch weiter. Es ist geplant, die beiden in Bundesfinanzierung verbliebenen Beratungsstellen, HAYAT und Grenzgänger, durch einen externen Partner erneut evaluieren zu lassen. Der Evaluierungsauftrag wird dabei neben einer Netzwerk-, Konzept- und Prozessevaluation auch die Aufgabe beinhalten, zu überprüfen, welche Maßnahmen sich bewährt haben und in Best Practices überführt werden können. Hierzu bedarf es jedoch noch der Entwicklung geeigneter Instrumente, mit denen eine wirksamkeitsorientierte Evaluation möglich wird.

Für die Entwicklung dieser Instrumente ist es wichtig, die der Beratungsarbeit zugrundeliegenden Wirkungstheorien („Theories of Change“) und anekdotische, in der Arbeitspraxis bewährte Evidenzen wissenschaftlich zu überprüfen. Dies konnte im Rahmen der bereits durchgeführten Netzwerk- und Prozessevaluation aus Zeit- und Ressourcengründen aufgrund der in diesem Beitrag beschriebenen Herausforderungen nicht vorgenommen werden. Es können allerdings nur auf diese Weise konsolidierte Aussagen über die Effektivität und Effizienz von Beratungsmaßnahmen getroffen werden.

Hierfür sollte der Begriff „Erfolg“ optimalerweise so weit wie möglich für das gesamte Netzwerk einheitlich definiert werden, um so vergleichende Analysen zuzulassen. Dabei ist zwischen fallbezogenen, realistischen Zielen und dem allgemeinen, idealen Ziel der Deradikalisierung zu unterschieden. Dieses Idealziel gilt es zu konzeptualisieren und auf Indikatoren herunterzubrechen. Im Anschluss daran sind die Erfolge zu benennen und in den unterschiedlichen Dimensionen eines (idealtypischen) Deradikalisierungsprozesses zu verorten.

Die Entwicklung und Anwendung von Instrumenten, die eine wirksamkeitsorientierte Evaluation ermöglichen, ist Pionierarbeit. Durch die (kontinuierliche) Evaluierung von Deradikalisierungsmaßnahmen, die daraus resultierende Weiterentwicklung gemeinsamer Arbeitsdefinitionen, die Verständigung auf Standards und die stete (Weiter-)Qualifizierung der Beraterinnen und Berater hat das BAMF-Forschungszentrum gemeinsam mit der Beratungsstelle „Radikalisierung“ und ihrem Netzwerk wichtige Impulse gegeben, die maßgeblich zur nachhaltigen Professionalisierung des Arbeitsfeldes beitragen.

3.5 Zusammenfassung

Die Ergebnisse der Netzwerk- und Prozessevaluation der im BAMF ansässigen Beratungsstelle „Radikalisierung“ und der bundesfinanzierten Partner-Beratungsstellen für Personen aus dem sozialen Umfeld (mutmaßlich) islamistisch radikalisierter Personen legte einen wichtigen Grundstein für die Weiterentwicklung des BAMF-Beratungsstellennetzwerks. Aufgrund des formativen und partizipativen Evaluationsdesigns konnte es nicht nur gelingen, ein gemeinsames Grundverständnis zentraler Arbeitsbegriffe zu erarbeiten, sondern auch der Beratungsarbeit zugrundeliegende Standards zu entwickeln, zu konsolidieren und die Ausdifferenzierung von Wirktheorien anzustoßen.

Darüber hinaus konnte die Evaluation dazu genutzt werden, Forschungsprojekte anzuregen, deren Erkenntnisse zum allgemeinen Verständnis von Erfolgsindikatoren in der Deradikalisierungsarbeit beitragen. Die avisierte wirkungsorientierte Evaluation der beiden in Bundesfinanzierung verbliebenen Beratungsstellen wird weitere Impulse für die zielgerichtete Ausgestaltung und die weitere Professionalisierung der Deradikalisierungsarbeit in Deutschland geben.

Literatur

Armborst, Andreas/Biene, Janusz/Coester, Marc/Greuel, Frank/Milbradt, Björn/Nehlsen, Inga (2018): Evaluation in der Radikalisierungsprävention: Ansätze und Kontroversen. PRIF-Report 11/2018. Hessische Stiftung Friedens- und Konfliktforschung (HSFK)-Reportreihe „Gesellschaft Extrem"). Frankfurt (Main)

Beratungsstelle „Radikalisierung" Bundesamt für Migration und Flüchtlinge (2018): Standards in der Beratung des sozialen Umfelds (mutmaßlich) islamistisch radikalisierter Personen. Allgemeine Handreichung des Beratungsstellen-Netzwerks der Beratungsstelle „Radikalisierung" des Bundesamts für Migration und Flüchtlinge (BAMF). Nürnberg

El-Mafaalani, Aladin/Fathi, Alma/Mansour, Ahmad/Müller, Jochen/Nordbruch, Götz/Waleciak, Julian (2016): Ansätze und Erfahrungen der Präventions- und Deradikalisierungsarbeit. HSFK-Report Nr. 6/2016, Frankfurt (Main)

Feddes, Allard R./Gallucci, Marcello (2015): A Literature Review on Methodology used in Evaluating Effects of Preventive and Deradicalisation Interventions. In: Journal for Deradicalization, H. 5, S. 1–27

Kober, Marcus (2017): Zur Evaluation von Maßnahmen der Prävention von religiöser Radikalisierung in Deutschland. In: Journal for Deradicalization, H. 11, S. 219–257

The British Standards Institution (2017a): What is a standard? & What does it do? https://www.bsigroup.com/en-GB/standards/Information-about-standards/what-is-a-standard/ (04.05.2020)

The British Standards Institution (2017b): Standards. https://www.bsigroup.com/en-GB/standards/ (04.05.2020)

The British Standards Institution (2017c): Standards and government. https://www.bsigroup.com/en-GB/standards/who-uses-standards/standards-and-government/ (04.05.2020)

The British Standards Institution (2017d): Develop a PAS Publicly Available Specification. https://www.bsigroup.com/en-GB/our-services/developing-new-standards/Develop-your-own-fast-track-standardization-document/ (24.07.2017)

Uhlmann, Milena (2017): Evaluation der Beratungsstelle „Radikalisierung" – Abschlussbericht. Forschungsbericht 31, Nürnberg

Herausforderungen von gegenstandsangemessenen Bewertungen

4 Gegenstandsangemessenes und ausgewogenes Bewerten als Herausforderung – Umgangsweisen mit Komplexität, Mehrdeutigkeit und Kontextgebundenheit in der wissenschaftlichen Begleitung

Katja Schau und Frank Greuel

Gegenstand des folgenden Beitrags ist eine erfahrungsbasierte Auseinandersetzung mit Fragen von Bewertungen in Evaluationen. Grundlage und Anlass für diese Auseinandersetzung bot unsere eigene Evaluationspraxis in der wissenschaftlichen Begleitung von Modellprojekten zur Radikalisierungsprävention im Bundesprogramm „Demokratie leben!" in den Jahren 2015 bis 2019. Dabei zeigte sich für uns ein grundsätzlicher Gegensatz: Einerseits waren unsere Arbeitsweisen wissenschaftlich ausgerichtet und zentral an den Gütekriterien qualitativer Sozialforschung (Strübing u. a. 2018) orientiert. Als Haltung verinnerlichten wir insbesondere, dass die Reflexion des eigenen Tuns Ausgangspunkt für kontinuierliche methodische und theoretische Justierungen und für die empirische Durchdringung des Gegenstands darstellt. Vor diesem Hintergrund wurden dann ausgiebig Fragen einer angemessenen Datenerhebung und -auswertung diskutiert und reflektiert. Nachdem auf dieser Basis Erkenntnisse zum Gegenstand gewonnen waren, stellte sich deren Einordnung und Bewertung als Aufgabe. Zwar bestimmten wir in unserer wissenschaftlichen Begleitung ausgehend von einer Programmzielorientierung zu Beginn näher, welche Ziele der Programmgeber für den Evaluationsgegenstand formulierte und leiteten hieraus (Bewertungs-)Maßstäbe ab. In der konkreten Bewertungspraxis zeigten sich dann jedoch verschiedene Herausforderungen, die wir zum Anlass nahmen, uns stärker mit konkreten Fragen von Bewertungen in Evaluationen zu beschäftigen und auch das eigene Agieren mit Bewertungen intensiver zu reflektieren. Insofern erweiterte sich unsere zunächst rein methodisch begründete Reflexionsroutine im Laufe der Zeit immer mehr und erstreckte sich im Ergebnis schließlich auch auf Bewertungsfragen. Der vorliegende Beitrag bildet diese Prozesse ab und ist zugleich deren Ergebnis. Im ersten Teil wird in einer theoriebezogenen Perspektive der Frage nachgegangen, welche Rolle Bewertungen in Evaluationen spielen (können) und welchen Charakter Bewertungsprozesse haben (sollen). Anschließend stellen wir beispielhaft unsere eigene Bewertungspraxis anhand der Herausforderungen wie Komplexität, (theoretische) Mehrdeutigkeit und Kontextgebundenheit von Bewertungskriterien bzw. Bewertungen dar und geben direkte Einblicke in unsere fachlichen Abwägungen. Damit ermöglicht der Beitrag Anschlüsse auf drei Ebenen: Erstens verweisen die Herausforderungen im Bewertungsprozess auch auf allgemeine Aspekte von Wissenschaft und insbesondere auf das viel diskutierte Spannungsverhältnis zwischen Subjektivität und Objektivität. Zweitens bietet er Antworten auf die Frage, wie das generelle Spannungsverhältnis zwischen notwendigem Vertrauensaufbau zu den Umsetzenden – also Nähe – und nötiger Distanz zu unterschiedlichen Beteiligten im Bewertungshandeln gestaltet werden kann. Drittens wird nachvollziehbar gemacht, welche Fragen für die Reflexion der normativen Evaluationsanteile aufgerufen werden können und wie wichtig dabei eine Auseinandersetzung mit dem eigenen Rollenverständnis im Erwartungsdreieck von Evaluierenden, Evaluierten und Evaluationsnutzenden ist.

4.1 Fachdiskussionen zu Evaluation und Bewertung

Da sich „Evaluation“ vom lateinischen Wort „valor“ für „Wert“ ableitet, verwundert es nicht, dass Bewertungen eine immense Bedeutung für Evaluationen und Evaluationsdebatten haben. Die deutschsprachige Gesellschaft für Evaluation (DeGEval) definiert Evaluation als:

> „die systematische Untersuchung des Nutzens und/oder Güte eines Gegenstands. [Sie] impliziert eine Bewertung anhand offengelegter Kriterien für einen bestimmten Zweck“ (DeGEval 2017, S. 66).[1]

Der erste Satz definiert den Grundauftrag von Evaluation dahingehend, einen Gegenstand zielgerichtet zu bewerten und nicht nur zu beschreiben. Der zweite Satz fixiert zudem die Anforderung, dass dieser Gegenstand nachvollziehbar – und nicht irgendwie – bewertet werden solle. Die genannte Definition ist ein Minimalkonsens zwischen unterschiedlichen (theoretisch fundierten) Evaluationsverständnissen und kann je nach fachlicher Perspektive auch kritisch

1 Dies ist die Definition in der ersten Revision der Evaluationsstandards. Gegenüber der ersten Fassung aus dem Jahr 2002 gab es kleinere semantische Verschiebungen. Ursprünglich wurde von dem Nutzen und dem Wert eines Gegenstandes gesprochen und vor allem die Nachvollziehbarkeit auf Basis empirisch gewonnener Daten betont (DeGEval 2008, S. 15).

eingeordnet werden.[2] Zentral jedoch ist, dass der Definitionsversuch Evaluation darauf verweist, die empirischen Ergebnisse in geregelten Prozessen zu bewerten und die Basis, insbesondere die Kriterien der Bewertung, transparent zu machen.

Die deutschsprachige Evaluationsforschung, und dort vor allem die DeGEval, hat zudem Gütekriterien für Evaluationen erarbeitet und übergreifend als Anforderungen ihre Nützlichkeit, Durchführbarkeit, Fairness und Genauigkeit beschrieben (DeGEval 2017). Evaluative Bewertungen sollen sich zudem aus empirischen Daten ableiten, die mit sozialwissenschaftlichen Methoden erhoben wurden (ebd., S. 46) und im Unterschied zu Alltagsbewertungen begründet und abwägend sein.

> „Keinesfalls dürfen sich Bewertungen eher auf subjektive Einschätzungen der Evaluierenden als auf die ermittelten Daten stützen. Wo erforderlich, soll die Berichterstattung eine Diskussion alternativer Interpretationen beinhalten" (ebd., S. 48).

Bewertungen sollen auch insofern fair sein, als sie ausgewogen die Schwächen und Stärken ihres Evaluationsgegenstands berücksichtigen (Fairnessprinzip 3) und die Bewertungsdimensionen transparent nachvollziehbar machen (Genauigkeitsprinzip 8; ebd., S. 36 sowie S. 41). Auch wenn man in Rechnung stellt, dass allgemeine Standards wie diese aufgrund der Heterogenität des Evaluationsfelds immer auch Interpretationsspielraum lassen müssen (Hense u. a. 2019, S. 324), so wird doch deutlich, dass die Praxis von Evaluationen höchst anspruchsvoll ist. Sie geht über das allgemeine wissenschaftliche Handwerkszeug hinaus und erfordert zusätzliche normativ geleitete Interpretations- und (intersubjektive) Klärungsprozesse.

Angesichts dessen ist es erstaunlich, dass sich in der deutschsprachigen Fachdebatte lediglich eine Handvoll Beiträge schwerpunktmäßig und systematisch mit Fragen des Bewertens auseinandersetzt (vgl. Hense u. a. 2013; Widmer/Beywl/Fabian 2009). Zentral verhandelt wird dabei erstens, was Bewertung meint, zweitens, woraus sich Bewertungskriterien ableiten lassen und drittens, wer die Bewertungsverantwortung innehat. Auf der Tagung der DeGEval im

---

2 Kritisiert werden könnte daran, dass eine kritische, methodische und gegebenenfalls auch pädagogische Auseinandersetzung mit Wirkungsfragen fehlt (Widmer 2012; Stockmann 2006; Lüders/Haubrich 2006, S. 10) Zusätzlich wird hier die Handlungspraxis als systematisches Untersuchen charakterisiert, ohne im engeren Sinne ein (sozial-)wissenschaftliches Vorgehen als gemeinsamen Kern von Evaluationen festzuschreiben (Lüders 2006; Kromrey 2007).

Frühjahr 2015 in Gießen führte Wolfgang Beywl aus, dass Bewertungen ein abschließendes Werturteil über den Gegenstand seien.[3]

Über die Frage hinaus, wie Bewertungen idealerweise erfolgen sollen, ist im Evaluationsprozess zu klären, woraus Bewertungskriterien abgeleitet werden können. Die Arbeit von Karin Haubrich widmet sich dieser Frage intensiv und unterscheidet dabei fünf Varianten:

- erstens können Bewertungskriterien von sozialwissenschaftlichen Theorien und normativen Setzungen abgeleitet werden,
- zweitens kann Evaluation explizite Bewertungen und implizite Werthaltungen der Beteiligten rekonstruieren,
- drittens können Bewertungskriterien empirisch erhoben und anschließend an die Daten zu Umsetzungsprozessen und Ergebnissen herangetragen werden,
- viertens können verborgene Bewertungen in der Programmkonzeption herausgearbeitet werden und
- fünftens können Bewertungen gemeinsam mit Beteiligten und Betroffenen erarbeitet werden (Haubrich 2009a, S. 24 f.).

Es ist anzunehmen, dass die jeweiligen Bezugsquellen der Kriterien mit unterschiedlicher Legitimationskraft ausgestattet sind und sie je nach eigenem Wissenschaftsverständnis und Verwertbarkeitsanliegen von Evaluation hierarchisierbar sind.

In der Evaluationstheorie wird darüber hinaus danach unterschieden, wer den Akt der Bewertung realisiert. Nach Lars Balzer und Wolfgang Beywl (2018) werden entweder die Evaluierenden selbst zu den Urteilenden und bewerten zusammenfassend auf der Basis von (meist mehreren, gewichteten) Kriterien die beobachteten Prozesse und Ergebnisse – in der internationalen Debatte angelehnt an Michael Scriven (2007). Oder die Bewertungsverantwortung wird wesentlich den Beteiligten und Betroffenen übertragen und die Evaluation bildet lediglich deren Bewertungen ab (Balzer/Beywl 2018, S. 88) – angelehnt an Perspektiven von Robert E. Stake (2003). Aus unserer Sicht lässt sich der Bewertungsauftrag kaum an Adressierte der Maßnahmen delegieren. Beispielsweise sind bei programmzielgesteuerten Evaluationen die Einschätzungen von

3 Gleichzeitig betont Beywl, dass es sich hierbei immer um subjektive Interpretationen der ausgewerteten Ergebnisse handele. Diese Charakterisierung als subjektiv resultiert aber offensichtlich daraus, dass er einer vergleichsweise quantitativen Forschungslogik verhaftet bleibt, die zwischen objektiver(-er) Auswertung und subjektiv geleiteter Interpretation der Ergebnisse unterscheidet (Beywl 2015). Unabhängig davon wird hier auch deutlich, dass die Ergebnisse in einem eigenständigen Schritt entlang relevanter Bewertungsmaßstäbe interpretiert und einordnet werden.

Qualität und Wirkung sehr voraussetzungsvoll: Zum einen müssten die Programm- und Projektziele gegenüber den Adressierten absolut transparent gemacht werden, um als Bewertungsgrundlage zu dienen.[4] Zum anderen müsste davon ausgegangen werden, dass die befragten Adressierten ein geteiltes Verständnis von guter Praxis und relevanten Qualitätskriterien haben (Kromrey 2007, S. 132). Insofern schließen wir uns in dieser Positionierung Christian Lüders an, der der delegierend-partizipativen Evaluation lediglich eine ergänzende Funktion einräumt und eine systematische Auseinandersetzung mit eigenem Bewertungshandeln für Evaluationen für unumgänglich hält (Lüders 2006, S. 59). Evaluation verändere in der Gegenstandsbestimmung allein aufgrund ihrer spezifischen Fragestellungen – etwa zum Nutzen und zur Güte von bestimmten Maßnahmen – bereits ihren Gegenstand. Sie generiere immer bewertungsrelevante Schlüsselstellen, die sie, je nach Evaluationsverständnis, (selbst) einordne und bewerte (ebd., S. 54 f.).

Rahmen lassen sich die bisherigen Ausführungen zu Bewertungen mit erkenntnistheoretischen Positionierungen rund um das Spannungsverhältnis von Subjektivität und Objektivität. Allein der Zugriff auf den Gegenstand und methodische Grundfragen offenbaren immer auch subjektive Entscheidungen.[5] So schlagen etwa Balzer und Beywl in ihrem Handbuch von 2018 für das konkrete Vorgehen im Bewertungshandeln ein systematisches Verfahren vor, dass stark auf nachvollziehbare (und letztlich mathematische) Bewertungen abzielt. Dem Vorgehen liegt dabei die Annahme zugrunde, dass (auch konfligierende) Bewertungskriterien vor der Erhebung und spätestens vor der Auswertung final geklärt werden und durch eine Gewichtung und Quantifizierung schließlich eindeutig Wertigkeiten errechnet werden können. Dieser Vorschlag besticht durch seine scheinbare Neutralität und klare mathematische Logik, die die Zweifel über rein subjektive Bewertungsprozesse all zu leicht vom Tisch wischt.[6]

Aus unserer qualitativen (konstruktivistisch geprägten) Sicht bleiben allerdings zentrale Fragen an die Bewertungsprozesse offen, etwa wie denn die Kriterien und Operationalisierungen überhaupt entstehen und welche Gültigkeit

---

4 Dies ist problematisch, weil in der pädagogischen Umsetzung oft die Transparenz hinter die Niedrigschwelligkeit des Zugangs angestellt wird.

5 Vor dem Hintergrund des klassischen Postulats der Wertfreiheit von Forschung stellen sich in der Evaluation methodologische Grundfragen in einem besonderen Maße, aber dies wird überraschenderweise in der Evaluationsforschung selten expliziert (Kromrey 2007, S. 126). So findet sich beispielsweise im Beywl-Text lediglich eine Fußnote, dass es Kontroversen zwischen Evaluationsmodellen mit stark quantitativer Ausrichtung und eher wertaffirmativen qualitativ ausgerichteten Modellen gibt (Beywl 2006, S. 116).

6 Anschlussfähig ist diese Position an den Diskurs um Gütekriterien und insbesondere um Objektivität in der quantitativen Sozialforschung.

sie beanspruchen können. Dabei sind wir geleitet von dem Bewusstsein, dass eine Grundherausforderung für Evaluierende gerade in der unterschiedlichen Operationalisierbarkeit der Bewertungsdimensionen liegt. Ein gelungener Ausstieg aus der rechten Szene beispielsweise kann als Verzicht auf Gewalt und soziale Distanzierung von demokratiefeindlichen, gewaltorientierten Gruppierungen operationalisiert werden – z. B. durch Legalbewährung bzw. einen konsequenten Abbruch von Szenekontakten, den Verzicht auf Teilnahme an politischen Versammlungen und das Ablegen szenetypischer Kleidung (Eller/Völkel 2020). Alternativ kann dieser Ausstieg aber auch auf der Einstellungsebene verortet sein, auf der die Distanzierung von demokratiefeindlichen und gewaltorientierten Ideologien weitaus schwieriger empirisch zu erfassen ist und zumeist unter Rückgriff auf weichere Formen der Einstellungen zu Gruppenbezogener Menschenfeindlichkeit geschieht (Greuel/König/Langner 2020).

Zudem sollten aus unserer Sicht unterschiedliche Wertigkeiten ausgehandelt werden. Mit dialogischen Anstrengungen und Reflexionen können intersubjektive Klärungen über den Gegenstand und seine Entwicklungsmöglichkeiten herbeigeführt werden, die den Anforderungen der DeGEval Rechnung tragen, sodass die Urteile am Ende nicht subjektiv und beliebig erscheinen. Normative Klärungen wie diese sind zudem in der Außendarstellung nutzbar, indem die Wertorientierungen und erarbeiteten Werthierarchien transparent und plausibel gemacht werden (vgl. Mruck/Breuer 2003, S. 10 ff.).

Letztlich bleibt festzuhalten, dass im Evaluationsdiskurs Fragen des Doing des Bewertens eher randständig diskutiert werden und es, wenn überhaupt, um die eher „technischen" Aspekte geht. Erstaunlicherweise spielen z. B. ethische Motive, wie sie von der noch jungen Soziologie des Bewertens reflektiert werden, in Evaluationskreisen kaum eine Rolle. Die Soziologie des Bewertens weist etwa darauf hin, dass Bewertungshandeln immer auch an Machtfragen gekoppelt ist. Bewertende im Allgemeinen und Evaluierende im Speziellen produzieren durch die präskriptive Benennung besserer und auch schlechterer Praxis immer auch soziale Ein- und Ausschlüsse entlang ihrer wahrgenommenen Qualitäten (Nicolae u. a. 2019, S. 5). Auch sei der Akt des Bewertens grundsätzlich nicht als konfliktfrei zu betrachten (ebd., S. 11) und Argumentationen, diese Prozesse verliefen entlang sozialwissenschaftlicher Theorien und Methoden und seien ohne Schwierigkeiten und objektiv herstellbar, greifen zu kurz. Vielmehr sei davon auszugehen, dass sich im evaluativen Handlungsalltag sowohl Bewertungsroutinen als auch krisenhafte Bewertungskonflikte zwischen Evaluierenden, aber auch Beteiligten offenbaren (ebd., S. 13). So erlebten wir beispielsweise in der Anfangsphase unserer Evaluation, im ersten Kontakt mit einem Projekt, dass dessen Mitarbeitende sich mit uns über unsere Wertmaßstäbe auseinandersetzen wollten, gewissenmaßen als Voraussetzung für eine vertrauensvolle Zusammenarbeit. Erst das Gespräch über unsere Wertorientierungen und die Zusicherung, dass wir Einzelprojekte kontextsensibel bewerten, bildeten die Basis für den Zugang zu diesem Träger. Leider ist es aber in der Evaluationspraxis sehr selten, dass ungeachtet der Machtkonstellation diese Anforderung so offen an uns herangetragen wird. Folglich fokussierten wir uns in der Anfangsphase oft darauf, vor allem unser methodisches Vorgehen und erste Analyseergebnisse transparent zu machen, ohne zu einem frühen Zeitpunkt als Vertrauensbasis unsere Werthierarchien explizit und diskutierbar gemacht zu haben.

Ausgehend von dieser Erfahrung und Erkenntnis wollen wir im Folgenden darstellen, mit welchen (typischen) Herausforderungen wir im Akt des Bewertens in unserer eigenen Evaluationstätigkeit konfrontiert waren. Leitend sind die Fragen, bei welchen Themen Bewertungsdifferenzen im Evaluationsalltag sichtbar wurden, wie deren Aushandlung erfolgte und welchen Einfluss die Beziehungen zu den Beteiligten darauf hatten. Gerade unsere Aushandlungsprozesse im Evaluationsteam verdeutlichten die notwendige Konsensfindung und unseren Versuch, über die Subjektivität der einzelnen Projekteinschätzungen hinauszuführen. Der Artikel folgt dabei nicht der Annahme, dass wir (nur) unsere Bewertungspraxen für besonders reflexions- und verbesserungswürdig halten. Vielmehr halten wir Evaluierungen und die getroffenen Bewertungen generell für deutlich reflexionswürdiger. In diesem Sinne wollen wir beispielhaft gerade die Herausforderungen, Spannungsfelder und konflikthaften Anteile in den Mittelpunkt stellen und hoffen damit, in der Zukunft häufiger reflexive Formen von Evaluationen anzuregen.

4.2 Herausforderungen und Umgangsweisen mit Bewertungen in unserer Evaluationspraxis

Mit Blick auf die Bewertungen, die im Rahmen einer Evaluation erfolgen müssen, stellt sich zunächst grundlegend die Frage, wie Evaluation überhaupt zu Bewertungen kommt. Diese Frage bezieht sich zunächst auf die Ebene der Bewertungsdimensionen: Entlang welcher Ebenen und Abstufungen will die Evaluation bewerten und auf welche Wirklichkeitsausschnitte fokussiert sie dabei?

Komplexe Gegenstände – komplexe Bewertungen

Um zu Bewertungsdimensionen zu kommen, orientierten wir uns im ersten Schritt ganz im Sinne einer programmzielorientierten Evaluation an der Fördergrundlage bzw. dem Förderzweck unseres Evaluationsgegenstands und kamen darüber zunächst zu Bewertungsdimensionen.

Evaluationsgegenstand unserer wissenschaftlichen Begleitung[7] war ein Programmbereich innerhalb des Bundesprogramms „Demokratie leben!“, nämlich der der „Modellprojekte zur Radikalisierungsprävention“. In diesem Programmbereich wurden 73 Modellprojekte (MP) gefördert (Stand 30.10.2019). Sie arbeiteten in den Themenfeldern „Rechtsextreme Orientierungen und Handlungen“ (20 MP), „Islamistische Orientierungen und Handlungen“ (45 MP) und „Linke Militanz“ (8 MP).[8] Träger dieser Modellprojekte waren fast ausschließlich zivilgesellschaftliche Akteure. Explizite Aufgabe der hier geförderten Modellprojekte war es laut Förderleitlinie (BMFSFJ 2014), im Bereich der Radikalisierungsprävention innovative Ansätze und Methoden in der pädagogischen Auseinandersetzung mit Kindern, Jugendlichen, jungen Erwachsenen und Fachkräften zu entwickeln, zu erproben und im weiteren Verlauf die gewonnenen Erfahrungen (und Ansätze) für die Regelstrukturen der Kinder- und Jugendhilfe übertragbar zu machen (auch Figlestahler u. a. 2020; Dietzel/ Troschke 1988). Damit sind grundsätzliche Anforderungen an Modellprojekte benannt: Die Projekte sollen zum einen Weiterentwicklungsbedarfe der bestehenden Fachpraxis berücksichtigen, daran anknüpfend erproben und ihre innovativen Erfahrungen und/oder entwickelten Ansätze anderen Akteuren, insbesondere der Kinder- und Jugendhilfe, zur Verfügung stellen. Letztlich stellt der grundsätzliche Innovationsauftrag das Leitziel der Förderung durch den Programmgeber dar. Entsprechend musste eine Einschätzung des Innovationsgehalts zentraler Bestandteil von Bewertungen sein.

Aber Innovation blieb nicht das einzige Kriterium zur Bewertung von Modellprojekten. Weitere Kriterien leiteten sich aus fachlichen Diskursen und im Arbeitsfeld etablierten Fachstandards ab. Weil die geförderten Projekte einerseits pädagogisch ausgerichtet waren, in diesem Sinne mit pädagogischen Mitteln erwünschte Veränderungen bei den Teilnehmenden erzeugen wollten, und

7 Die wissenschaftliche Begleitung ist für uns eine Form der Evaluation. Sie betont den kooperativen Interaktionsprozess mit den Projekten und bestimmt die eigene Rolle vordergründig von der fachlichen Begleitung der Projekte. Unsere wissenschaftliche Begleitung ist dabei auch an den DeGEval-Standards orientiert und setzt sich, wie in diesem Artikel, mit theoretischen Fragen der Wissenschaftlichkeit, Bewertung und Nutzung der eigenen Ergebnisse auseinander. Dieses Selbstverständnis – indem wissenschaftliche Begleitung und Evaluation nicht trennscharf abgrenzt sind – deckt sich daher nicht mit der Vorstellung von Karin Haubrich (2009b). Haubrich trennt auf einer professionspolitischen Ebene zwischen wissenschaftlichen Begleitungen als anwendungsorientierter Sozialforschung und Evaluation, die an evaluativen Fachdebatten wie den Evaluationsstandards und -theorien orientiert ist (ebd., S. 444).

8 Dabei realisierten wir eine projektübergreifende Cluster-Evaluation (Haubrich 2009b, S. 117 ff.) und keine Einzelprojekt-Evaluation. Die wissenschaftliche Begleitung konzentrierte sich dabei auf vergleichende Analysen und folglich auch in der Bewertung auf mögliche Vergleichsdimensionen zwischen den Projekten.

die Projekte andererseits in spezifischen Arbeitsfeldern der Prävention tätig waren, erachteten wir hier zum Beispiel Bewertungen der konzeptionellen Stimmigkeit zum Programm, zur Themenfeldsensibilität, zur pädagogischen Qualität und zur Wirksamkeit bei den Teilnehmenden für zusätzlich relevant. Eine weitere wichtige Referenzfolie für die Bewertung der geförderten Modellprojektpraxis war die kritische Auseinandersetzung mit Prävention, die auf die Nebeneffekte von präventiver Rahmung für pädagogische Angebote verweist (Milbradt/Schau/Greuel 2019). So enthält etwa die präventiv geleitete (pädagogische) Arbeit mit Zielgruppen immer auch die Unterstellung, dass diese gefährdet sind, ein Problem auszuprägen. Insofern liegen hier z. B. Stigmatisierungsgefahren, mit denen sich die Projekte idealerweise auseinandersetzen und entsprechend sensibel handeln sollten. Dies bildete schließlich eine Reflexionsanforderung, die wir zusätzlich zu den fachlichen Orientierungen im Rahmen der Betrachtung des professionellen Handelns stellten.

Die Herleitung der Bewertungsdimensionen verdeutlicht, wie viele Ebenen zentral berücksichtigt werden mussten. Bewertungen sind idealerweise komplex, um verschiedenen Dimensionen des Gegenstands gerecht zu werden. Herausfordernd waren über den Komplexitätsgrad hinaus vor allem die Spannungen, die zwischen einzelnen Bewertungsdimensionen sichtbar wurden. Zwangsläufig erzeugte dies Bewertungsschwierigkeiten, die nur durch Differenzierungen aufzulösen waren. So gab es Einzelprojekte, die in ihrer pädagogischen Qualität überaus überzeugend waren, deren Innovationsgehalt aber nicht den Anforderungen entsprach. Umgekehrt waren bei äußerst innovativen Projekten mit außergewöhnlichen neuen Formaten etablierte (sozial-)pädagogische Standards nicht ohne Weiteres zu halten. Auch konnte eine starke Erprobungsorientierung zur Folge haben, dass nach einer ersten Bearbeitung der Problemlagen nicht langfristig mit der erreichten Zielgruppe weitergearbeitet werden konnte, sondern im Sinne des Erprobungsauftrags kontinuierlich neue relevante Zielgruppen erschlossen wurden. Vor diesem Hintergrund war eine gleichförmige und universell gültige Bewertung eines einzelnen Projekts („ein gutes Projekt“) nicht adäquat, sondern musste hinreichend differenziert erfolgen („ein gutes Projekt im Hinblick auf xy“).

Über Einzelprojekte hinaus traf dies auch den Programmbereich als Ganzes. Um der Mehrdimensionalität der Bewertung von Modellprojekten Rechnung zu tragen, reflektierten und explizierten wir schließlich die unterschiedlichen Bewertungsfolien und auch daraus entstehende Bewertungskonflikte (z. B. im Rahmen unseres Abschlussberichts Figlestahler u. a. 2020, S. 124 ff.). Gerade weil die an die geförderten Modellprojekte gestellten Zielsetzungen und Ansprüche vielfältig waren, wurde deutlich, dass auch in der Projektumsetzung unterschiedliche Gewichtungen zugunsten einer der beiden Ebenen, also pädagogische Qualität einerseits und Innovationsgehalt andererseits, realisiert wurden. In der Regel konnten nicht alle Anforderungen gleichzeitig erfüllt werden.

Hier zeigte sich ganz unverkennbar, dass der Evaluationsgegenstand mehrdimensionale Bewertungen erforderte und es insofern mit dem Anspruch der Gegenstandsangemessenheit nicht vereinbar war, ein für alle Zeit abschließendes Werturteil zu formulieren.

Zwei Evaluatoren – drei Wertungen?

Über diese Erkenntnis hinaus zeigte sich in unserer Evaluationspraxis auf verschiedene Weise, dass Bewertungen nicht objektiv gegeben sind und auch keine Allgemeingültigkeit beanspruchen können. Sichtbar wurde das besonders eindrücklich in unserer Zusammenarbeit mit einem weiteren evaluierenden Akteur, der angesichts des gleichen Evaluationsgegenstands und identischer empirischer Daten zu anderen Bewertungen kam als wir.

Als wissenschaftliche Begleitung des Programmbereichs „Radikalisierungsprävention" bildete, wie bereits berichtet, Innovation für uns eine zentrale Bewertungsdimension. Dabei gingen wir in unseren Operationalisierungen von einem Innovationsbegriff aus, der Neuentwicklungen, Erprobungen und den Charakter von Modellprojekten als „Feldexperimente" betonte, auf die Bereitstellung von übertragungsfähigem Wissen zielte (Dietzel/Troschke 1988) und erhoben die entsprechenden Daten. Auf Grundlage der so definierten Bewertungskriterien für Innovation kamen wir bilanzierend zur Einschätzung, dass im Programmbereich tatsächlich Innovationen erprobt wurden und bewerteten dies als Erfolg.

Dass diese Einschätzung nicht zwangsläufig geteilt werden muss, zeigte sich im Kontakt mit der Gesamtevaluation, die das Bundesprogramm „Demokratie leben!" als Ganzes bewertet[9] (vgl. Kap. 1 in diesem Band). Die Gesamtevaluation lehnte sich in ihren Operationalisierungen an den Innovationsbegriff von Werner Rammert (2010) an und begriff Innovationen als erfolgreiche Verbreitung von neu Entstandenem. Gegenüber dem von uns verwendeten Innovationskonzept erwies sich dieses als voraussetzungsreicher, weil neben der Erzeugung und Aufbereitung des Neuen zusätzlich noch der Transfer als Anforderung galt. Ergebnis dessen war, dass die Gesamtevaluation über den Programmbereich der Modellprojekte zu einer deutlich schlechteren Bewertung kam, weil der Transfer der Lernerfahrungen in die breitere Fachpraxis der Kinder- und Jugendhilfe vielfach nicht aktiv von den Modellprojekten geleistet wurde.

Unterschiedliche Ergebnisse bei gleichem Gegenstand, gleichen Bewertungsebenen und identischen empirischen Daten verweisen deutlich auf den

---

9 Die Programmevaluation ging über die Evaluation der einzelnen Programmbereiche hinaus und untersuchte u. a. Fragen nach den Synergien zwischen den verschiedenen Programmbereichen, so etwa der Modellprojekte und der Landes-Demokratiezentren.

bereits oben referierten Konstruktionscharakter von Bewertungen. Hält man sich vor Augen, wie machtvoll diese Bewertungen gleichzeitig sind und wie reich an Konsequenzen sie sein können – am extremsten, wenn etwa die Weiterförderung von Projekten und/oder Programmen von der (positiven) Bewertung durch die Evaluation abhängt – dann muss es Aufgabe von (bewertenden) Evaluationen sein, den Eindruck zu zerstreuen, dass Bewertungen in einem quasi naturwissenschaftlichen Sinne „objektiv" gegeben seien. Es ist also nötig, nicht nur die bewertenden Urteile zu kommunizieren, sondern auch die Kriterien der Bewertung transparent und systematisch darzustellen, geradewegs so, wie es von der DeGEval mit ihren Standards und vielen Evaluationsforschenden wie Karin Haubrich, Lars Balzer und Wolfgang Beywl gefordert wird. Nur so ist nachvollziehbar, warum auch unterschiedliche Bewertungen grundsätzlich legitim sein können und dies nicht zwangsläufig die Fehlleistung mindestens eines Evaluationsakteurs anzeigt.

Um wieder zu unserem Beispiel zurückzukehren: In mehreren Workshops mit der Gesamtevaluation explizierten wir unsere verschiedenen Innovationsverständnisse und warben als wissenschaftliche Begleitung für eine Bewertung entlang von Förderleitlinie und rechtlichen Grundlagen der Modellprojekte. Da in den Fördergrundlagen immer „nur" die *Übertragbarkeit* der Lernerfahrungen und Module der Modellprojekte als Ziel genannt wurde (BMFSFJ 2014), forderten wir als Minimalkonsens, dass die (theoretische) Mehrdeutigkeit der Innovationseinschätzung in Publikationen der Gesamtevaluation transparent gemacht werden sollte. In unseren Evaluationsberichten explizierten wir daher unsere Konzepte von Innovation und machten die Grundlage entsprechender Bewertungen transparent.

Kontextgebundene Relativierungen

Mit dem Anspruch einer gegenstandsangemessenen Bewertung verbunden ist unmittelbar die Frage, was den Gegenstand ausmacht und ob es sich überhaupt um nur einen Gegenstand handelt. Unsere empirischen Daten zeigten deutlich, dass die verschiedenen Handlungsfelder und die geförderten zivilgesellschaftlichen Träger zum Teil äußerst unterschiedliche Trägereigenschaften aufwiesen. Zwar wurden überall die gleichen Bewertungsdimensionen und -kriterien angelegt, in einem abschließenden Schritt wurden diese aber ins Verhältnis zu den unterschiedlichen strukturellen Rahmenbedingungen gesetzt und gegebenenfalls begründet relativiert. Eingang fanden so die Möglichkeiten, die für die einzelnen Projekte bestanden, bestimmte unserer Anforderungen überhaupt zu erreichen.

Um beim Beispiel des Innovationsgehalts von Modellprojekten zu bleiben: Je nach bearbeitetem Themenfeld der Modellprojekte bestanden unterschiedlich große „Innovationsgelegenheiten". Im Themenfeld „Rechtsextremismus"

z. B. wurden seit vielen Jahren Modellprojekte gefördert. Es hat sich seit den 1990er-Jahren eine spezialisierte Landschaft von zivilgesellschaftlichen Trägern etabliert, die innovative Arbeit leisten und entsprechend existiert bereits eine Vielzahl von Ansätzen. Folglich waren substanzielle Innovationen nur noch schwer möglich. Innovativ waren hier nur vergleichsweise kleine Segmente, etwa in Form der hochgradig spezialisierten Arbeit mit bislang unerreichten Zielgruppen, z. B. Angehörigen neuer jugendkultureller Szenen (z. B. der „Identitären"), herstellbar. Das Themenfeld „Islamistische Orientierungen und Handlungen" mit seiner ungleich kürzeren Förderungshistorie ab dem Jahr 2010 hatte demgegenüber explorativeren Charakter. So war es für die dort geförderten Projektträger bereits innovativ, wenn sie als Zielgruppe tatsächlich gefährdete Jugendliche erreichen konnten und in Stadtteilen agierten, in denen islamistische Akteure stark zu mobilisieren versuchten. Entsprechend wäre es aus unserer Sicht verzerrend gewesen, wenn in diesen unterschiedlichen Themenfeldern identische Bewertungskriterien angelegt worden wären.[10]

Ähnlich stellte sich uns die Frage, inwiefern Aspekte professionellen Handelns bei strukturell unterschiedlich ausgestatteten Trägern in gleichem Maß angewandt werden können. Gerade mit Blick auf die Arbeit der neu geförderten islamischen Organisationen schien es uns schwierig, gleiche Anforderungen an (sozial-)pädagogische Haltungen und Reflexionen anzulegen wie an etablierte Träger der Kinder- und Jugendhilfe.[11] Die islamischen Organisationen hatten, im Gegensatz zu den meisten etablierten Trägern der zivilgesellschaftlichen Radikalisierungsprävention, vor der Programmförderung in „Demokratie leben!" in der Regel kaum hauptamtliche Strukturen aufgebaut und Verfahren der professionellen Projektumsetzung etabliert. Im Ergebnis waren die Ausgangsbedingungen zum Teil höchst unterschiedlich und nicht zuletzt Ergebnis struktureller Ungleichheit der Trägerlandschaft. Dass diese Benachteiligungen in der wissenschaftlichen Begleitung nicht direkt reproduziert werden sollten, war für uns ethisch unstrittig. Latent uneinig waren wir uns im Team[12] hinge-

10 Ähnlich verhält es sich z. B. mit Einschätzungen zum Vernetzungsgrad von Projekten. Wenn Projekte in lang etablierten Arbeitsfeldern aktiv und in Großstädten angesiedelt sind, dann sind das andere Bedingungen als in neuen Themenfeldern und Projekten aus dem ländlichen Raum.

11 Als Herleitung unseres Professionalitätsverständnisses orientierten wir uns an fachlichen Diskursen sowie an rechtlichen Grundlagen (SGB VIII). Als (sozial-)pädagogische Grundhaltung betrachteten wir die Adressatenorientierung, die Partizipation der Teilnehmenden und die Standardisierung der Angebote. Mit Blick auf die Reflexivität der Umsetzenden analysierten wir zusätzlich die Kontextabhängigkeit ihrer (sozial-)pädagogischen Praxis und die Auseinandersetzung mit spezifischen pädagogischen Spannungsfeldern in der Radikalisierungsprävention (Becker-Lenz/Müller 2009).

12 Unser Team umfasste acht wissenschaftliche Mitarbeitende mit unterschiedlichen disziplinären Hintergründen.

gen über die konkrete Kontextualisierungsstrategie, die wir verfolgen wollten: Eine Möglichkeit wäre gewesen, den Schwellenwert für eine gute Bewertung bei dieser Trägergruppe anzupassen und angesichts des niedrigeren Fachlichkeitsniveaus abzusenken. Nachteil dieses Vorgehens wäre gewesen, dass die Bewertung anfällig gegen Vorwürfe der Ungleichbehandlung und der (Re-)Produktion kultureller Differenzen gewesen wäre. Daher entschieden wir uns schließlich dafür, die geförderten Projekte prinzipiell gleich zu behandeln, also gleiche Schwellenwerte für eine positive Bewertung anzulegen. Im Ergebnis kamen wir dabei zwar zu einer eher schlechteren Bewertung der fachlichen Umsetzung der islamischen Organisationen, relativierten diese aber angesichts der strukturellen Benachteiligung dieser Organisationen. Gerade die trägerbezogenen Kontexte der Umsetzung thematisierten wir schließlich offensiv.

Diese Entscheidung war Resultat dessen, dass wir im Team im Laufe des Begleitungsprozesses die Folgen der unterschiedlichen Kontextualisierungsstrategien abgewogen und zugrundeliegende Perspektiven auf Migration und Religion ausgehandelt haben. Wir rückten die „nachholenden" Professionalisierungsprozesse dieser Trägergruppe in den Blick und plausibilisierten damit ihre teils geringere (sozial-)pädagogische Fachlichkeit im Bereich der Jugend-(sozial-)arbeit bzw. der Radikalisierungsprävention.

Die hier aufgeführten Aspekte des Bewertungshandelns verweisen darauf, dass der reflexive Umgang mit Bewertungen auch eine Relativierung der eigenen Bewertungsmaßstäbe einschließen kann. Ein objektivierbarer Maßstab, der z. B. fachliches Handeln gegenstandsunabhängig definiert, lässt sich zwar konstruieren, gerät aber dort an Grenzen, wo unterschiedliche Rahmenbedingungen herrschen und Möglichkeitsräume unterschiedlich groß sind. Ergebnis dieser Abwägungen sind differenzierte und relativierende Bewertungen, die die Komplexität der Evaluationsgegenstände, zumindest partiell, spiegeln und die Rahmenbedingungen berücksichtigen. Allgemein zielten unsere gegenstandsangemesseneren Bewertungen nicht darauf ab, Wertmaßstäbe zu objektivieren und möglichst allgemeingültig zu formulieren. Vielmehr ging es uns darum, die Wertmaßstäbe angesichts des jeweiligen Gegenstands und seiner Elemente begründet anzupassen, diese Anpassungsprozesse transparent und damit intersubjektiv nachvollziehbar zu machen.

4.3 Unser evaluatives Selbstverständnis – alleine zwischen Stakeholdern?!

Die beschriebenen Reflexions- und Aushandlungsprozesse über unterschiedliche Bewertungsdimensionen und -kriterien und die dahinterliegenden Annahmen sind nach unserer Erfahrung unmittelbar mit dem evaluativen Selbstverständnis der Evaluierenden verknüpft. Die Eigenpositionierung im vielschichtigen Interaktionsgeflecht aus Evaluierenden, Programmgebern als Evaluationsbeauftragende und Evaluierten, das grundsätzlich in allen Evaluationen angelegt ist, erwies sich für uns als überaus wichtige Ebene der Selbstverortung, da diese auch unmittelbar mit der Art und Weise des Bewertens verknüpft ist. Dies betraf vor allem das ambivalente Spannungsverhältnis von Nähe und Distanz zu den Beteiligten, das nicht zuletzt angesichts von teilweise gegensätzlichen Handlungsanforderungen (vgl. Kap. 15 in diesem Band) grundsätzliche Positionierungen erfordert, um handlungsfähig und auch in den Bewertungen glaubwürdig und authentisch zu bleiben.

Fühlt man sich als Evaluierende oder Evaluierender den Evaluierten, also den Mitarbeitenden aus den Projekten – beispielsweise aufgrund ihres gesellschaftspolitischen Auftrags oder ihrer strukturellen Marginalisierung – besonders verbunden, liegen stark kontextualisierende Bewertungen nahe, die die Schwächen der Umsetzenden und Umsetzungen eher mit strukturellen Rahmenbedingungen erklären.[13] Umgekehrt lässt eine hohe Identifikation mit dem Programmgeber eher distanzierte und dekontextualisierende Bewertungen erwarten, da gerade von dessen Seite häufig eindeutige und steuerungsrelevante Bewertungen erwartet werden.

Aufgrund der aufgeführten Frage nach der Nähe und Distanz zu unterschiedlichen Akteuren setzten wir uns anlässlich von Bewertungsfragen und angesichts zunächst unterschiedlicher Bewertungspräferenzen innerhalb des Evaluationsteams letztlich auch mit der eigenen Verortung gegenüber den evaluierten Projekten und Programmgebern auseinander. Ziel war dabei ein gemeinsam geteilter Korridor an Positionen.

Zum einen bestimmten wir unser eigenes Verhältnis zu den Projektumsetzenden in der grundsätzlich machtvollen Bewertungskonstellation. Wir sahen uns selbst als wissenschaftliche Begleitung in der Rolle von „kritischen Begleitern", die sich nicht mit den Perspektiven der Umsetzenden gemein machten, eigene fachliche Positionen bezogen, aber auch die (strukturellen) Handlungszusammenhänge der Praxis berücksichtigten. Gerade in der Phase der Vertrauensarbeit, etwa bei der Etablierung der Arbeitsbündnisse mit jenen Projekten, bei denen längsschnittlich über die Jahre hinweg intensiver Daten erhoben wurden, war es wichtig, unsere Bewertungsphilosophie zu vermitteln. Teils war diese Transparenz explizit ausschlaggebend für die vertrauensbasierte Zusammenarbeit. Erinnert sei hier an die beschriebene Vorab-Diskussion mit einem Projekt zu unseren Bewertungsmaßstäben als Zugangsvoraussetzung für unsere wissenschaftliche Begleitung. Andere von uns intensiver begleiteten Projekte

13 Diese Positionierung liegt nicht zuletzt deshalb nahe, weil die eigenen negativen Bewertungen in wiederkehrenden Begegnungssituationen mit den Projektumsetzenden im Verlauf der wissenschaftlichen Begleitung vermittelt und gegebenenfalls auch legitimiert werden müssen.

machten im Laufe der langjährigen Zusammenarbeit immer wieder deutlich, dass ihre anfängliche „Evaluationsangst“ (Hense 2020) aus der Sorge herrührte, entlang intransparenter und im schlimmsten Fall unangemessener Kriterien schlecht bewertet zu werden. Einige Umsetzende verfügten auch über derartige negative Erfahrungen aus vorherigen Programmen und Projekten, denen wir in unserem Vertrauensaufbau aktiv etwas entgegensetzen mussten. Unsere Transparenz und Dialogbereitschaft auch hinsichtlich von Bewertungen und zugrundliegenden Kriterien bot insbesondere in diesen Fällen überhaupt erst die Basis für eine konstruktive Zusammenarbeit. So war uns auch in der kommunikativen Validierung der einzelnen Beobachtungen und eigenen Bewertungen der Projekte eine Begegnung auf Augenhöhe wichtig.

Es wurden Ergebnisse (vor Berichtslegungen) zurückgespiegelt und teilweise im dialogischen Verfahren mit den Umsetzenden diskutiert.[14] Wir vertraten argumentativ eigene Positionen und versuchten zugleich, eine gewisse Offenheit für differierende Bewertungen und spezifizierende Kontextualisierungen mitzubringen. Ergebnis der Validierungen war dabei in der Regel nicht die Revision der eigenen Bewertungen, sondern eine stärkere Kontextualisierung und ausgewogene Spezifizierung der Handlungssituationen.[15] Dabei blieben teilweise die unterschiedlichen fachlichen Perspektiven auf die Qualität der Arbeit erhalten und teilweise wurden die dadurch sichtbaren Reflexions- und Modifikationsbereitschaften der Umsetzenden auch als eigenständige Qualität von (Modell-)Projekten beschrieben.

Im Verhältnis zum Programmgeber war uns zum anderen wichtig, nicht nur in unseren Bewertungen unabhängig zu bleiben, sondern insbesondere die Differenziertheit und Kontextgebundenheit von Bewertungen möglichst stark aufrechtzuerhalten. So wiesen wir beispielsweise das hierarchisierende und nur eindeutige Ergebnisse zulassende Konzept von *best practice* bzw. per se gelingenden Ansätzen grundsätzlich zurück. Wir sensibilisierten fortwährend für zentrale Gelingensbedingungen, wie die (sozial-)pädagogische Fachlichkeit oder die Akzeptanz der Arbeit beim Träger bzw. im Sozialraum. Gleichzeitig war es aber auch unser Wunsch, dem Programmgeber (handlungs-)relevantes (Bewertungs-)Wissen zu geben, was mitunter in Spannung zur Komplexität unserer Bewertungen stand. Als überaus hilfreich in den nötigen Vermittlungsprozessen erwies sich ein enger Kontakt, der sich in Form regelmäßiger Austausche und Ergebnispräsentationen etablierte. Damit wurde letztlich ein Raum

---

14 Etwas impliziter blieben dabei die konkreten Bewertungsprozesse und Bewertungsdifferenzen etwa in unserem Team.

15 Aufgrund der Situationsgebundenheit und des begrenzten Ausschnitts unserer Erhebungen erfolgten im Dialog mit einzelnen Projekten oft erkenntnisreiche Relativierungen und Konkretisierungen zur Interview- und Beobachtungssituation.

geschaffen, in dem auch differenzierte und komplexe Bewertungen Platz hatten und gut kommuniziert werden konnten. Ein weiterer Vorteil war, dass Implikationen von Bewertungen unmittelbar sichtbar und gegebenenfalls Wertungen noch stärker differenziert wurden oder empirische Hintergründe stärker expliziert werden konnten. So konnten vereinzelt Fehlschlüsse vermieden werden, die sich unter Umständen aus einer reinen Berichtslektüre ergeben hätten, und gemeinsam Empfehlungen entwickelt werden, die stärker an das Handlungsrepertoire des Programmgebers angepasst waren.

4.4 Fazit

Bewertungen gelten zwar gemeinhin als Kernbestandteil von Evaluationen und es existieren Vorstellungen davon, wie Bewertungen idealerweise erfolgen sollen. Eine evaluative Praxis, in der Bewertungsfragen offensiv thematisiert und konkrete Bewertungsprozesse inklusive Bewertungskriterien mit Schwellenwerten transparent gemacht werden, existiert indes kaum. In dem vorliegenden Beitrag widmeten wir uns dieser Leerstelle und fragten danach, welche Schwierigkeiten und Herausforderungen sich in unserer eigenen Bewertungspraxis zeigten.

Ausgehend von einer eigenen langjährigen Evaluationserfahrung arbeiteten wir heraus, dass Herausforderungen vor allem im hohen Komplexitätsgrad des zu bewertenden Evaluationsgegenstands, in (theoretischen) Mehrdeutigkeiten sowie der Frage nach kontextgebundenen Relativierungen der eigenen Bewertungen lagen. Ausgangspunkt unserer reflexiven Auseinandersetzung war dabei die grundlegende Einsicht, dass Bewertungen nicht objektiv gegeben sind, sondern im Idealfall intersubjektive Konstruktionen über Güte und Qualität darstellen. Dies macht sie überhaupt erst verhandelbar. Gleichzeitig wird hierdurch aber auch erforderlich, nicht nur die eigenen bewertenden Urteile transparent zu machen, so wie es bei den meisten Evaluationen üblich ist, sondern darüber hinauszugehen, in dem die Bewertungsmaßstäbe expliziert und begründet werden.

Wir kombinierten zwei Bewertungsformen. Einerseits klärten wir fortlaufend in theoretischer Hinsicht den Evaluationsgegenstand, nahmen die Zielsetzungen der pädagogisch-präventiven Modellprojektförderung zum Ausgangspunkt unserer Bewertungen und leiteten unsere Bewertungskriterien primär aus sozialwissenschaftlichen Theorien ab (vor allem zu Fachlichkeit und pädagogischer Wirksamkeit). Auf dieser Basis bewerteten wir die Projektpraxis. Andererseits gestalteten wir die Validierungsprozesse mit den Evaluierten wertschätzend. Wir explizierten unsere Bewertungskriterien und verhandelten unsere einzelprojektbezogenen Bewertungen unter partieller Einbindung der Beteiligten. Wir ließen unsere Einschätzungen durch die Perspektiven der Umsetzenden irritieren und ihre situationsbezogenen Spezifizierungen bereicherten die Analysen zumeist. Dabei machten wir uns in den Bewertungen nicht mit ihren (Eigen-)Bewertungen gemein, sondern entwickelten auf der Basis von theoretischen Perspektiven eine distanzierte Sensitivität für die Prämissen, Umgangsweisen und Ergebnisse der Modellprojekte.

Die hier formulierte explizierte Bewertungsphilosophie war letztlich aber nur zum Teil Ausgangspunkt unserer Evaluation. In weiten Teilen ist sie eher deren Ergebnis. Insbesondere dadurch, dass innerhalb des Evaluationsteams immer auch verschiedene Haltungen und Positionierungen präsent waren, die sich auch in verschiedenen Bewertungen ausdrückten, führten wir fortwährend Aushandlungen über unsere Bewertungskriterien. Im Ergebnis bildete sich zum einen das in diesem Artikel beschriebene Selbstverständnis heraus. Zum anderen wurde über den Prozess hinweg das Bewusstsein geweckt, wie schwierig Akte des Bewertens sind und wie wenig Übereinstimmung und Selbstläufigkeit hier vorausgesetzt werden können. Und insofern stellt auch das geschilderte Selbstverständnis eher eine Möglichkeit im Korridor des Bewertens dar, der im Zweifel Aushandlungen vorstrukturiert, niemals aber ersetzen kann.

Abschließend plädieren wir dafür, in Bewertungsfragen nicht nur die Fairness- und Transparenzstandards der DeGEval zu berücksichtigen. Auch Gütekriterien sozialwissenschaftlicher Forschung (z. B. Strübing u. a. 2018, S. 88) bieten eine gute Reflexionsgrundlage. So justierten wir etwa im Sinne der Gegenstandsangemessenheit die Bewertungen kontinuierlich nach und ließen uns gemäß einer abduktiven Forschungshaltung gern von den Projekten in der Validierungsphase irritieren. Empirische Sättigung, die nach Jörg Strübing u. a. (2018) zentral an Feldzugang und Feldhandeln gebunden ist, näherten wir uns u. a. durch eine kontinuierliche Vertrauensarbeit bei den Evaluierten, durch ausgewogene Auseinandersetzungen mit Schwächen und Stärken der Projekte und einer teaminternen Rollenklarheit zwischen Nähe und Distanz an. Theoretisch durchdringend arbeiteten wir insofern, als wir kontinuierlich Theoriearbeit über die Bewertungsdimensionen des Gegenstands leisteten und beispielsweise unsere empirischen Beobachtungen eng an einen spezifischen Innovationsbegriff und ein für uns plausibles Fachlichkeitsverständnis der Sozialen Arbeit bezogen. Der hier vorgeschlagene Rückgriff auf sozialwissenschaftliche Gütekriterien ist aus unserer Sicht gerade dann konsequent, wenn Evaluation als eine sozialwissenschaftliche Form der Forschung begriffen wird. Wir hoffen damit, eine Debatte anzustoßen und in Zukunft eine stärkere Reflexion über Bewertungshandeln unter Evaluierenden anzuregen. Gerade der Seitenblick auf die Soziologie des Bewertens macht uns Mut, hier eine offenere Auseinandersetzung, auch mit Bewertungskonflikten, hervorbringen. Explizierte Konflikte und Differenzen in Einschätzungen würden so als Markenzeichen selbstbewusster Professionalität in der Evaluation besonders ernst genommen. Und deren transparente Darstellung könnte schließlich als ein Qualitätsmerkmal begriffen werden.

Literatur

Balzer, Lars/Beywl, Wolfgang (2018): evaluiert. Erweitertes Planungsbuch für Evaluationen im Bildungsbereich. 2. Aufl. Bern

Becker-Lenz, Roland/Müller, Silke (2009): Die Notwendigkeit von wissenschaftlichem Wissen und die Bedeutung eines professionellen Habitus für die Berufspraxis der Sozialen Arbeit. In: Becker-Lenz, Roland/Busse, Stefan/Ehlert, Gudrun/Müller-Herrmann, Silke (Hrsg.): Professionalität in der Sozialen Arbeit. Standpunkte, Kontroversen, Perspektiven. Wiesbaden, S. 195–221

Beywl, Wolfgang (2006): Evaluationsmodelle und qualitative Methoden. In: Flick, Uwe (Hrsg.): Qualitative Evaluationsforschung. Konzepte, Methoden, Umsetzung. Hamburg, S. 92–116

Beywl, Wolfgang (2015): Wie kommt die Evaluation zu(m) Werten? Transdisziplinäres Kolloquium „Zwischen Objektivität und Normativität: Wie kommt die Evaluation zu(m) Werten?". Gießen

Bundesministerium für Familie, Senioren, Frauen und Jugend (BMFSFJ) (Hrsg.) (2014): Leitlinie Förderung von Modellprojekten zur Radikalisierungsprävention. Bundesprogramm „Demokratie leben! Aktiv gegen Rechtsextremismus, Gewalt und Menschenfeindlichkeit" (10.09.2014). http://www.demokratie-leben.de/fileadmin/content/PDF-DOC-XLS/Leitlinien/ba_140910_Leitlinie_E_Modellprojekte_zur_Radikalisierungspraevention_fin.pdf (14.10.2015)

DeGEval – Gesellschaft für Evaluation (Hrsg.) (2017): Standards für Evaluation. Erste Revision 2016. www.degeval.org/fileadmin/Publikationen/DeGEval-Standards_fuer_Evaluation.pdf (16.05.2018)

DeGEval – Gesellschaft für Evaluation (Hrsg.) (2008): Standards für Evaluation. https://www.degeval.org/fileadmin/user_upload/Sonstiges/STANDARDS_2008-12.pdf (03.12.2019)

Dietzel, Gottfried T. W./Troschke, Jürgen von (1988): Begleitforschung bei staatlich geförderten Modellprojekten. Strukturelle und methodische Probleme. Stuttgart [u. a.]

Eller, Hannah/Völkel, Ole (2020): Ausstiegsbegleitung als multiprofessionelles Arbeitsfeld. Loslösungsprozesse aus dem Rechtsextremismus gemeinsam nachhaltig begleiten. In: Sozial extra, 44. Jg., H. 3, S. 143–147

Figlestahler, Carmen/Greuel, Frank/Grunow, Daniel/Langner, Joachim/Schau, Katja/Schott, Marco/Zierold, Diana/Zschach, Maren (2020): Abschlussbericht 2019. Wissenschaftliche Begleitung der Modellprojekte der Radikalisierungsprävention. Programmevaluation „Demokratie leben!". Halle (Saale)

Greuel, Frank/König, Frank/Langner, Carsta (2020): Erfolgreich ausgestiegen, oder? Herausforderungen in der (wirkungsorientierten) Evaluation von Ausstiegs- und Distanzierungsarbeit. In: JUMP – Ausstiegsarbeit in Mecklenburg-Vorpommern (Hrsg.): Abgelegt · Abgereist · Ausgestiegen. Perspektiven der Ausstiegsarbeit. 10 Jahre JUMP – Ausstiegsarbeit in Mecklenburg-Vorpommern. Waren (Müritz), S. 175–186

Haubrich, Karin (2009a): Sozialpolitische Innovation ermöglichen. Die Entwicklung der rekonstruktiven Programmtheorie. Münster u. a.

Haubrich, Karin (2009b): Evaluation in der Sozialen Arbeit in Deutschland. Entwicklungslinien und Besonderheiten der Evaluationsdebatte am Beispiel der Kinder-, Jugend- und Familienhilfe. In: Widmer, Thomas/Beywl, Wolfgang/Fabian, Carlo (Hrsg.): Evaluation. Ein systematisches Handbuch. Wiesbaden, S. 441–449

Hense, Jan (2020): Evaluationsangst. Online-Wörterbuch Evaluation. In: evoluation.de – Evaluation und Qualitätssicherung im Bildungswesen. http://www.evoluation.de/glossary (03.07.2020)

Hense, Jan/Böttcher, Wolfgang/Kalmann, Michael/Meyer, Wolfgang (2019): Konvergenzen und Differenzen: Versuch einer Synopse. In: Hense, Jan/Böttcher, Wolfgang/Kalman, Michael (Hrsg.): Evaluation: Standards in unterschiedlichen Handlungsfeldern. Einheitliche Qualitätsansprüche trotz heterogener Praxis? S. 311–328

Hense, Jan/Rädiker, Stefan/Böttcher, Wolfgang/Widmer, Thomas (Hrsg.) (2013): Forschung über Evaluation. Bedingungen, Prozesse, Wirkungen. Münster

Kromrey, Helmut (2007): Begleitforschung und Evaluation – fast das Gleiche, und doch was Anderes! In: Glaser, Michaela/Schuster, Silke (Hrsg.): Evaluation präventiver Praxis gegen Rechtsextremismus. Positionen, Konzepte und Erfahrungen. Halle (Saale), S. 113–135

Lüders, Christian (2006): Qualitative Evaluationsforschung – was heißt hier Forschung? In: Flick, Uwe (Hrsg.): Qualitative Evaluationsforschung. Konzepte, Methoden, Umsetzung. Hamburg, S. 33–61

Lüders, Christian/Haubrich, Karin (2006): Wirkungsevaluation in der Kinder- und Jugendhilfe. Über hohe Erwartungen, fachliche Erfordernisse und konzeptionelle Antworten. In: Projekt eXe (Hrsg.): Wirkungsevaluation in der Kinder- und Jugendhilfe. Einblicke in die Evaluationspraxis. München, S. 5–23

Milbradt, Björn/Schau, Katja/Greuel, Frank (2019): (Sozial-)pädagogische Praxis im Handlungsfeld Radikalisierungsprävention. Handlungslogik, Präventionsstufen und Ansätze. In: Heinzelmann, Claudia/Marks, Erich (Hrsg.): Prävention & Demokratieförderung. Gutachterliche Stellungnahmen zum 24. Deutschen Präventionstag, S. 141–180

Mruck, Katja/Breuer, Franz (2003): Subjektivität und Selbstreflexivität im qualitativen Forschungsprozess. Die FQS-Schwerpunktausgaben [17 Absätze]. Forum Qualitative Sozialforschung / Forum: Qualitative Social Research, 4(2), Art. 17. https://nbn-resolving.org/urn:nbn:de:0114-fqs0302233 (03.09.2020)

Nicolae, Stefan/Endreß, Martin/Berli, Oliver/Bischur, Daniel (2019): Soziologie des Wertens und Bewertens. Zur Einführung in die Reihe „Sociology of Valuation and Evaluation". In: Nicolae, Stefan/Endreß, Martin/Berli, Oliver/Bischur, Daniel (Hrsg.): (Be)Werten. Beiträge zur sozialen Konstruktion von Wertigkeit. Wiesbaden, S. 3–22

Rammert, Werner (2010) Die Innovation der Gesellschaft. Technical University Technology Studies. Working Papers. http://www.ts.tu-berlin.de/fileadmin/fg226/TUTS/TUTS-WP-2-2010.pdf (03.09.2020)

Scriven, Michael (2007): Die Key Evaluation Checklist. Von Daniela Schröter und Wolfgang Beywl 2006 übersetzt und kommentiert. https://www.univation.org/download/Key_Evaluation_Checklist_ger.pdf (03.09.2020

Stake, Robert E. (2003): Standards-based und responsive evaluation. Thousand Oaks u. a.

Stockmann, Reinhard (2006): Evaluation und Qualitätsentwicklung. Eine Grundlage für wirkungsorientiertes Qualitätsmanagement. Münster u. a.

Strübing, Jörg/Hirschauer, Stefan/Ayaß, Ruth/Krähnke, Uwe/Scheffer, Thomas (2018): Gütekriterien qualitativer Sozialforschung. Ein Diskussionsanstoß. In: Zeitschrift für Soziologie, 47. Jg., H. 2, S. 83–100

Widmer, Thomas (2012): Wirkungsevaluation zu Maßnahmen der Demokratieförderung. In: Strobl, Rainer/Lobermeier, Olaf/Heitmeyer, Wilhelm (Hrsg.): Evaluation von Programmen und Projekten für eine demokratische Kultur. Wiesbaden, S. 41–68

Widmer, Thomas/Beywl, Wolfgang/Fabian, Carlo (Hrsg.) (2009): Evaluation. Ein systematisches Handbuch. Wiesbaden

5 Zur Evaluation von allgemeinen Leitprinzipien in multidimensionalen Programmen am Beispiel von Gender Mainstreaming

Tobias Roscher, Tobias Johann

Verbunden mit dem Bedeutungszuwachs von Gleichstellung als politischem Querschnittsthema findet die Strategie des Gender Mainstreaming (im Folgenden kurz: GM) seit den 2000er-Jahren Eingang in immer mehr Bereiche des öffentlichen und des privaten Sektors sowie der Zivilgesellschaft. Im Zuge dessen fließt GM einerseits in (gesetzgeberische) Maßnahmen mit dem erklärten Leitziel der Herstellung von Gleichstellung ein. Andererseits gewinnt GM auch als *allgemeines Leitprinzip* für soziales Handeln an Bedeutung. Als verbindlicher Orientierungsrahmen regt es dazu an, die soziale Differenzkategorie „Geschlecht/Gender" sowohl im Kontext der jeweils verfolgten Ziele und Praxis als auch bei der Schaffung und Pflege von Strukturen mitzudenken und im Handeln zu berücksichtigen. Dies trifft auch für viele Kontexte staatlicher Förderung zu. Es prägt beispielsweise Gestaltungsspielräume von Förderprogrammen, auch wenn deren Zielstellungen *nicht dezidiert* auf Geschlechtergleichstellung ausgerichtet sind. Dazu zählen auch Programme der Extremismusprävention und Demokratieförderung wie „Demokratie leben!", in dessen Förderleitlinien die Programmgebenden GM als „leitende[s] Prinzip […] grundlegend für die Umsetzung" (BMFSFJ 2015a/b/c/d/e, 2017a/b/c/d/e) festgeschrieben haben. Angesichts der Vielzahl von Kontexten, in denen GM auf diese Weise Eingang findet, ist davon auszugehen, dass dessen Umsetzung sich nicht allgemeingültig konkretisieren lässt. GM-Implementationen evozieren eine große Zahl sehr unterschiedlicher Instrumente, die allesamt auf eine stärkere Berücksichtigung von Gender in institutionellen und (pädagogischen) Praxiskontexten abzielen. Sie reichen von inhaltlichem Agenda-Setting über die Reflexion und geschlechterreflektierte Anpassung von (pädagogischen) Methoden bis hin zur Einrichtung institutionalisierter Verfahren zur Gewährleistung von Geschlechtergerechtigkeit und zur Kontrolle der Umsetzung von GM (sog. „Gender-Controlling"). GM bedarf als Leitprinzip insofern immer einer kontextbezogenen Konkretisierung vonseiten der Auftrag gebenden Politik und der programmgeförderten Stakeholder sowie einer gegenstandsangemessenen Operationalisierung seitens der Evaluation. Letztere muss vor dem Hintergrund ihrer Aufgabe die Berücksichtigung von GM zu beschreiben und zu bewerten sämtliche Instrumente seiner Umsetzung in den Blick nehmen – angefangen bei primär diskursiven Schritten der Problematisierung von Gender-Fragen in den evaluierten Praxiskontexten bis hin zu institutionell verankerten Verfahren zur Absicherung von Geschlechtergerechtigkeit.

Trotz der wachsenden politischen Bedeutung von GM ist eine dezidierte Schwerpunktsetzung von Programmevaluationen auf dessen konzeptionelle Berücksichtigung als programmglobales Leitprinzip eher die Ausnahme. Nach Stockmann (2014, S. 63) hängen Evaluationsschwerpunkte von (thematischen) politischen Konjunkturen ab. Insofern lässt sich konstatieren, dass die Bedeutungszunahme der Gleichstellungsthematik sich äquivalent auch in der Evaluationsforschung niederschlägt, obgleich mit deutlichem Steigerungspotenzial. Das hat, so der Ausgangspunkt des vorliegenden Beitrags, auch damit zu tun, dass mit der Bestimmung von Leitprinzipien besondere Anforderungen an Evaluationsdesigns einhergehen, die theoretisch noch kaum ausgearbeitet wurden und die die Evaluationspraxis „in vivo" vor nicht unwesentliche Herausforderungen stellen.

Auch die Programmevaluation von „Demokratie leben!" (2015–2019) am Deutschen Jugendinstitut machte im Rahmen ihres Auftrags, zu analysieren, wie GM in der Programmumsetzung Berücksichtigung findet, Erfahrungen mit den Besonderheiten der Evaluierung von Leitprinzipien. Zu diesen Erfahrungen gehört einerseits die Notwendigkeit einer konzeptionellen Schärfung der Differenz zwischen Leitziel- und Leitprinzipienevaluation. Zum anderen betreffen sie den Umgang mit Leitprinzipien und ihrer gegenstandsangemessenen Evaluation speziell im Kontext komplexer, aus unterschiedlichen Förder- und Handlungslogiken zusammengesetzter Programme. Der vorliegende Beitrag fragt vor dem Hintergrund eigener Evaluationserfahrungen nach den Voraussetzungen für die Entwicklung gegenstandsangemessener Evaluationsdesigns zur Analyse von GM als programmglobalem Leitprinzip.

In einem ersten Schritt wird dazu eine theoretische Gegenstandsbestimmung programmglobaler Leitprinzipien im Allgemeinen und von GM im Speziellen vorgenommen, und in reflexive Überlegungen zur Evaluationspraxis überführt. Zunächst wird die Problematik programmglobaler Leitprinzipien für die Evaluationsforschung dargestellt und die Spezifität von GM und dessen Rückbindung an zugehörige Diskurse im Kontext der nationalen und internationalen Rechtslage zu Gleichstellung in den Blick genommen. Im zweiten Teil wird ausgehend vom aktuellen deutschsprachigen Fachdiskurs zu GM im Evaluationskontext eine Übersicht über Grundvoraussetzungen für eine erkenntnisreiche Evaluation eines allgemeinen Gleichstellungsauftrags als Leitprinzip dargestellt.[1] Im dritten Teil werden erste Ansatzpunkte für die Operationalisierung von GM vorgestellt, die die spezifischen Anforderungen von Leitprinzipienevaluation berücksichtigen. Anschließend findet vor diesem Hintergrund eine kritische, selbstreflexive Aufarbeitung der auf Gender bezogenen Bestandteile in der Programmevaluation von „Demokratie leben!" statt. Der Beitrag mündet in einen Ausblick auf Herausforderungen der Evaluation von GM als Leitprinzip und verweist final auf den Diskurs zu genderbezogenen Kompetenzprofilen für Evaluierende.

5.1 Konzeptionelle Vorüberlegungen

Zur Evaluation programmglobaler Leitprinzipien

Für die genauere Erfassung der mit der Evaluation von Leitprinzipien einhergehenden Besonderheiten und Anforderungen bietet sich ein Blick auf Stockmanns (2014) Verständnis von Evaluationsgegenständen (Evaluanten) an. Demnach sind „Objekte der Bewertung" u. a. häufig „Reformmaßnahmen, Projekte, Programme oder Policies" (Stockmann 2014, S. 75 f.). Die beiden letzten stellen dabei den Schlüssel für eine Differenzierung von Leitprinzipien und Leitzielen sowie ihrer jeweiligen Evaluation bereit. Während Stockmann in Anlehnung an Bank und Lames eine Policy als „eine in sich geschlossene Handlungsstrategie in Bezug auf ein spezifisches Themen- oder Problemfeld" definiert, sind demgegenüber Programme und Projekte die praxisbezogenen Instrumente zur Umsetzung einer Policy (Stockmann 2014, 75 f.). Laut Beywl sind Programme ein „Bündel von Maßnahmen, je bestehend aus einer Folge von Aktivitäten, basierend auf einem Set von Ressourcen, gerichtet auf bestimmte bei bezeichneten Zielgruppen zu erreichende Ergebnisse" (Beywl 1999, S. 39). Durch die enge instrumentelle Bindung von Programmen an eine Policy gerät hier allerdings aus dem Blick, dass deren Ziele auch in Maßnahmen einfließen können, die einem inhaltlich anders gelagerten Policy-Feld entspringen. Als politische Handlungsstrategie („Policy 1" in Abb. 5.1) schlägt sie sich in diesen Fällen – so der Ausgangspunkt des vorliegenden Beitrages – auch in Form von Leitprinzipien in solchen Programmen und Projekten nieder, die Zielstellungen eines thematisch anders gelagerten Policy-Feldes („Policy 2") verfolgen. Im konkreten Beispiel von „Demokratie leben!" und GM bedeutet

1 Für einen tiefergehenden Einblick in den europäischen Diskurs siehe u. a. Alfama/Cruells 2013, Bustelo 2013, Minto/Mergaert/Bustelo 2019, Mergaert 2012 bzw. im internationalen Kontext der United Nations Evaluation Group (2014) zur Integration von „Gender Equality in Evaluations".

dies, dass das Bundesprogramm als solches mit Blick auf seine Leitziele den Politikfeldern der Extremismusprävention und der Demokratieförderung entspringt („Policy 1"), während sich GM als der Programmumsetzung zugrundeliegendes Leitprinzip der allgemeinen Gleichstellungspolitik („Policy 2") zuordnen lässt.

Abb. 5.1: Zur Verschränkung von Policies über Leitprinzipien in Programmen

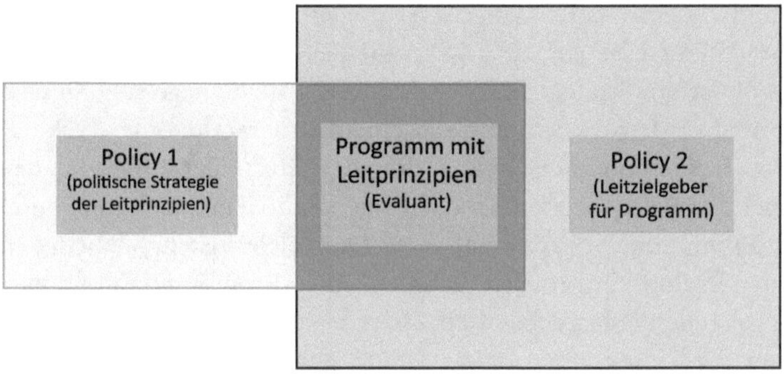

Quelle: Eigene Darstellung

Vor allem summativ angelegte Programmevaluationen fokussieren häufig in erster Linie auf die Analyse und die Bewertung der Zielerreichung bzw. der Wirkungen des Evaluationsgegenstands im Hinblick auf die Ziele des hinter dem Programm stehenden Policy-Feldes. Evaluationskriterien sind somit programminduzierte Leistungen, die einen Bezug zu den das Programm leitenden Zielen aufweisen, bzw. umfassender formuliert, sämtliche Wirkungen, die ein Programm vor dem Hintergrund seiner inhaltlichen Ausrichtung nach sich zieht (Stockmann 2014, S. 76 f.).

Demgegenüber bedürfen Programme, in denen sich durch die Bindung an bestimmte Leitprinzipien Policies mit gegebenenfalls auch inkongruenten oder gar widersprüchlichen Zielsetzungen überschneiden, als Evaluanten eines angepassten Evaluationsdesigns. Programmglobale Leitprinzipien – so die hier vertretene These – stellen in diesem Fall ein eigenständiges Evaluationskriterium dar, weil bei ihrer Untersuchung der unmittelbare Bezug auf die inhaltlich leitenden Programmziele nicht bewertungsrelevant ist. Vielmehr rückt hier in den Mittelpunkt evaluativer Erkenntnisinteressen, wie der mit den Leitprinzipien verbundene, politisch-normative Hintergrund („Policy 2") im evaluierten Programm berücksichtigt wird. Hinzu kommt, dass Leitprinzipien, anders als Leitziele, in nahezu allen Aspekten der konzeptionellen Anlage und der praktischen, auch administrativen Umsetzung des Programms jegliches Handeln prägen (sollen).[2] Das Forschungsdesign, und damit auch die Kriterien und benötigten Indikatoren, entsprechender Evaluationsvorhaben sind aus Sicht der Autoren vor dem Hintergrund ihrer Erfahrungen mit der Analyse von Leitprinzipien in „Demokratie leben!“ unter Beachtung fünf wesentlicher Aspekte zu erstellen bzw. zu wählen: die Zielbezüge von Leitprinzipien und zugleich der Grad an (Un-)Schärfe ihrer Ausformulierung, die Gegenstandsangemessenheit von Indikatoren und deren Abhängigkeit vom Evaluationszweck sowie die Gegenstandsangemessenheit von Bewertungen.

Zu beachten ist *erstens*, dass Leitprinzipien innerhalb der für sie grundlegenden politischen Strategie selbstverständlich auch zielgeleitet sind. Die Untersuchung ihrer Berücksichtigung in einem Programmkontext schließt somit implizit auch eine punktuelle Evaluierung der Effekte der hinter den Leitprinzipien stehenden Policy mit ein. In der Folge ist die Untersuchung von Leitprinzipien in Programmen geprägt von einer Doppelgleisigkeit. Sie bettet einerseits eine Policy-Evaluierung in den Rahmen einer Programmevaluation ein und orientiert sich dementsprechend an Zielerreichungs- und Wirkungsfragen, die im Kontext der Intentionen dieser Policy stehen. Andererseits erhalten Leitprinzipien auch im Rahmen der Evaluation dezidierter Programmziele eine Bedeutung, etwa als spezifische Bedingungen, unter denen diese Ziele erfüllt werden sollen und die sich gegebenenfalls als förderliche oder hinderliche Faktoren auf die Realisierung der Programmziele auswirken. Dieser Beitrag widmet sich der ersten Variante, wobei das Beispiel GM in der Evaluation von nicht dezidiert gleichstellungspolitischen Programmen durch die Bezugnahme auf „Demokratie leben!“ in den Fokus rückt.

Hierfür ist *zweitens* zu berücksichtigen, dass die Ausformulierung von Leitprinzipien, etwa in programmbezogenen Förderrichtlinien, zumeist eher vage und unkonkret gehalten ist. In Anlehnung an Stockmanns Problematisierung unscharfer Programmleitziele lässt sich auch mit Blick auf Leitprinzipien festhalten, dass diese „manchmal eher nebulös formuliert [… und] weit in die Zukunft gerichtet, Visionen dar[-stellen]“ (Stockmann 2014, S. 75). Sie lassen darüber hinaus in der Regel offen, ob es sich um Erfordernisse handelt, die von den geförderten Trägereinrichtungen gleichsam als Fördervoraussetzung be-

2 Im Falle von „Demokratie leben!“ verdeutlichen die Programmgebenden durch den in der Förderleitlinie eingebrachten Verweis, dass die Leitprinzipien in „die Entwicklung, Organisation, Implementierung und Evaluierung von Entscheidungsprozessen, Beteiligungsformen und Maßnahmen“ (BMFSFJ 2015 a/b/c/d/e, 2017 a/b/c/d/e) einfließen müssen. Aus Evaluationsperspektive sind darüber hinaus auch die Ebenen der Programmadministration und der politischen Repräsentation des Bundesprogramms durch die Programmgebenden einzubeziehen.

reits vor Übernahme ihres Auftrags im Programmkontext zu erfüllen sind[3] oder ob sie – angeregt durch das Programm – erstmalig implementiert und entsprechend berücksichtigt werden sollen. Angesichts solcher Unschärfen ist es die Aufgabe sowohl der umsetzenden Programmakteurinnen und -akteure als auch der auf sie bezogenen Evaluation, präzisierte und zum Programmkontext passende Formen der Berücksichtigung der Leitprinzipien zu finden, diese umzusetzen bzw. zu erheben und zu bewerten (Wolf 2017, S. 92 ff.).

Drittens ist ausgehend vom Ansatz der Realistic Evaluation (Pawson/Tilley 1997; Haunberger/Baumgartner 2017) die Analyse der Berücksichtigung und Umsetzung von Leitprinzipien immer kontextsensibel und gegenstandsangemessen vorzunehmen. Dies gilt in besonderem Maße auch für den Fall der wissenschaftlichen Begleitung komplexer, vielschichtiger Programme. Nicht alle aus den Leitprinzipien ableitbaren Evaluationsindikatoren sind gleichermaßen geeignet, um jedes Programm bzw. alle Programmbestandteile wie Projekte und Maßnahmen zu beschreiben und zu bewerten. Welche geeignet sind, hängt u. a. wesentlich vom politischen oder sozialen Kontext der Programmumsetzung, von der jeweiligen Phase innerhalb einer Förderperiode sowie formalen Rahmenbedingungen des Evaluationsgegenstandes ab.[4] Für Programme, die unterschiedliche Handlungsstrategien oder Teilziele verfolgen, ist zu überprüfen, inwieweit die Berücksichtigung von Leitprinzipien in allen Programmbereichen mit denselben Evaluationsindikatoren und Bewertungskriterien erfasst werden kann. In Abhängigkeit von der konkreten Programmarchitektur und dem inhaltlichen Zuschnitt des analysierten Leitprinzips ist es möglich, sowohl Aspekte und Indikatoren für das evaluierte Programm als Ganzes zu operationalisieren, als auch solche, die spezifisch auf einzelne Programmbereiche bzw. (z. B. projektförmige) Umsetzungskontexte ausgerichtet sind.

Das Design der Evaluation von Leitprinzipien steht *viertens* in Abhängigkeit vom Evaluationsauftrag bzw. von der (vorgesehenen) Funktion der Evaluation. Neben Wirkungs- und Zielerreichungsüberprüfung nennt Stockmann hier auch die Prozessbegleitung zum Zweck von Nachsteuerung (Stockmann 2014, S. 83). Evaluation kann bereits im Planungsprozess (*ex ante*), die Rahmenbedingungen in den Blick nehmen und erwartete Wirkungen abschätzen, den konkreten Implementationsprozess unterstützend begleiten sowie *ex post* die Wirksamkeit der Interventionsmaßnahmen überprüfen (Wroblewski/Lassnigg/Kahlhammer 2007, S. 82). In der Regel ist Evaluation ein integraler Bestandteil

3 Im Falle einer Überprüfung von Leitprinzipien als Fördervoraussetzung handelt es sich im engeren Sinne eher um ein Controlling-Instrument, das auf die Einhaltung von Standards etwa im Rahmen von Qualitätssicherungsmaßnahmen ausgerichtet ist.

4 Beispielhaft anzuführen wären hier u. a. der Umfang und Aufbau eines Programms und seiner Unterbereiche, die Aufgaben und Ziele innerhalb des jeweiligen Programmkontexts oder die Größe der Träger von programmgebundenen Projekten.

einer Programmförderung und findet entsprechend in zeitlicher Synchronizität zum laufenden Programm statt. Im Falle solcher Prozessbegleitungen muss sich das konkrete Evaluationsdesign an der jeweils untersuchten Programmphase ausrichten. Im Rahmen einer Ex-ante-Evaluation ist beispielsweise vornehmlich „die Phase der Programmentwicklung, einschließlich ihrer Konzeptualisierung und Planung" (Stockmann 2014, S. 84) hinsichtlich der Leitprinzipienberücksichtigung in den Blick zu nehmen. Mit Hilfe der Untersuchung der „materiellen, personellen, institutionellen, finanziellen, theoretischen Rahmenbedingungen eines Programms", kommt Evaluation dann die Aufgabe zu, „einen Beitrag zur Erstellung des Programmdesigns zu leisten" (ebd., S. 83), das günstige Bedingungen für die Berücksichtigung der verbindlichen Leitprinzipien schafft. Leitprinzipienevaluation ist somit als phasen- und schrittweiser Prozess innerhalb eines Programmzyklus zu betrachten, der sich von der Programmplanung der Auftraggebenden, über die Konzeptionierung und Durchführung der Programmakteurinnen und -akteure, der Programmsteuerung, bis zur Aufbereitung und Rückspiegelung der Evaluationsergebnisse erstreckt (Pimminger 2011, S. 5).

Eng verbunden mit der Operationalisierung und Indikatorenentwicklung ist *fünftens* auch die gegenstandsangemessene Justierung von Bewertungskriterien bzw. -skalen. Nach Stockmann lässt sich mit Normierungen bzw. allgemeingültigen Parametern im Kontext von (Programm-)Evaluation angesichts der Verschiedenheit von Aufgabenstellungen und Untersuchungsgegenständen nicht arbeiten (Stockmann 2014, S. 86). Mit ihnen hätten die Bewertungen unterschiedlicher Programmteile und -strukturelemente außerdem keine Vergleichsgrundlage, aufgrund derer Aussagen und Einschätzungen auf der Ebene eines Gesamtprogramms möglich wären. In der Konsequenz ist die Bewertung des Umgangs mit Leitprinzipien nur gegenstandsangemessen möglich und lässt sich für komplexe Programme nur sehr begrenzt global abgeben. Vielmehr ist davon auszugehen, dass sich Aussagen darüber, ob Leitprinzipien ausreichend in die Programmumsetzung eingeflossen sind, in erster Linie auf konkrete Handlungskontexte bzw. einzelne Programmteile beziehen und sich nur erschwert auf das Gesamtprogramm übertragen lassen. Sie stellen als solche (steuerungsrelevante) Evaluationsergebnisse dar und können bereits in dieser Form formative Prozesse unterstützen. Bezugsgrößen für Bewertungen können dabei in Anlehnung an Stockmann (2014, S. 86) beispielsweise Richtwerte einer anerkannten und mit dem Evaluationsgegenstand vergleichbaren Best Practice sein oder (den Evaluierenden bekannte) Erwartungen der von der Programmumsetzung betroffenen Individuen.

Letztlich ist das Design für die Evaluation programmglobaler Leitprinzipien aber immer auch danach auszurichten, was deren konkrete Inhalte sind und welchen Charakter das mit ihnen verbundene Policy-Feld hat. Da der vorliegende Beitrag sich exemplarisch den Herausforderungen zuwendet, die mit

Gender Mainstreaming als Leitprinzip eines Programms[5] einhergehen, werden im Folgenden einige Merkmale dieser politischen Strategie vorgestellt.

Gender Mainstreaming als politische Strategie

Gender Mainstreaming als politische Strategie ist Teil des Politikfeldes zur Gleichstellung der Geschlechter, das sich über die Nachkriegszeit bis in die Gegenwart sukzessive in internationalem, europäischem und bundesdeutschem Recht institutionalisiert hat.[6] Im Zusammenhang der Evaluation staatlicher Programme mit GM als Leitprinzip bietet sich eine Konzentration auf den rechtlichen Rahmen von GM an, da dieser prägend für die inhaltliche Ausgestaltung entsprechender Leitlinien ist. Wesentliche Schritte auf diesem Weg waren auf europäischer Ebene u. a. im Jahr 1996 die Mitteilung der Europäischen Kommission über die „Einbindung der Chancengleichheit in sämtliche politischen Konzepte und Maßnahmen der Gemeinschaft"[7] und der Vertrag von Amsterdam 1999[8]. Auf Bundesebene waren die Ergänzung des Grundgesetzes (Art. 3 Abs. 2) um einen expliziten Förderauftrag des Bundes zur „tatsächliche[n] Durchsetzung der Gleichberechtigung von Frauen und Männern" sowie 1999 der Beschluss der Bundesregierung zur Umsetzung des Leitprinzips der Gleichstellung über die Strategie des GM Meilensteine auf juristischer Ebene (Döge/Stiegler 2004, S. 136). Im Zuge dessen wurde in der Bundesrepublik eine Vielzahl von Implementierungsprozessen angestoßen, um auf allen föderalen Ebenen auf die neue Rechtslage zu reagieren. Neben verschiedenen Formaten der Institutionalisierung von GM auf Bundesebene, etwa in einer interministeriellen Arbeitsgruppe „Gender Mainstreaming" oder durch Änderungen in der gemeinsamen Geschäftsordnung der Bundesministerien, etablierte sich eine wissenschaftliche Begleitung der Implementierung von GM, die die Aufgabe hat, Umsetzungsprozesse zu unterstützen (ebd., S. 137). Letztere musste eine

5 Weitere Beispiele für Leitprinzipien, die politischen Programmen einen allgemeinen Rahmen geben, sind Diversity Mainstreaming und Inklusion (vgl. etwa die Förderrichtlinien des Bundesprogramms „Demokratie leben!"). Auch Partizipation, Nachhaltigkeit und Innovation können in Form von Leitprinzipien Eingang in programmförmiges Handeln finden.

6 GM als politische Strategie ist in einen deutlich breiteren Diskurs eingebettet, in dem beispielsweise feministische Bewegungen bzw. Debatten um Gleichstellung der Geschlechter etc. eine wesentliche Rolle spielen.

7 Die Europäische Kommission definiert GM darin als „Bemühungen [, …] das Vorantreiben der Chancengleichheit nicht auf die Durchführung von Sondermaßnahmen für Frauen zu beschränken, sondern zur Verwirklichung der Gleichstellung ausdrücklich sämtliche allgemeinen politischen Konzepte und Maßnahmen einzuspannen" (Europäische Kommission 1998, S. 6).

8 Die Staaten der EU legen sich darin auf die Anwendung des Grundsatzes gleicher Vergütung von Frauen und Männern für gleiche Arbeit fest (Europäische Gemeinschaften 1997, S. 38).

Reihe von Merkmalen des GM-Konzepts in ihre Arbeit einbeziehen, die auch im Zusammenhang der Evaluation von GM als Leitprinzip Geltung haben.

Ohne Anspruch auf Vollständigkeit lassen sich vier Kennzeichen von GM als politischer Strategie benennen, die für eine wissenschaftliche Beschreibung und Bewertung entsprechender Implementationsprozesse zentrale Orientierungspunkte darstellen.

Erstens verfolgt GM selbst keine konkreten geschlechterpolitischen Zielstellungen, sondern ist strategisch darauf ausgerichtet, überhaupt erst eine geschlechterbezogene Agenda in Politik und Institutionen zu verankern: „Gender Mainstreaming ist eine gleichstellungspolitische Strategie ohne klares gleichstellungspolitisches Ziel“ (Behning 2004, S. 122 f.; auch Stiegler 2012).

Zweitens ist zu berücksichtigen, dass die Konkretisierung von auf Gerechtigkeit bzw. Gleichstellung ausgerichteten Zielstellungen, die Teil einer solchen Agenda werden können, im jeweiligen Umsetzungskontext erfolgt. Welcher normative Horizont gelten soll, um vorgefundene Geschlechterverhältnisse im Sinne von mehr Gerechtigkeit bzw. Gleichstellung zu verändern und Frauen, Männern und Personen anderen Geschlechts gleiche Chancen und Möglichkeiten für ihre je eigene Entwicklung zu gewähren[9], bestimmen letztlich an diesen Prozessen beteiligte Stakeholder (Stiegler 2000, S. 12 f.; 2012).

Ein *drittes* Merkmal von GM, dem für die Analyse und Bewertung seiner Umsetzung Relevanz zukommt, betrifft das anvisierte Ziel- bzw. Bezugssystem. GM strebt Veränderungen in erster Linie auf der Ebene gesellschaftlicher Strukturen an, insbesondere in institutionalisierten Bereichen mit festgefügten Regeln und Rollenmustern, die Implikationen für Geschlechterverhältnisse haben. „Das Ziel von Gender Mainstreaming besteht entsprechend in einem Institutionenwandel, der zur Gleichstellung von Männern und Frauen führt“ (Behning 2004, S. 123; auch Sauer 2005, S. 85).

Viertens ist als zentrales Mittel, das solche Veränderungen für mehr Geschlechtergerechtigkeit anstoßen soll, die Ausprägung eines Bewusstseins für das Vorhandensein und die Wirkmächtigkeit geschlechterbezogener Machtverhältnisse in sämtlichen institutionellen Kontexten in den Blick zu nehmen. Bereits 1998 wurde diese Ausrichtung in einem Rahmenkonzept des Europarates deutlich: „Gender Mainstreaming besteht in der (Re-)Organisation, Verbesserung, Entwicklung und Evaluierung der Entscheidungsprozesse, mit dem Ziel, dass die an politischer Gestaltung beteiligten Akteure den Blickwinkel der Gleichstellung zwischen Frauen und Männern in allen Bereichen und auf allen Ebenen einnehmen“ (Europarat, 1998). Laut Behning (2004) setzt die Etablie-

9 Angesichts der normativen Offenheit des GM-Konzepts besteht eine umfassende, z. T. sehr kritische geführte Debatte darüber, dass dessen Umsetzung sowohl darauf ausgerichtet sein kann, Geschlechterdifferenzen zu vertiefen als auch sie zu nivellieren (Behning 2004, S. 12).

rung eines solchen Blickwinkels voraus, dass Stakeholder „ihr Denken und Handeln reflexiv auf das Ziel ‚Gleichstellung von Männern und Frauen' ausrichten. Ihre Reflexivität ist im Hinblick auf die impliziten und expliziten geschlechtsspezifischen Effekte von zu gestaltenden Politiken erforderlich" (Behning 2004, S. 123).

GM bezieht im Zuge dessen als systemischer Ansatz der Sensibilisierung und des Agenda-Settings alle Regeln und Praxen in Institutionen bzw. alle (politischen) Ziele und ihre Implementationen ein und verlangt von beteiligten Akteurinnen und -akteuren jeweils deren Überprüfung auf geschlechterbezogene Implikationen für Frauen *und* Männer sowie gegebenenfalls notwendige Änderungen an Strukturen: „Der Kern von Genderanalysen in GM-Prozessen liegt in der Wende der Blickrichtung der Analyse von den Personen hin zu den Strukturen und Mechanismen, die dazu führen, dass genderspezifische Lebens- und Arbeitssituationen für Personen des einen und des anderen Geschlechtes überhaupt entstehen und aufrecht erhalten werden können" (Stiegler 2012). GM problematisiert geschlechterbezogene Ungleichheit als in „Sozialstrukturen, Institutionen, Werten und Ansichten begründet" und leitet daraus ab, dass es nicht darum geht, „den verschiedenen Prozessen das ‚Element Frauen' beizufügen, sondern diese Prozesse so zu verändern, dass sie die gleichberechtigte Beteiligung von Männern und Frauen zulassen" (Europäische Kommission 2004, S. 7). Behning und Sauer (2005) ergänzen darüber hinaus, dass es sich bei der Implementierung von GM nicht nur „um die schlichte Integration einer geschlechtsbezogenen Sichtweise in alle Phasen und durch alle an politischen Prozessen beteiligte AkteurInnen [handelt], sondern vielmehr um die kritische Reflexion und Evaluation von geschlechtsspezifischen Sichtweisen in politischen Prozessen, die explizit und meist implizit von politischen AkteurInnen vertreten werden" (Behning/Sauer 2005, S. 13). Insofern schließt Sensibilisierung im GM-Prozess auch „verborgene Geschlechterdimensionen von Gesetzen und Maßnahmen" mit ein und soll darauf hinwirken, „alle Phasen des Politikprozesses auf der Basis von Geschlechterwissen [zu] reorganisieren und den politischen Output geschlechtergerecht [zu] gestalten" (Sauer 2005, S. 85).

Wenngleich inzwischen zahlreiche Studien und wissenschaftliche Begleitungen zur Implementierung von GM in der Bundesrepublik durchgeführt wurden, bleibt zu konstatieren, dass das Thema GM insgesamt einen eher geringen Stellenwert in der Evaluationsforschung aufweist (Gutknecht-Gmeiner 2014, S. 184). Die Gründung des Arbeitskreises „Gender Mainstreaming" in der Gesellschaft für Evaluation (DeGEval) im Jahr 2005 reagierte auf diesen Umstand und setzt sich für die feste Verankerung von GM in der Evaluationsforschung als fachlichen Standard unabhängig von dem jeweiligen Evaluationsgegenstand ein, da „die durchgängige Berücksichtigung einer Genderperspektive in Evaluationen [...] ein wichtiges Qualitätskriterium von Evaluationen" (Eckstein/Wroblewski 2017, S. 268) darstellt.

5.2 Evaluation von Gender Mainstreaming als programmglobales Leitprinzip

Für die Evaluation von gleichstellungspolitischen Strategien (Policies) lassen sich zwei grundständige Varianten unterscheiden. Entweder ist die Policy der Hauptgegenstand der Evaluation (z. B. Wirkungsstudien zu gleichstellungspolitischen Gesetzesmaßnahmen) oder sie stellt einen (Teil-)Aspekt der Evaluation eines anderen Gegenstands dar, etwa eines Programms mit unabhängigen Zielstellungen.

Gegenstandsbestimmung, Evaluationsdesign und Implikationen für Stakeholder

Die hier vertretene Perspektive bezieht sich auf politische (Förder-)Programme, die GM als globales Leitprinzip definieren, das in relativer Unabhängigkeit von den spezifischen Programmzielen in allen Programmphasen und -bereichen Berücksichtigung finden soll. Für solche Programme steht die Aufgabe einer „durchgängig gleichstellungsorientierte[-n] Zugangsweise in allen Evaluierungen" (Eckstein/Wroblewksi 2017, S. 267) im Mittelpunkt. Diese Gegenstandsbestimmung hat zur Folge, dass weder dezidierte Gleichstellungsinstrumente noch deren praktische Anwendung auf mögliche Wirkungen hin von der Evaluation untersucht werden können.[10] Programmleitprinzipien wie GM evozieren häufig eine Fokussierung der Evaluation auf Implementierungsprozesse in Organisationen. Allerdings können gleichsam alle Teilaspekte der Arbeit der umsetzenden Programmakteurinnen und -akteure für die Evaluation von GM Relevanz aufweisen.

Die Berücksichtigung von GM als programmglobales Leitprinzip muss sich im Evaluationsdesign durch eine entsprechende Ausrichtung und inhaltliche Ausweitung niederschlagen. Im Operationalisierungsprozess ist es erforderlich, geeignete Indikatoren, Items und methodische Zugänge zu entwickeln sowie gegenstandsangemessene Bewertungskriterien anzulegen, die dem Charakter von Leitprinzipien gerecht werden. Vor allem in primär *summativ* angelegten Designs, die auf die Zielerreichung vorgegebener Interventionen fokussieren, haben programmglobale Leitprinzipien oftmals keinen zentralen Stellenwert. Somit legt die Berücksichtigung von GM ein (mindestens implizit) *formatives* Design nahe, das entwicklungsbegleitend und prozessorientiert auch Elemente der Qualitätssicherung und -entwicklung innerhalb der programmgeförderten Organisationen in den Blick nimmt. Offene Evaluationsdesigns mit verstärkter

10 Dies schließt nicht aus, dass Evaluationen etwa Veränderungsprozesse untersuchen, die innerhalb programmgeförderter Organisationen unter Orientierung am Leitprinzip GM stattfinden.

Einbeziehung der Interessen und Anliegen aller Stakeholder und dem Zweck, einen Beitrag zur Weiterentwicklung und Verbesserung der bestehenden Praxis zu leisten, eignen sich hierfür in besonderem Maße (Wroblewski/Lassnigg/Kahlhammer 2007, S. 91). Diesem Verständnis folgend nehmen Evaluierende eine eher beratende und moderierende Rolle ein, was der gemeinsamen Verantwortlichkeit der Stakeholder für die erfolgreiche Implementierung gleichstellungsbezogener Leitprinzipien Rechnung trägt.[11] Experimentelle und quasiexperimentelle Wirkungsanalysen sind im Kontext der Implementierung von GM als programmglobalem Leitprinzip für Evaluationen dagegen ungeeignet (ebd., S. 90).

Für alle Stakeholder gehen mit der Verpflichtung zu GM Verantwortlichkeiten einher, die sowohl den Implementierungsprozess als auch dessen Evaluation beeinflussen können. Für Aufraggebende ist es zunächst von zentraler Bedeutung, zu gewährleisten, dass „die Evaluierung des Querschnittsziels als expliziter Auftragsbestandteil der Programmevaluation festgeschrieben wird und damit auch die dafür nötigen Ressourcen eingeplant werden" (Pimminger 2011, S. 4). Dies erfolgt in der Regel in Form einer Verankerung in Programmleitlinien. Für geförderte Programmakteurinnen und -akteure können fehlende oder unkonkrete Zielformulierungen seitens der Auftraggebenden für den Implementierungsprozess eine Hürde darstellen. Konkretisierte Zielformulierungen erhöhen zum einen die Selbstverpflichtung innerhalb der Organisation und machen zum anderen für umsetzende Programmakteurinnen und -akteure transparent und nachvollziehbarer, wie sich Auftraggebende Gleichstellungsmaßnahmen für das jeweilige Praxisfeld vorstellen. Allerdings sollten programmglobale Leitprinzipien feldadäquat, d. h. möglichst „auf das jeweilige Interventionsfeld zugeschnitten formuliert werden und sich in die Zielarchitektur des Programms einfügen" (Pimminger 2012, S. 3)[12]. Auftraggebende sind somit in der Pflicht, die Zielstellungen der Berücksichtigung von Leitprinzipien so transparent wie möglich und so spezifisch wie nötig zu formulieren. Auch sie tragen Verantwortung für die gelingende Umsetzung der politischen Strategie, denn „Steuerung heißt [...] nicht, die Aufgabe der Umsetzung von Gender Mainstreaming an diejenigen zu delegieren, die Projekte konkret umsetzen"

11 Unter der Voraussetzung einer explizit formulierten Gleichstellungs- bzw. GM-Strategie eines Programms und eines klaren Bekenntnisses aller Stakeholder zur Weiterentwicklung des Prozesses schlagen Wroblewski/Lassnigg/Kahlhammer (2007) den von Beywl entwickelten Ansatz der „Responsive Evaluation" vor.

12 Für Programme mit starker Innovationsorientierung ist darüber hinaus zu beachten, dass sich einzelne Programmakteurinnen und -akteure in der Regel stark unterscheiden. Die skizzierten Vorteile einer Konkretisierung der Zielstellungen sind daher nicht als Plädoyer für ein allgemein übertragbares Standardkonzept zur Implementierung von Gleichstellungsprozessen zu verstehen.

(Pimminger 2011, S. 11). Ebenso kann es Evaluierenden nicht überlassen werden, Programme im Sinne von GM erst evaluierbar zu machen (Gutknecht-Gmeiner/Wroblewski 2014, S. 186). Je klarer und umfassender programmglobale Leitprinzipien in den Leitlinien festgelegt und formuliert werden, desto „zielgerichteter und geleitet kann die Evaluation erfolgen" (Pimminger 2011, S. 4). Je konkreter und spezifischer diese allerdings als Anforderungen an die umsetzenden Programmakteurinnen und -akteure gerichtet formuliert werden, desto eher besteht auch das Risiko der Unangemessenheit in Bezug auf die jeweilige Praxis.

Programmphasenorientierte Evaluation von Gender-Analyse bis Abschlussbericht

Unabhängig davon, zu welchen Anteilen ein GM-Evaluationsdesign begleitend oder retrospektiv angelegt ist, lassen sich dafür zwei übergreifende Qualitätsmerkmale konstatieren: die umfassende Einbeziehung der Evaluation in alle Entwicklungs- und Umsetzungsschritte des Programms sowie die durchgängige Berücksichtigung und Integration einer Gender- und Gleichstellungsperspektive in allen Erhebungs- und Auswertungsschritten der Evaluation (Wroblewski/Lassnigg/Kahlhammer 2007, S. 88; Pimminger 2012, S. 10). Entsprechend gilt es für Evaluierende, sowohl spezifische Fragestellungen zu GM zu entwickeln, welche systematisch an die einzelnen Programmphasen angeschlossen werden, als auch das Leitprinzip in der Bearbeitung *aller* (weiteren) Fragestellungen zu berücksichtigen. Auch wenn sich in Anbetracht dieses Anspruchs Ressourceneinsatz und Arbeitsaufwand für alle Stakeholder erhöhen, ist ein solcher Ansatz einem erfolgreichen und ernsthaften Umsetzungsprozess von GM im Programm zuträglich. In Anlehnung an den von Pimminger (2011) im Kontext der Evaluation des Europäischen Sozialfonds (ESF) vorgeschlagenen Leitfaden zur Evaluierung des programmglobalen Querschnittsziels Gleichstellung werden im Folgenden die zentralen Anforderungen an Evaluierende in einzelnen Programmphasen dargestellt.

Einen geeigneten Ausgangspunkt der Evaluation von GM bietet noch vor Programmbeginn eine umfassende grundlagentheoretische *Gender-Analyse* des Arbeitsfeldes bzw. Interventionsbereichs des Programms hinsichtlich geschlechtsbezogener Ungleichheiten. Diese „bildet nie ausschließlich quantitativ die Ist-Situation ab, sondern fragt nach Ursachen, Einflussfaktoren und Wirkungen von Ungleichheiten aufgrund von Geschlechterstrukturen" (Pimminger 2011, S. 5). Sie kann als gemeinsam geteilte Basis zusammen mit den umsetzenden Programmakteurinnen und -akteuren entwickelt, den Stakeholdern des Programms zur Verfügung gestellt werden und somit selbst zur Förderung von

Gleichstellung im Interventionsbereich des Programms beitragen.[13] Für komplexe Mehrebenenprogramme mit unterschiedlichen Arbeitsfeldern ist dieser erste Schritt für Evaluierende voraussetzungsreich, da potenzielle Spezifika aller Programmbereiche im Blick zu behalten sind.

Bereits bei der *Auswahl der geförderten Projekte* durch Auftraggebende ergeben sich Fragestellungen für die Evaluation, etwa im Hinblick auf Auswahlkriterien oder die Ausgestaltung der Förderleitlinie. Interne Entscheidungsprozesse der Auftraggebenden bleiben praktisch allerdings zumeist eine Blackbox (Pimminger 2012, S. 6 ff.). Im Anschluss an die Projektauswahl kann durch Evaluierende systematisch überprüft werden, inwiefern die entwickelten Konzepte geschlechtsspezifische oder gleichstellungsbezogene Implikationen haben können (Eckstein/Wroblewksi 2017, S. 267). Hierfür bieten sich etwa dokumentenanalytische Auswertungen von Konzept- und Antragspapieren programmgeförderter Organisationen im Hinblick auf geplante Maßnahmen als methodischer Zugang an oder deren Berücksichtigung im Rahmen logischer Modellierungen (Projekt eXe 2010).

Unbestritten steht im Zentrum des Interesses von Auftraggebenden – und zumeist auch der Programmevaluation selbst – *der Implementierungs- und Umsetzungsprozess*. Es handelt sich dabei nicht um einen einmaligen oder zeitlich determinierten Akt, vielmehr stellt GM „sich […] als ein systematischer und dauerhafter Prozess dar, der im Rahmen von Organisationsentwicklung stattfindet" (Karsunky 2018, S. 1119). Da im Rahmen von Programmen selten gesamte Organisationen, sondern in der Regel kleinere projektförmige Einheiten in Trägerschaft von Organisationen gefördert werden, bedarf es einer Flexibilisierung des Evaluationsgegenstands.

Wird etwa programminduziert in Bezug auf GM ein „integrativer Lern- und Veränderungsprozess in Organisationen und Organisationskulturen" (ebd.) ausgelöst, muss die strukturelle Ebene der Träger analytisch miterfasst und zumindest partiell zum Evaluationsgegenstand gemacht werden. Es gilt für Evaluierende auch zu überprüfen, inwiefern GM für programmgeförderte Organisationen ein „Instrument der institutionellen Innovation sein kann, [… und] sich neue strategische Orientierungen und Leitbilder sowie organisatorische Routinen entwickeln" (Meuser/Neusüß 2004, S. 11). Im Zuge dessen kann in der Umsetzungsphase, vermittelt über verschiedene Programmakteurinnen und -akteure auch der Bewusstseins- und Reflexionsgrad in Bezug auf Geschlechterverhältnisse in deren Arbeitsumfeld untersucht werden. Aber auch Schritte hin zu einer Überführung der Berücksichtigung von Gender in institu-

13 Pimminger spricht sich auch dafür aus, bereits integriert im Rahmen der Problemanalyse in der Programmplanung vonseiten der Auftraggebenden gemeinsam mit relevanten Stakeholdern entsprechende Gender-Analysen durchzuführen (Pimminger 2012, S. 2).

tionell verankerte Verfahren müssen zu Evaluationszwecken analysiert werden und stellen ein mögliches Kriterium zur Bewertung von GM-Implementationen dar. Um die Umsetzungsphase formiert sich demnach ein komplexes und spezifisches Aufgabenfeld für GM-Evaluationen[14] und evoziert eine Reihe differenzierter Fragestellungen (Pimminger 2011, S. 3):

- Wird das Leitprinzip verankert/umgesetzt?
- Wie wird das Leitprinzip verankert/umgesetzt (etwa auch in Form von institutionell verankerten Verfahren)?
- Welche Haltung vertreten die Stakeholder zur Umsetzung des Leitprinzips? (Gender-Bewusstsein, Bereitschaft zur Selbstreflexion)
- Inwiefern ist dessen Umsetzung/Verankerung angemessen und ausreichend?
- Wurden notwendige Rahmenbedingungen geschaffen?

Der Herausforderung der Operationalisierung dieser Fragestellungen im Kontext der Evaluation des Umsetzungsprozesses widmet sich der Beitrag noch ausführlicher. Es wird aber bereits deutlich, dass es lohnenswert ist, sowohl die Ergebnisse als auch die Kontexte der Umsetzungs- und Implementierungsaktivitäten systematisch auf potenzielle geschlechtsspezifische Implikationen hin zu untersuchen. Dies trägt dazu bei, zu transparenten und begründeten Bewertungen der Berücksichtigung des Leitprinzips im Programm zu gelangen (Eckstein/Wroblewksi 2017, S. 267).

Weitere relevante Anknüpfungspunkte der Evaluation in der Umsetzungsphase bieten die Aktivitäten der *Programmsteuerung*. Die Analyse vorhandener Unterstützungsstrukturen oder Sachstands- und Jahresberichte im Hinblick auf potenzielle oder erfolgte Einwirkungen auf das laufende Programm kann zur Identifikation ausschlaggebender Indikatoren dienen. Auch die *Evaluationsberichte* bedürfen einer Orientierung am Leitprinzip und können u. a. mittels durchgängig geschlechterdifferenzierter Darstellung von Daten, Umsetzungsempfehlungen oder einer einschätzenden Bewertung zu Gleichstellungswirkungen des Programms, die Implementierungsphase formativ unterstützen (Pimminger 2012, S. 9 ff.).

---

14 Solche simultan ablaufenden programmunabhängigen GM-Implementierungsprozesse in komplexen und in weiten Teilen intransparenten Organisationen erschweren zudem Befunde zu Wirkungen programmgeförderter Maßnahmen.

5.3 Zur Operationalisierung von Gender in der Evaluationsforschung

Im Folgenden sollen zunächst die Überlegungen zum Evaluationsgegenstand GM und der Evaluation programmglobaler Leitprinzipien zusammengeführt und Konsequenzen für deren Operationalisierung in der Evaluationsforschung abgeleitet und diskutiert werden. In einem zweiten Schritt werden vor diesem Hintergrund exemplarisch die praktischen Umsetzungserfahrungen aus der Programmevaluation von „Demokratie leben!" einer kritischen Reflexion unterzogen.

Operationalisierung als theorieinduzierter (Verständigungs-)Prozess

Um der systematischen Analyse von Kontexten, Ergebnissen oder Wirkungen eines Programms aus gleichstellungsorientierter Perspektive nachzukommen, bedarf es der Entwicklung geeigneter Indikatoren und eines passenden methodischen Vorgehens. GM zugrundeliegende theoretische Konstrukte oder in politischen Diskursen geprägte Begriffe wie „Gleichstellung" oder „Gleichberechtigung" sind per se noch keine empirisch beschreib- oder messbaren Tatbestände, sondern zunächst politische Ziele, die auf dem normativen Gebot der Gerechtigkeit beruhen (Pimminger 2017, S. 39; Wroblewski/Kelle/Reith 2017, S. 2). Um sie im Rahmen einer Leitprinzipienevaluierung erfassbar zu machen, sind von Evaluierenden zwei Implikationen zu berücksichtigen.

Zum einen bedarf es einer geeigneten Operationalisierung, d. h. der Entwicklung von „Instrumenten, mit deren Hilfe Geschlechterverhältnisse empirisch, auf wissenschaftlich korrekte, objektive und zuverlässige Weise beobachtet und beschrieben werden können" (Wroblewski/Kelle/Reith 2017, S. 2). Mit der Etablierung von Gender Studies und Queer Theory ist in den Sozialwissenschaften eine theoretische Debatte um die Operationalisierung von Geschlecht entstanden.[15] Auch wenn die Erhebung von Geschlecht mit Hilfe dichotomer oder trichotomer Variablen noch immer eine etablierte Vorgehensweise in der Forschungsrealität der Sozialwissenschaften darstellt (Döring 2013, S. 94 f.), ist diese aus Sicht der Gender- und Queer-Theorie unzureichend und erfüllt darüber hinaus auch nicht immer zentrale messtheoretische Kriterien (ebd., S. 97 f.). Demgegenüber umfassen gendertheoretisch postulierte psychometrische Rating-Skalen für einzelne Eigenschaften des sozialen Geschlechts oftmals eine sehr große Anzahl an Items und sind für eine ressourcenknappe Evaluationsforschung in der Regel nicht angemessen einsetzbar. Es bleibt bei der Ope-

15 Döring (2013) fasst die zentralen Kritikpunkte einer standardisierten Abfrage von Geschlechtsmerkmalen zusammen und gibt Anregungen für eine reflektierte Operationalisierung von Gender unter Abwägung von Vor- und Nachteilen aus verschiedenen theoriegeleiteten Perspektiven (Umfrageforschung, Queer Theory).

rationalisierung von Geschlechterverhältnissen auch für die Evaluationsforschung dennoch unabdingbar, den „enge[n] Zusammenhang zwischen messtheoretischen und messmethodischen Fragen nach einer objektiven und zuverlässigen Beschreibung sozialer Sachverhalte einerseits und geschlechtertheoretischer sowie politischer Fragen" andererseits (Wroblewski/Kelle/Reith2017, S. 3 f.) zu reflektieren und zu berücksichtigen.

Zum anderen ist es für Evaluierende erforderlich, wie Meyer (2017) zur Entwicklung von Gleichstellungsindikatoren ausführt, sich zur Operationalisierung abstrakter oder normativer Konstrukte auf soziale Verständigungsprozesse einzulassen. Für Evaluationsverbünde und -teams oder in der Zusammenarbeit mit (Programm-)Stakeholdern lässt sich konstatieren, dass „in vielen Fällen eine Einigung der Beteiligten über den mit Indikatoren abzubildenden Gegenstand von zentraler Bedeutung [ist]" (Meyer 2017, S. 20). Als sozialer Prozess macht die Operationalisierung und Indikatorentwicklung somit eine gewisse Kontinuität, Kooperationsbereitschaft und die Entwicklung eines gemeinsamen Verständnisses ebenso erforderlich wie eine Beobachtung und Überprüfung der Ergebnisse in deren Anwendung (ebd., S. 37).

Multiperspektivität und Methodenpluralismus

Zur Evaluation von GM stellen qualitative oder standardisierte Befragungen der umsetzenden Programmakteurinnen und -akteure in der Regel das bevorzugte und zielführende methodische Vorgehen dar. Im Folgenden werden die Herausforderungen verschiedener Befragungsmethoden dargestellt und für eine gegenstandsangemessene Kombination im Rahmen eines (zumindest in Anteilen) formativen Evaluationsdesigns unter Einbezug multipler Perspektiven beteiligter Akteurinnen und -akteure argumentiert. Schon im Zuge der Ansprache der Befragten ist die geschlechtersensible Operationalisierung von zentraler Bedeutung, da sich bereits hier das fragile Vertrauensverhältnis zu den Evaluierenden konstituiert.[16] Sollten sich mit der Adressierung der Befragten etwa implizit (geschlechterbezogene) Ausgrenzungsmechanismen reproduzieren, kann dies den Aufbau der notwendigen Vertrauensbasis zu den Evaluierenden in erheblichem Maße gefährden (Döring 2013, S. 110). Entsprechend bedarf es bei der Formulierung von Items und Interviewleitfäden einer selbstkritischen Reflexion problematischer geschlechtsspezifischer Implikationen und diese muss sowohl in methodisch qualitativen wie quantitativen Evaluationsdesigns Berücksichtigung finden.

---

16 Die Beziehung zwischen Evaluierenden und Evaluierten bzw. Feld und Forschenden ist im besten Fall ein Vertrauensverhältnis und stellt eine konstitutive Bedingung zur empirischen Durchdringung des Gegenstands dar, die Strübing u. a. (2018) als eines der zentralen Qualitätsmerkmale qualitativer Sozialforschung fassen (ebd., S. 88 f.).

Im Diskurs zur Operationalisierung von Geschlechtergleichstellung ist die Unterscheidung von geschlechtsdifferenzierten Daten und Gender- bzw. Gleichstellungsindikatoren zentral. Während sich die durchgängige Berücksichtigung der Kategorie Geschlecht primär in der Erhebung und Auswertung von geschlechterdifferenzierten Daten niederschlägt, geht der Anwendung von Gender- und Gleichstellungsindikatoren ein reflexiver Entwicklungs- und Verständigungsprozess voraus, z. B. in kooperierenden Evaluationsverbünden (Pimminger/Wroblewski 2017, S. 62 ff.). Insbesondere zur Identifikation von geschlechtsspezifischen Problembereichen im Kontext der Entwicklung von Gleichstellungsindikatoren bedarf es derartiger „qualitativer ‚Peer Reviews' " (Behning/Sauer 2005, S. 15). Die möglichst durchgängige Erhebung geschlechtsdifferenzierter Daten – im Evaluationskontext häufig etwa Teilnahmequoten bzw. erreichte Adressatinnen und Adressaten – wird als *Sex-Counting* bezeichnet. Damit wird das Ziel verfolgt, den Grad der erfolgten Berücksichtigung innerhalb der jeweiligen Organisation bestimmen und beurteilen zu können. Sex-Counting entspricht innerhalb quantitativer Erhebungen einer Mindestanforderung für Evaluierende unabhängig vom jeweiligen Gegenstand. Während z. B. in stark teilnahmebezogenen Programmen (z. B. im sozialen oder Bildungsbereich) ein Fokus auf die Erhebung geschlechtsspezifischer Teilnahmequoten, etwa zur Akzeptanz und Nutzung freiwilliger Bildungsangebote für Jugendliche, zwar auf der Hand liegt, reicht dieser für eine angemessene Erfassung und Abbildung der unterschiedlichen Lebensrealität von Adressatinnen und Adressaten unterschiedlichen Geschlechts aber noch nicht aus (Gutknecht-Gmeiner/Wroblewski 2014, S. 180). Darüber hinaus kann in Programmen oder -bereichen ohne explizite Teilnahmeorientierung – etwa im Bereich der Forschung oder Netzwerkbildung – das Querschnittsziel Gleichstellung in keinem Fall hinreichend durch Sex-Counting erfasst werden. Entsprechend wird immer wieder auch deutliche Kritik an der pragmatischen Beschränkung vieler Evaluationen auf die Erhebung und Auswertung geschlechtsdifferenzierter Daten geäußert. Damit sei „zwar der Vorteil verbunden, dass Datengrundlagen rasch und kostengünstig verfügbar sind" (Pimminger/Wroblewski 2017, S. 76). Daten aus standardisierten Befragungen „stellen sich jedoch häufig als unzureichend heraus, etwa weil sie einen Gender-Bias aufweisen oder relevante Variablen in Bezug auf das zu messende Gender- oder Gleichstellungsphänomen nicht beinhalten" (ebd.).[17]

17 Vor dem Hintergrund ihrer Bewertungsaufgabe stehen Evaluierende zudem vor der Herausforderung, angemessene Bezugskriterien im Hinblick auf diesen Datentyp zu definieren. Da *Sex-Counting* in der Regel ein „unausgesprochenes Verständnis von Gleichstellung als statistische Parität von Frauen und Männern" (Pimminger/Wroblewski 2017, S. 63) zugrunde liegt, gilt häufig eine Quote von jeweils 50%, unabhängig von den spezifischen Kontextfaktoren oder Rahmenbedingungen eines Arbeitsfeldes, als implizite Bezugsnorm.

Auf konzeptioneller Ebene empfiehlt sich somit unabhängig von der jeweiligen Programmstruktur ein gegenstandsangemessener, komplementärer und methodenpluraler Mix quantitativer und qualitativer Zugänge zur Untersuchung aller analyserelevanten Dimensionen, d. h. neben Teilhabe auch Ergebnisse und Wirkungen des Programms in Bezug auf GM. Vor allem Letztere, z. B. in Form von gesteigerter Sensibilisierung für soziale Ungleichheit, sind durch quantitative Indikatoren allein nicht abbildbar (Pimminger 2011, S. 12 f.; Wroblewski/Kelle/Reith 2017, S. 5). Benötigt werden komplexere, auf qualitativer Basis entwickelte Gender- bzw. Gleichstellungsindikatoren mit einer geschlechtertheoretischen Fundierung und konkretisierter politischer Zielstellung. Dies stellt für Programmevaluationen eine ambitionierte Herausforderung dar, da deren Gegenstände (z. B. Modellprojekte) als kleine hochgradig individualisierte Organisationseinheiten nicht mit etablierten Gleichstellungsindikatoren auf Makroebene (Gesellschaft, Sozialstruktur) erfassbar sind und gegebenenfalls auch intensiver Einzelanalysen bedürfen. Interviewbefragungen können als Auftakt gemeinsamer Verständigungsprozesse zwischen Evaluierenden und umsetzenden Programmakteurinnen und -akteuren genutzt werden, insbesondere wenn keine konkretisierten Ziele durch Aufraggebende vorgegeben sind und somit kein Bezugspunkt für ein geteiltes Verständnis von Gleichstellung vorliegt.

Dabei ist zu berücksichtigen, dass die konkrete Umsetzung von GM innerhalb komplexer Organisationsstrukturen in offenen Befragungen einzelner Programmakteurinnen und -akteure nur in Bezug auf deren unmittelbare Arbeitspraxis beantwortet werden kann. Dies kann zu einer großen Spannweite genannter Maßnahmen führen, die von den umsetzenden Programmakteurinnen und -akteuren in mehr oder weniger enger Orientierung am Leitprinzip GM gedeutet werden. Evaluierende müssen diese zunächst systematisieren und im Hinblick auf die Befunde der Gender-Analyse des jeweiligen Arbeitsfelds bewerten. Hierfür bedarf es der Berücksichtigung spezifischer Evaluationsfragestellungen für unterschiedliche Programmphasen und einer expliziten Offenheit der Evaluation für die Perspektiven der Umsetzenden. Die gemeinsame Erörterung von Rahmenbedingungen und Möglichkeiten der Berücksichtigung von GM dient in diesem Falle nicht nur der Konkretisierung realistischer Zielsetzungen, sondern ist auch als Beitrag zur fachlichen Fortentwicklung und Qualitätssicherung zu anzusehen.

5.4 Gender Mainstreaming in der Programmevaluation von „Demokratie leben!“

Auf Grundlage der Erfahrungen als Programmevaluation und wissenschaftliche Begleitung des vom BMFSFJ geförderten Bundesprogramms „Demokratie leben! – Aktiv gegen Rechtsextremismus, Gewalt und Menschenfeindlichkeit“

(2015–2019) werden im Folgenden exemplarisch Prozesse und Ergebnisse der Operationalisierung nachgezeichnet und einer kritischen Reflexion unterzogen, um den Stellenwert von GM im Programm erfassbar, abbildbar und bewertbar zu machen. Die dargestellten Reflexionen sollen dabei keinesfalls als fachliche Standards zur Evaluation programmglobaler Leitprinzipien missverstanden werden, sondern – durchaus selbstkritisch – Schlaglichter auf zentrale Herausforderungen der Evaluationspraxis werfen.

Das Bundesprogramm „Demokratie leben!“ lässt sich als komplexes und multimodales Mehrebenen-Programm charakterisieren, dessen insgesamt zehn Programmbereiche auf unterschiedlichen föderalen (Kommune, Land, Bund) und thematischen Ebenen verortet sind und spezifische Eigenlogiken aufweisen. Aus einem Kooperationsverbund dreier Praxisforschungsinstitute heraus wurde jeder Programmbereich von einer eigenständigen wissenschaftlichen Begleitung evaluiert (siehe auch die Einleitung und den Beitrag von Bischoff, König und Reiter in diesem Band).[18] Zusätzlich koordiniert eine Gesamtevaluation den Verbund und richtet eine eigenständige Analyseperspektive auf programmglobale Fragestellungen aus. Dazu zählen auch die von den Auftraggebenden in den Förderleitlinien formulierten programmglobalen Leitprinzipien zu Gender Mainstreaming, Diversity Mainstreaming und Inklusion (kurz: GDI), die darin als grundlegende Orientierungsrahmen für die Umsetzung definiert und zum Gegenstand der Evaluation erklärt werden. Grundsätzlich wird von allen umsetzenden Programmakteurinnen und -akteuren gefordert, diese drei Leitprinzipien „die Entwicklung, Organisation, Implementierung und Evaluierung von Entscheidungsprozessen, Beteiligungsformen und Maßnahmen so zu betreiben, dass in jedem Bereich und auf allen Ebenen die Ausgangsbedingungen und deren Auswirkungen für jede und jeden Einzelnen berücksichtigt werden“ (BMFSFJ 2015a/b/c/d/e, 2017a/b/c/d/e). Vor dem Hintergrund eines Programms mit in mehrfacher Hinsicht heterogenen Programmbereichen bleibt diese Formulierung so vage, dass alle umsetzenden Programmakteurinnen und -akteure damit adressiert werden können, und ist zugleich so konkret, dass diese von den Auftraggebenden einen Orientierungsrahmen erhalten, um Ableitungen für ihre individuelle Umsetzungspraxis treffen zu können[19]. GM im Speziellen wird in den Förderleitlinien von „Demokratie leben!“ nur insofern konkretisiert, als es „selbstverständlich“ (ebd.) in die

18 Die zentralen Gegenstände der Evaluation und wissenschaftlichen Begleitung von „Demokratie leben!“ waren dessen Programmbereiche. Einzelne Programmelemente (z. B. Modellprojekte oder Beratungsstellen) wurden somit nur in Bezug zu ihren Programmbereichen in den Blick genommen.

19 Darüberhinausgehende Verweise der Programmgebenden bzw. Konkretisierungsprozesse zur Präzisierung des GM-Leitprinzips *für einzelne Programmbereiche* wurden hingegen nicht verfolgt.

Planung, Durchführung, Überwachung und Auswertung aller Programmmaßnahmen einbezogen werden soll. Diese offene Formulierung wurde vom Evaluationsverbund unter Bezugnahme auf eine allgemeine Definition des BMFSFJ gemeinsam konkretisiert. GM wird demnach als (politische) Strategie definiert, die auf die Realisierung von Geschlechtergleichstellung oder -gerechtigkeit ausgerichtet ist und „bei allen gesellschaftlichen und politischen Vorhaben die unterschiedlichen Lebenssituationen und Interessen von Frauen und Männern" (BMFSFJ 2014) einbezieht. Der Ansatz „basiert auf der Erkenntnis, dass es keine geschlechtsneutrale Wirklichkeit gibt, und Männer und Frauen in sehr unterschiedlicher Weise von politischen und administrativen Entscheidungen betroffen sein können" (ebd.).

Im Hinblick auf eine gegenstandsangemessene Operationalisierung für das Gesamtprogramm wurde auf dieser Grundlage im Evaluationsverbund diskutiert, welche Rolle der Leitprinzipien-Komplex für das Gesamtprogramm spielt und in welchem Verhältnis die drei Leitprinzipien zueinander und zu anderen Programmzielen stehen.[20] Nach Auffassung des Evaluationsverbunds können die drei Leitprinzipien aufgrund wechselseitiger Verschränkungen zur Untersuchung nicht in trennscharfe analytische Bereiche aufgeteilt werden, weshalb sich die drei evaluierenden Institute dazu entschlossen haben, sie für das Programm als analytische Einheit zu untersuchen. Dennoch soll im Folgenden der exemplarische Blick auf Gender Mainstreaming beibehalten werden, um dessen Komplexität und die spezifischen Besonderheiten umfassender darstellen zu können, ohne dabei intersektionale Verschränkungen und Wechselseitigkeit (vor allem mit Diversity Mainstreaming) außer Acht zu lassen.

Unter diesen Rahmenbedingungen verständigte sich der Evaluationsverbund auf einen zweistufigen methodischen Zugang zur Datenerhebung. Eine standardisierte Online-Befragung im Auftrag der Gesamtevaluation fokussierte den programmglobalen Stellenwert des Leitprinzipien-Komplexes GDI. Ergänzend dazu oblag es den wissenschaftlichen Begleitungen der Programmbereiche, auf die jeweiligen Gegenstände zugeschnittene und primär methodisch qualitative Zusatzerhebungen durchzuführen. Das Erkenntnisinteresse der standardisierten Befragung bezog sich vor allem auf die merkmalsspezifisch differenzierte Deskription der Akteursbeteiligung im Gesamtprogramm sowie auf konkrete Umsetzungsformen der Berücksichtigung der Leitprinzipien. Über alle Programmbereiche hinweg wurde erhoben, wer struktur- bzw. organisationsintern, als Kooperationspartner oder als Zielgruppe an umgesetzten Programmmaßnahmen beteiligt wurde. Als zentrale Kategorien zur minimalen

20 Diskutiert wurde u. a. intensiv darüber, ob Diversity Mainstreaming im Sinne der Förderung von Vielfalt nicht auch als implizites drittes Mittlerziel des Programms neben Extremismusprävention und Demokratieförderung betrachtet werden kann.

Erfassung von GDI wurden die Kategorien „Geschlecht", „Migrationshintergrund" und „Behinderung" festgelegt. Für das Leitprinzip GM wurden demnach zum einen geschlechtsbezogene Teilnahmequoten oder die Zusammensetzung des Personaltableaus der Trägerorganisationen mit den Merkmalsausprägungen „Männlich/Weiblich/Andere" erhoben. Über ein solches Sex-Counting hinaus wurden Items entwickelt, anhand derer Formen der Berücksichtigung von GM erhoben werden konnten, die unabhängig von der Ausgestaltung der Teilbereiche des Bundesprogramms Relevanz besaßen.[21]

Hinsichtlich der Bewertung und der Vergleichbarkeit der Befunde über Umsetzungsformen erwies sich die Aussagekraft der erzielten Daten letztlich als stark begrenzt. Ein komplexes Programm wie „Demokratie leben!" birgt durch seine Untergliederung in Programmbereiche teilweise sehr unterschiedliche Zielstellungen und Handlungsstrategien. Die Berücksichtigung von GM muss sich der Gestaltung solcher Programmteile anpassen und kann entsprechend unterschiedliche Formen annehmen. Zur Bewertung der Umsetzung von GM in einem komplexen Programm ist es deshalb notwendig, die Analyse von GM gegenstandsangemessen auf jeweils einzelne Praxiskontexte zu beziehen, was den Einsatz standardisierter Erhebungsinstrumente für programmglobale Leitprinzipien erschwert.

Im Falle von „Demokratie leben!" zeigte sich dies beispielweise in den modellhaft arbeitenden Programmbereichen mit Schwerpunkt auf pädagogischer Praxis. Hier zeichnete sich ab, dass die Wahl spezieller pädagogischer Ansätze starke Implikationen für die Berücksichtigung von GM in der Arbeit mit Zielgruppen hatte. Demgegenüber spielten pädagogische Ansätze in den stärker auf Strukturaufbau bezogenen Programmbereichen insgesamt nur eine untergeordnete Rolle. Auch aus anderen Gründen stößt die Verwendung standardisierter Instrumente zur Evaluierung von GM in Programmen mit einer Vielzahl von Praxiskontexten und Akteurstypen schnell an seine Grenzen. So zeigte sich, dass bestimmte Umsetzungsformen von GM stark von externen Faktoren abhängig waren, etwa von der Größe der befragten Träger. Die in „Demokratie leben!" geförderten Modellprojekte sind personell kleine Arbeitseinheiten in der Trägerschaft von größeren Organisationen, z. B. Wohlfahrtsverbänden oder Trägern der Kinder- und Jugendhilfe. Die Implementation von GM-Prozessen innerhalb dieser Träger kann zwar in Einzelfällen auch angeregt durch das Modellprojekt stattfinden, ist in der Regel aber eingebettet in eine trägerweite

21 Bei der Befragung wurde berücksichtigt, dass es unintendiert bei befragten Programmstakeholdern Defizite suggerieren kann, wenn im Fragebogen eine große Anzahl optionaler Maßnahmen im Kontext von GM aufgeführt werden, die von diesen aber nicht umgesetzt werden konnten. Hierfür ist es notwendig, Sensibilität für die Heterogenität der umsetzenden Programmstakeholder aufzubringen und kommunikativ ein geteiltes Verständnis von GM herzustellen.

Strategie der Organisationsentwicklung oder gleichstellungsspezifischer Verfahren (z. B. Controlling sowie Report- und Meldeverfahren), die sich en détail der Kenntnis der Modellprojektmitarbeitenden entziehen kann. Strukturbezogene Angaben der befragten Projektumsetzenden, die über deren eigenen Arbeitsbereich, respektive den Evaluationsgegenstand, hinausweisen, sind ob ihrer Datenqualität stets kritisch zu prüfen. Zielt das Erkenntnisinteresse der GM-Evaluation über deren eigentliche Gegenstände (z. B. kleine Modellprojekte) hinaus, müsste ihr Fokus deutlich erweitert werden. In Absprache mit den Programmgebenden und weiteren Stakeholdern müssten somit auch die Trägerorganisationen der Modellprojekte als Evaluationsgegenstände und deren GM-Strategien in den Blick genommen werden.

Da dies in der projektbezogenen Evaluationspraxis in der Regel insbesondere bei großen Trägerorganisationen kein realistisches Vorgehen darstellt, müssen diesbezüglich Abstriche bei der Aussagekraft der Daten für das Programm hingenommen werden. Vor diesem Hintergrund stellte sich keine hinreichende Vergleichbarkeit der Resultate der standardisierten programmglobalen Befragung zu Formen der Berücksichtigung von GM zwischen einzelnen Programmbereichen ein. Für weitere Aspekte von GM in Praxiskontexten erwiesen sich standardisierte Operationalisierungen auf der Ebene des Gesamtprogramms aufgrund der komplexen Programmarchitektur nicht als gegenstandsangemessen umsetzbar. Im Evaluationsverbund von „Demokratie leben!" wurde darauf mit einem letztlich stärker differenzierten und dadurch auch gegenstandsangemesseneren methodischen Zugang zur Analyse und Bewertung von GM als Leitprinzip reagiert.

Neben der standardisierten programmglobalen Erhebung wurde den zuständigen wissenschaftlichen Begleitungen freigestellt, weitere spezifische Kategorien für einzelne von ihnen evaluierte Programmbereiche heranzuziehen und diese in verschiedene qualitative Erhebungen zu integrieren. Damit konnte untersucht werden, wie GM in einzelnen Programmbereichen praktisch und konzeptionell umgesetzt wurde. Dies führte zu einem stark individualisierten Umgang der einzelnen wissenschaftlichen Begleitungen mit der Thematik. Aufgrund des thematischen Zuschnitts von „Demokratie leben!" finden sich vielfältige Aspekte von GM in den adressierten Arbeitsfeldern wieder, etwa als methodisches Prinzip, explizite Zielstellung oder inhärenter Inhalt pädagogischer Praxis (z. B. in geschlechterreflektierender Bildungsarbeit). Um diesem Umstand gerecht werden zu können, wurden von der Gesamtevaluation Bestrebungen unternommen, im Evaluationsverbund ein Orientierungsraster für tiefergehende qualitative Erhebungen zu entwickeln. Es sollte ermöglichen, Erkenntnisinteressen bezüglich GM auf Programm- sowie Projektebene und einzelnen (Teil-)Aspekten des Implementierungsprozesses zu verorten und besser vergleichbar zu machen. Dafür wurden die strukturelle Ebene (Organisationen bzw. Träger), die Zielebene (Konzepte der umsetzenden Programmakteurinnen und -akteure), die Handlungsebene (konkrete Umsetzungspraxis) und die Ebene der Wirkungen unterschieden. Auf den letzten drei Ebenen können von der Evaluation wiederum strukturelle, symbolische und personale Aspekte der GM-Prozesse untersucht werden.[22] In der ersten Förderperiode von „Demokratie leben!" konnte dieses Instrument noch nicht finalisiert und systematisch zur vergleichenden Bewertung der Umsetzungsmaßnahmen von GM im Programm eingesetzt werden. Für die zweite Förderperiode des Bundesprogramms (2020–2024) arbeitet die Programmevaluation an der Weiterentwicklung und dem Einsatz eines gegenstandsangemessenen Erhebungsinstruments, das sowohl Erfahrungen mit der Evaluierung von GDI aus der ersten Förderphase als auch die Fortentwicklung der Programmstruktur einbezieht.

5.5 Ausblick

Die angemessene Berücksichtigung aller Dimensionen von GM in Programmevaluationen erfordert von allen beteiligten Stakeholdern nicht nur die Übernahme von Verantwortung und einen hohen Ressourceneinsatz, sondern auch eine hinreichend ausgeprägte Genderkompetenz. Im Verantwortungsbereich der Auftraggebenden wird dies etwa bei der Festlegung zentraler Zielsetzungen und der Rolle von GM im Programm bzw. in der Evaluation deutlich. Insbesondere auch seitens der Evaluierenden selbst erfordert die Beschäftigung mit GM ein spezifisch ausgeprägtes Genderkompetenzprofil. Neben (gender-)theoretischem Wissen umfasst dies eine Reihe verschiedener Prozess-, Fach- und Methodenkompetenzen. Die vom Arbeitskreis „Gender Mainstreaming" der DeGEval zur genaueren Bestimmung dieser Anforderungsprofile für Evaluierende eingeführte Unterscheidung zwischen Genderkompetenz und Genderexpertise eignet sich zur genaueren Differenzierung (Gutknecht-Gmeiner/Eckstein/Wroblewski 2017, S. 218).

Unter *Genderkompetenz* wird dabei ein Set basaler Grundanforderungen gefasst, das als notwendig zur angemessenen Evaluation von Gender Mainstreaming betrachtet werden kann. Dazu zählen u. a. die Genderdimension bzw. -relevanz im eigenen Evaluationsgegenstand zu erkennen, gleichstellungspolitische Ziele bewerten und den Zusammenhang von Geschlecht und weiteren relevanten Strukturkategorien im Arbeitsfeld erfassen zu können. Hinzu kommen die Reflexionsfähigkeit in Bezug auf (eigene) Geschlechterrollen, das

22 Diese starke Schematisierung ist in erster Linie der komplexen Programmstruktur von „Demokratie leben!" geschuldet und gewährleistet vor allem Nachvollziehbarkeit innerhalb des Evaluationsverbunds, kann aber nicht unmittelbar als Instrument für Vergleiche einzelner Programmbereiche Verwendung finden.

Einnehmen einer grundständig positiven Haltung gegenüber Gleichstellungszielen und der Verwendung einer gendergerechten Sprache als fachlicher Standard (ebd., S. 220). Die darüber hinausweisende *Genderexpertise* übersteigt diese Mindestanforderung an Evaluierende deutlich, indem ein spezialisiertes Fachwissen, eine intensive Auseinandersetzung mit Gendertheorien samt aktuellen Forschungsständen sowie einschlägige Umsetzungs- bzw. Evaluationserfahrungen eingefordert werden. Genderexpertise wird damit vor allem für die eigenständige Konzeptionierung und Durchführung von Evaluationsstudien zur Umsetzung von GM in expliziten Gleichstellungprogrammen ein relevantes Kriterium. Für die Evaluation von GM als programmglobales Leitprinzip lässt sich ein erforderliches Kompetenzfeld subsumieren, das unabhängig von Ziel und Arbeitsfeld des Programms folgende Fähigkeiten umfassen sollte (ebd., S. 221; Gutknecht-Gmeiner/Wroblewski 2014, S. 185):

- die Genderdimension im eigenen Evaluationsgegenstand erkennen,
- benötigte Informationen (Daten, Forschungsergebnisse etc.) zu zentralen Genderaspekten finden,
- die eigene Rolle als bewertende Evaluierende reflektieren und angelegte Bewertungsmaßstäbe transparent machen,
- erkennen, wann zusätzliche Genderexpertise eingeholt werden muss.

Auch rund zwei Jahrzehnte nach der politischen Initiation von GM steht in vielen Bereichen der Evaluationsforschung die Auseinandersetzung damit, z. B. in Form eines programmglobalen Leitprinzips, noch am Anfang (vgl. Gutknecht-Gmeiner/Wroblewski 2014, S. 183 ff.). Abschließend findet sich deshalb ein Ausblick auf einige zukünftige Herausforderungen in diesem noch entwicklungsfähigen Evaluationsfeld.

Die wachsende Bedeutung der *gemeinsamen Analyse* von Gender Mainstreaming und Diversity Mainstreaming versetzt Evaluierende mitunter in eine paradoxe Ausgangssituation. Zum einen erfordert sie die Verwendung von Kategorisierungen, um beispielsweise benachteiligte Gruppen identifizieren bzw. deren Teilhabe ermöglichen zu können; zum anderen sollen diese politischen Strategien als Instrumente dienen, um perspektivisch die mit (diesen) Kategorisierungen einhergehenden Ausschlüsse abzubauen. Insbesondere in Bezug auf problematische Effekte der Reproduktion von Ungleichheiten durch bzw. in der Evaluation selbst und hinsichtlich der konsequenten Berücksichtigung einer *intersektionalen Perspektive*, die die systematische Verstärkung und Verschränkung von Diskriminierungsmechanismen mit einbezieht, erfordern kreative und innovative Evaluationsansätze. Zur Vermeidung der Reproduktion geschlechts- oder herkunftsbezogener Stereotypen und gesellschaftlicher Machtverhältnisse liegt es nahe, eine intersektionale Perspektive in allen Schritten des Evaluationsprozesses explizit mitzudenken und somit auch die Kategorie Geschlecht im Sinne von Intersektionalität immer im Zusammenhang mit anderen sozialen Kategorien auszuwerten (Döring 2013, S. 111).

Welche innovativen Zugänge sich für die Evaluation von GM und Gleichstellungspolitik ergeben und wie Gender auch in einem sozialkonstruktivistischen und intersektionalen Verständnis operationalisiert und empirisch umgesetzt werden kann, ohne dabei „als eines von vielen Merkmalen in der Analyse unter[zugehen]" (Gutknecht-Gmeiner/Wroblewski 2014, S. 187) sind dabei ebenso ungeklärte Fragen, die die zukünftigen Fachdebatten bestimmen werden (Eckstein/Wroblewksi 2017, S. 269). Da eine zentrale Aufgabe von Evaluation darin besteht „aktuelle wissenschaftliche Informationen durch die öffentliche Diskussion bereit[zustellen], trägt sie [...] zur Rationalisierung der politischen Debatten über gesellschaftliche Ziele bei und zeigt dabei das Machbare für alle Beteiligten erkennbar auf" (Stockmann 2014, S. 22). In diesem Sinne kann die Evaluation von GM auch in nicht dezidierten Gleichstellungsprogrammen Befunde liefern, die kontextabhängig aufzeigen, welche Elemente der GM-Strategie unter welchen (strukturellen) Rahmenbedingungen umsetzbar sind und Wirksamkeitspotenziale aufweisen. Wie am Beispiel der Evaluation von „Demokratie leben!" ersichtlich wird, sind entsprechende Ergebnisse in komplexen Programmen allerdings nur dann erzielbar, wenn im Evaluationsdesign der Analyse von Leitprinzipien ausreichend Ressourcen zugeteilt werden und sie nicht als nachgeordnete Fragestellung aus dem Fokus gerät.

Ob und inwiefern intendierte Entwicklungen zur Gleichstellung erfolgt sind, ist für Evaluierende nur kontextsensibel unter Bezugnahme auf Rechtslage und Bedingungsfaktoren im Arbeitsfeld der Programakteurinnen und Programmakteure und nicht mit einer Beschränkung auf quantifizierende Analysen zu bewerten. Zur Unterstützung der Programmakteurinnen und -akteure im GM-Umsetzungsprozess kann Evaluation nicht nur durch die gemeinsame Konkretisierung von Zielen, sondern auch durch *Theoretisierung der Konzepte* und der kritischen Analyse von angestoßenen Veränderungsprozessen auf struktureller Organisations- und handlungspraktischer Ebene beitragen (Karsunky 2018, S. 1127). Gutknecht-Gmeiner und Wroblewski (2014) weisen kritisch darauf hin, dass die im positivsten Sinne aufzufassende „Radikalität des Gender Mainstreaming Ansatzes [...] in den letzten 10 bis 15 Jahren oftmals durch mangelnde Operationalisierung von allgemeinen Gleichstellungszielen und eine unzureichende Datenbasis konterkariert" (ebd., S. 186) wurden. Auch Evaluation trägt somit Verantwortung für die erfolgreiche Umsetzung von Gleichstellungspolitik und muss sich der Herausforderung stellen, gegenstandsangemessene Operationalisierungen mit geschlechtertheoretischer Fundierung zu entwickeln und nicht davor zurückschrecken, auch auf unbequeme Befunde im Hinblick auf den Anspruch der Gleichstellungsorientierung hinzuweisen, die weiteren politischen Handlungsdruck nach sich ziehen.

Literatur

Alfama, Eva/Cruells, Marta (2013): How can evaluation contribute to the Gender Mainstreaming strategy? Paper presented at the 3rd European Conference on Politics and Gender (ECPG) – ECPR Standing Group on Gender and Politics. Barcelona

Behning, Ute (2004): Implementation von Gender Mainstreaming auf europäischer Ebene. Geschlechtergleichstellung ohne Zielvorstellung? In: Meuser, Michael/Neusüß, Claudia (Hrsg.): Gender Mainstreaming. Konzepte – Handlungsfelder – Instrumente. Bonn, S. 122–134

Behning, Ute/Sauer, Birgit (2005): Von der Kritik zur Analyse: das Problem der Bewertung von Gender Mainstreaming – eine Einleitung. In: Dies. (Hrsg.): Was bewirkt Gender Mainstreaming? Evaluierung durch Policy-Analysen. Frankfurt (Main), S. 11–28

Beywl, Wolfgang (1999): Programmevaluation in pädagogischen Praxisfeldern – begriffliche und konzeptionelle Grundlagen. In: Künzel, Klaus (Hrsg.): Internationales Jahrbuch der Erwachsenenbildung. Köln, S. 29–48

Bundesministerium für Familie, Senioren, Frauen und Jugend (BMFSFJ) (Hrsg.) (2014): Strategie „Gender Mainstreaming". Berlin

Bundesministerium für Familie, Senioren, Frauen und Jugend (BMFSFJ) (Hrsg.) (2015a/b/c/d/e): Leitlinien „Bundesweite Förderung lokaler „Partnerschaften für Demokratie", „Förderung von Demokratiezentren zur landesweiten Koordinierung und Vernetzung sowie von Mobiler, Opfer- und Ausstiegsberatung", „Förderung der Strukturentwicklung zum bundeszentralen Träger", „Förderung von Modellprojekten zu Phänomenen gruppenbezogener Menschenfeindlichkeit (GMF) und zur Demokratiestärkung im ländlichen Raum", „Förderung von Modellprojekten zur Radikalisierungsprävention", Berlin

Bundesministerium für Familie, Senioren, Frauen und Jugend (BMFSFJ) (Hrsg.) (2017a/b/c/d/e): Leitlinien „Förderung von Maßnahmen der Prävention und Deradikalisierung in Strafvollzug und Bewährungshilfe", „Förderung von Modellprojekten zum Zusammenleben in der Einwanderungsgesellschaft, Vielfalt leben – Organisationen gestalten", „Förderung von Modellprojekten zum Zusammenleben in der Einwanderungsgesellschaft Empowerment zur demokratischen Teilhabe sowie Konfliktbearbeitung", „Förderung von Modellprojekten zur Stärkung des Engagements im Netz – gegen Hass im Netz", „Förderung von Modellprojekten für Engagement und Vielfalt in der Arbeits- und Unternehmenswelt", Berlin

Bustelo, María (2013): Evaluation from a Gender+ Perspective as a Key Element for (Re)gendering the Policymaking Process. In: Journal of Women, Politics & Policy, 38. Jg., H. 1, S. 84–101

Döge, Peter/Stiegler, Barbara (2004): Gender Mainstreaming in Deutschland. In: Meuser, Michael/Neusüß, Claudia (Hrsg.): Gender Mainstreaming. Konzepte – Handlungsfelder – Instrumente. Bonn, S. 135–157

Döring, Nicola (2013): Zur Operationalisierung von Geschlecht im Fragebogen. Probleme und Lösungsansätze aus Sicht von Mess-, Umfrage-, Gender- und Queer-Theorie. In: GENDER, H. 2, S. 94–113

Eckstein, Kirstin/Wroblewski, Angela (2017): Gender Mainstreaming und Evaluation. In: Zeitschrift für Evaluation, 16. Jg., H. 2, S. 267–269

Europäische Gemeinschaften (Hrsg.) (1997): Vertrag von Amsterdam. Luxemburg

Europäische Kommission (Hrsg.) (1998): Fortschrittsbericht der Kommission über Folgemaßnahmen zu der Mitteilung: „Einbindung der Chancengleichheit in sämtliche politische Konzepte und Maßnahmen der Gemeinschaft“ Brüssel

Europäische Kommission (Hrsg.) (2004): EQUAL-Leitfaden zu Gender Mainstreaming. Generaldirektion Beschäftigung, soziale Angelegenheiten und Chancengleichheit. Luxemburg

Europarat (Hrsg.) (1998): Gender Mainstreaming: Rahmenkonzept, Methodik und Vorstellung bewährter Praktiken. Straßburg

Gutknecht-Gmeiner, Maria/Wroblewski, Angela (2014): Evaluation von Gender Mainstreaming und Gendern von Evaluation. In: Böttcher, Wolfgang/Kerlen, Christiane/Maats, Peter/Schwab, Oliver/Sheikh, Sonja (Hrsg.): Evaluation in Deutschland und Österreich. Stand und Entwicklungsperspektiven in den Arbeitsfeldern der DeGEval – Gesellschaft für Evaluation. Münster/New York

Gutknecht-Gmeiner, Maria/Eckstein, Kirstin/Wroblewski, Angela (2017): Genderkompetenz und Genderexpertise – Anforderungen an Kompetenzprofile von Evaluator(inn)en. In: Zeitschrift für Evaluation, 16. Jg., H. 1, S. 218–222

Haunberger, Sigrid/Baumgartner, Edgar (2017): Wirkungsevaluationen in der Sozialen Arbeit mittels Realistic Evaluation: empirische Anwendungen und methodische Herausforderungen. In: Zeitschrift für Evaluation, 16. Jg., Heft 1, S. 121–145

Karsunky, Silke (2018): Gender Mainstreaming. In: Böllert, Karin (Hrsg.): Kompendium Kinder- und Jugendhilfe. Wiesbaden

Mergaert, Lut (2012). The Reality of Gender Mainstreaming Implementation. The Case of the EU Research Policy. Wageningen

Meuser, Michael/Neusüß, Claudia (2004): Gender Mainstreaming. Konzepte – Handlungsfelder – Instrumente. Bonn

Meyer, Wolfgang (2017): Einführung in die Grundlagen der Entwicklung von Indikatoren. In: Wroblewski, Angela/Kelle, Udo/Reith, Florian (Hrsg.): Gleichstellung messbar machen. Grundlagen und Anwendungen von Gender- und Gleichstellungsindikatoren. Wiesbaden

Minto, Rachel/Mergaert, Lut/Bustelo, María (2020): Policy evaluation and gender mainstreaming in the European Union: The perfect (mis)match. In: European Journal of Politics and Gender, 3. Jg., H. 2, S. 277–294

Pawson, Ray/Tilley, Nick (1997): An Introduction to Scientifi c Realist Evaluation. In: Chelimsky, Eleanor/Shadish, William R. (Hrsg.): Evaluation for the 21st Century: A Handbook. Thousand Oaks, S. 405–418

Pimminger, Irene (2011): Leitfaden zur Evaluierung des Querschnittsziels Gleichstellung in Programmen. Berlin

Pimminger, Irene (2012): Umsetzung von Gender Mainstreaming in Programmen. Berlin

Pimminger, Irene (2017): Theoretische Grundlagen zur Operationalisierung von Gleichstellung. In: Wroblewski, Angela/Kelle, Udo/Reith, Florian (Hrsg.): Gleichstellung messbar machen. Grundlagen und Anwendungen von Gender- und Gleichstellungsindikatoren. Wiesbaden, S. 39–60

Pimminger, Irene/Wroblewski, Angela (2017): Von geschlechtsdifferenzierten Daten zu Gender- und Gleichstellungsindikatoren. In: Wroblewski, Angela/Kelle, Udo/Reith, Florian (Hrsg.): Gleichstellung messbar machen Grundlagen und Anwendungen von Gender- und Gleichstellungsindikatoren. Wiesbaden, S. 61–79

Projekt eXe (Bearbeitung: Karin Haubrich) (2010): Programme ergebnisorientiert planen und gestalten. Handreichung zum logischen Modell. München

Sauer, Birgit (2005): Geschlechterkritischer Institutionalismus – ein Beitrag zur politikwissenschaftlichen Policy-Forschung. In: Behning, Ute/Sauer, Birgit (Hrsg.): Was bewirkt Gender Mainstreaming? Evaluierung durch Policy-Analysen, Frankfurt (Main), S. 85–98

Stiegler, Barbara (2000): Wie Gender in den Mainstream kommt: Konzepte, Argumente und Praxisbeispiele zur EU-Strategie des Gender-Mainstreaming, Bonn

Stiegler, Barbara (2012): Gender Mainstreaming: überflüssig oder kontraproduktiv? Eine Diskussion. Bonn.

Stockmann, Reinhard/Meyer, Wolfgang (2014): Evaluation. Eine Einführung., Opladen

Strübing, Jörg/Hirschauer, Stefan/Ayaß, Ruth/Krähnke, Uwe/Scheffer, Thomas (2018): Gütekriterien qualitativer Sozialforschung. Ein Diskussionsanstoß. In: Zeitschrift für Soziologie, 47. Jg., H. 2, S. 83–100

United Nations Evaluation Group (UNEG) (Hrsg.) (2014): Integrating Human Rights and Gender Equality in Evaluations. New York

Wolf, Richard (2017): Methoden der Programmevaluation. Ein prozessorientiertes Rahmenmodell für die Begleitung von Evaluationsprojekten. Bamberg

Wroblewski, Angela/Lassnigg, Lorenz/Kahlhammer, Elisa (2007): Evaluation von GM-Implementationsprozessen. In: Leitner, Andrea/Pirklbauer, Sybille/Walenta, Christa/ Wroblewski, Angela (Hrsg.): Qualitätsentwicklung Gender Mainstreaming. Band 5 – Indikatoren. Wien, S. 81–97

Wroblewski, Angela/Kelle, Udo/Reith, Florian (2017): Einleitung: Gleichstellung messbar Machen. In: Wroblewski, Angela/Kelle, Udo/Reith, Florian (Hrsg.) (2017): Gleichstellung messbar machen Grundlagen und Anwendungen von Gender- und Gleichstellungsindikatoren. Wiesbaden, S. 1–12

6 Demokratieförderung und Radikalisierungsprävention digital – Ansatzpunkte für die Beurteilung von Struktur-, Konzept- und Prozessqualität pädagogisch-präventiver Arbeit im digitalen Raum

Isabell Ziegler, Anne Brodführer, Susanne Johansson

Angesichts der zunehmenden Durchdringung populärer Social Media-Anwendungen mit Hassreden und extremistischen Botschaften hat sich endgültig die Notwendigkeit gezeigt, den digitalen Raum als Handlungsfeld sowohl der Demokratieförderung als auch der Radikalisierungsprävention zu erschließen. Dementsprechend wurde diesem Bereich innerhalb des Bundesprogramms „Demokratie leben!" von Ende 2017 bis Ende 2019 mit der Förderung von 33 Modellprojekten zur „Stärkung des Engagements im Netz – gegen Hass im Netz" erstmals ein eigenständiger programmatischer Rahmen gesetzt. Innerhalb dieses Programmbereichs sollten Träger Strategien und Ansätze entwickeln und erproben, die dazu geeignet sind, Kompetenzen von Kindern und Jugendlichen sowie Fachkräften im Umgang mit Hassbotschaften, extremistischen Ansprachen und persuasiv-manipulativen Inhalten zu stärken, diskriminierte oder von Diskriminierung bedrohte Personen und Gruppen in ihrem Online-Umfeld zu stärken, zivilgesellschaftliches Online-Engagement und digitale Zivilcourage zu befördern sowie Jugendliche in ihrer Distanzierung von extremistischen Online-Inhalten, digital verbreiteten extremistischen Ideologien oder entsprechenden im Netz agierenden Gruppierungen zu begleiten (BMFSFJ 2017). Diese hier grob skizzierten Zielstellungen griffen die im Bundesprogramm angelegte Doppelstrategie der Förderung von Demokratie[1] sowie

1 Unter „Demokratieförderung" werden hier im Wesentlichen Ansätze subsumiert, die auf eine Stärkung demokratischer Gegenkräfte (hier spezifisch: den Auf- und Ausbau einer digitalen Zivilgesellschaft) fokussieren oder auf die Entwicklung partizipationsermöglichender Chancenstrukturen (hier spezifisch: den Aufbau und die Stärkung von politischer Online-Partizipation) ausgerichtet sind (vertiefend ISS e.V. 2018, S. 26 ff.).

Prävention von Radikalisierung und Gruppenbezogener Menschenfeindlichkeit[2] auf (ISS e.V. 2018; DJI 2017), die nunmehr in einem vergleichsweise neuen Setting bearbeitet wurde. Bei der Demokratieförderung und Radikalisierungsprävention im digitalen Raum handelt es sich somit um ein Feld – und damit auch einen Evaluationsgegenstand –, das erst in Entwicklung begriffen und durch verschiedene Reibungsmomente (z. B. konkurrierende Interessenlagen, gesellschaftliche Brisanz und kontroverse Debatten) gekennzeichnet ist.

Zentraler Auftrag von Modellprojekten ist die Entwicklung, Adaption und Erprobung von Vorhaben, die bislang noch nicht Gegenstand von Regelpraxen sind (Haubrich 2009; Klingelhöfer 2007). Im Programmbereich zur Stärkung des Engagements im Netz stand den Geförderten mit der Laufzeit von zwei Jahren hierfür ein relativ kurzer Zeitraum zur Verfügung. Aufgrund der zeitlichen Restriktion beschränkte sich das mit der wissenschaftlichen Begleitung beauftragte Institut für Sozialarbeit und Sozialpädagogik e.V. (ISS e.V.) auf die Identifikation von Kriterien, die auf Ebene der strukturellen Voraussetzungen, der Konzepte und der Prozesse die Chancen für eine Leistungsfähigkeit und die Sicherstellung von Ergebnisqualität erhöhen können. Der vorliegende Beitrag geht in diesem Sinne der Frage nach, welche Struktur-, Konzept- und Prozessmerkmale (Kliche u. a. 2004) dazu beitragen können, dass die im digitalen Raum tätigen Modellprojekte die angestrebten Resultate erreichen (Beywl/Speer/Kehr 2004).[3]

Um die Gegenstandsangemessenheit relevanter Merkmale beurteilen zu können, ist es zunächst notwendig, die Rahmenbedingungen zu reflektieren, mit denen Träger und Fachkräfte bei einer demokratiefördernden oder radika-

2 Als „Prävention" bezeichnen wir – u. a. in Anlehnung an Deutsches Jugendinstitut e.V. 2017 – spezifische Handlungsstrategien, die einem unerwünschten Zustand vorbeugen bzw. individuelle oder gesellschaftliche Risikofaktoren/Risikolagen abmildern sollen. Im zur Rede stehenden Programmbereich „Stärkung des Engagements im Netz – gegen Hass im Netz" werden hierunter gezielte Maßnahmen der pädagogisch-bildnerischen und sensibilisierenden Extremismusprävention sowie der Prävention von Gruppenbezogener Menschenfeindlichkeit und von Hate Speech gefasst, die sich spezifisch auf Online-Erscheinungsformen dieser Phänomene beziehen und (auch) onlinebasiert umgesetzt werden. Unter „Prävention" fassen wir dabei gleichermaßen zielgruppenspezifische Aktivitäten, die sich an (potenziell) Betroffene der Phänomene (sogenannte „Opferprävention") als auch an Akteure richten (sogenannte „Täterprävention") (vertiefend ISS e.V. 2018, S. 27 ff.).

3 Modellprojekte im Programmbereich zielten beispielsweise darauf ab, mit den geschaffenen digitalen und analogen Angeboten die erwünschte Zielgruppe in einer gewissen Größe und Nutzungsintensität zu erreichen und dabei auf Akzeptanz zu stoßen (Outputs; eine für die digitale Projektpraxis nicht zu unterschätzende Größe), dadurch Wissen, Einstellungen, Werte und/oder Kompetenzen zu stabilisieren bzw. zu verändern (Outcomes) oder durch den Aufbau demokratischer und aktiver Strukturen im digitalen Raum Alternativen zu schaffen oder zur Eindämmung extremistischer Gelegenheitsstrukturen beizutragen (Impacts).

lisierungspräventiven Praxis im digitalen Raum konfrontiert sind und die sie – parallel zur Erprobung des eigenen Vorhabens – vor dem Hintergrund professionsbezogener Gütekriterien oder Prinzipien zu berücksichtigen, zu reflektieren und ggf. zu bearbeiten haben. Im Anschluss wird durch eine erste Strukturierung modellprojektbezogener Qualitätsmerkmale auf Struktur-, Konzept- und Prozessebene, die sich im Rahmen der wissenschaftlichen Begleitung als besonders bedeutsam für die Modellprojektpraxis herausgestellt haben, diskutiert, welche Faktoren – aus Perspektive der wissenschaftlichen Begleitung – bei der Suche nach für die Leistungsfähigkeit[4] bedeutsamen Momenten im Rahmen einer Evaluation mindestens in den Blick genommen werden sollten.

6.1 Rahmenbedingungen pädagogisch-präventiven Handelns

An den im Rahmen des Bundesprogramms „Demokratie leben!“ geförderten Modellprojekten zeigt sich besonders eindrücklich, wie digitale Technologien zunehmend Anlässe für Interventionen schaffen und gleichzeitig die Erbringungsformen der Interventionen und ihre Rahmenbedingungen betreffen (Kutscher 2015; zitiert nach Kutscher 2017, S. 18). Beispielsweise erweitert sich die Beratung zur Online-Beratung, Partizipation zur Online-Beteiligung und auch die Kommunikation zwischen Fachkräften und Zielgruppen erfolgt immer häufiger medial vermittelt (Kutscher 2017, S. 18). Im Bereich der Demokratieförderung und Radikalisierungsprävention werden Online-Medien im pädagogischen Prozess zur Anschauung genutzt, als didaktisches Mittel (z. B. Einsatz von Apps in Workshops), gestaltbares Material (z. B. Videos, Memes), Erfahrungsraum (z. B. zur Erprobung von Gegenstrategien im interaktiven Rollenspiel), Lernumgebung (z. B. in Form von Webinaren, Blended Learning); sie werden für den Zugang zu Zielgruppen eingebunden (z. B. beim Digital Streetwork), als Anlauf-, Hilfs- oder Beratungsstruktur eingesetzt, sind Vernetzungs- und Aktionsraum für kooperative Interventionen sowie Distributionskanal für demokratieförderliche Botschaften (ISS e.V. 2019). Genutzt werden dabei sowohl eigens für den jeweiligen Zweck programmierte Software wie auch Anwendungen kommerzieller Social Media-Anbieter (z. B. Facebook, Instagram, YouTube). Die fachlichen Standards der im Feld anzutreffenden Professionen werden dabei auf unterschiedlicher Ebene herausgefordert.

Infrastruktur und Handlungsspielräume

Raum, Ort, Umgebung, Welt – diverse Um- und Beschreibungen dessen, was das Internet ist oder sein kann, versuchen die Materialität digitaler Phänomene

4 Leistungsfähigkeit verstanden als Potenzial zur Erbringung der angestrebten Resultate (Outputs, Outcomes, Impacts).

hervorzuheben (hierzu vertiefend Kerres 2017, S. 18 f.). Auch wenn es dem ersten Impuls entsprechend als virtuell, also nur gedacht oder scheinbar vorhanden, bezeichnet wird, ist das Digitale gleichfalls durch und durch materiell – es geht um Hardware, Software, Daten und Netzwerke, die in der Praxis kompliziert miteinander verbunden sind (Jörissen 2019, S. 8). Anwendungen und Inhalte sind dabei nicht-hierarchisch und nicht linear verteilt und gegebenenfalls über Schnittstellen oder Verlinkungen miteinander verknüpft (Iske/Meder 2010, S. 29 f.). Die Software, mit der durch die so entstehende Infrastruktur navigiert wird (z. B. mit dem Browser oder der Nutzeroberfläche von Social Media-Anwendungen), basiert auf „Wissen über Gebrauchsszenarien und Nutzer" und nimmt „Entscheidungen und Handlungsweisen vorweg" (Jörissen 2019, S. 9). Jene, die eine Software programmieren, können somit „über Werte, Handlungs- und manchmal sogar Lebensweisen" mitbestimmen (ebd.), wobei diese Software in der Regel in anderen Bereichen als der Jugendarbeit oder Sozialen Arbeit allgemein entstanden ist (Roeske 2018, S. 18). Die im digitalen Raum pädagogisch-präventiv Handelnden müssen sich demnach bewusstmachen, dass Zugänge und Kontakte zu Zielgruppen wie auch fachliches Agieren durch eingeschriebene Standards und gesetzte Bedingungen vorstrukturiert sind, die überhaupt nicht oder nur kaum durch für sie relevante Fachstandards inspiriert sind. Die Vorstrukturiertheit digitaler Medien führt somit einerseits zu einer Vereinfachung oder gar erst Ermöglichung von Kontakten, Kommunikation, Beteiligung, Arbeitsbündnissen oder Informationsdistribution. Gleichzeitig findet jedoch auch ein Ausschluss statt, weil die jeweils genutzte Anwendung bestimmte Funktionen nicht anbietet oder Gebrauchsweisen gar verhindert. Die Anpassung zugunsten gegebenenfalls ganz spezifischer, professioneller oder auf die Zielgruppe bezogener Bedarfe ist nur beschränkt möglich, weil gerade die populären und meist kommerziellen sozialen Medien eigentumsrechtlich vor Eingriffen geschützt und die eingeschriebenen Standards und undurchsichtigen Funktionslogiken (z. B. von Algorithmen) kaum nachvollziehbar und/oder veränderbar sind (Roeske 2018, S. 18). Um Maßnahmen im digitalen Raum den Prinzipien der Kinder- und Jugendhilfe entsprechend niedrigschwellig und inklusiv zu gestalten, bedarf es einer fachlichen und projektbezogenen Reflexion, in welcher Weise der gewählte Kanal Zugänge und Ausschlüsse erzeugt – gerade weil sich soziale Ungleichheit auch online fortsetzt und in Mediennutzungsunterschieden niederschlägt (Zillien 2009).

Entgrenzung von Raum und Zeit

Entgegen der mittlerweile überkommenen Vorstellung von digitalen Räumen als vom Realen getrennte, ganz eigene Welten, in denen wir uns mittels Avataren neu und anders erschaffen können, spielt sich der Alltag spätestens mit der Allgegenwärtigkeit des Smartphones sowohl analog als auch digital ab. Während analoge Orte und Strukturen jedoch weiterhin ihre Linearität und Separierung behalten (z. B. Sphären der Erwerbsarbeit und Freizeit), fallen diese digital oftmals zusammen, wenn beispielsweise geschäftliche E-Mails auch nach Dienstschluss auf dem Endgerät eintreffen oder das Facebook-Profil einer Fachkraft sowohl für den Kontakt mit Zielgruppen als auch für private Beziehungen genutzt wird. Gerade die Portabilität der Geräte ermöglicht, unabhängig von zeit- und ortsbezogenen Sozialstrukturen permanent online und vernetzt zu sein (Vorderer 2015, S. 1), damit überall und jederzeit auf Informationen, Wissen, Personen etc. zugreifen zu können und die Auflösung von Grenzverschiebungen zwischen vormals getrennten Sphären zu forcieren (Deutscher Bundestag 2017, S. 274). So ist es für Fachkräfte online vergleichsweise einfach, „persönliche Öffentlichkeiten" (Schmidt 2018, S. 27) der mit ihnen in Kontakt stehenden Zielgruppen zu betreten, in denen diese möglicherweise auf sich bezogene Informationen preisgeben, die Fachkräfte außerhalb des digitalen Raums gar nicht oder erst nach einiger Zeit erfahren (Hohnstein/Glaser 2017, S. 271). Das ist einerseits – gerade für das Feld der Demokratieförderung und Radikalisierungsprävention – eine Chance, andererseits gilt es vor dem Hintergrund des Freiwilligkeitsgebots der Kinder- und Jugendhilfe zu reflektieren, wieweit Fachkräfte in die digitalen Räume (potenzieller) Zielgruppen vordringen sollten und ob es auch einer Pädagogisierung nicht ausgesetzte Räume geben sollte (ebd.; Bundesjugendkuratorium 2016, S. 27). Umgekehrt müssen auch die Träger im Blick behalten, wie sie Fachkräfte bei der Wahrung von zeitlichen wie auch räumlichen Grenzen zwischen digitaler Erwerbs- und Privatsphäre unterstützen können.

Kommunikative Architektur

An der Schnittstelle von eigener Gebrauchsweise und digitaler Infrastruktur werden für fachliches Handeln besonders auch Eigenschaften digitaler Medien relevant, die eine Grenzziehung von Privatsphäre und Öffentlichkeit erschweren – nämlich Persistenz, Kopierbarkeit und Durchsuchbarkeit (Schmidt 2018, S. 36 ff.). Die digital vermittelte Kommunikation zwischen Fachkraft und Zielgruppen hinterlässt hier nicht nur wie gewünscht mentale Spuren, meist ist sie innerhalb oder außerhalb des Mediums dauerhaft gespeichert (Persistenz). Auch nach einer Löschung seitens der Beteiligten sind die Informationen unter Umständen weiterhin in Archiven oder auf Backup-Kopien des Speichermediums vorhanden. Digitale Daten, seien es Kommunikate, Texte, Fotos, Videos oder gar ganze Profile und Webseiten, lassen sich überdies kopieren und erneut veröffentlichen (Kopierbarkeit). Sie sind außerdem mittels Suchmaschinen oder plattformeigener Funktionen durchsuchbar, wodurch Informationen – seien es ältere und gegebenenfalls überholte oder in Echtzeit produzierte – aus unterschiedlichen Quellen aufgefunden und zusammengeführt werden können

(Durchsuchbarkeit) (Schmidt 2018). Grundsätzlich sind Fachkräfte zur Verschwiegenheit und zum Schutz ihrer Zielgruppen (z. B. vor Stigmatisierungsgefahren) verpflichtet und geraten relativ leicht in ein Dilemma, wenn Kinder- und Jugendhilfeangebote über kommerzielle soziale Medien zugänglich sind. Hier liegen die Anonymität und der Schutz gegebenenfalls prekärer Daten nur begrenzt in ihrer Hand, da diese auch immer Teil der von den Unternehmen generierten Datenprofile werden (Deutscher Bundestag 2013, S. 396). Eigens für den jeweiligen Zweck programmierte Lösungen, wie sie zum Beispiel im Feld der Online-Beratung verbreitet sind, ermöglichen eine größere Datensicherheit und die Verbindung von Anonymität und Schutzanspruch. Für die digitale Demokratieförderung und Radikalisierungsprävention bleibt – wie auch für andere pädagogische Bereiche – das Dilemma jedoch weiterhin bestehen, da die Fachkräfte in diesem Feld nicht ohne Weiteres auf den Zugang über kommerzielle Anbieter verzichten und in wichtigen lebensweltlichen Räumen abwesend sein können, in denen extremistische Akteurinnen und Akteure für ihre Zwecke mobilisieren.

Autonomie und Eigenverantwortung

Durch den vergleichsweise geringen Umfang an einordnenden, verifizierenden oder begleitenden Instanzen im digitalen Raum müssen Nutzende die Authentizität, Glaubwürdigkeit und Qualität von Informationen, Kommunikationen und Beziehungen weitestgehend selbst ausloten. Das bedeutet gerade auch für Heranwachsende einen deutlichen Gewinn an Autonomie, da sie sich selbstverständlich und relativ frei von erzieherischer Begleitung oder Beobachtung in digitalen Kontexten bewegen und dort „selbst entscheiden, wem sie was in welchem Kanal mit welchem Effekt sagen möchten und ihre Kommunikation entsprechend anpassen, […] also teils anonym oder teilanonym oder dann wiederum authentisch kommunizieren“ (Deutscher Bundestag 2017, S. 305). Pädagogische und präventive Erbringungsformen begeben sich also im digitalen Raum – noch stärker als im analogen Raum – in Konkurrenz zu den vielfältigen Optionen, die sich dort bieten. Vor dem Hintergrund kommunikativer Verdichtung bedarf es innerhalb digitaler Kontexte beständig neuer Entscheidungen, wem oder was sich Nutzende kurzfristig oder langfristig zuwenden oder wen oder was sie im Zweifelsfall wegklicken. Die Fachkräfte konkurrieren somit mit den unterschiedlichsten Kommunikationsquellen und -beteiligten. Damit die hinter den Anwendungen und Angeboten liegenden Konzepte dennoch erfolgreich zum Tragen kommen, müssen sich die Projektteams aktiv und mit vor dem Hintergrund der eigenen Profession möglicherweise ungewohnten Mitteln um deren Bekanntheit wie auch Akzeptanz bemühen. Der Akzeptanz kommt insofern eine besondere Bedeutung zu, als dass die zunehmende Präsenz von Fachkräften in bis dahin nicht pädagogisierten Bereichen unter Umständen als Einschränkung der Handlungsautonomie wahrgenommen wird.

Kommerzialisierung und Partizipationsparadox

Grundsätzlich entspricht das Internet mit seiner Netzwerkstruktur einer emanzipatorischen Jugendarbeit, da es ursprünglich mittels offener Austauschprotokolle die Vernetzung theoretisch aller ermöglichte und damit unter anderem eine vergleichsweise hierarchiefreie Basis für gleichberechtigtes Denken und Handeln, Selbstbestimmtheit und synergetischen Austausch bot (Reichmann/Schwab/Bertram 2011, S. 1).[5] Mit der Entwicklung hin zu den bekannten Netzwerkplattformen und Social Media-Strukturen haben sich digitale Räume dann auf wenige Unternehmen verdichtet, auf die Prozesse monopolartig zulaufen (Kutscher 2015, S. 7). Auch hier stehen verschiedene Möglichkeiten zur Verfügung, sich in gesellschaftliche und politische Belange einzubringen, sie sind also weiterhin teilhabeorientiert. Ausgenommen von der Mitbestimmung bleiben jedoch die Plattformen und ihre Funktionsweisen selbst – worin sich das sogenannte „Partizipationsparadox" sozialer Medien offenbart (Schmidt 2018, S. 97). Eine Deckung von Bedarfen der Nutzerinnen und Nutzer ist dabei außerdem durch kommerzielle Kriterien gerahmt und zunehmend von der Preisgabe persönlicher Daten abhängig. Bewegungs-, Beziehungs-, Kauf-, Körperdaten etc. versprechen Rückschlüsse zum Beispiel auf Konsumabsichten oder politische Einstellungen und lassen sich in Form von Werbeeinnahmen materialisieren. Für Maßnahmen, die über Plattformen der großen Social-Media-Unternehmen transmittiert und in denen die Fachkräfte die offerierten Partizipationsmöglichkeiten dauerhaft für die Beziehungspflege zu und Gestaltung von Arbeitsbündnissen mit Zielgruppen nutzen, sollte allen Beteiligten klar sein, dass ein Mehr an Einbindung, Aktivierung und Interaktion innerhalb der Plattform auch das Potenzial zur Profitmaximierung aufseiten der Plattformbetreiber erhöht.

5 Der digitale Raum wirkt dabei nicht per se demokratiefördernd, sondern ist abhängig von den Interessen und Intentionen, mit denen die demokratiepolitischen Potenziale ausgeschöpft werden (Diendorfer/Kapfer/Urban 2017, S. 10). Extremistische Online-Propaganda und Meinungsäußerungen in Kommentarforen, die dazu dienen, Hass gegen Personen und Gruppen zu schüren, zeigen, dass die niedrigschwellige Teilhabe im Internet auch ihre Schattenseite hat (die sich nicht zuletzt in der Schaffung dieses Programmbereichs niedergeschlagen hat).

6.2 Ansatzpunkte für die Beurteilung der Leistungsfähigkeit von Modellprojekten zur Demokratieförderung und Radikalisierungsprävention im digitalen Raum

Im vorangegangenen Abschnitt wurde deutlich, dass digitale Erbringungsformen Fachkräfte im Verhältnis von Befähigung, Schutz und Kontrolle vor spezifische Herausforderungen stellen (vgl. hierzu ausführlich Deutscher Bundestag 2013, S. 393 f.). Qualität zeigt sich vor diesem Hintergrund auch in einem adaquaten Umgang mit diesen Herausforderungen, der sich in der Modellprojektpraxis an verschiedenen Merkmalen festmachen lässt, die bei einer gegenstandsangemessenen Bewertung berücksichtigt werden sollten.

Die Ansatzpunkte für eine Beurteilung der Leistungsfähigkeit von Modellprojekten zur Demokratieförderung und Radikalisierungsprävention im digitalen Raum lassen sich anhand des Qualitätsmodells nach Avedis Donabedian (1966) strukturieren. Es handelt sich dabei um einen klassischen Evaluationsansatz, ursprünglich zur Bewertung der Qualität der medizinischen Versorgung, der heutzutage in modifizierter Form vielfach Anwendung findet. Dabei werden Struktur-, Konzept- und Prozessqualität als der Ergebnisqualität vorgelagerter Qualitätsdimensionen verstanden (Strobl/Lobermeier 2016; Kliche u. a. 2004, S. 126 f.). Entsprechend den Dimensionen des Qualitätsmodells können die vier Evaluationsphasen der Planungs-, Prozess-, Struktur- und Ergebnisevaluation unterschieden werden, die sich mit der Bewertung der jeweiligen Qualitätsdimension befassen (siehe Abb. 6.1; Loss u. a. 2007, S. 200). Die zeitliche Restriktion von zwei Jahren zur Evaluation eines neuen Gegenstandsbereichs brachte es mit sich, dass sich die wissenschaftliche Begleitung auf die Identifikation von Kriterien zur Beurteilung der strukturellen Voraussetzungen, der Konzepte und der Prozesse fokussierte, die die Leistungsfähigkeit und die Sicherstellung von Ergebnisqualität erhöhen können. Im Folgenden stehen deshalb die Struktur-, Konzept- und Prozessqualität im Vordergrund. Entlang dieser Dimensionen lassen sich Merkmale verorten, die bei einer Evaluation der demokratiefördernden oder radikalisierungspräventiven Praxis im digitalen Raum zur Qualitätsbeurteilung einbezogen werden sollten. Diese dienen der Annäherung an Ergebnisqualität und stellen gleichzeitig eigene Qualitätsdimensionen dar, die für das Gelingen eines Projekts von Bedeutung sind.

Abb. 6.1: Qualitätsdimensionen für die Evaluation von Präventionsprojekten

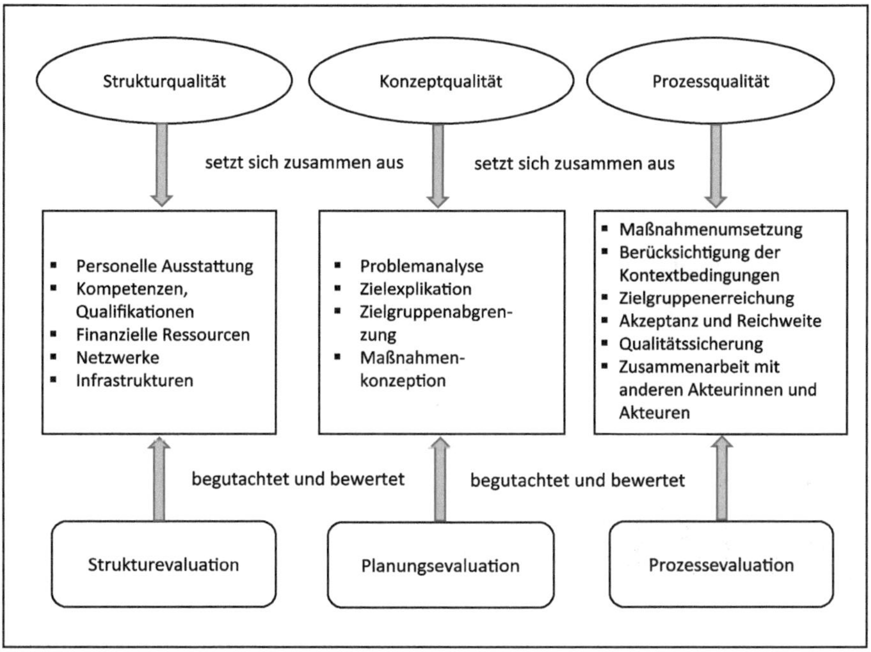

Quelle: Eigene Darstellung (in Anlehnung an Loss u. a. 2007, S. 200)

Die im Folgenden dargestellten Qualitätsmerkmale beruhen auf den Erkenntnissen der wissenschaftlichen Begleitung der Modellprojekte zur „Stärkung des Engagements im Netz – gegen Hass im Netz“ im Bundesprogramm „Demokratie leben!“, die durch Befragungen sowohl der Projektverantwortlichen als auch der Zielgruppen gewonnen wurden.[6]

6.2.1 Merkmale der Strukturqualität

Strukturqualität bezieht sich auf die Voraussetzungen und Ressourcen, die einem Träger zur Umsetzung des Projektvorhabens zur Verfügung stehen. Hierzu zählen neben Budgetmitteln die personelle Ausstattung, die Qualifikationen und Kompetenzen des Personals sowie organisatorische Gegebenheiten und vorhandene Netzwerke. Bezogen auf Demokratieförderung und Radikalisierungsprävention im digitalen Raum hat sich gezeigt, dass eine Mixtur verschiedener Kompetenzen im Projektteam, finanzielle Mittel für nicht-pädagogi-

6 Für weitere Details zum Evaluationsdesign und zu den Ergebnissen sei auf den Abschlussbericht der wissenschaftlichen Begleitung des Programmbereichs „Stärkung des Engagements im Netz – gegen Hass im Netz“ im Bundesprogramm „Demokratie leben!“ (ISS e.V. 2019) verwiesen.

sche Dienstleistungen, ein bestehendes „digitales Sozialkapital" sowie die strategische Organisation der Aufgaben in digitalen Kontexten von Bedeutung für eine gelingende Projektumsetzung sind und im Rahmen der Evaluation bei der Analyse der Strukturqualität berücksichtigt werden sollten (ISS e.V. 2019).

Interdisziplinarität und Kompetenz-Mixtur

Der digitale Raum als (pädagogisches) Handlungsfeld erfordert neben spezifischem Phänomenwissen, insbesondere über Erscheinungsformen von menschen- und demokratiefeindlichen Phänomenen im Netz, eine Mixtur aus klassischen pädagogischen Tätigkeiten mit direktem Zielgruppenbezug (erziehen, bilden, beraten, begleiten, betreuen) wie auch Tätigkeiten rund um Konzeption, Gestaltung, Verbreitung von digitalen Inhalten, Betrieb von Plattformen, Tools und Anwendungen sowie Aufbau und Pflege der Kontakte und Beziehungen zu Online-Zielgruppen (Hugger 2017). Neben den inhaltlich-fachlichen Anforderungen sind die Projektmitarbeitenden also mit technischen (Programmierung und Betrieb von Plattformen, Tools und Anwendungen) und strategischen (Aufbau und Pflege der Kontakte zu den Online-Zielgruppen, Bekanntmachen der Angebote) Anforderungen konfrontiert. Diese Trias aus fachlicher, technischer und strategischer Kompetenz bildet eine grundlegende Ressource für die Leistungsfähigkeit der Modellprojektpraxis im digitalen Raum, weil damit sowohl pädagogisch orientiertes als auch verwertungs- und reichweitenorientiertes Handeln mit seiner jeweils eigenen Logik verbunden, aber auch reflektiert werden kann.

Budget für nicht-pädagogische Dienstleistungen

Die finanziellen Ressourcen, die einem Projektträger zur Verfügung stehen, stellen ein wesentliches Merkmal der Strukturqualität dar. Für die Demokratieförderung und Radikalisierungsprävention im Netz, die mit der Entwicklung und Verbreitung digitaler Angebote einhergehen, besteht in besonderem Maße ein Bedarf an finanziellen Mitteln für nicht-pädagogische Dienstleistungen. Die technische Umsetzung der digitalen Inhalte und deren Distribution, das Erzielen hoher Reichweiten durch geeignete Werbung, die Unterhaltung von Software inklusive regelmäßiger Updates, aber auch im Bedarfsfall eine rechtliche Beratung zu Fragen des Datenschutzes oder Urheberrechts sind mit hohen Ausgaben verbunden. Sofern die technische Expertise im Projektteam nicht vorhanden ist, müssen externe Dienstleistungen von Programmierenden oder Medienagenturen in Anspruch genommen werden. Auch die mediale Ausstattung stellt eine strukturelle Anforderung aufseiten der Träger dar (Kutscher 2017, S. 25). Die Projekte benötigen eine entsprechende Ausstattung, um beispielsweise qualitativ hochwertige Videoclips für die Verbreitung auf Kanälen wie YouTube drehen zu können und den Anforderungen des stark kommerziell geprägten digitalen Raums gerecht zu werden. Das entsprechend nötige höhere Budget als bei ausschließlich analog-pädagogischen Maßnahmen sollte für eine erfolgreiche Projektumsetzung vorhanden sein und bei der Prüfung der Voraussetzungen für die Leistungsfähigkeit mit einbezogen werden.

Digitales Sozialkapital

Die Erfahrung aus der Modellprojektpraxis zeigt, dass neben den personellen und finanziellen Ressourcen auch das „digitale Sozialkapital" einen relevanten Beitrag für eine erfolgreiche Projektumsetzung leisten kann. Das Sozialkapital beschreibt den Nutzen, der aus sozialen Beziehungen gezogen werden kann und bildet eine in soziale Strukturen eingebettete Ressource, auf die in zielgerichteter Art und Weise zurückgegriffen wird (Lin 1999, S. 35). Bezogen auf die (Weiter-)Bildung bedeutet das Konzept des Sozialkapitals, dass die Professionalisierungschancen von den aufgebauten Beziehungsressourcen abhängen und durch das Beziehungsnetz Zugangsmöglichkeiten eröffnet werden (Jütte/Walber 2010, S. 105 f.). Diese Zugangsmöglichkeiten sind insbesondere für Projektträger von herausragender Bedeutung, die mit ihren Angeboten gefährdete oder bereits radikalisierte Jugendliche im Netz erreichen wollen. Aber auch für die Reichweite universal-präventiver Angebote hat sich das digitale Sozialkapital in Form von Online-Netzwerken als förderlich herausgestellt (ISS e.V. 2019). In Bezug auf den digitalen Raum lassen sich daher Hinweise auf die Relevanz bereits im Vorfeld bestehender Online-Kontakte finden, die als strukturelle Ressourcen verstanden werden können. So stellen die vorherige Erfahrung eines Trägers mit Online-Kampagnenarbeit und das Bestehen eines breiten Online-Netzwerks sowie die Zusammenarbeit mit reichweitenstarken oder thematisch relevanten Akteurinnen und Akteuren Gelingensfaktoren dar (ISS e.V. 2019, S. 90).

Selbstbegrenzende Organisation von Arbeitsabläufen im digitalen Raum

Digitale Kontexte zeichnen sich durch räumliche und zeitliche Entgrenzung aus. Im Netz verbreitete Inhalte sind rund um die Uhr zugänglich und können in der Regel unbeschränkt geteilt und kommentiert werden. Die Asynchronität digitaler Medien erlaubt es, Gespräche jederzeit (wieder) aufzunehmen. Digitale Erbringungsformen fördernder oder präventiver Interventionen stellen daher besondere Anforderungen an die Organisation der damit verbundenen Arbeitsabläufe. Soziale Netzwerke werden beispielsweise überwiegend abends oder am Wochenende genutzt (Brandt 2019), also außerhalb der üblichen Arbeitszeiten von Projektmitarbeitenden. Daher bedarf es eines dem Zweck und den personellen Ressourcen angemessenen Konzepts für die Betreuung und Moderation insbesondere von Chats, Foren und Kommentarspalten – nicht nur um zeitnah auf die Aktivitäten der Zielgruppen reagieren zu können, sondern auch, um nicht von Shitstorms extremistischer Akteurinnen und Akteure überrascht zu werden. Auch für Online-Beratungsangebote sind strukturell-organisatorische Überlegungen hinsichtlich der zeitlichen Frist zur Beantwortung von Anfragen nützlich, die gegenüber der Zielgruppe transparent dargestellt werden sollten. Die konkrete Ausgestaltung der digitalen Ansprechbarkeit des Projekts ist abhängig von den genutzten Kommunikationswegen und ihrem Zweck, entscheidend für die Evaluation von Präventionsprojekten im digitalen Raum ist jedoch das Vorhandensein einer transparenten und gegebenenfalls strategischen Organisation der Arbeitsabläufe zur Betreuung der Online-Kanäle.

Für die Strukturevaluation im Handlungsfeld der digitalen Demokratieförderung und Radikalisierungsprävention lassen sich daraus zusammengefasst folgende Merkmale zur Beurteilung der Leistungsfähigkeit auf struktureller Ebene formulieren:

- Das Projektvorhaben wird von einem interdisziplinären Team mit medienbezogenem, pädagogischem und sozialarbeiterischem Hintergrund realisiert, welches inhaltlich-fachliche, technische und strategische Kompetenzen in sich vereint und über Wissen zu digitalen Erscheinungsformen demokratie- und menschenfeindlicher Phänomene verfügt.
- Der Projektträger verfügt über ein ausreichendes Budget für nicht-pädagogische Dienstleistungen.
- Der Projektträger kann auf ein umfangreiches Online-Netzwerk und bestehende Kontakte zu relevanten Akteurinnen und Akteuren zurückgreifen.
- Die Projektdurchführenden können eine strategische Organisation der digitalen Ansprechbarkeit des Projekts vorweisen.

6.2.2 Merkmale der Konzeptqualität

Modellprojekten liegen in der Regel Konzeptionen zugrunde, die als Grundlage für Planungen und Entscheidungen im Realisierungsprozess dienen (von Spiegel 2013, S. 188). Unter einem Konzept ist die Konstruktion sinnhafter Zusammenhänge zwischen Zielen, Inhalten und Methoden gemeint (Möller/Neuscheler 2018, S. 60). Konzeptqualität umfasst demnach eine angemessene Bedarfserfassung, die Konkretisierung von Zielsystemen und Wirksamkeitsüberlegungen sowie die Festlegung von Erfolgskriterien. Da eine Maßnahme in digitaler Erbringungsform oft nicht nur allein für sich steht, sondern auch Aktivitäten ohne medialen Rahmen umfasst, sind intensive Konzeptionierungsphasen, in denen digitale wie analoge Bausteine aufeinander abgestimmt werden, von Vorteil (ISS e.V. 2019). Bezogen auf die präventiv-pädagogische Arbeit im Netz hat sich in der wissenschaftlichen Begleitung der Modellprojekte zur Stärkung des Engagements im Netz gezeigt, dass auf der Ebene der Konzeptqualität folgende Aspekte von besonderer Bedeutung für eine gelingende

Projektumsetzung sind, die entsprechend von einer gegenstandsangemessenen Evaluation in den Blick genommen werden müssen:

Bewusstsein für die Logiken des digitalen Raums

Die konzeptionelle Planung von Angeboten zur Demokratieförderung und Radikalisierungsprävention im Netz erfordert über die Darstellung der gesellschaftspolitischen Problemlage hinaus ein Bewusstsein für die Logiken des digitalen Raums. Zu diesen gehören die bereits thematisierten Aspekte der vorgegebenen Infrastruktur, die sowohl eine Öffnung als auch eine Schließung von Zugängen bedeuten kann, die Entgrenzung von Raum und Zeit sowie die Persistenz, Kopierbarkeit und Durchsuchbarkeit von Inhalten, die die Kontrolle und Beeinflussbarkeit einmal veröffentlichter Inhalte erschweren.

Konzeption von Schutzmaßnahmen

Bei Präventionsangeboten im Netz müssen insbesondere bei Kindern und jüngeren Jugendlichen stets entwicklungsspezifische Voraussetzungen beachtet und Schutz-, Beteiligungs- und Bildungsrechte gegeneinander abgewogen werden. Die Eigenverantwortung, die der digitale Raum mit sich bringt und die im Sinne der politischen Bildung den Selbstbildungsprozess fördert (Süss/Lampert/Trültzsch-Wijnen 2018), kann auch zur Gefährdung werden, wenn Jugendliche und Heranwachsende beispielsweise mit extremistischen oder volksverhetzenden Inhalten konfrontiert werden. Deshalb ist es notwendig, dass Projekte über Maßnahmen zum Schutz sowohl der Zielgruppe wie auch des Personals verfügen. Bei der Konzeption der Maßnahmen sollten außerdem die besonderen (medien-)rechtlichen Rahmenbedingungen berücksichtigt werden, die sich aus der pädagogisch-präventiven Arbeit im digitalen Raum ergeben, beispielsweise datenschutz- oder urheberrechtliche Bestimmungen. Insbesondere vor dem Hintergrund der kommunikativen Architektur, die eine dauerhafte Speicherung der digitalen Daten erlaubt, ist ein umfangreiches Datenschutzkonzept von herausragender Bedeutung.

Definition von Zielen zur Erreichung des digitalen Raums

Hinsichtlich der Zielexplikation, die ein wesentliches Merkmal der Konzeptqualität darstellt, sind Trägerorganisationen im digital-präventiven Bereich in besonderem Maße gefordert, pädagogische Ziele mit den Rahmenbedingungen des digitalen Raums ins Verhältnis zu setzen (Kutscher 2017, S. 24). Für Projekte, die den digitalen Raum mit einer eigenen Handlungsstrategie adressieren, ergibt sich hierbei eine Besonderheit, die bei der Bewertung der Zielexplikation beachtet werden muss: Die Maßnahmen dieser Projekte, die sich in Bildungs-, Aktions-, Narrativ- und Sensibilisierungsformate unterteilen lassen (ISS e.V. 2019, S. 78), zielen nicht nur auf direkte Veränderungen in der Zielgruppe ab, sondern streben mit ihrer Strategie ebenso ein Einwirken auf den digitalen Raum an. Das hat zur Folge, dass neben der Explikation von Zielen bezüglich Veränderungen in der Zielgruppe auch Ziele bezüglich der Erreichung des digitalen Raums definiert werden müssen, beispielsweise welche Reichweiten, Zugriffs- und Interaktionsraten angestrebt werden.

Einbettung von Partizipationsprozessen

Bei der Entwicklung von Angeboten für Kinder und Jugendliche sind Heranwachsende auch im digitalen Kontext häufig beteiligt, um so einen stärkeren Bezug der Angebote zur Lebenswelt junger Menschen herzustellen. Diese Partizipation entspricht vielerorts dem Standard in der Kinder- und Jugendarbeit – sie dient der Selbstreflexion und -erfahrung der Beteiligten und soll dazu beitragen Eigeninitiative sowie Selbstwirksamkeit einzuüben (ISS e.V. 2018, S. 61). Zugleich wird sie aber gerade bei der Entwicklung digitaler Angebote auch zu einem projektdefinierten (Fremd-)Zweck eingesetzt. Lebensweltorientierung meint hier auch, mit kommerziellen Inhalten mithalten zu können, leichtere Zugänge zu Online-Zielgruppen sicherzustellen, die sich unter anderem in Wiederkehrraten und einer höheren „Wirksamkeit" im Netz ausdrücken. Um den Logiken des Netzes Genüge zu tun, wird die Beteiligung der Jugendlichen an der Konzeption digitaler Angebote dann auch teilweise begrenzt: Gegebenenfalls wird bereits Entwickeltes vor der Distribution im Netz in die Hände von professionellen Medienschaffenden gegeben, die den Inhalt nach den Gesichtspunkten der kommerzorientierten Netzlogik aufbereiten, was bei der beteiligten Zielgruppe zu Irritationen und Frustrationen führen kann. Qualität zeigt sich dementsprechend auch in der frühen Identifikation dieses Spannungsfelds, der Offenlegung der mit einer Partizipation verbundenen Ziele und der Artikulation der partizipativen Grenzen gegenüber der Zielgruppe.

Definition von Schnittstellen zwischen analogen und digitalen Aktivitäten

Da eine Maßnahme meist nicht nur digitale, sondern auch analoge Bausteine umfasst, ist ein für die Konzeptqualität ausschlaggebendes Merkmal die klare Definition und Bestimmung von Schnittstellen zwischen analogen und digitalen Aktivitäten. Projekte im Handlungsfeld der digitalen Demokratieförderung und Radikalisierungsprävention verfolgen einerseits die Strategie, zunächst im analogen Kontext unter Beteiligung der Zielgruppe digitale Inhalte zu entwickeln, die später im Netz veröffentlicht werden sollen. Andererseits gibt es Projekte, die zunächst mediale Inhalte, beispielsweise Apps oder Memes, entwickeln, um anschließend auch in Präsenzkontexten wie Workshops damit zu arbeiten (ISS e.V. 2019). Diese Übergänge müssen bereits in der Konzeptionsphase zeitlich bestimmt und definiert werden, damit der Sprung ins Netz und der adäquate Einsatz digitaler Inhalte im analogen Setting funktioniert.

Zusammenfassend lassen sich neben den standardmäßigen Anforderungen an pädagogische Konzepte im Handlungsfeld Demokratieförderung und Radikalisierungsprävention folgende ergänzende Merkmale für eine hohe Konzeptqualität spezifisch für die Arbeit im digitalen Raum festhalten:

- Die Projektdurchführenden sind sich der Logiken des digitalen Raums bewusst.
- Es liegen Konzepte zum Schutz von Zielgruppen, Personal und Daten vor.
- Explizite Ziele zur Erreichung und Adressierung des digitalen Raums sind definiert.
- Die Einbettung von Partizipation zur Entwicklung digitaler Angebote im Spannungsfeld von pädagogischen Zielen und Passfähigkeit in ein kommerzielles Umfeld ist konzeptionell und transparent verankert.
- Die Schnittstellen und Übergänge zwischen analogen und digitalen Projektaktivitäten sind definiert und zeitlich festgelegt.

6.2.3 Merkmale der Prozessqualität

Neben den strukturellen Voraussetzungen der Projektträger und der adäquaten und bedarfsorientierten Konzeptionierung des Projektvorhabens spielen prozessuale Merkmale der Projektumsetzung eine entscheidende Rolle für die Beurteilung der Leistungsfähigkeit von Modellprojekten zur Demokratieförderung und Radikalisierungsprävention im digitalen Raum. Die Prozessqualität umfasst neben der Umsetzung der geplanten Angebote und Maßnahmen unter Berücksichtigung der Kontextbedingungen begleitende Maßnahmen der Qualitätssicherung, die Erreichung der Zielgruppe sowie die Zusammenarbeit mit anderen Beteiligten. Entscheidende Kriterien für die Zielgruppenerreichung sind die Reichweite und die Akzeptanz der Maßnahmen (Loss u. a. 2007, S. 202). Um Aussagen über eine Erfolg versprechende Umsetzung von Projekten im Handlungsfeld der digitalen Demokratieförderung und Radikalisierungsprävention treffen zu können, muss die Evaluation auf das Vorliegen folgender Merkmale achten:

Orientierung an den Mediennutzungsgewohnheiten der Zielgruppe

Bereits für den konzeptionellen Schritt der Zielgruppenabgrenzung, mehr jedoch für die Zielgruppenerreichung, sind umfassende Kenntnisse der Mediennutzungsgewohnheiten der Zielgruppe notwendig. Darauf aufbauend bedarf es in der Folge eines darauf abgestimmten Social Media-Plans zur optimalen Erreichung der Zielgruppe (ISS e.V. 2019). In der Praxis hat sich gezeigt, dass jedoch nicht immer eine konsequente Orientierung an den Nutzungsgewohnheiten erfolgt. Ein charakteristisches Beispiel hierfür ist Facebook: Obwohl das Netzwerk bei Heranwachsenden deutlich an Bedeutung verloren hat, ist es der am häufigsten gewählte Zugang zur Zielgruppe (ebd., S. 75; Medienpädagogischer Forschungsverband Südwest 2018, S. 35; National Youth Council of Ireland 2016, S. 12). Hier ist ein Wechsel weg von der Fokussierung auf reichweitenstarke Massenmedien hin zur einer spezifisch auf das Nutzungsverhalten der Zielgruppe abgestimmten Strategie notwendig. Das wird umso relevanter, desto spezieller der anvisierte Personenkreis ist (z. B. radikalisierungsgefährdete Jugendliche). Dezidiert präventive Angebote richten sich an spezifische Zielgruppen im Netz und können daher im Unterschied zu demokratiefördernden Angeboten nicht breit im Netz gestreut werden, sondern erfordern ein spezifisches konzeptionelles und praktisches Vorgehen, um die Zielgruppe zu erreichen. Qualität zeigt sich somit auch in einer konsequenten Orientierung an den Mediennutzungsgewohnheiten der Zielgruppe und einer fortlaufenden Auseinandersetzung mit neuen Entwicklungen innerhalb der präferierten Kanäle, da diese im digitalen Raum generell dynamischer sind.

Maßnahmen zur langfristigen Aufrechterhaltung des Zielgruppenzugangs

Neben dem Zugang zur Zielgruppe ist auch die langfristige Pflege von über den digitalen Raum generierten Beziehungen essenziell für die Zielerreichung. Wie im vorangegangenen Abschnitt thematisiert, kann die digitale Infrastruktur zwar einerseits zu einer Vereinfachung von Kontakten führen, andererseits aber auch eine Schließung von Zugängen bedeuten. Projektträger benötigen hier Strategien zur Aufrechterhaltung des Zielgruppenzugangs und einer bewusst gestalteten Beziehungsarbeit, die im besten Fall bereits bei der Konzeptionierung entwickelt werden. Hilfreich sind hier beispielsweise Interaktivität, angemessene Reaktionszeiten durch das Projektpersonal, Identifikationsangebote und eine, gerade für ein digitales Setting relevante, Kontinuität der von den Fachkräften angebotenen Beziehungsstrukturen.

Digitales Monitoring – Entwicklungsbeobachtungen im digitalen Raum

Zur Sicherstellung der Prozessqualität ist generell eine systematische Erfassung und Beobachtung der Projektumsetzung durch die Durchführenden notwendig. Im Handlungsfeld der digitalen Demokratieförderung und Radikalisierungsprävention muss dieses Monitoring um spezifische, den digitalen Raum betreffende Aspekte erweitert werden. Zur Bezifferung der Reichweite und der Akzeptanz der Maßnahmen beispielsweise ist eine Auswertung und Interpretation der Social Media-Kennzahlen erforderlich. Weiterhin müssen die Projektdurchführenden bezüglich aktueller Entwicklungen im Netz – beispielsweise in Bezug auf Kampagnen und Strategien extremistischer Gruppierungen – stets auf dem Laufenden sein, um die Themen und Diskurse unmittelbar aufgreifen und thematisieren zu können. Neben dem spezifischen Wissen über Erscheinungsformen menschen- und demokratiefeindlicher Phänomene im Netz ist dafür ein systematisches digitales Monitoring notwendig, um einerseits gegebenenfalls gewandelte Bedarfe der Zielgruppen aufgreifen zu können, andererseits handlungsfeldbezogen auf dem aktuellen Stand zu sein. Darauf basierend können Prozesse angepasst, Strategien korrigiert und so Qualität hergestellt und aufrechterhalten werden.

Für die Prozessevaluation im Handlungsfeld der digitalen Demokratieförderung und Radikalisierungsprävention als letztem, in diesem Beitrag konturierten Qualitätsbereich, lassen sich zusammenfassend folgende spezifische Merkmale zur Beurteilung der Leistungsfähigkeit auf der Prozessebene formulieren, die ergänzend zu den allgemeinen Standards pädagogischer Prozesse betrachtet werden sollten:

- Die Strategien zur Zielgruppenerreichung orientieren sich konsequent an den spezifischen und sich gegebenenfalls wandelnden Mediennutzungsgewohnheiten der Zielgruppe.
- Die Aufrechterhaltung des Zielgruppenzugangs wird über entsprechende Maßnahmen der Öffnung und der digitalen Beziehungsarbeit sichergestellt.
- Es existiert ein Verfahren für die Erfassung und Beobachtung der projekteigenen digitalen Aktivitäten wie auch der handlungsfeldbezogenen Entwicklungen im Netz.

Abschließend soll hier noch einmal betont werden, dass es sich bei der Demokratieförderung und Radikalisierungsprävention im digitalen Raum um einen Evaluationsgegenstand handelt, der in Entwicklung begriffen ist. Bei der Suche nach für die Leistungsfähigkeit bedeutsamen Momenten ist es unumgänglich, die aus den digitalen Rahmenbedingungen erwachsenden Herausforderungen für pädagogisch-präventives Handeln einzubeziehen, um dem speziellen Charakter dieses Handlungsfelds gerecht zu werden. Der vorliegende Beitrag hat dementsprechend eine erste Strukturierung von modellprojektbezogenen Qualitätsmerkmalen auf Struktur-, Konzept- und Prozessebene vorgenommen, die zukünftigen Evaluationen im Handlungsfeld als Anregung und Grundlage zur Weiterentwicklung dienen kann.

Literatur

Beywl, Wolfgang/Speer, Sandra/Kehr, Jochen (2004): Wirkungsorientierte Evaluation im Rahmen der Armuts- und Reichtumsberichterstattung. Perspektivstudie. Köln

Brandt, Mathias (2019): Wann Deutschland im sozialen Netz ist. https://de.statista.com/infografik/16679/umfrage-zu-nutzungszeiten-und-nutzungsdauer-sozialer-netzwerke-in-deutschland/ (23.04.2020)

Bundesjugendkuratorium (Hsrg.) (2016): Digitale Medien. Ambivalente Entwicklungen und neue Herausforderungen in der Kinder- und Jugendhilfe. München

Bundesministerium für Familie, Senioren, Frauen und Jugend (BMFSFJ) (Hrsg.) (2017): Bundesprogramm „Demokratie leben! Aktiv gegen Rechtsextremismus, Gewalt und Menschenfeindlichkeit". Förderung von Modellprojekten zur Stärkung des Engagements im Netz – gegen Hass im Netz. Leitlinie Förderbereich I. Berlin

Deutscher Bundestag (Hrsg.) (2013): 14. Kinder- und Jugendbericht. Bericht über die Lebenssituation junger Menschen und die Leistungen der Kinder- und Jugendhilfe in Deutschland. Berlin

Deutscher Bundestag (Hrsg.) (2017): 15. Kinder- und Jugendbericht. Bericht über die Lebenssituation junger Menschen und die Leistungen der Kinder- und Jugendhilfe in Deutschland. Berlin

Deutsches Jugendinstitut e.V. (DJI) (Hrsg.) (2017): Zentrale Handlungsstrategien im Bundesprogramm „Demokratie leben!". Diskussionspapier der Gesamtevaluation am DJI 2017 zum Gemeinsamen Workshop der wiss. Programmbegleitung am 13./14.03.2018 in Halle (Saale) (unveröffentlicht)

Diendorfer, Gertraud/Kapfer, Margot/Urban, Johanna (2017): Virtuelle Agora und digitale Zivilcourage. Wien

Donabedian, Avedis (1966): Evaluating the quality of medical care. In: The Milbank Quarterly, 44. Jg., H. 3, S. 166–203

Haubrich, Karin (2009): Rekonstruktive Programmtheorie – Evaluation multizentrischer Entwicklungsprogramme. In: Zeitschrift für qualitative Forschung, 10. Jg., H. 1, S. 79–95

Hohnstein, Sally/Glaser, Michaela (2017): Wie tragen digitale Medien zu politisch-weltanschaulichem Extremismus im Jugendalter bei und was kann pädagogische Arbeit dagegen tun? Ein Überblick über Forschungsstand, präventive und intervenierende Praxis im Themenfeld. In: Hohnstein, Sally/Herding, Maruta (Hrsg.): Digitale Medien und politisch-weltanschaulicher Extremismus im Jugendalter. Erkenntnisse aus Wissenschaft und Praxis. Halle (Saale), S. 243–281

Hugger, Kai-Uwe (2017): Professionalisierung der Medienkompetenzförderung in der politischen Bildung. In: Gapski, Harald/Oberle, Monika/Staufer, Walter (Hrsg.): Medienkompetenz – Herausforderung für Politik, politische Bildung und Medienbildung. Bonn, S. 175–184

Iske, Stefan/Meder, Norbert (2010): Lernprozesse als Performanz von Bildung in den Neuen Medien. In: Hugger, Kai-Uwe/Walber, Markus (Hrsg.): Digitale Lernwelten – Konzepte, Beispiele und Perspektiven. Wiesbaden, S. 21–37

ISS e.V. (Hrsg.) (2018): „Eine andere Herausforderung ist der Aspekt von Pionierarbeit": Erster Zwischenbericht zum Berichtszeitraum 01.01.2018–31.12.2018 der Wissenschaftlichen Begleitung des Programmbereichs „Stärkung des Engagements im Netz – gegen Hass im Netz" im Bundesprogramm „Demokratie leben! Aktiv gegen Rechtsextremismus, Gewalt und Menschenfeindlichkeit". Frankfurt (Main)

ISS e.V. (Hrsg.) (2019): Abschlussbericht zum Berichtszeitraum 01.01.2018–31.12.2019 der Wissenschaftlichen Begleitung des Programmbereichs „Stärkung des Engagements im Netz – gegen Hass im Netz" im Bundesprogramm „Demokratie leben! Aktiv gegen Rechtsextremismus, Gewalt und Menschenfeindlichkeit". Frankfurt (Main)

Jörissen, Benjamin (2019): Die Digitalisierung und ihr Einfluss auf die Gesellschaft. In: Deutsche Telekom Stiftung (Hrsg.): Digitale Kompetenzen in der Jugendarbeit. Bonn, S. 7–14

Jütte, Wolfgang/Walber, Markus (2010): Interaktive Professionalisierung in Digitalen Sozialräumen. In: Hugger, Kai-Uwe/Walber, Markus (Hrsg.): Digitale Lernwelten – Konzepte, Beispiele und Perspektiven. Wiesbaden, S. 91–112

Kerres, Michael (2017): Lernprogramm, Lernraum oder Ökosystem? Metaphern in der Mediendidaktik. In: Mayrberger, Kerstin/Fromme, Johannes/Grell, Petra/Hug, Theo (Hrsg.): Vernetzt und entgrenzt – Gestaltung von Lernumgebungen mit digitalen Medien. Wiesbaden, S. 15–28

Kliche, Thomas/Töppich, Jürgen/Kawski, Stephan/Koch, Uwe/Lehmann, Harald (2004): Die Beurteilung der Struktur-, Konzept- und Prozessqualität von Prävention und Gesundheitsförderung. In: Bundesgesundheitsblatt-Gesundheitsforschung-Gesundheitsschutz, 47. Jg., H. 2, S. 125–132

Klingelhöfer, Susanne (2007): Das Programm „Entimon": Spezifika, Potenziale und Herausforderungen einer induktiv-rekonstruierenden Evaluation anhand Logischer Modelle. In: Glaser, Michaela/Schuster, Silke (Hrsg.): Evaluation präventiver Praxis gegen Rechtsextremismus. Positionen, Konzepte und Erfahrungen. Halle (Saale), S. 32–52

Kutscher, Nadia (2015): Mediatisierung der Kinder- und Jugendhilfe – Herausforderungen der digitalen Gesellschaft für professionelle Handlungskontexte. In: Archiv für Wissenschaft und Praxis der sozialen Arbeit, 46. Jg., H. 2, S. 4–20

Kutscher, Nadia (2017): Digitalisierung der Sozialen Arbeit. Entwicklungen, Herausforderungen und Perspektiven. In: merz, H. 4, S. 18–25

Lin, Nan (1999): Building a network theory of social capital. In: Connections, 22. Jg., H. 1, S. 28–51

Loss, Julika/Eichhorn, C./Reisig, V./Wildner, M./Nagel, E. (2007): Qualitätsmanagement in der Gesundheitsförderung. In: Prävention und Gesundheitsförderung, 2. Jg., H. 4, S. 199–206

Medienpädagogischer Forschungsverband Südwest (MPFS) (Hrsg.) (2018): JIM-Studie 2018. Jugend, Information, Medien, Basisuntersuchung zum Medienumgang 12- bis 19-Jähriger. Stuttgart

Möller, Kurt/Neuscheler, Florian (2018): Abschlussbericht zur Evaluation der Beratungsstelle Hessen – Religiöse Toleranz statt Extremismus. Esslingen

National Youth Council of Ireland (NYCI) (Hrsg.) (2016): Using ICT, digital and social media in youth work. A review of research findings from Austria, Denmark, Finland, Northern Ireland and the Republic of Ireland. Screenagers International Research Project

Reichmann, Sonja/Schwab, Hans/Bertram, Björn (2011): Jugendarbeit im Zeitalter der digitalen Revolution. In: merz, H. 3, S. 1–4

Roeske, Adrian (2018): Digitalisierung Sozialer Arbeit: Widersprüche im fachlichen Handeln. In: Sozial Extra, 42. Jg., H. 3, S. 16–20

Schmidt, Jan-Hinrik (2018): Social Media. 2. Aufl. Wiesbaden

Strobl, Rainer/Lobermeier, Olaf (2016): Qualitätsentwicklung und Evaluation. Das proVal-Handbuch für die praktische Projektarbeit. 2. vollst. überarb. Aufl. Hannover

Süss, Daniel/Lampert, Claudia/Trültzsch-Wijnen, Christine W. (2018): Medienpädagogik: Ein Studienbuch zur Einführung. 3. Aufl. Wiesbaden

von Spiegel, Hiltrud (2013): Methodisches Handeln in der Sozialen Arbeit. Grundlagen und Arbeitshilfen für die Praxis. München

Vorderer, Peter (2015): Der mediatisierte Lebenswandel: Permanently online, permanently connected. In: Publizistik, 60. Jg., H. 3, S. 259–276

Zillien, Nicole (2009): Digitale Ungleichheit. Neue Technologien und alte Ungleichheiten in der Informations- und Wissensgesellschaft. 2. Aufl. Wiesbaden

7 Die Bewertung von Kontextsensibilität bei der Evaluation berufsbildungsbezogener Demokratiebildung

Tabea Schlimbach, Tatjana Mögling, Birgit Reißig

7.1 Einleitung

Mit der Einrichtung eines gesonderten Programmbereichs zur Demokratieförderung in Arbeits- und Ausbildungskontexten (Programmbereich F „Engagement und Vielfalt in der Arbeits- und Unternehmenswelt“) im Rahmen des Bundesprogramms „Demokratie leben!“ wurde dieser Bereich als eigenständiges Setting für Demokratieförderung definiert. Damit wurde zum einen der Tatsache Rechnung getragen, dass es sich bei dem Ausbildungs- und Arbeitsplatz um einen wichtigen Ort jugendlicher Wertebildung handelt und dass angesichts einer breiten Akzeptanz demokratiekritischer Haltungen in Berufsbildungskontexten Handlungsbedarf besteht (Dörre 2019; Sauer/Detje 2019; Nattke 2009). Zum anderen wurde damit anerkannt, dass die spezifischen Bedingungen und Akteurskonstellationen eigene methodische Zugangsweisen erfordern. Gleichzeitig wurde das Feld mit der Beauftragung einer wissenschaftlichen Begleitung der 20 im Programmbereich F geförderten Modellprojekte zum expliziten Beobachtungsgegenstand gemacht.

In der Konzeptionierung und Umsetzung des Forschungsdesigns galt es, passende methodische Zugänge zu finden, die die komplexen Aspekte der Projektpraxis (Problemstellungen, Ziele, Zielgruppen, methodisches Vorgehen) betrachten und die Kontexte (institutionelle und gesetzliche Rahmungen, Akteurskonstellationen) angemessen berücksichtigen. Neben prozessbegleitenden Elementen waren auch bewertende Schritte vorgesehen. Hier stellte sich die Frage nach einer dem Untersuchungsgegenstand angemessenen, überprüfbaren Vorgehensweise in der Bewertung – eine Frage, die in der Evaluationsforschung und -praxis oft noch zu wenig beachtet wird (Scriven 2016; Schwandt 2015).

Ausgehend von der Prämisse einer gegenstandsangemessenen, systematischen und kontext-sensiblen Evaluation (Alkin/Vo 2017, S. 11) soll das Vorgehen einer kriterienbasierten Bewertung exemplarisch am Kriterium der Kontextsensibilität beschrieben und diskutiert werden. Folgende Forschungsfragen bilden den Ausgangspunkt der vorliegenden Arbeit:

1. Gegenstandsangemessenheit: Welche Bedeutung hat der Gegenstand in der Evaluationsforschung und -praxis? Welche Rolle spielt Kontextsensibilität als Bewertungskriterium?
2. Definition des Kontextes: Was charakterisiert das Setting der Ausbildungs- und Arbeitswelt als Kontext für Demokratieförderung?
3. Gegenstandsangemessenes Forschungsdesign: Wie kann ein Design zur Begleitung und Bewertung von Demokratieförderung in diesem Setting angelegt sein?
4. Bewertung von Kontextsensibilität als Bestandteil gegenstandsangemessener Evaluation: Wie wurde bei der Bewertung von Kontextsensibilität in der evaluierten Bildungspraxis vorgegangen?

Den Gegenstand für die wissenschaftliche Begleitung bildeten dabei die oben genannten 20 Modellprojekte, die in beruflichen Bildungskontexten junger Menschen Ansätze zur Demokratieförderung und Vielfaltgestaltung erprobten. Mit dem Programmbereich F wurde im Sinne zielgerichteter Präventionsstrategien die Arbeits- und Unternehmenswelt als neues Wirkungsfeld für Demokratieförderung erschlossen.

Die aufgeführten Fragen werden wie folgt aufeinander aufbauend bearbeitet: Die erste Frage nach der Rolle des Gegenstandes und des Kontextes dient der Spezifizierung und Einordnung der Fragestellung dieses Beitrags innerhalb der Evaluationsdebatte. In Beantwortung der zweiten Frage wird eine Kontextbestimmung vorgenommen. Im Rahmen der dritten Frage wird das explorative, qualitative Design der wissenschaftlichen Begleitung des Programmbereichs F beschrieben, seine Ausrichtung am evaluierten Gegenstand und dessen vorab bestimmten Kontext erläutert. Mit der letzten Frage wird das Prinzip der Gegenstandsangemessenheit weitergedacht und auf die evaluierte Praxis übertragen. Dabei steht im Zentrum des Interesses, wie die evaluierten Modellprojekte den Bezug zu dem von ihnen bearbeiteten Gegenstand (hier dem Feld der beruflichen Bildung) herstellen. Am Beispiel der Untersuchung von Kontextsensibilität in der Konzeption und Umsetzung der evaluierten Praxis wird ein mögliches Vorgehen gegenstandsangemessener Bewertung in der Evaluation skizziert. Damit ist der Beitrag als „ein Stück Selbstaufklärung [der evaluierenden Forschung] über ihre eigenen Praktiken und Verfahrensweisen" zu verstehen (Hirschauer 2006, S. 422).

7.2 Gegenstandsangemessene Bewertung in Evaluationsforschung und -praxis

Wolfang Beywl und Lars Balzer verstehen Evaluation „als systematisch geplantes und umgesetztes, auf den jeweiligen Gegenstand maßgeschneidertes Beschreibungs- und Bewertungsverfahren […], das auf spezifische Handlungsfolgen ausgerichtet ist, dabei Methoden der empirischen Sozialforschung einsetzt und Bewertungen nachvollziehbar auf Kriterien abstützt" (Beywl/Balzer 2016, S. 193). Damit heben sie drei für die vorliegende Arbeit zentrale Aspekte hervor: die Bewertung, den Gegenstandsbezug und die Kriterienbasiertheit.

Bewertung wird als konstitutives Element von Evaluationen verstanden: „Verfahren, die sich Evaluation nennen, müssen tatsächlich (auch) bewerten. Ohne Bewertung keine Evaluation!" (Böttcher/Hense 2016, S. 122). Der Diskurs im englischsprachigen Raum dreht sich neben methodischen Fragen vor allem um Kontroversen zur Rechtfertigung und den Wert des Bewertens (Gates 2018; Scriven 2016; Schwandt 2015; Shadish/Cook/Leviton 1991; Gorry/Goodrich 1978). Hier wird die in sozialwissenschaftlicher Tradition geübte Zurückhaltung der Evaluationsforschung und -praxis zu Werten und Bewertungen, von Michael Scriven (2016, S. 29) ironisch als „valuephobia" bezeichnet, angesichts ihres zentralen Stellenwerts für Evaluation als unangemessen reflektiert. Vielmehr solle die Disziplin für einen rationalen Blick auf Bewertungen stehen (ebd., S. 31).

Als Ziel einer Evaluation definieren Alkin und Vo (in Abgrenzung zum Forschungsziel der Erkenntnisgewinnung) eine Bewertung der Güte („merit") und Tauglichkeit („worth") eines Evaluationsgegenstandes (Alkin/Vo 2017, S. 10). Damit machen sie den Gegenstand zur entscheidenden Bezugsgröße. Auch bei der Definition von Evaluationsstandards finden sich kontinuierliche Verweise auf die Berücksichtigung des Evaluationsgegenstandes (DeGEval – Gesellschaft für Evaluation 2017). Diese zentrale Bedeutung des Gegenstandes kondensieren Fachleute aus Evaluationsforschung und -praxis in dem Gebot, dass „Evaluation [...] immer gegenstandsbezogen sein [muss], d. h. Erkenntnisinteresse und Evaluationsgegenstand [...] die Wahl der Methode [leiten] und nicht umgekehrt" (Armborst u. a. 2018, S. 23). In der qualitativen Forschung wird die Gegenstandsangemessenheit als zentrales Gütekriterium beschrieben, das im Forschungsprozess von Anfang an und im Sinn einer kontinuierlichen Anpassung berücksichtigt werden muss (Strübing u. a. 2018; Flick 2007). Für jedes Evaluationsvorhaben (von der Entwicklung eines Evaluationsdesigns über die Durchführung bis zur Dokumentation der Evaluation und ihrer Ergebnisse) stellt sich zunächst die entscheidende Anforderung, Verfahren und Instrumente auszuwählen, die die Gegebenheiten des jeweiligen Gegenstands angemessen berücksichtigen. Mit dem Bezug auf das Forschungsdesign von Evaluationen endet oft die Untersuchung von Gegenstandsangemessenheit. Der Frage nach einer gegenstandsangemessenen Bewertung wird seltener nachgegangen. Der Evaluationspraxis und -forschung wird diesbezüglich schon seit längerem Nachholbedarf bescheinigt (Schwandt 2015; Lüders 2006, S. 57–58). In jüngeren Jahren ist eine verstärkte Auseinandersetzung mit einer notwendigen Bewertungskultur spürbar, die in dem Konsens mündet, „dass Bewertungen eine gewisse Grundlage brauchen, auf der sie fußen: transparente Werte, klare und operationalisierte Kriterien“ (Schott u. a. 2015, S. 309). Jedoch wird weiterhin bemängelt, dass es oft an solchen Bezugssystemen mangelt und Bewertungskriterien häufig vernachlässigt werden; das betrifft beispielsweise ihre Offenlegung und ihre Verwendung im Bewertungsprozess (Heuer 2017).

Der vorliegende Beitrag folgt der Grundprämisse, dass gegenstandsangemessene Bewertungen auf überprüfbare, transparente Kriterien bezogen sein müssen (ebd.; Böttcher/Hense 2016, S. 122). Kriterien werden in der Evaluation als Bezugsmaßstäbe verstanden und umfassen dabei „jene Merkmale eines Evaluationsgegenstands, in denen sich seine Güte oder sein Nutzen zeigen“ (DeGEval – Gesellschaft für Evaluation 2017). Sie bilden Prinzipien oder Standards, auf deren Basis Bewertungen vorgenommen werden (Gates 2018). Wie diese Kriterien ausgewählt und zur Bewertung eingesetzt werden, ist zentral für die Qualität des Evaluationsprocederes (Gorry/Goodrich 1978). Im Sinne der Gegenstandsangemessenheit kann es sich nicht um vorgefertigte Kriterien handeln (Böttcher/Hense 2016, S. 122).

7.3 Kontextsensibilität als Bewertungskriterium

Für Evaluierende von Modellvorhaben sind unterschiedliche Aspekte für die Bewertung interessant, und sie kann und muss auf der Basis verschiedener Kriterien erfolgen. Häufig betrachtete Kriterien sind beispielsweise die Implementierungstreue (Konsistenz zwischen Vorhaben und Umsetzung), Projektlogiken (Stimmigkeit von Problemdefinition, Zielgruppen und Methoden) und die Informations- bzw. Datenqualität (u. a. Quellen, Validität, Transparenz, Nachvollziehbarkeit der Informationen). Ein zentrales Kriterium, das in seiner empirischen Erfassbarkeit große Probleme bereitet und entsprechende wissenschaftliche Kontroversen aufwirft, ist das der Güte, beispielsweise beurteilt über die Zielerreichung oder die Wirkung von Projektpraxis.

Warum wurde für die vorliegende Arbeit das Kriterium der Kontextsensibilität für die Diskussion einer gegenstandsangemessenen Vorgehensweise in der Evaluation ausgewählt?

Erstens ist der Kontext ein zentraler Aspekt von Gegenstandsorientierung: Diese erschöpft sich nicht darin, die evaluierte Bildungspraxis genau zu bestimmen. Vielmehr ist sie auch auf deren Gegenstandsbezug herunterzubrechen. In welchen Kontexten finden die evaluierten Maßnahmen statt? Wie definieren und berücksichtigen die Gestalterinnen und Gestalter von Maßnahmen ihrerseits das Feld, indem sie sie platzieren? Eine gegenstandsangemessene Evaluation kommt nicht umhin, diese Fragen aufzugreifen. Sie hat damit nicht nur die untersuchte Projektpraxis selbst zum Gegenstand, sondern auch das Setting des von ihr bearbeiteten gesellschaftlichen Feldes. In der Evaluationsforschung werden denn auch Evaluationsaspekte selten isoliert diskutiert, sondern vielmehr im Kontext der jeweils bearbeiteten Handlungsfelder (Hense u. a.

2019). In den Standards für Evaluation der DeGEval wird eine genaue Kontextanalyse gefordert, um unter anderem Erkenntnisse zu Bedingungskonstellationen und Transferpotenzialen gewinnen zu können (DeGEval – Gesellschaft für Evaluation 2017, S. 44 f.). „Den Kontext des Evaluationsgegenstandes bilden die Rahmenbedingungen, welche diesen Evaluationsgegenstand umgeben. Dies sind v. a. politische, ökonomische, soziale, technologische, gesetzliche und ökologische Faktoren" (ebd., S. 45). Gerade auch in der Programmevaluation wird der Kontextberücksichtigung großes Gewicht beigemessen: „Das Programm muss berücksichtigen, dass es unter bestimmten Bedingungen umgesetzt werden muss" (Böttcher/Hense 2016, S. 128; zum Problem der Kontextgebundenheit in der Evaluationspraxis siehe auch Kapitel 5 in diesem Band).

Zweitens findet der Kontext in Evaluationen im Verhältnis zu anderen der oben genannten Kriterien vergleichsweise wenig und oft nachgelagerte Berücksichtigung. Angesichts der eben beschriebenen Schlüsselstellung tut sich hier eine bedeutende Lücke in der Evaluationsforschung und -praxis auf. Der Rahmen dieser Arbeit bietet die Möglichkeit, den Kontext als Kriterium in den Mittelpunkt zu stellen.

Drittens war für den Programmbereich F der gesellschaftliche Kontext, eben die Ausbildungs- und Arbeitswelt (und nicht etwa Methoden, Themenfelder oder Zielgruppen), der entscheidende Bezugsrahmen für die Zuordnung der Projekte. Entsprechend haben die unterschiedlichen Vorhaben diesen Kontext als Zielort gemein, und er ist damit ein zentraler Aspekt für die Bewertung der Bildungspraxis des Programmbereichs.

Viertens erfolgte die Auswahl dieses einen Kriteriums im Sinne der besseren methodischen Darstellbarkeit und Nachvollziehbarkeit. Der Bewertungsfokus dieses Beitrags liegt auf strukturell-institutionellen und organisatorischen (zeitlich-räumlichen) Konstellationen der Ausbildungs- und Arbeitswelt. So bleiben unter anderem inhaltliche (auf die Projektziele bezogene) Dimensionen weitgehend ausgeschlossen, sofern sie die genannten Dimensionen nicht eng berühren. Sie benötigen und verdienen im Rahmen von Wirkungsdebatten (vgl. die Einleitung des vorliegenden Bandes sowie die Kap. 8–12) eine eigenständige Beachtung. Diese Beschränkung ist im Rahmen der Methodenillustration dieses Kapitels sinnvoll und notwendig. Es soll hier betont werden, dass für eine umfassende Evaluation des betrachteten Gegenstands eine auf mehreren Kriterien basierende Zusammenschau nötig wäre.

Mit der vorliegenden Arbeit wird der Kontext exemplarisch für eine kriterienbasierte Bewertung in den Mittelpunkt gestellt. Die Beurteilung seiner Berücksichtigung auf Projektebene wird als ein Element von gegenstandsangemessener Bewertung dargestellt und untersucht.

Im folgenden Abschnitt wird das Setting der Ausbildungs- und Arbeitswelt als Kontext für die hier untersuchte Bildungspraxis zunächst genauer bestimmt (auch Fehser u. a. 2020; Mögling/Schlimbach/Reißig 2019).

7.4 Das Setting der Ausbildungs- und Arbeitswelt als Kontext für Demokratieförderung

Der Programmleitlinie entsprechend setzte der Programmbereich F auf die „Förderung von Vielfalt und demokratieförderndem Verhalten in berufsbildenden Schulen/Einrichtungen und am Arbeitsplatz" (BMFSFJ o.J.). Dieses Ziel setzten die Projekte vor allem über politische Bildungsarbeit, Antidiskriminierungs- und Diversityarbeit um. Hauptzielgruppen waren die Schülerschaft sowie Multiplikatorinnen und Multiplikatoren in berufsbildenden Schulen, Unternehmensangehörige sowie Geflüchtete.

Damit bestimmt sich der Gegenstand der wissenschaftlichen Begleitung nicht nur aus der betrachteten Fachpraxis, sondern wie beschrieben in einem weiteren Gegenstandsverständnis auch aus dem Kontext, in dem sie stattfindet. Das Aktionsfeld der untersuchten Projekte ist vor allem in der beruflichen Bildung als rahmendem Setting für Demokratieförderung verortet.

Für junge Menschen in der nachschulischen Lebensphase sind berufliche und berufsbildende Kontexte wichtige tägliche Lern- und Arbeitsorte und entscheidende Orte der Begegnung mit Heterogenität: In Betrieben arbeiten sie mit Angehörigen verschiedener Generationen und Herkunftskonstellationen zusammen, und auch die Schülerschaft in Berufsschulen wird immer diverser in Bezug auf Alter, Vorbildung und Herkunft. Dies gilt besonders angesichts der gestiegenen Zuwanderungszahlen (insbesondere von Geflüchteten) in jüngerer Vergangenheit, die auch die Komposition auf dem Ausbildungs- und Arbeitsmarkt verändern (Zika/Maier/Mönnig 2017; Mecheril 2016). Damit werden hohe Anforderungen an junge Menschen bezüglich eines konstruktiven Umgangs mit Verschiedenheit am Ausbildungs- und Arbeitsplatz gestellt. Auch wenn es an – insbesondere aktuellen – Daten zu Werthaltungen und zum Demokratieverständnis von in Unternehmen und Berufsschulen Lernenden mangelt, legen verschiedene Untersuchungen nahe, dass ein nicht unerheblicher Teil von ihnen demokratiekritische Haltungen vertritt (Dörre 2019; Sauer/Detje 2019; Nattke 2009). Die Erfahrungen in berufsbildenden Kontexten werden dabei auch von aktuellen politisch-gesellschaftlichen Geschehnissen und Entwicklungen (beispielsweise Wahlen, kulturellen Events, aber auch politisch motivierten Straftaten) im kommunalen Raum begleitet und beeinflusst. Ebenso spielen lokale und regionale sozioökonomische Bedingungen und Arbeitsmarktchancen eine wichtige Rolle.

Die Teillebenswelt Arbeit spiegelt gesellschaftliche Schlüsselprobleme wider und hat großen Einfluss auf individuelle Deutungen und Wahrnehmungen (Zurstrassen/Wittau 2017). Mehr noch: „Berufliches Handeln kann dazu beitragen, gesellschaftliche Verhältnisse zu produzieren und zu reproduzieren" (Zurstrassen 2017, S. 7). Vor dem Hintergrund dieses Verständnisses wird der Wert von politischer Bildung an beruflichen Schulen hervorgehoben. Zudem gelten berufliche Schulen als letzte institutionelle Möglichkeit, junge Menschen in Schulkontexten zu erreichen (Besand 2014). Gleichzeitig wird beklagt, dass dies immer noch ein vernachlässigter Bildungsbereich ist (ebd.). Die Angebote der Modellprojekte adressieren dieses Defizit und richten sich im Wesentlichen an den Bereich der beruflichen Bildung. Bei diesem handelt es sich um ein komplexes, multiinstitutionelles Gefüge, dass sich aus der korporativen Steuerung von Staat und Wirtschaft ergibt und im Folgenden im Überblick dargestellt werden soll (basierend auf Hippach-Schneider/Huismann 2019; Ebner/Uhly 2016).

Das deutsche Berufsbildungssystem als duales System zeichnet sich insbesondere durch die Kombination von zwei Lernorten aus: Ausbildungsbetrieb und Berufsschule. In die Koordinierung, Harmonisierung und inhaltliche Ausgestaltung der Lernorte sind eine Vielzahl von Institutionen involviert: Der Bundesregierung obliegt die gesetzliche Steuerung des betrieblichen Bereichs. Dabei wird sie vom Bundesinstitut für Berufsbildung (BIBB) unterstützt, das als Scharnier zwischen den Beteiligten fungiert, auf der Basis eigener Forschung beratend tätig ist und gemeinsam mit den Wirtschaftspartnern die Ausbildungsordnungen erarbeitet. Die Kammern überwachen als *zuständige Stellen* die Ausbildungsdurchführung. Die Bundesagentur für Arbeit übernimmt die Berufsberatung und die Vermittlung von Ausbildungsstellen. Der Bereich der schulischen Berufsbildung liegt in der Verantwortung der Länder. Die von der Kultusministerkonferenz erstellten Rahmenlehrpläne dienen als Orientierung für die Schulgesetze und Lehrpläne der Länder und sichern bundesweite curriculare Standards und Vergleichbarkeit. Die berufspraktische Ausbildung findet in geprüften Ausbildungsbetrieben statt. Neben der vollqualifizierenden beruflichen Bildung mündet ein Teil der Jugendlichen in die vielfältigen Maßnahmen des Übergangssektors, der durch eine schwer überschaubare Vielfalt an Maßnahmen, Träger- und Förderstrukturen geprägt ist (Krüger-Charlé 2010).

Die korporative Steuerung der beruflichen Bildung durch staatliche Stellen und Wirtschaftspartner sichert die Qualität und die Ausrichtung an den Arbeitsmarktbedarfen. Sie erfordert aber auch eine kontinuierliche Abstimmung der Vielzahl beteiligter Institutionen und geht mit komplexen Gestaltungsprozessen sowie engen curricularen Standards einher. Gleichzeitig sind die sehr unterschiedlichen Gruppen der in berufsbildenden Kontexten Lernenden und ihrer professionellen Begleiterinnen und Begleiter zu beachten. Nicht zu vergessen ist, dass sich unter anderem über kommunale Bildungsverantwortung und regionale Arbeitsmärkte sehr spezifische regionale und kommunale Kontextbedingungen ergeben.

7.5 Die Entwicklung kontextbezogener Bewertungsdimensionen

Aus dieser Kontextbestimmung lassen sich folgende wesentliche *Charakteristika des Feldes der beruflichen Bildung* zusammenfassen, die für die Platzierung demokratiefördernder Maßnahmen von besonderer Relevanz sind:

- föderalistische Berufsbildungsstrukturen,
- Zusammenspiel verschiedener Institutionen der Regelstrukturen,
- Relevanz von Wirtschaftsakteuren der verschiedenen Ebenen,
- Vielfalt unterschiedlicher Gruppen von Lernenden und Lehrenden,
- Vielfalt von Bildungs- und Ausbildungswegen an unterschiedlichen Lernorten (beruflichen Schulen, Ausbildungsbetrieben) und
- regional- bzw. lokalspezifische Bedingungen (Politik, Ausbildungs- und Arbeitsmarkt, Bürgerschaft).

Für die Untersuchung von Kontextsensibilität stellt sich die Frage, inwiefern diese Charakteristika in der Projektpraxis berücksichtigt sind und wie diese Berücksichtigung gemessen und beurteilt werden kann. Hierfür wurden aus den Feldcharakteristika sechs entsprechende *kontextbezogene Bewertungsdimensionen* abgeleitet, die die Grundlage für eine auf dem Kriterium des Kontextes basierende Bewertung bilden:

- *Einbezug der verschiedenen Gestaltungs- und Verwaltungsebenen der beruflichen Bildung:* Auf welche Ebenen beruflicher Bildung sind die untersuchten Angebote bezogen? Welche Schlüsselakteure auf kommunaler, Bundes- und Landesebene werden von den Projektverantwortlichen involviert?
- *Förderung von Kooperationen und Netzwerken:* Wie werden Austausch- und Vernetzungsprozesse zwischen den Institutionen der Regelstrukturen im Projektkontext begleitet und gefördert? Wie sind die Projekte selber mit den Schlüsselakteuren vernetzt?
- *Einbezug von Wirtschaftsakteuren:* Inwiefern sind Betriebe, Kammern und Gewerkschaften als Adressaten der Angebote berücksichtigt bzw. wie werden sie in die Umsetzung eingebunden?
- *Zielgruppensensible Ansprache*: Inwiefern werden die vielfältigen Gruppen von Lernenden und Lehrenden differenziert adressiert und wie werden ihre spezifischen Bedarfe in der Maßnahmengestaltung berücksichtigt?
- *Berücksichtigung verschiedener Lernorte und Bildungswege:* Inwiefern werden die Maßnahmen an betrieblichen und schulischen Lernorten verortet und spezifische Angebote für verschiedene Bildungswege entwickelt?
- *Berücksichtigung regional- bzw. lokalspezifischer Besonderheiten:* Wie werden die spezifischen gesellschaftlichen und politischen Konstellationen und

Entwicklungen vor Ort im Design und in der Umsetzung der Angebote aufgegriffen und inwiefern werden flankierende Geschehnisse verarbeitet?

Diese Dimensionen bilden die Grundlage für eine auf dem Kriterium des Kontextes basierende Bewertung. Zunächst wird das Forschungsdesign (mit besonderer Berücksichtigung seines Gegenstandsbezugs) beschrieben, auf dem die hier vorgenommene Bewertung basiert.

7.6 Die Entwicklung eines gegenstandsangemessenen Forschungsdesigns

Die wissenschaftliche Begleitung des Programmbereichs F hat ihre Untersuchung mit Elementen sowohl einer formativen (prozessbegleitenden, auf Weiterentwicklung ausgerichteten) als auch einer summativen (abschließenden, auf Outcomes gerichteten) Evaluation (Widmer/Beywl 2009, S. 520) konzipiert. Das Element des Bewertens war zentraler Bestandteil sowohl über eigene, als auch die durch die Gesamtevaluation des Bundesprogramms angestoßenen übergreifenden Fragestellungen. Die Untersuchungen richteten sich in erster Linie auf die konkrete Projektpraxis der geförderten Modellvorhaben. Darüber hinaus wurden aber auch systematische, generalisierte Aussagen über den Programmbereich generiert, insbesondere über seine Relevanz innerhalb des gesellschaftlichen Demokratiediskurses.

Um diesen Aufgaben und gleichzeitig den Rahmungen von Demokratieförderung im Berufsbildungskontext gerecht zu werden, wurde auf einen Methodenmix gesetzt. Angesichts der beschriebenen Tatsache geringer demokratiebildender und empirischer Aktivitäten im Feld wurde für die Ebene der Modellprojekte ein explorativer Ansatz gewählt[1]. Im Fokus dieses Kapitels stehen qualitative Verfahren und Instrumente, die zur Bewertung der Kontextsensibilität der Modellprojekte besonders wertvoll waren. Sie werden im Folgenden vorgestellt und ihre Auswahl unter Bezugnahme auf den Gegenstand (die evaluierte Praxis) und deren Kontext (die berufliche Bildung) begründet (ausführlich zum Forschungsdesign siehe Fehser u. a. 2020).

---

1 Zunächst erfolgte eine inhaltsanalytische Auswertung der Interessenbekundungen der Projekte. Eigene empirische Zugänge umfassten einerseits qualitative Befragungen von Mitarbeitenden der Projekte sowie – im Rahmen vertiefender Fallstudien – von Vertreterinnen und Vertretern kooperierender Einrichtungen. Weiterhin wurde das Feedback der Adressatinnen und Adressaten von Maßnahmen über standardisierte Befragungen eingefangen. Alle empirischen Erhebungsschritte waren im Sinne der formativen Evaluation längsschnittlich angelegt, um Veränderungen im Projektverlauf bzw. Dynamiken von Umsetzungsprozessen abbilden zu können. Zur Unterstützung der formativen Evaluation wurde eine Reihe von Entwicklungsworkshops durchgeführt, auf denen Zwischenergebnisse vorgestellt und Themen der Projekte gemeinsam bearbeitet wurden.

Im Vorfeld eigener empirischer Zugänge wurde zunächst eine *Dokumentenanalyse* der im Auswahlverfahren eingereichten Interessenbekundungen der Modellprojekte durchgeführt. Dies diente der Gegenstandsbestimmung.

Alle evaluierten Modellprojekte wurden mittels *problemzentrierter, leitfadengestützter Experteninterviews* (Witzel 2000) befragt. Dieser explorative Zugang gewährte Offenheit gegenüber der inhaltlich-methodischen Vielfalt und Kontextspezifik (beispielsweise durch die regionale Verortung) der Projekte. Ihre überschaubare Anzahl erlaubte eine Vollerhebung, die im Längsschnitt (mit zwei Erhebungswellen im Frühjahr 2018 und im Frühjahr 2019) durchgeführt wurde. Damit war es möglich, Adaptionen in der Umsetzung zu erfassen und gleichzeitig alle Projekte auf der Basis von Interimsergebnissen in der Weiterentwicklung zu unterstützen.

Integriert in die qualitative Befragung der Modellprojekte fand eine *qualitative Netzwerkanalyse* statt. Dieser Schritt wurde angesichts der föderalistischen Berufsbildungsstrukturen und des Zusammenspiels verschiedener Institutionen der Regelstrukturen (oben als wesentliche Feldcharakteristika definiert) eingeführt. Hierfür wurden während der Interviews der ersten und zweiten Welle egozentrische Netzwerkkarten (Altissimo 2016; Kahn/Antonucci 1980) eingesetzt. Dort wurden kooperierende Personen und Einrichtungen verzeichnet und zum Projekt visuell in Beziehung gesetzt (ausführlicher zum spezifischen Forschungsdesign der qualitativen Netzwerkanalyse siehe Fehser u. a. 2020). Unter anderem wurden Umfang der Netzwerke, Akteursgruppen und Umsetzungsradius der Projekte analysiert. Über den wiederholten Einsatz der Netzwerkkarten in den zwei qualitativen Erhebungswellen konnte u. a. untersucht werden, wie Schlüsselakteure eingebunden und Netzwerke gestaltet und gefördert wurden, wie sich Kooperationen entwickelt haben und ob anvisierte Kooperationen erreicht worden sind.

Um unter Berücksichtigung der Personalressourcen Analysen zu bestimmten Aspekten (Umsetzungspraxis, längsschnittliche Dynamiken) vertieft und fallspezifisch durchführen zu können, wurden in einem selektiven Sampling (Kelle/Kluge 2010) sieben Modellprojekte als *Fallstudien* kriterienbasiert ausgewählt. Teil des Kriterienkatalogs waren unter anderem zielgruppenbezogene, thematische und methodische Fokusse. Ergänzend wurden *Interviews mit Kooperationspartnern* der ausgewählten Projekte durchgeführt. Auch mit diesem Instrument wurden die eben genannten Feldcharakteristika, die die Vielfalt der Akteure und deren Zusammenspiel innerhalb der mehrdimensionalen Berufsbildungsstrukturen hervorheben, aufgegriffen.

Im Hinblick auf die vorliegenden Fragestellungen soll nun exemplarisch vorgestellt werden, wie die wissenschaftliche Begleitung bei der gegenstandsangemessenen Bewertung vorging und welche Ergebnisse der Einsatz der genannten Verfahren und Instrumente in Bezug auf Kontextsensibilität in der evaluierten Bildungspraxis erbrachte.

7.7 Eine Gegenstandsbestimmung

Eingangs wurde herausgearbeitet, dass Kontextberücksichtigung ein wichtiges Kriterium für die gegenstandsangemessene Bewertung ist. Die Modellprojekte müssen sich den Besonderheiten des beschriebenen spezifischen Settings der beruflichen Bildung stellen. Die folgenden Analysen richten sich darauf, wie sie das tun. Zunächst soll der Blick noch einmal auf den Gegenstand des hier vorgestellten Evaluationsvorhabens gerichtet werden: die untersuchte Bildungspraxis.

Zur Gegenstandsbestimmung gehört es, „das Konzept des Evaluationsgegenstands als auch seine Umsetzung [...] genau und umfassend" zu beschreiben und zu dokumentieren (DeGEval – Gesellschaft für Evaluation 2017, S. 20). Folgend wird eine fallübergreifende Übersicht über die Konzeptionen und Umsetzungsprozesse der Modellvorhaben gegeben, wobei anschließend die Berücksichtigung der Besonderheiten des Settings der Ausbildungs- und Arbeitswelt (Kontextsensibilität) anhand der oben identifizierten Bewertungsdimensionen exemplarisch beurteilt wird. Organisatorisch-institutionelle Rahmenbedingungen stehen im Fokus, Fragen nach der inhaltlichen Zielerreichung sowie nach Outcomes bleiben dem Fokus des Kapitels entsprechend weitgehend ausgeklammert.

7.7.1 Gegenstandsbestimmung: konzeptionelle Ebene

Welche Ansätze und Methoden zur Demokratieförderung wählten die Modellprojekte, um den oben skizzierten Herausforderungen in Ausbildungs- und Arbeitssettings zu begegnen? Diese Frage wurde auf der Basis von zu Beginn des Projektes durchgeführten Dokumentenanalysen der Interessenbekundungen untersucht.

Übergreifendes Ziel aller im Kontext des Programmbereichs geförderten Projekte war die Förderung eines vielfältigen, friedlichen und demokratischen Miteinanders in den Ausbildungs- und Arbeitswelten junger Menschen. Sie legten den Fokus auf primäre Prävention durch eine Sensibilisierung der unterschiedlichen Zielgruppen für Fragen von Demokratie und Vielfalt.

Der Großteil der Projekte griff lokale und regionale Handlungsbedarfe auf und folgte damit der Programmvorgabe, die lokale Ausgangslage zu berücksichtigen. Einige gründeten ihren Handlungsauftrag auch auf der Beobachtung einer generell unzureichenden und eher intervenierenden Auseinandersetzung der beruflichen Bildung mit Fragen wie Vielfalt und Demokratie, sowie auf herausfordernden Konstellationen, etwa großen, zunehmend anonymen und diversen Schülerschaften an beruflichen Schulen. Neben demokratiefeindlichen Werthaltungen der Schülerschaft wurden auch solche des berufsbildenden Personals und Unternehmensangehöriger auf verschiedenen Ebenen als Handlungsanlass genannt.

Die Arbeit der Modellprojekte ist schwerpunktmäßig im Bereich der politischen Bildung zu verorten. Sie richtete sich an vielfältige und heterogene Zielgruppen. Hauptadressatinnen und -adressaten waren Lernende in der beruflichen Bildung (Auszubildende und junge Menschen in Maßnahmen des Übergangssektors). Eine weitere wichtige Gruppe bildeten Multiplikatorinnen und Multiplikatoren in Unternehmen und Berufsschulen (Lehrkräfte/Ausbildende, Entscheidungsträger). Einzelne Projekte richteten ihre Angebote gezielt an Geflüchtete. Viele Projekte adressierten in einem mehrdimensionalen Design zwei oder sogar drei dieser Zielgruppen eines oder mehrerer institutioneller Settings.

Die geplanten Formate waren inhaltlich-methodisch ausgesprochen vielfältig und zielgruppenadäquat. Sie beinhalteten beispielsweise Schulungen für Auszubildende sowie Weiterbildungsmaßnahmen für die Multiplikatorenebene zu demokratierelevanten Themen (z. B. Vielfalt, Diskriminierung, Integration, Populismus). Für die Gruppe der in beruflicher Ausbildung befindlichen jungen Menschen wurden aber auch erlebnisbasierte Aktivitäten wie Lernwochen und Exkursionen sowie Peer-Trainings entwickelt und erprobt, bei denen sie im geschützten Raum mit Gleichaltrigen diskutieren konnten. Weitere Ansätze umfassten die lokale/regionale Netzwerkbildung und die Entwicklung von Schulungsmaterialien, aber auch die Beratung von Akteurinnen und Akteuren sowie Institutionen des Feldes bei der Entwicklung und Stärkung demokratischer Strukturen. In einzelnen Fällen wurde auf die Implementierung von Demokratiebildungsmaßnahmen in Rahmenlehrpläne abgezielt und entsprechende Module entwickelt und erprobt.

Neben inhaltlich-methodischen Parametern wurde auch die anvisierte Zusammenarbeit mit externen Partnern in den Interessenbekundungen dargestellt. Alle Modellprojekte hatten dort für die Umsetzung bereits relevante Kooperationspartner identifiziert und teilweise schon Kooperationsvereinbarungen geschlossen.

7.7.2 Gegenstandsbestimmung: Umsetzungsebene

Viele Projekte hatten analog zu den Konzeptionen einen lokalen beziehungsweise regionalen Umsetzungsschwerpunkt und platzierten ihre Angebote bei berufsbildenden Einrichtungen vor Ort oder in einem definierten Strukturkreis auf kommunaler oder Landesebene. Darüber hinaus gab es Projekte, die überregional agierten und beispielsweise bundesweite Gewerkschafts- oder Unternehmensstrukturen adressierten. Bei einigen ergab sich der bundesweite Fokus durch die eigene Trägerstruktur.

Bei der Umsetzung wurde die konzeptionell verankerte Kontextangemessenheit der Projekte auf den Prüfstand gestellt. Projekte, deren Träger Teil der Regelstrukturen waren (beispielsweise durch Ansiedlung an eine berufliche

Schule), profitierten von den systemimmanenten Kenntnissen des Berufsbildungssystems und diesbezüglichen Zugängen. So konnten sie die Maßnahmen oft nah am Konzept implementieren. Für einen Großteil der Projekte zeigte sich jedoch in der Startphase, dass konzeptionell angedachte Zugänge zu Einrichtungen der Regelstrukturen (insbesondere zu beruflichen Schulen und Ausbildungsbetrieben) und Akquise-Strategien zur Erreichung von Teilnehmenden nicht oder nur unzureichend griffen. Das lag zum einen daran, dass sie mit den zeitlich-organisatorischen Realitäten der Institutionen konfligierten. So waren etwa individuelle Maßnahmen während einer berufsschulischen Ausbildungsphase außerhalb des regulären Unterrichtsrahmens nicht möglich. Außerdem bestätigte sich die curriculare Nachrangigkeit von Themen politischer Bildung an beruflichen Schulen (Besand 2014), die zudem oft nur geringe Kooperationserfahrungen mit externen Partnern hatten. Bei knappen zeitlichen und personellen Ressourcen hatte in den Berufsschulen und Unternehmen der Bildungsauftrag Priorität. Nicht zuletzt zeigte sich, dass die thematische Ansprache über programmatische Begriffe wie Demokratieförderung, Vielfaltgestaltung und Extremismusprävention insbesondere bei Unternehmen oft nicht funktionierte. Hier waren Vorbehalte und Befürchtungen mit der Bearbeitung des Themas im eigenen Organisationskontext verbunden.

In Folge nahmen die Projekte teilweise umfassende Adaptionsanstrengungen vor. Dazu gehörte die Übersetzung von Programmthemen in berufsschulische und betriebliche Anliegen (z. B. Fachkräftebedarf, Betriebs- oder Schulklima). Gleichzeitig wurden die Formate zeitlich und konzeptionell flexibilisiert, um sie an die organisatorischen Ressourcen und Reglementierungen der beteiligten Institutionen anpassen zu können. In diesen Prozess waren die Zielinstitutionen eng eingebunden. Außerdem wurden Handreichungen erstellt, die die Erfahrungen der Modellpraxis für vergleichbare Vorhaben und im Sinne des Transfers nutzbar machen sollten. Damit wurden die Modellprojekte ihrem Auftrag gerecht, neue Ansätze zu erproben und weiterzuentwickeln, und auch Scheitern konstruktiv im Sinn eines Lernprozesses zu nutzen. Bei Zugangsschwierigkeiten zu einer anvisierten Zielgruppe wurde oft auf andere Gruppen ausgewichen. So wurden Angebote statt wie geplant an kleinen und mittelständischen Unternehmen an Großunternehmen mit größeren Ressourcen implementiert; oder bei der Suche nach Peertrainern wurde auf die Schülerschaft von Gymnasien ausgewichen, die in ihrer zeitlichen Gestaltung deutlich freier war als solche in schulischen Berufsbildungsgängen. Angesichts der geringen Resonanz auf Angebote für Ausbildende und Betriebsangehörige wurden die jeweiligen Formate zunächst zeitlich verschlankt. Bei weiter niedrigem Zulauf erstellten manche Projekte schriftliche Materialen als ressourcenschonende, zeitlich-räumlich entkoppelte Form der Beratung und Unterstützung. Auch bei Angeboten für Auszubildende erfolgte die organisatorische Anpassung oft über eine zeitliche Reduzierung oder Verschiebung von Formaten.

Der Blick auf die Netzwerkkarten verdeutlicht, dass die Modellprojekte bei der Gestaltung von Kooperationen konsequent von den konzeptgemäß anstehenden Projektaufgaben und entsprechenden externen Unterstützungsbedarfen ausgegangen waren und ihre Netzwerke prozessorientiert anpassten. Dabei wurde einerseits gezielt auf gewachsene Kooperationsstrukturen der Organisation zurückgegriffen (was den Zugang zu Regelinstitutionen bedeutend erleichterte), andererseits wurden neue Akteure der berufsbildenden Regelstrukturen eingebunden. Angesichts der Vielfalt der Ansätze erklärt sich die enorme Spannbreite und Dynamik in der Netzwerkgröße. Die in die Karten aufgenommenen Partner ließen sich schwerpunktmäßig zehn Akteursgruppen zuordnen. In diesen waren alle Ebenen und Institutionen der Regelstrukturen beruflicher Bildung, aber auch flankierende Bereiche, vertreten. Am häufigsten kooperierten die Projekte mit Akteuren der Akteursgruppen Wirtschaft, berufliche Bildung und Arbeitsmarktintegration, der Lokalpolitik, und anderer Initiativen der Vielfaltgestaltung und Demokratieförderung (für detaillierte Analysen siehe Fehser u. a. 2020). Neben bilateralen Kooperationen war für die Umsetzung nahezu aller Vorhaben die synchrone Abstimmung mit mehreren Regelinstitutionen nötig. Auch für die Weiterentwicklung ihrer Angebote setzten die Projekte auf den gemeinsamen Dialog mit Akteurinnen und Akteuren unterschiedlicher Ebenen. Bei einigen Modellprojekten war die Vernetzung verschiedener Akteursgruppen konzeptioneller Hauptgegenstand. Die Netzwerkanalysen für diese Projekte dokumentieren intensive Kooperationsbemühungen und Vernetzungsaktivitäten, deren Hauptakzent auf der kommunalen Ebene lag.

Bezüglich der Zusammenarbeit mit externen Kooperationspartnern gab es viel Dynamik, wie der Abgleich von den in den Interessenbekundungen definierten und den auf den Netzwerkkarten der ersten und zweiten Welle verzeichneten Partnern zeigt. Veränderungen gab es aber im Wesentlichen bezüglich einzelner Organisationen (vor allem durch die im Projekt jeweils aktuell anstehenden Aufgaben, aber auch durch zurückgezogene Kooperationszusagen, Personalwechsel, oder aber auch Ressourcenengpässe bei den Partnern). Die Akteursgruppen hingegen blieben im Wesentlichen stabil.

Auf Lücken im Netzwerk verweist die häufige Anmerkung interviewter Projektmitarbeitender und Kooperationspartner, dass Demokratiebildung punktuell, lokal und über die im Programmbereich realisierten Maßnahmen modellhaft bleibt.

7.8 Die Beurteilung von Kontextsensibilität als Bestandteil gegenstandsangemessener Bewertung

Wie eingangs skizziert, ist Evaluation mehr als Beschreibung, und das Verfassen von Werturteilen ein konstitutives Element dieser Untersuchungsform.

Wie kann nach der im vorangegangenen Abschnitt erfolgten deskriptiven Skizzierung nun gemäß der dritten Fragestellung dieses Beitrags eine gegenstandsangemessene Bewertung in Bezug auf Kontextsensibilität erfolgen?

Wertungen hängen vom jeweiligen Referenzrahmen des Betrachters (im vorliegenden Kontext beispielsweise der Evaluierenden, Praktiker/innen und Auftraggeber) ab (Alkin/Vo 2017, S. 243–244). Der Betrachter ist hier die wissenschaftliche Begleitung mit ihrem Evaluationsauftrag für modellhafte Projektpraxis, der in einem konkreten Setting (der Ausbildungs- und Arbeitswelt) ausgeführt wird. Mit der Beschreibung dieses Settings erfolgte eine Kontextbestimmung, aus der heraus zunächst zentrale Feldcharakteristika ermittelt und daraus die Bewertungsdimensionen abgeleitet wurden. Entlang dieser Dimensionen sollen nun die im vorangegangenen Kapitel beschriebenen konzeptionellen und Umsetzungselemente gespiegelt und bewertet werden. Damit wird das Kriterium der Kontextbestimmung überprüfbar und seine Bewertung nachvollziehbar gemacht.

7.8.1 Einbezug der verschiedenen Gestaltungs- und Verwaltungsebenen der beruflichen Bildung

Die Projekte platzierten ihre Angebote großteils unmittelbar dort, wo Berufsbildung passiert: an beruflichen Schulen und in Unternehmen vor Ort. Damit trugen sie der stark kommunalen Verankerung beruflicher Bildungspraxis Rechnung. Die Anpassung an die jeweils konkreten curricularen und organisatorischen Rahmenbedingungen entstand häufig aus einem Lernprozess nach einem teilweise schwierigen Umsetzungsstart. Über diese Adaptionen wurden die anvisierten Maßnahmezahlen im späteren Projektverlauf erreicht oder sogar übertroffen.

Die Netzwerkkarten offenbaren, dass nur wenige Modellprojekte systematisch Player mit inhaltlicher Definitionsmacht der praktischen beruflichen Bildung auf Bundesebene (Bundesregierung, BIBB, Kammern) und der schulischen Bildung auf Landesebene adressierten. Hier zeigen wiederum die Schwierigkeiten der curricularen Platzierung von Angeboten dringenden Handlungsbedarf auf. Eine breitflächige Implementierung kann angesichts der Steuerungsmechanismen nicht gelingen, solange sie nicht verbindlich in Gesetzen und Lehrplänen der beruflichen Bildung berücksichtigt ist und gegenüber berufsbildenden Inhalten aufgewertet wird. Hierfür braucht es die verstärkte Zusammenarbeit mit Akteuren, die für die Gestaltung von berufsbildenden Inhalten verantwortlich sind.

7.8.2 Förderung von Kooperationen und Netzwerken

Die Modellprojekte zeigten ein hohes Problembewusstsein dafür, dass Demokratiebildung in der beruflichen Ausbildung ohne das Zusammenwirken unterschiedlicher Regeleinrichtungen und die Zusammenarbeit mit ihnen nicht gelingen kann. Entsprechend war die Gestaltung konkreter Kooperationen und die Komposition und Pflege von eigenen (und in manchen Projekten auch kommunalen) Netzwerken ein Schwerpunkt ihrer Arbeit. Für die Projektbelange wurden auf die jeweilige Zielstellung fokussierte lokale Netzwerke aufgebaut und prozesssensibel an die jeweils anstehenden Arbeitsschritte angepasst. Der starke Lokalbezug lässt sich damit begründen, dass es sich um erste Erprobungen von Maßnahmen in einem jungen Programmbereich handelte. Für eine überregionale Netzwerkbildung und die systematische Einbindung der verschiedenen Steuerungsebenen in einen Diskurs um Demokratieförderung in der Berufsbildung finden sich nur vereinzelt Ansätze. Im Sinne der genannten verbindlichen und breitflächigen Verankerung des Themas stehen solche Schritte dringend an.

7.8.3 Einbezug von Wirtschaftsakteuren

Betriebe als zentrale Orte von Wertebildung für junge Menschen wurden von einem Großteil der Projekte adressiert. Anfänglichen Akquiseproblemen wurde begegnet, indem unter anderem Programmthemen mit betrieblichen Belangen harmonisiert wurden. Außerdem war es unerlässlich, Personen mit Türöffnerfunktion und Freistellungsbefugnis in Betrieben zu gewinnen (u. a. Personalverantwortliche wie Ausbilder, Jugend- und Auszubildendenvertretungen, Betriebsräte).

Allerdings wurden Unternehmen vornehmlich als Umsetzungspartner und weniger als Wegbereiter eines konstruktiven Demokratiediskurses in der beruflichen Bildung eingebunden. Mit staatlichen Aufgaben betraute Wirtschaftsakteure und solche der Interessenvertretung (z. B. Kammern, Gewerkschaften) waren nur für wenige Vorhaben zentrale Zielgruppen (hier sind Projekte in gewerkschaftlicher Trägerschaft hervorzuheben). Die Fokussierung der Zusammenarbeit auf die Umsetzungsebene lässt sich erneut mit dem Ziel erster modellhafter Erprobungen in Zusammenhang bringen. Im Hinblick auf das langfristige Ziel, das Feld Berufsbildung systematisch für Demokratiebildung aufzuschließen, besteht die Herausforderung darin, sich die inhaltliche Definitionsmacht letztgenannter Akteure stärker zunutze zu machen. Hier kommen die modellhaften Aktivitäten an ihre Grenzen.

7.8.4 Zielgruppensensible Ansprache

Die Modellprojekte nehmen mit ihren sehr unterschiedlichen Vorhaben die an Berufsbildung beteiligten Gruppen (Auszubildende, Lehrende/Ausbildende, Unternehmensangehörige) in den Blick. Insbesondere Projekte, die mehrere Zielgruppen adressieren, weisen ein Verständnis für die Komposition und Dynamik des Gesamtsystems beruflicher Bildung auf. Mit der zielgruppenadaquaten Auswahl unterschiedlicher Methoden richten sie sich an den jeweils spezifischen Lernvoraussetzungen aus.

Bei Nichterreichen der konzeptionell angedachten Zielgruppen wurde häufig auf alternative Gruppen zurückgegriffen (wenn sich beispielsweise bei Zugangsschwierigkeiten zu Ausbildenden auf die Angebote für Auszubildende konzentriert wurde). Hier stand die Kontextberücksichtigung hinter pragmatischen Überlegungen (etwa Ressourcenfragen) zurück. Einige Projekte wählten den aufwendigeren Weg, alternative Formate zu entwickeln oder institutionelle Türöffner stärker zu nutzen, um identifizierte Gruppen trotz auftretender Hindernisse nicht zu verlieren.

7.8.5 Berücksichtigung verschiedener Lernorte und Bildungswege

Viele Maßnahmen bezogen sich zunächst potenziell auf alle beruflichen Bildungswege. Analog zum vorangegangenen Punkt wurde die Vielfalt von Ausbildungswegen in der konzeptionellen Gesamtheit des Programmbereichs berücksichtigt, indem von einigen Projekten angepasste Konzepte für die jeweiligen Lernbereiche entwickelt wurden. So wurde unter anderem der berufsvorbereitende Zweig als wichtiger Bereich für Demokratieförderung identifiziert. Auch hier gab es bei Zugangsbarrieren teilweise Ausweichstrategien auf einfacher zu erreichende Lernwege und -orte. Teilweise wurden aber auch enorme Anstrengungen unternommen, Zugänge zu erreichen und Angebote so zu gestalten, dass sie mit den Rahmenbedingungen des Übergangssektors vereinbar waren. Verschiedene Ausbildungszweige wurden je nach Flexibilität in der theoretischen und praktischen Ausbildung unterschiedlich stark involviert.

7.8.6 Berücksichtigung regional- bzw. lokalspezifischer Besonderheiten

Die meisten Modellprojekte verfolgten konzeptionell sowie in der Umsetzungspraxis einen lokalen/regionalen Fokus und zeigten sich damit sensibel für spezifische Herausforderungen vor Ort. Oft wurden konkrete Anlässe (wie Aktivitäten gruppenbezogener Menschenfeindlichkeit) oder politische Konstellationen (wie rechtsgerichtete Stadträte) als Handlungsanlässe für die eigene Arbeit genannt. Auch Besonderheiten städtischer und ländlicher Räume fanden Berücksichtigung. Darüber hinaus reagierten Projekte auf aktuelle Geschehnisse während der Umsetzungsperiode. Die beobachtete Lokalspezifik muss gerade auch in Überlegungen zum Transfer von Maßnahmen berücksichtigt werden.

7.8.7 Zusammenfassung: Kontextsensibilität in der evaluierten Praxis

Zusammenfassend kann festgehalten werden, dass berufsbildende Rahmenbedingungen in den Projektkonzeptionen differenziert Berücksichtigung fanden und das Design der Vorhaben wesentlich bestimmten. Allerdings konnte der anvisierte Kontextbezug den Umsetzungsrealitäten nicht immer in gleichem

Maß standhalten. Gleichzeitig brachte der starke – der Verortung von beruflicher Bildungspraxis durchaus entsprechende – Lokalbezug in der Umsetzung mit sich, dass Fragen einer systematischen Verankerung politischer Bildung im Gesamtsystem beruflicher Bildung nachrangig waren. Das kann zum einen am explorativen Charakter der Projekte eines sehr jungen Programmbereichs liegen, die ihrem Auftrag als Modell entsprechend erste Erprobungen im überschaubaren (etwa kommunalen) Rahmen durchführten. Zum anderen wird hier aber auch eine zentrale Herausforderung im Bewertungsvorgehen berührt: die der unterschiedlichen Definitionen des Kontextes durch Bewertende und Bewertete. So spiegelten die von den Projekten hergestellten Kontextbezüge überwiegend spezifische Rahmungen beruflicher Bildung für den jeweils bearbeiteten räumlich definierten Lernort/institutionellen Kontext, der zudem durch thematische Festlegungen und Zielgruppenspezifizierungen weiter eingegrenzt wurde. Dem gegenüber bezog sich die aus Sicht der wissenschaftlichen Begleitung vorgenommene Kontextbestimmung über die projektübergreifende Betrachtung des Programmbereichs auch auf das Gesamtsystem und die Steuerungsebene des deutschen Berufsbildungswesens.

7.9 Resümee

Die vorliegende Arbeit hatte zum Ziel, Kontextsensibilität in der Praxis von Demokratiebildung als Kriterium gegenstandsangemessener Bewertung zu untersuchen. Hierfür wurde zunächst nach einer Einordnung der Fragestellung in die Evaluationsdebatte das Design der wissenschaftlichen Begleitung vorgestellt und zu ihrem Gegenstand (der Projektarbeit im Programmbereich) und dessen Kontext (dem Feld der beruflichen Bildung) in Beziehung gesetzt. Daneben wurde der Kontext über wesentliche Feldcharakteristika bestimmt, und aus diesen entsprechende Bewertungsdimensionen abgeleitet. Es wurde untersucht, inwiefern sich diese Dimensionen in der Anlage und Umsetzung der Projektvorhaben wiederfinden.

Exemplarisch wurde dargestellt, wie Modellprojekte den Kontext beruflicher Bildung in der Entwicklung und Umsetzung ihrer Maßnahmen berücksichtigen. So konnte beispielsweise gezeigt werden, dass sie konzeptionell die vielfältige institutionelle Landschaft beruflicher Bildung ebenso wie die vielen und sehr unterschiedlichen Zielgruppen bedacht haben. Auf Umsetzungsebene erbrachte die Untersuchung von Kontextsensibilität unter anderem, dass über Nachsteuerungen Anpassungen an spezifische Rahmenbedingungen erfolgten und so nach anfänglichen Hürden zentrale Institutionen und individuelle Gruppen der beruflichen Bildungspraxis erreicht werden konnten. Hierfür wurden die nötigen Kooperationsprozesse in Gang gesetzt. In diesem praxisorientierten Konzeptions- und Umsetzungsfokus war das Erreichen gestaltungsmächtiger Akteure (u. a. Bundes- und Landesministerien, Bundesinstitut für Berufsbildung, Kammern) in vielen Vorhaben untergeordnet. Gleichzeitig hat sich gezeigt, dass strukturell-organisatorische Barrieren nur unter Einbezug dieser Akteure bearbeitet werden können, dass es hier aber anderer Formate bedarf, die über die modellhafte Erprobung hinaus langfristig und strukturverändernd wirken können.

Methodische Herausforderungen einer kriterienbasierten Bewertung in der Evaluation liegen unter anderem in der Subjektivität der Auswahl und Definition von Kriterien, die Evaluationsergebnisse entscheidend beeinflussen (siehe auch Kapitel 5 in diesem Band). Am vorliegenden Beispiel wurde die Auswahl des Kontextes als Bewertungskriterium zum einen aus seiner Bedeutung in Evaluationsprozessen und zum anderen als gemeinsamer Bezugsrahmen für die untersuchte Projektpraxis abgeleitet. In der durch die wissenschaftliche Begleitung erfassten Kontextbestimmung von Evaluierenden, Projektmitarbeitenden und Kooperationspartnern zeigten sich unterschiedliche Nuancierungen. Hilfreich hierbei kann die ergänzende Erfassung programmexterner Perspektiven zur Beurteilung von Kontextsensibilität sein. Bei der Evaluation berufsbildender Kontexte wäre potenziell der Einbezug kommunaler Akteure der Regelstrukturen eine Möglichkeit, um die Berücksichtigung lokaler Bedingungen und kommunaler Netzwerke besser bewerten zu können.

Nicht zuletzt ist die vorliegende Arbeit auf die Berücksichtigung strukturell-organisatorischer Kontextelemente als Kriterium für Gegenstandsangemessenheit beschränkt, um methodische Überlegungen im eingeschränkten Rahmen dieses Artikels detailliert illustrieren können. Im Sinne einer „umfassenden Bewertung“ (Widmer 1996) wären noch weitere Kriterien zu betrachten. So blieben inhaltliche Dimensionen (also die Frage nach der Berücksichtigung kontextueller Gegebenheiten bezüglich der Zielsetzung der Projekte) sowie wirkungsevaluatorische Aspekte weitgehend außen vor und bilden Desiderate für eigenständige Arbeiten. Insbesondere Herausforderungen, die sich aus der synthetischen Bewertung mehrerer Kriterien ergeben, sind weiterführend zu diskutieren (Gates 2018). Die vorliegende Arbeit verweist jedenfalls darauf, dass der Kontext als zentrales Element von Bildungspraxis dezidierte Betrachtung verdient und im Rahmen von umfassenden Evaluationen systematisch mitberücksichtigt werden sollte.

Literatur

Alkin, Marvin C./Vo, Anne T. (2017): Evaluation Essentials, Second Edition. From A to Z. 2nd ed. New York

Altissimo, Alice (2016): Combining Egocentric Network Maps and Narratives: An Applied Analysis of Qualitative Network Map Interviews. In: Sociological Research Online, 21. Jg., H. 2, S. 14

Armborst, Andreas/Biene, Janusz/Coester, Marc/Greuel, Frank/Milbradt, Björn/Nehlsen, Inga (2018): Evaluation in der Radikalisierungsprävention. Ansätze und Kontroversen. Frankfurt (Main)

Besand, Anja (2014): Monitor politische Bildung an beruflichen Schulen. Probleme und Perspektiven. Lizenzausg. Bonn

Beywl, Wolfgang/Balzer, Lars (2016): Aufbau von Evaluationskompetenzen für interne Schulevaluation durch projektbezogene Fortbildung. In: Die deutsche Schule, 108. Jg., H. 2, S. 191–204

Böttcher, Wolfgang/Hense, Jan (2016): Evaluation im Bildungswesen – eine nicht ganz erfolgreiche Erfolgsgeschichte. In: Die deutsche Schule, 108. Jg., H. 2, S. 117–135

Bundesministerium für Familie, Senioren, Frauen und Jugend (Hrsg.) (o.J.): Förderung von Modellprojekten für Engagement und Vielfalt in der Arbeits- und Unternehmenswelt. Leitlinie Förderbereich F. https://www.demokratie-leben.de/fileadmin/content/PDF-DOC-XLS/Leitlinien/Foerderleitlinie_F.pdf (18.09.2020)

DeGEval – Gesellschaft für Evaluation (Hrsg.) (2017): Standards für Evaluation. Erste Revision 2016

Dörre, Klaus (2019): Marsch durch die Betriebe? In: Indes, 7. Jg., H. 4, S. 124–135

Ebner, Christian/Uhly, Alexandra (2016): Entstehung und Merkmale des dualen Ausbildungssytems. Bonn. http://www.bpb.de/gesellschaft/kultur/zukunft-bildung/228394/entstehung-und-merkmale (18.09.2020)

Fehser, Stefan/Mögling, Tatjana/Schlimbach, Tabea/Reißig, Birgit (2020): Demokratieförderung in der beruflichen Bildung. Abschlussbericht der wissenschaftlichen Begleitung des Programmbereichs F, „Engagement und Vielfalt in der Arbeits- und Unternehmenswelt". Halle (Saale)

Flick, Uwe (2007): Qualitative Sozialforschung. Eine Einführung. Reinbek bei Hamburg

Gates, Emily F. (2018): Toward Valuing With Critical Systems Heuristics. In: American Journal of Evaluation, 39. Jg., H. 2, S. 201–220

Gorry, G. Anthony/Goodrich, Thelma Jean (1978): On the Role of Values in Program Evaluation. In: Evaluation Quarterly, 2. Jg., H. 4, S. 561–572

Hense, Jan/Böttcher, Wolfgang/Kalman, Michael/Meyer, Wolfgang (2019): Konvergenzen und Divergenzen: Versuch einer Synopse. In: Hense, Jan/Böttcher, Wolfgang/Kalman, Michael (Hrsg.): Evaluation: Standards in unterschiedlichen Handlungsfeldern. Einheitliche Qualitätsansprüche trotz heterogener Praxis? Münster, S. 311–328

Heuer, Christine (2017): Verwendung von Bewertungskriterien in den externen Evaluationen der Bundesverwaltung. Ergebnisse einer Forschungsstudie. In: LeGes, 28. Jg., H. 2, S. 327–345

Hippach-Schneider, Ute/Huismann, Adrienne (2019): Vocational education and training in Europe: Germany

Hirschauer, Stefan (2006): Wie geht Bewerten? – Zu einer anderen Evaluationsforschung. In: Flick, Uwe (Hrsg.): Qualitative Evaluationsforschung. Konzepte – Methoden – Umsetzung. Originalausgabe. Reinbek bei Hamburg, S. 405–423

Kahn, Robert L./Antonucci, Toni C. (1980): Convoys over the life course: Attachment, roles, and social support. In: Baltes, Paul B./Brim, Orville G. (Hrsg.): Life-span development and behavior. New York, S. 253–286

Kelle, Udo/Kluge, Susann (2010): Vom Einzelfall zum Typus. Fallvergleich und Fallkontrastierung in der qualitativen Sozialforschung. 2., überarb. Aufl. Wiesbaden

Krüger-Charlé, Michael (2010): Übergänge zwischen Schule, Ausbildung und Beruf. Strukturen, Einschätzungen und Gestaltungsperspektiven

Lüders, Christian (2006): Qualitative Evaluationsforschung – Was heißt denn hier Forschung? In: Flick, Uwe (Hrsg.): Qualitative Evaluationsforschung. Konzepte – Methoden – Umsetzung. Originalausgabe. Reinbek bei Hamburg, S. 33–62

Mecheril, Paul (2016): Migrationspädagogik – ein Projekt. In: Handbuch Migrationspädagogik. Weinheim, S. 8–30

Mögling, Tatjana/Schlimbach, Tabea/Reißig, Birgit (2019): Kurzbericht zur ersten Welle der qualitativen Fallstudien. Wissenschaftliche Begleitung der Modellprojekte im Programmbereich F „Engagement und Vielfalt in der Arbeitswelt". Deutsches Jugendinstitut. Halle (Saale)

Nattke, Michael (2009): Rechtsextreme Einstellungen von BerufsschülerInnen. Eine empirische Studie. Dresden

Sauer, Dieter/Detje, Richard (2019): Rechtspopulismus im Betrieb – Erscheinungsformen, Hintergründe, politischer Umgang. In: WSI-Mitteilungen, 72. Jg., H. 3, S. 159–167

Schott, Dörte/Lietzmann, Anja/Schopper, Sandra/Zuschlag, Susanne/Hense, Jan (2015): Tagungsbericht zum Transdisziplinären Kolloquium „Zwischen Objektivität und Normativität: Wie kommt die Evaluation zu(m) Werten?". In: Zeitschrift für Evaluation, 14. Jg., H. 2, S. 305–309

Schwandt, Thomas A. (2015): Evaluation foundations revisited. Cultivating a life of the mind for practice. Stanford

Scriven, Michael (2016): Roadblocks to Recognition and Revolution. In: American Journal of Evaluation, 37. Jg., H. 1, S. 27–44

Shadish, William R./Cook, Thomas D./Leviton, Laura C. (1991): Foundations of program evaluation. Theories of practice. Newbury Park, CA/London

Strübing, Jörg/Hirschauer, Stefan/Ayaß, Ruth/Krähnke, Uwe/Scheffer, Thomas (2018): Gütekriterien qualitativer Sozialforschung. Ein Diskussionsanstoß. In: Zeitschrift für Soziologie, 47. Jg., H. 2, S. 83–100

Widmer, Thomas (1996): Meta-Evaluation. Kriterien zur Bewertung von Evaluationen. Zugl.: Zürich, Univ., Diss., 1996. Bern

Widmer, Thomas/Beywl, Wolfgang (2009): Divergente Entwicklungspfade der Evaluation. In: Widmer, Thomas/Beywl, Wolfgang/Fabian, Carlo (Hrsg.): Evaluation. Ein systematisches Handbuch. Wiesbaden, S. 509–527

Witzel, Andreas (2000): Das problemzentrierte Interview. Art. 22. In: Forum Qualitative Sozialforschung/Forum: Qualitative Social Research, 1. Jg., H. 1. https://www.qualitative-research.net/index.php/fqs/article/view/1132/2519 (18.09.2020)

Zika, Gerd/Maier, Tobias/Mönnig, Anje (2017): Auswirkungen der Zuwanderung Geflüchteter auf Wirtschaft und Arbeitsmarkt. Berechnungen mit den BIBB-IAB-Qualifikations- und Berufsfeldprojektionen. Bonn

Zurstrassen, Bettina (2017): Wozu politische Bildung an berufsbildenden Schulen? In: Polis. Report der Deutschen Vereinigung für Politische Bildung, 4. Jg., S. 7–10

Zurstrassen, Bettina/Wittau, Franziska (2017): Lebenswelt und Arbeitswelt – lebensweltliche Bezüge in der Berufsbildung. In: Oeftering, Tonio/Oppermann, Julia/Fischer, Andreas (Hrsg.): Der „fachdidaktische Code" der Lebenswelt- und / oder (?) Situationsorientierung. Fachdidaktische Zugänge zu sozialwissenschaftlichen Unterrichtsfächern sowie zum Lernfeldkonzept. Baltmannsweiler, S. 137–152

Herausforderungen von Wirkungsanalysen

8 Wirkmodelle praxisnah erarbeiten und für Wirkungsuntersuchungen in komplexen Mehrebenenprogrammen nutzen

Franziska Heinze, Frank König, Stefanie Reiter, Ellen Schroeter

8.1 Einleitung

Förderprogramme der Bundesregierung lassen sich oftmals als komplexe Mehrebenen-Programme beschreiben. Sie sind in der Regel dadurch gekennzeichnet, dass der Programmgeber zu Beginn eher abstrakte Leitziele (anstelle konkreter Mittler- und Handlungsziele) formuliert. Die konkreten Zielsetzungen und Maßnahmen zur Erreichung der Leitziele werden erst im späteren Verlauf der Programmumsetzung entwickelt. Will eine Programmevaluation untersuchen, inwiefern umgesetzte Maßnahmen zur Erreichung von Zielen beitragen, muss sie eine Vorstellung darüber entwickeln, wie die dem Programm zur Verfügung gestellten Ressourcen (Inputs) und die damit geplanten bzw. umgesetzten Maßnahmen, seine Kontextbedingungen sowie erwartete bzw. eintretende Ergebnisse und Wirkungen zusammenhängen. Auch Annahmen darüber, inwieweit diese Ergebnisse und Wirkungen geeignet sind, um eine Zielerreichung zu plausibilisieren, sind erforderlich. Kurzum: Es braucht eine angemessene und belastbare Programmtheorie bzw. ein Wirkmodell.

Um Annahmen über die Funktions- und Wirkungsweisen eines Programms zu formulieren und darzustellen, werden im Rahmen programmtheoriebasierter Evaluationsansätze (z. B. Giel 2013; Haubrich 2009; Pawson/Tilley 1997; Weiss 1995) logische Modellierungen als Methodik genutzt. Im vorliegenden Beitrag beschäftigen wir uns mit der Frage, wie im Kontext des spezifischen Evaluationsgegenstands von Mehrebenen-Programmen und unter Einbeziehung von Programmakteurinnen und -akteuren komplexe Wirkmodelle erarbeitet und als Grundlage für Wirkungsuntersuchungen genutzt werden können. Das bedeutet einerseits zu zeigen, wie Maßnahme-Wirkungs-Zusammenhänge über mehrere Ebenen hinweg modelliert werden können, die kaum einer unmittelbaren Beobachtung zugänglich sind, um darauf aufbauende empirische Untersuchungen vorzubereiten. Andererseits geht es darum, die Modellierungsprozesse selbst als Prozesse der Ko-Konstruktion (insbesondere von Outcomes und Impacts) transparent zu machen, die mit den Programmumsetzenden aus der Fachpraxis gemeinsam gestaltet werden. Dazu stellen wir am Beispiel der Evaluation eines Mehrebenen-Programms aus dem Bereich der Demokratieförderung und Extremismusprävention eine partizipationsorientierte Vorgehensweise der Erarbeitung von Wirkmodellen vor, reflektieren diese in methodischer und methodologischer Hinsicht und diskutieren insbesondere die gegenstandskonstitutiven Anteile der Evaluierenden daran.

Im Folgenden erläutern wir zunächst zentrale Begriffe und stellen die Methodik der logischen Modellierung vor (8.2). Anschließend beschreiben wir die spezifischen Herausforderungen, die sich bei dieser Vorgehensweise angesichts komplexer sozialpolitischer Programme als Evaluationsgegenstand stellen (8.3). Hierfür greifen wir auf die Erfahrungen aus der Evaluation eines Bundesprogramms zurück. Konkret erläutern und reflektieren wir am Beispiel der wissenschaftlichen Begleitung eines Programmbereichs des Bundesprogramms „Demokratie leben!“, wie logische Modellierungen genutzt wurden, um die unterschiedlichen Programmtheorien auf zwei verschiedenen Ebenen zu erarbeiten und miteinander in Bezug zu setzen (8.4). Dabei gehen wir insbesondere auf methodische und methodologische Aspekte sowie die gegenstandskonstitutiven Anteile von Evaluierenden ein (8.5). Diskutiert werden die Potenziale, die eine solche Vorgehensweise für die Analyse von Wirkungen aufweist (8.6). Abschließend werden die Erkenntnisse des Beitrags zusammengefasst und mit methodologischen Überlegungen zur Erhöhung der Gegenstandsangemessenheit verbunden (8.7).

8.2 Logische Modelle als Heuristiken im Rahmen programmtheoriebasierter Evaluation

Kern programmtheoriebasierter Evaluationsansätze ist es, die (zumeist impliziten) Annahmen über Funktionen und Wirkungsweisen eines Programms[1] zu identifizieren und herauszuarbeiten (von Werthern 2020, S. 137). Dabei geht es in Mehrebenen-Programmen, die hinsichtlich ihrer Umsetzungsebenen (z. B. Einzelmaßnahmen, Programmbereiche, Gesamtprogramm, siehe Abb. 8.1) eine

1 Programme werden dabei als (konstruierte) Strukturen verstanden, die gewöhnlich aus mehreren (idealerweise aufeinander abgestimmten) Projekten bestehen, die wiederum eine Auswahl von Maßnahmen umsetzen. Ein Programm lässt sich vor diesem Hintergrund beschreiben als „auf der Basis von verfügbaren Ressourcen (Inputs) sowie beeinflusst durch weitere Bedingungsfaktoren durchgeführt und […] darauf gerichtet, vermittels bereitgestellter Leistungen (Outputs) bestimmte Veränderungen/Stabilisierungen bei bezeichneten Zielgruppen (Outcomes) oder in Organisationen bzw. sozialen Systemen (Impacts) auszulösen“ (Definition Programm im Eval-Wiki, zit. nach von Werthern 2020, S. 49).

komplexe Struktur aufweisen, sowohl darum, die zugrunde gelegten Annahmen über die Bezüge zwischen den einzelnen Ebenen der Programmumsetzung (vertikal) als auch innerhalb der jeweiligen Ebenen (horizontal) herauszuarbeiten.

Als „Theorie" wird in diesem Zusammenhang die empirisch bereits verifizierte oder noch zu untersetzende (vermutete) Relation zwischen verschiedenen Untersuchungsgegenständen verstanden (dazu Giel 2016, S. 153). „Der Begriff Programmtheorie lässt sich [...] entsprechend definieren als Annahme darüber, in welcher Weise ein Programm Veränderungen herbeiführt" (ebd.), wobei der Geltungsanspruch der „Theorie" auf das jeweilige Programm, d. h. den Evaluationsgegenstand, beschränkt ist (Chen/Rossi 1983; zu den unterschiedlichen Verwendungen des Begriffs „Programmtheorie" vgl. von Werthern 2020, S. 135 ff.; Funnell/Rogers 2011, S. 23 ff.). Eine Programmtheorie in diesem Verständnis beschreibt die geplanten Maßnahmen/Aktivitäten des Programms und die damit beabsichtigten bzw. erwarteten Wirkungen sowie die Mechanismen, wie diese erreicht werden (sollen) (Funnell/Rogers 2011, S. 23 ff.). Als Wirkung werden dabei in der Regel solche Outcomes oder Impacts verstanden, die in einen Wirkungszusammenhang mit dem jeweiligen Programm (oder dem Einzelprojekt/der einzelnen Maßnahme) gestellt werden können (Eval-Wiki: Glossar der Evaluation 2013).[2] Die Explikation einer Programmtheorie kann auf zwei Wegen geschehen, die miteinander kombinierbar sind: Zum einen kann auf wissenschaftliche Theorien zu dem jeweiligen Gegenstand zurückgegriffen werden, zum anderen kann sie aus dem Programm und seinen Konstituenten selbst abgeleitet werden (von Werthern 2020, S. 231; Giel 2016).

Die ein Programm umsetzenden Akteurinnen und Akteure verfügen in der Regel über (durchaus konkrete) eigene Annahmen darüber, wie ein Programm wirkt. Da diese allerdings selten expliziert und dokumentiert sind, kann es eine Aufgabe von Evaluation sein, die entsprechenden Wirklogiken zu erkunden und zu beschreiben (Dössegger u. a. 2017, S. 100). Hierbei kann die Entwicklung sogenannter Wirkmodelle oder vereinfachter logischer Modelle heuristisch hilfreich sein (Beywl/Giel 2012, S. 116). Dabei wird nicht nur danach gefragt, welche Wirkungen oder anvisierten Ziele Programme erreichen, sondern vor allem, wie sie dies tun sollen (dazu Giel 2016, S. 153).[3]

2 Wenn hier von kausalen Zusammenhängen gesprochen wird, so meint dies nicht zwingend lineare, sondern auch vermittelte Ursache-Wirkungs-Zusammenhänge.

3 Daraus ergeben sich Anknüpfungspunkte für Ansätze einer „Realist Evaluation". Ziel dieser Form der Evaluation ist es, soweit das für die Ebene eines Programms methodisch umsetzbar ist, sich der Beantwortung der Frage zu nähern: „Was wirkt wie und warum?" (Baumgartner/Haunberger 2014, S. 18).

Die entsprechenden Modellierungsprozesse umfassen typischerweise eine Vielzahl an methodischen Vorgehensweisen (z. B. Literaturrecherchen, Dokumentenanalysen oder Stakeholder-Interviews; von Werthern 2020; Dössegger u. a. 2017; Funnell/Rogers 2011). Die so explizierten Wirklogiken und die entsprechenden Wirkfaktoren werden häufig schematisch visualisiert. Diese Schemata greifen die wesentlichen Elemente von Programmtheorien (Inputs/Ressourcen, Aktivitäten, Outputs, Outcomes und Impacts) und die vermuteten Relationen zwischen den Elementen auf und bilden diese in vereinfachender Form ab (siehe dazu Abb. 9.1).

Im Rahmen eines Programm- oder Projektzyklus' können diese Modelle dann unterschiedliche Funktionen erfüllen (von Werthern 2020, S. 199 f.). In einer frühen Phase der Programmumsetzung dienen sie beispielsweise dazu, die „(konzeptionelle) Logik eines Vorhabens oder einer (durchgeführten) Maßnahme herauszuarbeiten" (Heinze u. a. 2018, S. 35). Damit fungieren sie als Planungsinstrumente, sowohl für die umsetzenden Akteurinnen und Akteure als auch für die Evaluierenden. Sie werden dazu genutzt, die Plausibilität der von den Programmumsetzenden geplanten Maßnahmen zu prüfen, Untersuchungsdesigns zu entwickeln oder die Implementierungskontrolle zu unterstützen. Außerdem dienen sie der Kommunikation bzw. Validierung von Ergebnissen und der Verständigung zwischen Evaluierenden und deren Auftraggebenden bzw. weiteren Stakeholdern. Dies ist insbesondere mit Blick auf die „Übersetzung" der abstrakten Programmziele in konkrete Handlungsziele auf Einzelprojektebene und ihre Passfähigkeit zueinander bedeutsam. Darüber hinaus können sie Stakeholdern beispielsweise veranschaulichen, „zu welchen Elementen des Programms Daten erhoben werden können, und wie diese miteinander in Beziehung gebracht werden können" (Beywl/Giel 2012, S. 116).

Im Sinne der Prinzipien einer nutzungsorientierten Evaluation ist die Beteiligung von Stakeholdern an der Erarbeitung von Programmtheorien und entsprechenden Wirkmodellen insbesondere deshalb von Vorteil, weil sich darüber ein von den beteiligten Seiten zumindest im Kern geteiltes Verständnis des Evaluationsgegenstands erarbeiten lässt.[4] Das kann sich auf die Akzeptanz bzw. das Verständnis von Evaluationsergebnissen positiv auswirken und die Chance für deren Nutzung erhöhen (Patton 2008). Zugleich ergibt sich aus der Zusammenarbeit zwischen Evaluierenden, Programmumsetzenden der verschiedenen Ebenen und gegebenenfalls weiteren Stakeholdern die Notwendigkeit,

4 Beispielsweise geht Weiss (2000, S. 35 ff.) von unterschiedlichen Theorien zur Funktionsweise und Wirklogik eines Programmes aufseiten unterschiedlicher Stakeholder aus. Funnell und Rogers (2011, S. 120) sowie von Werthern (2020, S. 14) sprechen stattdessen von unterschiedlichen Perspektiven, die innerhalb einer Programmtheorie Berücksichtigung finden müssen.

dass die ko-konstruktiven Anteile an der Modellierung von Ursache-Wirkungs-Beziehungen von den Evaluierenden hinreichend systematisch reflektiert werden. Auch bei der Interpretation sowie Bewertung von Evaluationsbefunden müssen ko-konstruktive Anteile angemessen Berücksichtigung finden.

In der Literatur werden logische Modelle teilweise als zu starr oder zu unspezifisch kritisiert, um die sich dynamisch entwickelnde Wirklogik von Programmen angemessen abzubilden (z. B. Dössegger u. a. 2017, S. 100). Diese Modelle sind jedoch nicht unveränderlich, sondern können jederzeit im Programmverlauf angepasst werden, wenn sich beispielsweise als wesentlich erachtete Ausgangsbedingungen, Einflussfaktoren oder sonstige Kontextbedingungen ändern. Darüber hinaus existieren zahlreiche Vorschläge, u. a. wie Aspekte von Zeitlichkeit oder mehrere alternative Wirkannahmen in logischen Modellen berücksichtigt werden können (von Werthern 2020, S. 249 ff.). Ein weiterer Kritikpunkt betrifft das Spannungsverhältnis von einerseits „flexiblen Vorgehensweisen und einem übergreifend standardisierten und vergleichenden Ansatz" andererseits. Hier sehen beispielsweise Beywl und Giel (2012, S. 121) eine Gefahr: Zu stark aggregierende logische Modelle könnten zu sehr von der konkreten Projektumsetzung der beteiligten Akteure abstrahieren und damit deren Arbeit nicht mehr angemessen repräsentieren. Dadurch würden sie sowohl praktisch als auch theoretisch nicht mehr verwendbar.

Darüber hinaus wird kontrovers diskutiert, inwieweit logische Modelle unintendierte Wirkungen erfassen und abbilden können. Dössegger u. a. (2017, S. 104) konstatieren dazu: „Während Chen und Rossi (1983) die Erwartung äußern, dass durch ein theoriegeleitetes Vorgehen nicht intendierte Wirkungen aufgedeckt werden können, argumentieren Coryn/Noakes/Westine/Schröter (2011), dass dies sachlogisch unmöglich sei, da Wirkmodelle fest ‚fixierte, überprüfbare Repräsentationen' (ebd., S. 9, Übersetzung der Autoren) einer Programmwirklichkeit sind, die nur das empirisch zugänglich machen, was in ihnen abgebildet ist." Auch wenn das Argument von Coryn u. a. auf den ersten Blick plausibel erscheint, so ermöglicht unseres Erachtens insbesondere eine theoriegeleitete (ex ante) und/oder empirisch untersetzte (ex post) Modellierung, auch unintendierte (das heißt unbeabsichtigte, aber dennoch vorhersehbare) Wirkungen in die Modelle einzuarbeiten. Anders verhält es sich mit unerwarteten und damit unvorhersehbaren (kontingenten) Wirkungen. Diese können als empirische Befunde unserer Meinung nach nur in der Fortschreibung oder Ex-Post-Erstellung logischer Modelle als Ursache-Wirkungs-Beziehungen beschrieben werden.

8.3 Anforderungen an logische Modelle komplexer Mehrebenen-Programme

Im Rahmen einer Evaluation eines Mehrebenen-Programms stellt sich die Frage danach, inwiefern die umgesetzten (lokalen) Maßnahmen der Einzelprojekte nicht nur zur Erreichung der konkreten Einzelprojektziele, sondern auch zur Realisierung der eher abstrakten Programmziele beitragen. Auch hierfür muss eine entsprechend umfassende (comprehensive) Programmtheorie entwickelt werden, die mehrere Programmebenen berücksichtigt. In diesem Zusammenhang geht es dann nicht nur darum, möglichst konkrete Vorstellungen darüber zu entwickeln, wie die Inputs (das heißt materielle und immaterielle Ressourcen sowie Ziele) des untersuchten Programms, seine Kontextbedingungen, weitere moderierende Faktoren sowie Maßnahmen zusammenhängen und bestimmte Resultate bzw. Wirkungen auf den einzelnen Programmebenen hervorbringen. Es gilt gleichermaßen zu modellieren, wie sich die verschiedenen Programmebenen hinsichtlich ihrer Inputs, Leistungen und Erträge gegenseitig beeinflussen.

Dabei stehen die Evaluierenden (und die mit der Programmumsetzung vor Ort betrauten Akteurinnen und Akteure) in der Regel vor der Herausforderung, dass in komplexen (Förder-)Programmen zu Beginn der Laufzeit vonseiten des Programmgebers zunächst eher abstrakte, übergeordnete Leitziele und kaum konkrete Handlungsziele artikuliert werden. Zugleich stützen sich derartige Programme nicht nur (mitunter auch kaum) auf wissenschaftliche Theorien „mittlerer Reichweite" (Swanson/Chermack 2013, S. 28 f.) bezüglich der Existenz- und Entwicklungsbedingungen der im jeweiligen Programm bearbeiteten Gegenstände bzw. Phänomene. Als (fach-)politische Maßnahmen beruhen sie stattdessen vor allem auf politischen, das heißt normativ begründeten, Setzungen und Zielvorgaben. Dabei können sich theoretisches Wissen und politische Ziele durchaus widersprechen. Für das jeweilige Programm als Ganzes lässt sich daher eine mehr oder weniger eigene, eher abstrakte Programmtheorie explizieren (Scriven 1991, S. 286). Diese kann sich sowohl hinsichtlich der in sie eingeschriebenen Veränderungsannahmen (Theory of Change) als auch in Bezug auf die Umsetzungsannahmen (Theory of Action) (Funnell/Rogers 2011, S. 31 f.) durch Heterogenität und Inkongruenzen in den Zielen und Inhalten auszeichnen.

Zielsetzungen auf der Ebene von Einzelprojekten werden in den von uns betrachteten Programmkontexten bereits zu Beginn des Programms zumindest rudimentär durch die Projektumsetzenden formuliert, weil sie beispielsweise in entsprechende Antragsunterlagen einfließen müssen. Allerdings wird deren Passung zu den Leitzielen oft erst im Verlauf der Programmumsetzung „vor Ort" hergestellt und in konkrete Maßnahmen zur Erreichung dieser Ziele übersetzt. Die Programmgestalter machen hierzu in der Regel kaum nähere Vorgaben. Im Prozess der „Übersetzung“ der Programmleitziele sind die mit der Umsetzung der Programmmaßnahmen befassten Akteurinnen und Akteure vor die Aufgabe gestellt, ihr Handeln zum einen am Stand des für sie relevanten wissenschaftlichen und Praxiswissens zu orientieren. Zum anderen müssen sie – nicht zuletzt aus Opportunitätsgründen – den im Programm verfolgten (fach-)politischen Zielen entsprechen und gegebenenfalls diesbezüglich bestehende Spannungsverhältnisse auflösen. Nicht zuletzt fließen in die konkretisierten Einzelprojektziele auch die Überzeugungen und Interessen der jeweiligen Praxisakteurinnen und -akteure selbst ein. Letztlich führt das dazu, dass die Akteurinnen und Akteure der Fachpraxis implizit oder explizit kontextgebundene „lokale“ Theorien (Swanson/Chermack 2013, S. 29 f.) mit nomopragmatischen Aussagen (Patry/Perrez 2000, S. 24) formulieren, die ihnen als Orientierungs- und Begründungsrahmen für ihr Handeln dienen.

In der Evaluation erfordert dies zunächst, die Standortgebundenheit der jeweiligen „Theorie“ zu reflektieren. In Mehrebenen-Programmen muss zudem deren Komplexität und die wechselseitig sich beeinflussende Ebenen- und Multiakteursstruktur in den Modellierungen im Blick behalten bzw. angemessen berücksichtigt werden.[5] Dies bedeutet, dass Ursache-Wirkungs-Beziehungen exploriert werden müssen, die „über zahlreiche Wirkungsstufen auf verschiedenen Ebenen ablaufen“ (Widmer 2012, S. 43). Zugleich sind sie von Interaktionen verschiedenartiger Akteurinnen bzw. Akteure und von zahlreichen moderierenden Faktoren beeinflusst. Beispielsweise sollen nichtstaatliche Organisationen durch bundesweite Fachtagungen zu erhöhtem bzw. verändertem Wissen von Multiplikatorinnen bzw. Multiplikatoren beitragen. Letztere sollen dieses neue/veränderte Wissen an die Praxiskolleginnen und -kollegen vor Ort weitergeben, damit es in deren Arbeit mit Zielgruppen (z. B. Jugendliche) zum Tragen kommen kann. Folglich lassen sich zu den im Programm erzeugten Resultaten eineindeutige oder lineare Ursache-Wirkungs-Beziehungen zumeist nur schwer herausarbeiten. Zudem müssen sie in Mehrebenen-Kontexten sowohl für ein Programm als Ganzes als auch für seine Bestandteile modellhaft expliziert und schematisch in einer Art und Weise dargestellt werden können, die die einzelnen Programm- und/oder Akteursebenen nicht nur abbildet, sondern auch theorie- und/oder empiriebasiert logisch miteinander verbindet (siehe Abb. 8.1).

---

5 Zum Begriff der Komplexität und Dimensionen im Rahmen von Evaluationen Rogers 2008, Patton 2011 sowie Ackermann 2016. Heinze u. a. 2019 beschäftigen sich mit daraus resultierenden Handlungsanforderungen an Evaluierende.

Abb. 8.1: Einfaches logisches Modell eines Mehrebenen-Programms

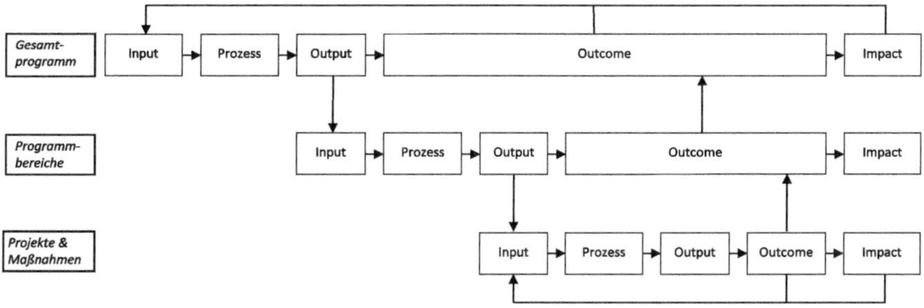

Quelle: Eigene Darstellung in Anlehnung an Widmer 2012, S. 44 nach Widmer/Frey 2006, S. 293

8.4 Beispiel: „Demokratie leben!" als komplexes Mehrebenen-Programm und seine Implikationen für die Entwicklung logischer Modelle

Konzeptionell bestand „Demokratie leben!" (Förderphase 2015–2019) als Mehrebenen-Programm aus drei Programmebenen: Die erste Ebene wurde durch den Programmrahmen mit seinen übergeordneten, relativ abstrakten Leitzielen der Demokratieförderung und Extremismusprävention gebildet. Die zweite Ebene setzte sich aus insgesamt zehn unterschiedlichen Programmbereichen zusammen, die spezifische Zielstellungen beinhalten bzw. verfolgen (im Überblick siehe Kap. 1 in diesem Band). Hierzu zählte der Programmbereich „Förderung der Strukturentwicklung zum bundeszentralen Träger". Dort förderte das Bundesprogramm 35 nichtstaatliche Organisationen (NGOs), um Kompetenzen und Strukturen in den jeweiligen Organisationen auszubilden, die für die Erfüllung sogenannter „bundeszentraler Aufgaben"[6] notwendig sind. Diese Projekte können als Elemente einer dritten Ebene von „Demokratie leben!" begriffen werden. Sie wurde durch die Gesamtheit aller im Bundesprogramm von den sogenannten „first line practitioners" umgesetzten Projekte bzw. Einzelmaßnahmen gebildet. Hinsichtlich der allgemeinen Leit- und Programmbereichsziele, die vom Programmgeber benannt wurden, standen die Umsetzenden der Einzelprojekte, wie bereits erwähnt, vor der Aufgabe, die Programmleitziele aufzugreifen, sie zu konkretisieren und eine Passung zwi-

6 Dabei handelt es sich um Aufgaben, die von überregionaler Bedeutsamkeit sind und welche ihrer Art nach nicht von einem Bundesland allein oder im Zusammenwirken der Länder durchgeführt bzw. finanziert werden können (Bundeshaushaltsordnung – BHO, §§ 23, 44). Die geförderten Träger übernehmen diese vor allem in den Feldern „Anregung und Transfer", „Qualitätssicherung, Qualifizierung und Unterstützung von Professionalisierungsprozessen" sowie „politische und fachpolitische Interessenvertretung" (Heinze u. a. 2017, S. 26 ff.).

schen ihnen und den bereits existierenden bzw. formulierten Projektzielen herzustellen.[7]

Komplexitätssteigernd wirkte sich aus, dass sich das Bundesprogramm über eine Vielzahl von Themenfeldern erstreckte und, je nach Programmbereich mehr oder weniger koordiniert, dezentral an zahlreichen Orten im Bundesgebiet von einer Vielzahl an Akteurinnen und Akteuren (Multiakteursstruktur[8]) umgesetzt wurde. Als „lernendes Programm" war es zudem auch veränderungsoffen. Diese Anlage, über mehrere Ebenen hinweg, brachte ein komplexes Geflecht an direkten und indirekten Bezügen der beteiligten oder betroffenen Akteurinnen und Akteure zueinander mit sich.

Eine Evaluation muss dieses „komplexe Zusammenwirken der unterschiedlichen beteiligten Akteure mit ihren jeweiligen Eigenlogiken, über das die Umsetzung des Programms bestimmt wird, in der Beschreibung des Untersuchungsgegenstands berücksichtigen. Sie kann nicht von einer linearen Verknüpfung zwischen Programmplanung auf der politischen Ebene und ‚programmgetreuer' Implementation auf der fachpraktischen Ebene ausgehen, sondern muss die wechselseitigen Zusammenhänge und gegenseitigen Einflüsse der Programmebenen und involvierten Akteure einbeziehen" (Haubrich 2009, S. 68 f.). Bei der Untersuchung von Wirkungen der Programmumsetzung stellen sich damit auch Fragen nach der ebenenübergreifenden Entwicklung von Wirkmodellen, die neben der Formulierung von (abstrakten) Programm- und (konkreten) „lokalen" Theorien auch das Zusammenspiel der Ebenen betrachten. Dabei müssen die unterschiedlichen Akteursperspektiven berücksichtigt und das Problem der Zurechenbarkeit festgestellter Veränderungen bzw. Stabilisierungen vor dem Hintergrund vor allem der Interaktion der beteiligten Akteurinnen und Akteure sowie von Einflussfaktoren bewältigt werden.

Insgesamt ergibt sich für Evaluierende die Herausforderung, dass letztlich die Evaluationsgegenstände – wie ein Programmbereich – als abstrakte (theoretische) Konstrukte durch das Programm zwar angelegt sind, in ihrer konkreten (empirischen) Gestalt jedoch erst durch die miteinander interagierenden Akteurinnen und Akteure der verschiedenen Programmebenen hervorgebracht

7 Wie sich dies in der Praxis ausgestaltet, zeigt sich am Beispiel FREESIE in Abschnitt 8.5 dieses Artikels.

8 Zu den programmumsetzenden Akteurinnen und Akteuren zählen sowohl Vertreterinnen und Vertreter von NGOs als auch von staatlichen Einrichtungen und aus der Verwaltung, aber auch pädagogische Fachkräfte. Hinzu kommen die programmverantwortlichen Akteurinnen und Akteure sowie diverse der Programmunterstützung, beispielsweise externe Dienstleister und Forschende aus der wissenschaftlichen Programmbegleitung. Die Akteurinnen und Akteure sind dabei nicht nur in unterschiedlichen Systemen (Verwaltung, Praxis, Wissenschaft, Politik etc.) verortet, sondern folgen mitunter divergierenden Handlungslogiken.

werden (Heinze u. a. 2019; Giel 2013; Haubrich 2009). Evaluierende können hierbei eine übergreifende Perspektive auch dahingehend einnehmen, dass sie die Beziehungen zwischen den Ebenen nicht nur modellieren, sondern eine Mittlerposition zwischen den verschiedenen Programmebenen ausüben, die die Programmumsetzenden bei der „Übersetzung" von Programmzielen in Projektziele und umgekehrt unterstützt.

Aus den geschilderten Gegebenheiten ergeben sich verschiedene Implikationen sowohl für das Design als auch die konkreten Schritte in der Entwicklung gegenstandsangemessener Programmtheorien bzw. Wirkmodelle. Um die genannten Aspekte bestmöglich berücksichtigen zu können, müssen die darauf gerichteten Modellierungsprozesse von den Evaluierenden so angelegt sein, dass sie Veränderungen abbilden können, der Dynamik von lernenden Programmen gerecht werden sowie auch Mehrebenen-Interaktionsprozesse berücksichtigen. Zugleich kann damit dem oben genannten Vorwurf begegnet werden, dass logische Modelle zu starr seien und damit oft Gefahr laufen würden, die realen, sich stetig verändernden Gegebenheiten in der Praxis nicht (mehr) adäquat abzubilden.

Im Folgenden wird ein solches Vorgehen aus der evaluativen Praxis der „Förderung der Strukturentwicklung zum bundeszentralen Träger" exemplarisch für die Ebenen der Einzelprojekte und des Programmbereichs geschildert und reflektiert. Das Vorgehen war dabei iterativ und mehrstufig konzipiert und enthielt folgende Schritte:

1. grundlegende Beschreibung des Programms mit seinen drei Ebenen auf Basis von Dokumentenanalysen und Anfertigung erster grober Entwürfe von logischen Modellen auf den Ebenen Gesamtprogramm und Programmbereich als Auswertungsheuristik durch die Evaluierenden,
2. Rekonstruktion von Annahmen und Erstellung logischer Modelle auf drei Ebenen sowie Abgleich der Modelle und Rückspiegelung an bzw. Diskussion mit Programmakteurinnen, Programmakteuren und Stakeholdern:
   a) Projektebene: Rekonstruktion von Annahmen und Projektkonzepten mit Durchführenden der Einzelmaßnahmen bzw. der Fachpraxis auf der Grundlage von Expertengesprächen bzw. in Workshop-Settings,
   b) Programmbereichsebene: Validierung und Anpassung von Annahmen über den Programmbereich auf Grundlage von Experteninterviews (Programmgeber/-steuerung) und Workshops bzw. Gruppendiskussionen mit durchführenden Trägern,
   c) Programmebene: Rekonstruktion von Annahmen über das Programm und die Programmbereiche auf Grundlage von Experteninterviews (Programmgeber/-steuerung) und Workshops (Verbund aus wissenschaftlichen Begleitungen),

3. übergreifende Betrachtung (Aggregation) mehrerer Ereignisketten bzw. Wirkketten auf Projektebene,
4. Weiterentwicklung der Wirkmodelle für Projektebene und Programm-(bereichs-)ebene unter Berücksichtigung der aggregierten Betrachtung,
5. Nutzung der erstellten Wirkmodelle für die Untersuchung von Wirkungen.

Methodologisch muss dabei – wie noch gezeigt wird – zwischen ko-konstruktiv erarbeiteten logischen Modellen auf Projektebene und den zunächst theoriegeleiteten und empiriebasierten Konstruktionen der Evaluierenden über den Programmbereich unterschieden werden.

8.5 Evaluierende als Koproduzierende von Wirksamkeit

Wie eingangs erläutert, stellen insbesondere die ebenenübergreifende Modellierung, die Beteiligung verschiedener Stakeholder und die angemessene „Übersetzung" abstrakter Programmziele in konkrete „lokale" Projekttheorien (und umgekehrt) zentrale Herausforderungen für die Arbeit mit Wirkmodellen im Kontext von Mehrebenen-Programmen dar. Auf der Basis von Beispielen und konkreten Einblicken in den Modellierungsprozess beleuchten wir im folgenden Abschnitt die Potenziale und Grenzen von (partizipationsorientierten) Prozessen zur Erstellung logischer Modelle. Dabei wird der Modellierungsprozess in methodischer und methodologischer Hinsicht, insbesondere hinsichtlich der ihnen inhärenten gegenstandskonstitutiven Anteile der Evaluierenden, reflektiert.

Die Entwicklung des Programmbereichsmodells

Eine erste grundlegende Beschreibung des Bundesprogramms und eine Modellierung der Wirklogik auf der Ebene des Programmbereichs „Förderung zur Strukturentwicklung zum bundeszentralen Träger" erarbeiteten die Evaluierenden zu Beginn der ersten Förderphase von „Demokratie leben!" im Jahr 2015. Dazu wurden zu Programmbeginn zunächst unter Verwendung von Dokumenten (z. B. Programmbereichsleitlinien) und anderer Materialien (z. B. Verlautbarungen der Bundesministerin) programmtheoretische Überlegungen zur Anlage des Programmbereichs formuliert und in eine erste Visualisierung als Auswertungsheuristik für weitere Untersuchungen und Betrachtungen überführt (vgl. Bischoff u. a. 2015). Dieses erste logische Modell über den Programmbereich wurde dem Fördermittelgeber und den geförderten NGOs in einer frühen Phase der Programmimplementierung zur Validierung zur Verfügung gestellt sowie in Auszügen auf gemeinsamen Veranstaltungen vorgestellt und diskutiert.

Mit der anschließend erfolgten jährlichen Fortschreibung dieses logischen Modells auf der Basis empirischer Ergebnisse (u. a. Dokumentenanalysen, Beobachtungsdaten etc., für Beispiele siehe u. a. Bischoff u. a. 2015, S. 25; Heinze u. a. 2017, S. 25) verknüpften die Evaluierenden die Absicht, ihre Sicht auf die vermutete Wirklogik des Programmbereichs abzubilden und deren Veränderungen im zeitlichen Verlauf der Programmumsetzung nachzuzeichnen und einzuordnen. Das fortgeschriebene logische Modell wurde außerdem dazu herangezogen, die vermutete Wirklogik auf ihre Konsistenz zu überprüfen, gegebenenfalls Lücken sowie Inkonsistenzen zu identifizieren und geplante mit den tatsächlich realisierten Vorhaben abzugleichen.

Methodologisch betrachtet handelt es sich bei der so rekonstruierten Wirklogik in einem ersten Schritt primär um eine (Re-)Konstruktionsleistung der Evaluierenden, d. h. um theoriebasierte und empirisch unterfütterte Vorstellungen der Evaluierenden zur Wirkungsweise des Programmbereichs, welches im Nachgang kommunikativ durch Programmakteurinnen, -akteure und Stakeholder validiert wurde. In dem Maße, wie die in der Validierung artikulierten Positionen der Stakeholder in der Fortschreibung des Wirkmodells berücksichtigt wurden, wurde das Modell zum Programmbereich dann durch ko-konstruktive Anteile mitgeprägt.

Die Entwicklung von Projektmodellen

Auf der Ebene der Einzelprojekte wurde dieser Prozess anders gestaltet. Hier wurden die logischen Modelle in einem mehrstufigen, teilweise partizipativen Prozess von Beginn an in einem dialogischen Verfahren erarbeitet. Die Evaluierenden hatten hierfür acht der 35 geförderten Träger ausgewählt.[9] Sie wurden zunächst zum Verfahren der logischen Modellierung informiert und geschult. Anschließend wurde in mehrstündigen Workshops jeweils ein logisches Modell des Einzelträgervorhabens erarbeitet. Die beteiligten Stakeholder aufseiten der NGOs wurden dabei durch Explikations- und Reflexionsfragen, Zusammenfassungs- und Systematisierungsversuche von den Evaluierenden unterstützt. Dabei erfolgte prozessbegleitend eine gemeinsame Visualisierung der erarbeiteten Ergebnisse und die Gespräche wurden aufgezeichnet. Die Evaluierenden überarbeiteten und ergänzten dann auf Basis der Gesprächstranskripte die vor Ort gemeinsam entwickelten logischen Modelle. Abschließend wurden diese

9 Im Rahmen der formativen Evaluation des Programmbereichs diente die logische Modellierung u. a. dazu, die erst zwei Jahre nach Start des Bundesprogramms in die Förderung aufgenommenen NGOs in ihren Zielklärungsprozessen und bei der Übersetzung der Programmbereichsziele in konkrete Handlungsziele zu unterstützen. Dies erfolgte aus der Einsicht heraus, dass dieser Übersetzungsprozess weitreichende Herausforderungen mit sich brachte (ausführlich siehe Heinze u. a. 2018, 35 ff.).

überarbeiteten Modelle den NGOs zur erneuten Validierung und zur internen Weiterverwendung (beispielsweise im Rahmen der Projektarbeit und internen Qualitätsüberprüfung) zur Verfügung gestellt.

Aus methodologischer Sicht handelt es sich hierbei um ko-konstruktive Leistungen, d. h. um kommunikativ verhandelte Vorstellungen der Vertretungen der NGOs und der Evaluierenden über die Ziele und Wirkzusammenhänge der geförderten Vorhaben des jeweiligen Trägers.

Der folgende Auszug aus einer logischen Modellierung, die von den Evaluierenden mit mehreren Personen einer NGO durchgeführt wurde, gibt einen Einblick in einen solchen Ko-Konstruktionsprozess. Außerdem ermöglicht es das Beispiel, nachzuvollziehen, wie (theoretisch abgeleitete, prognostizierte) Wirkungen durch die Evaluierenden in den Blick der programmumsetzenden Akteurinnen und Akteure gerückt werden:

Beispiel 1 – Transkriptauszug aus logischer Modellierung mit FREESIE

AW: Klar, gerne. Dann schreib ich hier einfach mal, also Vernetzung der Mitglieder. [schreibt] [...] [AW ordnet das Kärtchen ‚Vernetzung der Mitglieder' den adressatenbezogenen Wirkungen (Outcomes) zu. *Anmerkung d. V.: Dadurch wird auf Vernetzt-Sein als ein veränderter Zustand abgehoben.*]
I: Wenn ich ganz kurz unterbrechen darf, die Vernetzung der Mitglieder ist eine Maßnahme.
AW: Okay.
I: Ja? Also das, das, das ist genau der Punkt an der Stelle, warum wir jetzt quasi .. warum wir das jetzt auch so ein bisschen schriftlich usw. .. und im Gespräch jetzt auch nochmal darüber reden, die Vernetzung der Mitglieder als solche ist zunächst erstmal die Maßnahme. Das Ziel, was dahintersteht, ist, dass die Mitglieder vernetzt sind. So. Also dass quasi ein funktionierendes Netzwerk besteht. Und ich glaube, das sind .. also das klingt jetzt irgendwie alles so didaktisch [Gelächter] wahrscheinlich, aber ich glaube, das sind, das sind, das sind am Ende dann so, so, so die Punkte, über die wir heute auch tatsächlich nochmal dann .. reden können und sollten usw. usf., dass wir wirklich da versuchen, präzise zu sein und uns zu überlegen, was ist .. das Ziel //
AW: Okay //
I: Und wie kommt man eigentlich zu dem Ziel.
AW: Dahin, ja, okay. [...]
AW: Ist dann der kollegiale Austausch auch eine Maßnahme, oder ist das Vertrauen, das wir aufbauen bei den Mitgliedern //
I: Das ist die Frage, wollen Sie Vertrauen aufbauen?
AW: Auch, ja.
I: Also die Mitglieder .. arbeiten vertrauensvoll zusammen.
AW: Mhm.

I: So. Das wär ein Ziel. Das würde .. also wenn man das jetzt mal so durchdekliniert, wenn's heißt – ich kann das ja mal aufschreiben, die Mitglieder arbeiten vertrauensvoll zusammen, dann hätte man quasi letztendlich ein Ziel, was sich auf eine bestimmte Zielgruppe, nämlich die Mitglieder, also nach innen richtet und wo quasi, damit sie tatsächlich vertrauensvoll .. eine Form der vertrauensvollen Zusammenarbeit entwickelt haben, bestimmte Dinge notwendig sind. Aber beispielsweise nicht Fachkonferenzen, die sich nach außen richten, sondern, sondern bestimmte Arbeitsformate und Prozesse oder ähnliches.
AW: Ja, ist ja klar, unterschiedliche Ziele bedürfen unterschiedlicher Maßnahmen, so.
I: Genau. Also, was hatten wir gesagt? Die .. Mitglieder .. arbeiten vertrauensvoll //
AM: (??) wär .. die vertrauensvolle Zusammenarbeit (?) eine Notwendigkeit um .. ein anderes Ziel zu erreichen.
AW: Ja. Ja. Ja, ja, das könnte man // [...]
AM: Also ich hatte .. also was ich jetzt im Kopf hatte .. war auch quasi Vernetzung bzw. .. ein Netzwerk .. schaffen, ist quasi ein einmaliger Akt. Es geht für mich eher darum, was am Laufen zu halten. [...] Und das erste Ziel wär für mich, .. ein Fach-, ein kollegialer Austausch .. um dann damit wiederum es zu ermöglichen .. aber das ist auch eine Maßnahme (??) [Gelächter] um sich auf Qualitätsstandards einigen zu können [...]
I: Um das nochmal quasi zurückzuholen, also wir hätten quasi als Maßnahme den kollegialen Austausch und die Formulierung von also ein Prozess im Rahmen .. dessen quasi Qualitätsstandards formuliert werden. Das Ergebnis wäre dann, es gibt .. einen Konsens mit Qualitätsstandards //
AM: Ja, genau.

An diesem Beispiel zeigt sich, dass die Evaluierenden in der Modellierung auf der Einzelprojektebene auch die Perspektive des Programmbereichs mitführten. Die gemeinsame Erarbeitung führte damit zu einem perspektivenintegrierenden Wirkmodell, das über die lokale „Theorie" der Projektumsetzenden hinausweist: Während die Vernetzung der Mitglieder von den Vertreterinnen und Vertretern der NGO als Outcome der eigenen Arbeit formuliert wurde, ordneten die Evaluierenden Vernetzung als Maßnahme ein (kein Selbstzweck: „Vernetzung, um zu ..."). In der Folge wurde eine Reihe von zunächst als Ziele formulierten Aspekten auf der Maßnahmenebene angesiedelt und nach entsprechenden Outcomes im Sinne der Programmbereichsziele gesucht. Diese wurden anschließend gemeinsam formuliert und dann in einem einfachen logischen Modell abgebildet (vgl. Abb. 8.2, hier in Großbuchstaben; auf Maßnahmenebene der kollegiale Fachaustausch und die Netzwerkstreffen, auf der Outputebene die dazugehörigen Produkte/Ergebnisse und dann die programmbereichskonformen Outcomes „Mitgliedsorganisationen als Netzwerk etabliert" und „Mitgliedsorganisationen arbeiten vertrauensvoll zusammen").

Abb. 8.2: Ausschnitt aus dem einfachen logischen Modell auf Projektebene

Logisches Modell des Einzelträgervorhabens FREESIE (Ausschnitt)				
INPUT und INCOMES	**Maßnahmen** (Prozesse)	**OUTPUT** (Produkte)	**OUTCOME** (adressatenbezogene Wirkungen)	**IMPACT** (struktur-/systembezogene Wirkungen)
Prämissen (...) ***Incomes*** Wissen/Kompetenzen/ vorhandene Netzwerke der Mitgliedsorganisationen (...)	KOLLEGIALER FACHAUSTAUSCH	FORMATE DES KOLLEGIALEN AUSTAUSCHS SIND ETABLIERT.	DIE MITGLIEDSORGANISATIONEN HABEN SICH ALS NETZWERK ETABLIERT. DIE MITGLIEDSORGANISATIONEN ARBEITEN VERTRAUENSVOLL ZUSAMMEN (ZU BESTIMMTEN INHALTEN/IN AGs).	
Ressourcen des Einzelträgervorhabens Fördermittel Personal Organisationsentwicklungsberatung	Einrichtung von inhaltlichen Arbeitsgruppen (AGs)	Arbeitsgruppen arbeiten und kommen im Quartalsturnus zusammen.	Die Mitgliedsorganisationen stimmen ihr Handeln untereinander ab und ziehen an einem Strang.	
	NETZWERKTREFFEN DURCHFÜHREN	Netzwerktreffen fanden statt.	[FREESIE] vertritt die Interessen der Mitgliedsorganisationen gegenüber politischen Entscheidern (Förderungen stellen), anderen Trägern (Aufgabenklärung) und der breiten Fachöffentlichkeit (Verständnis schaffen). (...)	Die gesellschaftliche/ politische Debatte im [Themenfeld von FREESIE] wird auf Basis von Sachinformationen geführt. (...)
	Netzwerktreffen dokumentieren/aufbereiten	Dokumentation des Netzwerktreffens wurde erstellt. (...)		
Einflussfaktoren: ***Umsetzungs- und Handlungskontexte*** (...)				

Quelle: Eigene Darstellung

Die gemeinsame logische Modellierung hatte unmittelbare Konsequenzen für das weitere Vorgehen der Evaluierenden (und auch der NGO): Wäre die ursprüngliche adressatenbezogene Zielformulierung „Vernetzung der Mitgliedsorganisationen" als Outcome beibehalten und damit „Vernetzung" als Etablierung einer Netzwerkstruktur begriffen worden, ließen sich in einer möglichen Wirkungsuntersuchung mithilfe Sozialer Netzwerkanalyse die Mitglieder dieses Netzwerks z. B. zum Vernetzungsgrad befragen. Über die Klassifizierung von „Vernetzung" als (Kooperations-)Prozess rücken im Ergebnis der Ko-Konstruktion andere Wirkungen (als Outcomes) in den Fokus, hier: vor allem bestimmte Aspekte von Netzwerkqualität (z. B. vertrauensvolle Zusammenarbeit, Handlungskoordination). Diese lassen sich dann als potenzielle Wirkungen der Arbeit des Einzelträgers untersuchen.

Auch für die NGO kamen im Rahmen der gemeinsamen Erstellung eines logischen Modells für ihr Projekt andere Aspekte ihres Wirkens als ursprünglich angedacht in den Blick. Erst durch die Nachfragen der Evaluierenden wurden Outcomes benannt, z. B. die Etablierung gemeinsam getragener Qualitätsstandards, die ohne die Unterstützung der Evaluierenden wahrscheinlich nicht thematisiert worden wären. In diesem Sinne trug die partizipative Vorgehensweise prozessbegleitend zum Lernen der Programmumsetzenden bei.

Darüber hinaus erfolgte hier ein Abgleich von Programmbereichszielen und Trägervorhaben. Es wurde auf eine die Ebenen übergreifende Passfähigkeit von

Zielen und Maßnahmen abgestellt. Zudem konnten durch theoriegeleitete Überlegungen auf der Basis existierender Erkenntnisse zu Netzwerkbildungsprozessen auch unintendierte Wirkungen identifiziert werden.[10]

In der Summe wird im hier untersuchten Beispiel deutlich, wie Evaluierende die kategoriale Zuordnung und Weiterentwicklung von (ex ante formulierten) Zielen der NGO zu (in situ ko-konstruierten) programmbereichskonformen Zielen beeinflussen und damit den Grad an Programmkonformität in der Zielerreichung von Evaluierten mitgestalten (können). In welchem Umfang das geschieht, wird unter anderem durch die Rollenverteilung und die Verantwortlichkeiten im Prozess der Erstellung des logischen Modells mitbestimmt. Beeinflusst wird dieser Prozess unseren Erfahrungen nach insbesondere durch die Deutungsmacht, die die Beteiligten für bestimmte Sachverhalte beanspruchen und durchsetzen oder zugewiesen bekommen können. Nicht zuletzt spielen aber auch scheinbar nebensächliche Entscheidungen, wie die vorhergehende Verständigung darauf, wer Relevantes dokumentiert und zuordnet, eine Rolle. Letztendlich nehmen die Evaluierenden direkt und indirekt Einfluss auf die Identifikation und Modellierung anvisierter Wirkungen und rücken diese überhaupt erst in den Fokus der umsetzenden Akteurinnen und Akteure. Diese Ko-Konstruktionsleistung muss bei der Interpretation und der Weiternutzung von logischen Modellen mit reflektiert werden.

8.6 Logische Mehrebenen-Modelle als Basis von Wirkungsuntersuchungen

Wie bereits beschrieben, arbeiteten die Evaluierenden mit logischen Modellen sowohl der Programmbereichs- als auch der Einzelträgerebene. Während Erstere notwendigerweise abstrakt bleiben müssen, stellen Letztere konkrete und empirisch untersuchbare Übersetzungen und Ausdifferenzierungen der abstrakten Wirkungspfade auf Programmbereichsebene dar, die um weitere, einzelprojektspezifische Elemente ergänzt werden. Im hier untersuchten Programmbereich kann eine solche Modellierung folgendermaßen aussehen:

Auf der Programmbereichsebene (PB) werden 35 Organisationen (MaßnahmePB) mit dem Ziel gefördert, bundeszentrale Aufgaben zu übernehmen, das heißt z. B., mittels bundesweiter Fachinputs wie Bildungsveranstaltungen, Publikationen, Beratung etc. (OutputPB) die Fachlichkeit in den Themenfeldern von „Demokratie leben!“ zu erhöhen (OutcomePB) und darüber zur Weiterentwicklung des Systems der Kinder- und Jugendhilfe beizutragen (Im-

10 Dies wäre gegeben, wenn entsprechende Vernetzungsaktivitäten nicht zu Konsens- und Vertrauensbildung führen, sondern beispielsweise die Abgrenzung einzelner Akteure und deren Austritt/Ausscheiden aus dem Netzwerk zur Folge hätten.

pactPB). Auf der Ebene der einzelnen Träger (ET) lassen sich diese vergleichsweise abstrakten „Wirkpfade" in 35 logischen Modellen weiter untersetzen. Im Ergebnis der Betrachtung mehrerer Wirkmodelle von Einzelträgern kann der abstrakte Wirkzusammenhang auf der Programmbereichsebene auf aggregierter Einzelprojektebene konkretisiert werden: Durch die Förderung (InputET) können die Organisationen beispielsweise überregionale bzw. bundesweite Fachveranstaltungen im Themenfeld durchführen (MaßnahmeET). An diesen nimmt eine Anzahl von Fachkräften teil, die mit den jeweiligen Veranstaltungen mehr oder weniger zufrieden sind (OutputET).

Darüber hinaus stellen z. B. die Produkte der Öffentlichkeitsarbeit der einzelnen Träger für diese Fachveranstaltung sowie deren Durchführung und Dokumentation weitere konkrete Outputs auf der Einzelträgerebene dar. Die OutcomesET auf dieser Ebene sind dann beispielsweise der Wissens- und/oder Kompetenzzuwachs seitens der Teilnehmenden an den Fachveranstaltungen oder die Rezeption der Veranstaltungsinputs in Fachjournalen etc. durch einzelne Fachkräfte, Praktikerinnen und Praktiker. Das heißt, die Teilnehmenden bzw. Rezipientinnen und Rezipienten lernen etwas und erweitern ihr fachliches Wissens- sowie Handlungsrepertoire. Dieses können sie dann in ihrer Arbeit mit Zielgruppen einsetzen bzw. anwenden, was dazu führt, dass sich die fachliche Qualität der praktischen Arbeit im Themenfeld verbessert. Dadurch leistet die Teilnahme an einer entsprechenden Fachveranstaltung letztlich einen Beitrag zur Erhöhung der Fachlichkeit in den Themenfeldern von „Demokratie leben!" (OutcomePB). In der Verschränkung von Einzelträgerebene und Programmbereichsebene wird damit erkennbar plausibilisiert, wie Maßnahmen auf Einzelträgerebene zu Resultaten bzw. Wirkungen auf der Programmbereichsebene führen bzw. beitragen können (siehe Abb. 8.3).[11]

11 Ausführlich zum konkreten Vorgehen Heinze u. a. 2019, S. 38 ff. und Heinze u. a. 2018, S. 35 ff.

Abb. 8.3: Aggregiertes Mehrebenen-Modell (Auswahl)

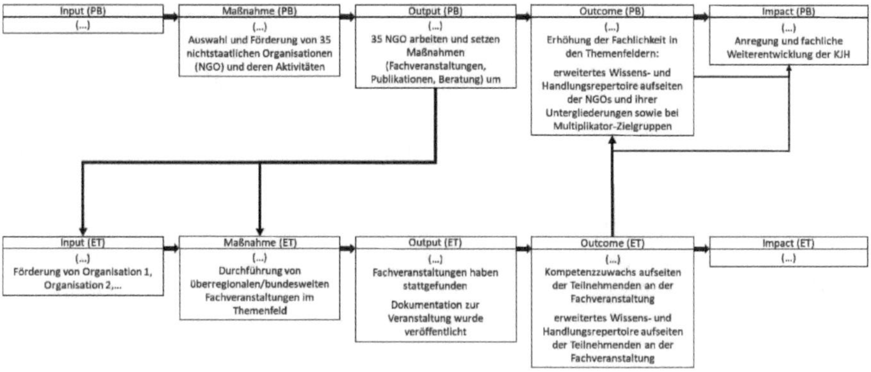

Quelle: Eigene Darstellung

Zugleich wird an diesem Beispiel der bundeszentralen Aufgabe „Anregung von nationalen Fachdiskursen" deutlich, dass konkrete Maßnahmen nicht nur in Bezug auf die unmittelbaren Adressatinnen und Adressaten (z. B. Fachpraktikerinnen und Fachpraktiker, Wissenschaftlerinnen und Wissenschaftler) Wirkungen entfalten, sondern weitere Folgewirkungen erzeugen. Das können im hier behandelten Fall die Fortsetzung von Diskursen oder die intensivere Behandlung von (Programm-)Themen sein (z. B. in Fachzeitschriften, im Internet, in den öffentlichen Medien), die Nutzung von Wissen durch Weitergabe, beispielsweise in Institutionen, oder die Anwendung von Wissen und anderem Know-how in der pädagogischen Interaktion mit Kindern und Jugendlichen. Diese über konkrete – zumeist über intendierte Wirkungen hinausgehenden – Folgewirkungen werden in den bis hierher dargestellten logischen Modellen nicht oder nur ansatzweise berücksichtigt, da sie eine vierte, der unmittelbaren Projektumsetzung nachgelagerte, Ebene betreffen: die der Zielgruppen und -systeme der Einzelträgermaßnahmen sowie die weiterer Akteurinnen, Akteure und Instanzen, die von den Maßnahmen der Einzelträger „betroffen" sind. Damit fehlt allerdings ein wichtiges Bindeglied zwischen den abstrakten Programmleitzielen (wie Förderung demokratischen Denkens und Handelns oder Prävention rechtsextremistischer Orientierungen und Haltungen) und den Ergebnissen bzw. Wirkungen der Arbeit der Einzelträger.

Um diese Lücke zu füllen, nehmen die Evaluierenden die entsprechenden Folgewirkungen mit in den Blick. Hierbei kann es sich um (un-)vorhersehbare und/oder (un-)intendierte, (nicht) programmkonforme Wirkungen handeln. Im hier behandelten Evaluationskontext war es bedeutsam, insbesondere die programmkonformen (Folge-)Wirkungen zu identifizieren, um damit nicht nur Fragen der nachhaltigen Wirksamkeit von Einzelprojektaktivitäten beantworten zu können, sondern auch um den Wirkungsstrang über alle drei genannten Programmebenen von „Demokratie leben!" zu komplettieren.

Da es aus evaluationspragmatischen Gründen nicht angezeigt ist, jede Folgewirkung von Einzelträgermaßnahmen zu untersuchen, konzentrierten sich die Evaluierenden bei ihren Untersuchungen auf die Identifikation und Beschreibung ausgewählter Beispiele und entwickelten ein dafür geeignetes methodisches Vorgehen.

Für den in Abb. 8.33 darstellten Fall bedeutete die Untersuchung von (Folge-)Wirkungen beispielsweise, dass eine konkrete „Fachveranstaltung" der betreffenden Organisation (MaßnahmeET) ausgewählt wurde. Für diesen Träger lag bereits ein logisches Modell vor. Zur weiteren Plausibilisierung von „Wirkpfaden" wurden die Vertreterinnen und Vertreter der Organisation zu ihren Zielen und den intendierten Wirkungen der Veranstaltung befragt. Zudem wurde die Veranstaltung selbst teilnehmend beobachtet. Dies diente dazu, den Grad der Zielerreichung anhand der Umsetzung der Fachveranstaltung einzuschätzen und Aussagen zur Qualität der Fachveranstaltung als Einflussfaktor auf die Wirksamkeit der Maßnahme aufseiten der Zielgruppe der Veranstaltung zu erheben. Zudem wurde die Teilnahme genutzt, um Zugänge zu Veranstaltungsteilnehmenden zu bekommen, da diese im Anschluss befragt werden sollten. Die Teilnehmenden wurden dann in einer Ex-Post-Untersuchung zu ihren Wissens- und Lernzuwächsen sowie zur (beabsichtigten) Weiternutzung des erworbenen (oder gefestigten) Wissens befragt. Um mögliche weitere Wirkungen jenseits der unmittelbaren (modellierten) Wirkungsabsicht des Trägers zu untersuchen, wurden zusätzlich Online-Recherchen a) im Vorfeld der Fachveranstaltung zur Rezeption der angekündigten Inhalte der Fachveranstaltung sowie b) im Nachgang mit sechsmonatigem Abstand zur Rezeption und zum Weitertragen der Inhalte der Fachveranstaltung in Fachbeiträge, Journale bzw. Zeitschriften im fachpraktischen und Wissenschaftsdiskurs durchgeführt.

Alle vorgenannten Schritte zur Untersuchung von Wirkungen nahmen dabei ihren Ausgangspunkt in den partizipativ erarbeiteten logischen Modellen. Dabei war allen hier dargestellten logischen Modellierungen angesichts des komplexen Evaluationsgegenstands gemeinsam, dass den Evaluierenden, neben der Übernahme einer Unterstützungsfunktion für die Einzelträger bei deren Modellierungen, eine Schlüsselrolle insbesondere in den die einzelnen Programmebenen übergreifenden Modellierungsprozessen zukam. Wie bereits angerissen, brachten sich die Evaluierenden hierbei nicht nur mit ihrem methodischen Know-how ein, sondern prägten die Modellierungsprozesse in einer spezifischen Art und Weise, indem sie Konformität zwischen Projekt und Programmbereichs- und Programmzielen herstellten oder den Blick auf spezifische Wirkungen lenkten. Im Sinne einer formativen Prozessbegleitung war dies ein durchaus erwünschter Beitrag der Evaluierenden, um eine höhere Kompatibilität zwischen Programmzielen und den jeweiligen Handlungszielen auf Einzelprojektebene zu erreichen.

8.7 Fazit

Der Beitrag hat gezeigt, dass logische Modelle in den hier vorgestellten Varianten (siehe Abschnitte 8.5 und 8.6) zunächst theoretisch begründete Annahmen zum Zusammenhang von Inputs, Maßnahmen, Outputs und Resultaten (Outcomes/Impacts) vor dem Hintergrund spezifischer Programm- und Projektziele repräsentieren. Damit sind sie eine – notwendigerweise vereinfachte – Darstellungsform einer Programmtheorie. Die Qualität der Modelle im Sinne von Realitätsnähe bzw. Gegenstandsangemessenheit verbessert sich unserer Erfahrung nach, wenn sie mithilfe empirischenr Analysen und in diskursiven Prozessen mit Stakeholdern empirisch gesättigt bzw. verfeinert, das heißt ko-konstruiert und kommunikativ validiert werden. Je nach Detaillierungsgrad können hierbei auch nicht intendierte (aber als möglich betrachtete bzw. erwartete) Wirkungen oder darüberhinausgehende Folgewirkungen modelliert werden. Insofern stellen logische Modelle eine geeignete Grundlage für die empirische Untersuchung von Wirkungen nicht nur auf der Ebene von Einzelmaßnahmen dar (Giel 2016, S. 153), sondern ermöglichen darüber hinaus, Zusammenhänge von Interventionen und deren Effekten über mehrere Programmebenen theoretisch herzustellen und zu plausibilisieren. In Bezug auf die Verschränkung mehrerer Programmebenen hat sich gezeigt, dass diese nach den hier analysierten Erfahrungen eine Konstruktionsleistung der Evaluierenden darstellt.

Es wurde deutlich, dass die Modellierungsprozesse aus verschiedenen, teilweise aufeinander aufbauenden, multimethodisch und -perspektivisch angelegten Erhebungs- und Reflexionsschritten bestehen. Dieses Vorgehen schlägt sich auch in den anschließenden Erhebungen nieder, die im Modell vorausgesagten Outputs, Outcomes und Impacts empirisch festzustellen. Damit handelt es sich insgesamt um methodisch und inhaltlich anspruchsvolle sowie ressourcenintensive (Evaluations-)Prozesse, die kontinuierlich hinsichtlich der oben beschriebenen Modellierungsrestriktionen und methodologisch-methodischer Ungenauigkeiten oder Fehlerquellen zu reflektieren sind.

Dabei ist insbesondere zu berücksichtigen, dass logische Modelle zunächst „nur“ theoretische Annäherungen an mögliche bzw. als wahrscheinlich betrachtete Ursache-Wirkungs-Beziehungen sind. Sie können – idealerweise empiriegestützt – Kausalbeziehungen plausibilisieren, stellen selbst jedoch (noch) keinen Wirkungsnachweis dar. Logische Modelle können als (Ko-)Konstruktionen zwar theoretisch abgeleitet und kommunikativ validiert werden, bleiben jedoch Konstruktionen der Forschenden oder Ko-Konstruktionen von Forschenden und Stakeholdern. Damit sind sie anfällig für Verzerrungen, die angesichts von Leerstellen oder blinden Flecken, Perspektivendominanz oder unhinterfragter und/oder unreflektierter axiomatischer Setzungen und Präkonzepte der Modellierenden im Zuge der (gemeinsamen) Modellierung auftreten können. Solche Effekte lassen sich durch die Einbeziehung vielfältiger Perspektiven – auch im Sinne einer Perspektiventriangulation – zwar verringern, nicht jedoch völlig umgehen. Letztlich erweist sich die *empirische Wirkungsuntersuchung* als Test der formulierten und in ein Modell gegossenen Theorie. In Mehrebenen-Programmen, wie dem hier behandelten, stellt dabei die empirische Unterfütterung der beschriebenen Ebeneninterferenzen hinsichtlich der Frage, inwieweit Wirkungen einer Ebene die Wirkungen anderer Ebenen beeinflussen oder bedingen, ein bisher kaum bearbeitetes Problem dar.

Dessen ungeachtet hat sich das beschriebene Vorgehen in unserer Evaluationspraxis zumindest für die Ebene der Einzelmaßnahmen und von Programmbereichen als hinreichend valide erwiesen. Es ermöglicht eine theorie- und empiriegeleitete Erarbeitung von Wirkmodellen, die ihrerseits von den Stakeholdern als gültig anerkannt werden. Dies gründet sich nicht nur auf die kontinuierliche Verständigung der beteiligten Evaluations- und Praxisakteurinnen und -akteure, sondern auch auf die Granularität des Modellierungsprozesses bis zur Abbildung konkreter „lokaler" Theorien.

Dadurch kann eine höhere Akzeptanz der darauf aufbauenden empirischen Untersuchungs- bzw. Evaluationsergebnisse bei den beteiligten Akteurinnen und Akteuren erzielt werden, da für sie die Programmtheorie und die darauf aufbauenden empirischen Untersuchungen zu den Wirkungen sowohl auf der Einzelprojekt- als auch auf der Programmbereichsebene transparent und nachvollziehbar werden. Zudem entsteht durch die gemeinsame Erarbeitung logischer Modelle nicht nur eine gegenseitig verbesserte Kenntnis der jeweiligen Zugänge zu Untersuchungsgegenständen und Annahmen darüber. Auch die gemeinsame Verständigung über die jeweilige Programmtheorie auf Einzelträgerebene bzw. Programmbereichsebene und ihrer Verschränkungen, sowie die Reflexion derselben, führen aufseiten aller Beteiligten zu einem besseren Verständnis der untersuchten Gegenstände (Yngborn/Hoops 2018).

Angesicht der Komplexität der hier betrachteten Programme, die insbesondere aus der Interferenz des Handelns der verschiedenen Programmakteurinnen und -akteure resultiert, stellt sich allerdings die Frage: Inwieweit sollte und kann das Konzept der logischen Modelle hinsichtlich ihrer bislang eher unidirektionalen Modellierungslogik von Wirkbeziehungen weiterentwickelt werden? Wie am Beispiel der Ko-Konstruktion des Evaluationsgegenstands durch Evaluierende und Stakeholder deutlich wurde, stehen die Akteurinnen und Akteure in wechselseitigen Beziehungen. Insoweit können entsprechende Programme und die sich darin entfaltenden Wirkmechanismen über die verschiedenen Ebenen hinweg nur aus der Betrachtung des Zusammenwirkens der beteiligten Stakeholder heraus verstanden werden. Ausgehend von dieser Feststellung muss weiter gefragt werden: Wie weit trägt die (implizite) Setzung logischer Modelle und der darauf basierenden Programmtheorien, dass sich Wirkungen als erzielte Outcomes oder Impacts vermittels kausaler Wirkmechanismen auf bestimmbare Inputs und Outputs der jeweiligen Programme oder Einzelprojekte/Maßnahmen zurückführen und als unidirektionale Beziehung(-en) in einem Modell gegenstandsangemessen abbilden lassen (vgl. Eval-Wiki: Glossar der Evaluation 2013)?

Unter Rückgriff auf theoretische Überlegungen von Rosa (2019, 2016) und Breyer/Gerner (2017) ist es aus unserer Sicht möglicherweise angemessener, die Beziehungen der einzelnen Elemente und Akteurinnen bzw. Akteure eines Programms als (mehr oder weniger und/oder latent) „resonante" Relationen zu konzipieren. Bei der Formulierung von Programmtheorien wäre dann zu berücksichtigen, inwieweit die jeweiligen Elemente und Akteurinnen bzw. Akteure eines Programms sich in ihren Interaktionen mehr oder weniger intensiv affizieren und transformieren, das heißt, sich sowohl hinsichtlich ihrer eigenen Gestalt als auch ihrer Beziehung zueinander verändern. Diese als Resonanzen bezeichneten Prozesse können unterschiedlich gerichtet sein und sich hinsichtlich ihrer Intensitätsgrade unterscheiden, sich gegenseitig verstärken, abschwächen oder aufheben.

Art und Ergebnis der sich in den Resonanzbeziehungen ereignenden Transformationen sind nach gegenwärtiger Erkenntnislage durch die Beteiligten (und durch Beobachtende) unvorhersehbar. Rosa bezeichnet diesen Umstand mit dem Begriff der Unverfügbarkeit (Rosa 2019, S. 19).[12] Das bedeutet in der Konsequenz für die Erstellung logischer Modelle und die Formulierung von Programmtheorien, dass solche Beziehungen gegenwärtig zwar hinsichtlich ihrer Existenz, jedoch kaum realitätsabbildend in Bezug auf erwartbare Resultate im Vorhinein (deduktiv, ex ante) abschließend modelliert werden können. Vielmehr legen solche Überlegungen einen iterativen Prozess der Formulierung von Programmtheorien nahe, der durch empirische Untersuchungen der entsprechenden Akteursbeziehungen (Resonanzerhebungen) sowie der diese rahmenden institutionellen Kontexte abgestützt wird. Dabei ist zu bedenken, dass sich diese Beziehungen nicht nur als Resonanz, sondern auch als Repulsion (Ab-/Zurückstoßung) erweisen können. Es ist zu erwarten, dass deren empirische Rekonstruktion zu einem vertieften Verständnis führt, entlang welcher Mechanismen ein Programm (oder eine Einzelmaßnahme) „wirkt". Der Mehrwert eines solchen Zugangs zur Untersuchung von Wirkungen gegenüber bisherigen Ansätzen besteht unseres Erachtens darin, dass insbesondere „Rückwirkungsprozesse" in der Interaktion der Akteurinnen sowie Akteure und die Frage der Kontingenz von Ursache-Wirkungs-Beziehungen systematisch in den Blick kommen, was vereinfachte Kausalitätsketten bzw. -modelle gegenwärtig kaum leisten können.

12 „Unverfügbarkeit meint darüber hinaus jedoch auch, dass es keine Möglichkeit gibt, Resonanz als Beziehungsmodus systematisch oder instrumentell zu erzwingen." (Rosa 2019, S. 19).

Literatur

Ackermann, Günther (2016): Evaluation und Komplexität. Wirkungskonstruktion in der Evaluation von Gesundheitsförderung und Prävention. Dissertation zur Erlangung der Würde eines Doktors der Philosophie vorgelegt der Philosophisch-Historischen Fakultät der Universität Basel. Rheinfelden

Baumgartner, Edgar/Haunberger, Sigrid (2014): Evaluations- und Wirkungsforschung in der Sozialen Arbeit – Potenzial und methodische Herausforderungen. In: Fachhochschule Nordwestschweiz FHNW (Hrsg.): Soziale Innovation. Forschung und Entwicklung der Hochschule für Soziale Arbeit FHNW 2014. Basel, S. 14–21

Beywl, Wolfgang/Giel, Susanne (2012): Nutzungsfokussierte Evaluation am Beispiel eines multizentrischen Programms. In: Strobl, Rainer/Lobermeier, Olaf/Heitmeyer, Wilhelm (Hrsg.): Evaluation von Programmen und Projekten für eine demokratische Kultur. Wiesbaden, S. 101–125

Bischoff, Ursula/Heinze, Franziska/König, Frank/Reiter, Stefanie (2015): Erster Bericht: Strukturentwicklung bundeszentraler Träger. Programmevaluation „Demokratie leben!" Zwischenbericht für den Zeitraum 01.01.2015 bis 31.12.2015. Halle (Saale)

Breyer, Thiemo/Gerner, Alexander (2017): Resonanz und Interaktion. Eine philosophische Annäherung anhand zweier Proben. In: Breyer, Thiemo/Buchholz, Michael B./Hamburger, Andreas/Pfänder, Stefan/Schumann, Elke (Hrsg.): Resonanz – Rhythmus – Synchronisierung. Bielefeld, S. 33–46

Chen, Huey-Tsyh/Rossi, Peter H. (1983): Evaluating with sense. The theory-driven approach. In: Evaluation Review, 7. Jg., H. 3, S. 283–302

Coryn, Chris L. S./Noakes, Lindsay/Westine, Carl D./Schröter, Daniela C. (2011): A Systematic Review of Theory-Driven Evaluation Practice From 1990 to 2009. In: American Journal of Evaluation, Jg. 32, H. 2, S. 199–226

Dössegger, Alain/Weibel, David/Frei, Klaus M./Wissmath, Bartholomäus/Hense, Jan (2017): Entwicklung eines Wirkmodells für die Evaluation des Programms Jugend und Sport. In: Zeitschrift für Evaluation, 16. Jg., H. 1, S. 97–120

Eval-Wiki: Glossar der Evaluation (2013): Wirkungen (eines Programms). Online unter https://eval-wiki.org/w_glossar/index.php?title=Wirkungen_(eines_Programms)&oldid=1904 (07.05.2020)

Funnell, Sue C./Rogers, Patricia J. (2011): Purposeful Program Theory. Effective Use of Theories of Change and Logic Models. San Francisco

Giel, Susanne (2013): Theoriebasierte Evaluation. Konzepte und methodische Umsetzungen. Münster

Giel, Susanne (2016): Vom Nutzen der Programmtheorie in Evaluationen im Schulkontext. In: DDS – Die Deutsche Schule, 108. Jg., H. 2, S. 149–162

Haubrich, Karin (2009): Sozialpolitische Innovation ermöglichen. Die Entwicklung der rekonstruktiven Programmtheorie. Münster u. a.

Heinze, Franziska/König, Frank/Rehse, Aline/Schroeter, Ellen (2017): Dritter Bericht: Strukturentwicklung bundeszentraler Träger. Programmevaluation „Demokratie leben!" Zwischenbericht 2017. Halle (Saale)

Heinze, Franziska/Rehse, Aline/Reiter, Stefanie/Schroeter, Ellen (2018): Vierter Bericht: Strukturentwicklung bundeszentraler Träger. Programmevaluation „Demokratie leben!" Zwischenbericht 2018. Halle (Saale)

Heinze, Franziska/Reiter, Stefanie/Berg-Lupper, Ulrike/Wach, Katharina/Riedle, Stephanie (2019): Multiple Handlungsanforderungen an Evaluierende. Ein theoretisches und praktisches Problem in der Evaluation komplexer (sozial)politischer Programme. In: Zeitschrift für Evaluation, 18. Jg., H. 2, S. 261–283

Patry, Jean-Luc/Perrez, Meinrad (2000): Theorie-Praxis-Probleme und die Evaluation von Interventionsprogrammen. In: Hager, Willi/Party, Jean-Luc/Brezing, Hermann (Hrsg.): Evaluation psychologischer Interventionsmaßnahmen. Standards und Kriterien: ein Handbuch. Bern u. a., S. 19–40

Patton, Michael Q. (2008): Utilization-Focused Evaluation. 4. Aufl. Thousand Oaks

Patton, Michael Q. (2011): Developmental Evaluation. Applying Complexity Concepts to Enhance Innovation and Use. New York/London

Pawson, Ray/Tilley, Nick (1997): Realistic evaluation. London u. a.

Rogers, Patricia J. (2008): Using Programme Theory to Evaluate Complicated and Complex Aspects of Interventions. In: Evaluation, 14. Jg., H. 1, S. 29–48

Rosa, Hartmut (2016): Resonanz. Eine Soziologie der Weltbeziehung. Berlin

Rosa, Hartmut (2019): Resonanz als Schlüsselbegriff der Sozialtheorie. In: Wils, Jean-Pierre (Hrsg.): Resonanz. Im interdisziplinären Gespräch mit Hartmut Rosa. Baden-Baden, S. 11–32

Scriven, Michael (1991): Evaluation Thesaurus. Newbury Park u. a.

Swanson, Richard A./Chermack, Thomas J. (2013): Theory Building in Applied Disciplines. San Francisco

Weiss, Carol (1995): Nothing as Practical a Good Theory: Exploring Theory-Based Evaluation for Comprehensive Community Initiatives for Children and Families. In: Connell, James P./Kubisch, Anne C./Schorr, Lisbeth C./Weiss, Carol H. (Hrsg.): New Approaches to Evaluating Community Initiatives. Concepts, Methods, and Contexts. Washington D.C., S. 65–92

Weiss, Carol (2000): Which Links in Which Theories Shall We Evaluate? In: New Directions for Evaluation, H. 87, S. 35–45

Werthern, Anna von (2020): Theoriebasierte Evaluation. Entwicklung und Anwendung eines Verfahrensmodells zur Programmtheoriekonstruktion. Wiesbaden

Widmer, Thomas (2012): Wirkungsevaluation zu Maßnahmen der Demokratieförderung. In: Strobl, Rainer/Lobermeier, Olaf/Heitmeyer, Wilhelm (Hrsg.): Evaluation von Programmen und Projekten für eine demokratische Kultur. Wiesbaden, S. 41–68

Widmer, Thomas/Frey, Kathrin (2006): Evaluation von Mehrebenen-Netzwerkstrategien. In: Zeitschrift für Evaluation, 5. Jg., H. 2, S. 287–316

Yngborn, Annalena/Hoops, Sabrina (2018): Das Logische Modell als Instrument der Evaluation in der Kriminalitätsprävention im Kindes- und Jugendalter. In: Walsh, Maria (Hrsg.): Evidenzorientierte Kriminalprävention in Deutschland. Ein Leitfaden für Politik und Praxis. Wiesbaden, S. 349–368

9 Wirkmechanismen pädagogischer Praxis der Radikalisierungsprävention

Joachim Langner, Marco Schott, Daniel Grunow

Der vorliegende Beitrag befasst sich mit der übergreifenden analytischen Beschreibung des heterogenen Feldes pädagogischer Angebote der Radikalisierungsprävention und reflektiert davon ausgehend die Erfassung von Wirkungen pädagogischer Arbeit in der Evaluation. Der Beitrag beruht auf der am Deutschen Jugendinstitut durchgeführten wissenschaftlichen Evaluation des Programmbereichs „Modellprojekte zur Radikalisierungsprävention" im Bundesprogramm „Demokratie leben!". In Anlehnung an die Realist Evaluation (Pawson/Tilley 2004) haben wir auf empirischer Grundlage die Wirkmechanismen einzelner pädagogischer Projekte dieses Programmbereichs modelliert. Diese beschreiben einen zentralen Teil des pädagogischen Handelns der Projektumsetzenden und spiegeln deren Wirkannahmen wider. In einer Evaluation, die ganz unterschiedliche pädagogische Angebote im Zusammenhang des Programmbereichs, in dem sie gefördert werden, untersucht, ermöglichen sie es zum einen, die Praxis der auf vielfältige Weise unterschiedlichen Projekte analytisch abstrahiert zu beschreiben und einen strukturierten Einblick in die pädagogische Arbeit der Projekte zu geben. Zum anderen eröffnet diese Modellierung der Wirkmechanismen einen Blick auf die Ebenen möglicher Wirkungen und auf die kontextuellen Rahmenbedingungen der Praxis. Der Beitrag soll das Vorgehen der Modellierung von Wirkmechanismen auf Grundlage der empirischen Rekonstruktion pädagogischer Praxis darstellen und abschließend deren Anwendung im Evaluationskontext diskutieren.

9.1 Datengrundlage und Forschungsmethoden

Im Rahmen der Evaluation des Bundesprogramms „Demokratie leben!" waren wir Teil der am Deutschen Jugendinstitut angesiedelten wissenschaftlichen Begleitung (wB) des Programmbereichs „Modellprojekte zur Radikalisierungsprävention" (Figlestahler u. a. 2020). „Demokratie leben!" ist ein Programm, das vom Bundesministerium für Frauen, Senioren, Jugend und Familie in seiner ersten Phase 2015 bis 2019 gefördert wurde und mittlerweile in eine zweite Förderphase überführt worden ist. Ein Teil dieses Programms war der Programmbereich „Modellprojekte zur Radikalisierungsprävention". In diesem wurden zuletzt 73 pädagogische Projekte gefördert,[1] deren zentrale Aufgabe es war, „neue – vor allem pädagogische – Strategien und Ansätze modellhaft zu erproben und zu entwickeln und damit die Arbeit in den Regelstrukturen der Kinder- und Jugendhilfe anzuregen“ (Greuel u. a. 2015, S. 11). In den drei Themenfeldern „Rechtsextreme Orientierungen und Handlungen“, „Islamistische Orientierungen und Handlungen“ und „Linke Militanz“ sollten die Projekte dazu pädagogische Arbeit mit spezifisch radikalisierungsgefährdeten Zielgruppen umsetzen (ebd.).

Dieser Artikel basiert auf einer Erhebung und Analyse, die im Rahmen der wissenschaftlichen Begleitung im Jahr 2018 durchgeführt wurde und 2019 als Jahresbericht veröffentlicht wurde (Figlestahler u. a. 2019a). Die forschungsleitende Frage dieses Berichts war die, wie Projekte der Radikalisierungsprävention pädagogisch mit jungen Menschen arbeiten. Die wissenschaftliche Begleitung nutzte unterschiedliche qualitative und quantitative Forschungsmethoden (Figlestahler u. a. 2020, S. 13 ff.), um den Programmbereich insgesamt in den Blick zu nehmen. Dieser Beitrag bezieht sich ausschließlich auf die qualitative Forschung.

Um eine detaillierte qualitative Analyse durchführen zu können, wurde ein Sample von elf Modellprojekten ausgewählt, deren Zielgruppe junge Menschen waren und die konkrete Gefährdungen bei den Adressatinnen und Adressaten (selektive Prävention) oder (erste) problematische Orientierungen und Zugehörigkeiten (indizierte Prävention) zum Ausgangspunkt der eigenen pädagogischen Arbeit machten. Bei der Sampleauswahl wurde darauf geachtet, dass kurz- und langzeitpädagogische Projekte im inner- und außerschulischen Bereich mit Teilnehmenden unterschiedlichen Alters aus groß- und kleinstädtischen sowie ländlichen Milieus in verschiedenen Bundesländern enthalten waren. Ziel dieser Auswahl war es, einer theoretischen Sättigung des Samples möglichst nahe zu kommen (Przyborski/Wohlrab-Sahr 2014, S. 182).

9.2 Heterogenität als Herausforderung für eine gegenstandsangemessene Evaluation

In der Evaluation ist eine fundierte Beschreibung des „Gegenstandes“ (also von dem, was evaluiert werden soll, vgl. DeGEval – Gesellschaft für Evaluation 2017, S. 67) von besonderer Bedeutung: Ein gutes Verständnis davon, womit man es zu tun hat, ermöglicht es, diese Praxis adäquat zu untersuchen und zu

1 Die Gesamtzahl der geförderten Modellprojekte änderte sich im Programmverlauf mehrfach (Figlestahler u. a. 2020, S. 9). Es wurden zum Juni 2018 insgesamt 73 Modellprojekte in diesem Rahmen gefördert, 42 im Themenfeld „Islamistische Orientierungen und Handlungen“, 24 im Themenfeld „Rechtsextreme Orientierungen und Handlungen“ und sieben im Themenfeld „Linke Militanz“

bewerten. Entsprechend listet die Deutsche Gesellschaft für Evaluation die genaue und umfassende Beschreibung und Dokumentation von Konzept und Umsetzung des Gegenstandes als einen Standard für Evaluation (ebd., S. 20 f.). Wird die Beschreibung dabei der Komplexität des Gegenstandes nicht gerecht, führt das, wie Kromrey betont, „zwangsläufig zu falschen Schlussfolgerungen" (Kromrey 2007, S. 114). Eine gegenstandsangemessene Evaluation steht folglich vor der Herausforderung, herauszuarbeiten, was für eine Praxis stattfindet, welche Ziele sie verfolgt und welche Wirkvorstellung sie hat.

In der Evaluation von Modellprojekten ist diese Gegenstandsangemessenheit von besonderer Bedeutung: Die Förderung von Modellprojekten dient nach dem Kinder- und Jugendplan des Bundes (KJP)[2] § 3 Abs. 2 der Anregung der Kinder- und Jugendhilfe (BMFSFJ 2016, S. 805). Im Gegensatz zu den regulären Angeboten der Kinder- und Jugendhilfe verfolgt die Praxis der Modellprojekte nicht nur ihr unmittelbares pädagogisches Ziel, sondern trägt zur „Entwicklung, Erprobung, Überprüfung und Weiterentwicklung von Methoden, Konzeptionen und Strukturen" (ebd.) bei. Um diesem Auftrag gerecht zu werden, sollen die Projekte gerade keinen routinierten Handlungsschemata folgen, sondern je eigene spezifische Konzepte in je eigenen spezifischen Kontexten verfolgen.

Für die Evaluation eines Modellprojektförderbereiches bedeutet dies, dass man das Gelingen der Förderung nicht primär am Erreichen pädagogischer Ziele festmachen kann, sondern dass die Erfahrungen aus der Erprobung pädagogischer Prozesse im Rahmen ihrer jeweiligen Grenzen und Möglichkeiten dokumentiert und reflektiert werden müssen (Figlestahler u. a. 2020). Zielformulierungen müssen entsprechend auf die jeweiligen Projekte zugeschnitten sein und zugleich Raum für Variation und Abweichung lassen.

Diese Heterogenität stellte damit eine der größten Herausforderungen für eine übergreifende Charakterisierung der Projektangebote dar. Über die Rekonstruktion angestrebter Wirkmechanismen der Angebote gelang schließlich eine aussagekräftige Strukturierung der vielfältigen Projektlandschaft.

Diese analytische Beschreibung kann dazu beitragen, zu erfassen, wie die Gegenstandsangemessenheit im konkreten Fall der Modellprojekte der Radikalisierungsprävention aussehen muss. Durch eine Fokussierung auf den aus Interviewerzählungen rekonstruierten Kausalmechanismus der Praxis als Kernelement der pädagogischen Strategie kann die analytische Beschreibung entlang der Wirkmechanismen dabei sowohl Ausgangspunkt für die Untersuchung der Varianz in der Erprobung pädagogischer Angebote sein, als auch übergreifende Analysen ermöglichen.

2 Der Kinder- und Jugendplan des Bundes (KJP) „ist das zentrale Förderinstrument der Kinder- und Jugendhilfe auf Bundesebene" (BMFSFJ 2020).

„Wirkmechanismen" sollen dabei nicht als die Feststellung objektiver Wirksamkeit in einem naturwissenschaftlichen Sinn missverstanden werden. Stattdessen geht es darum, die Kausalmechanismen als soziale Konstruktionen zu rekonstruieren und sich einer Objektivität lediglich über Schritte der Formalisierung und intersubjektiven Überprüfbarkeit anzunähern (vgl. Przyborski/Wohlrab-Sahr 2014, S. 26–28). Die Annäherung an die Gegenstandsangemessenheit stellen Strübing et al. (2018) so als ein Gütekriterium qualitativer Sozialforschung heraus. Dazu wird hier der Dokumentsinn (Bohnsack 2014, Nohl 2017, S. 4 f.) von Orientierungen und Erfahrungen zu kausalen Zusammenhängen der pädagogischen Maßnahmen aus den Interviews mit den Praktikerinnen und Praktikern, sowie in den teilnehmenden Beobachtungen der an der pädagogischen Praxisbeteiligten rekonstruiert. Auf dieser Grundlage werden die vorgefundenen Sinnzusammenhänge zu Modellen der Praxis der Modellprojekte herausgearbeitet.

Im Folgenden sollen zunächst die theoretischen Grundlagen dieses Vorgehens dargestellt werden, bevor wir das Vorgehen und seine Ergebnisse diskutieren.

9.3 Wirkmechanismen

Der Begriff des Wirkmechanismus wird der Realist Evaluation (RE) (Steckhan/Brüntrup-Seidemann/Verspohl 2018, S. 186; Pawson/Tilley 2004, S. 18) entlehnt, einem Vorgehen, welches im Feld der qualitativen Evaluationsmethoden einzuordnen ist (Armborst u. a. 2018, S. 19). Dementsprechend muss zwischen den Präventionsmaßnahmen, hier die pädagogische Maßnahme eines Modellprojektes, und dem anvisierten Präventionsziel, z. B. die Reduzierung demokratieskeptischer Einstellungen bei Jugendlichen, ein nachweisbarer Wirkungszusammenhang bestehen (Beelmann 2019; Armborst u. a. 2018, S. 3). Das zugrundeliegende Evaluationsverständnis hat den Anspruch, verstehen zu helfen, wie Prävention von Radikalisierung und Extremismus im gesellschaftlichen Kontext wirkt (ebd., Zusammenfassung, o. S.). Wirkungen werden demnach als Ergebnis kommunikativer und interaktiver Prozesse verstanden (ebd., S. 17). Mit der empirischen Erhebung und Rekonstruktion von Deutungs-, Handlungs- und Bewertungsmustern sowie Diskursen werden die Sichtweisen der Akteurinnen und Akteure, ihr Handeln zum Gegenstand der Evaluation gemacht (Flick/Kardorff/Steinke 2017, S. 244; Flick 2006).

Realist Evaluation und Wirkmechanismen

Das Kernkonzept der RE folgt der Idee, dass eine reine Beobachtung des Ergebnisses eines Programms oder Systems nicht die notwendigen Hinweise für mögliche Kausalitäten gibt. Die zu klärende Frage ist: Was funktioniert für welche Zielgruppen und unter welchen Bedingungen? Das Ziel jeder Realist Evaluation ist es, (angenommene) Kausalmechanismen in einer sozialen Intervention zu identifizieren und empirisch zu testen, unter welchen Bedingungen diese Mechanismen anwendbar sind. Daraus sollen allgemeine Aussagen über die richtige Konstellation von Programminhalten, Merkmalen der Zielgruppe und den sozialstrukturellen Kontexten abgeleitet werden (Armborst u. a. 2018, S. 22)

Da jede Maßnahme auf eine Veränderung abzielt, steckt dahinter immer auch eine mehr oder weniger klar artikulierte Theorie oder Annahme, warum und mit welchen Mitteln die Maßnahme die gewünschte Änderung herbeiführen soll (Theory of Change) (Dössegger u. a. 2017; Pawson/Tilley 2004, S. 66). Der Fokus der Wirkmechanismen liegt hierbei darauf, eine Erklärung zu finden, wie – also mit welchen Mitteln – ein bestimmtes Projekt daran arbeitet, einen intendierten Outcome herzustellen. Für Tilley und Pawson ist die Analyse der Mechanismen der erste entscheidende Schritt in der Betrachtung sozialer Interventionen, da jedes Programm (und sein Output) durch die Auswirkungen der Mechanismen bestimmt wird (Pawson/Tilley 2004, S. 68). „Mechanismen sind der Motor" (ebd., S. 18) für die Beeinflussung sozialer Prozesse. Der RE nach erzeugt ein Programm nur dann Wirkungen, wenn in einem konkreten Kontext Wirkungszusammenhänge aktiviert werden, die sich beobachten lassen und Veränderungen erzeugen (Haunberger/Baumgartner 2017, S. 126). Dieser Idee folgend können dieselben Wirkzusammenhänge auch in unterschiedlichen Kontexten zu unterschiedlichen Outcomes führen (ebd.). Daher ist nicht die bestimmte Maßnahme (z. B. Fallberatung eines Projektes) der Analysegegenstand der Untersuchung, sondern vielmehr sind die konkreten Methoden, Ressourcen und andere charakteristische Merkmale der Maßnahme Gegenstand der Analyse. Uns interessieren somit die konkreten Methoden, Ressourcen und charakteristischen Merkmale der pädagogischen Maßnahmen der Modellprojekte. Entsprechend sagt der vorliegende Artikel nichts darüber aus, ob die Maßnahme eines Projektes erfolgreich ist oder nicht, sondern stellt vielmehr in einem ersten Schritt dar, ob und welche verdichteten und übergreifenden Muster der spezifischen pädagogischen Angebote der Modellprojekte erkennbar sind.

Eine entscheidende Aufgabe der Evaluation ist es, systematisch zu erforschen, welche Mechanismen intendierte Veränderungen herbeiführen. Ein notwendiger erster Schritt hierfür ist es aber – bei einem so komplexen Programm wie „Demokratie leben!" – erstmal die vorhandenen Mechanismen herauszuarbeiten und für eine Evaluation sichtbar zu machen. Obwohl im vorliegenden Programmbereich eine nahezu unüberschaubare Vielfalt von Einzelmaßnahmen auf eine noch größere Vielfalt von Teilnehmenden, Klientinnen bzw. Klienten und Fällen trifft, liegt die Vermutung nahe, dass wiederkehrende Mechanismen erkennbar sind.

Wirkmechanismen im Feld pädagogischer Praxis der Radikalisierungsprävention

Die hier analysierten Modellprojekte sind pädagogisch handelnde Präventionsprojekte. Das heißt, sie setzen Angebote mit jungen Menschen bzw. mit ihrem pädagogischen Umfeld um und haben zum Ziel, teils fluide Radikalisierungsprozesse zu erkennen und zu verhindern (Figlestahler u. a. 2020). Dabei werden unterschiedliche Veränderungsabsichten bei den Zielgruppen erwartet (Zinnecker 2000), und diese vollziehen sich in interaktiven Prozessen der Kooperation und Koproduktion. Lernprozesse werden folglich nicht nur durch die projekteigenen Fachkräfte, sondern auch von Teilnehmenden selbst hergestellt (ebd.).

Das bedeutet für die vorliegenden Modellprojekte im Bereich der Radikalisierungsprävention, dass sich der *Motor* auf der Ebene der pädagogischen Interventionen befindet. Die Wirkmechanismen sind somit theoretische Modelle, die beschreiben, warum bzw. wodurch bestimmte pädagogische (oder präventive) Wirkungen (aus Sicht der Projektmitarbeitenden) bei den Jugendlichen eintreten sollen. Sie sind folglich analytische Abstraktionen des Vorgehens, mit denen die Projekte bzw. Projektumsetzenden einen oder mehrere Effekte bei den Adressierten erreichen wollen. Sie ergeben sich somit in der Sprache der Dokumentarischen Methode nicht als bloße Annahmen aus dem immanenter Sinngehalt des Interviewmaterials und der Beobachtungsprotokolle, sondern lassen sich erst über die Rekonstruktion des Dokumentsinns und der vergleichenden Reflexion herausarbeiten (vgl. Nohl 2017, S. 4 ff.).

Grundsätzlich gehen wir dabei davon aus, dass pädagogischer Arbeit immer eine Zielorientierung zugrunde liegt. Mit Blick auf die Praxis der Radikalisierungsprävention spielen aber in erster Linie die jeweils angestrebten Wirkungen auf der Ebene der präventiven Dimension, also z. B. der Stärkung gegen die Attraktivität extremistischer Gruppen und Ideologien oder die Distanzierung von diesen, eine zentrale Rolle.

Die Analyse des Wirkmechanismus will nicht alle vorzufindenden Komponenten eines Projektes oder einzelner Angebote beschreiben, sondern vielmehr die oftmals verdeckten (Wirk-)Logiken offenlegen und explizieren. Im vorliegenden Beispiel ist es daher Ziel, die Annahmen, in diesem Fall der Projektmitarbeitenden, zu explizieren und in analytische Konzepte zu strukturieren.

Die herausgearbeiteten Wirkmechanismen – wie wir sie hier darstellen – beruhen auf der Analyse der Praxis selbst, wie sie von den Projektmitarbeitenden erzählt wurde (und die teilweise mit Beobachtungsprotokollen und Adressatenbefragungen kontextualisiert werden konnte). Sie zeigen damit nicht nur die theoretische Konzeption einer pädagogischen Maßnahme auf (wie sie beispielsweise in einem Projektantrag dargelegt wird), sondern gehen einen Schritt weiter: Sie explizieren die Zielrichtung, die der Umsetzung der pädagogischen Arbeit – wie sie von den Umsetzenden erzählt wird – innewohnt.

Eine Analyse der Wirkmechanismen birgt zugleich die Chance, einen genaueren Blick auf die angestrebten Ziele und Wirkungen der einzelnen Projekte und ihre tatsächlichen Umsetzungen zu legen, um in einem nächsten Schritt die mögliche Differenz zwischen Anspruch und Wirklichkeit beschreiben zu können.

9.4 Vorgehen der Rekonstruktion pädagogischer Praxis und der Modellierung von Wirkmechanismen[3]

Um dem komplexen Forschungsgegenstand der Wirkmechanismen der Modellprojekte im Bereich der Radikalisierungsprävention gerecht zu werden, wurden Interviews mit Projektumsetzenden und teilnehmende Beobachtungen konkreter pädagogischer Aktivitäten erhoben und ausgewertet. Ziel dieser Kombination verschiedener Untersuchungsansätze war ein mehrdimensionales Analyseergebnis, in dem Forschungsgegenstände so miteinander verbunden wurden, dass sie einander ergänzen (Flick/Kardorff/Steinke 2017; Brake 2011). Im Frühjahr 2018 wurden leitfadengestützten Interviews mit den Projektumsetzenden durchgeführt, die innerhalb der elf Projekte des Samples mit der jeweiligen Zielgruppe arbeiteten. Als Experteninterviews nach Meuser und Nagel (Nohl 2017, S. 16 ff.; Meuser/Nagel 2002) von ein oder zwei Mitarbeitenden der wissenschaftlichen Begleitung geführt, ließen diese eigenständige Themensetzungen, Relevanzfestlegungen und eine selbst strukturierte erzählerische Ausgestaltung durch die Fachkräfte zu und legten damit deren pädagogisches Selbstverständnis in Bezug auf die angenommen präventiven Wirkungen ihres Angebotes offen.

Im selben Erhebungszeitraum wurden mehrstündige teilnehmende Beobachtungen typischer Projektaktivitäten durchgeführt, orientiert an der *Ethnomethodologie* von Garfinkel und Schüttpelz (2017). Die detailliert protokollierten Beobachtungen zielten auf das pädagogische und räumliche Setting als fachliche und örtlich gegebene Ausgangssituation, Interaktionspraxen zwischen Professionellen und Teilnehmenden, die internen Praxen der Jugendgruppen und die Handlungsverschränkungen verschiedener Fachkräfte und anwesender Kooperationspartner. Die teilnehmende Beobachtung diente des Weiteren bei der Auswertung als Hilfestellung, um erzählte Handlungspraxen in den Exper-

3 Die hier beschriebenen Überlegungen zu Methodik und zur Eingrenzung des Untersuchungsgegenstandes beruhen auf dem entsprechenden Kapitel des vierten Zwischenberichts der wissenschaftlichen Begleitung (Figlestahler u. a. 2019a, S. 38 ff. und 50 ff.).

teninterviews mit den Erzeugungspraxen sozialer Wirklichkeit in der Projektumsetzung besser nachvollziehen zu können (Lüders 2011, S. 152 und 390).

Erfasst und ausgewertet wurden die Interviews mit den Projektumsetzenden mittels eines wissenssoziologischen Ansatzes in einer praxeologischen Ausrichtung. Dabei fand eine sukzessive Auswertung des jeweils vollständig verschriftlichten Materials statt. Drei Personen führten gemeinsam eine sequenzanalytische Auswertung durch, die dem Vorgehen der *Dokumentarischen Methode* (Nohl 2017, S. 29 ff.) folgte, bei der zuerst eine Themenbenennung, im Anschluss daran eine formulierende sowie reflektierende Interpretation durchgeführt wurde, die zuletzt in Protokollform festgehalten wurde (Bohnsack 2014, S. 136 ff.).

Im ersten Schritt konzentrierte sich die Analyse vornehmlich auf die Angebote einzelner ausgewählter Projekte. Dazu wurde kontextualisierend auch auf die Ergebnisse früherer Analysen der wissenschaftlichen Begleitung zu den Angeboten der Modellprojekte zurückgegriffen (Figlestahler u. a. 2019b; Greuel u. a. 2016; Greuel u. a. 2015).

Der Blick auf einzelne Projekte ermöglichte eine detaillierte Analyse der umgesetzten pädagogischen Praxis dieser Projekte, mit ihren jeweiligen Vorannahmen, Vorgehensweisen und Veränderungen. Damit konnte beispielsweise herausgearbeitet werden, auf welche gesellschaftlichen bzw. lokalen Probleme die *einzelnen* Projekte reagieren, welche pädagogischen Strategien der Problemlösung sie verfolgen, welche Lernerfahrungen sie in der Umsetzung der pädagogischen Angebote machen und welche Anpassungen sie im Projektverlauf vornehmen (Greuel u. a. 2015, S. 31).

Anschließend strebten wir u. a. an, die pädagogische Praxis der Projekte so zu charakterisieren, dass eine aussagekräftige Beschreibung über die einzelnen Projekte und die Themenfelder hinaus möglich wird (Figlestahler u. a. 2019a), wie sie für eine Programm- oder Programmbereichsevaluation (im Gegensatz zur Evaluation einzelner Projekte) von besonderer Bedeutung ist (ebd., S. 12 ff.; Heinze u. a. 2019). Ausgehend von der einzelprojektbezogenen Auswertung sollten Ergebnisse der Analysen stärker auf die Ziele der Programmbereichsförderung insgesamt bezogen werden (Greuel u. a. 2015, S. 31) und ein besseres Verständnis des Programmbereichs insgesamt ermöglichen.

Strukturierte Modellierung der pädagogischen Praxis der einzelnen Projekte

Ausgehend von der eben beschriebenen Rekonstruktion des empirischen Materials wurden die pädagogischen und präventiven Strategien zur Strukturierung der pädagogischen Projektpraxis im Feld der Radikalisierungsprävention mit jungen Menschen entwickelt, die *Wirkmechanismen,* wie sie oben darstellt wurden.

Auf Grundlage der ausgewerteten qualitativen Daten ließen sich anhand dieser Aspekte abstrahiert Zielorientierungen und pädagogische Strategien der Projekte herausarbeiten und zueinander ins Verhältnis setzen. Dazu wurden verschiedene Ebenen der pädagogischen Praxis der Projekte auf Grundlage des ausgewerteten empirischen Materials herausgearbeitet, reflektiert und tabellarisch aufgeschlüsselt. Ausgangspunkt dafür waren drei Ebenen, die sich in der einzelfallbezogenen Analyse als wesentlich für die pädagogische Praxis der Projekte zeigten: a) die präventive Handlungslogik, b) die pädagogische Strategie und c) die strukturellen Rahmenbedingungen.

In der präventiven Handlungslogik der Angebote (a) wurden insbesondere Aspekte der Gefährdungsannahmen in den Blick genommen: Welche Gefährdungsannahmen schreiben die Projektmitarbeitenden den Zielgruppen zu und wie wird diese Gefährdung innerhalb des Projekts reflektiert? Die präventive Handlungslogik beschreibt Risikoannahmen und die Maßnahmen, mit denen Einfluss auf diese Risiken angestrebt wird (Milbradt/Schau/Greuel 2019; Greuel u. a. 2016, 2015). Entsprechend lassen sich Angebote nach der Gefährdungslage der Zielgruppen und den darauf bezogenen Zeitpunkten der pädagogischen Intervention sortieren (Milbradt/Schau/Greuel 2019, S. 151). In der Folge haben wir die Projekte angelehnt an die Systematik von Gordon (1983) in Angebote universeller, selektiver oder indizierter Prävention strukturiert. Mit der präventiven Handlungslogik gehen Konsequenzen für die pädagogische Arbeit einher (Milbradt/Schau/Greuel 2019, S. 150 ff.), entsprechend ist das Herausarbeiten der präventiven Handlungslogik ein wichtiges Element der wissenschaftlichen Analyse von Präventionsangeboten (Ceylan/Kiefer 2018; Schau u. a. 2017; Trautmann/Zick 2016). Im Ergebnis zeigte sich, dass die präventiven Handlungslogiken der Projekte häufig im Graubereich zwischen selektiver und indizierter sowie universeller und selektiver Prävention lagen oder sie gar verschiedene präventive Strategien miteinander kombinierten. Außerdem wurde deutlich, dass die für die präventive Handlungslogik relevanten Einschätzungen zur Radikalisierungsgefährdung der Adressatinnen und Adressaten häufig stark von der jeweiligen Eigenperspektive der interviewten und beobachteten Akteure abhing.[4] Der Blick auf die präventive Handlungslogik konnte gerade diese Unschärfen in der pädagogischen Praxis der Angebote sichtbar machen.

Hinsichtlich der pädagogischen Strategie (b) wurden Zieldimensionen in Bezug auf die Zielgruppen sowie pädagogische Formate, Ansätze und Methoden reflektiert. Entlang dieser Ebenen strukturieren z. B. Rieker die pädagogi-

4 Zum Beispiel stellten einige Projektemitarbeitende Risikoannahmen grundsätzlich zugunsten einer positiven Grundhaltung gegenüber den jungen Menschen, mit denen sie arbeiteten, zurück, während andere deren mögliche Gefährdungen und damit das präventive Element ihrer Arbeit stark hervorhoben.

sche Auseinandersetzung mit Rechtsextremismus (Rieker 2009) und Trautmann und Zick die pädagogische Auseinandersetzung mit islamistischem Extremismus (Trautmann/Zick 2016). Im Ergebnis unserer Analyse zeigte sich, dass die pädagogische Praxis der Angebote im untersuchten Programmförderbereich Anleihen aus einem breiten Spektrum unterschiedlicher pädagogischer Felder[5] nahm. Hier kamen sowohl bildungsorientierte Ansätze aus der politischen und religiösen Bildung, der Familienbildung oder der beruflichen Bildung zum Tragen, als auch aus unterschiedlichen hilfeorientierten Ansätzen sozialpädagogischer Beratung, der offenen Jugendarbeit, oder der Straßensozialarbeit. Diese Felder haben sich historisch unterschiedlich entwickelt und haben teilweise eigene fachliche Standards herausgebildet. Sie unterscheiden sich u. a. durch ihre Zielorientierungen, ihre Zielgruppen und durch ihre Vorgehensweisen und Ansätze. Charakteristisch für die Projekte der Radikalisierungsprävention in „Demokratie leben!" war somit, dass diese in der Regel Ansätze und Vorgehensweisen unterschiedlicher Felder miteinander kombinierten oder sie in neue Kontexte übertrugen.

Als strukturelle Aspekte (c) wurden die Rahmenbedingungen des Settings sowie verschiedene Eigenschaften der Zielgruppen und der Zugangserschließung zu diesen einbezogen. Hier zeigt sich vor allem der Unterschied zwischen Angeboten in institutionellen (Zwangs-)Kontexten, wie etwa in Schulen oder Haftanstalten, und nichtinstitutionellen Settings, die stärker von der Freiwilligkeit der Teilnahme geprägt sind, wie in der offenen Jugendarbeit. Auf den ersten Blick unterscheiden sich auch Gruppenangebote von Angeboten, die sich an Einzelpersonen richten. Diese Kontexte und Rahmenbedingungen strukturierten die pädagogische Praxis der Projekte deutlich. Dennoch arbeiteten viele Projekte mit ähnlichen Vorgehensweisen in unterschiedlichen Kontexten, z. B. indem sie ähnliche Angebote sowohl in Schulen und Einrichtungen offener Jugendarbeit, in Haftanstalten und in Moscheegemeinden durchführten oder Gruppen und Einzelangebote kombinierten.

Mit dieser Aufschlüsselung wurden die pädagogischen und präventiven Strategien ebenso wie die kontextuellen Rahmenbedingungen der Praxis fokussiert zusammengefasst. Auf jeder der genannten drei Ebenen ließen sich die einzelnen Projektangebote gut beschreiben. Aufgrund der Heterogenität der Projekte führte dieser Analyseschritt im Ergebnis aber zugleich auf jeder der drei Ebenen für sich genommen zu einem bunten Nebeneinander individuell unterschiedlicher pädagogischer Angebote. Um ein analytisches Verständnis der Gesamtheit der Projekte zu generieren, musste ein weiterer Schritt folgen: die Rekonstruktion der Wirkmechanismen pädagogischer Angebote.

5 Zum Begriff des pädagogischen Feldes vgl. Seitter 2011.

Modellierung der Wirkmechanismen

Im nächsten Schritt wurden die Ergebnisse zueinander in Bezug gesetzt. Mit diesem Vorgehen sollten die heterogenen und diversen pädagogischen Angebote der Projekte strukturiert und miteinander vergleichbar gemacht werden. Das Ziel der daraus entstandenen Strukturierung war es, die Projektpraxis anhand markanter Merkmale so zu beschreiben, dass eine über die einzelnen Projekte hinausgehende Grundorientierung im Themenfeld möglich wurde. Im Sinne der Realist Evaluation wurde bei der Analyse der pädagogischen Praxis der Projekte auf die Wirkmechanismen und Kontexte fokussiert.

Die Wirkmechanismen konnten aus der Rekonstruktion der präventiven Strategie (a) und der pädagogischen Strategie (b) modelliert (Dössegger u. a. 2017) werden. Dazu wurden Elemente des pädagogischen Vorgehens (Format, Ansatz, Methode) auf deren Zielorientierung sowohl in Bezug auf die Adressatinnen und Adressaten, als auch in Bezug auf die präventive Logik der Angebote (darunter auch Annahmen über die konkrete Radikalisierungsgefährdung der Adressatinnen und Adressaten) reflektiert. In einem Reflexionsprozess der Einzelfälle für sich und im Vergleich miteinander konnten so die Wirkmechanismen der einzelnen Angebote herausgearbeitet werden. Dabei zeigten sich vier Wirkmechanismen als Grundtypen des Samples. Über diese wurden die primären pädagogischen und präventiven Strategien aller Projektangebote analytisch verdichtet beschrieben. Sie bildeten eine Typologie des Samples, die das pädagogische Feld der Modellprojekte der Radikalisierungsprävention analytisch strukturiert.

Die Kontexte wurden hier vor allem aus den strukturellen Aspekten (c) der vorangegangenen Analyse abgeleitet. Zuvorderst stand hier die Frage, was die Pädagoginnen und Pädagogen bei Beginn der Maßnahme vorfanden, von der institutionellen Rahmung bis zu den Eigenschaften der Adressatinnen und Adressaten. Auch die Kontextinformationen wurden in einer vergleichenden Betrachtung auf zentrale Aspekte fokussiert, um sie dann in Bezug zur entlang der Wirkmechanismen entwickelten Typologie zu setzen. Im Ergebnis zeigte sich, dass Angebote mit demselben Wirkmechanismus auch Gemeinsamkeiten in den Kontexten aufwiesen.

9.5 Ergebnis der Rekonstruktion und der Modellierung: Eine Typologie pädagogischer Praxis[6]

Im Folgenden soll kurz dargestellt werden, durch welche Charakteristika die jeweiligen *Wirkmechanismen* gekennzeichnet sind. Für die Herausarbeitung der unterschiedlichen Wirkmechanismen war es notwendig, die Praxis der Projekte zu explizieren, Gemeinsamkeiten und Unterschiede herausarbeiten und Muster im Vorgehen sichtbar zu machen. Um die jeweiligen Wirkmechanismen zu verdeutlichen, schließt an die allgemeinen und abstrakten Beschreibungen der vorgefundenen Mechanismen jeweils eine Beschreibung eines Projektes an, um zusätzlich einen plastischen Eindruck der pädagogischen Praxis der Modellprojekte im Bereich der Radikalisierungsprävention im Bundesprogramm „Demokratie leben!" zu gewinnen.

Abb. 9.1: Typen modellierter Wirkmechanismen der Modellprojekte

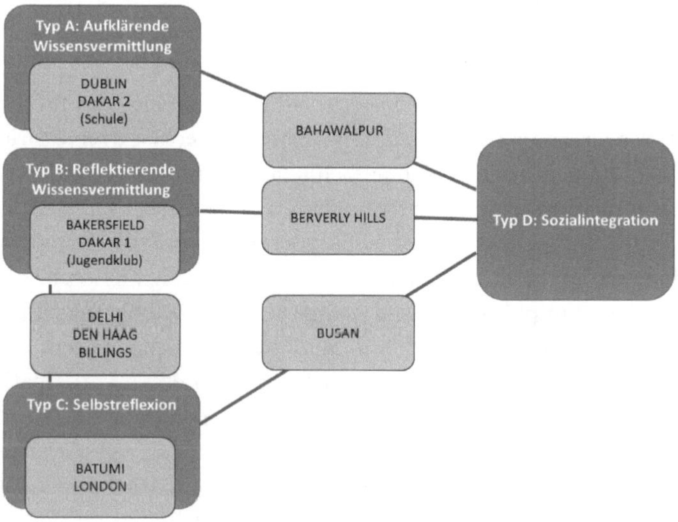

Quelle: Wissenschaftliche Begleitung der Modellprojekte Radikalisierungsprävention am DJI

Typ A: Aufklärende Wissensvermittlung

Der wissensvermittelnde Wirkmechanismus konzentriert sich auf die Veränderung bestimmter Wissensbestände bei den Adressatinnen und Adressaten. Die Arbeit der Projekte zielt auf das Wissen der Adressantinnen und Adressaten ab, als auf die „implizite oder explizite geistige (oder leibliche) Fähigkeit, sich zu

6 Die hier beschriebene Strukturierung beruht auf dem entsprechenden Kapitel des vierten Zwischenberichts der wissenschaftlichen Begleitung (Figlestahler u. a. 2019a, Kap. 3 und Kap. 4, S. 23 ff.).

etwas in Beziehung zu setzen, bzw. es in seinem Wesen zu bestimmten" (Böhm/Seichter 2017, S. 506).

Dem Typ der aufklärenden Wissensvermittlung liegt u. a. die präventiv geleitete Vorstellung zugrunde, dass die Adressierten meist zu wenige oder falsche Informationen über ihre politische Umwelt besitzen. Mit Hilfe einer Wissensvermittlung, die maßgeblich über die kognitive Ebene verläuft, sollen ihre jeweiligen Wissensbestände ausgebaut werden. Durch dieses Vorgehen soll erstens eine Auseinandersetzung mit bestimmten Themen, wie extremistische Gruppen oder demokratische Werte und Einstellungen, bei den Adressatinnen und Adressaten angeregt werden. Im zweiten Schritt soll dieses vermittelte Wissen beispielsweise dazu führen, dass sich die Einordnungskompetenz bezüglich extremistischer Angebote verbessert, um extremistische, demokratiefeindliche Einstellungen und Handlungen abwehren zu können. Die vermittelten Wissensbestände sollen ein positives Bewusstsein für Demokratie schaffen und Schutz vor individuellen radikalisierenden Entwicklungstendenzen bieten. Meist handelt es hier um starre Konzepte, die – unabhängig von der Gruppe – überall gleich angeboten werden.

Dem Typ der *aufklärenden Wissensvermittlung* lässt sich das Projekt Dakar[7] zu ordnen. Dakar, gefördert im Programmbereich „rechtsextreme Orientierungen und Handlungen", richtet sich an Schulkassen aus Mittel- und Förderschulen, die hauptsächlich in strukturschwachen Gebieten einer Großstadt angesiedelt sind. Im Mittelpunkt steht dabei ein vorgefertigter Projekttag für die Jahrgangsstufen acht und neun. Diese durchlaufen ein Navigationsspiel, das unterschiedliche Orte stadtpolitischer und demokratischer Beteiligung aufzeigen soll. Die Jugendlichen müssen an mehreren Stationen, die sich verstreut im Stadtteil befinden, verschiedene Aufgaben (z. B. ihre bisher erlebten Partizipationsmöglichkeiten an demokratischen Prozessen nennen) erledigen. Im Vordergrund des Projekttages stehen die Vermittlung demokratischer Beteiligung, Kinderrechte, Stadtentwicklung und Ehrenamt. Dabei geht das Projekt aufklärend wissensvermittelnd vor: Die individuellen Lebensrealitäten der Jugendlichen, wie der familiäre Hintergrund, werden in die Stationen zwar teilweise miteinbezogen, aber nur implizit mit den Themen demokratischer Beteiligung und Mitbestimmung verbunden. Der Projekttag folgt der Idee, Kindern und Jugendlichen Orte und Möglichkeiten der Partizipation zu zeigen, an denen sie mitentscheiden können bzw. bereits mitentschieden haben.

7 Die Namen der Projekte werden hier durch die Verwendung internationaler Städtenamen anonymisiert.

Typ B: Reflektierende Wissensvermittlung

Im Gegensatz zur *aufklärenden* Wissensvermittlung steht bei der *reflektierenden* Wissensvermittlung im Vordergrund, dass durch und mit dem vermittelnden Wissen Überlegungen über das eigene Handeln oder Einstellungen und auch (Vor-)Wissen angeregt werden sollen. Reflexion wird hier als die Hinwendung des Subjekts auf seine eigene Wahrnehmung und Haltung verstanden. Sie beinhaltet Nachdenken und Überlegen, wobei sich die Aufmerksamkeit im vorliegenden Bereich der pädagogischen Praxis der Modellprojekte in der Radikalisierungsprävention nicht abstrakt auf das ganze Subjekt richtet, sondern thematisch auf zuvor im Rahmen der pädagogischen Arbeit vermittelte Wissensbestände beschränkt (z. B. zu Verhaltensweisen in Konfliktsituationen). Diese Wissensgrundlage kann beispielsweise kognitiv oder über im Rahmen des pädagogischen Angebots eröffnete Erfahrungsräume vermittelt werden. Die eingesetzten Inhalte haben die Funktion, selbstreflexive Prozesse zu initiieren bzw. zu unterstützen. Letztlich sollen durch die Reflexion Einstellungen, Haltungen und mögliche (Vor-)Wissensbestände der Teilnehmenden verändert werden.

Das Projekt Bakersfield, im Bereich „islamistische Orientierungen und Handlungen" tätig, kann dem Typ der reflektierenden Wissensvermittlung zugeordnet werden. Ähnlich wie Dakar werden in einem mehrstündigen Projekttag Schulklassen für eine Spielsituation in Kleingruppen aufgeteilt. Das Projekt Bakersfield setzt aber nicht auf (lokale) demokratische Partizipationsmöglichkeiten, sondern die Jugendlichen müssen sich spielerisch mit Moraldilemmata auseinandersetzen und eine gemeinsamen Lösung finden. Dabei wird dem erfolgreichsten Team eine Belohnung zugesprochen. Das Spiel versucht auf diese Art, Mechanismen einer Radikalisierung zu verdeutlichen, indem die angelegten Moraldilemmata Gerechtigkeitsfragen aufwerfen, die auf dem Weg zu deren Beantwortung Gruppenerlebnisse wie auch Gemeinschaftserfahrungen stiften. Der bewusst mal autoritär, mal kumpelhaft angelegte Führungsstil der Projektmitarbeitenden soll dabei die charismatische Willkür in radikalen Szenen ausdrücken. Nach Ende des Spiels wird den Jugendlichen der versprochene Gewinn nicht ausgehändigt, vielmehr erhalten die Projektdurchführenden die Belohnung. Dies soll den Jugendlichen ein Gefühl dafür vermitteln, was aus Sicht des Projekts am Ende einer Radikalisierung meist steht: eine Enttäuschung. In einer anschließenden Auswertung des Spiels werden die Erfahrungen aus dem Bearbeiten der Moraldilemmata gesammelt und gemeinsam besprochen, die Enttäuschungen reflektiert und das Erlebte auf das allgemeine Phänomen der Radikalisierung übertragen.

Typ C: Selbstreflexion

In Abgrenzung zu dem Typ der *reflektierenden* und *aufklärenden* Wissensvermittlung beschreibt der Typ der Selbstreflexion pädagogische Ansätze die, zum Beispiel über Gesprächskreise, eine selbstbezogene Reflexion der Teilnehmenden über bestimmte allgemeine Themen, z. B. Religion oder demokratische Grundwerte, anregen möchten. Hier stehen die eigenen Erfahrungen oder Handlungen, nicht nur das *Wissen* der Subjekte im Fokus. Des Weiteren sind die reflektierten Identitätsanteile und bisherigen persönlichen Entwicklungen der Adressatinnen und Adressaten bei diesem Typ zentral. Zwar wird über inhaltliche Themen gesprochen, im Vordergrund steht aber nicht allein die Vermittlung und Reflexion dieser Inhalte, sondern der Fokus liegt auf den identitätsrelevanten Bezügen der Teilnehmenden. Über einen (kritisch reflexiven) Austausch bezüglich eigener subjektiver Wahrnehmungs- und Einstellungsmuster sollen diese verändert, die Persönlichkeit gestärkt und so ein Beitrag zur Prävention geleistet werden. Auch im Austausch mit anderen Menschen, ihren (subjektiven) Erfahrungen (vor allem konflikthaften Situationen) soll die eigene Reflexion angeregt und gegebenenfalls Verhalten (in Zukunft) sowohl inner- als auch außerhalb der Gruppe verändert werden. In der zugrundeliegenden Präventionsannahme wird beispielsweise davon ausgegangen, dass die Adressierten gering gefestigte Identitäten und mangelnde Kompetenz bei der Problembewältigung aufweisen, und daher anfällig für Radikalisierungsprozesse sein können. In der pädagogischen Praxis setzen sich die Adressatinnen und Adressaten mit ihren eigenen Lebensentwürfen und Konflikterfahrungen auseinander und reflektieren ihre jeweiligen Umgangsweisen im Hinblick auf dahinterliegende Werte und Haltungen.

Das Projekt Batumi aus dem Themenfeld „islamistische Orientierungen und Handlungen“ benutzt *Selbstreflexion* als einen zentralen Wirkmechanismus. Das durch das Projekt geschaffene psychosoziale Beratungsangebot richtet sich vorwiegend an junge, neu zugewanderte Männer mit unterschiedlichen Problemlagen. Diese werden aufsuchend oder über Institutionen angesprochen und zu Einzelberatungsgesprächen eingeladen. Ziel der Beratung ist es hier, das Selbstwertgefühl der Klienten zu stärken und sie darin zu unterstützen, schon vorhandene Ressourcen zu nutzen, damit sie lernen, ihre Ziele zu erreichen. Die Klienten sollen so in die Lage versetzt werden, ihre Probleme zu erkennen und selbstständig Lösungen zu entwickeln. Batumi macht konkrete Problemlagen aus, die sich aus der Lebenssituation der Klienten ergeben und versucht, diese durch eine Stärkung der Identität in einem längeren individuellen Beratungsprozess zu bearbeiten.

Radikalisierung ist für das Projekt ein Irrweg auf der Suche nach einer eigenen Identität. Zugewanderte muslimische junge Männer seien dafür besonders anfällig, weil sie die Identität entweder in ihrem Heimatland gelassen oder sie hier verloren haben. Entsprechend stellt die Reflexion der eigenen Identität ein Schlüsselelement der Arbeit dar.

Typ D: Sozialintegration

Sozialintegrativ meint Ansätze, die, ähnlich wie selbstreflektierende, besonders an den subjektiven Erfahrungen, mehr jedoch noch an den Lebensumständen der Teilnehmenden ansetzen. Hier soll nicht (ausschließlich) eine Einstellungs- und Handlungsänderung durch Reflexion erreicht werden, sondern stärker auf die Bedürfnisse und/oder Einschränkungen vor allem in struktureller Hinsicht der Teilnehmenden geachtet werden. Im Fokus steht die Integration in gesellschaftliche Strukturen und eine (Rück-)Gewinnung der integrationsfördernden Handlungspraxis der Adressatinnen und Adressaten. Dahinter steckt die präventive Vorstellung, mit einer erfolgreichen (Re-)Integration in struktureller Hinsicht (Schulabschluss, Ausbildungsplatz) eine Radikalisierung abzuwenden oder verhindern zu können. Im Vordergrund steht dabei die strukturelle Stärkung des Individuums in der Gesellschaft und die erhoffte Herauslösung aus – oder die Verhinderung einer (weiteren) Hinwendung zu – extremistischen Strukturen. Die soziale Integration ist dabei nicht nur auf die Bewältigung individueller Lebensläufe beschränkt. Auch die Integration in eine Gemeinschaft als sinnstiftendes und strukturierendes Element, wird von den Projekten mit diesem Ansatz forciert.

Das Projekt Beverly Hills, der Sozialintegration zuordenbar und gefördert im Bereich „islamistische Orientierungen und Handlungen", ist aus einer Initiative junger Musliminnen und Muslime entstanden, die soziale Angebote für junge Menschen im Sozialraum bieten. Das Projekt bietet Distanzierungsarbeit an, die sich an junge Mitläuferinnen und Mitläufer aus islamistisch-extremistischen Szenen richtet, und es interveniert im Falle von Radikalisierungsgefährdungen im Sozialraum. Dabei bildet die Integration in eine Gemeinschaft ein zentrales Element der Präventionslogik. So zielt die Arbeit darauf ab, die Adressatinnen und Adressaten in ein ehrenamtliches Netzwerk des Trägers zu integrieren, in dem sie in eine Gemeinschaft von Peers mit ähnlichen Erfahrungshintergründen eingebunden werden sollen. Über Vorbilder und die Integration in einen sozialen Peerkreis soll die Grundlage für einen positiven und auf Entwicklung ausgelegten Lebensweg geschaffen werden. Die Gemeinschaft soll darüber hinaus Ressourcen zur Bewältigung unterschiedlichster Problemlagen zugänglich machen.

Neben der gemeinschaftsbezogenen Sozialintegration leistet das Projekt auch einen Beitrag zur strukturellen Integration in die Gesellschaft und ihre Institutionen. Die jungen Menschen werden in der Berufsorientierung oder durch Hausaufgabenhilfen unterstützt. Das Projekt verbindet, auch mit Unterstützung durch Ehrenamtliche, Freizeitangebote mit der Integration in gesellschaftliche Zusammenhänge (Schule, Beruf).

Ähnlich den anderen hier vorgestellten Projekten, kombiniert das Projekt Beverly Hills die Sozialintegration mit einem weiteren Wirkmechanismus. Neben dem unterstützenden und gemeinschaftsschaffenden Anteil ist ein Schlüsselelement der Arbeit des Projekts die Dekonstruktion extremistischer Narrative. Dazu werden im Beratungsprozess lebensweltliche und islamische Anekdoten erzählt. Diese sollen den Beratungsnehmenden Wissen über den Islam vermitteln, somit zu einer Reflexion über ihre eigenen Vorstellungen und Verhalten anregen und islamistische Narrative dekonstruieren. Über dieses weitgehend religiös gerahmte Bildungsprogramm soll jungen Menschen die Loslösung von der extremistischen Ideologie und der Weg zu einer besseren Lebensführung ermöglicht werden. In diesem Sinne passt das Projekt zum Typ der reflektierenden Wissensvermittlung, der hier den sozialintegrativen Charakter des Projektes ergänzt.

Die Typologie der Wirkmechanismen in der Evaluation

Die hier vorgestellten Projekte dienen der Illustration der durch uns gefundenen (pädagogischen) Wirkmechanismen im Feld der Radikalisierungsprävention. In der Auswertung (Figlestahler u. a. 2019a) war es möglich, die Projekte des Samples entlang der herausgearbeiteten Wirkmechanismen zu strukturieren. In der Praxis kombinierte die Mehrzahl der Projekte je zwei unterschiedliche Wirkmechanismen miteinander (siehe Abb. 9.1). In der Zusammenschau mit den zuvor herausgearbeiteten Kontextfaktoren zeigte sich, dass Projekte mit demselben Wirkmechanismus auch Gemeinsamkeiten hinsichtlich anderer Grunddimensionen ihrer pädagogischen Arbeit (Zielgruppe, Methode, Setting etc.) aufweisen.

Primäres Ziel war es, die Projektpraxis anhand markanter Merkmale analytisch so zu beschreiben, dass trotz der großen Heterogenität der pädagogischen Angebote im Feld der Radikalisierungsprävention, eine über die einzelnen Projekte hinausgehende Grundorientierung möglich wurde. Dies konnten wir mit dem dargestellten Verfahren erreichen und eine Gesamtschau der Themenfelder „Rechtsextreme Orientierungen und Handlungen", „Islamistische Orientierungen und Handlungen" und „Linke Militanz" ermöglichen. Sie erweist sich als nützlich bei der Sichtbarmachung der Perspektive der wissenschaftlichen Begleitung und z. B. um mit den Projektumsetzenden im Sinne einer partizipativen Validierung der Daten über die (Zwischen-)Ergebnisse der Evaluation ins Gespräch zu kommen. Grenzen des Vorgehens liegen u. a. darin, dass es einen tiefen Einblick in die pädagogische Praxis der Projekte voraussetzt und damit auf umfangreiches qualitatives Datenmaterial angewiesen ist.

Diese analytische Gegenstandsbeschreibung ist bereits ein wertvolles erstes Ergebnis des Evaluationsvorhabens, denn sie kann einen Überblick über das untersuchte Feld verschaffen, obwohl dieses in hohem Maße heterogen ist. Ein gutes analytisches Verständnis eines erstmal wenig greifbaren Gegenstandes, wie es entlang der Wirkmechanismen herausgearbeitet werden konnte, stellt damit bereits einen wichtigen Erkenntnisgewinn der Evaluation dar. Diese Gegenstandsanalyse bildet gerade in pädagogischen Feldern und besonders im analytisch herausfordernden Feld der Radikalisierungsprävention (Milbradt/Schau/Greuel 2019, S. 145 ff.), eine wesentliche Grundlage von Evaluation und der mit ihr zusammenhängenden Bewertung pädagogischer Praxis. Als solche ist sie auch Ausgangspunkt für die Untersuchung von Wirkungen pädagogischer Arbeit in der Evaluation.

9.6 Wirkmechanismen pädagogischer Praxis als Grundlage von Wirkungsuntersuchungen in der Evaluation

Im Sinne der RE ermöglicht die Modellierung von Wirkmechanismen, einen Blick auf Wirkungen zu öffnen (Armborst u. a. 2018). Die Untersuchung von Wirkungen stellt im Feld der Modellprojekte der Radikalisierungsprävention eine besondere Herausforderung dar (Figlestahler u. a. 2019a; Milbradt/Schau/Greuel 2019; Armborst u. a. 2018).

Die Wirkmechanismen, wie wir sie hier dargestellt haben, beschreiben an sich noch keine Wirkungen. Es geht im Gegensatz zum ursprünglichen Vorgehen der RE nicht um den Mechanismus, der eine wahrgenommene Wirkung erklärt (Pawson/Tilley 2004), sondern um einen, der in der Rekonstruktion der von den Projektmitarbeitenden erzählten pädagogischen Praxis zur angestrebten Wirkung bei den Teilnehmenden führen soll, wobei offenbleibt (und es eine empirische Frage ist), ob diese Wirkung tatsächlich eintritt.

Auch ohne eine unmittelbare Nutzung der Wirkmechanismen als Wirkungsmodelle kann entlang der Wirkmechanismen eine Strukturierung des Feldes für eine Wirkungsevaluation unterstützend sein. So lassen sich verschiedene Forschungsergebnisse einer Evaluationsstudie entlang der Typologie zusammenführen. Die diesem Beitrag zugrundeliegenden Untersuchung zur pädagogischen Praxis der gezielteren Prävention der Modellprojekte (Figlestahler u. a. 2019a) setzte sich aus unterschiedlichen Teilstudien zusammen. Diese fokussierten unter anderem die pädagogische Fachlichkeit der Projekte und die Wirkungszuschreibungen von Seiten der Adressaten und Adressatinnen der Angebote. Ergebnisse dieser Teiluntersuchungen ließen sich anhand der auf Grundlage der Wirkmechanismen entwickelten Strukturierung systematisch zueinander in Bezug setzen. Ein Ergebnis war z. B., dass Projekte, die (u. a.) den Wirkmechanismus der Sozialintegration verfolgen, sich in Bezug auf die Fachlichkeit weniger entwickelt zeigten, ihre Adressatinnen und Adressaten ihnen aber zugleich eine vergleichsweise hohe Wirksamkeit zuschrieben (ebd.).

Die Wirkmechanismen, wie wir sie hier dargestellt haben, können aber auch direkt für die Wirkungsevaluation verwendet werden. Als empirisch fundierte Modelle, die ausgehend von den Vorstellungen der Fachkräfte beschreiben, warum bzw. wodurch bestimmte Wirkungen eintreten (sollen), formulieren sie eine analytische Abstraktion des Vorgehens, mit dem die Projekte bzw. die Projektumsetzenden ein oder mehrere Effekte bei den Adressierten erreichen wollen. So können sie zum einen zur Klärung präventiver Wirkungsannahmen im Feld beitragen.

In diesem heuristischen Sinn kann die Modellierung von Wirkmechanismen zum anderen auch zur Plausibilisierung präventiver Wirkungen dienen, indem die Modellierung ermittelt, ob überhaupt präventive Wirkungen angestrebt werden und ob die nötigen Rahmenbedingungen für die Entfaltung solcher durch den Mechanismus gegeben sind. Gerade die der RE folgende Verbindung von Wirkmechanismus und Kontext zeigte sich in der Untersuchung der Modellprojekte der Radikalisierungsprävention als erkenntnisgenerierend: In der o. g. Wirkungsuntersuchung erwiesen sich die Dauer der Angebote sowie die institutionelle Einbindung des Settings, insbesondere mit Blick auf den Grad der Freiwilligkeit der Angebote, als wichtige Kontextfaktoren für die Attribution von Wirkungen durch die Teilnehmenden (Figlestahler u. a. 2019a, S. 124 ff.).

Für die Evaluation von Wirkungen im Feld pädagogischer Radikalisierungsprävention gibt das hier dargestellte Verfahren der Modellierung neue Impulse: Einerseits bezieht das Verfahren die Perspektiven der Projektumsetzenden und die tatsächliche Umsetzung der Praxis in die Entwicklung von Wirkmodellen, die „die zentralen Annahmen über Funktions- und Wirkungsweise eines Programms zusammenzufassen“ (Dössegger u. a. 2017, S. 100), mit ein. Andererseits stellt es mit der empirischen Rekonstruktion der pädagogischen Umsetzung genau den Teil in den Fokus, der zwischen Konzept und Ergebnis liegt. Eben dieser Teil erhält bei anderen Verfahren theoriebasierter Evaluation wenig Aufmerksamkeit, weshalb mitunter abfällig von „Blackbox-Evaluationen“ gesprochen wurde (Hense/Kriz 2006, S. 85). Der Fokus auf die Praxis ist für ein pädagogisches Feld von besonderer Bedeutung. Bildungsarbeit und Soziale Arbeit sind in besonderer Weise mit der Kontingenz menschlichen Eigensinns konfrontiert und Bildungsprozesse geschehen letztlich in Koproduktion zwischen Pädagogen bzw. Pädagoginnen und Adressaten bzw. Adressatinnen (Winkler 2006). In diesem Sinne eignet sich das hier diskutierte Vorgehen besonders für die Evaluation pädagogischer Arbeit, wie sie die Modellprojekte der Radikalisierungsprävention in „Demokratie leben!“ umsetzen.

Literatur

Armborst, Andreas/Biene, Janusz/Coester, Marc/Greuel, Frank/Milbradt, Björn/Nehlsen, Inga (2018): Evaluation in der Radikalisierungsprävention: Ansätze und Kontroversen. PRIF Report 11/2018. Hessische Stiftung Friedens- und Konfliktforschung

Beelmann, Andreas (2019): Grundlagen eines entwicklungsorientierten Modells der Radikalisierung. Gutachterliche Stellungnahme für den Deutschen Präventionstag am 20. und 21. Mai 2019 in Berlin. Jena

Bundesministerium für Familie, Senioren, Frauen und Jugend (BMFSFJ) (Hrsg.) (2016): Richtlinie über die Gewährung von Zuschüssen und Leistungen zur Förderung der Kinder- und Jugendhilfe durch den Kinder- und Jugendplan des Bundes (KJP), 29.9.2016. https://www.bmfsfj.de/blob/111964/2f7ae557daa0d2d8fe78f8a3f9569f21/richtlinien-kjp-2017-data.pdf (18.09.2020)

Bundesministerium für Familie, Senioren, Frauen und Jugend (BMFSFJ) (Hrsg.) (2020): Richtlinien des Kinder- und Jugendplans des Bundes. https://www.bmfsfj.de/bmfsfj/ministerium/ausschreibungen-foerderung/foerderrichtlinien/foerderrichtlinien-kinder-und-jugendplan-bund (09.05.2020)

Böhm, Winfried/Seichter, Sabine (2017): Wörterbuch der Pädagogik. Paderborn

Bohnsack, Ralf (2014): Rekonstruktive Sozialforschung. Einführung in qualitative Methoden. Opladen u. a.

Brake, Anna (2011): Kombinieren, mixen, verbinden? Integration als konstitutives Element methodentriangulierender Zugänge. In: Ecarius, Jutta/Miethe, Ingrid (Hrsg.): Methodentriangulation in der qualitativen Bildungsforschung. Opladen u. a., S. 41–63

Ceylan, Rauf/Kiefer, Michael (2018): Radikalisierungsprävention in der Praxis. Antworten der Zivilgesellschaft auf den gewaltbereiten Neosalafismus

DeGEval – Gesellschaft für Evaluation (Hrsg.) (2017): Standards für Evaluation. Erste Revision 2016. www.degeval.org/fileadmin/Publikationen/DeGEval-Standards_fuer_Evaluation.pdf (16.05.2018)

Dössegger, Alain/Weibel, David/Frei, Klaus M./Wissmath, Bartholomäus/Hense, Jan (2017): Entwicklung eines Wirkmodells für die Evaluation des Programms Jugend und Sport. In: Zeitschrift für Evaluation, 16. Jg., H. 1, S. 97–120

Figlestahler, Carmen/Greuel, Frank/Grunow, Daniel/Langner, Joachim/Schott, Marco/Zierold, Diana/Zschach, Maren (2020): Fünfter Bericht: Modellprojekte. Programmevaluation „Demokratie leben!". Wissenschaftliche Begleitung der Modellprojekte Radikalisierungsprävention. Abschlussbericht 2019. Halle (Saale)

Figlestahler, Carmen/Greuel, Frank/Grunow, Daniel/Langner, Joachim/Schau, Katja/Schott, Marco/Zierold, Diana/Zschach, Maren (2019a): Vierter Bericht: Modellprojekte E. Programmevaluation „Demokratie leben!" Wissenschaftliche Begleitung der Modellprojekte der Radikalisierungsprävention. Zwischenbericht 2018. Halle (Saale)

Figlestahler, Carmen/Greuel, Frank/Langner, Joachim/Leistner, Alexander/Rehse, Aline/Roscher, Tobias/Schau, Katja/Steil, Armin/Walter, Elisa/Zimmermann, Eva (2019b): Dritter Bericht: Modellprojekte. Programmevaluation „Demokratie leben!" Wissenschaftliche Begleitung der Modellprojekte zu GMF, Demokratiestärkung und Radikalisierungsprävention. Zwischenbericht 2017. Halle (Saale)

Flick, Uwe (2006): Qualitative Evaluationsforschung. Konzepte – Methoden – Umsetzung. Reinbek bei Hamburg

Flick, Uwe/Kardorff, Ernst von/Steinke, Ines (Hrsg.) (2017): Qualitative Forschung. Ein Handbuch. 12. Auflage, Originalausgabe. Reinbek bei Hamburg

Garfinkel, Harold; Schüttpelz, Erhard (2017): Studien zur Ethnomethodologie. Frankfurt (Main)

Gordon, Richard S. (1983): An Operational Classification of Disease Prevention. In: Public Health Report, 98. Jg., H. 2, S. 107–109

Greuel, Frank/Langner, Joachim/Leistner, Alexander/Roscher, Tobias/Schau, Katja/Steil, Armin/Zimmermann, Eva/Bischoff, Ursula (2015): Erster Bericht: Modellprojekte. Programmevaluation „Demokratie leben!" Wissenschaftliche Begleitung der Modellprojekte zu GMF, Demokratiestärkung und Radikalisierungsprävention. Zwischenbericht für den Zeitraum 01.01.2015 bis 31.12.2015. Halle (Saale)

Greuel, Frank/Langner, Joachim/Leistner, Alexander/Roscher, Tobias/Schau, Katja/Steil, Armin/Zimmermann, Eva/Bischoff, Ursula (2016): Zweiter Bericht: Modellprojekte. Programmevaluation „Demokratie leben!" Wissenschaftliche Begleitung der Modellprojekte zu GMF, Demokratiestärkung und Radikalisierungsprävention. Zwischenbericht für den Zeitraum 01.01.2016 bis 31.12.2016. Halle (Saale)

Haunberger, Sigrid/Baumgartner, Edgar (2017): Wirkungsevaluationen in der Sozialen Arbeit mittels Realistic Evaluation: empirische Anwendungen und methodische Herausforderungen. Eine systematische Literaturreview. In: Zeitschrift für Evaluation, 16. Jg., H. 1, S. 121–145

Heinze, Franziska/Reiter, Stefanie/Berg-Lupper, Ulrike/Wach, Katharina/Riedle, Stephanie (2019): Multiple Handlungsanforderungen an Evaluierende. Ein theoretisches und praktisches Problem in der Evaluation komplexer (sozial-)politischer Programme. In: Zeitschrift für Evaluation, 18. Jg., H. 2, S. 261–283

Hense, Jan Ulrich/Kriz, Willy Christian (2006): Theoriebasierte Evaluation am Beispiel der Evaluaion des EU-Projekts Simgame. In: Projekt eXe (Hrsg.): Wirkungsevaluation in der Kinder- und Jugendhilfe. Einblicke in die Evaluationspraxis. München, S. 81–99

Strübing, Jörg/Hirschauer, Stefan/Ayaß, Ruth/Krähnke, Uwe/Scheffer, Thomas (2018): Gütekriterien qualitativer Sozialforschung. Ein Diskussionsanstoß. In: Zeitschrift für Soziologie, 47. Jg., H. 2, S. 83–100

Kromrey, Helmut (2007): Begleitforschung und Evaluation – fast das Gleiche und doch etwas Anderes! In: Glaser, Michaela/Schuster, Silke (Hrsg.): Evaluation präventiver Praxis gegen Rechtsextremismus. Positionen, Konzepte und Erfahrungen, S. 113–135

Lüders, Christian (2011): Teilnehmende Beobachtung. In: Bohnsack, Ralf/Marotzki, Winfried/Meuser, Michael (Hrsg.): Hauptbegriffe Qualitativer Sozialforschung. Ein Wörterbuch. Opladen, S. 151–153

Meuser, Michael/Nagel, Ulrike (2002): ExpertInneninterviews – vielfach erprobt, wenig bedacht. In: Bogner, Alexander/Littig, Beate/Menz, Wolfgang (Hrsg.): Das Experteninterview, S. 71–93

Milbradt, Björn/Schau, Katja/Greuel, Frank (2019): (Sozial-)pädagogische Praxis im Handlungsfeld Radikalisierungsprävention. Handlungslogik, Präventionsstufen und Ansätze. In: Heinzelmann, Claudia/Marks, Erich (Hrsg.): Prävention & Demokratieförderung. Gutachterliche Stellungnahmen zum 24. Deutschen Präventionstag, S. 141–180

Nohl, Arnd-Michael (Hrsg.) (2017): Interview und Dokumentarische Methode. Anleitungen für die Forschungspraxis. 5., aktualisierte und erweiterte Aufl. Wiesbaden

Pawson, Ray/Tilley, Nick (2004): Realist Evaluation. www.communitymatters.com.au/RE_chapter.pdf (11.03.2019)

Przyborski, Aglaja/Wohlrab-Sahr, Monika (2014): Qualitative Sozialforschung. Ein Arbeitsbuch. 4., erweiterte Auflage. Berlin/Boston

Rieker, Peter (2009): Rechtsextremismus: Prävention und Intervention. Ein Überblick über Ansätze, Befunde und Entwicklungsbedarf. Weinheim/München

Schau, Katja/Langner, Joachim/Glaser, Michaela/Figlestahler, Carmen (2017): Demokratiefeindlichem und gewaltorientiertem Islamismus begegnen. Ein Überblick über Entwicklungen und Herausforderungen eines jungen pädagogischen Handlungsfeldes. In: Jana Kärgel (Hrsg.): „Sie haben keinen Plan B". Radikalisierung, Ausreise, Rückkehr – zwischen Prävention und Intervention. Bonn, S. 197–211

Seitter, Wolfgang (2011): Pädagogische Felder. In: Kade, Jochen/Helsper, Werner/Lüders, Christian/Egloff, Birte/Radtke, Frank-Olaf/Thole, Werner (Hrsg.): Pädagogisches Wissen. Erziehungswissenschaft in Grundbegriffen. Stuttgart, S. 87–92

Steckhan, Heike/Brüntrup-Seidemann, Sabine/Verspohl, Ida (2018): Mechanismen als Alternative zu kausaler Attribution – Frühjahrstagung 2017 des Arbeitskreises „Methoden in der Evaluation" der DeGEval – Gesellschaft für Evaluation e.V. In: Zeitschrift für Evaluation, 17. Jg., H. 1, S. 183–187

Trautmann, Catrin/Zick, Andreas (2016): Systematisierung von in Deutschland angebotenen und durchgeführten (Präventions-)Programmen gegen islamistisch motivierte Radikalisierung außerhalb des Justizvollzugs. IKG Institut für interdisziplinäre Konflikt- und Gewaltforschung. Bielefeld

Winkler, Michael (2006): Kritik der Pädagogik. Der Sinn der Erziehung. Stuttgart

Zinnecker, Jürgen (2000): Selbstsozialisation. Essay über ein aktuelles Konzept. In: Zeitschrift für Soziologie der Erziehung und Sozialisation, 20. Jg., H. 3, S. 272–290

10 Erkennen, was wirkt

Die Erprobung von Ansätzen der Wirkungsuntersuchung in der Evaluation von Bundesmodellprogrammen der Demokratieförderung und Extremismusprävention und die damit gemachten Erfahrungen

Ursula Bischoff, Eva Zimmermann, Frank König

Seit Anfang der 1990er-Jahre legt die Bundesregierung regelmäßig Förderprogramme auf, die Maßnahmen zur (pädagogischen) Prävention von politisch-weltanschaulicher Radikalisierung, Phänomenen gruppenbezogener Menschenfeindlichkeit sowie der Förderung zivilgesellschaftlicher Engagement-Strukturen und von demokratischem Denken und Handeln finanzieren.[1] Diese Programme werden überwiegend vom Bundesministerium für Familie, Senioren, Frauen und Jugend verantwortet und sind bisher aufgrund der föderalen Kompetenzverteilung in der bundesdeutschen Kinder- und Jugend(hilfe)politik als Modellprogramme ausgestaltet. Ihr Hauptziel besteht darin, mittels Projektförderung substanzielle strukturelle, methodische und/oder inhaltliche Neuerungen bei der Bearbeitung der jeweiligen Programmthemen zu entwickeln und zu erproben. Dabei geht es sowohl um die Schaffung oder fundamentale Veränderung von Strukturen (z. B. Netzwerke, Trägerorganisationen, Angebotsinfrastrukturen) als auch darum, Veränderungen in den Einstellungen und Kompetenzen von Individuen anzustoßen. Die Förderung der Projekte ist von vornherein befristet, jedoch im Sinne eines bleibenden Nutzens auf Nachhaltigkeit hin angelegt.

1 Es handelt sich hierbei im Wesentlichen um die Programme „CIVITAS", „entimon", „VIELFALT TUT GUT. Jugend für Vielfalt, Toleranz und Demokratie", „kompetent. für Demokratie", „TOLERANZ FÖRDERN – KOMPETENZ STÄRKEN" und jüngst „Demokratie leben!". Daneben führt das Bundesministerium des Innern (BMI, seit der letzten Wahlperiode Bundesministerium des Innern, für Bau und Heimat) mit „Zusammenhalt durch Teilhabe" seit 2010 ein von den Gegenständen ähnlich gelagertes Programm durch.

Die Programmförderung ist komplex. Sie bezieht sich auf verschiedene gebietskörperschaftliche Gliederungsebenen (Bund, Länder, Kommunen), eine Vielzahl unterschiedlicher Strukturen (NGOs, Verwaltungsbehörden, Netzwerke etc.) und adressiert unterschiedlichste Akteurinnen und Akteure, z. B. Projektumsetzende und verschiedene Zielgruppen (junge Menschen, Eltern, pädagogische Fachkräfte etc.). Alle Programme sind wissenschaftlich begleitet und evaluiert worden. Dabei hat immer auch die Frage nach deren Wirksamkeit eine Rolle gespielt, wie eine Vielzahl an Evaluationsberichten zu einzelnen Teilbereichen der Bundesprogramme dokumentiert (z. B. INA 2011, Universität Bielefeld 2011, Univation 2013). Zugleich haben Forderungen nach Wirkungsnachweisen für diese Programme in den letzten Jahren weiter zugenommen.[2] Insofern sind Wirkungsuntersuchungen auch ein stetiger Bestandteil der (Programm-)Evaluation der Bundesprogramme am Deutschen Jugendinstitut (DJI) gewesen.

Wenn man Wirkungen in den Programmen untersucht, können alle der genannten Gliederungsebenen, Strukturen sowie Akteurinnen und Akteure in den Blick kommen, immer abhängig davon, welche Wirkungsbereiche im Einzelnen von Interesse sind. Bei komplexen Programmen, wie den hier behandelten, können allein aus forschungspraktischen Gründen nie alle denkbaren Dimensionen ihrer Wirksamkeit betrachtet werden. So ist für Projektdurchführende beispielsweise aufschlussreich zu erfahren, wie ihre Maßnahmen auf die Einstellungen oder das Verhalten ihrer Zielgruppen, z. B. Kinder und Jugendliche, wirken. Für den Programmgeber ist dagegen relevant zu wissen, inwieweit geförderte (Modell-)Projekte innovative Ideen und Arbeitsansätze entwickeln oder durch die eingesetzten Mittel Angebotsstrukturen in den jeweiligen Handlungsfeldern neu etabliert und/oder elementar verändert worden sind.[3]

Neben Versuchen einzelne solcher Wirkungsdimensionen zu untersuchen, hat es im Rahmen der wissenschaftlichen Programmbegleitung auch immer

---

2 So fordert u. a. der Haushaltsgesetzgeber von der Bundesregierung, dass sie die Wirksamkeit dieser Programme untersuchen lässt und nachweist (Bundestagsdrucksache 17/13225, S. 6). Diese Forderung ordnet sich in schon länger währende Bestrebungen ein, Bildungsprozesse in Schule und Sozialer Arbeit evidenz- bzw. datenbasiert zu gestalten und zu steuern (Ziegler 2019). Entsprechende umfangreichere empirische Untersuchungen sind u. a. von Balzter/Ristau/Schröder (2014) für die politische Bildung oder Mayrhofer (2017) für die offene Kinder- und Jugendarbeit vorgelegt worden.

3 Im ersten, auf den genannten Beschluss reagierenden Bericht der Bundesregierung dazu heißt es beispielsweise: „[D]er Erfolg der Programme [ist] daran zu beurteilen, inwiefern es ihnen gelungen ist, der entsprechenden Fachpraxis neue und bewährte Strategien und Arbeitsformen zur Prävention gegen politischen Extremismus und zur Demokratieförderung zur Verfügung zu stellen, neue Zielgruppen für die Themen zu sensibilisieren und zu erreichen und nachhaltig die Ansätze in den Regelsystemen wie Schule und Ausbildung zu verankern" (Drucksache 18/12743, S. 5).

wieder Bestrebungen gegeben, die Wirksamkeit der einzelnen Bundesprogramme aus einer Gesamtperspektive zu betrachten. Eine Frage hierbei war immer auch der Zusammenhang zwischen unterschiedlichen Wirkungsdimensionen und -bereichen.[4]

Anliegen dieses Beitrags ist es nun, einen Einblick in die empirischen Wirkungsuntersuchungen der Evaluation der hier behandelten Bundesprogramme am Deutschen Jugendinstitut in der vergangenen Dekade zu geben.[5] Anhand von Beispielen aus den Programmen „VIELFALT TUT GUT" (VTG), „kompetent. für Demokratie" (KFD) und „TOLERANZ FÖRDERN – KOMPETENZ STÄRKEN" (TFKS) werden aufbauend auf den dabei gemachten Erfahrungen methodische und methodologische Erkenntnisse präsentiert, die die Ansätze zur Auseinandersetzung mit der Wirkungsfrage im Rahmen des Bundesprogramms „Demokratie leben!" (2015 bis 2019) mitgeprägt haben. Die in diesem Programm umgesetzten Wirksamkeitsuntersuchungen sind jedoch nicht Gegenstand der nachfolgenden Ausführungen.

Bei der Lektüre der nachfolgenden Darstellung sollte in Rechnung gestellt werden, dass sich die (Programm-)Evaluation aufgrund der komplexen Programmstrukturen und begrenzter Ressourcen – wie bereits angeklungen – jeweils auf exemplarische Wirkungsuntersuchungen und die Erfassung weniger Wirkungsparameter beschränken musste. Dabei hat sie sich zum einen dafür interessiert, die Wirksamkeit der evaluierten Bundesprogramme eher in einem allgemeinen Sinn zu erfassen. So analysierte sie u. a., wie Expertinnen und Experten, die nicht in der Umsetzung des jeweiligen Bundesprogramms aktiv waren, das Programm einschätzten (Bischoff u. a. 2011) und inwieweit die verschiedenen geförderten Maßnahmen zusammenwirken (Bischoff u. a. 2015). Zum anderen hat sie sich im Konkreten vor allem für Wirkungen pädagogischer Modellprojekte und strukturbezogener Maßnahmen auf der kommunalen Ebene, in den Lokalen Aktionsplänen (LAP), und den späteren Partnerschaften für Demokratie (PfD), interessiert (Beierle u. a. 2013).

Ihren Untersuchungen legte die (Programm-)Evaluation ein Wirkungsverständnis zugrunde, welches „Wirkung" in einem engen Sinn begriff als

---

4 Für eine kurze, grundlegende Einführung in die Wirkungsevaluation von Maßnahmen der Demokratieförderung siehe Widmer 2012. Die dort angestellten Überlegungen bilden auch einen Teil des konzeptionellen Rahmens der Untersuchungen der Programmevaluation am DJI. Trotz aller Anstrengungen in der Wirkungsforschung kommen Begemann/Liebig/Beck (2019) zu dem Befund, dass diesbezüglich die Forschungslandschaft nach wie vor als unterentwickelt betrachtet werden muss.

5 Erste Überlegungen dazu sind bereits Mitte der 2000er-Jahre am DJI insbesondere im Projekte eXe sowie der Arbeits- und Forschungsstelle Rechtsextremismus angestellt worden (eXe-Projekt 2006; Glaser/Schuster 2007).

- die erreichten Effekte bei Zielgruppen (d. h. Stabilisierungen oder Veränderungen im Bereich des Wissens, der Einstellungen, der Werte bzw. des Handelns von Individuen) und in (sozialen) Strukturen, sogenannte „Outcomes“, sowie
- die erzielten Resultate eines Programms, die – z. B. Veränderungen von sozialen Systemen als sog. „Impacts“ – über die Ebene der „Outcomes“ hinausgehen (Beywl/Niestroj 2009, S. 53, 77, 108).

In den hier thematisierten Evaluationskontexten ist das Herausarbeiten davon, was als Wirkungen definiert werden soll und kann, typischerweise wesentlich durch die Zielvorstellungen der Programmgeber einerseits und der Programmpartnerinnen und -partner vor Ort andererseits gerahmt. Dabei ist zu berücksichtigen, dass die zumeist abstrakten Leitziele der Programmgeber erst durch die Praktikerinnen und Praktiker vor Ort in konkrete Handlungsziele übersetzt und dabei gegebenenfalls modifiziert und gewichtet werden (müssen) (Beierle u. a. 2013; Greuel/König 2019). Insoweit fehlt eine direkte „lineare Verknüpfung zwischen Programmplanung auf der politischen Ebene und ‚programmgetreuer‘ Implementation auf der fachpraktischen Ebene“ (Haubrich 2009, S. 83). Ziel- und damit Wirkungserwartungen der verschiedenen Programmbeteiligten können also durchaus (teilweise) auseinanderfallen, mitunter sogar in Widerspruch zueinander geraten.[6]

Zielerreichung und Wirksamkeit sollten dabei allerdings nicht gleichgesetzt werden. Der Unterschied besteht darin, dass Ziele schon dann als erreicht gelten, wenn die Existenz der angestrebten Zielgrößen oder -parameter empirisch bestätigt werden kann. Dabei kommt es nicht darauf an, inwieweit dies tatsächlich auf eine Projektintervention und/oder auf andere Einflussfaktoren zurückgeht. Die Feststellung von Wirksamkeit setzt dem gegenüber voraus, dass sich die erhobenen (Ziel-)Parameter und Größen logisch mit einer bestimmbaren Intervention verknüpfen bzw. mit einer gewissen Wahrscheinlichkeit darauf zurückführen lassen, und/oder alternative Erklärungen für ihre Existenz ausgeschlossen werden können. Dabei ist die Beweis- bzw. Nachweisführung dafür auf methodisch sehr unterschiedlichen Wegen zu bewerkstelligen.

Allerdings besteht in der Fachwelt der Evaluations- bzw. Wirkungsforscherinnen und -forscher keine Einigkeit darüber, was als Wirkungsnachweis gelten kann und welche methodischen Zugänge der Wirkungsfeststellung als gültig anzuerkennen sind (Armbrost u. a. 2019). Dies scheint nicht zuletzt dadurch bedingt zu sein, dass in Wirkungsuntersuchungen nicht nur unterschiedliche Dimensionen analysiert, sondern auch differente Ziele verfolgt werden und

6 Ein Beispiel dazu findet sich weiter hinten im Beitrag.

ihnen auch unterschiedliche Kausalitätskonzepte zugrunde liegen.[7] Die Bandbreite der Ansprüche an Wirkungsuntersuchungen reicht dabei vom reinen statistischen Nachweis, dass eine Maßnahme, ein Projekt oder ein Programm wirkt, bis hin zur Frage nach den möglichen Mechanismen, die für das Zustandekommen festgestellter Wirkungen konstitutiv sind.

In den nachfolgenden Abschnitten werden nun anhand von Praxisbeispielen aus der (Programm-)Evaluation der oben genannten Programme („VIELFALT TUT GUT" (VTG), „kompetent. für Demokratie" (KFD) und „TOLERANZ FÖRDERN – KOMPETENZ STÄRKEN" (TFKS)) exemplarisch verschiedene methodische Zugänge in der Untersuchung von einerseits strukturellen und andererseits adressatenbezogenen Wirkungen nachgezeichnet und sowohl deren Fallstricke aufgezeigt als auch mögliche Bewältigungsstrategien dafür vorgestellt. Zunächst wird die Untersuchung struktureller Wirkungen betrachtet.

10.1 Ansätze zur Erhebung struktureller Wirkungen

Ein Teil der Handlungsfelder der hier thematisierten Bundesprogramme wurden als Strukturprojekte angelegt, deren Ziel darin bestand, spezifische Angebots- und Vernetzungsstrukturen in verschiedenen Kontexten zu erproben. So ging es in den sogenannten Lokalen Aktionsplänen (LAP) im Rahmen von VTG beispielsweise darum, geeignete Strukturen zu schaffen, in denen kommunale Handlungsstrategien zur Demokratieförderung und Auseinandersetzung mit Rechtsextremismus entwickelt und Möglichkeiten für deren Verankerung erprobt werden konnten (Behn u. a. 2013). Auf der Ebene der Bundesländer wurden in den Programmen KFD und TFKS u. a. landesweite Beratungsangebote und -strukturen (sogenannte landesweite Beratungsnetzwerke) implementiert, die diverse Akteurinnen und Akteure in rechtsextremen Belastungssituationen durch vernetztes Arbeiten unterstützen sollten. Zugleich wurden dabei verschiedene Modelle der Netzwerksteuerung und -beratung erprobt (König/Bischoff 2014; Beierle u. a. 2013, S. 25 f.). Für beide Bereiche war in der Evaluation die Frage zu klären, inwieweit die vom Programm vorgesehenen Strukturlösungen in der Praxis nicht nur umgesetzt wurden, sondern auch den gewünschten Ertrag erzielten. Im Falle ihrer erfolgreichen Erprobung lag es in der Hand der Kommunen (LAP) und der Bundesländer (Beratungsangebote/

7 Mit der Wirkungsfrage eng verknüpft ist die Frage nach dem Wesen von Kausalitätsbeziehungen, die in den Geistes- und Sozialwissenschaften spätestens seit David Hume kontrovers diskutiert wird. Für eine kurze Einführung in wichtige Kausalitätstheorien vgl. Baumgartner 2020, zur Integration der Untersuchung von Kausalmechanismen in Evaluationsdesigns vgl. Schmitt 2018.

-netzwerke), die geschaffenen Strukturen weiterzuführen und fortzuentwickeln, so zumindest die Erwartung des Programmgebers.

Bei den diesbezüglichen Untersuchungen in den struktur(bildungs)orientierten Programmbereichen wurden dementsprechend neben der Einschätzung von Aspekten der Bekanntheit, Nutzung und erbrachten Leistungen als Wirkungsvorstufen (Outputs) auch Daten zur Art der Implementierung oder der Arbeitsweise der jeweiligen Strukturen und Angebote erhoben, um Erkenntnisse über ihre Funktionsweise und damit die Bedingungen für ihre Wirksamkeit zu generieren. Dazu führte die (Programm-)Evaluation am DJI in den genannten Bundesprogrammen u. a. Befragungen von programmexternen Expertinnen und Experten durch. Diesem Vorgehen lag die Idee zugrunde, dass für eine adäquate Einschätzung der Qualität, der förderlichen Kontextbedingungen und der Nützlichkeit der im Programm implementierten Strukturen und Angebote neben den Programmumsetzenden auch Fachexpertinnen und -experten befragt werden sollten. Ziel war es, komplementär zu der durch die wissenschaftlichen Begleitungen der LAP in VTG und der Beratungsnetzwerke im Programm KFD erhobenen Binnenperspektive, eine Außensicht auf die Funktions- und Wirkungsweise der in den Programmbereichen geförderten Strukturentwicklungen zu erhalten. Dabei ging es nicht um die Erhebung einer Nutzerinnen- und Nutzerperspektive, sondern die Evaluation zielte auf die Einschätzung von Veränderungen und Innovationen in bestehenden (sozialen) Systemen durch fachkundige Dritte ab.

In VTG und KFD wurden hierfür fachlich einschlägige Personen aus den Bereichen Wissenschaft, Fachpraxis, Medien, Politik und Verwaltung mit programmbezogener Fach- und Sachkenntnis als Expertinnen und Experten definiert, die selbst nicht unmittelbar an der Umsetzung der Bundesprogramme beteiligt sein sollten, gleichwohl jedoch eine kundige Bewertung der Programme vornehmen konnten. Das Auswahlkriterium war die Expertise der Person im Handlungsfeld „Auseinandersetzung mit Rechtsextremismus, Fremdenfeindlichkeit und Antisemitismus“. Der dadurch erhoffte „objektive Blick von außen“ auf die Anlage und Durchführung sowie die Erfolge und Defizite nicht nur der Strukturentwicklungen, sondern der beiden Bundesprogramme und ihrer Bereiche insgesamt, sollte in jährlich durchgeführten, teilstandardisierten Online-Erhebungen eingeholt werden.

Einige der (methodischen) Prämissen zur Auswahl der Expertinnen und Experten und zur Datenerhebung ließen sich jedoch in der praktischen Umsetzung nicht halten. So war die Bildung einer Stichprobe von Expertinnen und Experten auf der Basis eines „Nonprobability Sampling“, d. h. eines durch die Evaluation gesteuerten Auswahlverfahrens unter Beteiligung der wissenschaftlichen Begleitungen der Programmbereiche sowie der Coaches der LAP[8], vorgesehen. Das erwies sich unter quantitativen Gesichtspunkten als unergiebig. Daher wurde versucht, das Sample vorrangig über eine systematische Internetrecherche durch die (Programm-)Evaluation zu bilden. Aber auch diese Strategie war nur teilweise erfolgreich. Es zeigte sich, dass bereits die Verknüpfung der beiden Bedingungen, a) keine Berührungspunkte zur Programmumsetzung, und zugleich b) über Feldexpertise in der Bearbeitung von Rechtsextremismus u. a. zu verfügen, zum Ausschluss einer relevanten Anzahl an Expertinnen und Experten führte. Daraus resultierte unvermeidlich eine Einengung der für die Befragung vorgesehenen programmexternen Adressatengruppe.[9]

Infolgedessen musste die Methode der ursprünglich geplanten jährlichen Panelerhebung (derselben Befragten) zu drei Zeitpunkten (Wellen) korrigiert werden. Aufgrund der nur geringen Fallzahl an Befragten in der ersten Erhebungswelle sowie der dabei bereits festzustellenden (und üblicherweise auch zu erwartenden) Panelmortalität[10] wurde davon Abstand genommen, die Befragung der Expertinnen und Experten als Panelerhebung weiterzuführen. Stattdessen wurde sie als kombinierte Erhebung von Panel- und Querschnittsdaten weitergeführt (Diekmann 2000, S. 266 ff.). Letztlich führten die Anpassungen im Untersuchungsdesign dazu, dass die (Programm-)Evaluation am DJI Einschränkungen der Aussagekraft bzw. Reichweite ihrer aus der Befragung der externen Fachvertreterinnen und -vertreter aus Wissenschaft, Politik, Medien und Fachpraxis gewonnenen Erkenntnisse zur Wirksamkeit der Programmförderung hinnehmen musste.

Ähnliche Erfahrungen machte sie bei ihrem Versuch, über das Einholen einer Außenperspektive sogenannter „kundiger Beobachter" zu Erkenntnissen im Hinblick auf die strukturelle Wirksamkeit der im Rahmen der LAP umgesetzten Maßnahmen zu gelangen. Auch hier sollten die Befragten selbst nicht in die Umsetzung von LAP oder einzelner Projekte eingebunden, zugleich jedoch aussagefähig zu den Aktivitäten der LAP sein. Wie bereits im Falle der externen

8 Aufgabe der Coaches war es, die LAP in der Umsetzung des Bundesprogramms, insbesondere bei der Formulierung der lokalen Handlungsstrategien, zu begleiten und zu unterstützen (Bischoff u. a. 2011).

9 Die Anforderungen an die Stichprobe brachten es außerdem mit sich, dass in einigen Fällen Expertinnen und Experten für die Befragung ausgewählt wurden, die kaum oder nur partiell Aussagen zu beiden Programmen (VTG und KFD) machen konnten.

10 Der Begriff bezeichnet das in Längsschnittbefragungen auftretende Phänomen, dass Befragungsteilnehmer unterschiedlichster Gründe wegen ganz oder teilweise nicht an Folgebefragungen mitwirken. Einer dieser Gründe für das Ausscheiden aus dem Befragten-Panel war, dass sich die Population an geeigneten (nicht am Programm beteiligten und dennoch aussagefähigen) Expertinnen und Experten mit Fortschreiten der Programme VTG und KFD weiter verkleinerte.

Expertinnen und Experten erwies sich die Recherche potenzieller „kundiger Beobachter" auch aus dem Umfeld der LAP als wenig ertragreich. Die Einbeziehung der wissenschaftlichen Begleitung des Programmbereiches und von LAP-Coaches als Hinweisgeber brachte ebenfalls nicht die erhoffte und aus methodischen Gründen notwendige Anzahl an „kundigen Beobachtern". In der Konsequenz und angesichts der Erfahrungen mit der Erhebung bei den programmexternen Expertinnen und Experten verzichtete die (Programm-)Evaluation deshalb auf die Befragung „kundiger Beobachter". Den dadurch entstehenden Erkenntnisverlust konnte sie zumindest teilweise dadurch kompensieren, dass eine bereits begonnene Befragung der LAP-Coaches inhaltlich um einige Fragen zur Wirksamkeit des Förderinstruments LAP ergänzt wurde.

Bei der Reflexion ihres methodischen Vorgehens bilanzierte die (Programm-)Evaluation der Programme VTG und KFD ihr quantitatives methodisches Vorgehen dahingehend, dass die Erhebung einer Programmaußenperspektive, u. a. um Fragen der Wirksamkeit von Strukturbildungsmaßnahmen zu beantworten, äußerst voraussetzungsvoll ist. Das betrifft zum einen die Planung und Durchführung der entsprechenden Erhebungen. Zum anderen sind auch Probleme hinsichtlich der Interpretation von Befunden und in Bezug auf die Einschätzung der Reichweite von Aussagen der Befragten bei der Beurteilung der „generellen" Wirksamkeit eines Programms oder seiner Teile zu bewältigen. Durch die eben behandelten Erhebungen ließen sich aufgrund der geschilderten Probleme Fragen zur strukturellen Wirksamkeit der Programme (vor allem im Sinne von Impact-Wirkungen) – trotz eines nicht geringen Aufwandes – nur eingeschränkt beantworten.[11]

Für die methodische Ausgestaltung einer zukünftigen (Programm-)Evaluation von Modellprogrammen wie den hier behandelten, wurde daraus geschlussfolgert, dass bei der Untersuchung der Programme in Anlehnung an das Vorgehen einer „klärenden Evaluation" (Patton 1990) zunächst ein eher inkrementelles, exploratives Vorgehen bei der Datenerhebung angezeigt ist, welches nicht sofort auf die alleinige Umsetzung quantitativer Evaluationsdesigns setzt. Das deckte sich mit Hinweisen der befragten externen Expertinnen und Experten, aus deren Reihen vorgeschlagen worden war, die Außenperspektive zur strukturellen Wirksamkeit des Programms bzw. der Programmbereiche nicht per teilstandardisierter Online-Erhebung, sondern qualitativ per Face-to-face-(Experten-)Interviews oder in Gruppendiskussionsverfahren zu erheben. Eine weitere Konsequenz bezüglich des methodischen Vorgehens betraf das Verfahren für die Auswahl der in derartigen Erhebungen zu Befragenden.

11 Allerdings lassen sich aus den genannten Problemen bei der Gewinnung von Befragten Schlüsse hinsichtlich der (fehlenden) Breitenwirksamkeit der damaligen Bundesprogramme im Bundesmaßstab ziehen.

Auf der Basis der geschilderten Erfahrungen entschloss sich die weiterhin am DJI angesiedelte (Programm-)Evaluation im Nachfolgeprogramm TFKS, stärker programminterne Akteurinnen und Akteure zu befragen, um beispielsweise deren Einschätzungen zu den strukturbezogenen Programmwirkungen zu erheben.[12] Neben den bereits genannten Coaches umfasste diese Gruppe auch die jeweiligen Koordinierenden auf der kommunalen Ebene in den LAP und auf der Ebene der Bundesländer in den Beratungsnetzwerken gegen Rechtsextremismus. Aus problemzentrierten Interviews mit den Koordinierenden und deren zusätzlicher teilstandardisierter Befragung, die mit statistischen Angaben zum Einsatz von Bundes- und Landesmitteln zur Finanzierung von Beratungsangeboten trianguliert wurden, konnten Erkenntnisse über die strukturbezogene Wirksamkeit der Bundesprogramme gewonnen werden.[13]

Darüber hinaus erweiterte die Evaluation ihr Methodenrepertoire um quantitative und qualitative (soziale) Netzwerkanalysen. Diese führte sie in sechs LAP zu zwei Zeitpunkten durch, um zu ermitteln, inwieweit die betreffenden Gemeinwesen durch die Zusammenarbeit in den im Rahmen des LAP geschaffenen Strukturen strategisch kooperieren und adäquat sowie rasch auf rechtsextreme Vorfälle reagieren können (Beierle u. a. 2013, S. 49 ff.). Hierbei wurden teilstandardisiert gängige quantitative Ausprägungen von Netzwerkmerkmalen (Zentralität, Dichte, Cliquen etc.) erhoben und mit qualitativen Daten aus Interviews mit Mitgliedern verschiedener LAP-Gremien sowie den Koordinierenden trianguliert, um u. a. Wirkungspfade nachzuzeichnen, das heißt herauszufinden, welche Beiträge beispielsweise die LAP-Koordinierenden zur Netzwerkbildung und -entwicklung leisten.

Strukturveränderungen, die der Umsetzung von Programmen und Projekten zugerechnet und damit als Programmwirkungen konzeptualisiert werden können, lassen sich auch auf andere als die oben geschilderte Art und Weise ermitteln. Relevante Wirksamkeitsindikatoren können beispielsweise Veränderungen in den Mitgliedsstrukturen von Organisationen, bei den Beschäftigtenzahlen in einem Arbeitsfeld oder in den Qualifikationsprofilen der Mitarbeiterinnen und Mitarbeiter innerhalb eines Arbeitsbereiches darstellen. Im Rahmen des Bundesprogramms TFKS führte die (Programm-)Evaluation deshalb für den Programmbereich der Beratungsnetzwerke beispielsweise mehrere quanti-

---

12 Eine Darstellung und Diskussion der Implikationen dieses Vorgehens hinsichtlich Fragen insbesondere der Validität und Objektivität der daraus gewonnenen Untersuchungsergebnisse unterbleibt hier aus Platzgründen.

13 So gaben interviewte Koordinierungspersonen an, dass ohne Bundesprogramm eine Beratung bei rechtsextremen Belastungssituationen nicht existieren würde, was eindeutig auf eine diesbezügliche Wirkung des Programms hinweist. Diese Angaben konnten durch eine Analyse der (fehlenden) Finanzierung dieser Angebote aus Landesmitteln und korrespondierende landespolitischer Positionierungen verifiziert werden.

tative Erhebungen bei allen Beratungsangeboten genau zu diesen Wirksamkeitsparametern durch. Zugleich nutzte sie diese Erhebungen, um Empirie gestützte Erkenntnisse über die Ressourcen, Arbeitskontexte und Qualität der in den Bundesländern entstandenen Beratungsstrukturen als Vor- und Rahmenbedingungen für wirksame Beratungsarbeit, das heißt als mögliche Wirkfaktoren, zu erlangen. Im auf TFKS folgenden Bundesprogramm „Demokratie leben!“ wurden diese Erhebungen dann von der dort ebenfalls am DJI etablierten wissenschaftlichen Begleitung für die Beratungsnetzwerke und die neu geschaffenen Landes-Demokratiezentren fortgeführt und weiterentwickelt.[14] Dies, wie die Fortführung der wissenschaftlichen Begleitung der Partnerschaften für Demokratie (PfD) durch das ISS Frankfurt am Main und die Camino-Werkstatt Berlin, die diese Strukturen bzw. deren Vorläufer, die LAP, seit VTG begleitet haben, erleichterte zugleich eine kontinuierliche, längsschnittliche Betrachtung der Strukturentwicklungsprozesse.

Dadurch lassen sich längerfristige Entwicklungen abbilden, die mehrere Programme umspannen und vertiefte Erkenntnisse zur Nachhaltigkeit – hier von Strukturbildung – gewinnen. Als Impact-Wirkung kann Letztere nämlich nur dann eingestuft werden, wenn die geschaffenen Strukturen und die in ihnen eingelassenen Problembearbeitungsmechanismen auf Dauer gestellt und zugleich entwicklungs- bzw. anpassungsfähig sind. Dementsprechend haben die (Programm-)Evaluation und die wissenschaftlichen Begleitungen in TFKS sowie „Demokratie leben!“ die geschaffenen Netzwerk- und Angebotsstrukturen vor allem der Beratungsarbeit und der damit verbundenen Koordinierungsstellen in den Bundesländern sowie der LAP- bzw. PfD-Strukturen der Begleitausschüsse und Koordinierungs- und Fachstellen in den Kommunen immer auch aus einer die verschiedenen Programme übergreifenden Perspektive betrachtet.[15]

Im Übrigen war diese Herangehensweise bisher immer eingebettet in umfassendere Strategien der Evaluation von Erträgen und Wirkungen von För-

14 Würde man die Geschichte der wissenschaftlichen Begleitungen von „Demokratie leben!“ (2015 bis 2019) am DJI systematisch betrachten, ließe sich zeigen, wie die in den exemplarischen Wirkungsuntersuchungen der (Programm-)Evaluation der Vorgängerprogramme gemachten Erfahrungen in die Konzepte der verschiedenen Evaluationsprojekte eingeflossen sind.

15 Dabei zeigte sich zum Beispiel, dass es beinahe zwei Jahrzehnte gebraucht hat, bis in allen Bundesländern Strukturen und Angebote der Mobilen Beratungen sowie Beratung von durch rechte Gewalt Betroffene geschaffen wurden. Dagegen zeichnen sich die LAP/PfD-Strukturen seit ihrer Etablierung in der Breite ab dem Programm VTG durch relative Stabilität und eine kontinuierliche Zunahme der Anzahl dieser kommunalen Strukturen aus. Ein Teil der Strukturen und Angebote wurde seit 2007 durch die Länder, beispielsweise im Rahmen von Landesprogrammen bzw. von den Kommunen in Eigenregie übernommen und finanziell ausgestattet.

dermaßnahmen der einzelnen Programme. Denn die gerade beschriebenen nachhaltigen Strukturen und Angebote (als Impact-Wirkungen) sind ihrerseits die Voraussetzung[16] und bieten den Rahmen für konkretes Handeln, welches auf der Ebene der einzelnen Angebote entsprechende Outcome-Wirkungen bei den Adressierten erzeugt. Diese können dann Gegenstand von Wirkungsuntersuchungen auf der Ebene von Individuen werden.[17] Von solchen Untersuchungen handelt nun der nächste Abschnitt dieses Beitrages.

10.2 Die Erfassung von individuellen Wirkungen

Neben der durchgehenden Analyse von Strukturbildungsprozessen in den Bundesprogrammen hat sich die (Programm-)Evaluation am DJI exemplarisch auch der wirkungsorientierten Analyse von Veränderungen bei jungen Menschen gewidmet, die (potenziell) durch ihre Teilnahme an pädagogischen Angeboten angeregt wurden. Pädagogische Angebote setzten in den Bundesprogrammen VTG und TFKS vor allem die sogenannten Modellprojekte und die Einzelprojekte im Rahmen Lokaler Aktionspläne um (Bischoff u. a. 2011; Bischoff u. a. 2015). Inhaltlich befassten sich diese Projekte mit der Förderung demokratischen Denkens und Handelns sowie der Prävention von menschenverachtenden Ideologien und demokratiegefährdenden Orientierungen, Haltungen und Handlungen. Sie arbeiteten in der Regel ganzheitlich bildend oder überwiegend wissensvermittelnd mit jungen Menschen.

Der pädagogische Charakter der Projekte impliziert, dass sich deren Wirksamkeit hinsichtlich intendierter Veränderungen bei ihren Zielgruppen nicht aus einer „generellen Wirkfähigkeit" pädagogischer Ansätze ableiten lässt, sondern maßgeblich von der Qualität der Interaktionen zwischen pädagogischen Fachkräften und Teilnehmenden, den Teilnehmenden selbst sowie dem Setting abhängig ist. Die Lernprozesse, die diese Projekte anstoßen, lassen sich nicht als mechanistisch bzw. sozialtechnologisch ablaufende Ursache-Wirkungs-Beziehungen verstehen, sondern als interaktive Prozesse von Kooperation und Koproduktion zwischen den Fachkräften und „eigensinnigen" Adressierten (Winkler 2006, S. 139; Halves u. a. 2014, S. 135). Fachkräfte können hierbei nicht garantieren, dass sie mit ihrem Handeln bei allen Adressierten gleicher-

16 Die heute existierenden Beratungs- und Unterstützungsleistungen, z. B. der Opfer- und Mobilen Beratung sind ohne die seit 2001 durch die Programme CIVITAS, KFD und TFKS geförderte (Struktur-)Aufbauarbeit nicht zu denken (Becker/Schmitt 2019; Köbberling 2018).

17 So wurden im Bundesprogramm „Demokratie leben!" dann Befragungen von Beratungsnehmerinnen und Beratungsnehmern in der Mobilen Beratung und der Opferberatung durchgeführt, um aus der Adressatenperspektive die Wirksamkeit der entstandenen Strukturen und Angebote zu erheben (Bischoff u. a. 2019).

maßen die intendierten Ziele erreichen. Zudem verlaufen pädagogische Prozesse keineswegs immer positiv. Sie können – im Gegenteil – auch mit negativen, unerwünschten Wirkungen für die Entwicklung von Kindern und Jugendlichen einhergehen. So können junge Menschen beispielsweise neue rassistische Vorurteile durch eine Veranstaltung erst kennenlernen oder sich durch die Art der Bearbeitung in ihnen bestätigt fühlen. Auch lernen sie möglicherweise, sich gegenüber antizipierten Erwartungen von Pädagoginnen und Pädagogen angepasst zu verhalten, äußern ihre individuelle Position zu bestimmten (kontroversen) Themen nicht (mehr) und entziehen diese so gegebenenfalls einer kritischen Auseinandersetzung.

Bei Modellprojekten kommt für Wirkungsevaluationen eine Besonderheit hinzu: Es handelt sich um eine spezifische Förderstrategie des Bundes zur Entwicklung, Erprobung und zum Transfer von (pädagogischen) Innovationen (Dietzel/Troschke 1988; Brand u. a. 2018, S. 19 ff.). Die Modellprojekte in den Bundesprogrammen VTG, TFKS und „Demokratie leben!" sollen übertragungsfähige neue Ansätze und Methoden in der Arbeit mit jungen Menschen erproben und auf diese Weise zu einer Weiterentwicklung der Kinder- und Jugendhilfe beitragen. Der Erprobungscharakter und Innovationsauftrag dieser Projekte impliziert, dass sie im Umsetzungsverlauf grundlegend um- und nachsteuern können und sollen. Das erschwert oder verhindert insbesondere solche Wirkungsuntersuchungen, die auf operationalisierten Zielsetzungen und einem manualisierten Vorgehen basieren und – z. B. bei Vorher- und Nachher-Untersuchungen – auf weitgehend stabile und methodisch kontrollierbare Projektkontexte, z. B. gleichbleibende Zielsetzungen und Zielgruppen sowie Rahmenbedingungen, z. B. Kooperationspartner und Durchführungsorte, angewiesen sind (Haubrich 2006, S. 104 ff.). Der gewünschte erprobende Charakter hat, in Verbindung mit der standort- und kontextbezogenen Umsetzung, auch zur Folge, dass kaum vergleichbare Projekte umgesetzt werden. Für Wirkungsevaluationen in diesem Kontext entsteht damit ein Paradox. Zwar ist der Gegenstand möglicher Wirkungsuntersuchungen auf den ersten Blick fokussierter und eindeutiger: durch pädagogische Angebote induzierte Veränderungen bei jungen Menschen. Zugleich setzt der Modellcharakter und die vom Programm beabsichtigte Ansatzvielfalt dem Nachweis von Wirkungen jedoch einige Grenzen.

Aus dem Vorgenannten ergeben sich spezifische Anforderungen an die Evaluation pädagogisch arbeitender (Modell-)Projekte in den hier behandelten Bundesprogrammen. Vor diesem Hintergrund wollte die (Programm-)Evaluation am DJI herausfinden, inwieweit ausgewählte methodische Zugänge in der Wirkungserfassung bei Teilnehmenden dem Eigensinn pädagogischer Praxis gerecht werden. Dabei erprobte sie am Gegenstand Modellprojekte unterschiedliche methodische Vorgehensweisen und verglich diese hinsichtlich ihrer Gegenstandssensibilität. Der Schwerpunkt lag auf der Anwendbarkeit des quasi-experimentellen Designs in Settings pädagogischer Praxis, ein Design, das in den Debatten um evidenzbasierte Praxis und Evaluation immer wieder als „Goldstandard“ (Menold 2007, S. 33 ff., Haunberger/Baumgartner 2017, S. 122) oder als „Königsweg der Erkenntnis“ (Döring/Bortz 2016, S. 194) gehandelt wird. Es erlaubt theoretisch, Wirkungen statistisch abgesichert zu messen und damit einen „harten“ Wirkungsnachweis zu liefern (Beywl 2006, S. 39; Schnell/Hill/Esser 2008, S. 224 ff.).

10.3 Vom Quasi-Experiment zum multimethodischen Design

Die (Programm-)Evaluation entwickelte im Rahmen ihrer Arbeit in VTG (2007 bis 2010) und TFKS (2011 bis 2014) drei eigenständige, explorative Module zur Untersuchung von Wirkungen, die dem pädagogischen und/oder erprobenden Charakter der Projekte gerecht werden sollten. Diese bauten aufeinander auf, sodass die Erfahrungen des Moduls aus VTG in das nachfolgende Modul von TFKS eingeflossen und Letzteres als Anpassung und Weiterentwicklung des Ersteren zu verstehen ist. Untersuchungen zu einem validen Nachweis von Wirkungen auf der Einzelfallebene (Individuen, Schulen, Organisationen etc.) sind – je nach betrachteter Wirkungsdimension – zumeist überaus ressourcenintensiv und schon aus diesem Grunde kaum flächendeckend umsetzbar. Deshalb beschränkte sich die (Programm-)Evaluation darauf, mittels unterschiedlicher methodischer Ansätze in wenigen Projekten zu untersuchen, inwieweit ein mindestens nachvollziehbarer mittelbarer oder unmittelbarer (Wirkungs-)Zusammenhang zwischen einem pädagogischen Angebot („Intervention“) und dem Erreichen seiner vordefinierter (Präventions-)Ziele (z. B. der Abbau von Vorurteilen oder die Stärkung sozial-emotionaler Kompetenzen wie Empathie, Perspektivenübernahme, Konfliktlösekompetenz als Resilienzfaktoren oder Stärkung von Toleranz) besteht. Dabei sollte, anknüpfend an bereits in „entimon“ und „CIVITAS“ geführte Diskussionen (Glaser/Schuster 2007), neben Erkenntnissen zu Wirkungen und zum Einfluss von Kontextbedingungen pädagogischer Maßnahmen eine geeignete Methodologie zur Erhebung von Wirkungen in der pädagogischen Arbeit von Modellprojekten entwickelt und getestet werden. Im Folgenden werden drei unterschiedliche Vorgehensweisen, das Quasi-Experiment, die Erhebung von Wirkungsvorbedingungen und ein multimethodisches Design, sowie deren jeweilige Möglichkeiten und Grenzen vorgestellt.

Das Quasi-Experiment

In einem ersten Zugang hatten die Wissenschaftlerinnen und Wissenschaftler in der (Programm-)Evaluation am DJI im Rahmen von VTG in zwei Modellprojekten und in TFKS in einem LAP-Einzelprojekt Wirkungsuntersuchungen im sog. Quasi-Experiment (Vorher-Nachher-Vergleich, Mehrfachbefragungen mit Experimental- und Vergleichsgruppen) durchgeführt, um die Möglichkeiten und Grenzen von Wirkungs*messungen* im engen Sinne als Form der Wirkungsevaluation pädagogischer Praxis auszuloten. Vor der Durchführung prüften die Wissenschaftlerinnen und Wissenschaftler, welche der geförderten Modellprojekte für ein solches Forschungsdesign geeignet waren. Hierfür mussten die Projekte eine Reihe an Voraussetzungen erfüllen (Bischoff u. a. 2011, S. 80 f.):

- Zusammensetzung und Größe der Zielgruppen: Es braucht eine ausreichende Anzahl an Personen, die an Angeboten teilnehmen, um statistische Prüfverfahren durchführen zu können. Einzelfallarbeit oder Angebote, die sich an Klein(st-)gruppen richten, sind für die Durchführung eines Quasi-Experiments meist ungeeignet. Zudem ist die Beständigkeit der Zielgruppen zentral. Personen müssen konstant über einen bestimmten Zeitraum an den Angeboten teilnehmen; der Wechsel oder Wegfall von Personen erschwert und/oder verhindert eine statistische Prüfung.
- Zielstellungen und Wirkungsannahmen: Diese müssen quantifizierbar und operationalisierbar sein, und sich in messbare Items überführen lassen, sodass sie mittels Fragebogen erfasst werden können.
- Zeitplan der Projektdurchführung: Dieser muss kompatibel mit der Entwicklung eines geeigneten Evaluationsdesigns sein und ausreichend Zeit für die umfangreichen Vorarbeiten lassen, z. B. für die Fragebogenentwicklung (im Idealfall gemeinsam mit dem Projekt) sowie das Einholen von Genehmigungen und die Möglichkeit zur Bildung von Vergleichsgruppen.
- Finden einer kompatiblen Vergleichsgruppe: Zur sogenannten „Experimental"-Gruppe, also Kinder und Jugendliche, die an Angeboten teilnehmen, muss eine kompatible Vergleichsgruppe gefunden werden, also junge Menschen, die bei definierten Merkmalen den Teilnehmenden exakt entsprechen, aber nicht an den Angeboten teilnehmen. Dieses ist ein schwer erfüllbares Kriterium, da es insbesondere für Modellprojekte, die im außerschulischen Bereich tätig sind, nahezu unmöglich ist, derartige Vergleichsgruppen zu finden.
- Umsetzung des Forschungsdesigns: Dieses muss auch auf das Interesse des Projektes stoßen und einen Mehrwert haben, da nur mit dessen Unterstützung und Zustimmung eine zielführende Befragung möglich ist. So ist die Evaluation hinsichtlich der Zugänge zu den Institutionen und Zielgruppen in den meisten Fällen von den Projekten abhängig. Nur wenn das Projekt es als sinnvoll erachtet und die Rolle des „Fürsprechenden" einnimmt, kann es gelingen, z. B. Heranwachsende, Schulen und Eltern von der Sinnhaftigkeit der Untersuchung zu überzeugen.

Die systematische Prüfung aller geförderter Modellprojekte ergab, dass in den beiden Bundesprogrammen nur ein sehr kleiner Teil die genannten Voraussetzungen für die Durchführung eines quasi-experimentellen Vorgehens erfüllte. Während im Bundesprogramm VTG zwei von insgesamt 96 Modellprojekten einbezogen werden konnten, eignete sich im Programm TFKS keines der Modellprojekte für ein Quasi-Experiment.

In VTG hatte sich zudem gezeigt, dass dem erprobenden Charakter von Modellprojekten und den damit einhergehenden Veränderungen mit dem stark standardisierten Verfahren des Quasi-Experiments nicht ausreichend Rechnung getragen werden konnte. Deshalb wählte die (Programm-)Evaluation in TFKS ein Einzelprojekt eines Lokalen Aktionsplans für ihre Wirkungsuntersuchung aus, welches ein bereits erprobtes Training regional in der fünften Jahrgangsstufe verschiedener Schulformen umsetzte. In diesem Projekt führten Trainerinnen und Trainer sowie Lehrkräfte im Klassenkontext verschiedene, aufeinander aufbauende Themenmodule zur Stärkung von Toleranz und Zivilcourage durch. Die für das Untersuchungsdesign konstitutive Längsschnittbefragung der Schülerinnen und Schüler in drei Erhebungswellen wurde unter Berücksichtigung der Erkenntnisse der Erhebungen in VTG nun zusätzlich von einer Lehrkräftebefragung flankiert, um Informationen zu Rahmenbedingungen, Stellenwert der Projektthemen sowie Einschätzungen der Klassenentwicklung zu erhalten. In VTG hatten sich diese Kontextinformationen als äußerst relevant für die Ergebnisinterpretation erwiesen.

Nach der Durchführung der Quasi-Experimente in VTG und TFKS zeigte sich, dass selbst bei der Erfüllung der zentralen Durchführungskriterien die Aussagekraft des Quasi-Experiments allein zum Nachweis von Wirkungen im Bereich pädagogischen Handelns von Projekten begrenzt war. So konnten beispielsweise nicht alle Kontexteinflüsse mit einem bereits vorab erstellten Erhebungsinstrument erfasst werden, da sich diese mitunter erst während einer Intervention als einflussreiche Wirkfaktoren herausstellen. Zudem zeigte sich, dass sich die Kontextfaktoren und Umsetzungsbedingungen nicht in ausreichendem Maß kontrollieren ließen. Das impliziert, dass Angebote nicht eins zu eins in ein neues Durchführungssetting überführt werden können und einmal getroffenen Wirkungsaussagen – wie weiter oben bereits angedeutet – nicht ohne Weiteres für andere Projektkontexte gelten und/oder in die Zukunft übertragbar sind. Flankierende Erhebungen zur Erfassung von Kontext- und Umsetzungsbedingungen sowie zur Rekonstruktion von Wirkmechanismen sind hierfür unerlässlich (König/Bischoff/Zimmermann 2018; Faust 2020, S. 69). Zusammenfassend lässt sich aus den Erfahrungen ableiten, dass das quasi-experimentelle Vorgehen im pädagogischen Kontext von Modellprojekten in den betrachteten Fällen zu stark standardisiert, dabei wenig kontextsensibel und im Verhältnis zum Erkenntnisgewinn zu ressourcenaufwendig war. Aufbauend auf diesen Erfahrungen erprobten die Wissenschaftlerinnen und

Wissenschaftler dann weitere, alternative methodische Zugänge, um dem Charakter pädagogischer Modellprojekte besser gerecht werden zu können.

Die Untersuchung von Wirkungsvorbedingungen

Als sehr niedrigschwelligen Zugang, der auch für Selbstevaluationszwecke durch die Projekte genutzt werden konnte, entwickelte die (Programm-)Evaluation in TFKS theoriegeleitet eine Feedback-Befragung für Teilnehmende an pädagogischen Projekten. Diese Feedback-Befragung ist als Form der Nutzerinnen- und Nutzer-Erhebung keine Wirkungsevaluation im engeren Sinne, kann allerdings ressourcenschonend und bei Bedarf flächendeckend realisiert werden. Sie liefert auf der Basis subjektiver Einschätzungen von Teilnehmenden wichtige Informationen zu „Wirkungsvorbedingungen", also zu Voraussetzungen und Gelingensbedingungen, die für intendierte Veränderungen zentral sind (Beierle 2013, S. 171 ff.). Im Zentrum stand bei dieser Befragung die Analyse von Bedingungen, die erfüllt sein müssen, damit Projekte Wirksamkeit entfalten können (Zimmermann/König 2018). Dabei ging es auf der Basis von Selbsteinschätzungen vor allem um Fragen der Akzeptanz pädagogischer Maßnahmen, Möglichkeiten zur Partizipation sowie subjektiv wahrgenommene Lern- und Wissenszuwächse (Beierle u. a. 2013). Die Feedback-Befragung wurde sowohl in den Projekten der Lokalen Aktionspläne als auch in ausgewählten Modellprojekten durchgeführt. Sie zeichnete sich durch eine einfache Durchführbarkeit sowie eine hohe Akzeptanz bei den (Modell-)Projekten und Teilnehmenden aus, zugleich ist sie aufgrund der subjektiven Wirksamkeitseinschätzungen jedoch in der Aussagetiefe beschränkt.

Das multimethodische, multiperspektivische Vorgehen

Im dritten Modul, welches die (Programm-)Evaluation ebenfalls in TFKS umsetzte, wurde ein multimethodisches sowie multiperspektivisches Vorgehen entwickelt und erprobt. Hierdurch sollte vor allem erkundet werden, inwieweit sich die oben geschilderten Nachteile des stark standardisierten quasi-experimentellen Vorgehens kompensieren lassen. Die Wissenschaftlerinnen und Wissenschaftler kombinierten dazu qualitative und quantitative Verfahren in ihrem methodischen Design sowie die verschiedenen Perspektiven sowohl der Projektumsetzenden als auch der Teilnehmenden, um der Spezifik pädagogischer Modellprojektpraxis gerecht zu werden. Dazu entwickelten sie in enger Abstimmung mit zwei Modellprojekten[18] ein multimethodisches, multiperspek-

18 Die Projekte zielten neben der Wissensvermittlung auf die Stärkung personaler, sozialer und emotionaler Kompetenzen, wie Selbstbewusstsein, Empathie- oder Konfliktlösungsfähigkeit bzw. die Reflexion eigener Haltungen oder Vorurteile.

tivisches und kontextsensibles Evaluationsdesign, mit dem deren Eigenlogik, Ziele sowie Wirkannahmen rekonstruiert und empirisch geprüft werden konnte (vgl. ausführlich dazu König/Bischoff/Zimmermann 2018).

Die gemeinsame Rekonstruktion von Zielstellungen und Wirkannahmen sowie die kooperative Entwicklung darauf abgestimmter Erhebungsinstrumente erhöhte die Akzeptanz des gewählten Evaluationsansatzes, regte die Praxis zur (Prozess-)Reflexion an und führte schließlich zu gegenstandsangemessenen Erhebungsmethoden, die die Projektspezifika berücksichtigten, die Veränderungen bei Teilnehmenden sichtbar machten und auf die Projektaktivitäten zurückführen konnten. Inhaltlich überschnitten sich die Zielsetzungen und Wirkannahmen der beiden Projekte teilweise, was es der (Programm-)Evaluation ermöglichte, partiell ähnliche Methoden und Instrumente zur Wirkungsuntersuchung einzusetzen. Deren methodisches Vorgehen wird nun kurz skizziert.

In einem ersten Untersuchungsschritt führten die Forscherinnen und Forscher Interviews mit den Projektverantwortlichen durch, um die Projektlogik, das heißt die angestrebten Ziele, Wirkannahmen und das methodische Vorgehen im Projekt, herauszuarbeiten. Im zweiten Schritt wurde zu mehreren Zeitpunkten untersucht, inwieweit sich bei den Zielgruppen Veränderungen im Wissen, Können und Handeln eingestellt hatte. Dazu erfolgte im direkten Anschluss an die einzelnen Veranstaltungen eine standardisierte, schriftliche Feedback-Befragung (u. a. zu Zufriedenheit, Partizipation, Lernzuwachs) bei allen Teilnehmenden. Zudem wurde mittels leitfadengestützter Interviews erhoben, welche kurz- und mittelfristigen Effekte die Teilnehmenden an sich beobachteten und welche Veränderungen die Projektdurchführenden bei den Teilnehmenden wahrgenommenen hatten. Innerhalb einer Woche nach der Veranstaltung fand ein Gruppengespräch mit bis zu zehn Teilnehmenden statt. Um die mittelfristige Stabilität der unmittelbar nach Projektabschluss berichteten Veränderungen zu ermitteln, wurden einige der Jugendlichen aus den Gruppengesprächen nach drei bis vier Monaten erneut interviewt (vgl. ausführlich Zimmermann/König 2018, Beierle u. a. 2013, S. 181 ff.).

Im Ergebnis konnten in verschieden starker Ausprägung Veränderungen in den vorher festgelegten Dimensionen Wissen, Reflexionsfähigkeit und Reflexionsbereitschaft, Handlungskompetenz und (Gruppen-)Identität (Zimmermann/König 2018) festgestellt werden. Außerdem ließen sich positive nicht-intendierte Effekte, z. B. die Verbesserung des Gruppenklimas, verzeichnen. Vergleichend zeigte sich, dass in den teilnehmenden Gruppen die Projektzielstellungen – trotz ähnlicher Vorgehensweise und Settings – in unterschiedlichem Maß erreicht wurden. Hierfür gab es verschiedene Erklärungen.

Die schriftliche Feedback-Befragung bestätigte den bereits bekannten Zusammenhang zwischen Lernzuwachs und Zufriedenheit mit dem Grad der wahrgenommenen Partizipationsmöglichkeiten während des Angebots: Ein Mehr an Berücksichtigung von Wünschen und Bedürfnissen der Teilnehmenden ging einher mit einer höheren Zufriedenheit und einem größeren Lernertrag (Bischoff u. a. 2014). Aber auch die Motivation, das Vorwissen, die Erwartungen und die Vorannahmen der teilnehmenden Jugendlichen an das Projekt beeinflussten die Ergebnisse ganz erheblich. Vor dem Hintergrund einer heterogenen Gruppenzusammensetzung aufseiten der Teilnehmenden insbesondere in Bezug auf Herkunft und Geschlecht stellten es sich als förderlich heraus, wenn die Teams der Projektdurchführenden ebenfalls heterogen hinsichtlich ihres Geschlechts, ihrer Herkunft und ihrer Religionszugehörigkeit zusammengesetzt waren. Das machte sie in den Augen der Jugendlichen glaubwürdiger. Auf der Basis der dargestellten Erhebungen konnten die Wissenschaftlerinnen und Wissenschaftler letztlich nachweisen, dass es für das Zustandekommen und die Qualität der pädagogischen Arbeitsbeziehung und damit für die Wirksamkeit der Maßnahmen von eminenter Bedeutung war, dass die Projektdurchführenden als aufgeschlossen sowie unvoreingenommen wahrgenommen wurden, sie dem Credo der faktischen Ergebnisoffenheit von Lernprozessen (Sander 2005) entsprechen konnten und auf Meinungen der Teilnehmenden, die von den eigenen Positionen abwichen, angemessen reagierten.

Letztlich hat sich das als Prozessbegleitung organisierte Vorgehen dahingehend als zielführend erwiesen, dass einerseits Informationen in der Breite erhoben und zugleich vertiefte Aussagen zu Wirkungen und Gelingensbedingungen der Projektarbeit getroffen werden konnten. Es bestätigte sich zudem, dass sich – wie bereits einführend erwähnt – für ein Projekt Wirkungen nicht generalisierend nachweisen lassen, sondern dass bei mehreren Veranstaltungen mit dem gleichen Vorgehen, jedoch in unterschiedlichen Settings (Zeitdauer, Gruppenzusammensetzung etc.), unterschiedliche Wirkungen erzielt werden und/oder intendierte Wirkungen auch ausbleiben können.

In der Gesamtschau der erprobten Ansätze zur Untersuchung individueller Wirkungen wurde deutlich, dass der heterogenen Praxislandschaft der hier behandelten Bundesprogramme nur mittels einer vielfältigen, flexibel-gegenstandsangemessenen methodischen Herangehensweise unter Beachtung der jeweiligen Erkenntnisinteressen sowie der vorhandenen Ressourcen begegnet werden kann, um zu gültigen (reliablen und validen) Aussagen über die Wirksamkeit und über Gelingensbedingungen pädagogischer Modellprojektpraxis zu gelangen (König/Bischoff/Zimmermann 2018). Als gewinnbringend hat sich hierbei aus Sicht der (Programm-)Evaluation die Kombination aus qualitativen (z. B. Gruppengespräch) und quantitativen Methoden (z. B. standardisierte Feedback-Befragung) erwiesen. Das multimethodische, multiperspektivische Vorgehen generierte neben Befunden zu intendierten auch Aussagen zu nicht-intendierten Wirkungen. Diese Erkenntnisse, z. B. zu Funktionsweisen und verursachenden Faktoren individueller Veränderungen und Gelingensbedingungen, konnten an die spezifischen Projekt- und Umsetzungskontexte rückgebunden werden. Das geschilderte Vorgehen enthält sowohl Elemente einer

Prozess- als auch Ergebnisevaluation, ist kontextsensibel und gibt Antworten auf die Frage „Was wirkt wie und warum?“ (Baumgartner/Haunberger 2014, S. 18). Durch die Anteile der partizipativen Entwicklung bringt es eine hohe Akzeptanz bei den Projekten mit sich.

Dagegen hat sich gezeigt, dass eine ausschließlich im quasi-experimentellen Design angelegt Wirkungsevaluation in pädagogischen (Modell-)Projektsettings und auf der individuellen Ebene wenig ergiebig ist. Resultierend aus der Erfahrung bei der Evaluation zweier Bundesprogramme lässt sich für die Erfassung von Wirkungen festhalten, dass die Durchführung von Quasi-Experimenten in den beiden Programmen vor allem für den schulischen Bereich und für stark standardisierte, manualisierte Vorgehensweisen geeignet war. Auf der Ebene der produzierten Ergebnisse und insbesondere bei der Erklärung, warum ein Angebot wirkt, nicht wirkt oder manchmal mehr oder weniger wirkt, kommen Quasi-Experimente in ihrer Erklärungskraft schnell an ihre Grenze, wenn es darum geht, die Blackbox der pädagogischen Interaktion zu beleuchten. Eine Lösung für dieses Problem ist, dass Quasi-Experiment (theoriegeleitet) durch weitere Analysemethoden zu ergänzen, die es zum Beispiel ermöglichen, Wirkmechanismen zu erhellen (Faust 2020, S. 69).

Kann ein multimethodisches und multiperspektivisches Vorgehen aus Ressourcen- oder anderen Gründen nicht realisiert werden, empfiehlt sich hier unter Aufwand-Nutzens-Gesichtspunkten zu prüfen, inwieweit im Rahmen einer wirkungsorientierten Evaluation möglicherweise auf einen Wirkungsnachweis verzichtet werden kann. Stattdessen könnten dann gegebenenfalls (niedrigschwellig) subjektive Veränderungseinschätzungen und/oder der individuelle Nutzen bei Projektteilnehmenden als Wirksamkeitsindikatoren erhoben werden.

10.4 Fazit

Bisherige Wirkungsuntersuchungen nicht nur der (Programm-)Evaluation am DJI haben deutlich gemacht, dass in komplexen Programmen wie den hier behandelten, von einer Vielzahl an struktur- und adressatenbezogenen Wirkungen auszugehen ist. Deren Nachweis erfordert gegenstandsangepasst unterschiedliche methodische Zugänge. Das umso mehr, wenn nicht nur die Frage danach, ob etwas wirkt, sondern auch die Frage nach dem „Wie“ geklärt werden soll. Die Festlegung auf nur einen Untersuchungsansatz, wie Quasi-Experimente, oder auf nur eine Perspektive, wie Selbstbeschreibungen individuell wahrgenommener Veränderungen durch die Adressierten bzw. Teilnehmenden von Maßnahmen, greift hierbei nach den in den explorativ angelegten Wirkungsuntersuchungen gemachten Erfahrungen meist zu kurz.

Auch hat sich in der Arbeit der (Programm-)Evaluation bestätigt, dass jede Wirkungsuntersuchung eine klare Vorstellung davon braucht, welche der möglichen, vielfältigen Wirkungen eines Programms oder Projekts betrachtet werden sollen. Dabei können die Perspektiven auf ein und denselben Untersuchungsgegenstand variieren. Einzelnen Wirkungsaspekten kann von verschiedenen Akteuren eine voneinander abweichende Bedeutung zugeschrieben werden. Daraus resultieren heterogene Ansprüche an die methodische Ausgestaltung der Untersuchung von verschiedenen Wirkungsdimensionen.

Das Ergebnis der entsprechenden Analysen sind dann Sets an nachgewiesenen erwarteten oder unerwarteten, erwünschten oder unerwünschten Wirkungen, die sich – zumindest auf den ersten Blick betrachtet – z. T. auch widersprechen können (Beierle u. a. 2013, S. 35).[19] In komplexen Programmen vervielfältigt sich dieses Phänomen. Aus diesem Grund ist es letztlich auch kaum möglich, aus der Analyse einzelner Wirkungsaspekte von Projekten und Programmen generalisierte Urteile über deren Wirksam- oder Unwirksamkeit abzuleiten. Entsprechende Aussagen können sich im Sinne eines Nachweises singulärer Kausalitäten (Baumgartner 2020) zumeist nur auf bestimmte, konkret zu benennende Bereiche in der Projekt- und Programmumsetzung beziehen.

Umso wichtiger ist es, für die jeweiligen Untersuchungsobjekte ex ante gegenstandsangemessene und feldspezifische Wirkungsdimensionen auszuwählen. Folglich beginnt das Nachdenken über Wirkungen nicht erst bei methodischen Fragen der Datenerhebung und -auswertung, sondern bereits mit der Diskussion darüber, was überhaupt als Wirkung zu verstehen ist und welche konkreten Dimensionen davon (weshalb) betrachtet werden sollen (Lüders/Haubrich 2006, S. 10; Polutta 2019, S. 32 f.).

Daneben gehört zu jeder Evaluation von Wirkungen auch die Reflexion und Bewältigung der jeweiligen methodologischen und methodischen Herausforderungen insbesondere mit Blick auf Fragen der Validität und Erkenntnisreichweite der Untersuchungsergebnisse. Die in diesem Beitrag vorgestellten Wirkungsuntersuchungen haben diesbezüglich ergeben, dass der an Wirkungsevaluationen oft herangetragenen Erwartung, sich am vermeintlichen „Goldstandard" eines quasi-experimentellen Designs zu orientieren, aufgrund der hohen Voraussetzungen für dessen Umsetzung vor allem in der pädagogischen (Modell-)Projektpraxis kaum oder nur eingeschränkt entsprochen werden kann. Darüber hinaus ist dieses Vorgehen ohne Ergänzung durch weitere Untersuchungsverfahren auch nicht immer sinnvoll, etwa, weil pädagogische Prozesse dann weitgehend im Dunkeln bleiben. Insoweit hat sich auch hier einmal mehr

19 So können, wie weiter oben bereits erwähnt, einzelne pädagogische Maßnahmen intendierte Veränderungen bei Jugendlichen anstoßen, also entsprechend wirksam sein, indem sie gut erprobte Arbeitsansätze verfolgen. Wenn ein weiteres Ziel nun darin besteht, dass die selben Projekte im Rahmen ihrer pädagogischen Arbeit zugleich substanzielle Neuerungen hervorbringen und dieses Ziel nicht erreichen, wären sie dahingehend wirkungslos.

bestätigt, dass die Auswahl eines Evaluations(forschungs-)ansatzes dem Prinzip der methodenoffenen Gegenstandsangemessenheit folgen sollte (König/Bischoff/Zimmermann 2018).

In der Summe sprechen die hier dargestellten Erfahrungen im Einklang mit anderen Forschenden im Feld der Wirkungsforschung für einen Methodenpluralismus, das heißt die Anwendung von Mixed-Method-Ansätzen und ein multiperspektivisches Vorgehen (Faust 2020, S. 76). Das schließt eine Triangulation von Methoden, Daten, Beobachtungs- sowie Aus- und Bewertungsperspektiven ein. Wie am Beispiel des Nachweises individueller Wirkungen von Modellprojekten aufgezeigt werden konnte, braucht es diesen Pluralismus unter anderem, um deren Erprobungscharakter gerecht zu werden und die relevanten pädagogischen Prozesse mit abzubilden. Eine Perspektiventriangulation ist in diesem Zusammenhang angezeigt, wenn es darum geht, die Wahrnehmungen von Adressierten bezüglich selbst erfahrener Veränderungsprozesse zu erfassen und mit der Perspektive Dritter auf diese Veränderungen abzugleichen.

Am Beispiel von Struktureffekten des Instruments der Lokalen Aktionspläne und der Etablierung von Landes-Beratungsnetzwerken sowie den dort koordinierten Beratungsangeboten wurde außerdem verdeutlicht, dass die Erhebung von Wirkungen neben einem geeigneten Untersuchungsdesign in nicht wenigen Fällen vor allem eines erfordert: Zeit. Da es sich bei den beobachteten Struktureffekten (und nicht nur dort) zugleich um Resultate der Herstellung von Nachhaltigkeit von Programmaktivitäten handelt, ist eine Betrachtung dieser Entwicklungsprozesse inklusive ihrer Leistungen und Wirkungen erforderlich, die über einzelne Programmlaufzeiten hinausweist und mehrere Programmperioden umfasst.

Zusammenfassend bleibt zu konstatieren: Wirkungsuntersuchungen sind zeit- und ressourcenintensiv. Ihre Ergebnisse sind stark kontextgebunden und gelten weder für immer noch lassen sie sich ohne Weiteres generalisieren. Sofern die Untersuchung von Wirkungen Praxisrelevanz beansprucht, kann sie nicht dabei stehenbleiben, die Existenz einer Wirkung festzustellen, sondern sollte die Frage mitführen, weshalb eine Wirkung eintritt oder auch nicht eintritt. Insofern ist es wichtig, auch darauf zu achten, dass Wirkungsuntersuchungen Lernen ermöglichen, den Raum für die Weiterentwicklung von Fachpraxis eröffnen und Erprobungsspielräume nicht einengen. Wie im Beitrag geschildert ist die Auswahl geeigneter Wirkungsdimensionen und entsprechender methodischer Evaluationssettings dafür die Grundlage.

Literatur

Armborst, Andreas/Biene, Janusz/Coester, Marc/Greuel, Frank/Milbradt, Björn/Nehlsen, Inga (2019): Evident und wirksam? Herausforderungen, Möglichkeiten und Grenzen der Evaluationsforschung in der Radikalisierungsprävention. In: Daase, Christopher/Deitelhoff, Nicole/Junk, Julian (Hrsg.): Gesellschaft Extrem: Was wir über Radikalisierung wissen. Frankfurt (Main), S. 255–290

Balzter, Nadine/Ristau, Yan/Schröder, Achim (2014): Wie politische Bildung wirkt. Wirkungsstudie zur biographischen Nachhaltigkeit politischer Jugendbildung. Schwalbach/Ts.

Baumgartner, Michael (2020): Causation. In: Berg-Schlosser, Dirk/Bradie, Bertrand/Morlino, Leonardo (Hrsg.): The SAGE Handbook of Political Science. London, S. 305–321

Baumgartner, Edgar/Haunberger, Sigrid (2014): Evaluations- und Wirkungsforschung in der Sozialen Arbeit – Potenzial und methodische Herausforderungen. In: Fachhochschule Nordwestschweiz FHNW (Hrsg.): Soziale Innovation. Forschung und Entwicklung der Hochschule für Soziale Arbeit. Basel, S. 14–21

Becker, Reiner/Schmitt, Sophie (Hrsg.) (2019): Beratung im Kontext Rechtsextremismus. Felder – Methoden – Positionen. Frankfurt (Main)

Begemann, Maik-Carsten/Liebig, Reinhard/Bleck, Christian (2019.): Wirkungsforschung zur Kinder- und Jugendhilfe – Versuch einer Bilanzierung. In: Begemann, Maik-Carsten/Bleck, Christian/Liebig, Reinhard (Hrsg.): Wirkungsforschung zur Kinder- und Jugendhilfe. Grundlegende Perspektiven und arbeitsfeldspezifische Entwicklungen. Weinheim, S. 292–313

Behn, Sabine/Bohn, Irina/Karliczek, Kari-Maria/Lüter, Albrecht/Sträter, Till (2013): Lokale Aktionspläne für Demokratie. Zivilgesellschaft und Kommune in der Auseinandersetzung mit Rechtsextremismus. Ergebnisse der Evaluation des Bundesprogramms „VIELFALT TUT GUT". Weinheim

Beierle, Sarah/Bischoff, Ursula/Greuel, Frank/Johansson, Susanne/König, Frank/Reiter, Stefanie/Zierold, Diana/Zimmermann, Eva (2013): Leistungen und Wirkungen. Ergebnisse der (Programm)Evaluation des Bundesprogramms „TOLERANZ FÖRDERN – KOMPETENZ STÄRKEN". Zwischenbericht 2013. Halle (Saale)

Beywl, Wolfgang (2006): Demokratie braucht wirkungsorientierte Evaluation. Entwicklungspfade im Kontext der Kinder- und Jugendhilfe. In: Projekt eXe (Hrsg.): Wirkungsevaluation in der Kinder- und Jugendhilfe. Einblicke in die Evaluationspraxis. München, S. 25–46

Beywl, Wolfgang/Niestroj, Melanie (2009): Das A-B-C der wirkungsorientierten Evaluation. Glossar Deutsch / Englisch der wirkungsorientierten Evaluation. 2. vollständig bearbeitete und ergänzte Auflage. Köln

Bischoff, Ursula/Gehne, Carsten/Greuel, Frank/Johansson, Susanne/König, Frank/Schlimbach, Tabea/Zierold, Diana/Zimmermann, Eva (2011): Abschlussbericht der Programmevaluation der Bundesprogramme „VIELFALT TUT GUT. Jugend für Vielfalt, Demokratie und Toleranz" und „kompetent. für Demokratie – Beratungsnetzwerke gegen Rechtsextremismus". Berichtszeitraum 01.07.2007 bis 31.12.2010. Halle (Saale)

Bischoff, Ursula/König, Frank/Zimmermann, Eva (2014): Partizipation, Akzeptanz und Alltagsbezug in Projekten zur pädagogischen Rechtsextremismusprävention und zur Förderung demokratischer Einstellungen. In: Jugendhilfe. 52 Jg., H. 1, S. 45–52

Bischoff, Ursula/Greuel, Frank/Johansson, Susanne/König, Frank/Reiter, Stefanie/Zimmermann, Eva (2015): Nachhaltige Impulse für eine wirksame Interventions- und Präventionsarbeit. Ergebnisse der Programmevaluation des Bundesprogramms „TOLERANZ FÖRDERN – KOMPETENZ STÄRKEN", Abschlussbericht 2015. Halle (Saale)

Bischoff, Ursula/Haase, Katrin/König, Frank/Weigelt, Ina (2019): Fünfter Bericht: Landes-Demokratiezentren. Abschlussbericht unter Mitarbeit von Steven Hummel (unveröffentlicht) Programmevaluation „Demokratie leben!". Halle (Saale)

Bischoff, Ursula/König, Frank/Zimmermann, Eva (2018): Pädagogik wirkt?! Wirkungsevaluationen in der pädagogischen Präventionsarbeit. In: Michaela Glaser, Anja Frank und Maruta Herding (Hrsg.): Gewaltorientierter Islamismus im Jugendalter. Perspektiven aus Jugendforschung und Jugendhilfe. 2. Sonderband Sozialmagazin. Weinheim/Basel, S. 147–157

Brand, Alina/Johann, Tobias/Leistner, Alexander/Rehse, Aline/Roscher, Tobias/Walter, Elisa/Zimmermann, Eva (2018): Vierter Bericht: Modellprojekte D. Wissenschaftliche Begleitung der Modellprojekte zu GMF und Demokratiestärkung (unveröffentlicht). Programmevaluation „Demokratie leben!" Zwischenbericht 2018. Halle (Saale)

Diekmann, Andreas (2000): Empirische Sozialforschung. Grundlagen, Methoden, Anwendungen. Reinbek bei Hamburg

Dietzel, Gottfried T. W./Troschke, Jürgen von (1988): Begleitforschung bei staatlich geförderten Modellprojekten. strukturelle und methodische Probleme. Stuttgart

Döring, Nicola/Bortz, Jürgen (2016): Evaluationsforschung. In: Döring, Nicola/Bortz, Jürgen (Hrsg.): Forschungsmethoden und Evaluation in den Sozial- und Humanwissenschaften, Berlin/Heidelberg, S. 975–1036

Faust, Jörg (2020): Rigorose Wirkungsevaluierung – Genese, Debatte und Nutzung in der Entwicklungszusammenarbeit. In: dms – der moderne staat – Zeitschrift für Public Policy, Recht und Management, 13. Jg., H. 1, S. 61–80

Glaser, Michaela/Schuster, Silke (Hrsg.) (2007): Evaluation präventiver Praxis gegen Rechtsextremismus. Positionen, Konzepte und Erfahrungen. Halle (Saale)

Greuel, Frank/König, Frank (2019): Die pädagogische Prävention von Rechtsextremismus im Spannungsverhältnis von Theorie und Praxis sowie Normierungs- und Subjektorientierung. In: Zeitschrift für Sozialpädagogik. 17 Jg., H. 2, S. 115–131

Halves, Edit/Lück-Filsinger/Marianne/Schmidt, Stefan (2014): Evaluation in der Sozialen Arbeit: Entwicklungen und Herausforderungen aus der Perspektive des Facharbeitskreises „Soziale Dienstleistungen der DeGEval". In: Böttcher, Wolfgang/Kerlen, Christiane/Maats, Peter/Schwab, Oliver/Sheikh, Sonja (Hrsg.): Evaluation in Deutschland und Österreich. Stand und Entwicklungsperspektiven in den Arbeitsfeldern der DeGEval – Gesellschaft für Evaluation. Münster/New York, S. 133–149

Haubrich, Karin (2009): Rekonstruktive Programmtheorie – Evaluation multizentrischer Entwicklungsprogramme. In: Zeitschrift für Qualitative Forschung, 10. Jg., H. 1, S. 79–95

Haubrich, Karin (2006): Die Konstruktion des Untersuchungsgegenstandes in der Evaluation innovativer multizentrischer Programme. In: Rehberg, Karl-Siegbert (Hrsg.): Soziale Ungleichheit, kulturelle Unterschiede. Verhandlungen des 32. Kongresses der Deutschen Gesellschaft für Soziologie in München 2004. Frankfurt (Main), S. 3872–3881

Haubrich, Karin/Lüders, Christian/Struhkamp, Gerlinde (2003): Wirksamkeit, Nützlichkeit, Nachhaltigkeit. Was Evaluation von Modellprogrammen realistischerweise leisten können. In: Schröder, Ute B./Streblow, Claudia (Hrsg.): Evaluation konkret. Fremd- und Selbstevaluationsansätze anhand von Beispielen aus Jugendarbeit und Schule. Opladen, S. 183–201

Haunberger, Sigrid/Baumgartner, Edgar (2017): Wirkungsevaluationen in der Sozialen Arbeit mittels Realistic Evaluation: empirische Anwendungen und methodische Herausforderungen. Eine systematische Literaturreview. In: Zeitschrift für Evaluation Jg. 16, H. 1, S. 121–145

INA CL3 (Hrsg.) (2011): Abschlussbericht zum Stand der Umsetzung der Wissenschaftlichen Begleitung in Programmsäule 2 „Modellprojekte". Themencluster „Präventions- und Bildungsangebote für die Einwanderungsgesellschaft" im Programm „VIELFALT TUT GUT. Jugend für Vielfalt, Toleranz und Demokratie" zum Berichtszeitraum 01.01.2008–30.04.2011. Berlin

Köbberling, Gesa (2018). Beratung von Opfern rechter und rassistischer Gewalt. Herausforderungen Sozialer Arbeit zwischen individueller Hilfe und politischer Intervention. Bielefeld

König, Frank/Bischoff, Ursula/Beierle, Sarah (2014): Beratungsnetzwerke gegen Rechtsextremismus. Programmevaluation des Bundesprogramms „TOLERANZ FÖRDERN – KOMPETENZ STÄRKEN": Wissenschaftliche Begleitung der Beratungsnetzwerke / Abschlussbericht. Halle (Saale)

Lüders, Christian/Haubrich, Karin (2006): Wirkungsevaluation in der Kinder- und Jugendhilfe. Über hohe Erwartungen, fachliche Erfordernisse und konzeptionelle Antworten. In: Projekt eXe (Hrsg.) (2006): Wirkungsevaluation in der Kinder- und Jugendhilfe. Einblicke in die Evaluationspraxis. München, S. 5–23

Mayrhofer, Hemma (Hrsg.) (2017): Wirkungsevaluation mobiler Jugendarbeit. Methodische Zugänge und empirische Ergebnisse. Opladen/Berlin/Toronto

Menold, Natalja (2007): Methodische und methodologische Aspekte der Wirkungsmessung. In: Sommerfeld, Peter/Hüttemann, Matthias (Hrsg.) (2007): Evidenzorientierte Soziale Arbeit. Nutzung von Forschung in der Praxis. Hohengehren, S. 26–39

Mueller, Christoph Emanuel/Gaus, Hansjoerg (2014): Assessing the Performance of the „Counterfactual as Self-Estimated by Program Participants". Results From a Randomized Controlled Trial. In: American Journal of Evaluation. https://doi.org/10.1177/1098214014538487 (09.01.2020)

Patton, Michael Q. (1990): Qualitative Evaluation and Research Methods. Newbury Park, CA

Polutta, Andreas (2019): Diskursanalytische Perspektiven zu Wirkung und Wirkungsforschung. In: Begemann, Maik-Carsten/Bleck, Christian/Liebig, Reinhard (Hrsg.): Wirkungsforschung zur Kinder- und Jugendhilfe. Grundlegende Perspektiven und arbeitsfeldspezifische Entwicklungen. Weinheim, S. 22–44

Projekt eXe (Hrsg.) (2006): Wirkungsevaluation in der Kinder- und Jugendhilfe. Einblicke in die Evaluationspraxis. München

Sander, Wolfgang (2005): Theorie der politischen Bildung. Geschichte – didaktische Konzeptionen – aktuelle Tendenzen und Probleme. In: Sander, Wolfgang (Hrsg.): Handbuch politische Bildung. Schwalbach/Ts., S. 13–47

Schmitt, Johannes (2018): SCHLUSS MIT SCHWARZEN BOXEN. Zur Arbeit mit Kausalmechanismen in Evaluierungen. In: DEval Policy Brief 10/2018

Schnell, Rainer/Hill, Paul B./Esser, Elke (2008): Methoden der empirischen Sozialforschung. 8. Aufl. München

Univation (Hrsg.) (2013): Bericht der Wissenschaftlichen Begleitung des Programmbereichs 2 „Förderung von Modellprojekten" im Programm „TOLERANZ FÖRDERN – KOMPETENZ STÄRKEN". Zweiter Zwischenbericht an die (Programm)Evaluation des Deutschen Jugendinstituts. Köln

Universität Bielefeld/proVal (Hrsg.) (2010): Gesamtbericht der wissenschaftlichen Begleitung in der Programmsäule 2 „Modellprojekte Jugend, Bildung und Prävention" im Programm „VIELFALT TUT GUT. Jugend für Vielfalt, Toleranz und Demokratie". Themencluster: „Auseinandersetzung mit historischem und aktuellem Antisemitismus" für den Berichtszeitraum 01.09.2009–31.08.2010. Bielefeld

Widmer, Thomas (2012): Wirkungsevaluation zu Maßnahmen der Demokratieförderung. In: Strobl, Rainer/Lobermeier, Olaf/Heitmeyer, Wilhelm (Hrsg.): Evaluation von Programmen und Projekten für eine demokratische Kultur. Wiesbaden, S. 41–68

Winkler, Michael (2006): Kritik der Pädagogik. Der Sinn der Erziehung. Stuttgart

Ziegler, Holger (2019): Evidenzbasierte Praxis – zum missglückten Versuch sozialpädagogische Praxis auf dem Fundament empirischer Wirkungsforschung anzuleiten. In: Begemann; Maik-Carsten/Bleck, Christian/Liebig, Reinhard (Hrsg.): Wirkungsforschung zur Kinder- und Jugendhilfe. Grundlegende Perspektiven und arbeitsfeldspezifische Entwicklungen. Weinheim/Basel, S. 100–116

Zimmermann, Eva/König, Frank (2018): Wie wirkt politische Bildung? Wege zur Erfassung von Wirkungen und Wirkungsbedingungen in der politischen Bildung. In: Journal für politische Bildung. 8. Jg., H. 3, S. 22–26

11 Wirkungen komplexer Programme – Möglichkeiten und Grenzen evidenzbasierter Evaluation am Beispiel der Partnerschaften für Demokratie

Irina Bohn, Jan Saßmannshausen

Die Herausforderungen, mit denen sich moderne demokratische Gesellschaften konfrontiert sehen, sind vielfältiger geworden. Wertvorstellungen, Weltanschauungen und Lebensweisen differenzieren sich aus, sodass die immer wieder neue Aushandlung des Gemeinschaftlich-Verbindenden besondere Relevanz erhält. Zugleich ist das gegenwärtige Klima von einer zunehmenden Polarisierung und vermehrt populistischen Rhetoriken geprägt, welche unterschiedliche Positionen und Haltungen verhärten bzw. wenig versöhnlich zum Ausschluss „Andersartiger" auffordern.

In diesem Spannungsfeld von Öffnung und Schließung gelingt es populistischen Akteurinnen und Akteuren, in allen gesellschaftlichen Milieus für ihre Themen und Ziele zu werben und auch der „moderne" Extremismus wird salonfähiger (Borstel 2016, S. 36; Zick/Küpper/Krause 2016, S. 111 ff.). Denn durch veränderte Kontextbedingungen und Gelegenheitsstrukturen sind „neue Erscheinungs-, Organisations- und Agitationsformen" (Gomolla/Kollender/Menk 2018, S. 10) an den Rändern des politischen Spektrums entstanden, die inzwischen auch in einer Vermischung einschlägiger Szenen mit „gemäßigteren" Gruppen münden. Es wird geschickt an aktuelle Themen angeknüpft und darauf gesetzt, dass demokratie- und menschenfeindliche Positionen keine gesellschaftliche Randerscheinung darstellen, sondern vielmehr in der sogenannten Mitte der Gesellschaft verankert sind.

Der Untersuchungsgegenstand – Partnerschaften für Demokratie als flexible Instrumente der kommunalen Demokratieförderung

Vor diesem Hintergrund und von der Annahme ausgehend, dass eine gelebte demokratische Kultur der beste Garant für gesellschaftliche Wehrhaftigkeit darstellt, unterstützt das Bundesministerium für Familie, Senioren, Frauen und Jugend gezielt das zivilgesellschaftliche Engagement für Demokratie und gegen jedwede Form von Extremismus. Für die jüngere Vergangenheit der bis in die

1990er-Jahre zurückreichenden Förderhistorie steht „Demokratie leben!". In Gestalt der „Partnerschaften für Demokratie"[1] setzt das Programm seit dem Jahr 2015 den gemeinwesenorientierten Ansatz seiner unmittelbaren Vorgänger „VIELFALT TUT GUT. Jugend für Vielfalt, Toleranz und Demokratie" (2007–2010) und „TOLERANZ FÖRDERN – KOMPETENZ STÄRKEN" (2011–2014) fort (Behn u. a. 2013, S. 7 ff.).

An bundesweit 300 Standorten schließen sich in den Partnerschaften zivilgesellschaftliche und staatliche Akteure und Akteurinnen zu lokalen Bündnissen zusammen und engagieren sich im kommunalen Nahraum gemeinsam für ein demokratisches Miteinander in Vielfalt. Die Gestaltungskraft der Akteursbündnisse entfaltet sich insbesondere vor dem Hintergrund der Etablierung stabiler Netzwerke unter breiter Beteiligung möglichst heterogener Akteursgruppen aus sämtlichen Bereichen der Gesellschaft. Sie sind gekennzeichnet durch ein charakteristisches strukturelles Arrangement, das sich aus den folgenden Elementen zusammensetzt:

Der *Begleitausschuss* bildet das Kernnetzwerk vor Ort, in dem zivilgesellschaftliche Akteurinnen und Akteure mit Vertreterinnen und Vertretern aus Politik und Verwaltung gemeinsam integrierte Handlungsstrategien entwickeln und mittels der Förderung von aufeinander abgestimmten *Projekten bzw. Einzelmaßnahmen* umsetzen. Die *Koordinierungs- und Fachstelle* ist hingegen für die operative Ebene zuständig. Ihr Arbeitsprofil umfasst unter anderem die Betreuung der Projekte sowie die Vorbereitung der Sitzungen des Begleitausschusses. Somit fungiert sie als Scharnier- und Servicestelle zwischen Einzelmaßnahmen und Steuerungsgremium. Darüber hinaus ist sie Ansprechpunkt bei programmrelevanten Problemlagen und berät bzw. unterstützt im Themenfeld aktive Personen. Mittels der *Jugendforen* soll schließlich die Einbindung von Heranwachsenden gefördert werden.

Dieses institutionelle Setting bildet einen allgemeinen Rahmen, der sich an sämtlichen Förderstandorten wiederfindet. Dabei sind die Engagierten in unterschiedlichen „Sozialräumen, in städtischen und ländlichen Regionen, in Wachstums- oder strukturschwachen Regionen, in solchen mit manifestem Rechtsextremismus oder solchen mit eher latenten, verdeckten und eher schleichenden Problemlagen" (ISS/Camino 2014, S. 31) aktiv. Entsprechend stellen sich die jeweiligen Herausforderungen vor Ort, ebenso wie die für ihre Bewältigung zur Verfügung stehenden Ressourcen, äußerst unterschiedlich dar.

Die Leitlinien des Bundesprogramms setzen deshalb zwar einen übergeordneten Orientierungsrahmen, dieser bleibt jedoch relativ weit gefasst und über-

1 Bis zum Jahr 2015 wurden die kommunalen Ansätze als „Lokale Aktionspläne" bezeichnet. Zur Wahrung einer einheitlichen Begriffsverwendung wird ausschließlich von Partnerschaften für Demokratie gesprochen.

lässt den lokalen Akteurinnen und Akteuren, über Vorgaben zum strukturellen Arrangement hinaus, weitreichende Gestaltungsspielräume. Derart soll die nötige Flexibilität gewährt werden, um mit der integrierten Handlungsstrategie standortspezifische Erfordernisse wie auch aktuelle Entwicklungen angemessen berücksichtigen zu können. Die Entscheidung, welche Politikfelder im Einzelfall adressiert, welche Zielstellungen verfolgt und welche Mittel zu deren Erreichung eingesetzt werden, obliegt somit der lokalen Ebene und ist Gegenstand individueller und regelmäßig neu ausgehandelter Relevanzsetzungen.

Die Untersuchungsfrage – altbekannt und wieder aktuell – „Was wirkt?"

Diese präventive Praxis kommunaler Demokratieförderung steht angesichts der eingangs beschriebenen Entwicklungen zunehmend unter Druck. Sie muss sich flexibel zeigen und unter zugespitzten Bedingungen im Wandel befindliche Phänomenbereiche adressieren. Letztere verlangen mit ihren individuellen Logiken alternative Herangehensweisen und verleihen der oftmals gestellten Frage danach „Was wirkt?" neue Aktualität (Armborst u. a. 2018, S. 2 ff.). Ob der Öffentlichkeitswirksamkeit demokratie- und menschenfeindlicher Handlungen nehmen zudem die Forderungen nach empirisch begründeten Aussagen über Erfolge und Potenziale in der Stärkung einer demokratischen politischen Kultur zu. Dabei ist das gesellschaftliche wie auch politische Interesse an eindeutigen Wirkungsaussagen, insbesondere im Zuge der Förderung durch sozialpolitische Programme, berechtigt. Denn zu wissen, ob eine programminduzierte Intervention auch zu den gewünschten Veränderungen führt, ist nicht nur für die Legitimation, sondern auch für deren zielgerichtete Fortentwicklung zentral.

Die Herausforderungen – „Ein dorniges Evaluandum"[2]

Dem Interesse an belastbaren Wirksamkeitsnachweisen nachzukommen, ist eine wesentliche Aufgabe von (Wirkungs-)Evaluationen und auch das Institut für Sozialarbeit und Sozialpädagogik (ISS e.V.) als wissenschaftliche Begleitung der Partnerschaften für Demokratie stand vor der Herausforderung, nachweisbare Effekte der Förderarrangements zu identifizieren. So einfach sich jedoch die hiermit zum Ausdruck gebrachte Frage danach „Was wirkt?" formulieren lässt, so voraussetzungsvoll ist ihre Beantwortung (Armborst u. a. 2018, S. 2 ff.).

So ist zunächst (1) zu klären, welche Zielstellungen mit dem Untersuchungsgegenstand (in der Regel Maßnahmen, Projekte oder Programme) asso-

2 Karin Haubrich (2006, S. 3877) wählte diese Bezeichnung zur Charakterisierung von Bundesmodellprogrammen und beschrieb diese als innovativ, offen konzeptioniert und multizentrisch. Merkmale, die ohne Weiteres auch auf „Demokratie leben!" bezogen werden können.

ziiert bzw. im hier vorliegenden Fall mit der Programmförderung angestrebt werden. Aufbauend auf den explizierten Zielstellungen muss die Wirkungsevaluation (2) gegenstandsspezifische und dem Handlungsfeld angemessene Bewertungskriterien festlegen, anhand derer identifiziert werden kann, welche Veränderungen/Stabilisierungen sich tatsächlich ergeben, und sie muss (3) die kausale Attribution der identifizierten Veränderungen/Stabilisierungen zu den Interventionen des Programms (Projekts, Maßnahme) sicherstellen. Schließlich gilt es (4) zu ergründen, weshalb die Wirkungen eingetreten sind, sodass im Falle formativer Evaluationen Hinweise etwa zu möglichen Nachsteuerungspotenzialen abgeleitet werden können. Sämtliche Fragen sollten auf Grundlage der Qualitätskriterien empirischer Sozialforschung beantwortet und in diesem Zusammenhang idealerweise auch definiert werden, was unter „Wirkung" eigentlich zu verstehen ist (Reade 2008, S. 3).

Die Identifikation und eindeutige kausale Attribution programmevozierter Veränderungen an sich stellt nun bereits eine methodisch (mindestens) anspruchsvolle Aufgabe dar. Im Falle komplexer, lernender und multizentrischer Settings wie „Demokratie leben!" wird sie indes zu einer Herausforderung (Lynen von Berg/Hirseland 2004, S. 19; Robert Koch Institut 2012, S. 11). So basiert das Modell der Partnerschaften auf der Grundidee, die Verantwortung für die Prävention von Demokratie- und Menschenfeindlichkeit in die Hände von Zivilgesellschaft in Kooperation mit staatlichen Akteuren und Akteurinnen zu legen und auf kommunaler Ebene Möglichkeitsräume zur aktiven Partizipation zu schaffen. Entsprechend werden die Co-Governance-Arrangements an mehreren Standorten in heterogenen Förderregionen umgesetzt (multizentrisch). Sie entwickeln passgenaue Handlungsansätze für spezifische Zielstellungen (offene Konzeption), mit denen sie bisweilen auf weiche, nicht direkt messbare Aspekte abheben (persuasiv). Hinzu kommt, dass aufgrund der hohen Vielgestaltigkeit der jeweils umgesetzten Maßnahmen eine Wirkungsevaluation auf Ebene der Projektteilnehmenden als letztliche Zielgruppe nur bedingt erfolgsversprechend bzw. umsetzbar erscheint. Zumal die Erfahrungen der Vorgängerprogramme bzw. die implizite Programmtheorie Wirkmechanismen erkennen lassen, die über die zahlreichen Einzelmaßnahmen hinausgehen (plurale Wirkmechanismen). So befördern Partnerschaften unter anderem über den Aufbau von Netzwerkstrukturen oder Fachstellen vor Ort eine demokratische politische Kultur und suchen Veränderungen der lokalen Situation oder der Voraussetzungen ihrer Bearbeitung zu erreichen. Programmseitig werden bezugnehmend auf aktuelle gesellschaftliche Entwicklungen schließlich auch während der Umsetzungsphase neue Akzente gesetzt (lernend), sodass sich bestehende Schwerpunkte der Aktiven auch im Verlauf der Evaluation verändern können.

11.1 Möglichkeiten und Grenzen der Evaluation kommunaler Demokratieförderung

Zusammengefasst sollte im Rahmen der Evaluation also nachgezeichnet werden, inwiefern nicht eindeutig definierte, bisweilen nicht beobachtbare Veränderungen bei wechselnden Zielgruppen in heterogenen Kontexten und unterschiedlichen Phänomenbereichen auf vielgestaltigen und sich verändernden Wegen erzielt werden konnten. Somit wies die Untersuchungssituation ganz erhebliche Mängel auf, angesichts derer Versuche einer rigorosen Wirkungsevaluation „vor allem im experimentellen oder quasi-experimentellen Design, [...] zum Scheitern verurteilt gewesen" (Pallocks 2007, S. 20) wären. So verblieb die kausale Zuordnung von Veränderungen zu spezifischen Interventionen durch den Ausschluss anderweitiger Erklärungsmöglichkeiten anhand von (Labor-)Experimenten mit zufallsbasierter Bestimmung von Kontroll- und Untersuchungsgruppe eine idealtypische Methodologie.

Um sich dennoch einer belastbaren Antwort auf die Frage nach der ursächlichen Zuschreibung etwaiger Veränderungen in lokalen Bezügen und somit der kausalen Attribution anzunähern, mussten neue Wege beschritten und Ersatzlösungen gefunden werden, die unter den klassischen Restriktionen angewandter Forschung (Zeitpotenziale, finanzielle Ressourcen, Primat der Praxis, Nutzenorientierung etc.) zugleich gegenstandsangemessen wie auch praktikabel waren und darüber hinaus hinreichend gültige Ergebnisse versprachen. Über nunmehr drei Programmgenerationen hinweg wurden mit diesem Ziel multimodale Designs konzipiert und erprobt, die gleichsam mit der Evolution des Untersuchungsgegenstands als auch mit dem zunehmenden Wissen der Forschenden fortentwickelt und auf Grundlage der Reflexion über Nutzen und Umsetzbarkeit einzelner Elemente modifiziert worden sind.

Die folgenden Abschnitte fokussieren sowohl die praktischen Fragen, die mit der Evaluation der Großprogramme verbunden waren, als auch die oftmals pragmatischen Antworten zur Überwindung der methodischen wie auch konzeptionellen Herausforderungen.

11.2 Den Evaluationsgegenstand verstehen, kein Weg für Eilige!

Zu Beginn der Evaluation der Partnerschaften für Demokratie galt es, die alles entscheidende methodologische Frage zu beantworten: Wie kann es gelingen, die übergeordnete Funktionsweise einer Vielzahl lokaler Arrangements zur Demokratieförderung zu verstehen und abzubilden? Das war kein banales Unterfangen, denn – zur Erinnerung – es ging nicht darum, einzelne Modelle pädagogischer Praxis in den Blick zu nehmen. Es ging vielmehr darum, die Handlungslogik von damals insgesamt 172 unerprobten kommunalen Einzelmodellen mit einer Vielzahl an lokalen Bedingungen, beteiligten Akteurinnen sowie Akteuren und Akteurinnen und Handlungsebenen gegenstandsangemessen zu konturieren. Und um es gleich vorweg zu nehmen: Das Team des ISS e.V. hat für die Rekonstruktion der Handlungslogik, die Überprüfung des Modells und die Typologisierung von Strategien eine Programmgeneration, also drei Jahre, benötigt.

In Bezug auf die Partnerschaften für Demokratie war es ausgeschlossen, sich aus der Perspektive der Programmgestaltenden, also formulierter Wirkungserwartungen, anzunähern. Die Gründe lagen nicht nur in den bereits von Helmut Kromrey (2007, S. 121 ff.) auf den Punkt gebrachten Probleme der Evaluation politischer Programme. Sie verschärften sich auch, weil die Förderrichtlinien der Partnerschaften für Demokratie zwar einen Rahmen für die inhaltliche Ausrichtung vorgaben, die konkrete Formulierung der Ziele aber in hohem Maße auf der lokalen Ebene ansiedelten, um den Akteurinnen und Akteuren die Möglichkeit zu einer auf lokale Problemlagen und Ressourcen abgestimmten fachlichen Praxis zu eröffnen.

Angesichts der sich daraus ergebenden Spannbreite umgesetzter Strategien (verstanden als logische Ziel-Mittel-Verknüpfung) war es erforderlich, die Evaluationsmethodologie auf der Ebene der fachlichen Praxis in hohem Maße aus den Perspektiven und Annahmen der lokalen Akteurinnen sowie Akteure und Stakeholder zu konturieren. Das erste Untersuchungsmodul der Evaluation richtete sich daher darauf, die Komplexität und den Variantenreichtum der fachlich-inhaltlichen Vorgehensweise der Partnerschaften zu rekonstruieren und offenzulegen. Auf der Grundlage qualitativer Interviews sind zu diesem Zweck zunächst die zentralen Wirkungserwartungen von rund 50 an unterschiedlichen Partnerschaften verantwortlich beteiligten Akteurinnen und Akteuren erfasst worden. Es handelte sich also um eine Rekonstruktion der Erwartungen zur Wirkungsweise der Partnerschaften aus der Teilnehmendenperspektive der handelnden Praktikerinnen und Praktiker.

Die Interviewanalyse folgte der heuristischen Überlegung, dass Wirkungserwartungen der Akteurinnen und Akteure die Struktur von „Um-Zu-Motiven" aufweisen (vgl. zu Erläuterung des auf Alfred Schütz zurückgehenden Begriffs des „Um-Zu-Motivs" etwa Kelle 2006, S. 120 f.). Entsprechende Aussagen und Erwartungen verknüpfen also einen angestrebten Zielzustand mit bestimmten Mitteln, beispielsweise mit Erwartungen über zur Zielerreichung angemessenen Handlungen. Damit handelte es sich konkret um eine Form der dimensionalen Analyse (Kromrey 2009, S. 107 ff.), die es erlaubt, das Vorgehen der Partnerschaften im Licht der gegenstandsbezogenen Handlungslogik einer Bewertung zugänglich zu machen.

Die induktiv identifizierten Wirkungsannahmen ließen sich schließlich in Orientierung an Theorien zur politischen Sozialisation (Hopf/Hopf 1997) in Form einer Matrix systematisieren. Als relevant erwiesen sich dabei vier übergeordnete strategische Ziele, denen sich jeweils spezifische Handlungsdimensionen zuordnen ließen (ISS/Camino 2014, S. 31). Damit gelang es „zuerst jene kausalen Pfade, die ein bestimmtes outcome erzeugen können [zu] beschreiben […], bevor man an den Einsatz standardisierter Instrumente überhaupt denken kann" (Kelle 2006, S. 130). Konkret ließen sich die durch die Partnerschaften für Demokratie beförderten Prozesse politischer Sozialisation in folgende zentrale Handlungslogiken unterteilen:

Abb. 11.1: Modell der Handlungslogik der Partnerschaften für Demokratie

Quelle: Eigene Darstellung

Diese Handlungslogiken ergänzen sich wechselseitig und decken zusammen die wesentlichen Aspekte von Prozessen politischer Sozialisation ab: Sie umfassen sowohl die „positive" Unterstützung demokratischer Werte (Förderung) als auch die „negative" Abwehr von Werteverletzungen (Prävention). Sie setzen ebenso auf der Ebene lokaler Strukturen an (Verhältnisprävention) wie auch auf der Ebene der Subjekte (Verhaltensprävention).

11.3 Ein theoriegebundenes Modell – Aber eines für alle Partnerschaften für Demokratie?

Nun lag zwar ein Modell zum Verständnis der Handlungslogik von Partnerschaften für Demokratie vor, unklar war aber, ob sich dieses Modell für alle Fördergebiete eignete, ob es vollständig war und das maß, was es messen sollte. Daher lag es auf der Hand, es nicht bei dem theoretisch gebundenen Modell zu belassen, sondern seine Eignung quantitativ zu überprüfen.

Ein erster methodischer Schritt, um die qualitative Exploration in ein standardisiertes und quantifizierbares Erhebungs- und Analysedesign umzusetzen, bestand daher in der Formulierung von Erhebungsitems, die die qualitativ erschlossenen Wirkungsannahmen spezifisch operationalisierten. Um eine ausreichend differenzierte Erhebung der Strategien zu gewährleisten, sind die genannten vier Wirkungsannahmen in insgesamt elf Unteraspekte (Handlungsdimensionen) übersetzt und in Form von 29 Items (Handlungselemente) operationalisiert worden, die in eine zweistufige standardisierte Befragung aller Partnerschaften für Demokratie eingegangen sind (ISS/Camino 2013, S. 46).

Im ersten Schritt wurde das Modell auf Vollständigkeit und Reliabilität geprüft. Befragt wurden in der ersten Welle alle Vorsitzenden der Begleitausschüsse, also desjenigen Gremiums, das für die Festlegung der lokalen Strategien verantwortlich zeichnet. Um die Vollständigkeit des Instruments zu prüfen, wurden auf allen Ebenen offene Kategorien eingefügt. Zur Prüfung der Reliabilität des Instruments sind weitergehend die Relationen zwischen den Einzelitems geprüft und das Erhebungsinstrument um insgesamt neun Items bereinigt worden. Die Auswertung der offenen Kategorien erbrachte keinen Hinweis auf eine Notwendigkeit zur Ergänzung des Modells.

Als Ergebnis lag damit eine Matrix vor, in der ein nunmehr reduziertes Set von schließlich 22 Items die qualitativ erschlossenen Wirkungsannahmen abbildet und repräsentiert (vgl. zur detaillierten Ausführung ISS/Camino 2017, S. 52). Dieses Instrument wurde im nächsten Schritt im Abstand von vier Jahren zweimal als Instrument zur Vollerhebung der Daten bei den Koordinatorinnen und Koordinatoren der Partnerschaften für Demokratie eingesetzt.

11.4 Von Wirkungsannahmen über die Handlungslogik zu typologisierten Handlungsstrategien – Vorausschauender Auswertungsschritt zur Öffnung der Wirkungs-Blackbox

Es liegt auf der Hand, dass Partnerschaften für Demokratie sich nicht eindimensional einer der vier identifizierten Unterbereiche der Handlungslogik zuordnen lassen. Vielmehr war erwartbar und auch anhand der ersten Auswertung der Befragungsergebnisse belegbar, dass die Akteurinnen und Akteure mit diesem breit aufgestellten Handlungsrepertoire flexibel umgehen, sie also durch strategische Entscheidungen und Schwerpunktsetzungen ihr jeweils spezifisches Vorgehen bei der Umsetzung der Partnerschaft profilieren.

Um diese strategischen Ausrichtungen der Aktionspläne statistisch belastbar identifizieren zu können, wurden auf der Grundlage der Erhebung der Handlungselemente multivariate statistische Analysen, sogenannte latente Klassenanalysen (LCA) (siehe hierzu z. B. Jürgen Rost 2014), vorgenommen. Mithilfe dieses Verfahrens ließen sich die einzelnen Partnerschaften mit hoher Verlässlichkeit verschiedenen Teilgruppen zuordnen, die sich durch eine bestimmte Kombination von Handlungselementen auszeichnen. Insgesamt wurden zunächst vier unterschiedliche Strategietypen identifiziert (ISS/Camino 2014, S. 33), die bei einer in der nächsten Programmgeneration wiederholten Befragung und Auswertung schließlich fünf Strategietypen ergaben. Zu beiden Auswertungszeitpunkten wurden die Ausprägungen der einzelnen Strategietypen mittels qualitativer Leitfadeninterviews konkretisiert. Zuletzt wurden hierzu je Strategie zwei Standorte ausgewählt, die sowohl in ihrer inhaltlichen Ausrichtung als auch den Gebietskulissen bzw. der regionalen Verortung den identifizierten Gruppen möglichst ähnlich sind (Prototypen). Bei dem Verfahren der Fallauswahl handelte es sich also um selektives Sampling unter Nutzung quantitativer Forschungsergebnisse. Die Interviews wurden mit den Koordinatorinnen und Koordinatoren vor Ort zu je zwei Zeitpunkten geführt.

Mittels der qualitativen Interviews wurden die konkreten Ausprägungen der einzelnen Typen erhoben. Durch das Feststellen von Begründungszusammenhängen und deren Interpretation konnte ein tieferes Verständnis dafür erreicht werden, warum sich die einzelnen Partnerschaften für Demokratie für bestimmte Handlungselemente entschieden. Hierbei wurden zwei Bewertungsebenen angelegt: Zunächst wurden die interviewten Akteurinnen und Akteure selbst darum gebeten, besondere Ausprägungen ihres statistisch ermittelten Profils vertiefend zu erläutern (z. B. die Schwerpunktsetzung auf bestimmte Handlungselemente, die Ablehnung bestimmter Handlungselemente etc.). Die zweite Ebene ergab sich aus einer wissensbasierten Betrachtung und Interpretation des strategisch-inhaltlichen Vorgehens zur Bearbeitung verschiedener Problemlagen, im Sinne einer „doppelten Hermeneutik" (Giddens 1984, S. 95).

Das zweistufige typologisierende Vorgehen ermöglichte trotz der hohen Bandbreite an Einzelprojekten und strategischen Annahmen die Identifikation der wesentlichen Charakteristika bestimmter fachlicher Vorgehensweisen. Es ließen sich fünf verschiedene Strategietypen der Partnerschaften für Demokratie ausmachen, die durch den strukturellen Kontext, die Problemlagen und natürlich in erster Linie durch Beschlüsse der Entscheidungsgremien der Partnerschaften bestimmt sind.[3] Dieser Arbeitsschritt war nicht nur relevant, um über alle Fördergebiete hinweg einen verstehenden Zugang zum Handeln der Partnerschaften zu gewinnen. Es war auch ein notwendiger Zwischenschritt, um zu einem späteren Zeitpunkt Aussagen darüber treffen zu können, unter welchen Bedingungen das Handeln der Partnerschaften Wirkungen zeitigt, also eine erklärende Öffnung der Blackbox zu ermöglichen (siehe Abschnitt 12.7).

3 Eine kurze Beschreibung der fünf Strategien findet sich in den folgenden Abschnitten. Vergleiche auch ISS und Camino (2017, S. 55 ff.) für eine differenzierte Darstellung.

11.5 Wirkungsebenen – Herleitung von Bewertungskriterien

Wird auf der nächsten Ebene eines Evaluationsprozesses nunmehr der Blick auf die Frage nach den potenziellen Wirkungen von Partnerschaften für Demokratie gerichtet, so wird schnell deutlich: auch dies ist, wie könnte es anders sein, ein komplexer Gegenstandsbereich.

Als Betrachtungsebene für die Untersuchung programmevozierter Veränderungen boten sich zunächst naheliegend die von Auftraggeber in den Leitlinien des Programmbereichs festgelegten Problemlagen an, die durch die Partnerschaften für Demokratie adressiert werden sollten. Dies waren insgesamt neun und umfassten Bereiche von Antisemitismus über Ablehnung kultureller Vielfalt im Kontext Flucht und Asyl, Demokratiedistanz bis hin zu Rechtsextremismus.

Um den Untersuchungsgegenstand in seinen Kerndimensionen fassbar zu machen, entschied sich das ISS e.V. für ein Design, das im Kern auf Experteneinschätzungen zur Situation in den Förderregionen basierte. Ein weitreichender Zugang, id est über die Erhebung personenzentrierter Daten, hätte den Rahmen der Evaluation komplett gesprengt. Mit dem gewählten Untersuchungsdesign wurde es aber möglich, die komplexe Programmrealität bei angemessenem Mitteleinsatz zu adressieren und im Gegensatz zur Überprüfung der Wirksamkeit einzelner Projekte auch den Umstand zu berücksichtigen, dass die implizite Programmtheorie mehrere, über die Umsetzung von Einzelmaßnahmen hinausgehende Wirkmechanismen vereint. Entsprechend fokussierte die wissenschaftliche Begleitung eine Abbildung der wahrgenommenen Situation vor Ort entlang der neun zu adressierenden Problemlagen (siehe Abschnitt 12.6).

Nun stellen Partnerschaften für Demokratie ein Kooperationsarrangement zwischen unterschiedlichen Akteurinnen und Akteuren dar, dessen Erfolg über die Einwirkung auf Problemlagen hinausgeht. Partnerschaften fördern auch die Entwicklung einer demokratischen politischen Kultur und stellen selbst Lernorte demokratischer Praxis dar. Dabei wirken sie nicht nur nach „innen“ auf unmittelbar beteiligte Akteurinnen und Akteure, indem sie „ihr ‚heimliches Curriculum‘ […] demokratieverträglich, wenn nicht gar -förderlich“ (Roth 2009, S. 43) gestalten. Auch auf Kooperationspartnerinnen und Kooperationspartner oder die lokale Öffentlichkeit sind demokratieförderliche Effekte durch eine bewusste Gestaltung der Strukturen und Prozesse denkbar.

Um diesen Bereich abzubilden, wurde auf ein bereits empirisch abgesichertes Instrument, das „International IDEA Framework“, zurückgegriffen (Beetham u. a. 2008). Dieses wurde in einem Delphi-basierten Prozess für den Gegenstandsbereich der Partnerschaften für Demokratie adaptiert (Bohn/Saßmannshausen 2016, S. 47 ff.) und schließlich in einem perspektiventriangulierenden Verfahren zu zwei Zeitpunkten quantitativ erhoben und ausgewertet.

Hierbei zeigte sich, dass die generierten Mittelwerte Unterschiede zu stark nivellieren, um differenzierte Aussagen zu treffen. Das Instrument eignete sich indes gut zur Abbildung von Entwicklungen auf lokaler Ebene und damit zur Reflexion der lokalen Entwicklungsnotwendigkeiten.

Aus diesem Grund und der Notwendigkeit, die Komplexität der Arbeitsschritte bei der Evaluation zu reduzieren, fiel die Entscheidung zur Fokussierung der Wirkungsanalyse auf die lokalen Problemlagen.

11.6 Wirkungen auf der Spur – Situationsveränderungen und kausale Attribution

Das übergeordnete Ziel von Wirkungsuntersuchungen ist es, zu bestimmen, ob im Zuge einer Intervention Effekte eingetreten und kausal auf die gesetzten Stimuli zurückzuführen sind. Hierfür gilt es, die relevanten Veränderungen/Stabilisierungen zu erfassen und im vorliegenden Fall möglichst eindeutig den Partnerschaften für Demokratie zuzuschreiben (Attribution). Rivalisierende Erklärungen für mögliche Effekte sind auszuschließen und jener Anteil zu isolieren, der ohne Maßnahme nicht beobachtbar gewesen wäre (Nettowirkung) (Stockmann 2006, S. 101 f.). Wie dieses Ziel erreicht werden kann, ist Gegenstand wiederkehrender Debatten (Caspari 2012, S. 12 ff.). Eine mögliche Antwort bieten kontrafaktische Ansätze (Caspari/Barbu 2008, S. 6 ff.). Sie erweisen sich einerseits als fruchtbar, bergen andererseits jedoch spezifische Herausforderungen, die sich sowohl aus den zugrundliegenden Annahmen, als auch aus ganz praktischen Restriktionen ergeben.

Was wäre wenn …? – Zur Berücksichtigung des Kontrafaktischen

Eine zentrale Annahme dieser Ansätze besteht zunächst darin, dass die von einem Treatment betroffenen Einheiten abhängig von der Verabreichung eines Stimulus mehrere mögliche Zustände aufweisen – nämlich einen Zustand ohne und einen Zustand mit Intervention. Der Unterschied zwischen diesen Zuständen (Stimulus/kein Stimulus, Teilnahme/Nicht-Teilnahme etc.) ist für die Forschenden von besonderem Interesse und bildet die Wirkung der Maßnahme ab. Wirkungsmessung vollzieht sich hier also im Vergleich von Zuständen bzw. Ergebnissen. Diese sind jedoch theoretischer Natur (kontrafaktisch), denn schon per Definition sind nicht beide zugleich bei ein und derselben Einheit beobachtbar (fundamentales Problem der Kausalanalyse) (Legewie 2012, S. 126 f.).

Im Rahmen klassischer Experimente wird dieses fundamentale Problem der Kausalanalyse über Kontrollgruppen gelöst und das Kontrafaktische nachgebildet. Dem bewährten naturwissenschaftlichen Idealtyp suchen sich Forschende auch in anderen Disziplinen weitestgehend anzunähern, etwa indem sie den experimentellen Aufbau übernehmen, Kontrollgruppen konstruieren und über eine Zufallsauswahl sicherstellen, dass neben der Intervention keine relevanten Gruppenunterschiede auftreten, die Alternativerklärungen für etwaige Differenzen in den Ausgangsmessungen bieten könnten (Selektionsbias). Diese Anordnung (Zufallsexperiment) ist in den Anwendungsbereichen der Sozialwissenschaften und insbesondere in dem weiter oben beschriebenen Setting indes nur schwerlich zu realisieren. Allerdings steht den Forschenden auch jenseits solcher „Randomized Controlled Trials" ein breites Repertoire an Designs zur Verfügung (Stockmann 2006, S. 224 ff.). Charakteristisch ist, dass sie versuchen, ein experimentelles Design nachzuahmen, das Selektionsproblem zu adressieren und den Effekt der Intervention zu isolieren (Legewie 2012, S. 127 ff.).

Im Zuge der Evaluation der Bundesprogramme erprobte das ISS mehrere Konfigurationen solch quasi-experimenteller Versuchsanordnungen. So wurden Erhebungen unter den geförderten Partnerschaften als eigentliche Untersuchungsgruppe im Laufe der Programmgenerationen um Vergleichsgruppen und externe Perspektiven ergänzt und – wenngleich kein experimentelles Design im strengen Sinne realisiert – Anleihen für explorative Zugänge zur Erhöhung der Ergebnisvalidität gewonnen. Exemplarisch für die Herausforderungen steht die Evaluation im Rahmen der jüngsten Förderperiode.

Neue Pfade und pragmatische Entscheidungen

Die wissenschaftliche Begleitung der Partnerschaften für Demokratie profitierte in hohem Maße von Vorerfahrungen aus der Evaluation der Lokalen Aktionspläne und konnte sowohl auf vorhandene Expertise als auch ausgearbeitete Konzepte zurückgreifen.[4] Zugleich wurden rückblickend auch Herausforderun-

4 Zum Beispiel wurde im Rahmen der Evaluation des Vorgängerprogramms „TOLERANZ FÖRDERN – KOMPETENZ STÄRKEN" ein Design erprobt, welches auf externe Vergleichsgruppen zurückgriff. Genauer wurden fünf Regionen ausgewählt, die sich um eine Bundesförderung bemüht, allerdings negative Bescheide auf ihre Interessenbekundungen erhalten hatten. Da in diesen Fällen davon auszugehen war, dass aufgrund der Antragsstellung einschlägig relevante Problemlagen vorhanden waren, bildeten diese Regionen den Vergleichsmaßstab, anhand dessen relevante Entwicklungen in lokalen Kontexten ohne die Implementierung Lokaler Aktionspläne nachvollzogen und jenen mit programmseitiger Intervention gegenübergestellt werden konnten. Ausgehend von der untersuchungsleitenden Frage, ob sich charakteristische Prozesse, Aktivitäten und Veränderungen der Fördergebiete auch in den Regionen ohne Lokale Aktionspläne abzeichnen oder ob sie eher als Spezifika integrierter Handlungsstrategien zu deuten sind, wurden zu je zwei Zeitpunkten vor Ort problemzentrierte Interviews geführt und zunächst Kontexte, strategische Konzepte und die verbundenen Wirkannahmen eruiert. Im Rahmen des zweiten Interviews wurden wiederum in Retrospektion evaluative Einschätzungen zur Situationsveränderung entlang der durch „TOLERANZ FÖRDERN – KOMPETENZ STÄRKEN" adressierten Bereiche fokussiert. Somit konnten die Themen wie auch der zeitliche Rahmen weitestgehend jenen der Untersuchungsgruppe angeglichen werden. Denn auch diese wurde im Rahmen multime-

gen identifiziert, die sich unter anderem auf die weiterführende Anpassung des Untersuchungsdesigns bezogen und vorrangig die Absicherung der Wirkungsbefunde betrafen. Im Mittelpunkt standen Fragen danach, wie die in den Förderregionen zu erwartenden Veränderungen präziser abgebildet und möglichst eindeutig auf die Vorgehensweisen der Partnerschaften zurückzuführen war.

In der Konsequenz bildete trotz des vorhandenen Erfahrungswissens die (erneute) qualitative Exploration des Spektrums zu erwartender Wirkungen den Ausgangspunkt der Untersuchungen. Gemeinsam mit ausgewählten Expertinnen bzw. Experten der Praxis wurde ein standardisiertes Instrument bestehend aus 69 Statements (z. B. „Relevante Akteure verfügen über profunde und aktuelle Situationskenntnis zu rechtsextremen Strukturen, Erscheinungsformen und Aktivitäten vor Ort …") entwickelt, anhand dessen die wahrgenommene Situation vor Ort auf einer fünfstufigen Antwortskala („Trifft voll zu" bis „Trifft gar nicht zu") abgebildet werden konnte. Im Rahmen quantitativer Vollerhebungen in den Jahren 2016 und 2018 wurden die Statements von Vertreterinnen bzw. Vertretern sämtlicher Partnerschaften zur Einschätzung vorgelegt. Da die zugehörige Fragestellung („Bitte geben Sie an, inwiefern die folgenden Aussagen auf die aktuelle Situation in Ihrer Förderregion zutreffen.")

---

thodischer Erhebungen vorrangig um evaluative Selbsteinschätzungen unter Nutzung retrospektiver Methoden gebeten.

In der Gesamtschau war das Untersuchungsdesign durch deutliche Bezüge auf die klassischen Elemente von Wirkungsuntersuchungen gekennzeichnet, wenngleich wesentliche Einschränkungen unter anderem mit Blick auf die vorhandenen Ressourcen bzw. zugunsten einer fristgerechten Bereitstellung von Informationsgrundlagen für die Fortentwicklung des Programms vorgenommen werden mussten. Auch die keinesfalls zufällige Auswahl und die geringe Fallzahl erwiesen sich insofern als Einschränkungen, als dass mit den Förderregionen der Quasi-Vergleichsgruppe nicht sämtliche Problemlagen vollumfänglich abgedeckt werden konnten. Dennoch hat sich dieses Vorgehen durchaus bewährt. Es zeichneten sich in den untersuchten Gruppen deutliche Unterschiede sowohl in den Veränderungen entlang zentraler Problemlagen als auch der Ausprägung vorgelagerter Gelingensbedingungen ab. So wurde unter anderem herausgearbeitet, dass Akteurinnen und Akteure in Regionen ohne Programmförderung im Untersuchungszeitraum keinesfalls untätig blieben und eine Verschlimmerung der Situation vor Ort verhindert werden konnte. Starke Verbesserungen wurden jedoch vorwiegend aus den Fördergebieten berichtet. Darüber hinaus ergaben sich aus den Vergleichen zwei weitere Charakteristika integrierter Handlungsstrategien. Hierzu zählte erstens die besondere Gewährleistung einer kontinuierlichen, im Gegensatz zu einer an konkrete Manifestationen und hohen Problemdruck gebundenen, Auseinandersetzung mit den programmrelevanten Themenstellungen. Zweitens erschien die schon konzeptionell verankerte Förderung eines systematischen und akteursgruppenübergreifenden Austauschs unter Einbezug der Zivilgesellschaft als besondere Stärke. Unter anderem aufgrund der mit „Demokratie leben!" fokussierten inhaltlichen Erweiterung bzw. der zunehmenden Heterogenität sowie der wachsenden Anzahl an Förderstandorten musste in der jüngsten Förderperiode von einem Design mit externen Vergleichsgruppen abgesehen und die Absicherung der Wirkungsbefunde anderweitig adressiert werden.

im Gegensatz zu den vorangehenden Förderperioden kein retrospektives Element beinhaltete, handelte es sich bei der Untersuchung zudem um einen Längsschnitt im Sinne der mehrfachen Abbildung des Ist-Standes, sodass sich die wissenschaftliche Begleitung durch die Einführung von zwei Messzeitpunkten stärker als zuvor an einer quasi-experimentellen Anordnung orientierte.

Die aus den beiden vollständig realisierten Vollerhebungen resultierenden Datenbestände wurden nach Abschluss der Feldphase im Jahr 2018 aufbereitet, bereinigt und zusammengeführt. Entlang der nunmehr neun Problemlagen (Rechtsextremismus, Antisemitismus, Islam- und Muslimfeindlichkeit, Antiziganismus, Homo- und Transfeindlichkeit etc.) wurden nun in einem nächsten Schritt Mittelwertdifferenzen auf Ebene der 69 Items gebildet und unter anderem Effektstärken (Cohens d) berechnet. Veränderungen in den Situationswahrnehmungen ergaben sich somit aus Differenzen in den Einschätzungen des jeweiligen Ist-Standes.

Längsschnittanalyse mit interner Quasi-Vergleichsgruppe und statistischer Drittvariablenkontrolle

Diente das beschriebene Design vorrangig dazu, etwaige Veränderungen nachzuzeichnen, eignete es sich in der beschriebenen Form nur sehr bedingt zum Ausschluss konkurrierender Erklärungen für diese Beobachtungen. Denn ohne Kontrollgruppe bilden sich in den Angaben zu den Förderregionen bestenfalls Bruttowirkungen (also die Gesamtheit von Veränderungen unabhängig ihrer Ursache) ab (Caspari 2012, S. 12). Eine halbwegs belastbare Antwort auf die Frage, inwiefern sich zum Beispiel (wahrgenommene) Verbesserungen der Mobilisierungsfähigkeit bei rechtsextremen Vorfällen tatsächlich auf die Partnerschaften zurückführen lassen bzw. was ohne Maßnahme geschehen wäre, war auf dieser Grundlage schwerlich möglich. Mit Blick unter anderem auf die Komplexität sowie auf die inhaltliche Öffnung des Programms musste zwar von einem klassischen Kontrollgruppen-Design abgesehen werden. Für eine erste Annäherung an die Abbildung des Kontrafaktischen versuchte das ISS e.V. dennoch in Anlehnung an die eingangs geschilderten Überlegungen, Vergleichsgruppen im weitesten Sinne zu konstruieren. So wurden Angaben zu den Stellenwerten erhoben („niedrig, „mittel", „hoch"), welche die Partnerschaften der Bearbeitung der jeweiligen Schwerpunkte einräumten. Abhängig von ihren jeweiligen Relevanzsetzungen konnten so programminterne Quasi-Vergleichsgruppen erstellt und die Einschätzungen jener, die einen relevanten Schwerpunkt tatsächlich konsequent adressiert haben, mit den Einschätzungen derer verglichen werden, die anderweitig engagiert waren.[5]

---

5 Zwar bot die Einführung solcher Gruppenvergleiche wesentliche Erkenntnisgewinne (siehe hierfür die folgenden Abschnitte), dennoch bilden sich auch hier keinesfalls „reine" Netto-

Auf Grundlage dieser Vorarbeiten zur Erfassung von Situationsveränderungen sowie zur Berücksichtigung des Kontrafaktischen wurde sich der Wirkungsuntersuchung schließlich auf analytischen Wege zugewandt. Als Ausgangspunkt diente die Definition von „Wirkungen“ als relevante Veränderungen bzw. Stabilisierungen oder Aufrechterhaltungen[6] der (wahrgenommenen) kommunalen Situationen, die den Aktivitäten der Partnerschaften für Demokratie zuzuschreiben sind. Zur systematischen Identifikation programmevozierter Veränderungen wurde entlang dieser Definition ein Arrangement methoden- wie auch perspektiventriangulierender Kriterien entwickelt.

- *Einstufung:* Im Rahmen dieses Schritts wurden die Unterschiede in den Situationswahrnehmungen in den Jahren 2016 und 2018 fokussiert und geprüft, ob sich gegebenenfalls relevante Veränderungen im Sinne der Programmziele ergeben haben. Differenzen in den Einschätzungen wurden dann als positive Situationsveränderung eingestuft, wenn die Mittelwertunterschiede positiv und signifikanter Natur waren (T-Test). Sie galten dann als relevant, wenn Cohens d (Effektstärke) auf einen mindestens kleinen Effekt schließen ließ. Traf mindestens eine dieser Bedingungen nicht zu, konnte der Beitrag einer Partnerschaft maximal in der Aufrechterhaltung bzw. Stabilisierung der Situation liegen.
- *Attribution:* Im Rahmen dieses Schritts wurde geprüft, inwiefern sich die Situationsveränderungen/Stabilisierungen dem Engagement der Partnerschaften zuschreiben ließen. Eine relevante positive Situationsveränderung oder die Stabilisierung/Aufrechterhaltung der Situation wurde dann dem Wirken der Partnerschaft für Demokratie zugeschrieben, wenn sich ein mindestens kleiner Effekt zwischen Engagementintensität bzw. Stellenwert der Bearbeitung und der Situationsveränderung ergab (Eta $\geq$ 0,1). Ferner musste sich der Zusammenhang auch unter Kontrolle etwaiger Drittvariablen als bedeutsam erweisen (positiver und signifikanter standardisierter Regressionskoeffizient einer multiplen Regression), sodass der Selektions-

wirkungen, sondern eher graduelle Abstufungen innerhalb des Wirkungsportfolios lokaler Partnerschaften für Demokratie ab. Denn die identifizierten Unterschiede beziehen sich „nicht wie in einem klassischen Vergleichsgruppendesign auf Gruppen „ohne Treatment“ und solche „mit Treatment“, sondern auf Gruppen mit „niedrigem“ und „hohem“ Treatment. Diese Einschränkung führte insofern zu einer „strengeren“ Beurteilung, als dass Wirkungen, die gegebenenfalls bereits mit einem geringen Einsatz zu erreichen sind, unterschätzt bzw. nicht identifiziert werden konnten.

6 In Anlehnung an Beywl u. a. können im Kontext gesamtgesellschaftlicher Entwicklungen und gegebenenfalls zunehmenden Problemdrucks mitunter auch die Stabilisierung bzw. Aufrechterhaltung der Situation von Bedeutung und auf das Wirken der Partnerschaften für Demokratie zurückzuführen sein (Beywl u. a. 2004, S. 18).

bias zumindest in Grundzügen adressiert wurde.[7] Traf wenigstens eine dieser Bedingungen nicht zu, wurde die Annahme zurückgewiesen, wonach Partnerschaften in ihrer Gesamtheit die Situationen in relevantem Ausmaß mitgestaltet haben.

- *Triangulation:* Da die Wahrnehmungen im Rahmen der Vorher-Nachher-Vergleiche bei unmittelbar beteiligten Funktionsträgerinnen bzw. Funktionsträgern der Partnerschaften erhoben wurden, stellte sich ferner die Frage nach der Geltungskraft und Reichweite von Selbsteinschätzungen. Entsprechend berücksichtigte die wissenschaftliche Begleitung nicht nur die Perspektive verantwortlicher Akteurinnen und Akteure, sondern führte komplementär hierzu auch qualitative Experteninterviews mit externen, nicht strukturell in die Partnerschaften eingebundene Personengruppen aus Verwaltung, Politik und Zivilgesellschaft durch. Die Zuschreibung einer relevanten positiven Situationsveränderung oder einer Stabilisierung der Situation galt dann als vorläufig gesichert, wenn dies an mindestens einem Standort der qualitativen Begleitforschung sowohl durch die unmittelbar Zuständigen als auch durch externe Personen aus Politik, Verwaltung oder Zivilgesellschaft qualitativ bestätigt wurde.

Die Anwendung des kriterienbasierten und vergleichend angelegten Designs der vertiefenden Analyse aggregierter Situationswahrnehmungen ließ schließlich erkennen, dass Partnerschaften für Demokratie positive Effekte in unterschiedlichen Bereichen entfalten. Zum Beispiel konnten zum Abschluss der Förderperiode als multimethodisch bzw. -perspektivisch und gegen den Zufall gesicherte Befunde gelten, dass[8]

- die Partnerschaften dazu beitragen, die kommunale Widerstandsfähigkeit gegen *Rechtsextremismus* angesichts eines sich ausdifferenzierenden Phänomens aufrechtzuerhalten und sich Wirkungswahrnehmungen auf die Fähigkeit zu Reaktion und Gegenwehr in den Bereichen *Situationskenntnis, Know-How, Mobilisierungsfähigkeit, Kontinuität* und *Positionierung deutungsmächtiger Akteurinnen und Akteure* abzeichnen.
- es in der kommunalen Auseinandersetzung mit *Antisemitismus* gelingt, die Bevölkerung bezüglich *aktueller wie auch historischer Erscheinungsformen*

7 Dennoch konnten auf diesem Wege keinesfalls sämtliche infrage kommenden Drittvariablen bzw. Störgrößen bedacht werden, sodass hier immer noch von einem eher „naiven Schätzer" auszugehen ist (Legewie 2012, S. 127 ff.), zumal nicht im klassischen Sinne Gruppen ohne Treatment und mit Treatment, sondern Gruppen mit „intensivem Treatment" und „weniger intensivem Treatment" unterschieden werden.

8 Für eine vollständige Darstellung der zugehörigen Befunde siehe ISS/Camino 2019.

zu sensibilisieren und eine *(lokale) Erinnerungskultur zu befördern* bzw. zu erhalten.

- im Zuge des Engagements bezüglich der *Ablehnung kultureller Vielfalt im Kontext Flucht und Asyl* nicht nur *Gelegenheiten zum Abbau von Vorurteilen* zwischen Bürgerinnen und Bürgern sowie Geflüchteten geschaffen werden, sondern die Partnerschaften auch ihre Nutzung z. B. in fortgeschrittenen Phasen des medialen Aufmerksamkeitszyklus bzw. in Zeiten schwankender Migrationsskepsis befördern.
- im Bereich *Antiziganismus* relevante Verbesserungen der Situation vor Ort wahrgenommen werden, die in Verbindung mit dem Engagement der Partnerschaften stehen. So leisten diese einen Beitrag dazu, dass die *Bevölkerung bezüglich historischer wie auch aktueller Vorkommnisse antiziganistischer Diskriminierung aufgeklärt* wird und *Sinti und/oder Roma selbstbewusst mit dem eigenen ethnischen Hintergrund* umgehen können.

11.7 Wirkungspotenziale integrierter Handlungsstrategien – Die Frage nach dem Warum

Das im Vorangehenden dargestellte Kriterienset ermöglicht in Verbindung mit dem multimodalen Erhebungsdesign Aussagen über die Einwirkung lokaler Partnerschaften für Demokratie auf die (wahrgenommene) Situation in den Fördergebieten insgesamt. Beantwortet wurden also bislang im besten Fall Fragen danach, ob das Programm bzw. die Partnerschaften aus der Perspektive der Befragten in ihrer Gesamtheit Wirkungen gezeitigt hatten, nicht jedoch wie oder warum dies (nicht) gelungen sein könnte. Erkenntnisse über vermittelnde Prozesse und Wirkmechanismen zur Veränderung der Situation vor Ort wären ohne weitere Schritte in der vielfach bemühten Blackbox verblieben. Das Öffnen dieser Box ist allerdings eine zentrale Aufgabe von Wirkungsevaluation und im Idealfall auch mit konkreten Hinweisen für die Fortentwicklung der zugehörigen Programme verbunden (Caspari 2012, S. 14).

Der Blick in eine schwarze Box …

Da nun die ausgesprochene Vielgestaltigkeit der Partnerschaften einer Einzelfallanalyse etwaiger Wirkmechanismen entgegenstand, jedoch zu vermuten war, dass die unterschiedlichen Akzentuierungen des Handlungsrepertoires durch die Co-Governance-Arrangements auch von praktischer Relevanz für die Situation vor Ort waren, entschied sich das ISS e.V. dazu, wiederkehrende Muster in den strategischen Zielsetzungen zu fokussieren und auf diesem Wege Wirkmechanismen nachzuzeichnen. Unter anderem mit Hilfe multivariater statistischer Verfahren konnten insgesamt fünf unterschiedliche Strategietypen identifiziert und den weiteren Analysen zugrunde gelegt werden:

- Die *„Strategie der demokratischen Ermunterung"* wird vor allem von Partnerschaften realisiert, die in strukturschwachen Regionen verortet sind und sich unter vergleichsweise schwierigen Rahmenbedingungen für Demokratie und Vielfalt einsetzen. Sie engagieren sich in Kontexten, die nur wenige Kristallisationspunkte gelebter Demokratie aufweisen und sehen sich in der Folge mit fehlenden Anknüpfungspunkten zur Aktivierung bzw. Bündelung zivilgesellschaftlicher Potenziale konfrontiert. Die politische Kultur wird als eher passiv beschrieben und soll belebt werden, indem zu Partizipation angeregt und vorhandene Beteiligungsmöglichkeiten bekannt gemacht werden. Um die örtliche Starre zu lösen, werden bisweilen niedrigschwellige Impulse für ein aktives Gemeinwesen gesetzt. Über eine solche Anstiftung zu Engagement bzw. die Steigerung der Beteiligungsbereitschaft wird der Boden für eine mögliche Auseinandersetzung mit weiteren programmrelevanten Themen bereitet, wenngleich von einer gewissen Distanz deutungsmächtiger Personen berichtet wird. Entsprechend geht es auch darum, die mitunter überschaubare Zahl vorhandener Stakeholder zu aktivieren und gegebenenfalls mit wiederholten, aufsuchenden und vertrauensbildenden Tätigkeiten für die Themen der Partnerschaft zu gewinnen.
- Die *„Strategie der demokratischen Gegenwehr"* rückt unter anderem aufgrund des wahrgenommenen Problemdrucks die öffentliche Auseinandersetzung mit manifesten Erscheinungsformen von Rechtsextremismus und Antisemitismus bzw. mit der Ablehnung kultureller Vielfalt im Kontext Flucht und Asyl in den Vordergrund. Große Bedeutung kommt der Organisation zeitnaher Reaktionen des demokratischen Spektrums auf bewusste Verletzungen normativer Grenzen zu. Entsprechend werden lokale Erscheinungsformen von Demokratie- und Menschenfeindlichkeit identifiziert, bewertet und problematisiert, um schließlich für die Einnahme von Gegenpositionen zu mobilisieren. So sollen Demarkationslinien des Akzeptierbaren durch sichtbare Zeichen gesellschaftlichen Widerspruchs markiert und die Geltungskraft demokratischer Normen erneuert werden. Dabei verstehen sich die zugehörigen Partnerschaften insbesondere als kollektive Akteurinnen und Akteure, deren Engagement deutlich über die Förderung von Einzelmaßnahmen hinausgeht. Entsprechend vitalisieren sie nicht nur, sondern werden als Netzwerk von motivierten Streiterinnen bzw. Streitern für Demokratie selbst zum Bestandteil des kommunalen Immunsystems. Auch bei nachlassendem Problemdruck wird die Auseinandersetzung mit den zugehörigen Themenstellungen als Daueraufgabe angenommen und das reaktiv-intervenierende Element um allgemeine bzw. primärpräventive Momente ergänzt. So können die Sensibilisierung und die Vermittlung von Wissen zum Beispiel zu aktuellen oder historischen Erscheinungsformen von Demokratie- und Menschenfeindlichkeit eine große Rolle einnehmen.

- Partnerschaften für Demokratie, die eine *„Strategie der Mahnung und Befähigung zur Übernahme gesellschaftlicher Verantwortung"* verfolgen, adressieren ebenfalls extrem rechte Phänomene bzw. die Ablehnung kultureller Vielfalt im Kontext Flucht und Asyl. Allerdings sind sie mit Situationen konfrontiert, die von mehreren, nicht immer klar abgrenzbaren Problemlagen geprägt sind und zunächst eher diffus erscheinen. Demokratiefeindliche Gruppierungen zeigen sich agil und schüren gezielt fremdenfeindliche Ressentiments bzw. suchen an diese anzuknüpfen und öffentlichkeitswirksam zu vertreten. In der Konsequenz wird deutlicher als an anderen Standorten die Sorge davor geäußert, dass demokratie- und menschenfeindliche Einstellungen nicht nur durch einschlägige Akteursgruppen transportiert, sondern auch in der breiten Bevölkerung auf Anklang stoßen könnten. In Abwesenheit einer eindeutig dominierenden Problemlage wählen Partnerschaften dieser Gruppe eine breite inhaltliche Ausrichtung in der Orientierung, z. B. am Konzept Gruppenbezogener Menschenfeindlichkeit, und richten sich bewusst an die vermeintlich bedrohte Bürgerschaft sowie an relevante Multiplikatorinnen und Multiplikatoren. In der Hoffnung, einen demokratischen Gegenpol zu fördern, machen sie vorhandene Risikofaktoren zum Gegenstand des Engagements und setzen dabei noch konsequenter als die „Strategie der demokratischen Gegenwehr" auf der Subjektebene an. Sie versuchen zu informieren, aufzuklären bzw. für gesellschaftliche Folgen demokratie- und menschenfeindlicher Einstellungen zu sensibilisieren und diese unter Bezugnahmen auf lokal-spezifische Ereignisse erlebbar zu machen. Letztlich sollen auch hier Wissen und Haltungen in Handlungen überführt werden. Im Vordergrund steht allerdings weniger das öffentlichkeitswirksame Engagement für Demokratie und Vielfalt als eher das Eintreten für entsprechende Überzeugungen im Alltag bzw. die Förderung von Zivilcourage.
- Mittels *„Strategien der pluralen Gemeinschaft"* bemühen sich Partnerschaften für Demokratie insbesondere darum, gesellschaftliche Teilhabe zu fördern, indem die breite Bevölkerung zur gemeinsamen Gestaltung des Zusammenlebens angeregt und Gelegenheiten zu Engagement geschaffen bzw. bekannt gemacht werden. Dabei kann sich dieses Engagement sowohl auf die Integration von Minderheiten bzw. benachteiligten Gruppen richten als auch auf die beteiligungsoffene Auseinandersetzung mit dem kommunalen Gemeinwesen als verbindenden Sozialraum. Bürgerinnen und Bürger sollen hier als Gestaltende des eigenen Nahfeldes dazu ermuntert werden, ihre Interessen zu vertreten und Schnittmengen im gemeinsamen Engagement zu finden. Die positive Gestaltung eines heterogenen Zusammenlebens als übergeordnete Zielstellung findet auch im Umgang mit den Themen „Flucht und Asyl" ihre Entsprechung – unter anderem dann, wenn Minderheiten dazu befähigt werden, ihre Interessen zu vertreten, Sozialräume ge-

meinsam erkundet oder zentrale Werte und Normen zum Gegenstand gemacht werden. Dabei spielt die Zusammenarbeit in großen und vor allem Gestaltungskraft entfaltenden Netzwerken eine bedeutende Rolle. In diese werden auch Meinungsführerinnen und -führer eingebunden und hinter positiven Zielstellungen und Werten (z. B. Vielfalt etc.) vereint.

- Koordinatorinnen und Koordinatoren lokaler Partnerschaften für Demokratie, die eine *„Strategie der Förderung demokratischer Bürgertugenden"* umsetzen, beschreiben mehrere programmrelevante Herausforderungen. Diese befinden sich mitunter im Wandel und sind nicht immer klar zu konturieren. Insofern ähneln die Kontexte jenen, in denen eine „Strategie der Mahnung und Befähigung zur Übernahme gesellschaftlicher Verantwortung" umgesetzt wird. Angesichts der unscharfen Profilierung der Problemlagen wird mittels Demokratieförderung ebenfalls ein breiter Ansatz gewählt, der allerdings weniger unmittelbar an den Problemlagen ansetzt, sondern diesen eher vorgelagert ist. So sollen zuvorderst personale Kompetenzen (z. B. Selbstbestimmung, Konfliktlösung) sowie relevante Grundwerte (z. B. Akzeptanz der Menschenrechte) gestärkt und Möglichkeiten des demokratischen Austauschs (z. B. Mitgestaltung der Jugendförderpläne) gestärkt werden. In Verbindung mit der Vermittlung von Wissensbeständen z. B. zum politischen System versuchen Partnerschaften mit dieser Strategie Prinzipien des demokratischen Zusammenlebens an die Zielgruppen heranzutragen und diese beim Erwerb von Schlüsselkompetenzen wie Selbstwirksamkeit, Empathie und Eigeninitiative zu unterstützen.

Ziel war es nun, auf dieser Grundlage und über die Zusammenführung von Strategie- und Wirkungsanalyse vertiefende Einsichten über die Wirkungsprofile unterschiedlicher strategischer Ansätze zu erlangen und erste „Verdachtsmomente" empiriebasiert zu erhärten. So lag etwa die Annahme nahe, dass sich „Strategien der Mahnung und Befähigung zur Übernahme gesellschaftlicher Verantwortung" mit ihrer deutlichen Akzentuierung von Wissensgenerierung (z. B. Expertenanhörungen) und -disseminierung (z. B. Workshops), insbesondere in der Verbesserung der Situationskenntnis relevanter Akteurinnen und Akteure bezüglich demokratie- und menschenfeindlicher Phänomene, hervortun würden (siehe ISS/Camino 2017 und 2019 für eine ausführliche Darstellung der Strategietypen).

Vor diesem Hintergrund und von der Annahme ausgehend, dass sich aus den konzeptionellen Schwerpunktsetzungen der Partnerschaften konkrete Wirkungspotenziale ergeben, wurden die Situationsveränderungen entlang der spezifischen Problemlagen mit den fünf identifizierten Strategien in Relation gesetzt und etwaige Wirkmechanismen zunächst auf quantitativem Wege eruiert. Systematische Unterschiede in der Veränderung der Situationseinschätzung zwischen Förderregionen mit unterschiedlichen Strategien wurden für die zugehörigen Items mittels zweifaktorieller Varianzanalysen mit Messwiederholung identifiziert und geprüft, inwiefern signifikante Interaktionseffekte vorlagen. Zur Einschätzung der Effektstärke wurde das partielle Eta² herangezogen. Tatsächlich ergaben sich Hinweise auf unterschiedliche Stärken (und Schwächen) der fünf idealtypischen Strategien, die sich in vergleichsweise positiven (negativen) Entwicklungen in den zugehörigen Förderregionen manifestierten. Diese wurden gemeinsam mit Koordinatorinnen und Koordinatoren der entsprechenden Partnerschaften eruiert und schließlich im Rahmen von Fallbeispielen veranschaulicht (Abb. 11.2).

Abb. 11.2: Fallbeispiel

Relative Stärke von Strategien der Mahnung und Befähigung zur Übernahme gesellschaftlicher Verantwortung hinsichtlich der Entwicklung von Situationskenntnissen relevanter Akteur*innen zu rechtsextremen Strukturen, Erscheinungsformen und Aktivitäten vor Ort.

Die Partnerschaft für Demokratie A wird in einem Landkreis der alten Bundesländer umgesetzt und ist bereits seit mehreren Programmperioden etabliert. In ihrer Förderregion sind gewaltbereite und einschlägig organisierte Akteurinnen und Akteure aktiv, die in der Vergangenheit Straftaten gegen vermeintliche politische Gegner verübten. Vor diesem Hintergrund wurde bereits vor Implementierung der Partnerschaft eine Fachstelle zur Bearbeitung der zugehörigen Problemlagen eingerichtet, die unter anderem Informationsbestände zur aktuellen Situation vor Ort generiert, Fortbildungen für Multiplikatorinnen und Multiplikatoren anbietet oder bei demokratiefeindlichen Vorfällen berät. Die Fachstelle steht dabei im Kern eines durch überparteiliche Unterstützung getragenen Netzwerkes und verfolgt unter anderem das Ziel, bezüglich aktueller Gefährdungen von Demokratie und Vielfalt aufzuklären. Neben der Generierung und Vermittlung von aktuellen Informationen bildet die Förderung des Engagements im Themenfeld einen wichtigen Kern der Strategie. Durch die breite politische Unterstützung, die vorhandenen Beratungserfahrungen sowie die Möglichkeit, Zugänge kontinuierlich aufzubauen, konnte eine gewisse „Sendekraft" entwickelt werden, die dazu beiträgt, dass die für Demokratie Engagierten konstruktiv zusammenarbeiten und überdies z. B. in der Verwaltung eine breitere Bereitschaft zur Auseinandersetzung mit dem Phänomen entsteht.

Wenngleich also auf die Ausarbeitung von Kausalmodellen für jedwede Partnerschaft im Sinne theoriebasierter Ansätze der Wirkungsmessung (Caspari/Barbu 2008, S. 17 ff.) verzichtet werden musste, konnten über die typologisierende Systematisierung der Handlungslogiken vertiefende Einsichten zu Ursache-Wirkungszusammenhängen in den lokalen Kontexten generiert werden. Derart wurden mit diesem letzten Baustein sämtliche Elemente der Evaluation miteinander in Bezug gesetzt und als Bewertungsgrundlage auch für die Formulierung von Empfehlungen zur Fortentwicklung des Programms genutzt.

11.8 Vom Brauchen und Sollen, vom Können und Wollen – Wirkungsevaluation komplexer Programme. Es braucht …

Am Beginn des schlaglichthaft dargestellten Weges hin zu möglichst belastbaren Wirksamkeitsnachweisen stand die Erkenntnis, dass kaum eine Voraussetzung zur rigorosen Prüfung kausaler Zusammenhänge gegeben war. Die Eigenheiten des Untersuchungsgegenstands erforderten vielfach die Abkehr von vermeintlichen idealtypischen Anordnungen und die Hinwendung zu dem, was als Bestmögliches erschien. Entsprechend wurden pragmatische Entscheidungen zur Überwindung der Hindernisse getroffen, die sich im Spannungsfeld zwischen Machbarkeit, Gegenstandsangemessenheit und Belastbarkeit etwaiger Wirksamkeitsnachweise bewegten. Das resultierende Evaluationsdesign war in der Konsequenz einerseits durch deutliche Bezüge auf die klassischen Elemente von Wirkungsuntersuchungen gekennzeichnet. Explorative Gegenstandsannäherung, Zielexplikationen, Längsschnitterhebungen, Methodenmix, Perspektiventriangulation und die Anwendung fortgeschrittener statistischer Analyseverfahren waren wesentliche Bausteine, die sich auch in ihrem Zusammenspiel bewährt haben. Im Rahmen forschungspragmatischer Entscheidungen wurden andererseits die Bedingungen komplexer und sich entwickelnder Programme bedacht, sodass es sich trotz der Berücksichtigung kontrafaktischer Aspekte im Rahmen der programminternen Quasi-Vergleichsgruppen keinesfalls um ein experimentelles Design im strengeren Sinne handelte. Dennoch erwies es sich in mehreren Hinsichten als fruchtbar.

Das Design war ausreichend flexibel, um dem lernenden Programmcharakter gerecht zu werden und erlaubte es, unter eingeschränkten Ressourcen fristgerecht eine möglichst breite Informationsgrundlage für die Fortentwicklung zu generieren. Es hat sich zudem insofern bewährt, als dass es gelungen ist, die Perspektiven der fachlichen Praxis auf programmevozierte Veränderungen zu bergen, zu systematisieren und kriteriengeleitete Schlüsse auf den Beitrag der Partnerschaften für Demokratie und etwaige Inhalte der Blackbox abzuleiten.

In die Zukunft geblickt rücken vor allem zwei Herausforderungen in den Vordergrund: Zum einen die Wirkungsevaluation um den Gegenstandsbereich „Demokratieförderung“ zu erweitern, also Effekte der Partnerschaften auf der Ebene von strukturellen Voraussetzungen und operativer demokratischer Praxis zu definieren und nachzuweisen sowie zum anderen das Untersuchungsdesign zur Erfassung programmevozierter Veränderungen auf Grundlage der Erprobungen aus den letzten Förderperioden fortzuentwickeln. Im Sinne einer möglichst eindeutigen kausalen Attribution werden künftig unter anderem erneut externe Vergleichsgruppen eingeführt und ferner die programminternen Quasi-Vergleichsgruppen derart modelliert, dass Gruppenunterschiede zwischen Standorten identifiziert werden können, die Problemlagen nicht bzw. in unterschiedlichen Intensitäten adressieren.

Zurückblickend und ausgehend von den gemachten Erfahrungen geht das ISS e.V. davon aus, dass die nachfolgenden Elemente notwendige zukünftige Bestandteile von Wirkungsevaluationen komplexer Programme zur Demokratieförderung sein sollten:

Definition der Zielannahmen durch die Auftraggebenden

Jede Evaluation braucht Klarheit über die Untersuchungsziele, d. h. also nicht nur darüber, welchem Zweck die Untersuchung dient (Patton 2008, S. 97 ff.), sondern insbesondere über die Ziele des Programms an sich. Tatsächlich liegen bei politischen Vorhaben diese Programmziele nur fragmentiert bzw. vage vor. Programme können in der Regel auf Ministeriumsebene nicht auf die Weise geplant werden, dass „evaluationsgerechte" Ziel-Mittel-Annahmen vorliegen. Dennoch ist dies aus der Sicht des ISS e.V. kein hinreichender Grund, dauerhaft auf einen solchen Arbeitsschritt zu verzichten. Nicht nur, aber gerade wenn Programme mehrere Generationen durchlaufen, ist es geboten und auch realistisch machbar, die Programmtheorie als Ganzes zu rekonstruieren und sich auf den Gegenstandsbereich der Evaluation zu verständigen. Dies hätte weitreichende Folgen: Es bliebe nicht mehr den Evaluatorinnen bzw. Evaluatoren überlassen, sich wahlweise für den einen oder anderen Gegenstandsbereich zu entscheiden, es könnte frühzeitiger geklärt werden, welcher methodische Zugang Erfolg versprechend ist, und die Grenzen des methodisch Machbaren wären leichter zu vereinbaren.

Wirkungsevaluation als Auftrag

Es ist inzwischen zumeist eine Selbstverständlichkeit, dass Programme der Demokratieförderung evaluiert werden. Auffällig ist jedoch, dass Wirkungsevaluation im Kanon der unterschiedlichen Aufträge, die mit Evaluationen verbunden werden (Farrokhzad/Mäder 2014, S. 16 f.), nur eher zögerlich formuliert wird. Das liegt sicherlich zum einen darin begründet, dass sie lange als unerfüllbare Anforderung verstanden wurde. Aus Sicht des ISS e.V. wird hingegen genau das benötigt: eine ausdrückliche Beauftragung zur Wirkungsevaluation und Beförderung einer Kultur der Erprobung alternativer Optionen zu rigorosen Konzepten. Hierzu muss – angesichts der Komplexität des Handlungsfeldes – sichergestellt sein, dass Evaluatorinnen und Evaluatoren über Feldkenntnisse und Evaluationskompetenz verfügen und sicher in der Lage sind, gegenstandsangemessene und valide Designs zu konzipieren. Fachexpertinnen und -experten kommen nicht selbstverständlich zu validen und Evaluatorinnen sowie Evaluatoren ebenso wenig selbstverständlich zu relevanten Wirkungsnachweisen. Es bedarf zudem auch einer Verbesserung der Rahmenbedingungen für die Durchführung und Rezeption von Wirkungsevaluationen. Damit ist nicht vor allem die Bereitstellung finanzieller Ressourcen gemeint.

Vielmehr muss auf der Seite von Auftraggeberinnen und Auftraggebern insbesondere ein generelles Verständnis dafür vorhanden sein, dass Wirkungsevaluationen andere als bislang übliche Rahmenbedingungen wie angepasste Berichtszeiträume, sukzessive Erprobungsphasen oder auch ergebnisorientierte Laufzeiten von Projekten und Evaluationen benötigen. Schließlich sollte aber auch in den Blick kommen, dass der Aufwand für Wirkungsevaluationen ungerechtfertigt ist, wenn generierte Befunde sich nicht in „lernenden Programmen" und damit auch nicht in der Planung von Programmen niederschlagen.

Methodenpluralismus

„Im Rahmen der aktuellen Wirkungsdiskussion kommen immer wieder Debatten über die Frage der Datenerhebungsmethoden auf, was teilweise an den Paradigmenstreit zwischen quantitativer und qualitativer Sozialforschung erinnert" (Caspari 2012, S. 14). Vor mehr als zehn Jahren formuliert, ist dieses Zitat nach wie vor aktuell. Es scheint fast, als würde jeder Gegenstandsbereich der Sozialforschung diese Debatte eigens für sich führen. Dabei sind zentrale Argumente auch hinsichtlich besonderer Potenziale der Integration beider Ansätze seit geraumer Zeit ausgetauscht und decken sich mit den Erfahrungen des ISS e.V. . Denn „die Nutzung des Methodenrepertoires beider Methodologien" (ebd., S. 15) in einem integrierenden Ansatz eignet sich sehr gut dazu, vermeintliche Schwächen wechselseitig auszugleichen. Daher benötigen Wirkungsevaluationen komplexer Programme notwendigerweise immer auch einen Methodenmix.

Standards qualitativer Ansätze

Während für die quantitative Forschung klare Regeln für die Beurteilung der Validität von Befunden bestehen, die auf der Praxisebene zudem gut anwendbar sind, benötigt die qualitative Praxis einen hohen personellen und zeitlichen Aufwand, um Befunde abzusichern und gegebenenfalls auch zu generalisieren. Aus diesem Grund finden qualitative Ansätze in der Umsetzung von Evaluationen eher in den Bereichen „Deskription", „Logik" und „Systematisierung" Anwendung. Im Rahmen von Evaluationen werden noch zu selten komplexe analytische Methoden ins Feld geführt und erprobt, die dem Versuch nachkommen, das Vorgehen systematisch zu erweitern. Dabei existieren auch komplexere qualitative Designs der Kausal- und Kontributionsanalyse (Patton 2015, S. 582 ff.), die – würden sie zur Anwendung kommen – einen maßgeblichen Beitrag zur Weiterentwicklung von Wirkungsevaluationen leisten könnten (siehe zum Beispiel Kap. 13 in diesem Band). Es bedarf also zukünftig insbesondere einer Erweiterung des Repertoires qualitativer Designs.

Perspektiventriangulation

Im Rahmen komplexer Interventionen kann sich die Bewertung durch Evaluation in der Regel nicht ausschließlich auf (vermeintlich) objektive Daten stützen, vielmehr sind subjektive Äußerungen und somit individuell konstruierte Realitäten wichtige Informationsquellen. Unterschiedliche Zugänge, Wahrnehmungen, Blickwinkel und Interessen werfen dabei Fragen nach Reichweite und Geltungskraft der Angaben einzelner Expertinnen bzw. Experten auf – denn diese blicken keinesfalls „neutral" auf den Gegenstand der Evaluation. Die systematische Verschränkung mehrerer Perspektiven kann vor diesem Hintergrund gleich mehrere wichtige Beiträge leisten, etwa zur Erweiterung der Erkenntnismöglichkeiten oder zur Validierung von Befunden an den Schnittpunkten subjektiver Wahrnehmung. Perspektiventriangulation ist also insbesondere dann zentral, wenn sich die Erhebungen zu großen Teilen auf unmittelbar von den Interventionen betroffene Personen stützen, die letztlich Selbstbewertungen – d. h. Bewertungen *ihrer Arbeit* – vornehmen (Flick 2011, S. 25 ff.).

Literatur

Armborst, Andreas/Biene, Janusz/Coester, Marc/Greuel, Frank/Milbradt, Björn/Nehlsen, Inga (2018): Evaluation in der Radikalisierungsprävention: Ansätze und Kontroversen. PRIF REPORT H. 11. Frankfurt (Main)

Beetham, David/Carvalho, Edzia/Landman, Todd/Weir, Stuart (Hrsg.) (2008): Assessing the Quality of Democracy. A practical Guide. Stockholm

Behn, Sabine/Bohn, Irina/Karliczek, Kari-Maria/Lüter, Albrecht/Sträter, Till (2013): Lokale Aktionspläne für Demokratie. Zivilgesellschaft und Kommune in der Auseinandersetzung mit Rechtsextremismus. Ergebnisse der Evaluation des Bundesprogramms „VIELFALT TUT GUT". Weinheim/Basel

Beywl, Wolfgang/Speer, Sandra/Kehr, Jochen (2004): Wirkungsorientierte Evaluation im Rahmen der Armuts- und Reichtumsberichterstattung. Köln

Bohn, Irina/Saßmannshausen, Jan (2016): Der PfDemokratieindex. Demokratische Qualität in der kommunalen Auseinandersetzung mit Rechtsextremismus, Demokratie- und Menschenfeindlichkeit messen. Frankfurt (Main)

Borstel, Dierk (2016): Der Rechtspopulismus verdeckt die alte Militanz. Wachablösung am rechten Rand? In: Bozay, Kemal/Borstel, Dierk (Hrsg.): Ungleichwertigkeitsideologien in der Einwanderungsgesellschaft. Wiesbaden, S. 25–40

Caspari, Alexandra (2012): Chancen der Wirkungsorientierung für die entwicklungspolitische Bildungsarbeit. In: Zeitschrift für internationale Bildungsforschung und Entwicklungspädagogik, 35. Jg., H. 2, S. 11–17

Caspari, Alexandra/Barbu, Ragnhild (2008): Wirkungsevaluierungen: Zum Stand der internationalen Diskussion und dessen Relevanz für Evaluierungen der deutschen Entwicklungszusammenarbeit. Bonn

Farrokhzad, Schahrzad/Mäder, Susanne (2014): Nutzenorientierte Evaluation. Ein Leitfaden für die Arbeitsfelder Integration, Vielfalt und Toleranz. Münster/New York

Flick, Uwe (2011): Triangulation. Eine Einführung. 3., aktualis. Aufl. Wiesbaden

Giddens, Anthony (1984): Interpretative Soziologie. Eine kritische Einführung. Frankfurt (Main)/New York

Gomolla, Mechthild/Kollender, Ellen/Menk, Marlene (2018): Rassismus und Rechtsextremismus in Deutschland: Figurationen und Interventionen in Gesellschaft und staatlichen Institutionen. Weinheim

Haubrich, Karin (2006): Die Konstruktion des Untersuchungsgegenstandes in der Evaluation innovativer multizentrischer Programme. In: Rehberg, Karl-Siegbert (Hrsg.): Soziale Ungleichheit, kulturelle Unterschiede: Verhandlungen des 32. Kongresses der Deutschen Gesellschaft für Soziologie in München. Frankfurt (Main), S. 3872–3881

Hopf, Christel/Hopf, Wulf (1997): Familie, Persönlichkeit, Politik. Eine Einführung in die politische Sozialisation. Weinheim/München

ISS/Camino (2013): Dritter Zwischenbericht zum Berichtszeitraum 01.07.2012 - 30.06.2013 der Wissenschaftlichen Begleitung des Programmbereichs „Entwicklung, Implementierung und Umsetzung integrierter lokaler Strategien“ (Lokale Aktionspläne) im Programm „TOLERANZ FÖRDERN - KOMPETENZ STÄRKEN“ (unveröffentlicht)

ISS/Camino (2014): Abschlussbericht zum Berichtszeitraum 01.07.2011 - 31.12.2013 der Wissenschaftlichen Begleitung des Programmbereichs „Entwicklung, Implementierung und Umsetzung integrierter lokaler Strategien“ (Lokale Aktionspläne) im Programm „TOLERANZ FÖRDERN - KOMPETENZ STÄRKEN“ (unveröffentlicht)

ISS/Camino (2017): Dritter Zwischenbericht zum Berichtszeitraum 01.01.2017 - 31.12.2017 der Wissenschaftlichen Begleitung des Programmbereichs „Partnerschaften für Demokratie“ im Programm „Demokratie leben! Aktiv gegen Rechtsextremismus, Gewalt und Menschenfeindlichkeit“. Frankfurt (Main)/Berlin

ISS/Camino (2019): Abschlussbericht zum Berichtszeitraum 01.01.2015 - 31.12.2019 der Wissenschaftlichen Begleitung des Programmbereichs „Partnerschaften für Demokratie“ im Programm „Demokratie leben!“. Frankfurt (Main)/Berlin

Kelle, Udo (2006): Qualitative Evaluationsforschung und das Kausalitätsparadigma. In: Flick, Uwe (Hrsg.): Qualitative Evaluationsforschung. Konzepte - Methoden - Umsetzungen. Reinbek bei Hamburg, S. 117–134

Kromrey, Helmut (2007): Begleitforschung und Evaluation – fast das Gleiche, und doch etwas Anderes! In: Glaser, Michaela/Schuster, Silke (Hrsg.): Evaluation präventiver Praxis gegen Rechtsextremismus. Positionen, Konzepte und Erfahrungen. Halle, S. 113–135

Kromrey, Helmut (2009): Empirische Sozialforschung. Modelle und Methoden der standardisierten Datenerhebung und Datenauswertung. 12. Aufl. Stuttgart

Legewie, Joscha (2012): Die Schätzung von kausalen Effekten: Überlegungen zu Methoden der Kausalanalyse anhand von Kontexteffekten in der Schule. In: Kölner Zeitschrift für Soziologie und Sozialpsychologie, 64. Jg., H. 1, S. 123–153

Lynen von Berg, Heinz/Hirseland, Andreas (2004): Zivilgesellschaft und politische Bildung – Zur Evaluation von Programmen und Projekten. In: Uhl, Katrin/Ulrich, Susanne/Wenzel, Florian M. (Hrsg.): Evaluation politischer Bildung. Ist Wirkung messbar? Gütersloh, S. 15–26

Palloks, Kerstin (2007): „Große Erwartungen“ – zur Wirkungsfrage bei der Evaluation von Modellprogrammen. In: Glaser, Michaela/Schuster, Silke (Hrsg.): Evaluation präventiver Praxis gegen Rechtsextremismus. Positionen, Konzepte und Erfahrungen. Halle (Saale), S. 14–31

Patton, Michael Quinn (2008): Utilization-focused evaluation. Los Angeles

Patton, Michael Quinn (2015): Qualitative Research & Evaluation Methods. Integrating Theory and Practice. Los Angeles

Reade, Nicolà (2008): Konzept für alltagstaugliche Wirkungsevaluierungen in Anlehnung an Rigorous Impact Evaluations. Erprobung der Durchführung im Rahmen von GTZ Unabhängigen Evaluierungen. CEval-Arbeitspapier 14. Saarbrücken

Robert Koch-Institut/Bayrisches Landesamt für Gesundheit und Lebensmittelsicherheit (2012): Evaluation komplexer Interventionsprogramme in der Prävention: Lernende Systeme, lehrreiche Systeme? Beiträge zur Gesundheitsberichterstattung des Bundes. Berlin

Rost, Jürgen (2014): Latente Klassenanalyse. In: Wirtz, Markus Antonius (Hrsg.): Dorsch Lexikon der Psychologie. 18. Aufl. Bern

Roth, Roland (2009): Handlungsoptionen zur Vitalisierung der Demokratie. Expertise für die Bertelsmann Stiftung. Gütersloh

Stockmann, Reinhard (2006): Evaluation und Qualitätsentwicklung. Eine Grundlage für wirkungsorientiertes Qualitätsmanagement. Münster

Zick, Andreas/Küpper, Beate/Krause, Daniela (2016): Gespaltene Mitte – Feindselige Zustände: Rechtsextreme Einstellungen in Deutschland 2016. Bonn

12 Kontextsensible Evaluation – Möglichkeiten der Realisierung durch Qualitative Comparative Analysis (QCA)

Sabine Behn, Kari-Maria Karliczek, Daniel Schnarr

Eine kontextsensible Evaluation ist für die Forschungspraxis immer eine Herausforderung. Dies gilt umso mehr, wenn es sich um die Evaluation eines multizentrischen Programms handelt. Im nachfolgenden Beitrag soll diese am Beispiel des Vorgehens in der wissenschaftlichen Begleitung der Partnerschaften für Demokratie im Bundesprogramm „Demokratie leben!“ beschrieben werden.

12.1 Die Bedeutung des Kontexts in der Evaluation

Ziel einer Evaluation ist die Verbesserung gesellschaftlicher Praxis, indem sie mittels empirischer Forschungsmethoden eine Dokumentation, Analyse und Bewertung von Programmen und Projekten anhand formulierter Kriterien vornimmt und auf dieser Basis Empfehlungen zur Weiterentwicklung des jeweiligen Programms bzw. Projekts gibt. Dabei geht es auch darum, Voraussetzungen und Rahmenbedingungen für die Zielerreichung der Programme und Projekte zu untersuchen und sie so auf ihre Übertragbarkeit hin zu prüfen, die über die Weiterentwicklung des evaluierten Programms oder Projekts hinausgeht und letztlich dazu dient, Lernprozesse anzustoßen. Konkret geht es dabei um die Fragen, was bei der Umsetzung von Programmen und Projekten, die in gleichen oder ähnlichen Kontexten umgesetzt werden, übernommen und berücksichtigt werden soll.

Um Aussagen zur Übertragbarkeit von Programmen und Projekten zu treffen, reicht es nicht aus, den Erfolg oder Nichterfolg eines Programms oder eines Projekts zu beschreiben. Vielmehr ist es für die Nutzerinnen und Nutzer der Evaluationsergebnisse wichtig, Informationen darüber zu erhalten, welche Faktoren das Eintreten von Erfolg beeinflussen. So sind durchaus Rahmenbedingungen denkbar, die die erfolgreiche Implementierung eines Programms oder Projekts verhindern. Identifizierte Stärken oder Schwächen von Konzepten sind oft kontextabhängig und können auch nur so verstanden und berücksichtigt werden.

Insofern geht die Evaluationsforschung davon aus, dass Evaluationen über einen reinen Soll-Ist-Vergleich und das Herstellen monokausaler Zusammenhänge im Sinne von Ursache und Wirkung (Wenn ich eine Intervention X ausübe, erhalte ich Ergebnis Y) hinausgehen müssen. Interventionen finden in einem bestimmten Kontext statt und werden entsprechend von ganz unterschiedlichen Faktoren beeinflusst, weshalb sie trotz Anwendung des gleichen Konzepts unterschiedliche Ergebnisse produzieren (Coldwell 2019, S. 101).

Lee J. Cronbach verweist darauf, dass Evaluationen nur dann praxistauglich sind, wenn sie nicht ausschließlich für eine klar definierte Untersuchungssituation mit einem bestimmten Treatment, das unter bestimmten Randbedingungen zu einem bestimmten Zeitpunkt durchgeführt wird, Gültigkeit haben (Cronbach 1982 in Abgrenzung zum Konzept der internen Validität von Campbell, zitiert nach Appel 2002, S. 87). Die Beachtung der Randbedingungen ist in seinem Verständnis die Voraussetzung für die Reproduzierbarkeit der Wirkung einer Intervention und für die Übertragbarkeit in verschiedene Settings. Er geht davon aus, dass „Programmwirkungen im Grunde genommen nie durch eine Intervention allein, sondern vielmehr nur durch das Zusammenwirken von Treatment und Setting zustande kommen" (ebd.). Ray Pawson und Nick Tilley (2004) schreiben später hierzu, dass es für eine Evaluation entscheidend ist, „dass Programme in bereits bestehende Kontexte eingeführt werden, die mehr oder weniger offen für deren Angebote sind" (Pawson/Tilley 2004, S. 69 ff., zitiert nach Giel 2013, S. 123). Der Kontext bzw. die Faktoren, die ihn ausmachen, müssen entsprechend in einer Evaluation als exogene Variablen berücksichtigt werden und sind in der Regel durch die Programm- bzw. Projektumsetzenden nicht veränderbar. Besonders deutlich wird dies bei Evaluationen multizentrischer Programme, die an mehreren Standorten umgesetzt werden und die in der Regel bereits konzeptionell so angelegt sind, dass die Umsetzung kontextspezifisch erfolgt (Haubrich 2006, S. 3875). Je nach Ausrichtung des Programms können z. B. demografische, rechtliche, soziostrukturelle oder politische Aspekte eine Rolle spielen. Akteure, die multizentrische Programme umsetzen, können in dem vorgegebenen Rahmen relativ autonom agieren und eigene, jeweils kontextbezogene Strategien entwickeln, um die Programmziele zu erreichen (ebd.). Evaluationen solcher Programme, die nicht nur eine reine Ergebnisbewertung vornehmen wollen, sondern den Anspruch haben, Handlungsempfehlungen zu geben, müssen also zwangsläufig den Kontext der Programmumsetzung in ihre Bewertung einbeziehen.

Entsprechend gilt für die Bewertung einer Evaluation die Kontextsensibilität als Gütekriterium. In den Standards der Gesellschaft für Evaluation (DeGEval) heißt es: „Der Kontext des Evaluationsgegenstandes soll ausreichend detailliert untersucht und analysiert werden" (DeGEval 2016, S. 21).

Doch nicht nur der Kontext, sondern auch die Strategien, mit denen auf den jeweiligen Kontext reagiert wird, sind für die Erreichung der Projekt- bzw.

Programmziele relevant. Für die Umsetzung multizentrischer Programme ist es erforderlich, dass die Programmumsetzenden Strategien entwickeln, die unter Berücksichtigung der regionalen Gegebenheiten eine Zielerreichung erlauben. Berücksichtigung findet dies beispielweise in der „Developmental Evaluation", einer Evaluationsform, die speziell für komplexe und innovative Programme entwickelt wurde und die nicht mit vorgezeichneten Lösungswegen und Wirkmechanismen arbeitet (Gutknecht-Gmeiner 2015, S. 135). Wirkungen sind hier nicht linear, sondern für verschiedene Zielgruppen und unter verschiedenen Rahmenbedingungen unterschiedlich (ebd.). Aber auch programmtheoretische Evaluationsstrategien berücksichtigen neben den Faktoren, die hier als Kontext konzeptionell aufgegriffen werden, die Strategien, die zumeist als Aktivitäten bezeichnet werden (vgl. beispielsweise den Programmbaum von Univation in Bartsch/Beywl/Niestroj 2015, S. 91 ff.). Dabei werden Aktivitäten in verschiedene Dimensionen unterteilt. Der Idee der Strategie am nächsten stehen dabei die sogenannten Hilfsaktivitäten, „welche die Intervention ermöglichen oder unterstützen" (ebd., S. 95).

12.2 Multizentrische Umsetzung der Partnerschaften für Demokratie

„Demokratie leben!" ist ein Förderprogramm des Bundesministeriums für Familie, Senioren, Frauen und Jugend, das die Ziele verfolgt, Extremismus vorzubeugen, Demokratie zu fördern und Vielfalt zu gestalten. Im Rahmen der Fördersäule „kommunaler Strukturaufbau" werden bundesweit in über 300 Kommunen, Landkreisen sowie Zusammenschlüssen von Gebietskörperschaften Partnerschaften für Demokratie gefördert. Ziel ist es, in den Kommunen nachhaltige Netzwerke zu etablieren bzw. zu stärken, die eine „zielgerichtete Zusammenarbeit aller vor Ort relevanter Akteure für Aktivitäten gegen Rechtsextremismus, Gewalt und Menschenfeindlichkeit sowie für die Entwicklung eines demokratischen Gemeinwesens unter aktiver Beteiligung der Bürgerinnen und Bürger unterstützen" (BMFSFJ 2018, S. 5). Einer Partnerschaft für Demokratie stehen pro Jahr bis zu 100.000 Euro zur Verfügung. Davon werden bis zu 45.000 Euro für eine Koordinierungs- und Fachstelle verwendet, die restlichen Mittel für die Umsetzung von Projekten, für ein Jugendforum sowie für Öffentlichkeitsarbeit, Vernetzung und Partizipation (ebd., S. 14 f.), um so die nachhaltige Implementierung von Arbeitsstrukturen und Fachlichkeit in einer Region zu unterstützen. Um die Mittel für die Projekte nutzen zu können, soll eine kommunale Handlungsstrategie unter Einbeziehung möglichst vieler Akteure entwickelt und umgesetzt werden. Für die Einbindung der Akteure in die Konzeptentwicklung und die Umsetzung der kommunalen Strategie werden in aller Regel kommunale Netzwerke und Bündnisse genutzt. Ein Begleitausschuss, der aus Vertreterinnen und Vertretern der Zivilgesellschaft, der Verwaltung und gegebenenfalls der Politik besteht, entscheidet, welche Projekte entsprechend der kommunalen Strategie umgesetzt werden sollen. Die Koordinierungs- und Fachstelle strukturiert und organisiert, unterstützt von der zuständigen Verwaltung (dem federführenden Amt), die Arbeit des Begleitausschusses und des kommunalen Netzwerks und sorgt für eine fachlich kompetente Begleitung von Projekten. Das Verfügbarmachen von Fachlichkeit soll dazu beitragen, dass innovative, problem- und kontextangemessene Einzelprojekte entwickelt werden, die sich in die kommunale Strategie einfügen. Die Ziele der Partnerschaften für Demokratie ergeben sich aus den jeweiligen Problemlagen vor Ort und werden durch die beteiligten Akteurinnen und Akteure aus Zivilgesellschaft, Politik und Verwaltung formuliert und mit konkreten Umsetzungsschritten unterlegt. Berücksichtigt werden dabei auch die übergeordneten, durch das Programm vorgegebenen Ziele, wie der Aufbau von Netzwerken, die Verankerung von Fachlichkeit und das Erreichen von Öffentlichkeit. Wie diese Programmziele erreicht werden sollen, wird durch das Programm kaum vorgegeben, entsprechend richten sich die gewählten Strategien am jeweiligen regionalen Kontext aus.

Aufgrund der multizentrischen, d. h. an unterschiedlichen Orten und mittels eigenständiger Projekte, erfolgenden Umsetzung des Programms ist die Berücksichtigung des Kontexts für die wissenschaftliche Begleitung der Partnerschaften für Demokratie besonders relevant. Das Bundesprogramm gibt den Partnerschaften keine konkreten Umsetzungsanweisungen, sondern einen relativ weitgefassten Handlungsrahmen und übergeordnete Zielstellungen vor, um so den jeweiligen Besonderheiten vor Ort gerecht zu werden. Die Umsetzung der Partnerschaften für Demokratie erfolgt in ganz unterschiedlichen Kommunen, die jeweils unterschiedliche soziostrukturelle Bedingungen aufweisen, deren parteipolitische Landschaften unterschiedlich zusammengesetzt sind, die im urbanen oder eher ländlichen Raum liegen und die eine unterschiedliche Dichte der Trägerlandschaft oder von engagierten Akteuren aufweisen, um nur einige Beispiele für Heterogenität zu nennen. Entsprechend werden die übergeordneten Zielstellungen mit regional angepassten Konkretisierungen unterlegt. Für die Umsetzung des Programms bedarf es weiterhin unterschiedlicher Strategien und die Ergebnisse variieren bei einer gleichen Intervention in Abhängigkeit von der Wahl der Strategie und den relevanten Faktoren.

Um einerseits der Komplexität von Kontext und Strategien gerecht zu werden und andererseits übertragbare Aussagen treffen zu können, wurde von der wissenschaftlichen Begleitung der Ansatz der Qualitative Comparative Analysis (QCA) genutzt. Im Zentrum des Evaluationsinteresses standen dabei die Fragen nach den Bedingungen für eine umfassende Gesamtkoordination, nach den Voraussetzungen von Öffentlichkeitswirksamkeit und der Etablierung leistungsfähiger Netzwerke. Erläuterungen zu den drei Konzepten werden unter „Modellspezifikation I“ gegeben.

12.3 Die Qualitative Comparative Analysis

Der Ansatz der Qualitative Comparative Analysis ist ein kontextsensibler und fallbasierter Evaluationsansatz, der im letzten Jahrzehnt eine stark zunehmende Beliebtheit erfahren hat (Gerrits/Verweij 2016, S. 10; Braumoeller 2015, S. 472). Die QCA geht zurück auf Charles Ragin, der das methodische Vorgehen erstmals 1987 in seinem Buch „The Comparative Method" erläuterte (Ragin 1987). Die QCA stellt eine „sehr standardisierte Form qualitativen Vorgehens" dar und hebt sich dadurch von anderen qualitativen Methoden ab (Blatter/Langer/Wagemann 2018, S. 291). Der Ansatz gewährleistet einen „systematischen Cross-case-Vergleich", durch den „ein Verständnis über das beste Vorgehen in der Erreichung eines Outcomes unter bestimmten Gegebenheiten gewonnen werden kann" (Befani 2016, S. 21). Eine QCA fokussiert kausale Zusammenhänge, wobei sich Kausalität hier auf das Identifizieren von notwendigen und hinreichenden Bedingungen für die Zielerreichung einer Intervention bezieht. „Kausalität wird demnach als ein komplexer Sachverhalt gesehen, wobei die einzelnen Ursachen selten in einer monokausalen Beziehung zum Outcome stehen" (Cronqvist 2019, S. 6). Entsprechend wird die QCA als eine Methode angesehen, mithilfe derer es möglich ist, Kausalverhältnisse darzustellen, ohne dabei die Komplexität eines Gegenstands aus dem Blick zu verlieren (Baur 2018, S. 310 ff.; Baur/Knoblauch 2018, S. 443).

Die Bezeichnung QCA fasst als Oberbegriff mehrere Anwendungstypen zusammen, deren Anliegen es ist, einzelne Faktoren und Konditionen als Kombinationen zu identifizieren, die in der Lage sind, ein Phänomen (Outcome) zu erklären (Cronqvist 2019, S. 3 ff.), und die sich insbesondere in ihren Auswertungsschritten unterscheiden. Für die Evaluation der Partnerschaften für Demokratie wurde die so genannte „Crisp set QCA" (csQCA) genutzt, bei der die Konditionen binäre Werte annehmen[1] (Gerrits/Verweij 2016, S. 12). Zu den Vorteilen der QCA gehört es, dass neben qualitativ erhobenen Daten (z. B. Fallstudien, Interviews) auch quantitative Daten (z. B. Sozialindikatoren) als empirische Grundlage berücksichtigt werden können. Zu den Vorteilen gehört es auch, dass, anders als bei klassischen quantitativen Methoden (z. B. der Regressionsanalyse), bereits geringe Fallzahlen zu verlässlichen Ergebnissen führen und stets auch ein Rückbezug auf einzelne Fälle möglich ist (ebd., S. 5), wobei „die ‚Dichte', Reichhaltigkeit oder Komplexität der fallbasierten Informationen erhalten" (Befani 2016, S. 21) bleibt.

1 Weitere Anwendungstypen sind die Multi-value QCA (mvQCA), für die die Konditionen diskrete Werte annehmen, und die Fuzzy-set QCA (fsQCA), für die Werte zwischen 0 und 1 in den Konditionen vorliegen (Gerrits/Verweij, 2016). Wagemann (2015) beschreibt zusätzlich die Temporal QCA (tQCA).

Wie eingangs geschildert, ist die kausale Wirkung einer Intervention auf das anvisierte Ziel oftmals abhängig von einer Reihe von (äußeren) Faktoren und Strategien, die für die Umsetzung genutzt werden. Einige Strategien entfalten ihre Wirkung lediglich in Kombination mit bestimmten Faktoren. Einige Faktoren machen das Auftreten bestimmter Strategien für die Erreichung eines Ziels gar überflüssig. Durch den systematischen Vergleich der Fälle können im Rahmen der QCA „verschiedene Typologien von Fällen“ gebildet werden und der Erfolg (oder das Scheitern) eines Programms durch die Kombinationen von Strategien und Faktoren und nicht durch deren summatives Auftreten erklärt werden. Die QCA wird in diesem Zusammenhang dem Anspruch eines kontextsensiblen Zugangs gerecht. „The question answered by QCA ‘what makes the difference for whom and under what circumstances’ recognises that the intervention is likely to play different roles in different contexts, and demonstrates interest in learning more about these diversified dynamics; in understanding what they have in common and in what they differ“ (Befani 2016, S. 39).

Joachim Blatter u. a. (2018) beschreiben die QCA vor diesem Hintergrund als „konfigurativ-vergleichende Methode“. „Erklärungsfaktoren wirken üblicherweise nicht alleine und isoliert von anderen Faktoren, sondern oftmals in Wechselwirkung mit anderen“ (Blatter/Langer/Wagemann 2018, S. 293). Fritz Sager und Simone Ledermann (2006) schlüsseln das Analysemuster der QCA nach folgendem Schema auf: Kontext (K) + Mechanismus (M) = Outcome (O). Die für die Untersuchung interessierenden Faktoren werden in diesem Zusammenhang in Interventionen („Mechanismen“) sowie Rahmenbedingungen („Kontext“), wie das „lokale, historische, soziokulturelle und institutionelle Umfeld“, unterteilt (Sager/Ledermann 2006, S. 2049). Die Abhängigkeit der Wirkung der Interventionen von äußeren Faktoren, auf die durch die Intervention nur bedingt Einfluss genommen werden kann, wird somit in der Analyse beachtet.

Eine weitere wichtige Eigenschaft des konfigurativen Fallvergleichs in der QCA ist die Gegenüberstellung unterschiedlicher Erklärungsfaktoren und ihrer Kombinationen für das Auftreten eines bestimmten Phänomens, welche unter dem Begriff der „Äquifinalität“ beschrieben wird (Blatter/Langer/Wagemann 2018, S. 294; Wagemann 2015, S. 8). Die QCA wird der Tatsache gerecht, dass „kausale Erklärungspfade nicht alternativlos sind, sondern dass es durchaus mehrere Erklärungen für ein Phänomen geben kann“ (Blatter/Langer/Wagemann 2018, S. 294).

Methodische Umsetzung einer QCA

Für die Umsetzung einer QCA ist eine Reihe methodischer Schritte notwendig, die in der Literatur nahezu identisch beschrieben werden.[2] Bevor wir die Umsetzung der QCA unter besonderer Beachtung der Kontextsensibilität am praktischen Beispiel der Evaluation der Partnerschaften für Demokratie aufzeigen, möchten wir die zentralen methodischen Schritte kurz darlegen.

Prüfung der Angemessenheit und Durchführbarkeit einer QCA oder: Wofür kann die QCA verwendet werden?

Grundsätzlich eignet sich die Methode der QCA für Forschungsinteressen, die über die Frage der bloßen Wirkung einer Intervention hinausgehen und den Fokus stärker darauf ausrichten, „für wen“ und „unter welchen Bedingungen“ eine Wirkung durch eine Intervention erzielt wurde (Befani 2016). Die QCA ist dabei vor allem für die Analyse mittlerer Fallzahlen (Blatter/Langer/Wagemann 2018, S. 295) sinnvoll; so kamen beispielsweise in einer von Lasse M. Gerrits und Stefan Verweij (2016) untersuchten Auswahl von Studien Fallzahlen im Umfang von acht bis 30 Einheiten zur Anwendung (Gerrits/Verweij 2016, S. 12). Ein Minimum von drei bis fünf Fällen ist indes notwendig, um das Potenzial der QCA zu nutzen (Befani 2016, S. 44). Auch die Anzahl der zu analysierenden Faktoren und Strategien spielt für die Entscheidung der Anwendung einer QCA eine Rolle.

Weiterhin muss für die Generierung eines für die Analyse benötigten Datensatzes die Möglichkeit gegeben sein, Erhebungen und Bewertungen *für alle Fälle* und deren Outcomes sowie Faktoren vornehmen zu können (Befani 2016, S. 45). Können für bestimmte Faktoren, Outcomes oder Fälle keine fundierten Bewertungen vorgenommen werden, so müssen die entsprechenden Einheiten von der Analyse ausgeschlossen werden.

Modellspezifikation und Fallauswahl

Die QCA setzt als theoriebasierte Analysetechnik das Vorhandensein eines durchdachten Forschungsdesigns voraus. Es ist zunächst die Spezifikation eines Wirkungsmodells bzw. die Entwicklung einer passenden Theory of Change notwendig (Befani 2016, S. 45). Es muss festgelegt werden, welches Outcome untersucht werden soll und welche Bedingungen im Rahmen der Theory of Change Einfluss auf dieses nehmen. Für die Auswahl des Outcomes und der dafür relevanten Bedingungen müssen die Forschenden „unter Rückgriff auf

---

2 Für einen theoretischen Zugang empfehlen wir, auf Blatter/Langer/Wagemann 2018, Befani 2016 oder Gerrits/Verweij 2016 zurückzugreifen. Anwendungsorientierte Literatur zur softwaregestützten Umsetzung bieten Cronqvist 2019 (TOSMANA) und Dusa 2019 (R).

theoretische Perspektiven, empirische Erkenntnisse anderer Forscher bzw. mithilfe eines präzisen Literaturstudiums" über ein fundiertes Wissen zu Kausaleinflüssen auf das Outcome verfügen (Blatter/Langer/Wagemann 2018, S. 313).

Datenerhebung, Analyse und Interpretation[3]

Wie bereits erwähnt, können in die QCA sowohl qualitativ erhobene Daten als auch quantitative Daten einbezogen werden. Es gilt lediglich sicherzustellen, dass die Daten die Informationsbasis zu den Outcomes und den Bedingungen verbessern und eine Zuordnung der Präsenz bzw. der Abwesenheit des Outcomes und der Bedingungen für jeden der Fälle ermöglichen (Befani 2016).

Als erster Auswertungsschritt wird eine so genannte Kalibrierung der Daten vorgenommen. Im Rahmen der von uns durchgeführten Crisp set QCA werden den Outcomes und Bedingungen dichotome Werte zugeordnet: Im Falle des Auftretens eines Outcomes bzw. einer Bedingung erhält die Bezugsgröße den Wert „1"; ist das Outcome bzw. die Bedingung nicht präsent, so erhält sie den Wert „0". Basierend auf der Datengrundlage wird somit für jeden der Fälle eine Zuordnung über alle Outcomes und Bedingungen vorgenommen. Hierfür wird ein „Regelwerk" benötigt, in dem klar definiert ist, wann das Outcome bzw. eine Bedingung auftritt und wann nicht. Insbesondere bei einer qualitativen Datengrundlage kommt es an dieser Stelle zu einem Interpretationsschritt, der nicht frei von Subjektivität ist. Für den Fall, dass mehrere Evaluierende an der Umsetzung der QCA beteiligt sind, empfiehlt sich die gegenseitige Prüfung der Zuordnungen, z. B. im Rahmen von Fallkonferenzen.

Wie bereits beschrieben, ist es Ziel der QCA, wichtige Bedingungen und Kombinationen von Bedingungen für das Zustandekommen des Outcomes zu identifizieren. Ein wichtiger Schritt ist hierfür die Analyse notwendiger und hinreichender Bedingungen.[4] Eine notwendige Bedingung liegt immer dann vor, wenn über alle betrachteten Fälle hinweg das Outcome und gleichzeitig eine Bedingung bzw. Kombination von Bedingungen vorliegen. Für die Analyse der hinreichenden Bedingungen wird die Perspektive im Vergleich zur Analyse der notwendigen Bedingungen umgedreht: Eine Bedingung kann als hinreichend angesehen werden, wenn sie über die Fälle hinweg immer gleichzeitig mit dem Outcome auftritt.

---

3 Im Folgenden werden die methodischen Schritte zur Umsetzung einer QCA nur kurz skizziert. Detaillierte Ausführungen dazu finden sich in der zitierten Literatur.

4 Hier werden auch die Begriffe „Superset-Analyse" für die Analyse der notwendigen Bedingungen und „Subset-Analyse" für die Analyse der hinreichenden Bedingungen verwendet (Befani 2016).

Nach der Identifikation mehrerer relevanter Bedingungen für das Auftreten des Outcomes werden die Kombinationen dieser Bedingungen in einem Modell untersucht. Ein zentrales und hilfreiches Tool ist dabei die „Wahrheitstafel", in der die logisch-möglichen Kombinationen von Bedingungen aufgeführt werden.

In einem nächsten Schritt werden die Daten vereinfacht, ohne relevante Informationen über die Diversität und die Reichhaltigkeit der Fälle einzuschränken. „Das Verfahren reduziert die Wahrheitstafel auf eine kürzere Liste einfacherer Kombinationen, ohne Informationen über kausal hinreichende Pfade zu verlieren" (Befani 2016, S. 116). Hierbei kommt ein Algorithmus zur Anwendung, der als „Boolesche Minimierung" oder „Quine-McCluskey-Algorithmus" bekannt ist. Der Algorithmus „paart Kombinationen der Wahrheitstafel basierend auf der Gleichheit und ersetzt zwei gleiche Kombinationen durch eine einfachere, die die Bedingungen, die beide Kombinationen besitzen, beibehält" (ebd.). Als Ergebnis liefert die Boolesche Minimierung vereinfachte Pfade, die Kombinationen relevanter Bedingungen aufzeigen, die sich über die Breite der Fälle hinweg als einflussreich auf das Eintreten des Outcomes erweisen.

12.4 QCA in der Evaluation der Partnerschaften für Demokratie

Im Folgenden möchten wir anhand der wissenschaftlichen Begleitung und Evaluation der Partnerschaften für Demokratie unser konkretes Vorgehen in Bezug auf die Umsetzung der QCA darstellen und den Gewinn dieser Methode aufzeigen.

12.4.1 Modellspezifikation I: Entwicklung von Konzepten und der zu erklärenden Wirkungen

Im Rahmen der Evaluation der Partnerschaften für Demokratie wurde für die Erstellung des Forschungsdesigns zunächst auf das Wissen aus den Vorgängerprogrammen zurückgegriffen. Auf Basis der Ergebnisse der jahrelangen wissenschaftlichen Begleitung der Lokalen Aktionspläne (hierzu z. B. Behn u. a. 2013) wurden zu den Themenfeldern der aktuellen wissenschaftlichen Begleitung – Umsetzung der Koordinierungs- und Fachstellen, Vernetzung und Öffentlichkeitswirksamkeit – Konzepte entwickelt, die den oben beschriebenen Ansprüchen gerecht werden und die abgestuft aufzeigen, wann und in welchem Ausmaß Wirkungen erzielt werden. Um diese Konzepte auch passgenau auf die Partnerschaften für Demokratie zuzuschneiden, wurden im ersten Jahr der wissenschaftlichen Begleitung (2015) Interviews mit deren Koordinatorinnen und Koordinatoren geführt, die zum Teil auch explorativen Charakter hatten und deren Ergebnisse ebenfalls in die Konzepte einflossen. Weiterhin basieren die entwickelten Konzepte auf dem theoretischen Wissen über die jeweiligen Themenbereiche und aktuellen Forschungen.

Ergebnis dieses Prozesses waren folgende Konzepte:

Das Konzept der umfassenden Gesamtkoordination geht davon aus, dass es der Verfügbarkeit von Wissensbeständen bedarf, um die fachlichen sowie organisatorischen Impulse zur Umsetzung einer Partnerschaft für Demokratie zu geben, und dass es darüber hinaus notwendig ist, Zugänge zu den regional relevanten Strukturen zu erlangen, um diese im Sinne der Partnerschaft für Demokratie zu aktivieren. Bezogen auf die Wissensbestände wird unterschieden zwischen fachlich-inhaltlicher Expertise, Handlungswissen und Kontextwissen. Hinsichtlich der Zugänge geht es um die Bereiche Verwaltung, regionale Netzwerke, die für die Themenstellung der Partnerschaft von Relevanz sind, sowie die lokale Politik.

Das Konzept der leistungsfähigen Netzwerke besteht aus den zwei Dimensionen „umfassende Einbindung relevanter Akteure" und „Grundlagen zielgerichteter Zusammenarbeit", die sich aus verschiedenen Aspekten zusammensetzen. Dabei teilt sich das Konzept der Grundlagen zielgerichteter Zusammenarbeit auf in einen partizipativen Zielentwicklungsprozess sowie den Integrationsgrad innerhalb des Netzwerks. Der partizipative Zielentwicklungsprozess setzt sich wiederum zusammen aus den Items „Konkretisierung der Ziele" und „Inklusivität des Zielentwicklungsprozesses"; der Integrationsgrad innerhalb des Netzwerks wird bestimmt mit den Items „Wissenstransfer innerhalb des Netzwerks", „Erfahrung in der Netzwerkorganisation", „Raum für die gemeinsame Entwicklung von Zusammenarbeit" und „gemeinsam geteilte Problemanalyse". Leistungsfähige Netzwerke werden also sowohl als eine Voraussetzung gesehen, um die konkreten Ziele der Partnerschaft für Demokratie in Bezug auf Demokratieförderung und Prävention zu erreichen, als auch als Ergebnisse der Vernetzungs- und Kooperationsprozesse vor Ort.

Das Konzept zur Bewertung der Öffentlichkeitswirksamkeit unterscheidet zum einen die allgemeine Öffentlichkeit, die Fachöffentlichkeit und die lokale politische Öffentlichkeit. Innerhalb jeder dieser Dimensionen wird wiederum zwischen Informierung als niedriger Stufe und Aktivierung als höherer Stufe unterschieden.

In einem zweiten Schritt wurden für alle Items dieser Konzepte jeweils vier Stufen definiert, die angeben, ab wann sie erreicht werden bzw. die angestrebten Wirkungen eingetreten sind.

Zum Beispiel für Öffentlichkeitswirksamkeit im Bereich der Fachöffentlichkeit:

Zur Fachöffentlichkeit zählen Akteure mit einem fachlichen und/oder professionellen Bezug zum Thema und/oder zu Zielgruppen, die für die Themenfelder relevant sind. Es wird unterschieden zwischen professionellen zivilgesellschaftlichen Akteuren und staatlichen Akteuren.

- Stufe 1: Aus keinem der beiden Bereiche (professionelle zivilgesellschaftliche Akteure und staatliche Akteure) wurden mehr als 50 Prozent der Akteure informiert.
- Stufe 2: Aus einem der beiden Bereiche wurden mehr als 50 Prozent und aus dem anderen einige Akteure informiert. Aus mindestens einem Bereich wurden zudem einige Akteure aktiviert.
- Stufe 3: Aus beiden Bereichen sind viele Fachakteure (mehr als 50 Prozent) informiert. Darüber hinaus wurden aus einem Bereich viele oder aus beiden Bereichen einige Fachakteure aktiviert.
- Stufe 4: Aus beiden Bereichen sind viele relevante Fachakteure (mehr als 50 Prozent) informiert und aktiviert.

Partnerschaften, die lediglich Stufe 1 oder 2 erreichen, werden als nicht öffentlichkeitswirksam in Bezug auf die Fachöffentlichkeit bewertet, jene, die auf Stufe 3 und 4 eingeordnet werden, werden in diesem Bereich als öffentlichkeitswirksam bewertet.

12.4.2 Modellspezifikation II: Darstellung plausibler Faktoren und Strategien

Auch die Identifizierung relevanter Faktoren und Strategien erfolgte auf Basis sowohl des Wissens über theoretische Grundlagen und Konzepte als auch des Praxiswissens über die Lokalen Aktionspläne[5] bzw. die Partnerschaften für Demokratie. Interviews mit den Koordinatorinnen und Koordinatoren, den Vertreterinnen und Vertretern der federführenden Ämter und mit externen Akteuren lieferten weitere wertvolle Hinweise.

Insgesamt haben wir 17 Faktoren definiert, die Einfluss auf das Erreichen der in den Konzepten dargestellten Ziele haben. Diese Faktoren waren zum einen eher struktureller Natur, beispielsweise themenrelevante Engagementstrukturen oder stabile Regelstrukturen in der Region, zum anderen handelte es sich um Umsetzungsbedingungen, wie die Zusammenarbeit zwischen Koordinierungs- und Fachstelle und federführendem Amt oder der regelmäßige Austausch zwischen der Partnerschaft für Demokratie und anderen Programmbereichen von „Demokratie leben!“.

Wir haben weiterhin 16 Strategien identifiziert, mit denen die Koordinatorinnen und Koordinatoren versuchen, die in den Konzepten dargestellten Ziele

5 Lokale Aktionspläne wurden in den vorhergehenden Bundesprogrammen gefördert und sind die Vorgänger der Partnerschaften für Demokratie.

und Wirkungen zu erreichen. In Bezug auf Öffentlichkeitswirksamkeit sind das beispielsweise die Nutzung des öffentlichen Raums für Öffentlichkeitsarbeit, niedrigschwellige Informationsvermittlung oder die Herstellung eines regionalen Bezugs bei der Ansprache von Bürgerinnen und Bürgern.

12.4.3 Datenerhebung und -analyse

Die notwendigen Daten, um den Stand in Bezug auf das Erreichen der in den Konzepten definierten Ziele, das (Nicht-)Vorhandensein der Einflussfaktoren und den Grad der Umsetzung der relevanten Strategien bewerten zu können, wurden mit unterschiedlichen Methoden erhoben. Im Zentrum standen leitfadengestützte Interviews mit Koordinatorinnen und Koordinatoren, Vertreterinnen und Vertretern der federführenden Ämter und der geförderten Projekte sowie mit externen Akteuren aus 24 ausgewählten Partnerschaften für Demokratie. Weitere Bausteine waren Dokumentenanalysen, teilnehmende Beobachtungen vor Ort sowie Gruppendiskussionen bei Veranstaltungen wie den Transferworkshops.

Die Auswahl der 24 Partnerschaften für Demokratie erfolgte theorie- und hypothesengeleitet. Entsprechend der Strategie des „purposive sampling" (Patton 1990, S. 169 ff.) wurde in Bezug auf untersuchungsrelevante Aspekte ein möglichst heterogenes Sample für die Untersuchung ausgewählt. Folgende Merkmale wurden dabei berücksichtigt: Programmgeneration (Bestand die Partnerschaft für Demokratie schon als Lokaler Aktionsplan in den Vorgängerprogrammen „VIELFALT TUT GUT" oder „TOLERANZ FÖRDERN – KOMPETENZ STÄRKEN"?), räumliche Verteilung in Bezug auf die 16 Bundesländer, Charakteristika und regionale Besonderheiten (so wurden z. B. ländliche, städtische und großstädtische Regionen berücksichtigt) sowie die inhaltliche Ausrichtung der Partnerschaften (z. B. Fokus auf Rechtsextremismusbekämpfung oder Fokus auf mehreren Phänomenen der Gruppenbezogenen Menschenfeindlichkeit).

Der Interview- und Auswertungsleitfaden war eng an den oben dargestellten Konzepten und den definierten Einflussfaktoren und Strategien ausgerichtet. Alle Interviews wurden einer qualitativen Inhaltsanalyse unterzogen und die Erkenntnisse fallbezogen und unter Einbeziehung der Befunde aus Dokumentenanalyse, teilnehmenden Beobachtungen und Gruppendiskussionen zusammengeführt.

Im Ergebnis stand für jede der 24 ausgewählten Partnerschaften eine fallspezifische Auswertung, die jedem Item eine eindeutige Bewertung zuordnete und diese ausführlich begründete. Diese 24 Fallbewertungen bildeten die Grundlage für die nun folgende QCA.

In der QCA wurden – wie oben beschrieben – Kombinationen der relevanten Bedingungen in einem Modell untersucht, das notwendige und hinreichende Bedingungen für das Erreichen einer Wirkung identifiziert und in ihrer Zusammensetzung systematisch erfasst, indem logisch mögliche Kombinationen von Bedingungen geprüft und in Bezug zur festgestellten Wirkung gesetzt wurden. Genutzt wurde hierfür die Wahrheitstafel, die abbildet, in welchem Zusammenhang Faktoren und Strategien zu den identifizierten Wirkungen stehen.

Im Ergebnis konnten für jedes der drei oben beschriebenen Konzepte – umfassende Gesamtkoordination, leistungsfähige Netzwerke und Öffentlichkeitswirksamkeit – fünf Einflussfaktoren und Strategien herauskristallisiert werden, die das Erreichen der im Konzept definierten Ziele und Wirkungen deutlich beeinflussen.

Beispiele hierfür sind für Öffentlichkeitswirksamkeit niedrigschwellige Informationsvermittlung, die direkte Ansprache von Bürgerinnen und Bürgern, Unterstützung der Projektträger durch die Koordinierungs- und Fachstelle, öffentliche Unterstützung durch politische Akteure sowie eine professionelle Öffentlichkeitsarbeit.

In einem nächsten Schritt wurden die Daten mithilfe der oben skizzierten Booleschen Minimierung vereinfacht. Im Ergebnis standen übersichtliche Pfade, die Kombinationen von relevanten Bedingungen aufzeigen, die sich als einflussreich auf das Eintreten der Wirkung – hier Öffentlichkeitswirksamkeit – erweisen.

Für die Öffentlichkeitswirksamkeit konnten somit die als besonders bedeutsam identifizierten Strategien und Faktoren in unterschiedlichen Kombinationen dargestellt werden, die bei den untersuchten Partnerschaften für Demokratie zum Erfolg geführt haben, d. h., die dazu beigetragen haben, dass die Partnerschaft erfolgreich öffentlichkeitswirksam wurde bzw. wird. Diese zielführenden Pfade lassen sich folgendermaßen abbilden (Abb. 12.1):

Die Zahlen in der Spalte „Öffentlichkeitswirksamkeit" bezeichnen die Anzahl der Partnerschaften für Demokratie, auf die der entsprechende Pfad zutrifft.

Deutlich wird in diesem Beispiel, dass es für die Partnerschaften für Demokratie wichtig ist, die drei Strategien der niedrigschwelligen Informationsvermittlung, der direkten Ansprache von Bürgerinnen und Bürgern sowie der Unterstützung der Projektträger durch die Koordinierungs- und Fachstelle umzusetzen. Gelingt dies, ist es unerheblich, ob die Faktoren, auf die die Koordinierungs- und Fachstelle nur einen begrenzten Einfluss hat (professionelle Öffentlichkeitsarbeit und öffentliche Unterstützung durch politische Akteure), gegeben sind oder nicht. Je weniger die Strategien berücksichtigt werden, desto bedeutsamer werden jedoch die beiden eben genannten Faktoren.

Abb. 12.1: Pfadmodell zu Faktoren und Strategien für Öffentlichkeitswirksamkeit

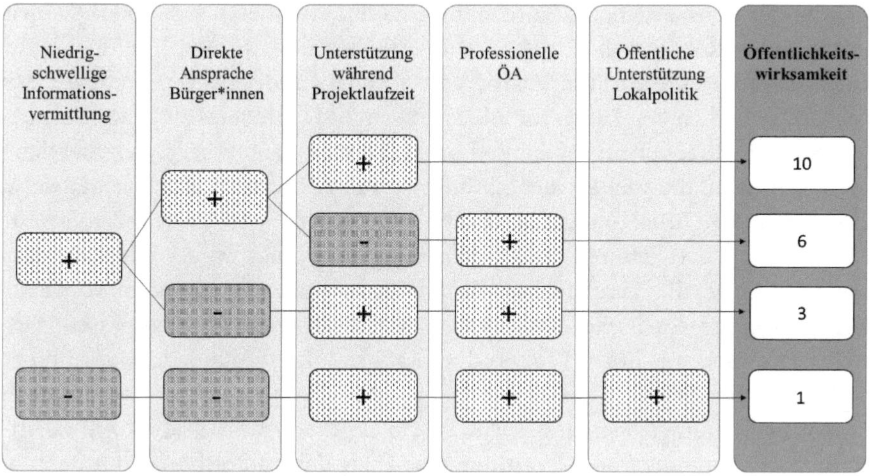

Quelle: Eigene Darstellung

12.5 Limitationen

Wie jede Analysemethode weist die QCA spezifische Limitationen auf, die an dieser Stelle kurz umrissen werden sollen. Die Kritiken reichen dabei von der Diskussion methodischer Feinheiten (Wagemann 2015; Blatter/Langer/Wagemann 2018; Befani 2016) über die Infragestellung einzelner Bestandteile der Methode (Baumgartner/Thiem 2017; Braumoeller 2015) bis hin zur weitergehenden Ablehnung des Vorgehens (Lucas/Szatrowski 2014).

Eine Herausforderung für die Umsetzung der QCA ist die Notwendigkeit, dass die Daten zu allen Fällen umfassend vorliegen müssen und sich den Indikatoren, die Konzepte, Faktoren und Strategien beschreiben, zuordnen lassen (Befani 2016, S: 62 ff.). Das ist nicht immer möglich und erfordert unter Umständen Veränderungen der Indikatoren. Ein solches Nachsteuern kann auch notwendig werden, wenn für die Fälle eine begrenzte empirische Vielfalt („limited diversity") vorliegt, was daran zu erkennen ist, dass nicht für alle logisch möglichen Kombinationen von Bedingungen in der Wahrheitstafel Fälle vorliegen (Wagemann 2015, S. 8; Blatter/Langer/Wagemann 2018, S. 342). Für die Evaluation der Partnerschaften für Demokratie bestand eine entsprechende Herausforderung darin, für die 24 ausgewählten Partnerschaften alle notwendigen Informationen umfassend einzuholen, um das Vorhandensein bzw. die Abwesenheit des Outcomes (gelungene Gesamtkoordination, Öffentlichkeitswirksamkeit, leistungsfähige Netzwerke) und der Einflussfaktoren (z. B. niedrigschwellige Informationsvermittlung oder professionelle Öffentlichkeitsarbeit) bewerten zu können. Die Kriterien, anhand derer bewertet werden sollte, ob eine Wirkung bzw. ein Faktor gegeben ist, stimmten nicht immer mit der empirischen Realität überein und mussten verändert werden. Dadurch war es mitunter erforderlich, zusätzliche Informationen zu den bis dahin erhobenen Daten durch Rücksprachen mit Verantwortlichen in den Koordinierungs- und Fachstellen zu erfassen, um Klarheit zu schaffen und eine vergleichbare Bewertung zwischen den Fällen für alle Faktoren und Outcomes zu gewährleisten. Im Nachhinein erscheint es empfehlenswert, die zu überprüfenden Bereiche nicht nur deduktiv, sondern auch induktiv zu entwickeln, indem beispielsweise eine explorative Erhebungsphase vor die QCA gesetzt wird. Da mehrere Evaluatorinnen und Evaluatoren an den Erhebungen beteiligt waren, war es weiterhin notwendig, die Vergleichbarkeit der Bewertungen im Rahmen von Fallkonferenzen regelmäßig zu besprechen und gegebenenfalls anzupassen. Der Arbeitsaufwand für diesen Prozess der „Kalibrierung" (Befani 2016) darf nicht unterschätzt werden.

Michael Baumgartner und Alrik Thiem (2017) kritisieren die oftmals unsensible Anwendung von Algorithmen im Zuge der Booleschen Minimierung, wodurch Kausalmechanismen auf wenige Erfolgspfade heruntergebrochen werden, was nicht der Realität gerecht werde. Folglich fordern sie größere Transparenz und eine stärkere Diskussion der Algorithmen, die im Zuge einer QCA zur Anwendung kommen, sowie die kritische Reflexion der Ergebnisse vor dem Hintergrund der automatisierten Minimierung. Der Schritt der logischen Minimierung sorgte bei der Umsetzung der QCA im Rahmen der Evaluation der Partnerschaften für Demokratie auch in unseren Reihen für Diskussionen. So produzierte die automatisierte Minimierung zunächst Pfade, die ein hohes Abstraktionsniveau aufwiesen und keine exklusive Zuordnung der Fälle zu den Pfaden mehr zuließen. Durch anschließende manuelle logische Schritte konnte der Abstraktionsgrad gesenkt werden und Pfade mit exklusiven Fallzuordnungen realisiert werden.

Bear F. Braumoeller (2015) macht darauf aufmerksam, dass die QCA nicht als statistische Technik entwickelt wurde, von Anwendern jedoch häufig so behandelt wird. Im Hinblick auf die Möglichkeit der Zufälligkeit der Korrelationen von Bedingungen und Outcomes kritisiert er die oft unreflektierte Ergebnisdiskussion. Um die Güte der Ergebnisse der QCA besser bewerten zu können, empfiehlt er einen „Holm-Bonferroni-Test" zur Berechnung der Wahrscheinlichkeit eines falschen Zusammenhangs („false positive"). Bei der wissenschaftlichen Begleitung der Partnerschaften für Demokratie wurden möglicherweise falsche Zusammenhänge durch inhaltliche Plausibilisierungen – also auf einer qualitativen Ebene – im Rahmen der Fallkonferenzen ausgeschlossen.

Auch wenn die QCA eine in der Wissenschaft nicht unumstrittene Methode ist, kann sie ein hilfreiches Werkzeug im Rahmen einer kontextsensiblen Evaluation darstellen. So ermöglicht sie, die wechselseitigen Abhängigkeiten verschiedener Strategien und Faktoren, die beim Erreichen einer Wirkung bedeutsam sind, abzubilden und somit dazu beizutragen, den Kontext eines Untersuchungsgegenstands in seiner Komplexität zu berücksichtigen. Für Evaluationen und wissenschaftliche Begleitungen ist es auf dieser Basis möglich, kontextsensible Empfehlungen sowohl für die Umsetzung als auch für die Weiterentwicklung von Programmen und Projekten zu formulieren.

Literatur

Appel, Elke (2002): Auswirkungen eines Peer-Education-Programms auf Multiplikatoren und Adressaten – eine Evaluationsstudie. http://webdoc.sub.gwdg.de/ebook/diss/2003/fu-berlin/2002/1/index.html#information (12.12.2019)

Bartsch, Samera/Beywl, Wolfgang/Niestroj, Melanie (2015): Der Programmbaum als Evaluationsinstrument. In: Giel, Susanne/Klockgether, Katharina/Mäder, Susanne (Hrsg.): Evaluationspraxis. Professionalisierung – Ansätze – Methoden. Münster/New York, S. 87–109

Baumgartner, Michael/Thiem, Alrik (2017): Model Ambiguities in Configurational Comparative Research. In: Sociological Methods and Research, 46. Jg., H. 4, S. 954–987

Baur, Nina (2018): Kausalität und Interpretativität. In: Akremi, Leila/Baur, Nina/Knoblauch, Hubertus/Traue Boris (Hrsg.): Interpretativ forschen. Weinheim/München, S. 306–360

Baur, Nina/Knoblauch, Hubertus (2018): Die Interpretativität des Quantitativen oder: Zur Konvergenz von qualitativer und quantitativer empirischer Sozialforschung. In: Soziologie, 47. Jg., H. 4, S. 439–461

Befani, Barbara (2016): Pathways to Change: Evaluating Development Interventions with Qualitative Comparative Analysis (QCA). Stockholm

Behn, Sabine/Bohn, Irina/Karliczek, Kari-Maria/Lüter, Albrecht/Sträter, Till (2013): Lokale Aktionspläne für Demokratie. Zivilgesellschaft und Kommune in der Auseinandersetzung mit Rechtsextremismus. Ergebnisse der Evaluation des Bundesprogramms „VIELFALT TUT GUT". Weinheim/Basel

Blatter, Joachim/Langer, Phil C./Wagemann, Claudius (2018): Konfigurativ-vergleichende Methoden und Qualitative Comparative Analysis (QCA). In: Blatter, Joachim/Langer, Phil C./Wagemann, Claudius (Hrsg.): Qualitative Methoden in der Politikwissenschaft. Wiesbaden, S. 291–355

Braumoeller, Bear F. (2015): Guarding Against False Positives in Qualitative Comparative Analysis. In: Political Analysis, 23. Jg., H. 4, S. 471–487

Bundesministerium für Familie, Senioren, Frauen und Jugend (BMFSFJ) (Hrsg.) (2018): Leitlinien Förderbereich A. Bundesprogramm Demokratie leben! Aktiv gegen Rechtsextremismus, Gewalt und Menschenfeindlichkeit. Bundesweite Förderung lokaler „Partnerschaften für Demokratie" Aktualisierte Fassung vom 16.05.2018. www.demokratie-leben.de/fileadmin/content/PDF-DOC-XLS/Leitlinien/180720_Foerderleitlinie_A_2018_final_barrierefrei.pdf (10.12.2019)

Coldwell, Mike (2019): Reconsidering Context: Six Underlying Features of Context to Improve Learning from Evaluation. In: Evaluation, 25. Jg., H. 1, S. 99–117

Cronbach, Lee J. (1982): Designing Evaluations of Educational and Social Programs. San Francisco

Cronqvist, Lasse (2019): Qualitative Comparative Analysis (QCA). Eine Einführung mit TOSMANA und dem QCA-Add-In. Augsburg/München

DeGEval – Gesellschaft für Evaluation (Hrsg.) (2016): Standards für Evaluation. www.degeval.org/fileadmin/Publikationen/DeGEval-Standards_fuer_Evaluation.pdf (12.12.2019)

Dusa, Adrian (2019): QCA with R. A Comprehensive Resource. Heidelberg

Gerrits, Lasse M./Verweij, Stefan (2016): Qualitative Comparative Analysis as a Method for Evaluating Complex Cases. An Overview of Literature and a Stepwise Guide with Empirical Application. In: Zeitschrift für Evaluation, 15. Jg., H. 1, S. 7–22

Giel, Susanne (2013): Theoriebasierte Evaluation. Konzepte und methodische Umsetzung. Münster u. a.

Gutknecht-Gmeiner, Maria (2015): Developmental Evaluation nach Michael Patton. Begriffsbestimmung und Reflexion der praktischen Anwendung. In: Giel, Susanne/Klockgether, Katharina/Mäder, Susanne (Hrsg.): Evaluationspraxis. Professionalisierung – Ansätze – Methoden. Münster/New York, S. 131–153

Haubrich, Karin (2006): Die Konstruktion des Untersuchungsgegenstandes in der Evaluation innovativer multizentrischer Programme. In: Rehberg, Karl-Siegbert (Hrsg.): Soziale Ungleichheit, kulturelle Unterschiede. Verhandlungen des 32. Kongresses der Deutschen Gesellschaft für Soziologie in München 2004. Frankfurt (Main), S. 3872–3881

Lucas, Samuel R./Szatrowski, Alisa (2014): Qualitative Comparative Analysis in critical perspective. In: Sociological Methodology, 44. Jg., H. 1, S. 1–79

Patton, Michel (1990): Qualitative Evaluation and Research Methods. Beverly Hills

Pawson, Ray/Tilley, Nick (2004): Realistic Evaluation. London u.a

Ragin, Charles C. (1987): The Comparative Method. Moving beyond Qualitative and Quantitative Strategies. Berkeley

Sager, Fritz/Ledemann, Simone (2006): Qualitative Comparative Analysis (QCA) und realistische Evaluation. Theoretische Parallelen und eine praktische Anwendung. In: Rehberg, Karl-Siegbert (Hrsg.): Soziale Ungleichheit, kulturelle Unterschiede. Verhandlungen des 32. Kongresses der Deutschen Gesellschaft für Soziologie in München 2004. Frankfurt (Main), S. 2048–2058

Wagemann, Claudius (2015): Qualitative Comparative Analysis (QCA) in der Vergleichenden Politikwissenschaft. In: Lauth, Hans-Joachim/Kneuer, Marianne/Pickel, Gert (Hrsg.): Handbuch Vergleichende Politikwissenschaft. Wiesbaden, S. 63–77

Herausforderungen der Kooperation zwischen Wissenschaft, Praxis und Politik

13 Einbindung zeigt Wirkung

Ansätze partizipativer Evaluation von Projektarbeit in der Einwanderungsgesellschaft

Laura Ceresna-Chaturvedi, Moritz Fedkenheuer, Alina Goldbach, Jasmin Rocha, Till Sträter

13.1 Einleitung

Partizipation ist insbesondere in Projekten zur Förderung der politischen und sozialen Teilhabe marginalisierter Gruppen nicht nur Wirkungsziel, sondern auch Leitprinzip der Projektumsetzung.[1] Zielgruppen sollen aktiv in die Gestaltung von Maßnahmen einbezogen werden und Einfluss auf Projektverlauf und -ergebnisse nehmen. Wir argumentieren in diesem Praxisbericht dahingehend, dass auch Evaluationen in diesem Themenfeld partizipative Ansätze in ihr methodisches Vorgehen integrieren und mit den Ansprüchen unabhängiger, externer Wirkungsevaluation in Einklang bringen sollten. Partizipation kann je nach Projekttyp, der evaluiert werden soll, je nach der Phase, in der sich die Evaluation befindet und je nach Ziel der Beteiligung, unterschiedliche Dinge bedeuten. Die Antwort auf die zentrale Frage, wer wozu und wie beteiligt werden soll, fällt dann entsprechend ganz unterschiedlich aus. In diesem Beitrag geht es uns nicht so sehr um eine Verortung in der theoretischen Diskussion um unterschiedliche Beteiligungsansätze. Vielmehr wollen wir anhand von Praxisbeispielen Möglichkeiten und Formen partizipativer Herangehensweisen aufzeigen und ihren Nutzen und Wert für die Evaluation, die Evaluierten und die Evaluierenden im Kontext von Wirkungsanalysen veranschaulichen.[2]

Im Bereich der prozessbegleitenden Evaluation partizipativ ausgerichteter Projekte sind entsprechende partizipative Evaluationsansätze weitverbreitet. Meist fordern Auftraggeber selbst dazu auf, partizipative Vorgehensweisen zu wählen. Auch die Fachvereinigungen und professionellen Zusammenschlüsse

1 Siehe auch Kap. 5 in diesem Sammelband zur Evaluation von Leitprinzipien.

2 So werden auch im Folgenden die Begriffe „partizipatives Vorgehen“ und „Ansätze partizipativer Evaluation“ synonym verwendet. Eine Verortung unseres partizipativen Vorgehens zu einem der verschiedenen theoretischen Konzepte partizipativer Evaluation nehmen wir in diesem Praxisbericht nicht vor.

der Evaluierenden setzen in ihren Standards und Leitlinien zumindest implizit auf Partizipation. So fordert die Deutsche Gesellschaft für Evaluation (DeGEval), dass diejenigen, die von einer Evaluation betroffen sind, vorab identifiziert und informiert werden, damit ihre Informationsbedarfe von Anfang an mitgedacht werden können (DeGEval 2016, S. 18). In Wirkungsevaluationen, die oft weniger den Lernprozess als die Rechenschaft gegenüber dem Fördergeber im Blick haben, sind partizipative Ansätze unserer Erfahrung nach deutlich seltener zu finden. Ein Grund dafür ist, dass die methodischen Anforderungen an eine Wirkungsevaluation, die wissenschaftlich fundiert und objektiv Auskunft über den Erfolg eines Projekts geben soll, auf den ersten Blick wenig Raum für partizipative Ansätze zu bieten scheinen. Wirkungsanalysen sind für sich genommen schon sehr aufwendig, partizipative Herangehensweisen bedeuten oft deutlich mehr Zeitaufwand und entsprechend höhere Kosten. Eine Beteiligung von Akteuren, die sich auf die Umsetzung beschränkt, während die Entscheidungen, die sich aus den Ergebnissen ableiten, ohne sie getroffen werden, läuft Gefahr zur bloß symbolischen Geste zu verkommen, die die Beteiligten vor allem ihre (Frei-)Zeit kostet (Guijt 2014). Aber auch Wirkungsanalysen können durch partizipative Ansätze sowohl praktisch als auch normativ gestärkt werden und für Projektakteure und Evaluierende konkrete Vorteile bringen. Bei der Evaluation des Programmbereichs „Zusammenleben in der Einwanderungsgesellschaft" des Bundesprogramms „Demokratie leben!" wollten wir sowohl methodisch fundiert die Wirkungen der Modellprojekte analysieren, als auch deren Zielgruppen gestaltend in den Evaluationsprozess einbinden, um den Erkenntnisgewinn für die Projektteams und die Programmakteure zu stärken.

Der Programmbereich „Zusammenleben in der Einwanderungsgesellschaft" förderte von 2017 bis 2019 insgesamt 43 Modellprojekte, die auf eine stärkere Beteiligung von Gruppen, die von Gruppenbezogener Menschenfeindlichkeit betroffen sind, hinarbeiten.[3] Die Projektschwerpunkte reichten von der Bearbeitung interkultureller Konflikte im Sozialraum über das Empowerment von Menschen mit Diskriminierungserfahrungen bis hin zur interkulturellen Öffnung von Organisationen. Partizipation nahm eigentlich in allen Projekten eine zentrale Rolle ein. Unter den Trägern waren Universitäten, Think-Tanks, Museen, Gewerkschaften, Interessenverbände, Wohlfahrtsverbände, Träger der Kinder- und Jugendarbeit, Migrantenorganisationen und andere im Themenfeld tätige zivilgesellschaftliche Organisationen und Träger sozialer Arbeit.

3 Vergleiche hierzu die Programmleitlinie Förderbereich H 1 des Bundesprogramms „Demokratie leben!" Aktiv gegen Rechtsextremismus, Gewalt und Menschenfeindlichkeit. Förderung von Modellprojekten zum Zusammenleben in der Einwanderungsgesellschaft. Empowerment zur demokratischen Teilhabe sowie Konfliktbearbeitung (BMFSFJ 2017).

Damit waren im Programmbereich in Bezug auf Organisationsform und Arbeitsschwerpunkte sehr unterschiedliche Projektträger vertreten. So waren Bundesverbände mit über 100.000 Mitgliedern und langjähriger Erfahrung im Management großer Projekte, die aber im Themenfeld unerfahren waren, ebenso vertreten wie kleine, eher junge Vereine der Jugendarbeit, die beispielsweise nur auf Stadtteilebene arbeiten, dafür aber eine große Expertise im Themenfeld mitbrachten.

Die begleitende Evaluation des Programmbereichs umfasste drei zentrale methodische Bausteine, die von Aktivitäten der Vernetzung und des Wissenstransfers flankiert wurden. Dabei waren die Projektträger in sehr unterschiedlichem Maße eingebunden.

Die Umsetzung der Projekte wurde mit einem regelmäßigen Monitoring in Form eines Online-Fragebogens begleitet. Daran nahmen zu zwei Zeitpunkten alle Projekte teil. Etwa die Hälfte der Projekte wurde eingehender im Rahmen qualitativer Fallanalysen untersucht. Aus diesen Fallanalysen wurden wiederum vier Projekte ausgewählt, bei denen wir mit sehr unterschiedlichen methodischen Designs die Wirkungsebene in den Blick nahmen (Abb. 13.1).

Abb. 13.1: Bausteine des methodischen Vorgehens in der Evaluation der Modellprojekte im Programmbereich „Zusammenleben in der Einwanderungsgesellschaft“

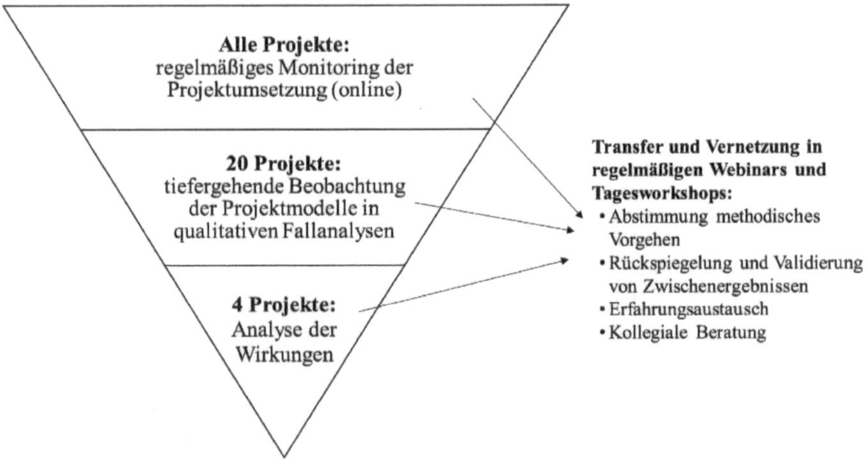

Quelle: Eigene Darstellung

Das Umsetzungsmonitoring diente dazu, aus der Perspektive der Projektakteure einen Überblick über die Projektverläufe im Programmbereich zu erhalten. In einer standardisierten Onlinebefragung wurden die Projektträger gebeten, vom Umsetzungsstand ihres Projekts zu berichten, erste Ergebnisse zu nennen und Herausforderungen zu beschreiben. Indem wir auch die Sachberichte der Projektträger an den Fördergeber für die Auswertung nutzten, konnte die Onlinebefragung kurzgehalten werden.

Die qualitativen Fallanalysen mit etwa der Hälfte der Projekte nutzte weniger standardisierte Instrumente, insbesondere Leitfadeninterviews, Beobachtungen und Workshops, um die Wirkungsmodelle der Projekte zu beleuchten und die Zielgruppen der Projekte in den Blick nehmen zu können. Das methodische Vorgehen stimmten wir kontinuierlich mit den Projektträgern ab, Zwischenergebnisse wurden zeitnah rückgespiegelt, um sie für die Projektumsetzung nutzbar zu machen.

Im letzten Jahr der Evaluation wurden für eine kleine, inhaltlich begründete Auswahl von vier Projekten zudem Wirkungsanalysen mit sehr unterschiedlichen Designs durchgeführt. Das Instrumentarium reichte dabei von qualitativen Methoden wie Process Tracing bis hin zu klassischeren Ansätzen mit quasiexperimentellem Design. Insbesondere bei diesen Wirkungsanalysen setzten wir auf partizipative Elemente und banden die Projektträger mit ihrer praktischen Expertise sowohl inhaltlich als auch organisatorisch intensiv mit ein.

Dieser Praxisbericht gibt Einblick, wie in den drei sehr unterschiedlichen Bausteinen der Programmevaluation partizipative Elemente praktisch umgesetzt wurden und die Einbindung von Projektakteuren gelang. Dabei war unser Evaluationsteam mit dem Anspruch angetreten, sowohl dem Fördergeber eine Einsicht in die Wirkungen der Modellprojekte zu geben als auch den Belangen der Projektträger und ihrer Zielgruppen Gehör zu verschaffen. Auf dem Weg zu dem Ziel, Wirkungsevaluation partizipativ zu gestalten, haben wir interessante und lehrreiche Erfahrungen gesammelt, von denen wir im Folgenden berichten möchten.

13.2 Vom Für und Wider partizipativer Evaluation

Die partizipative Evaluation ist bei Weitem kein Novum. Die Fachliteratur umreißt dieses Themenfeld konzeptuell klar und ausführlich (z. B. Caspari 2006, S. 356 f.). Insbesondere immer dann, wenn Evaluation Programme und Projekte zur Teilhabe marginalisierter Menschen begleiten soll, gilt schon lange ein „Ja" zu partizipativen Evaluationsansätzen.[4]

Dabei besteht weitestgehend Konsens darüber, dass partizipative Evaluation auch das normative Ziel verfolgt, marginalisierte Stimmen bzw. die Perspektive von Praxis und Gesellschaft für politische Entscheidungsträger hörbar zu machen. Es sollen möglichst viele Akteure und Akteurinnen zu Wort kommen;

4 Für eine theoretische Diskussion zu verschiedenen Ansätzen der partizipativen Evaluation siehe u. a. Cousins/Whitmore (1998) und Chambers (2009); Chouinard/Cousins (2013) für die Unterscheidung zwischen praktischer und transformativer partizipativer Evaluation.

neben Projektträgern auch direkte und indirekte Zielgruppen der Programme/ Projekte. Ob eine Evaluation partizipativ ist, lässt sich daran erkennen, inwieweit Stakeholder an den einzelnen Schritten/Elementen der Evaluation beteiligt sind: Wer stellt die Evaluationsfragen? Wer sammelt und analysiert Informationen? Wer präsentiert, verwaltet und reagiert auf die Ergebnisse? (Schwandt 2015, S. 23 f.)

Partizipation und Wirkungsanalysen – ein Spannungsfeld?

Als Wirkungen verstehen wir Veränderungen im Verhalten, in den Beziehungen, in Aktionen und Aktivitäten oder in Praktiken einer Einzelperson, einer Gruppe, einer Gemeinschaft, einer Organisation oder einer Institution, die nachvollziehbar mit den Projektmaßnahmen in Beziehung gesetzt werden können. Wirkungsanalysen sollen also nicht nur überprüfen, ob ein Projektergebnis beobachtbar ist, sie sollen auch nachvollziehen und empirisch belegen, inwieweit das Ergebnis tatsächlich mit der untersuchten Maßnahme zusammenhängt bzw. durch diese bedingt wird. Gerade für Modellprojekte, bei denen es ja um die Erprobung zumeist neuer Ansätze geht, ist es in einem ersten Schritt sinnvoll, die Wirkungsannahmen des Modells sichtbar zu machen, d. h., wie sollen die geplanten Aktivitäten zu Veränderungen im Verhalten, in den Beziehungen, in Aktionen und Aktivitäten oder in Praktiken der Zielgruppen beitragen. Eine solche Wirkungslogik kann als Grafik oder Narrativ dargestellt werden. Sie macht deutlich, welche Zeiträume, Ressourcen und Herausforderungen mit den Annahmen verbunden sind.

In allen qualitativen Fallanalysen haben wir in Workshops mit den Projektakteurinnen und -akteuren eine solche Wirkungslogik für das Modellprojekt gemeinsam mit allen Teilnehmenden erarbeitet. So konnte einerseits ein gemeinsames Verständnis der Wirkungslogik des Projekts innerhalb der Projektteams gestärkt werden, andererseits konnten frühzeitig Lücken in der Logik sichtbar gemacht werden. Ausgehend von einer expliziten Wirkungslogik kann beobachtet werden, wie sich die angenommenen Wirkungsmechanismen entfalten. Dabei kann nicht jede Wirkungsanalyse auch jede Wirkungsfrage beantworten. Wir plädieren dafür, dass gerade im Kontext von Modellprojekten auch das kausale Nachvollziehen von scheinbar offensichtlichen, kleineren Effekten Aufgabe einer Wirkungsanalyse ist. Es ist nicht zu erwarten, dass Modellprojekte immer all ihre geplanten Wirkungen erzielen. Nicht zuletzt sind die erhofften Wirkungen eher langfristige Ziele, die von vielen Faktoren außerhalb der Kontrolle der Projekte abhängen. Es ist aber wichtig zu dokumentieren, welche Strategien sie erprobt, welche Erfahrungen sie damit gemacht und welche Effekte sie damit erzielt haben, auch wenn diese Effekte nur erste Schritte auf dem Weg zu den langfristigen Wirkungszielen sind.

Im Vergleich zur formativen Evaluation spielt Partizipation in Evaluationen, die Wirkungsfragen beantworten sollen und Rechenschaft gegenüber der Politik ablegen müssen, oft eine deutlich kleinere Rolle. Jill Anne Chouinard sieht diesbezüglich sogar eine Kluft zwischen *accountability driven*, also rechenschaftsorientierten, instrumentellen Ansätzen und partizipativen, kollaborativen Ansätzen, die die Belange von Communitys stärker berücksichtigen und auch normative Ziele wie Empowerment und Ownership, individuelles und institutionelles Lernen verfolgen (Chouinard 2013, S. 240 ff.). Wo das Ablegen von Rechenschaft ein zentrales Anliegen ist, wird eine starke Beteiligung der Akteure und Akteurinnen häufig als verzichtbar und unpraktisch angesehen, da sie zeitaufwendig, kostenintensiv und mit den vorgegebenen engen Zeitplänen und entsprechenden Erwartungen an die Ergebnisse nur schwer in Einklang zu bringen ist.

In vielen Wirkungsevaluationen zu zivilgesellschaftlichen Projekten, die von staatlichen Akteuren in Auftrag gegeben werden, bleiben die Interessen und Perspektiven der Zivilgesellschaft daher meist unbeachtet. Dies liegt einerseits daran, dass häufig nur der Auftraggeber oder die Auftraggeberin die Evaluationsfragen entwickelt und das Erkenntnisinteresse der Evaluierten wenig Beachtung findet, andererseits aber auch die methodischen Designs von Wirkungsanalysen in ihrer Komplexität den zivilgesellschaftlichen Akteuren nicht immer leicht zu vermitteln sind. Zudem, so wird teilweise argumentiert, sei ein partizipatives Vorgehen mit dem Anspruch einer unabhängigen Wirkungsmessung nur schwer in Einklang zu bringen. Gleichzeitig argumentieren z. B. Wenzel und Ulrich (2004), dass Evaluation niemals vollkommen objektiv und neutral ist, sondern immer den Kontext, in dem sie stattfindet, beeinflusst und umgekehrt von diesem beeinflusst wird.

Damit unterscheidet sich Evaluation grundsätzlich nicht von anderen Formen der empirischen Sozialforschung. Wir teilen diese Auffassung zu Grenzen objektiver Wirkungsmessungen, und schließen daraus, dass insbesondere Evaluation im Kontext von Demokratieförderung und Teilhabe von Gruppen, die Marginalisierung, Diskriminierung und Rassismus erleben, partizipative Prozesse beinhalten darf und sollte und somit einen transformierenden Anspruch unterstützt. Die Einbindung der Projektakteurinnen und -akteure hat darüber hinaus einen praktischen Nutzen, denn sie bietet die Möglichkeit, die Gegenstandsangemessenheit des methodischen Vorgehens sicherzustellen. Indem wir bei unseren Wirkungsanalysen auf die Beteiligung der Projektträger und ihrer Zielgruppen setzten, konnten die von uns angestrebten Forschungsdesigns mit ihren Feldphasen überhaupt erst umgesetzt werden. Außerdem konnte auf diese Weise der Nutzen für die Projektträger gestärkt werden. Gleichwohl blieb auch in unserer Evaluation das Spannungsfeld zwischen den Interessen von Stakeholdern und Auftraggebern bestehen und damit das Ausmaß an Beteiligungsmöglichkeiten auf bestimmte Bausteine begrenzt.

13.3 Partizipation und ihre Grenzen: ein kritischer Rückblick auf Beteiligung in unserem (Wirkungs-)Evaluationskonzept. Kennenlernen und Vertrauen aufbauen

Bereits in der ersten Phase der Evaluation zeigte sich die Schwierigkeit, zwischen dem Anspruch einer partizipativ ausgerichteten Evaluation einerseits und den Erwartungen des Auftraggebers andererseits zu vermitteln. Letzterer sah die Evaluation als Steuerungselement für die weitere Programmgestaltung und verband damit ein berechtigtes Kontrollinteresse. Neben dem Ziel der Rechenschaftslegung sollte die Evaluation aus seiner Sicht aber auch die Erfolgsaussichten der Modellprojekte erhöhen, indem sie deren Selbstlernprozesse reflektierend unterstützt. Diese beiden grundsätzlichen Ziele wurden jedoch nicht durch konkrete Anforderungen, Fragestellungen oder methodische Vorgaben begleitet, weshalb sich für unser Evaluationsteam relativ viel Freiheit bei der Entwicklung des Forschungsdesigns ergab. Das gab uns die Chance, die Evaluation auch an die Bedarfe der evaluierten Projektträger anzupassen und für sie einen Mehrwert aus der Zusammenarbeit erwachsen zu lassen. Allerdings wurden sowohl die Fragestellungen als auch das Konzept der Evaluation von uns festgelegt, bevor wir Kontakt mit den Trägern aufnahmen. Der Prozess des Evaluationsdesigns war also zunächst nicht partizipativ gestaltet. Die partizipativen Elemente konzentrierten sich stattdessen auf die Umsetzung der Evaluation.

Insbesondere mit Blick auf die zwei Evaluationsbausteine Fall- und Wirkungsanalysen, in denen die Projekte einer genaueren Betrachtung unterzogen werden sollten und auch deren Wirkungsannahmen auf dem Prüfstand standen, war es wichtig, in der Anfangsphase persönliche Kontakte zu den Trägern zu knüpfen. Die oben beschriebenen Workshops zur Erarbeitung der Wirkungslogik boten uns die Gelegenheit, die Teams kennenzulernen, Vertrauen aufzubauen und die Projektteams frühzeitig in den Evaluationsprozess einzubinden. In diesen halbtägigen Workshops erarbeiteten wir gemeinsam mit den Mitarbeiterinnen und Mitarbeitern der ausgesuchten Projekte eine systematische Wirkungslogik, die wir später in einem grafischen Modell dokumentierten.

Unsere Rolle als Evaluierende bestand vor allem darin, den Projektteams den Blick von außen zu ermöglichen und Wirkungsannahmen immer wieder kritisch zu hinterfragen. Dieses Vorgehen zielte darauf, möglichst detailliert nachzuvollziehen, auf welche Weise ein Projekt wirken will und wo relevante Gelingensbedingungen liegen. Beim Erarbeiten der Wirkungslogik konzentrierten wir uns bewusst nicht auf die in den Projektanträgen formulierten Wirkungsannahmen. Wir entschieden uns dafür, weil die Projektanträge häufig nicht mit den Mitarbeitenden gemeinsam verfasst wurden (oft waren sie zu diesem Zeitpunkt noch gar nicht eingestellt) und in einigen Fällen die Teams die Inhalte der Anträge gar nicht kannten. In vielen Projekten hatten sich nach Projektstart auch für die Umsetzung wichtige Aspekte verändert, sodass die in den Anträgen formulierte Logik nicht mehr zutraf. Für die meisten Projektteams war dieser Schritt deshalb sehr hilfreich, um sich auch intern über ihr jeweiliges Verständnis des Projekts auszutauschen und der eigenen Arbeit und ihrer Ziele bewusst zu werden. Gerade in kleineren Organisationen war die gemeinsame konzeptionelle Reflexion des Projekts oft eine neue und meistens auch motivierende Erfahrung für die Mitarbeitenden. In stark hierarchisch geprägten Organisationen, die von Führungspersonen dominiert werden, funktionierte das gemeinsame Erarbeiten wiederum häufig schlechter. Entweder hatten die Projektmitarbeiterinnen und Projektmitarbeiter kein Mandat, eigene Vorstellungen zur Projektumsetzung zu formulieren, oder die Vorstellungen einzelner Personen nahmen eine solche Präsenz ein, dass wenig Raum für die möglicherweise unterschiedlichen Perspektiven der anderen Mitarbeitenden blieb.

Durch diese ersten Workshops konnten die Projektteams die inhaltliche Ausrichtung der Fallanalyse von Beginn an aktiv mitgestalten. Basierend auf den erarbeiteten Wirkungslogiken erarbeiteten wir gemeinsam mit den Teams die zentralen Fragen der Fallanalysen. Wir konzentrierten uns in den Fallanalysen dann auf die Beobachtung derjenigen Aspekte der Wirkungslogik, die auch für die Teams besonders viel Lernpotenzial aufwiesen. Das weitere Vorgehen der Fallanalysen bezüglich der Befragung von Zielgruppen wurde eng mit den Teams abgesprochen. Indem die Projektteams von Beginn an einen konkreten Mehrwert aus der gemeinsamen Arbeit mit uns zogen, konnten wir sie für das Vorhaben der Evaluation und den damit verbundenen Aufwand gewinnen.

An die Arbeit! Wirkungen gemeinsam erforschen

Im Rahmen der Evaluation von Projekten, die neue Konzepte erproben, sind Fragen zur Wirkungsweise der Maßnahmen besonders spannend. Innerhalb der Grenzen der qualitativen Fallanalysen, die zwar die Projekte eingehender betrachten sollten, aber keine Wirkungsanalyse im eigentlichen Sinne darstellten, wollten wir die Perspektive der Zielgruppen auf zentrale Annahmen der im Projekt formulierten Wirkungslogik einholen und damit quasi stichprobenartig prüfen, ob sich diese als plausibel erweist. In den Fallanalysen wurden dafür über die Dauer der Evaluation in regelmäßigen Abständen Leitfadeninterviews oder Fokusgruppendiskussionen mit relevanten Akteuren geführt. Auch teilnehmende Beobachtungen fanden statt. In die organisatorischen und inhaltlichen Vorbereitungen dieser Erhebungen waren die Projektträger teilweise involviert. Zum Beispiel haben wir Fragen in die Leitfäden aufgenommen, die sich die Träger in den Auftaktworkshops gestellt hatten, für deren Beantwortung sie aber selbst nicht die entsprechenden Daten erfassen konnten. Die durch uns eingeholten Perspektiven der Zielgruppen spiegelten wir in anonymisierter Form in abschließenden Workshops an die Träger wider. Somit ermöglichten die Fallanalysen einen umfangreichen Einblick in die Umsetzung der Projekte und der erreichten Outputs aus Perspektive der Projektakteurinnen und -akteure sowie einzelner Vertreterinnen und Vertreter der Zielgruppen.

Eine systematische Wirkungsmessung haben wir aufgrund des damit verbundenen Aufwandes nur mit einem kleinen Teil der Projekte (vier) durchgeführt. Dabei nutzten wir exemplarisch verschiedene methodische Ansätze zur Wirkungsüberprüfung, um den Besonderheiten der Projekte Rechnung zu tragen und den methodischen Möglichkeitsrahmen abzustecken. Uns ging es dabei nicht nur darum, dem Fördergeber Aussagen über die Wirksamkeit der innovativen Konzepte mitteilen zu können, sondern auch darum, den Projektträgern durch sozialwissenschaftliche Analysen ein formatives Unterstützungsangebot zu machen, dass ihnen nützliche Erkenntnisse über die Art und Weise der Wirkung ihrer Arbeit ermöglicht. Für dieses Ziel war es uns wichtig, die Projektträger in die Wirkungsanalysen einzubeziehen.

Die Auswahl der Projekte und Entwicklung der Forschungsdesigns lag zwar bei uns, dennoch suchten wir von Anfang an eine offene, transparente Zusammenarbeit. Es war uns wichtig, dass die Projektträger freiwillig an den Wirkungsanalysen teilnahmen und insbesondere auch verstanden, welche Implikationen die Teilnahme hat. Zum Beispiel war von Anfang an klar, dass die Wirkungsanalysen auch zu dem Schluss kommen könnten, dass die Projekte ihre intendierten Wirkungen nicht erreichen. Außerdem war die Teilnahme auch für die Projektträger relativ aufwendig. Die Auswahl der Projekte und die Forschungsdesigns wurden deshalb erst nach Zustimmung der Träger an den Auftraggeber kommuniziert. Bei der weiteren Planung und Durchführung der Wirkungsanalysen wurden die Projektträger umfangreich eingebunden.

Zu Beginn einer jeden Wirkungsanalyse wurde ein Workshop mit jedem der vier Projektteams veranstaltet. In diesem wurden die bereits im Rahmen der Fallanalysen entwickelten Wirkungshypothesen weiter konkretisiert und operationalisiert. Es ging darum, das Wirkungsverständnis der Träger in ein gegenstandsbezogenes Messkonzept zu überführen. In diesen Workshops musste zunächst eine „gemeinsame Sprache" gefunden werden, denn die typischen Fachbegriffe der Wirkungsanalyse waren den Trägern in der Regel nicht bekannt und nur selten selbsterklärend. Hierbei war ein niedrigschwelliger Einstieg in die Methodendiskussion zwingend erforderlich, da die meisten Projektteams keinen sozialwissenschaftlichen Hintergrund hatten und wir mit allzu technischem Vokabular womöglich die Motivation für das Vorhaben gefährdet hätten.

In der Auftaktveranstaltung diskutierten wir beispielsweise mit einem Projektteam darüber, was genau es unter dem „politischen Grundlagenwissen" verstand, dass es der Zielgruppe zu vermitteln versuchte, oder mit einem anderen, welche Aspekte es unter „Konfliktlösungskompetenz" fassen würde. In dieser Phase der Instrumentenentwicklung zeigte sich, dass die Projektträger meistens mit einem sehr abstrakten Verständnis ihrer Projektziele arbeiteten und ihnen die Benennung konkreter, beobachtbarer Wirkungen, z. B. von angestrebten Kompetenzen auf der individuellen Ebene der Zielgruppe, häufig schwerfiel. Die explizite Auseinandersetzung mit einzelnen Begriffen und Inhalten ihrer Wirkungsmodelle[5] hat bei allen Projektteams einen fruchtbaren Reflexionsprozess angeregt, der ihnen half, die eigenen Ziele ihrer Arbeit noch klarer zu fassen. Wir unterstützten diese Diskussion, indem wir theoretische Konzeptionen und Fachperspektiven auf den Untersuchungsgegenstand als Definitionsangebote mitbrachten. So wurden z. B. etablierte Skalen und Messinstrumente zur Erfassung von Konfliktlösungskompetenz vorgelegt und mit dem Träger auf Eignung hin geprüft. Es zeigte sich, dass ein solcher methodisch-systematischer Blick den Projekten half, ihr abstraktes Wirkungsverständnis zu konkretisieren. Uns half die Diskussion mit den Projektteams dabei, die zu untersuchenden Wirkungen zu operationalisieren, d. h. gegenstandsbezogen und angemessen in Erhebungsinstrumente zu überführen (Fragebogen, Leitfaden, Beobachtungsprotokoll, Kodierschema usw.).

Auf Basis der Diskussionsergebnisse der Workshops entwickelten wir dann die Messinstrumente für die Wirkungsanalysen und nach Möglichkeit wurde auch hier das Feedback der Träger dazu eingeholt. Beispielsweise wurde der Fragebogen zur Messung der Konfliktlösungskompetenz mehrfach mit dem Träger abgestimmt und überprüft, ob die ausgewählten Skalen und Items nach Auffassung der Projektverantwortlichen auch zu der erwarteten Wirkung passten. Auf diese Weise wurde das Vorgehen gegenüber den Trägern transparent gemacht und gleichzeitig sichergestellt, dass das methodische Vorgehen praxisnah und gegenstandsbezogen erfolgte.

In allen Wirkungsanalysen wurden die Träger nicht nur in die Entwicklung der Messinstrumente, sondern auch in die Organisation der Feldphase mit einbezogen, vorrangig indem sie die Rekrutierung der Zielgruppe organisierten bzw. als Türöffner zu dieser fungierten. Obwohl sich die methodischen Ansätze unterschieden, konnten wir nicht beobachten, dass die Kooperationsbereitschaft der Projektträger von den methodischen Ansätzen abhing. Da die Evaluation im Kontext einer pluralen Einwanderungsgesellschaft stattfand, war es wichtig, die vielfältigen Communitys der untersuchten Projekte gleichermaßen zu erreichen und ihnen eine Stimme zu geben. Da wir selbst keine Kontakte in diese Communitys hatten, brachte das eine spezielle Herausforderung mit sich.

5 Hier beziehen wir uns auf die bereits erwähnten, im Rahmen der Fallanalysen entwickelten, grafischen Modelle zu den Wirkungslogiken.

Um beispielsweise mit jugendlichen Zielgruppen über Rassismuserfahrungen sprechen zu können, waren wir auf Projektmitarbeiterinnen und -mitarbeiter mit ähnlichen Diskriminierungserfahrungen angewiesen, denen es auf dieser Basis besser gelang, eine vertrauensvolle Atmosphäre für einen Diskussionseinstieg herzustellen. Allerdings verfolgten die Projektmitarbeiterinnen und -mitarbeiter verständlicherweise stärker einen sozialpädagogischen Ansatz. Sie mussten daher zunächst darin geübt werden, Gruppendiskussionen zu führen, die kein pädagogisches, sondern ein evaluatives Ziel verfolgten. Hier einen gemeinsamen Modus zu finden, kostete Zeit. Trotzdem werteten wir dieses Vorgehen im Nachhinein als Erfolg, da es half, die Stimme der Zielgruppen hörbar zu machen, was ohne eine Beteiligung der Projektmitarbeiterinnen und -mitarbeiter nur eingeschränkt gelungen wäre.

Die Auswahl der Projekte für die Wirkungsanalysen erfolgte stets in Absprache mit den Trägern. Bei den gewählten Untersuchungsdesigns war das methodisch unproblematisch und hatte den Vorteil, dass das damit verbundene Mitspracherecht die Träger in der Auffassung bestärkte, dass die Wirkungsanalyse nicht allein der Erfolgskontrolle diente und sie diese aktiv mitgestalten dürfen. Die Beteiligung der Projektteams an dem Auswahlprozess hatte aber auch inhaltliche Gründe. Beispielsweise zielte eine Wirkungsanalyse darauf ab, mittels narrativer Interviews die Wirkungsweise eines Projekts aus den Erzählungen der interviewten Teilnehmenden zu rekonstruieren. Der Träger wurde daher konkret darum gebeten, Teilnehmende auszuwählen und für die Analyse zu rekrutieren, bei denen auch eine Wirkung angenommen werden konnte. Dieses Vorgehen erschien uns legitim, da diese spezielle Wirkungsanalyse weniger nach dem ob als nach dem wie einer Wirkung fragte.

Das kooperative Vorgehen führte dazu, dass in allen vier Projekten die Feldphase reibungslos verlief. Die vier Projektträger waren motiviert, die Wirkungsanalyse organisatorisch und inhaltlich zu begleiten und bei der Durchführung zu unterstützen. Sie warben für eine Beteiligung bei der Zielgruppe, organisierten die Termine mit den Teilnehmenden und waren zum Teil auch bei der Datenerhebung unterstützend tätig.

Evaluationsergebnisse mit der Praxis teilen

Nach der Feldphase und der Auswertung der Daten wurden die Ergebnisse der Wirkungsanalysen in halbtägigen, interaktiven Auswertungsworkshops vor Ort an die Projektträger rückgespiegelt und auch mit den Projekten der Fallanalysen in Abschlussworkshops über die Projekt- und Evaluationsergebnisse gemeinsam diskutiert. Dabei lag der Schwerpunkt neben einer Präsentation der Ergebnisse und ihrer Limitationen vor allem auf einer Diskussion über die unerwarteten Befunde.

Gemeinsam mit den Projektträgern wurde nach Erklärungsansätzen gesucht, warum eine Maßnahme beispielsweise nicht den Erfolg brachte, der erwartet wurde, oder weshalb sich Wirkungen nur bei Teilgruppen einstellten. Dieser Austausch unserer Ergebnisse mit den Praxiserfahrungen der Träger war für beide Seiten sehr fruchtbar. Auch Ergebnisse zu ausbleibenden Wirkungen deuteten die Träger produktiv und nicht als Kritik oder Infragestellung ihrer Arbeit. Gemeinsam wurde der Frage nachgegangen, wie sich die Ergebnisse nutzen lassen, um die Projektsteuerung noch zielgerichteter und wirkungsorientierter zu gestalten. Bei einem Projekt, dass die Ausbildung von Schülerinnen und Schülern zu Mediatorinnen und Mediatoren zum Ziel hatte, stellte die Wirkungsanalyse beispielsweise fest, dass nur an einigen Schulen eine Wirkung des Projekts auf die Teilnehmenden nachzuweisen war. Diese Varianz innerhalb der Ergebnisse konnte der Träger mit den unterschiedlichen Laufzeiten und Formaten der an den Schulen angebotenen Maßnahmen erklären. Wäre die Wirkungsanalyse ohne partizipative Elemente ausgekommen, hätte es an einer Erklärung für die Varianzen innerhalb der Ergebnisse gefehlt und es wären Fehldeutungen wahrscheinlicher gewesen. Der partizipative Ansatz brachte also einen Erkenntnisgewinn für beide Seiten: Wir konnten unsere Untersuchungsergebnisse besser interpretieren und die Wirkungszusammenhänge des Projekts differenzierter darstellen, der Projektträger wiederum erhielt Hinweise darauf, unter welchen Voraussetzungen seine Aktivitäten eine Wirkung entfalten können und was relevante Gelingensbedingungen sind.

Insgesamt zeigte sich, dass alle Projektträger trotz zum Teil kritischer Befunde hinsichtlich der erzielten Wirkungen mit den Untersuchungsergebnissen zufrieden waren und sie als erkenntnisfördernd für die eigene Arbeit annahmen. Dies verdeutlicht das Potenzial einer partizipativen Herangehensweise, bei der die Träger auch für Evaluationen gewonnen werden können, die eher prüfenden Charakter haben. Wir verstanden die Projektträger als Hauptadressaten der Wirkungsanalysen. Die Ergebnisse wurden nach den Auswertungsworkshops mit ihnen aber auch im Rahmen der Berichtslegung mit dem Auftraggeber geteilt. Obwohl die Wirkungsanalysen keine Legitimationsprüfung darstellten, stießen die Befunde auch aufseiten des Auftraggebers auf Interesse, da dieser exemplarische Einblicke in die Komplexität der Wirkungsweisen der Projekte gewann.

Um die Nutzbarkeit der Evaluation auch für die Projektträger zu erhöhen, die einer weniger intensiven Analyse unterzogen wurden, hatten wir regelmäßige Transfer-Workshops für alle 43 Projektträger des Programmbereichs geplant. In insgesamt drei eintägigen Workshops präsentierten wir unsere Zwischenergebnisse und arbeiteten gemeinsam mit den Trägern an Themen, die sich als besonders herausfordernd zeigten und sich deshalb für einen Austausch anboten. So hatten in der Anfangsphase z. B. viele Träger Schwierigkeiten damit, ihre Zielgruppen zu erreichen und Zielgruppen angemessen in ihre Angebote einzubinden. Auch Fragen zu Methoden der Selbstevaluation kamen im Projektverlauf immer wieder auf. Die Workshops boten die Möglichkeit, in einem geschützten Rahmen über diese Herausforderungen zu sprechen und im Erfahrungsaustausch mit anderen Trägern neue Impulse zu gewinnen.

Bereits im ersten Transfer-Workshop formulierten die Projektträger großes Interesse an einer regelmäßigen Rückspiegelung unserer Ergebnisse. Um diesem Informationsbedarf angemessen zu begegnen, boten wir zusätzlich zu den Workshops in Abständen von etwa drei bis vier Monaten Webinare zu ausgewählten Themen an. Wir wollten das Angebot niedrigschwellig gestalten, um möglichst vielen der zeitlich stark eingebundenen Projektmitarbeitenden eine Teilnahme zu ermöglichen. Ähnlich den „Brown Bag Lunch Sessions"[6] in US-amerikanischer Tradition boten wir daher die Webinare zur Mittagszeit an. In der Regel dauerten sie nicht länger als 30 Minuten und behandelten immer nur ein Thema. Ein kurzer Input sollte dazu dienen, ins Gespräch zu kommen. Unser Ziel war es, den Peer-to-Peer-Erfahrungsaustausch zwischen den Projektträgern zu fördern.

Sowohl die Transfer-Workshops als auch die Webinare halfen uns dabei, unsere Beobachtungen zu validieren und einzuordnen. Indem wir Kanäle für eine regelmäßige Kommunikation etabliert hatten, konnten wir relativ zeitnah das Feedback der Projektteams einholen, Zwischenergebnisse durch gemeinsame Reflexion nutzbar machen und offen für neue Ideen bleiben.

13.4 Ein kurzes Resümee zu den Vorteilen und Herausforderungen partizipativer (Wirkungs-)Evaluation

Unser Bericht aus der Praxis macht deutlich, dass Evaluationen auch dann von einer partizipativen Umsetzung profitieren, wenn sie eher technisch und aufwendig, wie im Fall der oben beschriebenen Wirkungsanalysen, und auf die Rechenschaftslegung gegenüber einem Fördergeber ausgelegt sind. Ein solches Vorgehen bringt neben vielen Vorteilen auch einige Herausforderungen mit sich.

So erfordert ein partizipatives Vorgehen oft einen deutlich höheren Zeitaufwand für einzelne Arbeitsschritte. Es muss mehr Zeit für die Kommunikation, für Feedback und Korrekturschleifen sowie die Auswertung der gesammelten Daten eingeplant werden. Auch kann sich die Einbindung von Projektträgern in Evaluationsprozesse als sehr kostenintensiv entpuppen, da deutlich

6 Ziel von „Brown Bag Lunch Sessions" ist die Nutzung regulärer Pausen, z. B. der Mittagspause, um Informationen zu vermitteln. Der Begriff Brown Bag verweist auf die von den Teilnehmern selbst mitgebrachten Essenspakete, welche in den USA typischerweise in braunen Papiertüten (engl. „brow bag") verpackt sind.

mehr Austauschformate (Workshops, Reflexionstreffen etc.) nötig sind als bei weniger partizipativen Ansätzen.

Zudem erwies es sich als Herausforderung, die teils unterschiedlichen Erwartungen des Projektträgers, des Fördergebers und unseres Teams transparent zu machen und miteinander in Einklang zu bringen. Der enge und regelmäßige Kontakt zwischen Projektträgern und Evaluationsteams schafft auf der einen Seite Vertrautheit und Offenheit. Auf der anderen Seite müssen Grenzen gezogen werden und muss deutlich gemacht werden, dass die Verantwortung für die Evaluationsergebnisse letztendlich bei den Evaluierenden liegt. Das bedeutet auch, dass sich die Evaluierenden gegebenenfalls von Ansichten oder Standpunkten der Träger der evaluierten Projekte distanzieren müssen. Besonders bei den Wirkungsanalysen war es wichtig, gegenüber den Projekten deutlich zu machen, dass die Analyse keinen positiven Wirkungsnachweis per se bedeutet und dass gegebenenfalls auch kritische Befunde als Resultat an den Auftraggeber kommuniziert werden würden. Aufgrund des intensiven Austauschs zu den Befunden haben wir allerdings keine Deutungskonflikte mit den Trägern erfahren. Selbst eher negative Befunde stießen bei den Trägern nicht auf Ablehnung, sondern wurden akzeptiert und in Weiterentwicklungsstrategien berücksichtigt.

Aus unserer Sicht hat sich das partizipative Vorgehen trotz der genannten Herausforderungen sowohl für unser Evaluationsteam als auch für die Projektträger bewährt. Durch die enge Zusammenarbeit mit den Projektträgern, besonders bei den Wirkungsanalysen, erhielten wir einen erleichterten Zugang zu der Zielgruppe der Projekte und bekamen durch die regelmäßige Auseinandersetzung in Workshops einen besseren Einblick in die Projektumsetzung, die zugrundeliegenden Wirkungsannahmen und die fortlaufenden Konzeptanpassungen. Durch den regelmäßigen Kontakt zu den Projektträgern erhielten wir außerdem Unterstützung bei der Planung und Durchführung der Datenerhebungen.

Die Evaluationsergebnisse konnten wir durch Rückkopplung mit den Projektteams validieren und unerwartete Befunde kontextualisieren und plausibilisieren. Das Ineinandergreifen wissenschaftlicher Erkenntnisse und praktischer Erfahrungen bildete einen erkennbaren Mehrwert für die Analyse.

Auf der anderen Seite wurde für uns wiederholt deutlich, dass auch die Projektträger von der Einbindung profitierten. Die gemeinsame Reflexion mit uns als Evaluationsteam hat Lernprozesse angestoßen und bestehende Deutungsmuster hinterfragt. So haben Projektakteurinnen und -akteure rückgemeldet, dass die aktive Einbeziehung in die Evaluation sie zur Reflexion über die Wirksamkeit ihrer Ansätze angeregt und damit zur Qualität ihres Projektansatzes beigetragen hat. Gerade bei den Wirkungsanalysen konnten sie außerdem von den Ergebnissen aufwendiger Erhebungen mit ihrer Zielgruppe profitieren, die sie selbst im Projekt nicht hätten umsetzen können.

Einige Projekte nutzten die in den Workshops erarbeiteten Wirkungsmodelle für ihre Öffentlichkeitsarbeit, beispielsweise um Wirkungslogik und Ziele ihrer Projekte für Externe transparent und nachvollziehbar zu machen. Andere verwendeten die Analyseergebnisse, um die Wirksamkeit ihres Ansatzes gegenüber potenziellen Fördergebern darzustellen bzw. um ihre Konzepte für Folgeanträge entsprechend umzuarbeiten.

Abschließend ist also festzuhalten: Einbindung zeigt Wirkung. Unser Praxisbericht verdeutlicht, dass ein partizipatives Vorgehen nicht nur bei formativen Evaluationen, sondern auch im Kontext von Wirkungsanalysen einen sinnvollen und vielversprechenden Ansatz darstellt.

Literatur

Bundesministerium für Familie, Senioren, Frauen und Jugend (BMFSFJ) (Hrsg.) (2017): Bundesprogramm Demokratie leben! Aktiv gegen Rechtsextremismus, Gewalt und Menschenfeindlichkeit. Förderung von Modellprojekten zum Zusammenleben in der Einwanderungsgesellschaft. Empowerment zur demokratischen Teilhabe sowie Konfliktbearbeitung. Leitlinie Förderbereich H 1. https://www.demokratie-leben.de/fileadmin/content/PDF-DOC-XLS/Leitlinien/Foerderleitlinie_H1.pdf (23.10.2019)

Caspari, Alexandra (2006): Partizipative Evaluationsmethoden – zur Entmystifizierung eines Begriffs in der Entwicklungszusammenarbeit. In: Flick, Uwe (Hrsg.): Qualitative Evaluationsforschung: Konzepte – Methoden – Umsetzung. Reinbek bei Hamburg, S. 356–384

Chambers, Robert (2009): Making the Poor Count: Using Participatory Options for Impact Evaluation, in: Chambers, Robert/Karlan, Dean/Ravallion, Martin/Rogers, Patricia (Hrsg.) Designing impact evaluations: different perspectives. New Delhi, India. http://www.3ieimpact.org/admin/pdfs_papers/50.pdf (23.10.2019)

Chouinard, Jill Anne (2013): The Case for Participatory Evaluation in an Era of Accountability. In: American Journal of Evaluation, 34. Jg., H. 2, S. 237–253

Chouinard, Jill Anne/Cousins, J. Bradley (2013): Participatory evaluation for development: Examining research-based knowledge from within the African context. In: African Evaluation Journal, 1. Jg., H. 1, DOI: 10.4102/aej.v1i1.43

Cousins, J. Bradley/Whitmore, Elizabeth (1998): Framing Participatory Evaluation. In: New Directions for Evaluation Nr. 80, S. 5–23

DeGEval – Gesellschaft für Evaluation e.V. (Hrsg.) (2016): Standards für Evaluation, erste Revision 2016. https://www.degeval.org/fileadmin/Publikationen/DeGEval-Standards_fuer_Evaluation.pdf (20.04.2020)

Guijt, Irene (2014): Participatory Approaches, Methodological Briefs: Impact Evaluation 5, UNICEF Office of Research, Florenz. https://www.unicef-irc.org/publications/pdf/brief_5_participatoryapproaches_eng.pdf (20.04.2020)

Schwandt, Thomas (2015): Evaluation Foundations Revisited – Cultivating a Life of the Mind for Practice. Stanford, USA

Ulrich, Susanne/Wenzel, Florian M. (2004): Partizipative Evaluation. In: Uhl, Katrin/Ulrich, Susanne/Wenzel, Florian M. (Hrsg.): Evaluation politischer Bildung. Ist Wirkung messbar? Gütersloh, S. 27–48

14 Zwischen den Zeilen – Explizite und implizite Handlungsanforderungen an Evaluierende als evaluationspraktische Herausforderung

Franziska Heinze, Stefanie Reiter

14.1 Einleitung[1]

Vielzählige Akteurinnen und Akteure wirken an der Entwicklung, Ausgestaltung und Umsetzung komplexer (sozial-)politischer Programme[2] mit. Sie sind mitunter in unterschiedlichen Bezugssystemen (z. B. Politik, Verwaltung, Kinder- und Jugendhilfe/Schule, Wissenschaft/Evaluation) verortet. In der Umsetzung komplexer Programme beziehen sich diese Akteurinnen und Akteure in variierenden Rollen aufeinander: In der Implementierung von Maßnahmen in der Fachpraxis agieren sie als Expertinnen und Experten für ihr Arbeitsfeld und sind zugleich Fördermittelempfangende. Akteurinnen und Akteure aus der Politik sind einerseits Fördermittelgebende und andererseits z. B. Abnehmerinnen und Abnehmer des von der Fachpraxis produzierten Wissens. Die Evaluierenden beobachten und bewerten die Aktivitäten der programmumsetzenden Fachpraxis sowie der fördernden und programmverwaltenden Akteurinnen und Akteure. Dabei sind sie einerseits unabhängige Forschende, andererseits sind sie im Programmkontext auch Empfängerinnen bzw. Empfänger von Fördermitteln.

Das jeweilige komplexe Programm bildet den gemeinsamen Interaktionskontext aller Programmakteurinnen und -akteure (Heinze u. a. 2019; Haubrich/

1 Die Einleitung sowie die Abschnitte 2 und 3 dieses Beitrags basieren wesentlich auf dem Artikel „Multiple Handlungsanforderungen an Evaluierende. Ein theoretisches und praktisches Problem in der Evaluation komplexer (sozial-)politischer Programme" (Heinze u. a. 2019).

2 Unter einem (sozial-)politischen Programm wird hier das durch politisch mächtige Akteurinnen und Akteure angestoßene, geplante und/oder gesteuerte Agieren in einem spezifischen Bereich des (Sozial-)Politischen verstanden. Dieses erfolgt mit der Intention, Prozesse zu initiieren und zu unterstützen, Defizite zu beseitigen oder ein erwünschtes Gut (beispielsweise politische Teilhabe junger Menschen) zu fördern (ähnlich z. B. Kelle 2018 zu sozialen Interventionsprogrammen).

Struhkamp/Lüders 2006; Widmer 2000). In diesem beziehen sie ihr Handeln aufeinander, beispielsweise, wenn sich zivilgesellschaftliche Akteurinnen und Akteure um die Förderung ihrer Vorhaben durch Politik und Verwaltung bewerben, wenn externe Evaluierende[3] mit zivilgesellschaftlichen Organisationen zusammenarbeiten, um etwas über deren Sicht auf die Umsetzung von Maßnahmen zu erfahren, oder wenn Akteurinnen und Akteure aus Politik und Verwaltung Erkenntnisse aus Evaluationen heranziehen, um Nachsteuerungen und Verbesserungen in der Programmumsetzung vorzunehmen. Komplexe (sozial-)politische Programme als Interaktionskontext sind damit geprägt von multiplen Handlungsanforderungen an die Beteiligten (Widmer 2000, S. 83 f.). Obwohl das Thema als solches nicht neu ist, bestehen in der Evaluationsforschung nach wie vor theoretische und empirische Leerstellen in Bezug auf multiple Handlungsanforderungen an Evaluierende (Heinze u. a. 2019, S. 264).

Der vorliegende Beitrag nimmt die multiplen Handlungsanforderungen an Evaluierende in komplexen (sozial-)politischen Programmen (Heinze u. a. 2019) als Ausgangspunkt. Ausgehend von theoretischen Positionen zu Rollen von Evaluierenden und (korrespondierenden) Handlungsanforderungen stellt er eingangs vor, wie in einer Evaluation eines Bundesprogramms mittels Formen eines proaktiven Erwartungsmanagements mit expliziten multiplen Handlungsanforderungen umgegangen wurde. Darauf aufbauend widmet er sich der Frage, wie auch diffuse und implizite Rollen- bzw. Handlungsanforderungen an Evaluierende reflektiert, systematisch rekonstruiert und für die weitere Bearbeitung in der Evaluationspraxis aufbereitet werden können. Abschließend beleuchtet der Beitrag die Potenziale und Grenzen einer solchen Vorgehensweise.

14.2 Multiple Handlungsanforderungen und Rollen von Evaluierenden

Handlungsanforderungen an Evaluierende werden in der gängigen Evaluationsliteratur vor allem über den Begriff der „Rolle" thematisiert. Dieser geht auf das soziologische Rollenkonzept zurück, welches „die Summe der Erwartungen und Ansprüche von Handlungspartnern" (Hillmann 2007, S. 756, bezogen auf soziale Positionen von Akteurinnen und Akteuren in der Gesellschaft) bezeichnet. Übertragen auf Interaktionen in komplexen (sozial-)politischen Programmen bedeutet es, dass Evaluierende sich den Erwartungen und den Ansprüchen der anderen Akteurinnen und Akteure gegenübersehen. Diese

3 In Abhängigkeit von der Relation der Evaluierenden zum Evaluationsgegenstand lassen sich interne und externe Evaluationen differenzieren (zum Überblick vgl. Haubrich/Lüders 2004). Dieser Beitrag rückt externe Evaluationen in den Fokus, bei denen Evaluierende nicht Teil der Organisationen sind, die ein Programm bereitstellen oder die Umsetzung von Programmmaßnahmen verantworten (DeGEval – Gesellschaft für Evaluation 2017).

Erwartungen finden ihren Niederschlag in den Handlungsanforderungen an Evaluierende (im Sinne von Handlungserfordernissen).

In der Literatur werden Rollen von Evaluierenden als abhängig von Funktionen, Zielen, Methoden (z. B. Shadish u. a. 1991; Campbell 1984) sowie Phasen einer Evaluation (z. B. Skolits u. a. 2009; Preskill 1994) thematisiert. Auch die Verortung der Evaluierenden zum Evaluationsgegenstand (z. B. Pleger/Sager 2016; Giel 2013) bzw. zu anderen Programmakteurinnen und -akteuren (Abma/Widdershoven 2008; Abma 2006) werden als bestimmend für ihre Rollen angeführt.[4] Beispielsweise differenziert Mark (2002) verschiedene Rollen entlang der jeweiligen Nähe oder Distanz in der Beziehung von Evaluierenden und Stakeholdern. Zugleich warnt er vor einer einseitigen Fixierung auf ein bestimmtes Rollenverständnis: „The field and work of evaluation is complex, and probably calls *for evaluators who can adapt to a variety of roles*" (Mark 2002, S. 34, Hervorhebung durch die Autorinnen). Insbesondere ältere Positionen gehen eher von einem abgrenzbaren, weitgehend stabilen und situationsübergreifenden sowie in sich widerspruchsfreien Rollenkonzept aus. In neueren Veröffentlichungen werden auch Überlegungen zur Wandelbarkeit bzw. Gleichzeitigkeit unterschiedlicher Rollen und, damit einhergehend, von unterschiedlichen Erwartungen und Handlungsanforderungen thematisiert (Heinze u. a. 2019, S. 279). Beispielsweise betrachtet Patton (2008) die Rollen von Evaluierenden als abhängig von der jeweiligen Konstellation einer Evaluation und von „the evaluator's own personal knowledge, skills, style, values, and ethics" (Patton 2008, S. 213). Patton sowie andere Autorinnen und Autoren zeichnen ein grundsätzlich dynamisches Bild von Evaluationsverläufen, wodurch eine gleichzeitige Übernahme unterschiedlicher Rollen durch die Evaluierenden notwendig wird (Patton 2008; Haubrich/Struhkamp/Lüders 2006). So betont auch Morabito (2002) explizit die Möglichkeit der Gleichzeitigkeit mehrerer Rollen, die von den Evaluierenden mit Blick auf die Stakeholder, auf den Evaluationsprozess und auf die Ziele der Evaluation ausgeübt werden sollten.

Derartige Positionen erscheinen für das Verständnis komplexer (sozial-) politischer Programme als gemeinsamer Interaktionskontext der Programmakteurinnen und -akteure angemessener als Vorstellungen von einer eindimensionalen und unveränderlichen Rolle der Evaluierenden, die im gesamten Evaluationsprozess aufrechterhalten wird (Heinze u. a. 2019, S. 279). Daher sind in der interaktiven Umsetzung komplexer Programme umfangreiche Klärungs- und Aushandlungsprozesse zu den Rollen von Evaluierenden und den korrespondierenden Erwartungen und Ansprüchen der Handlungspartnerinnen und -partner vonnöten. In Handreichungen für die Umsetzung von Evaluationen (beispielsweise DeGEval – Gesellschaft für Evaluation o. J.) wird auf die Not-

4 Ein Überblick zu Rollen von Evaluierenden findet sich u. a. bei Luo 2010.

wendigkeit derartiger Klärungen hingewiesen. Dabei schwingt häufig, teilweise implizit, die Annahme mit, bereits vor oder am Anfang einer Evaluation Klärungen und verbindliche Festlegungen (z. B. in Bezug auf die Rollen von Evaluierenden) vornehmen zu können, die für den gesamten Prozess einer Evaluation gelten.[5] Im Gegensatz zu diesem Anspruch bedingt gerade der emergente, dynamische, multizentrische Charakter komplexer (sozial-)politischer Programme, dass sich die verschiedenen Akteurinnen und Akteure über den gesamten Programmverlauf hinweg in einem hochgradig situativen und komplexen Aushandlungsprozess befinden (Benjamin/Greene 2009, S. 298; Haubrich/Struhkamp/Lüders 2006; Widmer 2000). Letzterer zieht nach sich, dass Evaluierende (ebenso wie alle anderen Beteiligten) dauerhaft angehalten sind, die mit den verschiedenen Rollen einhergehenden Erwartungen und Ansprüche der Handlungspartnerinnen und -partner in der Interaktionssituation zu identifizieren und angemessen mit diesen umzugehen. Hier zeigt sich die sich aus dem Evaluationsgegenstand ergebende Schwierigkeit, relativ eindeutig abgrenzbare und kontinuierlich (oder zumindest über die Dauer bestimmter Phasen einer Evaluation) aufrechtzuerhaltende Rollen von Evaluierenden anzunehmen (Heinze u. a. 2019, S. 268).

14.3 Zum Umgang mit expliziten Handlungsanforderungen

Multiple Handlungsanforderungen und unterschiedliche Rollen waren auch in der Evaluation des Programmbereichs „Förderung der Strukturentwicklung zum bundeszentralen Träger" im Bundesprogramm „Demokratie leben!" (2015–2019) vielfach anzutreffen. Im weiteren Verlauf des Beitrags sollen diese als Beispiel zur Illustration der soeben erörterten Sachverhalte herangezogen werden.

Der Programmbereich „Förderung der Strukturentwicklung zum bundeszentralen Träger" im Bundesprogramm „Demokratie leben!" (2015–2019) war im Kontext der Kinder- und Jugendpolitik des Bundes in den Handlungsfeldern Demokratieförderung, Prävention von Gruppenbezogener Menschenfeindlichkeit und Radikalisierungsprävention angesiedelt. Die externe Evaluation des Programmbereichs war formativ mit summativen Anteilen angelegt.[6]

---

5 Gerade in komplexen (sozial-)politischen Programmen erfüllen derartige Klärungsprozesse nicht nur eine strategische Funktion. Sie stellen vielmehr einen elementaren Bestandteil von Evaluationen dar. Beispielsweise verweisen Haubrich/Struhkamp/Lüders (2006, S. 12) darauf, dass praktische Evaluationserfahrungen zeigen würden, „dass in ihnen [= diesen Aushandlungsprozessen – die Autorinnen] Wissen neuer Qualität entsteht, das von den beteiligten Akteuren geteilt wird. [...] Meist bleiben diese Zugewinne an Wissen jedoch implizit".

6 Evaluationen lassen sich entlang ihrer Intention unterscheiden, d. h., ob sie vorrangig formativ oder summativ angelegt sind (Haubrich/Lüders 2004). Patton (2008) unterscheidet

Im Sinne dieser formativen Evaluation wurden Ergebnisse umsetzungsbegleitend an das zuständige Bundesministerium sowie an Beteiligte aus der Fachpraxis zurückgespiegelt. Sie dienten als Reflexionsanlässe für die weitere Gestaltung der Programmimplementation.[7] Da der Förderbereich als solcher neu war und eine neue Logik aufwies, bestand eine der Hauptaufgaben der Evaluation zunächst darin, im Programmverlauf mit den beteiligten Programmakteurinnen und -akteuren das Förderziel der „Strukturentwicklung zum bundeszentralen Träger“ näher zu bestimmen. Dies beinhaltete, Klärungen darüber herbeizuführen, wodurch sich bundeszentrale Träger in diesen Handlungsfeldern auszeichnen, wodurch der Strukturentwicklungsprozess charakterisiert ist und welche Indikatoren geeignet sind, um das Ergebnis des Strukturentwicklungsprozesses zu beschreiben. Prozesse der gemeinsamen Konkretisierung des Evaluationsgegenstands waren somit eine zentrale Herausforderung für die Durchführung der Evaluation. Die Besonderheit bestand darin, dass diese Klärungen und Konkretisierungen fortlaufend im Prozess der Umsetzung und zirkulär abliefen.

Zudem war die heterogene und sich wandelnde Zusammensetzung der Stakeholder bedeutsam im Hinblick auf die multiplen Handlungsanforderungen an die Evaluierenden: Das Forschungsinstitut war bereits an Evaluationen von Vorgängerprogrammen beteiligt und verfügte daher neben etablierten Arbeitsbeziehungen zu den Programmverantwortlichen teilweise auch über langjährige Erfahrungen in der Zusammenarbeit mit beteiligten Akteurinnen und Akteuren aus der Fachpraxis. Die damit einhergehende organisationale Kontinuität spiegelte sich aber nur in Teilen auf der Ebene der konkret interagierenden Personen bzw. Stakeholder wider. Daneben traten weitere Akteurinnen und Akteure der Fachpraxis erstmals in dieser Programmbereichskonstellation auf. Außerdem waren einige Vertreterinnen und Vertreter der geförderten Nichtregierungsorganisationen (NGOs) in mehrere Programmbereiche des Gesamtprogramms „Demokratie leben!“ (2015–2019) eingebunden und agierten auf verschiedenen Programmebenen in unterschiedlichen (Evaluations-)Konstellationen.[8] Zudem fanden sie sich in mehr oder weniger lose verbundenen Netz-

---

zusätzlich die wissensgenerierende Evaluation, deren oftmals in der Zukunft liegende Verwendungszusammenhänge weniger planbar bzw. instrumentell sind. Andere Unterscheidungen fokussieren die Aufgaben, die Evaluationen zukommen sollen, z. B. klärende Evaluation, Wirkungsevaluation (Patton 2008; Owen/Rogers 1999, S 39 ff.) oder Developmental Evaluation (Patton 2011).

7 Durch die Rückspiegelung ihrer Erkenntnisse an die anderen Programmakteurinnen und -akteure trugen sie zum Lernen aller Beteiligten bei, wurden damit auch Ko-Konstrukteurinnen und Ko-Konstrukteure der Programmumsetzung (Bischoff u. a. 2019; Kap. 10 in diesem Band) und mussten dies mitreflektieren.

8 Jeder Programmbereich von „Demokratie leben!“ wurde von einem eigenständigen Forschungsteam evaluiert.

werkstrukturen und in (teilweise förderbedingten) Ungleichzeitigkeiten wieder (Benjamin/Greene 2009). Während einige der Programmbereichsakteurinnen und -akteure damit auf konkrete Vorerfahrungen in der Zusammenarbeit mit den Evaluierenden zurückgreifen konnten, mussten mit anderen Vertreterinnen und Vertretern der NGOs neue Interaktionsbeziehungen etabliert werden. Mit neu hinzukommenden Akteurinnen und Akteuren mussten Funktionen der Evaluation teilweise sehr intensiv und grundlegend geklärt werden. Aber auch mit denjenigen Stakeholdern, zu denen bereits längere Kontakte aus anderen (Evaluations-)Kontexten bestanden, galt es, die Funktionen der Evaluation mit Blick auf den neuen Evaluationsgegenstand zu bestimmen. Die dynamische Akteurskonstellation brachte daher intensive Klärungen zu den Funktionen und zu den Rollen der Evaluierenden im gesamten Evaluationsprozess mit sich.

In der Umsetzung der Evaluation kamen den Evaluierenden als Forschenden die Aufgaben zu, im Zusammenwirken der Programmbereichsakteurinnen und -akteure einerseits die Prozesse der Implementation und der Umsetzung zu beobachten („Collecting/analyzing reliable and valid data", Skolits/Morrow/Burr 2009, S. 283), andererseits die so erarbeiteten Evaluationsergebnisse in laufende Klärungs- und Umsetzungsprozesse einzuspeisen („Sharing evaluation results with appropriate stakeholders", ebd.). Durch die damit einhergehende vertiefte Auseinandersetzung gewannen die Evaluierenden eine umfassende, über die oftmals organisationsbezogenen Perspektiven einzelner Stakeholder hinausgehende Expertise. In deren Folge erwuchs das ambivalente Spannungsverhältnis, Stakeholder darin zu unterstützen, eigene Sichtweisen und Lösungen zu entwickeln („to discover ideas, answers, and solutions within their own mind", Stake/Trumbull 1982, S. 1), zugleich aber das kollektive Lernen der beteiligten Programmbereichsakteurinnen und -akteure zu befördern („Evaluation requires […] the teachers capacity to determine knowledge needs and to convey knowledge so that others know", Wise 1980, S. 16). Mit Blick auf den gesamten Programmbereich, dessen Konkretisierung und konzeptionelle Weiterentwicklung, übernahmen die Evaluierenden zudem auch Beratungsaufgaben, die sie zu Agenten von Veränderungsprozessen machten (Preskill 1994, S. 292). Bereits hier werden unterschiedliche Rollen deutlich, die den Evaluierenden in der Programmbereichsumsetzung zukamen.

Im Sinne einer theoriebasierten, reflexiven Vorgehensweise und aus forschungspragmatischen Gründen war es ein Anliegen der Evaluierenden, die unterschiedlichen Erwartungen und Ansprüche der beteiligten Akteurinnen und Akteure bezüglich Zuständigkeiten, Aufgabenspektren und Handlungsrahmen der Evaluation zu explizieren. Angesichts der heterogenen organisationalen Bezüge und der dynamischen Interaktionsstruktur musste dies kontinuierlich erfolgen. Dabei wurden die im Evaluationsprozess identifizierten Erwartungen zum Gegenstand von Verständigungsmomenten. Deshalb etablierten die Evaluierenden ein sogenanntes proaktives Erwartungsmanagement mit den beteiligten Akteurinnen und Akteuren, um gezielt Erwartungen in verschiedenen Interaktionssituationen zu erfassen und zu reflektieren: Zu mehreren Zeitpunkten integrierten die Forschenden beispielsweise Fragen zu Erwartungen an die Zusammenarbeit im Rahmen der Evaluation in ihre Interviews. In frühen Phasen der Evaluation ließen sie sich von den interviewten Personen Worst-Case- und Best-Case-Szenarien der Zusammenarbeit beschreiben. In späteren Erhebungen holten die Evaluierenden Einschätzungen zur bisherigen Zusammenarbeit aller Programmakteurinnen und -akteure ein und sammelten Anregungen für die weitere Zusammenarbeit. Diese Daten zu Erwartungen und Erfahrungen wurden inhaltsanalytisch hinsichtlich der darin enthaltenen Rollenzuschreibungen ausgewertet. Das Team der Evaluierenden diskutierte und reflektierte die Ergebnisse in gemeinsamen Auswertungsrunden. Austauschmöglichkeiten und Verständigungsprozesse zu Rollen und damit verbundenen Erwartungen wurden darüber hinaus systematisch in verschiedene Arbeitsformate (z. B. Workshops, Arbeitsgruppen, jährliche Konferenzen mit allen beteiligten Stakeholdern) integriert. Diese Formate dienten als Foren der Verständigung unter allen Beteiligten: So führte die Evaluation eigene Workshop-Formate ein, speziell für die im Verlauf der Förderphase (im Jahr 2017) neu ins Programm aufgenommenen Akteurinnen und Akteure, um deren Wünsche und Erwartungen an die Zusammenarbeit mit den Evaluierenden – auch vor dem Hintergrund der Ungleichzeitigkeit der Förderung – zu diskutieren. Solche regelmäßig bzw. wiederholt stattfindenden Kommunikationsmöglichkeiten stellten eine transparente Verständigung über die Arbeit und die Rolle(-n) der Evaluierenden sicher. Zugleich ermöglichten sie, Anregungen sowie Kritik an die Evaluierenden zu adressieren.

Die Evaluierenden nutzten das proaktive Erwartungsmanagement, um die Verständigung über Aufträge, erfüllbare oder auch nicht erfüllbare Vorstellungen zu ermöglichen und ihrerseits in möglichst systematischer Form Wissen darüber zu generieren, welche Erwartungen die verschiedenen Akteursgruppen zu welchem Zeitpunkt zu den Rollen und Aufgaben der Evaluierenden hatten.[9] Dies diente nicht zuletzt dazu, die Kommunikation an spezifischen Rollenerwartungen auszurichten, ein mögliches Aneinander-vorbei-Reden zu verhindern und bedarfsorientiert zu arbeiten – sofern die Erwartungen der anderen mit den Selbstkonzepten der Evaluierenden zu ihren Rollen (halbwegs) übereinstimmten –, oder im Falle divergierender Anforderungen diese erklärend einzuordnen bzw. gegebenenfalls begründet zurückzuweisen (zur Bedeutung der sozialen Beziehungen in Evaluationen (Abma/Widdershoven 2008; Abma 2006). So war es auch möglich, den Erwartungen der Programmbereichspartne-

9 Zu weiteren Strategien des Umgangs mit multiplen Handlungsanforderungen an Evaluierende Heinze u. a. 2019, S. 268–278.

rinnen und -partner Raum zu geben, ohne dabei hinter die eigenen Vorstellungen zu Rollen von Evaluierenden zurückzutreten oder diese auszublenden.

Nicht immer jedoch gestaltete sich die Kommunikation über Rollen von Evaluierenden in der dargelegten Form. In der Umsetzung der Evaluation ergaben sich immer wieder auch Momente, die aufseiten der Evaluierenden den Eindruck hinterließen, dass ihre Rolle(-n) auf implizite Art und Weise verhandelt wurde(-n). Der folgende Abschnitt gibt Einblicke, wie im Rahmen der Evaluation der „Förderung der Strukturentwicklung zum bundeszentralen Träger" versucht wurde, implizite Rollen(-erwartungen) zu explizieren und damit einer weitergehenden Bearbeitung zugänglich zu machen.

14.4 Implizite Handlungsanforderungen und ihre Bearbeitung in Evaluationen

Rollenerwartungen oder Handlungsanforderungen werden im Interaktionsprozess nicht immer offen artikuliert oder sind nur teilweise reflexiv zugänglich. Dies stellt eine besondere Herausforderung dar, weil auch implizite Handlungsanforderungen oder Rollen(-erwartungen) ein „Sich-dazu-Verhalten" seitens der Evaluierenden erfordern. Beispielsweise dokumentierten die Evaluierenden unter anderem in Feldnotizen zu konkreten Interviews, wenn sie den Eindruck hatten, ihnen würden bestimmte Sprechpositionen, Gestaltungs- und/oder Entscheidungsmöglichkeiten zugeschrieben. Angesichts derartiger „Selbstbeobachtungen" stellte sich die Frage, wie ein systematischer Zugang zu impliziten Handlungsanforderungen an Evaluierende möglich ist. Ausgehend von der Beobachtung, dass sich diese Erwartungen weniger auf einer expliziten Kommunikations- oder Sinnebene zeigten, sondern sich implizit im sprachlichen Interaktionshandeln (vor allem in Erhebungssituationen) dokumentierte, erschien ein methodisch-methodologischer Rückgriff auf die dokumentarische Methode nach Ralf Bohnsack (Bohnsack/Nentwig-Gesemann/Nohl 2013; Bohnsack 2007) und die ihr zugrundeliegenden methodologischen Annahmen der praxeologischen Wissenssoziologie nach Karl Mannheim (1925) naheliegend.

Die Wissenssoziologie nach Karl Mannheim unterscheidet das theoretische Wissen von Akteurinnen und Akteuren von ihrem handlungsleitenden oder impliziten Wissen. Während das theoretische Wissen in der Kommunikationssituation expliziert werden kann, kommt das implizite Wissen zwar in Handlungssituationen eingebettet vor, steht den Akteurinnen und Akteuren selbst jedoch nicht reflexiv zur Verfügung. Zugleich bildet dieses implizite Wissen „einen Strukturzusammenhang, der als kollektiver Wissenszusammenhang das Handeln relativ unabhängig vom subjektiv gemeinten Sinn orientiert" (Bohnsack/Nentwig-Gesemann/Nohl 2013, S. 12). Von Mannheim wird dies als konjunktiver Erfahrungsraum bezeichnet und bezieht sich auf kollektive, milieu-

oder generationenspezifische Erfahrungen. Im Unterschied zur mannheimschen Konzeptualisierung stehen im vorliegenden Fall Erfahrungsräume im Fokus, die auf geteiltem Wissen und Erfahrungen in einem spezifischen Arbeitsfeld (im Sinne einer „gemeinsamen Vorgeschichte“) beruhen. Aufgabe der Forschenden ist es nunmehr, dieses implizite Wissen zur begrifflich-theoretischen Explikation zu bringen. Hierfür ist ein Wechsel der Analyseperspektive notwendig: weg vom expliziten Wissen, welches als Konstruktion der (gesellschaftlichen) Realität in der Perspektive der Akteurinnen und Akteure zu verstehen ist, hin zum Wie der Hervorbringung dieser Realität (modus operandi).[10]

Ralf Bohnsack entwickelte für diese Rekonstruktion des impliziten Wissens das Analyseverfahren der dokumentarischen Methode (Bohnsack/Nentwig-Gesemann/Nohl 2013; Bohnsack 2007). Die dokumentarische Methode trägt der von Mannheim vorgenommenen methodologischen Unterscheidung von kommunikativem (immanentem) und konjunktivem (implizitem) Sinngehalt und der Beobachtung erster bzw. zweiter Ordnung durch zwei methodische Interpretationsschritte Rechnung: Die formulierende Interpretation arbeitet heraus, was thematisch wird (explizites Wissen). Die reflektierende Interpretation analysiert und interpretiert, wie das explizit-kommunikative Wissen hervorgebracht wird und ermöglicht damit einen Zugang zum impliziten (Erfahrungs-)Wissen. Letzteres ist eingebettet in individuelle bzw. kollektive Erfahrungsräume, die sich im vorliegenden Fall aus einer gemeinsamen Programmhistorie ergeben. „Hierbei kommt der komparativen Analyse von vornherein eine zentrale Bedeutung zu, da sich der Orientierungsrahmen erst vor dem Vergleichshorizont anderer Fälle in konturierter und empirisch überprüfbarer Weise herauskristallisiert. […] Der je fallspezifische Erfahrungsraum konstituiert sich immer schon in der Überlagerung bzw. wechselseitigen Durchdringung unterschiedlicher Erfahrungsräume bzw. Dimensionen“ (Bohnsack/Nentwig-Gesemann/Nohl 2013, S. 16).

Im Kontext der hier vorgestellten Evaluation bedeutete dies, dass Evaluierende bemerkten, in der programmbezogenen Interaktion (z. B. in Interviewsituationen) mit diffusen bzw. impliziten Rollen(-erwartungen) konfrontiert worden zu sein. Diese Eindrücke wurden zunächst im Evaluationsteam kollegial reflektiert, blieben dabei aber teilweise subjektiv und situativ überformt. So konnten Interviewdurchführende bei Reflexionsrunden zu einzelnen Interviews

10 Im Sinne der Systemtheorie findet hier also ein Wechsel von der Beobachtung erster Ordnung zur Beobachtung zweiter Ordnung statt (Luhmann 1995). Mit dieser Analyse-Perspektive soll zugleich der Doppelstruktur sprachlicher Kommunikation und Interaktion Rechnung getragen werden: „Denn Bezeichnungen und Äußerungen haben einerseits eine öffentliche oder gesellschaftliche und andererseits eine nicht-öffentliche oder milieuspezifische Bedeutung“ (Bohnsack/Nentwig-Gesemann/Nohl 2013, S. 15).

im Team der Evaluierenden zwar ein vages Gefühl von Vereinnahmungsversuchen im Interviewprozess artikulieren, dies jedoch nicht auf Basis der Gesprächsinhalte konkretisieren. Deshalb wurden anhand von Feldnotizen, die entsprechende Eindrücke dokumentierten, einzelne Interviewsequenzen für eine Rekonstruktion mittels dokumentarischer Methode (Bohnsack/Nentwig-Gesemann/Nohl 2013) ausgewählt. Die korrespondierenden Rekonstruktionsschritte[11] werden im Folgenden exemplarisch nachvollzogen. Dabei wird der Blick auf die im Rahmen dieses Beitrags thematisierte Frage der multiplen und diffusen Handlungsanforderungen an Evaluierende gerichtet.

14.4.1 „das ist mir schon ein Anliegen, weil äh ich selber Wissenschaft äh auch bin"

Innerhalb des Programms als gemeinsamer Interaktionskontext beziehen sich die beteiligten Akteurinnen und Akteure aufeinander. Wenn Handlungsanforderungen explizit, transparent sowie gegenseitig anerkannt sind, kann diese Bezugnahme konvergent erfolgen. Schwieriger wird es, wenn Handlungsanforderungen mehrdeutig bzw. diffus bleiben. Dies ist im nachfolgenden Beispiel der Fall, in welchem auf die Rolle der Evaluierenden als Wissenschaftlerinnen bzw. Wissenschaftler rekurriert und diese zugleich instrumentalisiert wurde.

Vonseiten der Evaluierenden wurde im Zuge einer Reihe von Face-to-face-Interviews in der ersten Erhebungswelle (Anfangsphase der Programmumsetzung der hier betrachteten Evaluation) in einer Feldnotiz zu einem Interview vermerkt:

> „[Name] wünscht sich mit Blick auf die Zusammenarbeit mit der Evaluation eine stärkere Unterstützung seitens der Evaluation, bestimmte Positionen wissenschaftlich zu fundieren und dies dann auch gegenüber der Politik zu formulieren und zu vertreten. [Name] macht dies an einem Beispiel fest […]. Ich habe den Eindruck, [Name] will mich ein bisschen darauf festnageln, dass Wissenschaft einen eigenen Anspruch und eine eigene Haltung haben müsse, die [Name] zugleich für

---

11 Die dokumentarische Methode nach Bohnsack sieht folgende Interpretationsschritte vor: die formulierende Interpretation, die reflektierende Interpretation, die Komparation und die iterative Typenbildung (Bohnsack/Nentwig-Gesemann/Nohl. 2013). Im Rahmen dieses Beitrags wird auf die Typenbildung verzichtet, da sie über den Rahmen der hier vorgestellten Argumentation hinausgeht. Für die nachfolgend vorgestellten Beispiele wurden die ersten drei Interpretationsschritte in verschiedenen Konstellationen von Interpretationsgruppen vorgenommen: Ausgewählte Interviewsequenzen wurden 1) intern, d. h. im Team der Evaluierenden (mit genauer Kenntnis der Akteurinnen und Akteure sowie Kontexte), und/oder 2) semi-intern, d. h. unter Beteiligung von Kolleginnen und Kollegen mit Kenntnissen und Erfahrungen aus ähnlichen Evaluationskontexten, aber nur geringen oder keinen Feldkenntnissen) und/oder 3) unter Beteiligung von externen Wissenschaftlerinnen und Wissenschaftlern im Rahmen einer methodenorientierten Forschungswerkstatt ausgewertet.

die Seite der geförderten Organisationen zu vereinnahmen sucht." (DL-Iris-2015-GN).

Bereits eine erste Betrachtung zeigt, dass hier verschiedene Handlungsanforderungen an Evaluierende aufscheinen: Als Wissenschaftlerinnen und Wissenschaftler sind Evaluierende forschungsethischen und wissenschaftlichen Standards verpflichtet (Caspari u. a. 2019) und unabhängig Handelnde. Gerade hieraus legitimiert sich u. a. das Ansehen wissenschaftlicher Erkenntnis als von besonderer Güte. Zugleich scheint hier dieser Anspruch normativ vereinnahmt zu werden. Dieser Eindruck konnte auch nach einer intensiven kollegialen Reflexion nicht aufgelöst werden. Von dieser Notiz ausgehend, wählten die Evaluierenden korrespondierende Interviewsequenzen für eine ausführliche Rekonstruktion aus. In der nachfolgend vorgestellten Sequenz wurde die interviewte Person nach Negativ-Vorstellungen zur Zusammenarbeit mit der Evaluation (Worst-Case-Szenario), mit der Engführung auf: „Was soll nicht passieren?", befragt:

„[A]lso ich glaube dass sich da Wissenschaft ein bisschen zu sehr zurücknimmt und das sehr den NGOs überlässt an der Programmgestaltung an der Lobbyarbeit und an der fachlichen Argumentation hinsichtlich der Programmgestaltung zu wirken (1) deswegen das ist meine Erfahrung auch mit dem [Forschungsinstitut] in den letzten Jahren ähm weil es natürlich von Interesse sein müsste eigentlich für ein Ministerium und für die Bundespolitik wenn es wissenschaftliche Erkenntnisse gibt. (1) wenn man das nicht einfach äh auch als Wissenschaftler nicht einfach nur für die Tonne macht jetzt mal. ich sage das jetzt sehr ungeschützt ich weiß aber das ist mir schon ein Anliegen weil äh ich selber Wissenschaft äh auch bin oder auch mache auch meine Doktorarbeit schreibe auch zu dem Thema und ähm (.) wir wär- wir weiter wären wenn auch Wissenschaft da eine andere Haltung hätte und nicht einfach nur als der Empfänger von Fördermitteln ähm ich gebe hier mein mein Werk ab sozusagen werkvertragstechnisch und dann bin ich draußen das is mir ehrlich gesagt zu wenig (.) und es bräuchte dann nicht so ne wissenschaftlichen Studien die wir sonst irgendwie äh generieren oder so ne ähm Expertisen von Verwaltungsjuristen wie könnte das äh sozusagen bundes- dauerhaft funktionieren trotz von äh föderaler Strukturen? und so weiter oder vielleicht brauchts die auch aber es wär hilfreich es würde aus verschiedenen Ecken kommen. und zwar gar nicht (.) ich meine wir sind sozusagen da wir selber Empfänger von Fördermitteln sind ähm natürlich die letzten äh oder die schwächsten Glieder die die so was fordern oder organisieren können weil allen klar ist dass wir eine Finanzierung wollen oder daran arbeiten wollen. ich glaube aber, dass es wissenschaftliche Erkenntnisse jetzt seit fünfzehn Jahren Programm- äh Begleitung gibt die deutlich machen dass es eine Bundesförderung braucht (.) nur ist das in der Landschaft in der Debatte äh nie wirklich so kommuniziert worden aus meiner Perspektive da wünscht ich mir von von Wissenschaft und vom [Forschungsinstitut] das ist ja nicht irgendwer (.) ähm schon n bisschen mehr. es muss gar nicht jetzt für die bundeszentralen

Träger als Lobby oder wie auch immer sein es müssen auch nicht einzelne Träger alles gut finden das ist alles ne ganz andere Frage aber, dass doch deutlich geworden ist dass wir über diesen Föderalismus hinaus kommen müssen bei dieser Bearbeitung dieses gesche- dieses gesellschaftlichen Themenfeldes und dass das nicht einfach nur so ne Projektitis sein kann die wir hier seit mittlerweile fast zwanzig Jahren machen" (DL-Iris-2015-I-2, Ausschnitt).

Der erste Interpretationsschritt (formulierende Interpretation) ergibt folgende Sicht auf die Sequenz: Die interviewte Person geht in der Antwort nur knapp auf den Frageimpuls nach der konkreten Zusammenarbeit mit der Evaluation ein. Anschließend platziert sie den (bisher) ihrer Ansicht nach unzureichenden Einfluss der Evaluationsergebnisse aus Vorgängerprogrammen auf die Programm(neu-)gestaltung und die politische (Mit-)Gestaltung durch die Evaluation als zentrale Themen.[12] Die interviewte Person fordert hier eine (Mit-)Gestaltung durch die Evaluation. Dabei wird die zurückhaltende Rolle der Evaluation kritisiert, ein Eigeninteresse der Evaluierenden an der Nutzung ihrer Ergebnisse durch die Politik unterstellt und eine entsprechende Haltung der Evaluation eingefordert.

„[W]eil es natürlich von Interesse sein müsste eigentlich für ein Ministerium und für die Bundespolitik wenn es wissenschaftliche Erkenntnisse gibt. (1) wenn man das nicht einfach äh auch als Wissenschaftler nicht einfach nur für die Tonne macht jetzt mal […] und ähm (.) wir wär- wir weiter wären wenn auch Wissenschaft da eine andere Haltung hätte und nicht einfach nur als der Empfänger von Fördermitteln".

Zudem fordert die interviewte Person eine Unterstützung der geförderten NGOs durch die Evaluation sowie die Nutzung wissenschaftlicher Evidenz als Grundlage politischer Entscheidungen.

Wie die formulierende Interpretation verdeutlicht, wird die Evaluation hier als beratende und deutungsmächtige Instanz (für Auftraggebende und Programmverantwortliche) auf Basis ihrer Expertise verstanden. Dies wird unter anderem mit dem artikulierten Anspruch an Wissenschaft, „nicht einfach nur für die Tonne" zu arbeiten, legitimiert und begründet.[13] Zugleich wird von den

12 Die interviewte Person bezieht sich hier auf Vorerfahrungen mit der Evaluation in Vorgängerprogrammen. Diese organisations- und personenbezogene Kontinuität aufseiten der betreffenden NGO trifft in der konkreten Interviewsituation zwar auf eine organisationale Kontinuität aufseiten der Evaluation, zugleich aber auf eine veränderte Personenkonstellation.

13 Die sich konsequenterweise anschließende, und für die Nutzung von Evaluationsergebnissen relevante Frage, „ob, wann und warum die Ergebnisse von Evaluation in Politik und Verwaltung verwendet (oder nicht verwendet) werden" (Wollmann 2014, S. 87), wird von der interviewten Person ausgeblendet.

Evaluierenden eine parteiliche Haltung gegenüber den Zielen bzw. Anliegen der geförderten Organisationen eingefordert. Damit wird bereits der in der Gesprächsnotiz festgehaltene Eindruck nachvollziehbar. Die sich anschließende reflektierende Interpretation macht deutlich, wie die Forderung der Parteilichkeit zu einer Vereinnahmung wird: Die interviewte Person wechselt hier strategisch die eigene Rolle im Gespräch. Zu Beginn des Interviews und in vorangehenden Sequenzen nimmt sie eine klare Positionierung als Vertreterin bzw. Vertreter der zivilgesellschaftlichen Organisationen-Landschaft ein. Im hier näher betrachteten Ausschnitt rekurriert die interviewte Person über die eigene „Doktorarbeit“ auf eine persönliche Identifikation mit Wissenschaft. Damit werden Nähe und eine gemeinsame Sichtweise als Wissenschaftlerinnen bzw. Wissenschaftler konstruiert. Durch den Appell an das geteilte Interesse an der Nutzung wissenschaftlicher Erkenntnis erfolgt eine normative Vereinnahmung der Evaluierenden, die auf die Konstruktion eines geteilten (parteilichen) Anliegens bezogen wird.

In der nachfolgenden Sequenz geht es auf der expliziten Sinnebene um die Forderung nach einer stärkeren Wahrnehmung einer fachlichen Legitimations- und evidenzbasierten Steuerungsfunktion durch die Evaluation.

> „[I]ch glaube aber dass es wissenschaftliche Erkenntnisse jetzt seit fünfzehn Jahren Programm- äh Begleitung gibt die deutlich machen dass es eine Bundesförderung braucht (.) nur ist das in der Landschaft in der Debatte äh nie wirklich so kommuniziert worden aus meiner Perspektive da wünscht ich mir von von Wissenschaft und vom [Forschungsinstitut] das ist ja nicht irgendwer (.) ähm schon 'n bisschen mehr“.

Die reflektierende Interpretation kann darüber hinaus aufzeigen, dass hier mithilfe einer gegensätzlichen, strategisch eingesetzten Selbst- und Fremdbeschreibung („da wir selber Empfänger von Fördermitteln sind ähm natürlich die letzten äh oder die schwächsten Glieder die die so was fordern oder organi sieren können weil allen klar ist dass wir eine Finanzierung wollen“ vs. „vom [Forschungsinstitut] das ist ja nicht irgendwer“) ein Bild der geförderten zivilgesellschaftlichen Organisationen gezeichnet wird, die der Unterstützung ihrer Anliegen durch die Erkenntnisse der Wissenschaft bzw. Evaluation bedarf. Unter Rekurs auf gemeinsame Vorerfahrungen und Erkenntnisse wird die Evidenzbasierung von politischer Programmgestaltung gefordert und der diesbezügliche Handlungsspielraum der Evaluation betont. Der Rekurs auf eine gemeinsame Programmgeschichte ist dabei zwar als organisationale Kontinuität angelegt, nicht jedoch in der aufeinandertreffenden Personenkonstellation repräsentiert und kann damit nirgendwo anknüpfen. Der zugeschriebene Handlungsspielraum der Evaluation wird anschließend mit dem Appell verbunden, dass die Programmbegleitung Ergebnisse produzieren und diese deutlich transparent im Sinne der Anliegen des Programms machen soll. Dabei werden die Programmanliegen von der interviewten Person mit den Anliegen der geförderten Organisationen gleichgesetzt. Die interviewte Person schließt ihre Argumentation mit einer direkten Adressierung dieses Appells an „Wissenschaft" bzw. das Forschungsinstitut ab. Sie verknüpft diesen mit einer strategischen Aufwertung der Rolle des begleitenden Forschungsinstituts („das ist ja nicht irgendwer") und induziert damit die Herstellung einer Passung zwischen Zuschreibung und organisationalem Selbstbild der Evaluation.

In der Zusammenschau von formulierender und reflektierender Interpretation wird deutlich, dass die interviewte Person durch den Wechsel ihrer eigenen Positionierung, als Vertreterin bzw. Vertreter von Zivilgesellschaft einerseits und als Wissenschaftlerin bzw. Wissenschaftler andererseits, verschiedene Handlungsanforderungen an Evaluierende äußert. Diese sind teilweise implizit und zunächst in sich widersprüchlich. Erst durch die dokumentarische Rekonstruktion wird nachvollziehbar, wie die interviewte Person die eigene Verortung im Wissenschaftssystem nutzt, um wissenschaftliche Erkenntnis und Reputation in den Dienst der von ihr ebenfalls verkörperten zivilgesellschaftlichen Anliegen zu stellen. Zugleich wird der strategische Einsatz von Selbst- und Fremdbezeichnungen sichtbar, die die dem Forschungsinstitut zugesprochene Deutungs- und Durchsetzungsmacht im Sinne der „geteilten" (wissenschaftlichen) Erkenntnis akzentuieren und an die „eigene Haltung" der Evaluation appellieren, für eine verbesserte Nutzung dieses Wissens durch Politik und Verwaltung zu sorgen.

14.4.2 *„also dieses Programm wird eine starke Flanke brauchen"*

Multiple und teilweise implizite Handlungsanforderungen scheinen auch in anderen Interviews hervor. Im nachfolgenden Interviewausschnitt werden zwei Personen einer Organisation nach Erwartungen im Hinblick auf eine gute Zusammenarbeit mit der Evaluation bzw. ihren diesbezüglichen Vorstellungen gefragt („Wie sieht denn dann ein gutes Szenario aus?"):

„IP1: [N]ee ich denke tatsächlich wenn sozusagen die wissenschaftliche Begleitung das ist ja auch im Vorläufer schon gewesen das Anliegen der Träger der Projektnehmer und der Themen mit unterstützt also tatsächlich sozusagen einfach noch mal auch die Notwendigkeit aufzeigt dass die Arbeit die gemacht wird also muss ja nicht immer eins zu eins die richtige sein aber dass sozusagen die Ansätze die richtigen sind. ich meine nicht dass Sie sozusagen beeinflusst werden sollen aber tatsächlich wie kann man die Arbeit die vor Ort gemacht wird mit der wissenschaftlichen Begleitung unterstützen [...]

IP2: Na ich glaube schon also ich erwarte schon von einer wissenschaftlichen Begleitung auch dass Ansätze die nicht funktionieren ja (1) a ihre Berechtigung haben und b rechtzeitig abgestellt werden //

I: mhm //

IP2: (1) also ihre Berechtigung weil es sind ja modellhafte wir versuchen Dinge (.) und davon können auch Dinge schief gehen. und ich beziehe das jetzt auf uns wobei ich jetzt noch nicht sofort was sehe was jetzt schief gegangen ist aber wie auch immer das hat jetzt keinen konkreten (.) aber so wenn ich mir das ganze Programm angucke äh (.) dann ist glaube ich (.) das schon auch mein Anspruch einfach als eher als Steuerzahler als als Träger dass man eben Ansätze die nicht funktionieren auch ruhig so benennt. oft ist das ja eine ganze Programmphase ja die dann durchläuft bis überhaupt mal ein Bericht über die Programmphase im Ministerium anlangt //

IP1: Das wollte ich gerade auch sagen //

IP2: Ich weiß dass äh Ihr Chef der [Vorname] äh? //

I: [Nachname] //

IP2: genau danke diese Kommunikation natürlich trotzdem betreibt aber wenn es eine höhere Geschwindigkeit gäbe in der Übertragung wäre es kein Schaden (.) glaube ich wobei Sie natürlich vorsichtig sein müssen gerade bei Dingen die jetzt nicht so gut laufen weil manchmal brauchen die Sachen ja auch Zeit oder so. aber trotzdem so ein (.) hilfreich im Sinne von die Arbeit der Träger ermöglichend und auch irgendwie flankierend im Sinne des Gesamtprogramms habe ich die wissenschaftliche Begleitung schon immer erlebt. [...] also das lief schon immer gut und ich stelle mir auch vor dass das gut weitergeht oder so und ich glaub (.) genau also dieses Programm wird eine starke Flanke brauchen" (DL Lilie 2015 I, Ausschnitt).

Die formulierende Interpretation zeigt: In der sich an den Frageimpuls anschließenden Antwort der interviewten Personen geht es thematisch vor allem um die Legitimität und Legitimation der Förderung und um die Rolle bzw. Funktion, welche der Evaluation hierfür zugeschrieben wird. So soll die Evaluation sowohl die Anliegen der Träger unterstützen, als auch eine fachliche Steuerungs- und Bewertungsfunktion übernehmen. Gleichzeitig soll sie die „starke Flanke" des Programmbereichs bilden und Sensibilität und (Mit-)Verantwortung für den Programmbereich entwickeln bzw. übernehmen.

Auf der expliziten Sinnebene werden in dieser Sequenz also eine Legitimations- und Unterstützungsfunktion der Evaluation angesprochen:

„wenn sozusagen die wissenschaftliche Begleitung das ist ja auch im Vorläufer schon gewesen das Anliegen [...] mit unterstützt also tatsächlich sozusagen einfach noch mal auch die Notwendigkeit aufzeigt dass die Arbeit die gemacht wird also muss ja nicht immer eins zu eins die richtige sein aber dass sozusagen die Ansätze die richtigen sind. ich meine nicht dass Sie sozusagen beeinflusst werden sollen aber tatsächlich wie kann man die Arbeit die vor Ort gemacht wird mit der wissenschaftlichen Begleitung unterstützen".

Unterzieht man die Sequenz anschließend einer reflektierenden Interpretation, so wird deutlich, dass hier eine gemeinsame (Programm-)Geschichte von zivilgesellschaftlichen Organisationen und Evaluation, und darüber ein gemeinsames Anliegen sowie eine geteilte Verantwortung im Sinne der Programmziele, konstruiert werden. Die so erzeugte vermeintliche Vertrautheit und Intimität zwischen zivilgesellschaftlicher Organisation und Evaluation entspricht – wie bereits im vorangehenden Fall – nicht der Konstellation von hier aufeinandertreffenden Menschen, die sich in der Interviewsituation das erste Mal als Personen und auch in den jeweiligen Funktionen begegnen. Diese normative Vereinnahmung setzt die Anliegen der zivilgesellschaftlichen Organisationen als absolut und behauptet eine Übereinstimmung mit der Perspektive der Evaluation. In der Folge wird Letzterer eine Legitimationsfunktion zugeschrieben, die den Bedürfnissen der Träger und der Konstruktion des Programmbereichs Rechnung trägt. Es wird deutlich, wie einerseits die Unabhängigkeit und Neutralität der Evaluation als „objektive externe Instanz" entworfen, dies andererseits jedoch mit eigenen Vereinnahmungs- und Beeinflussungsversuchen zugleich unterlaufen wird.

Auch im Folgeabschnitt werden auf der expliziten Sinnebene – nun von einer zweiten Person – die Legitimations-, Steuerungs- und Bewertungsfunktionen der Evaluation angesprochen:

„IP2: [...] ich erwarte schon von einer wissenschaftlichen Begleitung auch dass Ansätze die nicht funktionieren ja (1) a ihre Berechtigung haben und b rechtzeitig abgestellt werden [...] oft ist das ja eine ganze Programmphase ja die dann durchläuft bis überhaupt mal ein Bericht über die Programmphase im Ministerium anlangt [...] ich weiß dass äh Ihr Chef der [Vorname] äh? // I: [Nachname] // IP2: genau danke diese Kommunikation natürlich trotzdem betreibt".

Über die reflektierende Interpretation kann herausgearbeitet werden, dass der Evaluation eine fachliche Steuerungsfunktion zugeschrieben wird, die mit einer entsprechenden Wirkmächtigkeit in Richtung Programmgeber assoziiert ist. Vor dem Hintergrund der bereits aufgezeigten Vereinnahmung der Evaluation für die Anliegen der Träger wird dann das Handeln der Evaluation in Analogie zum Handeln der zivilgesellschaftlichen Organisationen entworfen und als fachliche Steuerungs- und Bewertungsinstanz einerseits sowie als politischer Lobbyakteur andererseits konzipiert. Hierfür steht beispielhaft der Verweis auf eine angenommene Hinterbühnen-Kommunikation durch die Figur des Chefs. An dieser verdeutlicht sich die Erwartung einer Doppelstrategie des Handelns auf Vorder- und Hinterbühne, die im Gegensatz zur Vorstellung einer neutralen wissenschaftlichen Instanz steht.

14.4.3 *Fallvergleich und die weitere Nutzung der gewonnenen Erkenntnisse*

Im fallvergleichenden, dritten Interpretationsschritt wurden über beide Beispiele hinweg folgende Gemeinsamkeiten ersichtlich: Obwohl die im Rahmen der hier thematisierten Interviews erstmalig aufeinandertreffenden Personen einander nicht kannten und über keine verbindenden Vorerfahrungen verfügten, wurde vonseiten der interviewten Personen eine organisationale Kontinuität zur Konstruktion einer gemeinsamen Geschichte herangezogen. Dabei nutzten die Interviewten die Verweise auf Vorerfahrungen, um ihre vertieften Kenntnisse des Programms und der Akteurinnen bzw. Akteure aufzuzeigen und die eigenen Sprechpositionen als kompetent zu untermauern. Zugleich wurde die Evaluation normativ vereinnahmt für eine grundsätzliche Unterstützung der Anliegen der zivilgesellschaftlichen Organisationen und in diesem Sinne die Bereitschaft der Evaluation eingefordert, Verantwortung für das „gemeinsame Anliegen" zu übernehmen.

Die Analyse macht aber auch Unterschiede der hier betrachteten Beispiele deutlich: Im ersten Beispiel entfaltete sich die normative Vereinnahmung der Evaluation entlang der Selbstidentifikation der interviewten Person mit Wissenschaft, die an die individuelle Haltung von Wissenschaftlerinnen und Wissenschaftlern mit Blick auf die „gemeinsame Sache" und das Interesse an einer Nutzung der eigenen Erkenntnisse appelliert. Im zweiten Beispiel soll die normative Vereinnahmung eine Doppelstrategie analog zum Handeln von zivilgesellschaftlichen Akteuren befördern. Die Evaluation soll die „starke Flanke" des Förderbereichs sein, indem sie fachlich-objektiv auf der Vorderbühne agiert und Legitimation für das Handeln im Programmbereich schafft. Zugleich soll sie qua ihrer Expertise und Deutungsmacht aber auch Lobbyarbeit im Hintergrund betreiben.

In der Zusammenschau wird deutlich, dass die betrachteten Beispiele nicht nur implizite, sondern auch unterschiedliche Handlungsanforderungen gleichzeitig enthalten. Im ersten Beispiel sollen die Evaluierenden unter anderem wissenschaftliche Erkenntnisse über die Umsetzung des Programmbereichs generieren, Legitimation für die Förderung schaffen und im Sinne der zivilgesellschaftlichen Anliegen, jedoch nicht als Dienstleistungsinstanz der Programmsteuerung agieren („nicht einfach nur als der Empfänger von Fördermitteln ähm ich gebe hier mein mein Werk ab"). Auch im zweiten Beispiel werden den Evaluierenden eine Legitimationsfunktion und das Agieren im Sinne der zivilgesellschaftlichen Sache angetragen sowie die fachliche Bewertung und (Nach-)Steuerung als Aufgaben zugeschrieben („ich erwarte schon von einer wissenschaftlichen Begleitung auch dass Ansätze die nicht funktionieren [...] rechtzeitig abgestellt werden").

Ob derartige Handlungsanforderungen gegebenenfalls neben den eigenen Rollenvorstellungen und Funktionen von den Evaluierenden aufgegriffen werden und wenn ja, auf welche Weise dies geschieht, bestimmt wesentlich die weitere Interaktion der beteiligten Akteure mit. Beispielsweise ist es für die öffentliche Glaubwürdigkeit einer Evaluation von herausgehobener Bedeutung, ob diese sich für die Anliegen einzelner Stakeholder(-gruppen) vereinnahmen lässt und wie sie mit Beeinflussungsversuchen umgeht (z. B. Pleger/Sager 2016; Morris/Clark 2012; Stockmann/Meyer/Schenke 2011).

Im hier betrachteten Fall der Evaluation der „Förderung der Strukturentwicklung zum bundeszentralen Träger" wurde die systematische Integration von Strategien der Erwartungsabfrage und des proaktiven Erwartungsmanagements, aber auch der Reflexion und Rekonstruktion von expliziten und impliziten Handlungsanforderungen dazu genutzt, um eine intensive Auseinandersetzung mit Handlungsanforderungen an und Rollen von Evaluierenden zu befördern. Dies zog eine vertiefte Auseinandersetzung mit Aufgaben- und Kompetenzprofilen von Evaluierenden und ethischen Standards (z. B. Schwandt 2018, 2017; DeGEval – Gesellschaft für Evaluation 2008) sowie die Reflexion von legitimen und illegitimen Handlungsanforderungen nach sich (vgl. beispielsweise zum Umgang mit Beeinflussung Pleger/Hadorn 2018; Pleger/Sager 2016; Morris/Clark 2012). Nicht zuletzt ist auch der vorliegende Beitrag Ausdruck und Ergebnis dieser Auseinandersetzung.

In der Umsetzung der Evaluation förderte diese Auseinandersetzung einerseits die Kommunikation über Rollen von und Rollenanforderungen an Evaluierende zwischen Programmakteurinnen und -akteuren aus unterschiedlichen Bezugssystemen sowie anderseits den bewussten Einsatz von Strategien zur fortlaufenden Klärung und Aushandlung von Rollen bzw. Rollenanforderungen (Heinze u. a. 2019).

14.5 Fazit

Der vorliegende Beitrag zeigt, dass ein systematischer und reflexiver Umgang mit diffusen bzw. multiplen Handlungsanforderungen zur Klärung von und Kommunikation über Rollen von Evaluierenden beitragen kann. So erscheint eine Strategie der (wiederholten) direkten Abfrage von Erwartungen generell hilfreich, um sich in komplexen Programmen den multiplen Handlungsanforderungen an Evaluierende anzunähern, diese besser einzufangen und ein gezieltes Erwartungsmanagement durchführen zu können. Kollegiale Reflexionsprozesse stellen darüber hinaus eine Möglichkeit dar, auch implizite Handlungsanforderungen transparent zu machen, stoßen dabei aber an Grenzen, z. B. Subjektivität oder die Flüchtigkeit bzw. Unschärfe von Eindrücken. Im

Umgang mit impliziten Handlungsanforderungen bietet die systematische Rekonstruktion ausgewählter empirischer Daten einen methodisch kontrollierten und überindividuellen Zugang zu den impliziten Orientierungen der untersuchten Akteurinnen und Akteure in Bezug auf Handlungsanforderungen an Evaluierende. Zugleich ermöglicht sie das Nebeneinander- bzw. Gegenüberstellen von immanentem und konjunktivem Sinngehalt der untersuchten Daten für fallinterne sowie fallübergreifende Vergleiche. Es handelt sich hierbei um ein ressourcenintensives Vorgehen, das als Meta-Evaluation ein Stück weit über den eigentlichen Gegenstand der Evaluation hinausgeht und damit ggf. legitimatorische Fragen aufwirft.

Für die Evaluation bietet ein solches Vorgehen dennoch eine Reihe von Vorteilen, da es eine vertiefte und nachvollziehbare Auseinandersetzung gerade auch mit impliziten Handlungsanforderungen und den Strategien ihrer kommunikativen Herstellung zulässt. Dabei ermöglicht die Rekonstruktion von impliziten Erwartungen und Handlungsanforderungen aufseiten der Evaluierenden eine reflektierte Auseinandersetzung mit diesen und damit nicht zuletzt auch klare Reaktionen und begründete, eigene Positionierungen (z. B. Pleger/Hadorn 2018, S. 459). So können nachträglich unter Rückgriff auf qualitative Auswertungsverfahren herausgearbeitete implizite Erwartungen von den Evaluierenden in späteren Settings (beispielsweise Workshops mit der Fachpraxis, Folgeerhebungen etc.) thematisiert und zur Diskussion gestellt bzw. argumentativ von den Evaluierenden eingebettet werden. Dies kann den praktischen Umgang mit Handlungsanforderungen im Verlauf der Evaluation erleichtern. Zudem können sie wertvolle Anhaltspunkte für die Interpretation weiterer Daten liefern.

Darüber hinaus stellen sie – auch losgelöst vom konkreten Fall und auf einer Metaebene – eine Quelle für die (Weiter-)Entwicklung des professionellen Selbstverständnisses von Evaluierenden dar und können Impulse für eine fachliche Auseinandersetzung in der Evaluationscommunity um Handlungsstandards oder ein professionelles Ethos (z. B. Schwandt 2017) setzen. Dies ist auch für die Professionalisierung von Evaluation von besonderer Wichtigkeit. Trotz der interaktiven Emergenz und Aushandlung von Rollen von Evaluierenden im Kontext der gemeinsamen Bezugnahme der Programmakteurinnen und -akteure aufeinander sei darauf verwiesen, dass Rollen nicht völlig beliebig situativ angepasst oder ausgehandelt werden können. Handlungsanforderungen an Evaluierende bedürfen eines mit den beteiligten Stakeholdern umrissenen und transparenten Handlungsrahmens. Dieser sollte auch mit den Standards für Evaluation verschiedener Evaluationsgesellschaften (z. B. DeGEval – Gesellschaft für Evaluation 2017; SEVAL – Schweizerische Evaluationsgesellschaft 2016) konformgehen. Dafür müssen – auch im Falle von emergenten und dynamischen Evaluationsgegenständen – die grundsätzlichen Evaluationszwecke geklärt sein und das Spektrum an Funktionen einer Evaluation beschrieben werden. Transparente Festlegungen können außerdem dazu beitragen, eine Vertrauensbasis mit den beteiligten Stakeholdern zu etablieren und aufrechtzuerhalten. Dies ermöglicht überhaupt erst die gelingende interaktive Bezugnahme der Akteure aufeinander.

Erst auf dieser Basis können die verschiedenen Rollen von Evaluierenden und Handlungsanforderungen an sie geklärt und eine Akzeptanz der Evaluation bei den beteiligten Akteuren erreicht werden. Dabei wird zwangsläufig auch Evaluation selbst zum Gegenstand von Aushandlungen und gegebenenfalls von Anpassungen (Beywl 2012). Daher sollten auch entsprechende Prozesse der Aushandlung der Programmakteure transparent beschrieben und im Rahmen von Evaluation reflektiert werden. Gerade hier weist der derzeitige Forschungsstand eine Leerstelle insofern auf, dass weitgehend unbekannt ist, wie Aushandlungen zu Rollen und Handlungsanforderungen an Evaluierende von den beteiligten Stakeholdern ausgestaltet werden. Der vorliegende Beitrag leistet hier einen Beitrag, indem er aufzeigt, wie Evaluierende proaktiv die Rollenerwartungen der beteiligten Akteure in Erfahrung bringen und zudem einen reflektierten Umgang mit impliziten Handlungsanforderungen ausüben können.

Literatur

Abma, Tineke A. (2006): The Social Relations of Evaluation. In: Shaw, Ian F./Greene, Jennifer C./Mark, Melvin (Hrsg.): The SAGE Handbook of Evaluation. London u. a., S. 184–199

Abma, Tineke A./Widdershoven, Guy A. M. (2008): Evaluation and/as Social Relation. In: Evaluation, 14. Jg., H. 2, S. 209–225

Benjamin, Lehn M./Greene, Jennifer C. (2009): From Program to Network. The Evaluator's Role in Today's Public Problem-Solving Environment. In: American Journal of Evaluation, 30. Jg., H. 3, S. 296–309

Beywl, Wolfgang (2012): Evaluation ist systematische Kritik. In: Sozial extra, 36. Jg., H. 9/10, S. 15–17

Bischoff, Ursula/Greuel, Frank/Heinze, Franziska/König, Frank/Zimmermann, Eva (2019): Ein Modellprojekt ist ein Modellprojekt? Gegenstandskonstuktion im Bundesprogramm „VIELFALT TUT GUT“. In: Schoyerer, Gabriel/Frank, Carola/Jooß-Weinbach, Margarete/Loick Monlina, Steffen (Hrsg.): Auf dem Weg zum Gegenstand im Forschungsfeld der Kinder- und Jugendhilfe – Methodologische Herausforderungen in der qualitativen Forschung, S. 245–265

Bohnsack, Ralf (2007): Dokumentarische Methode und sozialwissenschaftliche Hermeneutik. In: Zeitschrift für Erziehungswissenschaft, 6. Jg., H. 4, S. 550–570

Bohnsack, Ralf/Nentwig-Gesemann, Iris/Nohl, Arnd-Michael (2013): Die dokumentarische Methode und ihre Forschungspraxis. Grundlagen qualitativer Sozialforschung. Wiesbaden

Campbell, Donald T. (1984): „Can we be scientific in applied social science?“. In: Conner, Ross F./Altman, David G./Jackson, Christine (Hrsg.): Evaluation Studies Review Annual: Volume 9. Beverly Hills, CA, S. 26–48

Caspari, Alexandra/Erzberger, Christian/Kelle, Udo/Polak, Jan Tobias (2019): Die Standards für Evaluation' aus methodischer Perspektive. In: Hense, Jan/Böttcher, Wolfgang/Kalman, Michael (Hrsg.): Evaluation: Standards in unterschiedlichen Handlungsfeldern. Einheitliche Qualitätsansprüche trotz heterogener Praxis?, S. 53–71

DeGEval – Gesellschaft für Evaluation (Hrsg.) (o. J.): Empfehlungen für Auftraggebende von Evaluationen. Eine Einstiegsbroschüre für den Bereich der Öffentlichen Verwaltung. https://www.degeval.org/fileadmin/Publikationen/Publikationen_Homepage/DeGEval_-_Empfehlungen_Auftraggebende.pdf (24.06.2020)

DeGEval – Gesellschaft für Evaluation (Hrsg.) (2008): Standards für Evaluation. https://www.degeval.org/fileadmin/user_upload/Sonstiges/STANDARDS_2008-12.pdf (03.12.2019)

DeGEval – Gesellschaft für Evaluation (Hrsg.) (2017): Standards für Evaluation. Erste Revision 2016. www.degeval.org/fileadmin/Publikationen/DeGEval-Standards_fuer_Evaluation.pdf (16.05.2018)

Giel, Susanne (2013): Theoriebasierte Evaluation. Konzepte und methodische Umsetzungen. Münster

Haubrich, Karin/Lüders, Christian (2004): Evaluation – hohe Erwartungen und ungeklärte Fragen. In: Sozialwissenschaftlicher Fachinformationsdienst soFid, 21. Jg., H. 1, S. 9–15

Haubrich, Karin/Struhkamp, Gerlinde/Lüders, Christian (2006): Einleitung: Aushandlungsprozesse in externen Evaluationen – Aufarbeitung eines „stillen Themas“. In: Projekt eXe (Hrsg.): Aushandlungsprozesse zur Steuerung externer Evaluationen. Dokumentation der Fachtagung München 1. bis 3. Dezember 2004. München, S. 5–18

Heinze, Franziska/Reiter, Stefanie/Berg-Lupper, Ulrike/Wach, Katharina/Riedle, Stephanie (2019): Multiple Handlungsanforderungen an Evaluierende. Ein theoretisches und praktisches Problem in der Evaluation komplexer (sozial)politischer Programme. In: Zeitschrift für Evaluation, 18. Jg., H. 2, S. 261–283

Hillmann, Karl-Heinz (2007): Wörterbuch der Soziologie. 5. Aufl. Stuttgart

Kelle, Udo (2018): „Mixed Methods" in der Evaluationsforschung – mit den Möglichkeiten und Beschränkungen quantitativer und qualitativer Methoden arbeiten. In: Zeitschrift für Evaluation, 17. Jg., H. 1, S. 25–52

Luhmann, Niklas (1995): Dekonstruktion als Beobachtung zweiter Ordnung. In: Berg, Henk de/Prangel, Matthias (Hrsg.): Differenzen. Systemtheorie zwischen Dekonstruktion und Konstruktivismus. Tübingen/Basel, 9–35

Luo, Heng (2010): The Role for an Evaluator: A Fundamental Issue for Evaluation of Education and Social Programs. In: International Education Studies, 3. Jg., H. 2, S. 42–50

Mannheim, Karl (1925): Das Problem einer Soziologie des Wissens. Beiträge zur Theorie der Weltanschauungsinterpretation. Neuwied

Mark, Melvin M. (2002): Toward better understanding of alternative evaluator roles. In: Ryan, Katherine E./Schwandt, Thomas A. (Hrsg.): Exploring Evaluator Role and Identity. Greenwich, CT, S. 17–36

Morabito, Stephen M. (2002): Evaluator Roles and Strategies for Expanding Evaluation Process Influence. In: American Journal of Evaluation, 23. Jg., H. 3, S. 321–330

Morris, Michael/Clark, Brittany (2012): You want me to do WHAT? Evaluators and the pressure to misrepresent findings. In: American Journal of Evaluation, 34. Jg., H. 1, S. 57–70

Owen, John M./Rogers, Patricia J. (1999): Program Evaluation. Forms and Approaches. International Edition. London u. a.

Patton, Michael Q. (2008): Utilization-Focused Evaluation. 4. Aufl. Thousand Oaks

Patton, Michael Q. (2011): Developmental Evaluation. Applying Complexity Concepts to Enhance Innovation and Use. New York/London

Pleger, Lyn E./Sager, Fritz (2016): „Don't tell me cause it hurts" – Beeinflussung von Evaluierenden in der Schweiz. In: Zeitschrift für Evaluation, 15. Jg., H. 1, S. 23–59

Pleger, Lyn E./Hadorn, Susanne (2018): The big bad wolf's view. The evaluations clients' perspectives on independance of evaluations. In: Evaluation, 24. Jg., H. 4, S. 456–474

Preskill, Hallie (1994): Evaluation's role in enhancing organizational learning. A model for practice. In: Evaluation and Program Planning, 17. Jg., H. 3, S. 291–297

Schwandt, Thomas A. (2017): Professionalization, Ethics, and Fidelity to an Evaluation Ethos. In: American Journal of Evaluation, 38. Jg., H. 4, S. 546–553

Schwandt, Thomas A. (2018): Acting together in determining value. A professional ethical responsibility of evaluators. In: Evaluation, 24. Jg., H. 3, 306–317

SEVAL – Schweizerische Evaluationsgesellschaft (Hrsg.) (2016): Evaluationsstandards der Schweizerischen Evaluationsgesellschaft. Von der Mitgliederversammlung am 9. September 2016 verabschiedet. https://www.seval.ch/app/uploads/2018/01/SEVAL-Standards-2016_d.pdf (19.05.2020)

Shadish, William R./Cook, Thomas D./Leviton, Laura C. (1991): Foundations of program evaluation. Theories of Practice. Newbury Park

Skolits, Gary J./Morrow, Jennifer Ann/Burr, Erin Mehalic (2009): Reconceptualizing Evaluator Roles. In: American Journal of Evaluation, 30. Jg., H. 3, S. 275–295

Stake, Robert E./Trumbull, Deborah J. (1982): Naturalistic Generalizations. In: Review Journal Of Philosophy & Social Science, H. 7, S. 1–12

Stockmann, Rainer/Meyer, Wolfgang/Schenke, Hanna (2011): Unabhängigkeit von Evaluationen. In: Zeitschrift für Evaluation, 10. Jg., S. 39–67

Widmer, Thomas (2000): Qualität der Evaluation – Wenn Wissenschaft zur praktischen Kunst wird. In: Reinhard Stockmann (Hrsg.): Evaluationsforschung. Grundlagen und ausgewählte Forschungsfelder. Opladen, S. 77–102

Wise, Robert I. (1980): The evaluator as educator. In: Braskamp, Larry A./Brown, Robert D. (Hrsg.): Special Issue: Utilization of Evaluative Information. Issue 5, S. 11–18

Wollmann, Hellmut (2014): Zur (Nicht-)Verwendung von Evaluationsergebnissen in Politik und Verwaltung. In: Kropp, Sabine/Kuhlmann, Sabine (Hrsg.): Wissen und Expertise in Politik und Verwaltung. Der moderne Staat (dms). Sonderheft 1/2013. Opladen/Toronto, S. 87–102

Tabellen- und Abbildungsverzeichnis

Tab. 1:	Struktur des Bundesprogramms „Demokratie leben!“ mit Programmbereichen und wissenschaftlichen Begleitungen (wB) sowie deren Verortung	18
Abb. 1.1:	Programmstruktur und Zuständigkeiten der Evaluation und der wissenschaftlichen Begleitung	41
Abb. 1.2:	Struktur der wissenschaftlichen Programmbegleitung in „VIELFALT TUT GUT“ und „kompetent. für Demokratie“	43
Abb. 1.3:	Struktur der wissenschaftlichen Begleitung in „TOLERANZ FÖRDERN – KOMPETENZ STÄRKEN“	48
Abb. 1.4	Struktur der wissenschaftlichen Programmbegleitung in „Demokratie leben!“ 2015 bis 2019	52
Abb. 2.1:	Vier Formen der Aufgabenbewältigung	66
Abb. 2.2	Verzahnung von Projekt- und Evaluationsteam bei der Entwicklung implementationsfähiger Programme	80
Abb. 5.1:	Zur Verschränkung von Policies über Leitprinzipien in Programmen	131
Abb. 6.1:	Qualitätsdimensionen für die Evaluation von Präventionsprojekten	165
Abb. 8.1:	Einfaches logisches Modell eines Mehrebenen-Programms	205
Abb. 8.2:	Ausschnitt aus dem einfachen logischen Modell auf Projektebene	212
Abb. 8.3:	Aggregiertes Mehrebenen-Modell (Auswahl)	215
Abb. 9.1:	Typen modellierter Wirkmechanismen der Modellprojekte	233
Abb. 11.1:	Modell der Handlungslogik der Partnerschaften für Demokratie	275
Abb. 11.2:	Fallbeispiel	289
Abb. 12.1:	Pfadmodell zu Faktoren und Strategien für Öffentlichkeitswirksamkeit	308
Abb. 13.1:	Bausteine des methodischen Vorgehens in der Evaluation der Modellprojekte im Programmbereich „Zusammenleben in der Einwanderungsgesellschaft“	316
Abb. A.1:	Entwicklung der Bundesprogramme seit 2001	352

Anhang

Abb. A.1: Entwicklung der Bundesprogramme seit 2001

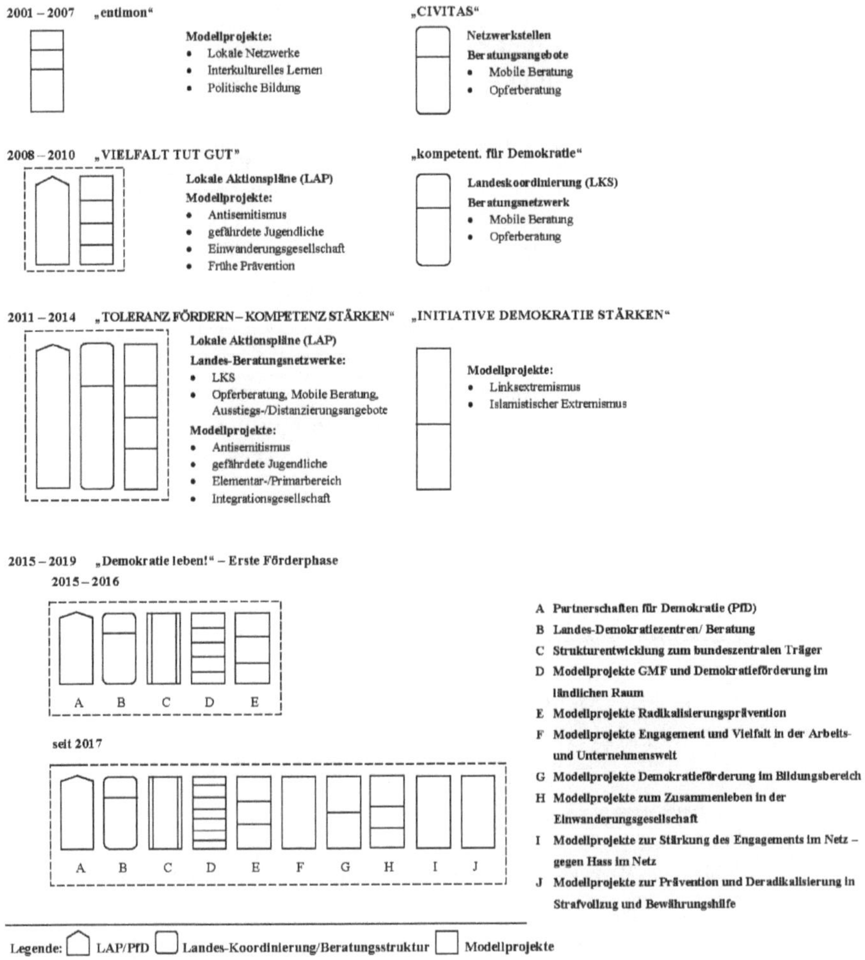

Quelle: Programmevaluation DJI

Autor*innenverzeichnis

Sabine Behn, M.A., ist Geschäftsführerin von Camino – Werkstatt für Fortbildung, Praxisbegleitung und Forschung im sozialen Bereich gGmbH. Ihre Arbeitsschwerpunkte sind Gewalt-, Kriminalitäts- und Radikalisierungsprävention, kommunale Strategien gegen Rechtsextremismus sowie Demokratie und Menschenrechte.

Ursula Bischoff, Dipl. soz., Dr. phil., ehemalige wissenschaftliche Referentin im Deutschen Jugendinstitut e.V., Außenstelle Halle (Saale), Fachgruppe „Politische Sozialisation und Demokratieförderung", mit langjähriger Tätigkeit in den Bereichen Migration, Bürgerbeteiligung und Regionalentwicklung sowie Evaluation von (Präventions-)Programmen.

Irina Bohn, Ethnologin M.A., ist stellvertretende Leiterin des Instituts für Sozialarbeit und Sozialpädagogik e.V., Frankfurt (Main) sowie Leiterin des Themenbereichs „Demokratieförderung und Radikalisierungsprävention". Ihre Arbeitsschwerpunkte liegen in der Evaluationsforschung und der wissenschaftlichen Begleitung von Programmen zur Demokratieförderung und Radikalisierungsprävention. Ihr erweiterter Arbeitsfokus liegt in der Kinder- und Jugendhilfe.

Anne Brodführer ist Psychologin (M.Sc.) und arbeitet am Institut für Psychologie der Universität Hildesheim und war davor wissenschaftliche Mitarbeiterin des Instituts für Sozialarbeit und Sozialpädagogik e.V., Frankfurt (Main). Ihre Arbeitsschwerpunkte liegen im Bereich Kriminologie, Extremismusprävention und Anwendung quantitativer Methoden der empirischen Sozialforschung.

Laura Ceresna-Chaturvedi (M.Sc.), ist wissenschaftliche Mitarbeiterin bei Camino – Werkstatt für Fortbildung, Praxisbegleitung und Forschung im sozialen Bereich gGmbH. Ihre Arbeitsschwerpunkte sind internationale Evaluationen für das Goethe Institut, den Prince Claus Fund, die Kindernothilfe und die Heinrich-Böll-Stiftung.

Corinna Emser, Dipl.-Pol., ist wissenschaftliche Mitarbeiterin am Forschungszentrum des Bundesamts für Migration und Flüchtlinge (BAMF). Ihre Arbeitsschwerpunkte liegen im Bereich des islamistischen Extremismus und der Tertiärprävention.

Moritz Fedkenheuer, ist als Senior Researcher für verschiedene Auftraggeber tätig. Er leitet und unterstützt Evaluationen und Projekte der Grundlagenforschung, insbesondere in den Bereichen Demokratieförderung, Schulentwicklung und Architektursoziologie.

Alina Goldbach ist wissenschaftliche Mitarbeiterin am Deutschen Zentrum für Integrations- und Migrationsforschung (DeZIM). Ihre Arbeitsschwerpunkte sind Forschung sowie Politik- und Praxisberatung in den Themenfeldern Demokratieförderung, Antidiskriminierung und zivilgesellschaftliches Engagement.

Frank Greuel, Dipl.-Pädagoge, Dr. rer. pol., ist wissenschaftlicher Referent am Deutschen Jugendinstitut e.V., Außenstelle Halle (Saale). Seine Arbeitsschwerpunkte sind Evaluationsforschung zu Demokratieförderung und zur pädagogischen Prävention von Radikalisierung sowie die politische Sozialisation von jungen Menschen.

Daniel Grunow, M.A. Antisemitismusforschung, ist Referent des staatlichen Ansprechpartners gegen Antisemitismus in Sachsen-Anhalt und war zuvor Teil der Evaluationsforschung zu Projekten der Radikalisierungsprävention am Deutschen Jugendinstitut e.V., Außenstelle Halle (Saale). Seine Arbeitsschwerpunkte sind Antisemitismusforschung und -aufklärung, islamistischer Antisemitismus, Extremismus und israelische Staatsgeschichte.

Franziska Heinze ist wissenschaftliche Referentin am Deutschen Jugendinstitut e.V., Außenstelle Halle (Saale). Ihre Arbeitsschwerpunkte sind Evaluationen komplexer (sozial-)politischer Programme, Demokratieförderung, Bildung für nachhaltige Entwicklung und methodologische Aspekte qualitativer (Evaluations-)Forschung.

Tobias Johann, M.A. Soziologie, ist wissenschaftlicher Referent am Deutschen Jugendinstitut e.V., Außenstelle Halle (Saale) und arbeitet in der Programmevaluation von „Demokratie leben!". Seine Arbeitsschwerpunkte sind die wissenschaftliche Begleitung von Modellprojekten der Demokratieförderung sowie der Bearbeitung von Antisemitismus und Gruppenbezogener Menschenfeindlichkeit (GMF).

Susanne Johansson ist Erziehungswissenschaftlerin und wissenschaftliche Mitarbeiterin an der Hessischen Stiftung Friedens- und Konfliktforschung sowie an der Frankfurt University of Applied Sciences. Ihre Arbeitsschwerpunkte sind unter anderem die Evaluation pädagogischer Praxis zur Prävention von Rechtsextremismus und religiös begründetem Extremismus sowie (frühe) Distanzierung von religiös begründetem Extremismus.

Kari-Maria Karliczek, Diplom-Sozialwissenschaftlerin und Dr. jur., ist wissenschaftliche Mitarbeiterin bei Camino – Werkstatt für Fortbildung, Praxisbegleitung und Forschung im sozialen Bereich gGmbH. Zu ihren Arbeitsschwerpunkten gehören die Themenfelder gemeinwesenorientierte (Rechts-)Extremismusprävention, zivilgesellschaftliches Engagement, Nachhaltigkeit, Umgang mit Gewalt aus Opferperspektive sowie Täter-Opfer-Ausgleich.

Frank König, Dipl.-Pol., Dipl. Soz.-Päd., ist wissenschaftlicher Referent am Deutschen Jugendinstitut e.V., Außenstelle Halle (Saale). Seine Arbeitsschwerpunkte sind das Verhältnis von staatlichen und zivilgesellschaftlichen Akteuren, Extremismusprävention und Governance.

Joachim Langner, M.A. Islamwissenschaft, Politikwissenschaft und Ethnologie, ist wissenschaftlicher Referent am Deutschen Jugendinstitut e.V., Außenstelle Halle (Saale), in der Arbeits- und Forschungsstelle Demokratieförderung und Extremismusprävention. Der Schwerpunkt seiner Forschung liegt auf der pädagogischen Auseinandersetzung mit islamistischem Extremismus, u. a. in der Evaluation von Angeboten der Radikalisierungsprävention. Außerdem arbeitet er zu Demokratieförderung, sowie zu Radikalisierungsprozessen und politischer Sozialisation junger Menschen.

Olaf Lobermeier, Prof. Dr. für sozialwissenschaftliche Methoden an der Ostfalia Hochschule Braunschweig/Wolfenbüttel und leitet gemeinsam mit PD Dr. Rainer Strobl die proVal GbR – Gesellschaft für sozialwissenschaftliche Analyse, Beratung und Evaluation. Seine Arbeitsschwerpunkte sind Methoden empirischer Sozial- und Evaluationsforschung, Kriminalprävention und Kriminologie (insb. Viktimologie), Rechtsextremismus- und Sozialisationsforschung, Qualitäts- und Projektmanagement sowie Beratung und Begleitung von Entscheidungsträgern in Politik und Verwaltung.

Björn Milbradt, Dr. phil., ist Soziologe und Leiter der Fachgruppe „Politische Sozialisation und Demokratieförderung" am Deutschen Jugendinstitut, Außenstelle Halle (Saale). Seine Arbeitsschwerpunkte sind Prozesse politischer Sozialisation, ihre politischen, gesellschaftlichen und institutionellen Kontexte und Gelingensbedingungen, und methodologische Aspekte ihrer Erforschung.

Tatjana Mögling arbeitet seit 1995 in verschiedenen Projekten des Deutschen Jugendinstituts e.V., Außenstelle Halle (Saale). Ihre Arbeitsgebiete sind soziale Dropout- und Exklusionsprozesse bei Jugendlichen sowie die Übergänge von der Schule in Ausbildung und Arbeitswelt. In den letzten Projekten ging es um „Mobbing im Alltag beruflicher Bildung" und um „Engagement und Vielfalt in der Arbeits- und Unternehmenswelt" im Bundesprogramm „Demokratie leben!"

Birgit Reißig, Prof. Dr., arbeitet seit 2000 am Deutschen Jugendinstitut (DJI) und leitet seit 2012 den Forschungsschwerpunkt „Übergänge im Jugendalter" und die Außenstelle Halle des DJI. Zudem hat sie die Honorarprofessur für Jugendhilfeforschung an der Hochschule für Technik, Wirtschaft und Kultur Leipzig (HTWK) inne. Sie leitete und leitet eine Reihe von Projekten, die sich mit Bildungs- und Ausbildungsverläufen insbesondere benachteiligter junger Menschen beschäftigen, z. B. das DJI-Übergangspanel, sowie Projekte im Bereich des kommunalen Übergangs- und Bildungsmanagements. Aktuell beschäftigt sie sich u. a. mit Fragen der non-formalen Bildung im Jugend- und jungen Erwachsenenalter.

Stefanie Reiter, Dipl.-Soz. ist wissenschaftliche Referentin am Deutschen Jugendinstitut e.V., Außenstelle Halle (Saale). Ihre Arbeitsschwerpunkte sind Evaluationen von (komplexen) Programmen, Maßnahmen und Netzwerken in den Bereichen Demokratieförderung, Extremismusprävention und Integration sowie Netzwerkforschung und Evaluationsforschung.

Jasmin Rocha ist als Research Managerin für die Arbeitsfelder Evaluation und Statistik beim Deutschen Roten Kreuz tätig. Schwerpunktmäßig konzentriert sie sich auf die Weiterentwicklung der Evaluationspraxis und die Nutzung von statistischen Verfahren in den Arbeitsfeldern Jugend und Wohlfahrt.

Tobias Roscher, M.A. Politikwissenschaft, ist wissenschaftlicher Referent am Deutschen Jugendinstitut e.V., Außenstelle Halle (Saale) und arbeitet in der Programmevaluation von „Demokratie leben!" als Koordinator der Gesamtevaluation. Sein Arbeitsschwerpunkt ist die Bearbeitung von übergreifenden Evaluationsfragen in vielgliedrigen und dynamischen (pädagogischen) Programmen, bspw. zu Nachhaltigkeit, Leitprinzipien sowie die Modellierung von Wirkungsannahmen.

Teresa Rupp, M. Phil., ist wissenschaftliche Mitarbeiterin am Forschungszentrum des Bundesamts für Migration und Flüchtlinge (BAMF). Dort beschäftigt sie sich vor allem mit den Themen Islamismusprävention und Evaluation.

Jan Saßmannshausen, Soziologe und Politologe M.A., ist wissenschaftlicher Mitarbeiter am Institut für Sozialarbeit und Sozialpädagogik e.V., Frankfurt (Main). Seine Arbeitsschwerpunkte liegen in der Evaluationsforschung und der wissenschaftlichen Begleitung von Programme zur Demokratieförderung und Radikalisierungsprävention sowie zur Stärkung des Bürgerschaftlichen Engagements.

Katja Schau, M.A. Soz., ist wissenschaftliche Referentin am Deutschen Jugendinstitut e.V., Außenstelle Halle (Saale. Ihre Arbeitsschwerpunkte sind die Evaluation von pädagogischen Präventionsangeboten gegen „islamistischen Extremismus“ und Fragen von Selbstreflexion in der qualitativen Sozialforschung.

Tabea Schlimbach ist wissenschaftliche Referentin am Forschungsschwerpunkt „Übergänge im Jugendalter“ des Deutschen Jugendinstituts e.V., Außenstelle Halle (Saale). Zu ihren Arbeits- und Interessengebieten gehören unter anderem Bildungsübergänge, Migration und prekäre Beschäftigung. Sie ist auf qualitative Methoden der Sozialforschung spezialisiert und hat in zahlreichen Forschungsprojekten (im Rahmen verschiedener Forschungsprogramme von Bundesministerien und EU-Institutionen) mitgearbeitet.

Daniel Schnarr, Soziologe (M.A.), ist als wissenschaftlicher Mitarbeiter bei Camino – Werkstatt für Fortbildung, Praxisbegleitung und Forschung im sozialen Bereich gGmbH tätig. Seine Arbeitsschwerpunkte liegen in den Themen Migration und Integration sowie gesellschaftlichem Zusammenhalt.

Marco Schott, M.A. Soziologe, ist wissenschaftlicher Referent am Deutschen Jugendinstitut e.V., Außenstelle Halle (Saale), in der Arbeits- und Forschungsstelle Demokratieförderung und Extremismusprävention. Seine Arbeitsschwerpunkte sind sozialräumliche Aspekte politischer Sozialisation von Jugendlichen, sowie Evaluationsforschung zur pädagogischen Prävention rechter Radikalisierung.

Ellen Schroeter, M.A., ist Erziehungswissenschaftlerin und wissenschaftliche Referentin am DJI e.V., Außenstelle Halle (Saale). Ihre Arbeitsschwerpunkte sind Methoden der qualitativen Sozialforschung, Methoden der Evaluationsforschung sowie die wissenschaftliche Begleitung der Implementierung von Bundesprogrammen zur Extremismusprävention und Demokratieförderung.

Till Sträter ist wissenschaftlicher Mitarbeiter am Deutschen Zentrum für Integrations- und Migrationsforschung (DeZIM). Seine Arbeitsschwerpunkte sind die wissenschaftliche Begleitung und Beratung von Programmen in den Themenfeldern Demokratieförderung, Antidiskriminierung und Rechtsextremismusprävention, sowie Geschichtspolitik und Soziale Bewegungen.

Rainer Strobl, Diplom-Soziologe, Dr. phil. habil., leitet gemeinsam mit Olaf Lobermeier die proVal – Gesellschaft für sozialwissenschaftliche Analyse, Beratung und Evaluation. Seine Arbeitsschwerpunkte sind neben der Leitung von Evaluations- und Forschungsprojekten und der Beratung von Entscheidungsträgern in Politik und Verwaltung die Evaluationsforschung und die Entwicklung von Evaluationskonzepten, Rechtsextremismus- und Gewaltforschung, Viktimologie, soziale Netzwerkanalyse und Methoden der empirischen Sozialforschung.

Milena Uhlmann, Dipl.-Pol., ist Referentin für Terrorismus- und Extremismusbekämpfung im Bundesministerium des Innern, für Bau und Heimat (BMI). Dort beschäftigt sie sich vor allem mit Aspekten der Islamismusprävention und Deradikalisierung.

Isabell Ziegler ist Kommunikations- und Medienwirtin (Diplom) und wissenschaftliche Mitarbeiterin am Institut für Sozialarbeit und Sozialpädagogik e.V., Frankfurt (Main). Ihre Arbeitsschwerpunkte sind unter anderem die Evaluation von Angeboten zur Radikalisierungsprävention im digitalen Raum sowie der pädagogischen Auseinandersetzungen mit Rechtsextremismus aus Professions- und Adressiertenperspektive.

Eva Zimmermann, M.A. Erziehungswissenschaft/Soziologie, ist Referentin der Bundeszentrale für politische Bildung in Gera und war davor wissenschaftliche Referentin am Deutschen Jugendinstitut e.V., Außenstelle Halle (Saale). Zu ihren Arbeitsschwerpunkten gehören Evaluation, Forschung, Praxisberatung in den Themengebieten Demokratieförderung und Antidiskriminierung.